Schriftenreihe

Studien zur Kirchengeschichte

Band 10.1

ISSN 1611-0277

Verlag Dr. Kovač

Benedikt Mario Röder

Die Wittelsbacher Stiftung
»Domus Gregoriana« zu München

*Institutions- und Sozialgeschichte
eines Kurfürstlichen Seminars seit Aufhebung
des Jesuitenordens 1773 bis 1806*

*Festschrift des Studienseminars Albertinum zum
75. Geburtstag S.K.H. Herzog Franz von Bayern*

Teilband I

Verlag Dr. Kovač

Hamburg
2009

VERLAG DR. KOVAČ
FACHVERLAG FÜR WISSENSCHAFTLICHE LITERATUR

Leverkusenstr. 13 · 22761 Hamburg · Tel. 040 - 39 88 80-0 · Fax 040 - 39 88 80-55

E-Mail info@verlagdrkovac.de · Internet www.verlagdrkovac.de

Bibliografische Information der Deutschen Nationalbibliothek
Die Deutsche Nationalbibliothek verzeichnet diese Publikation
in der Deutschen Nationalbibliografie;
detaillierte bibliografische Daten sind im Internet
über http://dnb.d-nb.de abrufbar.

ISSN: 1611-0277
ISBN: 978-3-8300-4152-8

Zugl.: Dissertation, Ludwig-Maximilians-Universität München, 2008

© VERLAG DR. KOVAČ in Hamburg 2009

Umschlagillustration: Das Münchener „Seminarikindl". Stich von Johann Michael Söckler
(1744–1781). Münchner Stadtmuseum (Inventar-Nr. Soeckler J Jesuskind GR 36-2669).

Printed in Germany
Alle Rechte vorbehalten. Nachdruck, fotomechanische Wiedergabe, Aufnahme in Online-
Dienste und Internet sowie Vervielfältigung auf Datenträgern wie CD-ROM etc. nur nach
schriftlicher Zustimmung des Verlages.

Gedruckt auf holz-, chlor- und säurefreiem Papier Alster Digital. Alster Digital ist
alterungsbeständig und erfüllt die Normen für Archivbeständigkeit ANSI 3948 und ISO 9706.

Geleitwort

Manche landesherrlichen Bildungseinrichtungen Bayerns sind seit ihrer Stiftung durch Jahrhunderte ihrer ursprünglichen Ausrichtung treu geblieben. Dazu gehören in München bis zur Gegenwart die Ludwig-Maximilians-Universität, das der Universität verbundene Herzogliche Georgianum und das „Albertinum".
Noch in der zweiten Hälfte des 16. Jahrhunderts errichteten die Herzöge Albrecht V. und Wilhelm V. in einem längeren Gründungs- und Stiftungsprozess ein Seminar, das mit dem prächtigen Jesuitenkolleg an der Kirche St. Michael verbunden wurde und den Namen „Domus Gregoriana" erhielt, benannt nach Papst Gregor dem Großen. Dieses von Jesuiten geleitete Gregorianum, zu dem die vielbesuchte Kirche mit dem „Seminarikindl" an der Neuhauser Gasse gehörte, sollte vor allem talentierten Knaben ärmerer Familien die höhere Schulbildung ermöglichen, der Förderung einer Elite in Staat und Kirche Bayerns dienen und zugleich zur vorbildlichen Kirchenmusik in der nahen Jesuitenkirche St. Michael beitragen.
Diese Ausrichtung blieb nach der päpstlichen Aufhebung der Gesellschaft Jesu (1773) zunächst bestehen. Ein beträchtlicher Teil der Seminaristen wählte noch immer den geistlichen Stand als Ordensleute und Weltpriester an der Schicksalswende vom 18. zum 19. Jahrhundert, aber auch noch eine beachtliche Zahl bedeutender Männer in staatlichen hohen Rängen ging in dieser Zeitenwende aus dem Kurfürstlichen Seminar hervor, unter ihnen zum Beispiel der Ministerialsekretär Franz Xaver Gabelsberger, der als Erfinder der Stenographie berühmt wurde.
Vorliegende Arbeit bringt die alte Erkenntnis wieder: Geschichte wird anschaulich im Detail. Sie zeigt genaue Einblicke in das alltägliche Leben und die Lebensverhältnisse der Personen, bis zu den Dienstboten des Hauses. Sie ist damit auch ein wichtiger Beitrag zur Sozialgeschichte.
In zeitbedingt gewandelter Gestalt lebt die herzogliche Stiftung des 16. Jahrhunderts im Münchener Studienseminar Albertinum bis zur Gegenwart fort.
Gottes Segen und meine besten Wünsche mögen das Haus auch in die Zukunft begleiten!
Dank an P. Benedikt Mario Röder OPraem für die vorgelegte Untersuchung, die das Kuratorium des Studienseminars Albertinum in dankbarer Verbundenheit S.K.H. Herzog Franz von Bayern widmet.
München im August 2008
                                                    Stiftungsdirektor Msgr. Dieter Olbrich

Vorwort

Die vorliegende Arbeit wurde im Sommersemester 2008 als Dissertation im Fachbereich Katholische Theologie an der Ludwig-Maximilians-Universität München angenommen.
Nach getaner Arbeit bleibt die angenehme Pflicht, allen jenen zu danken, die ihr Entstehen ermöglicht und gefördert haben. An erster Stelle gilt mein herzlichster Dank meinem Lehrer Prof. Dr. Manfred Heim, Dozent für Bayerische Kirchengeschichte, der mich auf das Thema aufmerksam gemacht und den Werdegang der Arbeit mit lebendigem Interesse und guten Ratschlägen begleitet hat. Bei der Erstellung gewährte mir Prof. Dr. Manfred Heim großzügige Freiheit, die es erlaubte, eigene Schwerpunkte zu setzen. Für das Zweitgutachten danke ich Herrn Prof. Dr. Georg Schwaiger.
Dem Direktor des Studienseminars Albertinum, Msgr. Dieter Olbrich, der die weitere Erforschung der Geschichte der altehrwürdigen Erziehungsstätte an Prof. Dr. Manfred Heim herangetragen hat, nachdem Frau Dr. Hannelore Putz eine erste Untersuchung über die Geschichte des Internats unter jesuitischer Leitung vorgelegt hatte, danke ich für die großherzige Unterstützung. Ich hatte nicht nur freien Zugang zur Registratur des Studienseminars, sondern erhielt zudem eine Anstellung als Präfekt. Dieser Dienst durch zwei Jahre hindurch ließ mir die Geschichte des Hauses lebendig werden. Vor allem danke ich dem Kuratorium des Studienseminars Albertinum für die Finanzierung der Veröffentlichung.
Ich danke den Direktoren des Herzoglichen Georgianums in München, Herrn Prof. Dr. Reiner Kaczynski, und seinem Nachfolger, Herrn Prof. Dr. Winfried Haunerland, für die Aufnahme ins Priesterseminar während der vier Jahre meines Studiums.
Für finanzielle und ideelle Förderung gebührt auch der Hanns-Seidel-Stiftung für das gewährte Doktorandenstipendium ein großer Dank.
Den Damen und Herren in den von mir benutzten Bibliotheken und Archiven sei freundlichst gedankt. Hervorheben möchte ich Frau Dr. Birgitta Klemenz, Archivarin der Benediktinerabtei St. Bonifaz in München und Andechs, Dr. Erwin Naimer, Leiter des Archivs des Bistums Augsburg, und Prälat Dr. Paul Mai, Direktor des Bischöflichen Zentralarchivs in Regensburg, für ihre bereitgestellten

Informationen. Danken darf ich zudem meinem Cartellbruder, Herrn Oberstudienrat Klaus W. Raadts, für wertvolle Hilfeleistungen.

Von ganzem Herzen danke ich meinen Oberen, Abt Hermann-Josef Kugler, Prior P. Rainer Rommens und Subprior und Magister P. Adrian Kugler, die mich für das Promotionsstudium in München freigestellt haben. Besonders darf ich Prior P. Rainer Rommens, den Haushistoriker und großen Kenner der bayerischen Geschichte, nennen. Ihm war es versagt, seine 1979 an der Ludwig-Maximilians-Universität München begonnene Dissertation an der Philosophischen Fakultät für Geschichts- und Kunstwissenschaften unter Frau Prof. Dr. Laetitia Böhm zu beenden, da er 1982 auf Wunsch des damaligen Oberen, Prior de regimine Thomas Handgrätinger, seit 2003 Generalabt des Prämonstratenserordens, die Pfarrei Roggenburg übernahm, und so zum Wiederbegründer des schwäbischen Prämonstratenser-Klosters Roggenburg wurde. Durch viele Fachgespräche und Literaturhinweise, aber auch durch wissenschaftliche Exkursionen zu zahlreichen Klöstern, mit denen ich durch meine Untersuchung verbunden wurde, brachte er mir die Geschichte meiner neuen Heimat Bayern näher.

Für kritische Durchsicht und Korrektur des Manuskripts danke ich vor allem meinem Studienkollegen im Fuldaer Priesterseminar und Weggefährten Br. Nikodemus C. Schnabel OSB aus der Abtei Dormitio B.M.V. auf dem Zionsberg in Jerusalem, Doktorand an der Universität Wien, und Herrn Benedikt Weyerer, Präfekt im Studienseminar Albertinum. Auch danke ich den Mitbrüdern aus dem Kloster Roggenburg, P. Stefan Kling, Leiter des Amtes für Kirchenmusik, Orgel- und Glockensachverständiger der Diözese Augsburg, P. Ulrich Keller, Pfarrer in Oberwiesenbach und Leitender Beauftragter der Notfallseelsorge in der Diözese Augsburg, P. Johannes Baptist Schmid, Pfarrvikar in Roggenburg, und P. Christian Hamberger, Kaplan in Illertissen, für ihr Korrekturlesen. Ein großer Dank gebührt hier fr. Lukas Sonnenmoser, Student der Theologie und Sozialpädagogik an den Hochschulen in Benediktbeuern, für die unzähligen Dienste, die er mir geleistet hat, nicht nur für das Korrekturlesen, sondern auch die regelmäßigen Fahrdienste zum Bahnhof, die Hilfestellungen am PC oder auch das leibliche Wohl an den Wochenenden im Kloster.

Dem ganzen Konvent von Roggenburg sei herzlich für die aufgebrachte Geduld gedankt, die mir die Mitbrüder entgegen gebracht haben.

Ich danke für die gute Zeit im Bischöflichen Priesterseminar der Diözese Fulda und an der Theologischen Fakultät in Fulda, namentlich meinen ehemaligen

Lehrern: Prof. Dr. Ludwig Schick, Dozent für Kirchenrecht und seit 2002 Erzbischof von Bamberg, Prof. Dr. Gerhard Stanke, Dozent für Moraltheologie und Domkapitular, der während meiner Seminarzeit Regens war, und Prof. Dr. Werner Kathrein, Dozent für Kirchengeschichte und Domdechant, der in mir die Liebe zur Kirchengeschichte geweckt und gefördert hat.

Vor allem danke ich meinen Eltern und allen, die mich auf meinem bisherigen Weg begleitet haben.

Roggenburg im August 2008

P. Benedikt Mario Röder OPraem

Inhaltsverzeichnis

Teilband I

Einleitung.. 21

**TEIL I – Das Kurfürstliche Seminar „Domus Gregoriana"
in München seit Aufhebung der Jesuiten 1773
bis zum Schuljahr 1805/1806**.. 31

1. **Die Domus Gregoriana unter Leitung der Exjesuiten
   (1773-1781)**.. 31

1.1. Die geschichtliche Entwicklung der Domus Gregoriana
     von der Gründung bis zur Aufhebung der Gesellschaft Jesu 1773 31

1.2. Die Aufhebung der Societas Jesu und ihre Folgen
     für das bayerische Bildungswesen 48

1.3. Die Leitung des Kurfürstlichen Seminars durch Exjesuiten
     (1773-1781) 68

2. **Die Domus Gregoriana unter Leitung der Augustiner-
   Chorherren (1781-1794)**... 79

2.1. Die Gründung des Malteserordens Bayerischer Zunge 1781
     und ihre Auswirkung auf das Schulwesen in Bayern 79

2.2. Die Übernahme des bayerischen Schulwesens
     durch die Prälatenorden 85

2.3. Die Übertragung der Domus Gregoriana an die Augustiner-
     Chorherren 1781 90

3. **Die Domus Gregoriana unter Leitung der Benediktiner (1794-1802)** 119

3.1. Die Umgestaltung des Schulwesens in Bayern 1794: Die Vorrangstellung der Benediktiner 119

3.2. Die Domus Gregoriana unter benediktinischer Leitung 121

4. **Die Domus Gregoriana unter Leitung eines Weltpriesters (1802-1805)** 147

4.1. Das Kurfürstliche Seminar unter Leitung des Weltpriesters Anton Zistelsberger 147

4.2. Ausblick in die Zeit nach 1806: Das „Königliche Erziehungsinstitut für Studierende" in München – seit 1905 „Königliches Erziehungsinstitut Albertinum" 152

5. **Die Bewohner des Kurfürstlichen Seminars: Hausvorstände, Seminaristen und Dienstpersonal** 161

5.1. Die Hausleitung der Domus Gregoriana 161
5.1.1. Der Inspektor 161
5.1.2. Der Präfekt 163

5.2. Die Seminaristen der Domus Gregoriana: Ihre Einteilung und Dienstämter 169
5.2.1. Die Alumnen 169
5.2.2. Die Konviktoren 188
5.2.3. Die Exspektanten oder Sekundaralumnen 192
5.2.4. Die Dienstämter der Seminaristen 195
5.2.4.1. Der Subpräfekt 196
5.2.4.2. Die Monitoren 198

5.2.4.3.	Die Manuduktoren	199
5.2.4.4.	Die Instruktoren	200
5.2.4.5.	Die Tischpräfekten	202
5.2.4.6.	Der Tischdienerpräfekt	203
5.2.4.7.	Der Ministrantenpräfekt	205
5.2.4.8.	Der Licht- und Fensterkurator	205
5.2.4.9.	Der „Curator Rei pectinariae"	206
5.3.	Das Dienstpersonal	208
6.	**Die drei Lebensbereiche der Seminaristen: Religiöse Erziehung – schulische Förderung – musikalische Ausbildung**	**227**
6.1.	Die religiöse Formung der Seminaristen	227
6.2.	Der Besuch des Kurfürstlichen Gymnasiums und die Studienförderung in der Domus Gregoriana	235
6.3.	Die musikalische Ausbildung und Leistung von kirchenmusikalischen Diensten bis 1811	258
7.	**Das Leben im Seminar und dessen Einrichtung im letzten Drittel des 18. Jahrhunderts**	**303**
7.1.	Die Jugenderinnerungen der Seminaristen Josef von Hazzi und Ludwig Aurbacher	303
7.1.1.	Die Jugenderinnerungen des Josef von Hazzi	303
7.1.2.	Die Jugenderinnerungen des Ludwig Aurbacher	316
7.2.	Ein Gang durch die Domus Gregoriana: Leben der Seminaristen und Einrichtung des Kurfürstlichen Seminars	322
7.2.1.	Der Tagesablauf	326
7.2.2.	Die Seminarkirche	332

7.2.3.	Der Speisesaal	350
7.2.4.	Der kleine Studiersaal	366
7.2.5.	Das „Armarium musicum"	366
7.2.6.	Der große Studiersaal	372
7.2.7.	Die Wohnungen des Inspektors und des Präfekten	373
7.2.8.	Die Krankenkapelle und die Krankenzimmer	374
7.2.9.	Das Theater- und Rekreationszimmer	377
7.2.10.	Die Schlafsäle	382
7.2.11.	Das Studentenoratorium	385
7.2.12.	Die Seminarbibliothek	385
7.3.	Die Mietswohnungen	388
7.4.	Der Seminargarten	395
7.5.	Der Verkauf der Seminargebäude 1806	397

TEIL II – Zur sozialen Herkunft der Seminaristen, zum Einzugsbereich und zur Aufenthaltsdauer im Kurfürstlichen Seminar von 1773/1774 bis 1805/1806 ... 407

1.	Die soziale Herkunft der Seminaristen	407
2.	Der Einzugsbereich des Kurfürstlichen Seminars	421
3.	Die Aufenthaltsdauer der Seminaristen in der Domus Gregoriana	429

4.	Die Lebenswege der Seminaristen – die Domus Gregoriana als „Noviziat der Stände der Geistlichen"?	433
4.1.	Das Studium an Lyzeen und Universitäten	436
4.2.	Der geistliche Stand	439
4.2.1.	Die Prälatenorden	444
4.2.1.1.	Die Augustiner-Chorherren	444
4.2.1.2.	Die Benediktiner	450
4.2.1.3.	Die Zisterzienser	456
4.2.1.4.	Die Prämonstratenser-Chorherren	458
4.2.1.5.	Der Weg in die Klöster der Prälatenorden	460
4.2.2.	Die Mendikantenorden	463
4.2.3.	Die Säkularisation und die Folgen für die Wahl des Berufsweges der Seminaristen	467
4.2.4.	Kirchliche Karrieren	469
4.2.4.1.	Die Bischöfe	469
4.2.4.2.	Die Domkapitulare	471
4.2.4.3.	Äbte und Pröpste	471
4.2.5.	Die soziale Herkunft des geistlichen Standes	472
4.2.5.1.	Die soziale Schichtung der Weltpriester	472
4.2.5.2.	Die soziale Zusammensetzung der Augustiner-Chorherren	474
4.2.5.3.	Die soziale Herkunft der Benediktiner	476
4.2.5.4.	Die soziale Schichtung der Zisterzienser	477
4.2.5.5.	Die soziale Zusammensetzung der Prämonstratenser-Chorherren	478
4.2.5.6.	Die soziale Struktur der Mitglieder der Prälatenorden insgesamt	479
4.2.5.7.	Die soziale Schichtung der Bettelorden	481
4.2.5.8.	Die soziale Struktur des geistlichen Standes insgesamt	482
4.3.	Die weltliche Laufbahn	484
4.4.	Hervorragende Musiker	491
4.5.	Die Mitglieder der Bayerischen Akademie der Wissenschaften	494

4.6. Die Mitglieder des Illuminatenordens 495

4.7. Standeserhöhungen von Seminaristen 496

4.8. Straßenbenennungen im Münchener Stadtgebiet nach Seminaristen 498

5. Ergebnisse 499

Teilband II

TEIL III – Anhang 511

1. Die Inspektoren der Domus Gregoriana vom Schuljahr 1773/1774 bis 1805/1806 511

  1.1. Exjesuiten (1773-1781) 511

  1.2. Augustiner-Chorherren (1781-1794) 512

  1.3. Benediktiner (1794-1802) 512

  1.4. Weltpriester (1802-1805) 514

2. Die Präfekten der Domus Gregoriana vom Schuljahr 1773/1774 bis 1805/1806 515

3. Die Seminaristen des Kurfürstlichen Seminars von 1773/1774 bis 1805/1806 517

4. Abbildungen 695

5. Abkürzungsverzeichnis 719

6. Quellen- und Literaturverzeichnis 721

6.1. Ungedruckte Quellen 721

6.2. Gedruckte Quellen und Literatur 725

Einleitung

Mit der Gründung der Gesellschaft Jesu im 16. Jahrhundert entstand ein Orden, der maßgeblichen Anteil an der Katholischen Reform und Gegenreformation erhielt. Seit 1549 wirkte die Societas Jesu im Herzogtum Bayern und förderte die katholische Erneuerung vor allem durch die Ausbildung der Jugend. In der Haupt- und Residenzstadt München gründete 1559 Herzog Albrecht V. zeitgleich ein Kolleg und ein Gymnasium, das zur bedeutendsten Schule des Herzogtums und späteren Kurfürstentums Bayern wurde.

Noch in der zweiten Hälfte des 16. Jahrhunderts errichteten die Herzöge Albrecht V. und Wilhelm V. in einem längeren Gründungsprozess durch Stiftungen ein Seminar, das mit dem Jesuitenkolleg verbunden wurde und den Namen „Domus Gregoriana" bekam. Das von den Jesuiten geleitete Internat sollte zum einen nach dem schichtenneutralen Ausbildungsprinzip der Gesellschaft Jesu Knaben ärmerer Familien die höhere Schulbildung ermöglichen, und zum anderen eine qualitätsvolle Kirchenmusik in der neu erbauten Jesuitenkirche St. Michael garantieren. „Das jesuitische Erziehungsengagement und der herzogliche Wunsch nach Elitenbildung sowie das gemeinsame Interesse, für eine vorbildliche Kirchenmusik in St. Michael zu sorgen, ergänzten sich und wurden zur Leitlinie für das Internat."[1] Über zweihundert Jahre lag die Leitung des Seminars in den Händen der Jesuiten bis mit der Aufhebung des Ordens 1773 für das Haus eine neue, wechselvolle Zeit begann. Für die jesuitische Zeit liegt bereits die Untersuchung von Hannelore Putz vor, die 2003 veröffentlicht wurde.[2]

In dieser Studie soll die Zeit seit Aufhebung der Societas Jesu bis zum Schuljahr 1805/1806 behandelt werden, wobei die Frage nach Kontinuität und Wandel aufgegriffen wird. Der ursprüngliche Plan, die Geschichte bis zum Ende des Königreichs Bayern 1918 zu untersuchen, verbot sich, da solch eine Untersuchung den Rahmen einer Dissertation gesprengt hätte. Der Untersuchungszeitraum von etwa dreißig Jahren erlaubt eine eigenständige Arbeit, da dieser Zeitraum von einer pädagogischen Reformphase wie kaum eine andere Zeit zuvor geprägt ist. Galt für das jesuitische Ausbildungssystem seit 1599 bis 1773 fast ausschließlich die „Ratio studiorum", so kamen mit der Aufhebung der Jesuiten

---

[1] PUTZ, Domus Gregoriana, 1.
[2] Der volle Titel der Arbeit von Hannelore Putz lautet: „Die Domus Gregoriana zu München. Erziehung und Ausbildung im Umkreis des Jesuitenkollegs St. Michael bis 1773".

Kräfte zum Zug, die sich von dem Gedankengut der Aufklärung leiten ließen, die im katholischen Deutschland auch als „Katholische Aufklärung" in Erscheinung trat.
Aufgrund der Einführung neuer Ideen im pädagogischen Bereich bezeichnete Ulrich Herrmann das 18. Jahrhundert als „das pädagogische Jahrhundert".[3] Eine Ausstellung im Städel Museum in Frankfurt vom 20. April bis 15. Juli 2007 sprach sogar von der „Entdeckung der Kindheit" im 18. Jahrhundert.[4]
Bereits ein Jahr nach der Aufhebung der Gesellschaft Jesu wurde im Kurfürstentum Bayern eine neue Schulordnung eingeführt, auf die bis 1799 drei weitere folgen sollten. Auch die Wirksamkeit der Prälatenorden, die seit 1781 bis zur Säkularisation 1803 für das bayerische Bildungswesen verantwortlich waren, erlaubt diesen Untersuchungszeitraum von etwa 30 Jahren.
Schließlich endete im Schuljahr 1805/1806 der Betrieb im alten Seminargebäude an der Neuhauser Straße, denn im Sommer 1806 wurde der 1805 begonnene Neubau des „Königlichen Erziehungsinstitutes für Studierende" am lateinischen Schulhaus bezogen, das sich seit 1802 im aufgehobenen Karmelitenkloster befand.
In einem ersten großen Teil soll in vier Kapiteln auf die Geschichte des Kurfürstlichen Seminars bis zum Schuljahr 1805/1806 eingegangen werden, dessen Leitung zunächst in den Händen von Exjesuiten blieb. Mit der Übertragung des bayerischen Schulwesens an die Prälatenorden 1781 übernahmen die Augustiner-Chorherren das Münchener Gymnasium und die Domus Gregoriana, die damit im Kurfürstentum eine Sonderstellung erhielten.
Im Jahre 1794 wurde die Leitung des Gymnasiums und des Internats den Benediktinern übertragen, da der Orden des hl. Benedikt dem Staat konservativer erschien. Allzu lange konnten die Benediktiner nicht in der Domus Gregoriana wirken, denn bereits ein Jahr vor der Säkularisation von 1803 verfügte die Regierung, die Leitung des Internats einem Weltpriester zu übergeben.
Anfang des 19. Jahrhunderts wurde die ursprüngliche Intention der Stiftung, nämlich begabten armen Knaben durch ein Stipendium den Besuch des Gymnasiums zu ermöglichen, und dafür den kirchenmusikalischen Dienst in St. Michael zu verrichten, in Frage gestellt. Ja, es bestand sogar kurzzeitig die Gefahr der Auflösung der herzoglichen Stiftung.

---

[3] Vgl. HERRMANN (Hg.), „Das pädagogische Jahrhundert". Volksaufklärung und Erziehung zur Armut im 18. Jahrhundert in Deutschland.
[4] Vgl. NEUMEISTER (Hg.), Die Entdeckung der Kindheit. Das englische Kinderporträt und seine europäische Nachfolge.

Das fünfte Kapitel geht auf die Seminarbewohner ein, die sich in drei Gruppen einteilen lassen. An der Spitze stand die Hausleitung in Form eines Inspektors und eines Präfekten. Die größte Gruppe bildeten die Seminaristen, deren Zahl im Durchschnitt um die hundert lag. Zur zweiten Gruppe der Seminaristen zählten noch einige extern lebende Schüler, die ihr Essen im Kurfürstlichen Seminar erhielten und als Exspektanten oder Sekundar-Alumnen bezeichnet wurden, wie zum Beispiel der bekannte Johann Michael Sailer. Zuletzt soll auf eine dritte Gruppe, nämlich das Haus- oder Dienstpersonal, eingegangen werden, die für Verpflegung, Bewirtschaftung der Ökonomie, Beheizung und Sauberkeit zuständig war.

In einem sechsten Kapitel werden die drei prägenden Lebensbereiche der Zöglinge beleuchtet. Maßgeblich war und blieb die religiöse Formung der Seminaristen, wozu vor allem die quasiklösterliche Tagesordnung mit ihren festgelegten Gebets-, Mahl- und Studienzeiten beitrug. Die Studienförderung zeigte sich besonders in den jährlichen Erfolgen bei der Preisverteilung im Gymnasium. Schließlich war das Leben der Gregorianer durch eine intensive musikalische Ausbildung geprägt, um den Auftrag der Kirchenmusik in St. Michael und daneben in anderen Münchener Kirchen auf hohem Niveau erfüllen zu können.

Das letzte Kapitel beschreibt anschaulich das Leben im Haus durch zwei unterschiedlich bewertete Jugenderinnerungen des Aufklärers Josef von Hazzi und des Romantikers Ludwig Aurbacher. Ein Gang durch das alte Internatsgebäude soll den ersten Teil beenden. Hierbei werden auch die Mietswohnungen der Domus Gregoriana, der Seminargarten und der Verkauf des Kurfürstlichen Seminars behandelt.

Der zweite Teil untersucht die Aufenthaltsdauer, die soziale und die geographische Herkunft der Seminaristen, und versucht mögliche Veränderungen gegenüber den Ergebnissen von Hannelore Putz zu bewerten. In einem dritten Kapitel wird eigens die Aufenthaltszeit der Gregorianer behandelt. Abschließend werden die Lebenswege der ehemaligen Zöglinge betrachtet, wobei der Frage nachgegangen wird, ob das Internat auch im letzten Drittel des 18. Jahrhunderts vorwiegend der Rekrutierung des geistlichen Standes diente.

Wurde die Wirksamkeit der Societas Jesu im Bildungsbereich weitgehend erforscht, sieht die Situation für die Zeit nach der Aufhebung des Ordens eher dürftig aus.[5] Was die Geschichte des Münchener Gymnasiums und Seminars bis

---

[5] Vgl. PUTZ, Domus Gregoriana, 3-6.

1773 betrifft, liegen die neueren Arbeiten von Andreas Kraus und, wie bereits erwähnt, von Hannelore Putz vor.[6] Zudem sind ältere Veröffentlichungen über das Münchener Gymnasium zu nennen, wie die Aufsätze von Johann Baptist Hutter zum 300-Jahr-Jubiläum und die Festschrift von Paul Joachimsen zur 350-Jahr-Feier 1909.[7] Zum Vierhundertjahr-Jubiläum 1959 wurde die Arbeit von Paul Joachimsen noch einmal gedruckt und durch Eduard von Welz für die letzten fünfzig Jahre ergänzt.[8] Zugleich erschien eine Festschrift zur Vierhundert-Jahr-Feier des Wilhelmsgymnasiums, die mehrere Aufsätze enthält.[9] Zuletzt veröffentlichte Rolf Selbmann 1989 eine Studie zum 430-Jahr-Schuljubiläum.[10] Aufschlussreich ist noch der Aufsatz von Peter Kefes über die Studienentscheidung der Absolventen des Jesuitengymnasiums.[11]

Für die Zeit nach 1773 und besonders für die Übernahme des bayerischen Bildungswesens durch die Prälatenorden 1781 fehlen weitgehend eigenständige Untersuchungen. Wenige Ausnahmen liegen von Winfried Müller und Rainer A. Müller vor. Winfried Müller erforschte die Geschichte der Landesuniversität Ingolstadt seit Aufhebung der Gesellschaft Jesu bis zur Säkularisation und ging hierbei ausführlich auf die Bedeutung der Prälatenorden für das Schulwesen in Bayern ein.[12] Für das bayerische Lyzealwesen hat Rainer A. Müller eine um-

---

[6] Vgl. KRAUS, Das Gymnasium der Jesuiten zu München (1559-1773); PUTZ, Die Domus Gregoriana zu München. Erziehung und Ausbildung im Umkreis des Jesuitenkollegs St. Michael bis 1773; vgl. auch PUTZ, Die Domus Gregoriana zu München, in: OSWALD, HAUB (Hg.), Jesuitica. Forschungen zur frühen Geschichte des Jesuitenordens in Bayern bis zur Aufhebung 1773, 418-450.
[7] Vgl. HUTTER, Bericht über die Bibliothek des k. Wilhelms-Gymnasiums zu München; DERS., Die Gründung des Gymnasiums zu München im Jahre 1559/60. Historischer Vorbericht zur Säcularfeier dieser Anstalt im Schuljahre 1859/60; DERS., Die Hauptmomente der Schulgeschichte des alten Gymnasiums zu München. Festschrift zur dreihundertjährigen Stiftungsfeier dieser Anstalt am Schlusse des Schuljahres 1859/60; JOACHIMSEN, Aus der Vergangenheit des Münchener Wilhelmsgymnasiums. Zur dreihundertfünfzigsten Wiederkehr des Gründungsjahres.
[8] Vgl. JOACHIMSEN, Aus der Vergangenheit des Münchner Wilhelmsgymnasiums zur dreihundertfünfzigsten Wiederkehr des Gründungsjahres. Das letzte halbe Jahrhundert von Eduard von WELZ (Vierhundert Jahre Münchener Wilhelmsgymnasium).
[9] Vgl. Festschrift zur Vierhundert-Jahr-Feier des Wilhelms-Gymnasiums 1559-1959.
[10] Vgl. SELBMANN, 430 Jahre Wilhelmsgymnasium. Ein Stück bayerischer Kulturgeschichte. – Weitere Literaturhinweise zur Geschichte des ältesten Münchener Gymnasiums in: PUTZ, Domus Gregoriana, 8, Anm. 26.
[11] Vgl. KEFES, Beruf oder Studium? Aspekte der Studienentscheidung der Absolventen des Jesuitengymnasiums München 1600-1776, in: Jahresbericht Wilhelmsgymnasium München (2002/2003), 149-177.
[12] Vgl. MÜLLER, Universität und Orden. Die bayerische Landesuniversität Ingolstadt zwischen der Aufhebung des Jesuitenordens und der Säkularisation (1773-1803); vgl. auch MÜLLER, Bildungspolitische Auswirkungen der Aufhebung des Jesuitenordens, in: Handbuch der Geschichte des bayerischen Bildungswesens, Bd. 1, 711-726.

fangreiche Arbeit vorgelegt, die die Zeit von 1773 bis 1849 behandelt.[13] In einem kurzen Aufsatz beleuchtet Andreas Kraus die Entwicklung des Gymnasiums in München in dem Zeitraum von 1773 bis 1803.[14]
Was die Wirksamkeit der Prälatenorden im Internatswesen betrifft, wird sie in der Regel in Arbeiten über einzelne bayerische Klöster untersucht. Zahlreiche Stifte unterhielten zur Pflege der Kirchenmusik Seminare für die Singknaben, deren Aufnahme allermeist kostenlos war. So beschreibt zum Beispiel Florian Sepp in seiner Untersuchung über das Augustiner-Chorherrenstift Weyarn die Bedeutung des Klosters für Schule und Seminar in Weyarn.[15] Johann Pörnbacher geht in seiner Veröffentlichung über Rottenbuch nur kurz auf Schule und Seminar der Augustiner-Chorherren ein.[16] Die Schulordnung des Reichsstifts Roggenburg von 1791, das außerhalb des Kurfürstentums Bayern lag, hat kürzlich Ulrich Leinsle ediert.[17]

Für die Domus Gregoriana liegt zwar die Veröffentlichung von Beda Stubenvoll für die 300-Jahr-Feier 1874 vor, die auf die Zeit von 1773 bis 1806 eingeht, ihr mangelt es jedoch vor allem an der Angabe der Quellen.[18] Stubenvolls Werk konnte mit dieser Untersuchung wesentlich erweitert und mit Quellen belegt werden, soweit sie in den Archiven vorlagen.[19] Trotz aller Mängel ist Beda Stubenvoll der erste, der eine umfangreiche Geschichte der Wittelsbacher Stiftung geschrieben hat.

Jüngere Arbeiten über das Studienseminar Albertinum behandeln die Zeit seit Aufhebung der Jesuiten 1773 bis 1805/1806 nur sehr knapp. Zum 350-Jahr-Jubi-

---

[13] Vgl. MÜLLER, Akademische Ausbildung zwischen Staat und Kirche. Das bayerische Lyzealwesen 1773-1849, 2 Teile.
[14] Vgl. KRAUS, Schule im Umbruch (1773-1803). Ein Beitrag zur Frühgeschichte des Münchner Wilhelmsgymnasiums, in: ACKERMANN, SCHMID (Hg.), Staat und Verwaltung in Bayern, 349-371.
[15] Vgl. SEPP, Weyarn. Ein Augustiner-Chorherrenstift zwischen Katholischer Reform und Säkularisation, 305-324.
[16] Vgl. PÖRNBACHER, Das Kloster Rottenbuch zwischen Barock und Aufklärung (1740-1803), 247-252, 272-278.
[17] Vgl. LEINSLE, Diurnus. Tagesordnungsbuch und Schulordnung der Reichsabtei Roggenburg 1785 bis 1801.
[18] Vgl. STUBENVOLL, Geschichte des Königl. Erziehungs-Institutes für Studirende (Holland'sches Institut) in München aus Anlaß des 300jährigen Bestehens dieser Anstalt, 278-316. – Die fehlenden Quellennachweise waren auch eine Ursache für die Untersuchung von Hannelore Putz; vgl. PUTZ, Domus Gregoriana, 6.
[19] Bereits Maximilian Leitschuh hat darauf hingewiesen, daß Beda Stubenvoll Archivalien der Domus Gregoriana benutzte, die heute verschollen sind, und gibt als Begründung an, daß Stubenvoll Quellen aus dem Archiv mit sich nahm und nicht wieder zurückgab; vgl. LEITSCHUH, Die Matrikeln der Oberklassen des Wilhelmsgymnasiums in München, Bd. 1, X; vgl. auch PUTZ, Domus Gregoriana, 6.

läum des Internats 1924 wurde lediglich ein Gedenkblatt gedruckt, das eine „Ehrentafel für die im Weltkriege 1914/18 für das Vaterland Gefallenen" enthält und die Institutsleiter, Präfekten und Lehrer im Anschluss an die Veröffentlichung Stubenvolls seit 1872 ergänzt.[20] Zu der im Jahre 1974 begangenen 400-Jahr-Feier des Hauses gab das Kuratorium der Stiftung eine Festschrift heraus.[21] Aus Anlass des 425-Jahr-Jubiläums des Studienseminars Albertinum 1999 wurde im Jahresbericht 1998/1999 von Hannelore Putz und Benedikt Weyerer eine Übersicht der Geschichte der Stiftung von den Anfängen bis zum 20. Jahrhundert verfasst, die kurz auf die Zeit von 1773 bis 1806 eingeht.[22] Einen ausführlicheren Blick in die nachjesuitische Zeit gewährt Hannelore Putz in ihrer 2003 veröffentlichten Arbeit über die Domus Gregoriana.[23]

Erwähnt sei noch das im Jahre 1966 von Richard Bauer vorgelegte Manuskript, das nicht veröffentlicht wurde und die Zeit von der Gründung des Seminars bis 1806 behandelt.[24]

Die Quellenlage ist für die Zeit nach 1773 recht gut, wenn auch mit Verlusten gerechnet werden muss.[25] Das Archiv des Studienseminars Albertinum wird seit 1972 im Staatsarchiv München aufbewahrt.[26] Der Repertorienband „Studienseminar Albertinum" weist 96 Urkunden, 152 Aktenfaszikel, 112 Bände und 6 Rechnungsreihen aus.[27] Zudem finden sich im Staatsarchiv München in Akten der Kammer des Innern der Königlichen Regierung von Oberbayern vereinzelt Informationen zur Organisation, Stipendien und Personal für die Übergangszeit vom Kurfürstlichen Seminar zum Königlichen Erziehungsinstitut für Studieren-

---

[20] Vgl. Gedenkblatt zur Erinnerung an die Jubelfeier anläßlich des 350jähr. Bestehens.
[21] Vgl. 400 Jahre Albertinum (1574-1974), hg. vom Kuratorium der Stiftung Studienseminar Albertinum.
[22] Vgl. PUTZ, WEYERER, Historisches I-III, in: Jahresbericht des Studienseminars Albertinum 1998/1999, 12-47, hier 28f.
[23] Vgl. PUTZ, Domus Gregoriana, 66-72.
[24] Das Manuskript wird in der Registratur des Studienseminars Albertinum aufbewahrt; vgl. BAUER, Geschichte des Albertinums, 1. Buch. P. Joan Paullin und seine Zeit. – Im Jahre 2005 veröffentliche Richard Bauer seine Studie in überarbeiteter Form als CD-ROM, die in der Bayerischen Staatsbibliothek in München zugänglich ist; vgl. BAUER, Das Albertinum zu München. Wittelsbacher Stiftung von 1574 als Domus Gregoriana und damit ältestes der derzeitigen bayrischen Internate, Teil 1. Abriss seiner Geschichte von der Gründung bis 1806.
[25] Als Ursachen für Verluste an Archivalien gibt Putz den Umzug 1806 in den Neubau des Königlichen Erziehungsinstitutes und den Bombenangriff im Jahre 1944 an; vgl. PUTZ, Domus Gregoriana, 9.
[26] Vgl. WENISCH, Das Archiv der „Stiftung Studienseminar Albertinum" im Staatsarchiv München, in: Mitteilungen für die Archivpflege in Bayern 18 (1972), 58-60.
[27] Die Angaben bei Hannelore Putz stimmen mit der Inhaltsübersicht im Repertorienband „Studienseminar Albertinum" nicht überein; vgl. PUTZ, Domus Gregoriana, 9.

de.²⁸ Schließlich wurden Bestände des Wilhelmsgymnasiums, die an das Staatsarchiv München abgegeben wurden, ausgewertet. Hier sind besonders die Notenbücher seit 1773 von Bedeutung, die zur Erstellung der Seminaristenliste als Quellen dienten.²⁹

Der Schriftverkehr mit der kurfürstlichen Verwaltung ist vor allem im Bayerischen Hauptstaatsarchiv in München vorhanden. In Frage kommen in erster Linie die umfangreichen Bestände der Gerichtsliteralien.³⁰ An weiteren Archivalien wurden einzelne Bestände der Generalregistratur, Jesuitica und der Plansammlung herangezogen.³¹

In den Beständen des Geheimen Hausarchivs des Bayerischen Hauptstaatsarchivs ließen sich nur zwei Archivalien finden, die allerdings in die Regierungszeit König Ludwigs I. fallen.³²

Das Archiv der Erzdiözese München und Freising bewahrt den Nachlass des Sekretärs des Generalstudiendirektoriums, Anselm Greinwald (1740-1803), Augustiner-Chorherr in Rottenbuch, auf, der besonders Informationen über das bayerische Schulwesen für die Zeit nach 1781 gibt.³³

In der Handschriftenabteilung der Bayerischen Staatsbibliothek wurden cgm-Bestände und Archivalien aus der Hollandiana gesichtet, die hauptsächlich die Zeit des Direktorats Benedikt von Hollands (Direktor 1810-1824) betreffen.³⁴

Die Hoffnung, dass im Archiv der Benediktinerabtei St. Bonifaz in München, die mit der Leitung des Königlichen Erziehungsinstituts 1864 beauftragt wurde, umfangreiche Bestände zur Geschichte des Internats vorhanden seien, wurde

---

[28] Vgl. StAM, RA Fasz. 7552; 12947; 12967; 13012; 13062; 13063; 13366; 14043; 14048; 14466; 14467; 14471; 14745; 56212; 56213; 56499.
[29] Vgl. StAM, WG 100-157; 474; 476-478; 506; 552; 553; 557; 563; 575; 577; 655; 662; 693.
[30] Vgl. BayHStA, GL Fasz. 2696/474-476; GL Fasz. 2697/477; GL Fasz. 2698/478; GL Fasz. 2698/478 a; GL Fasz. 2698/479; GL Fasz. 2698/479 a; GL Fasz. 2698/480-488; GL Fasz. 2699/489-492; GL Fasz. 2700/493-494; GL Fasz. 2831/1442-1448; GL Fasz. 2832/1449-1454; GL Fasz. 2833/1455-1462; GL Fasz. 2834/1463-1475; GL Fasz. 2835/1476-1486; GL Fasz. 2836/1487-1494; GL Fasz. 2837/1495-1499.
[31] Vgl. BayHStA, GR Fasz. 634/46; 634/47; 636/51; 727/1-6; BayHStA, Jesuitica 1037-1040; 1044; 1045; 2395-2399; BayHStA, Plansammlung 8483-8486; 11776; 11777; 19488.
[32] Es handelt sich hierbei um einen Brief Benedikt von Hollands an König Ludwig I. vom 8. Juli 1817 und um eine Kabinettsakte vom 3. Dezember 1834, in der es um die Bitte des Domkapitulars Anton Mengein geht, ihn von der Vorstandschaft des Königlichen Erziehungsinstituts zu entheben; vgl. BayHStA, Geheimes Hausarchiv, Nachlass König Ludwig I Nr. 90/1/II; BayHStA, Geheimes Hausarchiv, Kabinettsakten Ludwigs I. I-XVI 40.
[33] Der Nachlass Greinwalds hat Eingang im Nachlass von Clemens Braun gefunden; vgl. AEM, Nachlass Clemens Braun 90.
[34] Vgl. BSB, cgm 6414-6425; 6434-6445; BSB, Hollandiana A; B; C; L.

nicht erfüllt. Lediglich der Nekrolog gab Informationen zu Biographien einzelner Seminaristen, die bis 1803 Benediktiner in Andechs wurden.[35]
Aus den Beständen des Münchner Stadtmuseums wurden drei Zeichnungen und zwei frühe Fotografien im Anhang abgebildet. Zum einen handelt es sich um einen kolorierten Kupferstich des „Seminarikindls" von Johann Michael Söckler (1744-1781) und zum anderen um ein Bild Benedikt von Hollands. Die dritte Zeichnung stammt von Josef Resch (1819-1901) und zeigt das Königliche Erziehungsinstitut für Studierende mit der Studienkirche. Schließlich wurde die Festkarte aus dem Jahre 1874, die zwei Fotografien des Erziehungsinstituts enthält, dem Anhang beigegeben.[36]
Bei den gedruckten Quellen sind besonders die veröffentlichten Preiskataloge des Kurfürstlichen Gymnasiums in München zu nennen, die zur Auffindung von Seminaristen der Domus Gregoriana benutzt wurden.[37] Die Schulordnungen der Jahre 1774, 1777, 1782 und 1799 hat Georg Lurz herausgegeben.[38] Als wichtige Quellen zu den Lebenswegen der Seminaristen dienten zudem veröffentlichte Matrikel von ausgewählten Universitäten und die von Maximilian Leitschuh bearbeitete Matrikel des Wilhelmsgymnasiums.[39] Wenn auch das Werk von Leitschuh einige Mängel aufzeigt, so sind seine Leistungen zu würdigen.
Des Weiteren sind zahlreiche Professlisten einzelner Klöster zu nennen, für deren Herausgabe stellvertretend Pirmin Lindner und Norbert Backmund genannt

---

[35] Vgl. ABB, Nekrolog.
[36] Vgl. Münchner Stadtmuseum, Inventar-Nr.: Soeckler J Jesuskind GR 36-2669; Sadeler A Holland B GR MI-2228; Resch J Promenadeplatz mit Hollandeum; Festkarte GR Greis IV-406.
[37] Die Preiskataloge wurden zeitweise in lateinischer Sprache verfasst und unter verschiedenen Titeln gedruckt; vgl. Nomina literatorum (…), München 1767-1773; Nomina eorum (…), München 1774; Testimonium publicum (…), München 1775-1778, 1782-1783; Verzeichniß derjenigen Studierenden (…), München 1779-1781; Verzeichniß der Studenten (…), München 1784-1793; Verzeichniß der Studi(e)renden (…), München 1794-1802; Verzeichniß aller Studierenden (…), München 1807.
[38] Vgl. LURZ, Mittelschulgeschichtliche Dokumente Altbayerns, einschließlich Regensburgs, gesammelt und mit einem geschichtlichen Überblick versehen, Bd. 2. Seit der Neuorganisation des Schulwesens in der zweiten Hälfte des 16. Jahrhunderts bis zur Säkularisation.
[39] Ausgewertet wurden die Matrikel der Universitäten Ingolstadt-Landshut, Salzburg, Würzburg und Innsbruck. Die Matrikel der bayerischen Landesuniversität Ingolstadt hat Götz Freiherr von Pölnitz herausgegeben. Hier kamen in Frage: PÖLNITZ (Hg.), Die Matrikel der Ludwig-Maximilians-Universität Ingolstadt-Landshut-München, Teil 1. Ingolstadt, Bd. 3. 1700-1800, Halbbd. 2. 1750-1800 und Teil 2. Landshut. – Zur Universität Salzburg vgl. REDLICH (Hg.), Die Matrikel der Universität Salzburg 1639-1810. – Zur Universität Würzburg vgl. MERKLE (Hg.), Die Matrikel der Universität Würzburg. – Die Matrikel der Universität Innsbruck sind nur zum Teil veröffentlicht; vgl. Oberkofler (Bearb.), Matricula universitatis, Bd. 3. 1773/74-1781/82 und Bd. 4. 1782/83-1791/92. – Zum Wilhelmsgymnasium vgl. LEITSCHUH, Die Matrikeln der Oberklassen des Wilhelms-Gymnasiums in München, 4 Bde. Hier kam Bd. 3 in Frage, der den Zeitraum vom Schuljahr 1740/1741 bis zum Schuljahr 1829/1830 enthält.

seien.⁴⁰ Von Bedeutung ist noch ein gedruckter Katalog aller Religiosen der Bayerischen Benediktiner-Kongregation aus dem Jahre 1802.⁴¹
Schließlich wurde auf zwei Jugenderinnerungen Bezug genommen, die das Leben im Kurfürstlichen Seminar im letzten Drittel des 18. Jahrhunderts aus unterschiedlicher Sicht beleuchten. Bei der ersten handelt es sich um die Jugenderinnerung des Josef von Hazzi, der dem Lager der radikalen Aufklärer zuzurechnen ist.⁴² Die zweite Erinnerung stammt aus der Feder des Romantikers Ludwig Aurbacher, die von Wilhelm Kosch herausgegeben wurde.⁴³

---

[40] Pirmin Lindner hat vor allem Professbücher von Benediktinerklöstern veröffentlicht, während Norbert Backmund die Professbücher oberbayerischer Stifte der Prämonstratenser-Chorherren herausgab; vgl. die zahlreichen Angaben im Verzeichnis der gedruckten Quellen und Literatur.
[41] Vgl. Catalogus Religiosorum Almae et Exemtae Congregationis SS. Angelor. Custod. Benedictino-Bavaricae. Anno Domini MDCCCII. – Ein Exemplar befindet sich in: BayHStA, GR Fasz. 634/46.
[42] Vgl. GREIPL, HEYDENREUTER, Die Jugenderinnerung des Joseph von Hazzi, in: ACKERMANN, SCHMID, VOLKERT (Hg.), Bayern vom Stamm zum Staat, 143-203.
[43] Vgl. KOSCH (Hg.), Ludwig Aurbacher, der bayrisch-schwäbische Volksschriftsteller. Seine Jugenderinnerungen (1784-1808); vgl. auch KOLB, Ludwig Aurbacher und Ottobeuren, in: StMBO 73 (1962), 119-135.

TEIL I – Das Kurfürstliche Seminar „Domus Gregoriana" in München seit Aufhebung der Jesuiten 1773 bis zum Schuljahr 1805/1806

1. Die Domus Gregoriana unter Leitung der Exjesuiten (1773-1781)

1.1. Die geschichtliche Entwicklung der Domus Gregoriana von der Gründung bis zur Aufhebung der Gesellschaft Jesu 1773

Im Zeitalter der Katholischen Reform entstand ein neuer Orden, der für den Erhalt und die Festigung des katholischen Bekenntnisses in Bayern von maßgebender Bedeutung werden sollte, nämlich die Jesuiten: Am 27. September 1540 bestätigte Papst Paul III.[44] die Gesellschaft Jesu (Societas Jesu) mit der Bulle „Regimini militantis Ecclesiae".[45] Darin heißt es, dass die Gesellschaft Jesu „vor-

---

[44] Zu Papst Paul III. (1534-1549), der 1545 das Konzil von Trient eröffnete und damit der Katholischen Reform zum Durchbruch verhalf, vgl. GANZER, Art. Paul III., in: LThK³, Bd. 7, 1520-1522; JEDIN, Die Anfänge der Katholischen Reform in Rom unter Paul III., in: HKG, Bd. 4, 476-486; JEDIN, Das Konzil von Trient unter Paul III. und Julius III., in: HKG, Bd. 4, 487-501; KOCH, Art. Paul III., in: DERS., Jesuiten-Lexikon, 1389f.; SCHWAIGER, Art. Paul III., in: HEIM (Hg.): Theologen, Ketzer, Heilige, 309f.; SCHWAIGER, HEIM, Art. Paul III., in: DIES., Kleines Lexikon der Päpste, 98f.; SEPPELT, SCHWAIGER, Geschichte der Päpste, 285-293. – Zur Katholischen Reform vgl. DENZLER, ANDRESEN, Art. Katholische Reform, in: DIES., dtv-Wörterbuch der Kirchengeschichte, 312f.; GANZER, Art. Katholische Reform, in: LThK³, Bd. 5, 1358-1360; HEIM, Art. Katholische Reform, in: DERS., Kleines Lexikon der Kirchengeschichte, 243; JEDIN, Katholische Reform und Gegenreformation, in: HKG, Bd. 4, 449-604; MARON, Art. Katholische Reform und Gegenreformation, in: TRE, Bd. 18, 45-72. – Zur politischen Seite der Katholischen Reform, die Gegenreformation vgl. DENZLER, ANDRESEN, Art. Gegenreformation, in: DIES., dtv-Wörterbuch der Kirchengeschichte, 233f.; GANZER, Art. Gegenreformation, in: LThK³, Bd. 4, 346-350; HEIM, Art. Gegenreformation, in: DERS., Kleines Lexikon der Kirchengeschichte, 161; JEDIN, Katholische Reform und Gegenreformation. 5. Europäische Gegenreformation und konfessioneller Absolutismus (1605-1655), in: HKG, Bd. 4, 650-683; WEIß, Katholische Reform und Gegenreformation.

[45] Neben dieser Gründungsurkunde vom 27. September 1540, die auch „Formula Instituti" genannt wird und bereits wesentliche Elemente des Ordens nennt, wie z. B. der Name „Gesellschaft Jesu", die apostolische Ausrichtung und neben den drei allgemeinen Gelübden Armut, Keuschheit und Gehorsam noch die unbedingte Papsttreue, ist die zweite Bulle „Exposcit debitum" vom 21. Juli 1550, die Julius III. (1550-1555) erlassen hat, maßgebend; sie gibt weitere Präzisierungen. Beide Formeln des Instituts der Gesellschaft Jesu in deutscher Übersetzung in: Satzungen der Gesellschaft Jesu und ergänzende Normen, 25-36; vgl. auch KOCH, Art. Päpstliche Urkunden, in: DERS., Jesuiten-Lexikon, 1366-1368; KOCH, Art. Regimini militantis Ecclesiae, in: DERS., Jesuiten-Lexikon, 1517f. – Zur Geschichte der Jesuiten allgemein vgl. BARTHEL, Die Jesuiten. Legende und Wahrheit der Gesellschaft

nehmlich dazu errichtet worden ist, um besonders auf den Fortschritt der Seelen in Leben und christlicher Lehre und auf die Verbreitung des Glaubens abzuzielen durch öffentliche Predigten und den Dienst des Wortes Gottes, die Geistlichen Übungen und Liebeswerke und namentlich durch die Unterweisung von Kindern und einfachen Menschen im Christentum und die geistliche Tröstung der Christgläubigen durch Beichthören [...]"[46].

Von den Jesuiten ging eine ungeheure Faszination und Dynamik aus. Aus den anfänglich zehn Gefährten des Ignatius war der Orden bei seinem Tode 1556 auf etwa 1000 Mitglieder angewachsen, die sich auf zwölf Provinzen verteilten. Bereits 1565 gab es etwa 3500 Jesuiten in 18 Provinzen.[47] 1541 wurde der Gründer, Ignatius von Loyola, zum ersten General der neuen Gemeinschaft gewählt.[48]

Jesu gestern, heute, morgen; BECHER, Die Jesuiten. Gestalt und Geschichte des Ordens; BOEHMER, Die Jesuiten; BRODRICK, Die ersten Jesuiten; DENZLER, ANDRESEN, Art. Jesuiten, in: DIES., dtv-Wörterbuch der Kirchengeschichte, 283-285; DUHR, Geschichte der Jesuiten in den Ländern deutscher Zunge, 4 Bde.; FÜLÖP-MILLER, Macht und Geheimnis der Jesuiten. Eine Kultur- und Geistesgeschichte; HARTMANN, Die Jesuiten; HAUB, Die Geschichte der Jesuiten; HEIM, Art. Jesuiten, in: DERS., Kleines Lexikon der Kirchengeschichte, 219f.; JEDIN, Ignatius von Loyola und sein Orden bis 1556, in: HKG, Bd. 4, 465-476; RUMMEL, Jesuiten, in: HBKG, Bd. 2, 842-858; SWITEK, Art. Jesuiten (Gesellschaft Jesu), in: SCHWAIGER (Hg.), Mönchtum, Orden, Klöster, 241-259; SIEVERNICH, SWITEK (Hg.), Ignatianisch. Eigenart und Methode der Gesellschaft Jesu; VERCRUYSSE, Art. Jesuiten, in: TRE, Bd. 16, 660-670. – Eine Übersicht zur Literatur über die Jesuiten gibt OSWALD, Jesuitica. Bibliographie zur Geschichte, Kunst, Literatur, Naturwissenschaft, Philosophie, Theologie der Gesellschaft Jesu. – Zum Reformpapst Julius III. vgl. GANZER, Art. Julius III., in: LThK³, Bd. 5, 1084f.; JEDIN, Das Konzil von Trient unter Paul III. und Julius III., in: HKG, Bd. 4, 487-501; SCHWAIGER, HEIM, Art. Julius III., in: DIES., Kleines Lexikon der Päpste, 83f.; SEPPELT, SCHWAIGER, Geschichte der Päpste, 293-296.

[46] Satzungen der Gesellschaft Jesu und ergänzende Normen, 25f. – Das apostolische Schreiben vom 21. Juli 1550 von Papst Julius III. spricht anstatt von der „Verbreitung des Glaubens" schon von „Verteidigung und Verbreitung des Glaubens"; vgl. ebda., 25.

[47] Vgl. KATHREIN, Jesuitengymnasium und päpstliches Seminar in Fulda, 62. – Ursprünglich war die Gesellschaft Jesu auf 60 Personen beschränkt worden. Die rasante Entwicklung des neuen Ordens zeigen die bei Switek angegebenen Mitgliederzahlen: Im Jahre 1580: 5100 Mitglieder, 1600: 8500 und 1640: 16000 Mitglieder; vgl. Satzungen der Gesellschaft Jesu und ergänzende Normen, 37; SWITEK, Art. Jesuiten, in: LThK³, Bd. 5, 796; vgl. auch KOCH, Art. Provinz, in: DERS., Jesuiten-Lexikon, 1478f.

[48] Zum Ordensgründer Ignatius von Loyola, der 1491 in der Nähe der Stadt Azpeitia in der baskischen Provinz Guipúzcoa als Sohn adeliger Eltern geboren und auf den Namen Iñigo López de Oñaz y Loyola getauft wurde und am 31. Juli 1556 in Rom starb, vgl. DALMASES, Ignatius von Loyola. Versuch einer Gesamtbiographie des Gründers der Jesuiten; FALKNER, IMHOF (Hg.), Ignatius von Loyola und die Gesellschaft Jesu 1491-1556; KOCH, Art. Ignatius von Loyola, in: DERS., Jesuiten-Lexikon, 837-853; SAMMER, Art. Ignatius von Loyola, in: HEIM (Hg.), Theologen, Ketzer, Heilige, 187f.; RAHNER, Ignatius von Loyola als Mensch und Theologe; RAVIER, Ignatius von Loyola gründet die Gesellschaft Jesu; STIERLI, Ignatius von Loyola. Gott suchen in allen Dingen; SWITEK, Ignatius v. Loyola, in: LThK³, Bd. 5, 410f.; SWITEK, Ignatius von Loyola, in: MÖLLER (Hg.), Geschichte der Seelsorge in Einzelporträts, Bd. 2, 127-144; VERCRUYSSE, Art. Ignatius von Loyola (1491-1556), in: TRE, Bd. 16, 45-55; WULF, Ignatius von Loyola. Seine geistliche Gestalt und sein Vermächtnis.

„Überhaupt beruhte der sensationelle Erfolg, den der Orden seit Mitte des [16.] Jahrhunderts erzielte, vor allem darauf, ‚protestantische' Konzepte und Attitüden zu übernehmen und in den Dienst der neuen tridentinischen Papstkirche zu stellen."[49]

Die bayerischen Herzogsbrüder Wilhelm IV. (1493-1550) und Ludwig X. (1495-1545), die das Land gemeinsam regierten, hielten während der Reformation am alten Glauben fest.[50] Auf der Grünwalder Konferenz im Februar 1522 entschieden sich die beiden Herzöge gegen die Lehre Martin Luthers; diese Entscheidung wurde im ersten bayerischen Religionsmandat vom 5. März 1522 manifestiert, so wurde „Bayern der früheste Schauplatz der Gegenreformation im Reich"[51].

Diese Entscheidung wurde 1549 durch die Berufung der ersten Jesuiten nach Ingolstadt durch Herzog Wilhelm IV. dokumentiert.[52] Neben dem Moment der

---

[49] WALTHER, Abt Balthasars Mission, 222. – Dies bezog sich zunächst auf den ‚Antiklerikalismus'. „Niemand konnte verhockte Mönche, träge Stiftsherren und dünkelhafte Theologen tiefer verachten als Inigo López de Loyola, der baskische Ritter und General, den eine Verwundung zum Einsiedler, Visionär und Wanderprediger gemacht hatte. Gerade keine monastische Gebetsgemeinschaft sollte der Orden sein, den Ignatius (wie er sich seither nannte) 1534 in Paris aus wenigen Gefährten geformt und 1540 vom Papst bestätigt erhalten hatte, sondern eine militärisch gegliederte Gruppe in der Welt wirkender Missionare. Nicht klösterliche Demut und passive Unterwerfung schuldeten seine Mitglieder ihrem „General" und dessen oberstem Feldherrn, dem Papst, sondern die freiwillig-unbedingte, aus Reflexion und Überzeugung erwachsende Hingabe des vollkommenen Soldaten"; WALTHER, Abt Balthasars Mission, 222.

[50] Zu Herzog Ludwig X. (Herzog von 1508-1545) vgl. ADB, Bd. 19, 513-516; BOSL, Bayerische Biographie, 496; LASCHINGER, Art. Ludwig X., in: NDB, Bd. 15, 366f.; SCHWAIGER, München – eine geistliche Stadt, in: DERS. (Hg.), Monachium sacrum, Bd. 1, 1-289, hier 75-77; SCHWAIGER, Die Religionspolitik der bayerischen Herzöge im 16. Jahrhundert, in: DERS. (Hg.), Das Bistum Freising in der Neuzeit, 29-53, hier 35-39. – Zu Herzog Wilhelm IV. (Herzog von 1508-1550) vgl. ADB, Bd. 42, 705-717; BOSL, Bayerische Biographie, 146-155; NÖHBAUER, Die Wittelsbacher, 146-155; SCHWAIGER, München – eine geistliche Stadt, in: DERS. (Hg.), Monachium sacrum, Bd. 1, 1-289, hier 75-77; ZIEGLER, Art. Wilhelm IV., in: LThK^3, Bd. 10, 1174; vgl. auch LUTZ, ZIEGLER, Das konfessionelle Zeitalter. Erster Teil: Die Herzöge Wilhelm IV. und Albrecht V., in: HBG^2, Bd. 2, 322-392.

[51] HEIM, Kirchengeschichte in Daten, 90. – Zur Grünwalder Konferenz und das Religionsmandat von 1522 vgl. LUTZ, ZIEGLER, Entscheidung gegen Luther und der Beginn der bayerischen Konfessions- und Reformpolitik (1522-1529), in: HBG^2, Bd. 2, 337-351; SCHWAIGER, Kontinuität im Umbruch der Zeit. Beobachtungen zu kritischen Punkten der bayerischen Kirchengeschichte, in: Beiträge zur Geschichte des Bistums Regensburg 18 (1984), 367-378, hier 370; SCHWAIGER, München – eine geistliche Stadt, in: DERS. (Hg.), Monachium sacrum, Bd. 1, 1-289, hier 75-77; ZIEGLER, Reformation und Gegenreformation 1517-1648. Altbayern, in: HBKG, Bd. 2, 1-64, hier 1-25.

[52] In Ingolstadt befand sich seit 1472 die einzige Universität im Herzogtum Bayern. Das apostolische Schreiben Papst Pauls III. vom 27. September 1540 sah vor: „Aber sie [die Jesuiten] sollen bei Universitäten ein Kolleg oder Kollegien haben können, die Einkünfte, Zinsen oder Besitzungen haben, die dem Gebrauch und dem Notwendigen der Studenten zuzuwenden sind [...]"; Satzungen der Gesellschaft Jesu und ergänzende Normen, 32. – Erst unter Herzog Albrecht V. konnte die Gesellschaft Jesu

Herrschaftssicherung durch das eine Bekenntnis im Herzogtum war vor allem die persönliche Glaubensüberzeugung der Wittelsbacher ausschlaggebend gewesen, die sich durchweg bei allen Herzögen des 16. Jahrhunderts und darüber hinaus zeigte.[53] „Es ist eine historische Tatsache, dass sich die anfangs so mitreißende, allenthalben Enthusiasmus auslösende reformatorische Bewegung im Reich vor allem an den Grenzen des Herzogtums Bayern gebrochen hat, dass die bayerischen Herzöge dieser Epoche gerade in den Jahrzehnten der tödlich scheinenden Krisis die konsequentesten und damit sichersten Stützen für die alte Kirche und das Papsttum, damit aber auch für den Kaiser waren."[54]

1555 in Ingolstadt endgültig verankert werden, indem ihr die Leitung der Universität übertragen wurde. Das dortige Kolleg konnte erst 1556 verwirklicht werden; vgl. WEITLAUFF, Die Gründung der Gesellschaft Jesu und ihre Anfänge in Süddeutschland, in: Jahrbuch des Historischen Vereins Dillingen 94 (1992), 15-66. – Zur Geschichte der Universität Ingolstadt, die 1800 nach Landshut und schließlich 1826 nach München verlegt wurde, vgl. BOEHM, SPÖRL (Hg.), Ludwig-Maximilians-Universität Ingolstadt-Landshut-München 1472-1972; HUBENSTEINER (Hg.), Ingolstadt-Landshut-München. Der Weg einer Universität; KAUFMANN, Geschichte der deutschen Universitäten, Bd. 2, 31f.; KOCH, Art. Ingolstadt, in: DERS., Jesuiten-Lexikon, 869-872; LOHRUM, Art. Ingolstadt. 2) Universität, in: LThK³, Bd. 5, 494f. – Zur Geschichte der Jesuiten in Bayern vgl. BAUERREIß, Kirchengeschichte Bayerns, Bd. 7, 74-79; BAUMSTARK (Hg.), Rom in Bayern. Kunst und Spiritualität der ersten Jesuiten; OSWALD, HAUB (Hg.), Jesuitica. Forschungen zur frühen Geschichte des Jesuitenordens in Bayern bis zur Aufhebung 1773; SCHWAIGER, München – eine geistliche Stadt, in: DERS. (Hg.), Monachium sacrum, Bd. 1, 1-289, hier 96-103; WILD, SCHWARZ, OSWALD (Hg.), Die Jesuiten in Bayern 1549-1773.

[53] Das Herzogtum Bayern, das seit der Mitte des 13. Jahrhunderts mehrfach geteilt worden war, wurde durch Herzog Albrecht IV. von Bayern-München (1447-1508) zu Beginn des 16. Jahrhunderts wieder vereinigt, und im Primogeniturgesetz vom 8. Juli 1506 wurde die Unteilbarkeit des Herzogtums festgelegt, nämlich dass in Zukunft der erstgeborene Herzogssohn das ungeteilte Land regieren sollte; vgl. STAUBER, Die Herzöge von München. Die Wiederherstellung der Landeseinheit, in: SCHMID, WEIGAND (Hg.), Die Herrscher Bayerns, 142-157; WEITLAUFF, Die bayerischen Herzöge Wilhelm IV. und Ludwig X. und ihre Stellung zur Reformation Martin Luthers, in: Beiträge zur altbayerischen Kirchengeschichte 45 (2000), 59-110; WEITLAUFF, Die Gründung der Gesellschaft Jesu und ihre Anfänge in Süddeutschland, in: Jahrbuch des Historischen Vereins Dillingen 94 (1992), 15-66; WEITLAUFF, Wilhelm IV. und Ludwig X. Die Auseinandersetzung mit der Lehre Luthers, in: SCHMID, WEIGAND (Hg.), Die Herrscher Bayerns, 158-172; Die Jesuiten in Ingolstadt 1549-1773; WILD, SCHWARZ, OSWALD (Hg.), Die Jesuiten in Bayern 1549-1773, 36-46. – Zu Herzog Albrecht IV. vgl. ADB, Bd. 1, 233f.; BOSL, Bayerische Biographie, 12; RALL, Art. Albrecht IV., in: NDB, Bd. 1, 157f.; STAUBER, Staat und Dynastie. Herzog Albrecht IV. und die Einheit des „Hauses Bayern" um 1500, in: ZBLG 60/2 (1997), 539-565.

[54] HEIM, Österreich. Konfessionspolitische Nachbarschaftshilfe unter Herzog Albrecht V. (1550-1579), in: SCHMID, WEIGAND (Hg.), Bayern mitten in Europa, 121-133, hier 126. – Auch Heim kommt zu dem Ergebnis, dass die Entscheidung der bayerischen Herzöge für die katholische Kirche „[…] nicht vorrangig politischer Berechnung entsprang, sie gründete mehr in der persönlichen religiösen Überzeugung, und dies in einer Zeit, da Bischöfe und Domkapitel weithin versagten, ja selbst in Rom die Kräfte einer religiösen Erneuerung nur langsam und äußerst beschwerlich gegen die verhängnisvollen Traditionen des Renaissancepapsttums durchsetzen konnten"; HEIM, Österreich. Konfessionspolitische Nachbarschaftshilfe unter Herzog Albrecht V. (1550-1579), in: SCHMID, WEIGAND (Hg.), Bayern mitten in Europa, 121-133, hier 126.

Am 24. September 1549 schrieb Ignatius an seine drei Ordensbrüder in Ingolstadt, Petrus Canisius[55], Claude Le Jay[56] und Alphons Salmerón[57]: „Vor allem müssen Sie sich das Wohlwollen der maßgeblichen Persönlichkeiten zu gewinnen trachten. Es wäre sehr viel wert, wenn Sie sich dem Herzog selbst oder den einflussreichsten Persönlichkeiten seiner Umgebung als Beichtväter oder durch geistliche Übungen nützlich erweisen könnten."[58] Dies gelang in Bayern auf vorzügliche Weise, denn Albrecht V.[59] manifestierte den jungen Orden endgültig im Herzogtum und beauftragte die Jesuiten mit der Missionierung im Geist der Katholischen Reform, der Gegenreformation und der Schulreform in Bayern. Bereits 1555 übertrug er die Leitung der Ingolstädter Universität dem neuen Orden.[60]

---

[55] Zu Petrus Canisius (1521-1597) vgl. ADB, Bd. 3, 749-756; BOSL, Bayerische Biographie, 108; BRAUNSBERGER, Beati Petri Canisii SJ Epistulae et Acta, 8 Bde.; BUXBAUM, Art. Canisius, Petrus, in: LThK³, Bd. 2, 923f.; BUXBAUM, Art. Canisius, Petrus, in: Biographisches Lexikon der Ludwig-Maximilians-Universität München, Teil 1, 60-62; Catalogus generalis, 58; DUHR, Geschichte der Jesuiten, Bd. 1, 66-91; IMMENKÖTTER, Was der Papst, der gesandt hat, anzielt. Petrus Canisius in Ingolstadt, München, Augsburg und Dillingen, in: BAUMSTARK (Hg.), Rom in Bayern. Kunst und Spiritualität der ersten Jesuiten, 49-54; JEDIN, Art. Canisius, Petrus, in: NDB, Bd. 3, 122f.; KOCH, Art. Canisius, in: DERS., Jesuiten-Lexikon, 294-297; SAMMER, Art. Canisius, Petrus, in: HEIM (Hg.), Theologen, Ketzer, Heilige, 86; WOLTER, Art. Canisius, Petrus (1521-1597), in: TRE, Bd. 7, 611-614.

[56] Zu Le Jay vgl. KOCH, Art. Le Jay, in: DERS., Jesuiten-Lexikon, 1090.

[57] Zu Salmerón vgl. KOCH, Art. Salmeron, in: DERS., Jesuiten-Lexikon, 1585.

[58] Ignatius von LOYOLA an Petrus Canisius, Claude Jay und Alphons Salmerón, Rom 24.9.1549, in: Ignatius von LOYOLA, Geistliche Briefe, 188-195, hier 191.

[59] Zu Herzog Albrecht V. (1528-1579, Herzog seit 1550) vgl. ADB, Bd. 1, 234-237; BAUMSTARK, Albrecht V. Der Renaissancefürst und seine Sammlungen, in: SCHMID, WEIGAND (Hg.), Die Herrscher Bayerns, 173-188; BOSL, Bayerische Biographie, 12; GOETZ, Art. Albrecht V., in: NDB, Bd. 1, 158-160; GrBBE, Bd. 1, 27f.; KOCH, Art. Albrecht V., in: DERS., Jesuiten-Lexikon, 34; NÖHBAUER, Die Wittelsbacher, 156-164; SCHWAIGER, München – eine geistliche Stadt, in: DERS. (Hg.), Monachium sacrum, Bd. 1, 1-289, hier 77-79; SCHWAIGER, Die Religionspolitik der bayerischen Herzöge im 16. Jahrhundert, in: DERS. (Hg.), Das Bistum Freising in der Neuzeit, 29-53, hier 39-42; ZIEGLER, Art. Albrecht V., in: LThK³, Bd. 1, 343.

[60] Zu den Jesuiten und ihrer Bedeutung für die Katholischen Reform und Gegenreformation in Bayern vgl. ALBRECHT, Bayern und die Gegenreformation, in: GLASER (Hg.), Wittelsbach und Bayern II/1, 13-23; BAUERREIß, Kirchengeschichte Bayerns, Bd. 7, 74-79; BAUMSTARK (Hg.), Rom in Bayern; BAUMSTARK, Rom. Strategie und Erfolg der ersten Jesuiten in Bayern, in: SCHMID, WEIGAND (Hg.), Bayern mitten in Europa. Vom Frühmittelalter bis ins 20. Jahrhundert, 134-151; DUHR, Die Jesuiten am Hof zu München in der zweiten Hälfte des 17. Jahrhunderts, in: HJb 39 (1918/1919), 73-114; DUHR, Die Jesuiten an den deutschen Fürstenhöfen des 16. Jahrhunderts, hier 96-151; GLASER, Nadie sin fructo. Die bayerischen Herzöge und die Jesuiten im 16. Jahrhundert, in: BAUMSTARK (Hg.), Rom in Bayern, 55-82; HAUSBERGER, Die kirchlichen Träger der katholischen Reform in Bayern, in: GLASER (Hg.), Wittelsbach und Bayern II/1, 115-124; KRAMMER, Bildungswesen und Gegenreformation; LUNDBERG, Jesuitische Anthropologie und Erziehungslehre in der Frühzeit des Ordens; NISING, „… in keiner Weise prächtig". Die Jesuitenkollegien der süddeutschen Provinz des Ordens und ihre städtebauliche Lage im 16.-18. Jahrhundert, 26f.; SCHWAIGER, München – eine geistliche Stadt, in: DERS. (Hg.), Monachium sacrum, Bd. 1, 1-289, hier 79f.

Im Oktober des Jahres 1559 kamen die ersten Jesuiten von Ingolstadt in die Haupt- und Residenzstadt München und errichteten ein Kolleg. Damit war München das zweitälteste Kolleg in der 1556 gegründeten Oberdeutschen Provinz nach dem Kolleg in Ingolstadt, das 1556 errichtet worden war, und das fünftälteste im deutschen Sprachraum.[61] Dem Münchener Kolleg wurde bereits im Dezember 1559 ein Gymnasium – das heutige Wilhelmsgymnasium – angeschlossen, das zum größten und auch bedeutendsten Jesuitengymnasium im Herzogtum Bayern werden sollte.[62] Es wurde der Kern gelegt, der den Jesuiten eine

---

[61] Das älteste Kolleg im deutschen Sprachraum wurde 1544 in Köln gegründet, dann folgten 1551 Mainz, 1552 Wien und 1556 Ingolstadt, wo sich die Jesuiten bereits seit 1549 befanden. – Zum Kölner Kolleg vgl. DUHR, Geschichte der Jesuiten, Bd. 1, 33-45; KOCH, Art. Köln, in: DERS., Jesuiten-Lexikon, 1011-1017. – Zum Kolleg in Mainz vgl. KOCH, Art. Mainz, in: DERS., Jesuiten-Lexikon, 1146f. – Zum Wiener Kolleg vgl. Duhr, Geschichte der Jesuiten, Bd. 1, 45-53; KOCH, Art. Wien, in: DERS., Jesuiten-Lexikon, 1847-1851. – Zum Kolleg in Ingolstadt vgl. Die Jesuiten in Ingolstadt 1549-1773; DUHR, Geschichte der Jesuiten, Bd. 1, 53-65; KOCH, Art. Ingolstadt, in: DERS., Jesuiten-Lexikon, 869-872; NISING, „... in keiner Weise prächtig". Die Jesuitenkollegien der süddeutschen Provinz des Ordens und ihre städtebauliche Lage im 16.-18. Jahrhundert, 156-165. – Die Errichtung von Kollegien ist bereits in der Bulle von 1540 vorgesehen; vgl. HEIM, Art. Kolleg, Kollegien, in: DERS., Kleines Lexikon der Kirchengeschichte, 261; KOCH, Art. Kolleg, in: DERS., Jesuiten-Lexikon, 1007-1011; Satzungen der Gesellschaft Jesu und ergänzende Normen, 32f. – Bei Putz fehlt die Nennung des 1551 in Mainz errichteten Kollegs; vgl. PUTZ, Domus Gregoriana, 33. – Zum Kolleg in München vgl. DUHR, Geschichte der Jesuiten, Bd. 1, 183-188; NISING, „... in keiner Weise prächtig". Die Jesuitenkollegien der süddeutschen Provinz des Ordens und ihre städtebauliche Lage im 16.-18. Jahrhundert, 207-223; SCHWAIGER, München – eine geistliche Stadt, in: DERS. (Hg.), Monachium sacrum, Bd. 1, 1-289, hier 100-103, 156-161; KOCH, Art. München, in: DERS., Jesuiten-Lexikon, 1250-1254; SCHADE, Die Berufung der Jesuiten nach München und der Bau von St. Michael, in: Der Mönch im Wappen. Aus der Geschichte und Gegenwart des katholischen München, 209-257; SCHMID, Templum aulicum. Das Jesuitenkolleg St. Michael zu München als Herrschaftskirche im frühneuzeitlichen Bayern, in: DALY, DIMLER, HAUB (Hg.), Emblematik und Kunst der Jesuiten in Bayern. Einfluß und Wirkung, 15-41. – Zur Oberdeutschen Provinz vgl. DUHR, Geschichte der Jesuiten, Bd. 1, 163-236; KOCH, Art. Oberdeutsche Provinz, in: DERS., Jesuiten-Lexikon, 1318-1320; NISING, „... in keiner Weise prächtig". Die Jesuitenkollegien der süddeutschen Provinz des Ordens und ihre städtebauliche Lage im 16.-18. Jahrhundert.

[62] Zur Geschichte des Münchener Wilhelmsgymnasiums vgl. DOLLINGER, Baugeschichte des Wilhelmsgymnasiums, in: Festschrift zur Vierhundert-Jahr-Feier des Wilhelms-Gymnasiums 1559-1959, 63-147; DUHR, Geschichte der Jesuiten, Bd. 1, 246-249; Festschrift zur Vierhundert-Jahr-Feier des Wilhelms-Gymnasiums 1559-1959; FINK-LANG, Das Münchner Jesuitengymnasium und sein bildungsorganisatorischer Ort, in: DICKERHOF (Hg.), Bildungs- und schulgeschichtliche Studien zu Spätmittelalter, Reformation und konfessionellem Zeitalter, 221-240; Festschrift zur Vierhundert-Jahr-Feier des Wilhelms-Gymnasiums 1559-1959; HUTTER, Die Gründung des Gymnasiums zu München im Jahre 1559/60; HUTTER, Die Hauptmomente der Schulgeschichte des alten Gymnasiums zu München; JOACHIMSEN, Aus der Vergangenheit des Münchener Wilhelmsgymnasiums; KEFES, Beruf oder Studium? Aspekte der Studienentscheidung der Absolventen des Jesuitengymnasiums München 1600-1776, in: Jahresbericht Wilhelmsgymnasium München 2002/2003, 149-177; KRAUS, Das Gymnasium der Jesuiten in München (1559-1773); KRAUS, Das Gymnasium der Jesuiten zu München, in: ZBLG 68 (2005), 731-744; KRAUS, Das Gymnasium der Jesuiten zu München und die Bayerische Akademie der Wissenschaften, in: GRUNER, VÖLKEL (Hg.), Region, Territorium, Nationalstaat, Europa. Beiträge zu einer europäischen Geschichtslandschaft, 176-198; KRAUS, Schule im Umbruch, in: ACKERMANN,

Monopolstellung im Bildungsbereich einräumte, die sie bis zur Aufhebung des Ordens 1773 behalten sollten.[63]
In seinem 1578 verfassten Testament verpflichtete Albrecht V. seine Nachfolger zur unabdingbaren Treue gegenüber der römisch-katholischen Kirche.[64] Sein Sohn, Herzog Wilhelm V., sicherte die finanzielle Grundlage der Jesuiten und

---

SCHMID (Hg.), Staat und Verwaltung in Bayern, 349-371; LEITSCHUH, Leiter des Gymnasiums, in: Festschrift zur Vierhundert-Jahr-Feier des Wilhelms-Gymnasiums 1559-1959, 39-43; LEITSCHUH, Die Matrikeln der Oberklassen des Wilhelmgymnasiums in München, 4 Bde.; LEITSCHUH, Schüler des Wilhelmsgymnasiums, in: Festschrift zur Vierhundert-Jahr-Feier des Wilhelms-Gymnasiums 1559-1959, 9-43; SCHLEDERER, Unterricht am Jesuitengymnasium. Beispiel: München, in: Handbuch der Geschichte des bayerischen Bildungswesens, Bd. 1, 535-548; SELBMANN, 430 Jahre Wilhelmgymnasium. Ein Stück bayerischer Kulturgeschichte; SELBMANN, Vom Jesuitenkolleg zum humanistischen Gymnasium.

[63] Neben München betreuten die Jesuiten im Herzogtum bzw. Kurfürstentum Bayern später noch die Gymnasien und Lyzeen in Amberg (errichtet 1630; vgl. KOCH, Art. Amberg, in: DERS., Jesuiten-Lexikon, 55), Burghausen (errichtet 1630; vgl. KOCH, Art. Burghausen, in: DERS., Jesuiten-Lexikon, 279), Landsberg (errichtet 1641; vgl. KOCH, Art. Landsberg, in: DERS., Jesuiten-Lexikon, 1073), Landshut (errichtet 1629; vgl. KOCH, Art. Landshut, in: DERS., Jesuiten-Lexikon, 1073), Mindelheim (errichtet 1622; vgl. KOCH, Art. Mindelheim, in: DERS., Jesuiten-Lexikon, 1201f.) und Straubing (errichtet 1631; vgl. KOCH, Art. Straubing, in: DERS., Jesuiten-Lexikon, 1707); für das akademische Gymnasium in Ingolstadt stellten die Jesuiten das Lehrpersonal; vgl. BAUMSTARK, Rom in Bayern. – Zum Bildungsmonopol der Jesuiten vgl. DICKERHOF, Das Schulwesen des Jesuitenordens in Bayern – Vom Nothelfer zum „Monopolisten", in: GRYPA, GUTFLEISCH (Hg.), Das Kurfürst-Maximilian-Gymnasium zu Burghausen, 9-15; HENGST, Jesuiten an Universitäten und Jesuitenuniversitäten. Zur Geschichte der Universitäten in der Oberdeutschen und Rheinischen Provinz der Gesellschaft Jesu im Zeitalter der konfessionellen Auseinandersetzung.

[64] Herzog Albrecht V. hob in seinem Testament aus dem Jahre 1578 besonders die beiden von ihm gegründeten Jesuitenkollegien Ingolstadt und München hervor. „Erstlich, weil vnns Christus selbs lernet vnnd haisst, das wir vnns von dem zeitlichen guet frundt im Himel machen solln vnnd allenthalben beuilch, dass sein Eer befurdert vnnd der Armen nit vergessn werde, wir aber hieuor aus recht christlichem guetem eifer zway Jhesuittn Collegia, alls nemblich in beeden vnnsern Haubtstetn Munchen vnnd Inngolstat, aufgericht, dieselben auf ain bennente anzal der Vätter vnnd zugehorige Gesellschafft Personen gstifft vnnd von neuen dingen fundiert, darzue auch perpetuiert vnnd mit ainer zur vnnderhalltung genugsamen Summa Jerlichs einckhommens vnnd Gellts dodiert, wie vnnsere derwegen verferttigte vnnd mit vnnser hannd vnnderschribne fundation vnnd Dotationbrief ausweisen, Demnach wellen wir vnnd ist vnnser enntliche mainung, dass von den hernachbenennten vnnsern geliebten Sönen, auch alln vnnsern Erben vnnd nahkhomen, sölche vnnser wolmainende fundation goltt dem Allmechtigen zw Lob, vnnsern Lannd vnnd Leuten zw nutz vnnd zw auferpauung, der Kirchen Gottes Pflanntzung, auch Rettung vnnserer allten wharen Catholischen Religion, in bestenndigen Würden vnnd Krefften erhallten werden." Und weiter heißt es im Testament: „Do auch wir dem noch mer in zeit vnnserer Regierung erigiern oder anndere Stifftungen thun wurden, die sollen gleichfalls in Jrer bestenndigkeit beleiben vnnd von vnnsern Erben in kainerley weg Reuociert noch abgethan, sonnder mit der zeit noch mers gebessert werden"; ZIEGLER, Das Testament Herzog Albrechts V. von Bayern (1578), in: GREIPL, SCHMID, ZIEGLER (Hg.), Aus Bayerns Geschichte, 259-309, hier 279f. – Die Domus Gregoriana findet hier zwar noch keine Erwähnung, ist aber dennoch für die Zukunft inbegriffen.

erhielt für seinen Einsatz für den katholischen Glauben den Beinamen „der Fromme".[65]

Der neue Orden der Katholischen Reform und der Gegenreformation sollte dauerhaft den katholischen Glauben im Herzogtum Bayern erhalten und stärken. Durch den apostolischen Einsatz der Jesuiten erhielten auch die alten Orden im Land, vor allem die Prälatenorden der Benediktiner, Zisterzienser, Augustiner- und Prämonstratenser-Chorherren, neue Impulse zur Erneuerung, denn zahlreiche Mitglieder hatten ihre Ausbildung bei den Jesuiten erhalten. „Es war ein »Jesuitisieren« der alten Orden, ein Durchdringen der Prälatenklöster »bis ins Herz hinein«."[66]

Für die Katholische Reform wurde vor allem das Konzil von Trient (1545-1563) maßgebend.[67] Hier wurden verschiedene Reformmaßnahmen behandelt und beschlossen, wie z. B. die Residenzpflicht für Bischöfe und Pfarrer[68] und die Neuordnung der Erteilung der niederen und höheren Weihen[69]. Um die Erneuerung wirksam durchsetzen zu können, nahm sich das Konzil in der Sessio XXIII der Frage der Priesterausbildung an, dessen Ergebnisse in der Entscheidung vom 15.

---

[65] Zu Herzog Wilhelm V. (1548-1626, Herzog von 1579-1597) vgl. ADB, Bd. 42, 717-723; ALBRECHT, Art. Wilhelm V., in: LThK³, Bd. 10, 1175; ALBRECHT, Wilhelm V. (1579-1598), in: HBG², Bd. 2, 393-406; BOSL, Bayerische Biographie, 847f.; GrBBE, Bd. 3, 2106; KOCH, Art. Wilhelm V., in: DERS., Jesuiten-Lexikon, 1853f.; KRAUS, Gymnasium der Jesuiten, 33-35; LANZINNER, Herrschaftsausübung im frühmodernen Staat. Zur Regierungsweise Herzog Wilhelms V. von Bayern, in: ZBLG 51/1 (1988), 77-99; NÖHBAUER, Die Wittelsbacher, 165-171; SAMMER, Wilhelm V. Katholische Reform und Gegenreformation, in: SCHMID, WEIGAND (Hg.), Die Herrscher Bayerns, 189-201; SCHWAIGER, München – eine geistliche Stadt, in: DERS. (Hg.), Monachium sacrum, Bd. 1, 1-289, hier 80; SCHWAIGER, Die Religionspolitik der bayerischen Herzöge im 16. Jahrhundert, in: DERS. (Hg.), Das Bistum Freising in der Neuzeit, 29-53, hier 47; ZIEGLER, Reformation und Gegenreformation 1517-1648. Altbayern, in: HBKG, Bd. 2, 1-64, hier 47-62.

[66] HUBENSTEINER, Vom Geist des Barock, 145. – Zur Klosterreform im Zeitalter der Katholischen Reform vgl. BAUERREIß, Kirchengeschichte Bayerns, Bd. 7, 56-80; DUHR, Geschichte der Jesuiten, Bd. 1, 497-508; PENZ, „Jesuitisieren der alten Orden"? Anmerkungen zum Verhältnis der Gesellschaft Jesu zu den österreichischen Stiften im konfessionellen Zeitalter, in: OHLIDAL, SAMERSKI (Hg.), Jesuitische Frömmigkeitskulturen. Konfessionelle Interaktion in Ostmitteleuropa 1570-1700, 143-161.

[67] Zum großen Reformkonzil von Trient vgl. DENZLER, ANDRESEN, Art. Trienter Konzil, in: DIES., dtv-Wörterbuch der Kirchengeschichte, 591-593; GANZER, Das Konzil von Trient – Angelpunkt für eine Reform der Kirche?, in: Römische Quartalschrift 84 (1989), 31-50; GANZER, Art. Trient. 3. Konzil, in: LThK³, Bd. 10, 225-232 ; JEDIN, Geschichte des Konzils von Trient, 3 Bde; KOCH, Art. Trient, in: DERS., Jesuiten-Lexikon, 1770-1773; MÜLLER, Art. Tridentinum (1545-1563), in: TRE, Bd. 34, 62-74.

[68] So sollten die Bischöfe nicht mehr länger als zwei bis drei Monate von ihrer Diözese abwesend sein; Pfarrer durften höchstens zwei Monate von ihrer Pfarrei sich entfernen; vgl. JEDIN, Geschichte des Konzils von Trient, Bd. 4/2, 72, 78.

[69] Hier wurde das Mindestalter zum Empfang der Subdiakonatsweihe von 18 auf 22 Jahre und für die Diakonenweihe auf 23 Jahre heraufgesetzt. Das Alter für den Empfang der Priesterweihe blieb das 25. Lebensjahr; vgl. JEDIN, Geschichte des Konzils von Trient, Bd. 4/2, 72, 78.

Juli 1563 und im Reformdekret Kapitel 18 mündete.[70] Wenn auch das Reformdekret vornehmlich an die Gründung von Seminaren zur Ausbildung des Priesternachwuchses dachte, die den Ortsbischöfen zur Pflicht gemacht wurde, so entstanden in der Folgezeit auch Kollegien, Seminare und Konvikte, die durch andere Institutionsträger errichtet wurden, oder die bereits schon bestanden.[71] So ist für Bayern das bereits 1494 durch Herzog Georg den Reichen[72] gestiftete Georgianum in Ingolstadt zu nennen, das elf mittellosen Studenten das Studium an der 1472 errichteten Landesuniversität ermöglichte.[73]

---

[70] Jedin schreibt hierzu: „Das weitaus folgenschwerste Stück des ganzen Dekretes ist die Anordnung, für die Heranbildung des Klerus bischöfliche Priesterseminare zu gründen. Wer dieses Dekret, so unvollkommen und verspätet es auch zuweilen ausgeführt worden sein mag, im Licht der vortridentinischen Zustände betrachtet, muß es als einen großen, ja entscheidenden Fortschritt bezeichnen"; JEDIN, Geschichte des Konzils von Trient, Bd. 4/2, 78f. – Das Reformdekret ist abgedruckt in: Conciliorum Oecumenicorum Decreta, Bd. 3, 750-753. – Eine deutsche Übersetzung in: Dekrete der ökumenischen Konzilien, Bd. 3, 750-753; vgl. auch JEDIN, Domschule und Kolleg. Zum Ursprung der Idee des Trienter Priesterseminars, in: Trierer Theologische Zeitschrift 67 (1958), 210-223; TÜCHLE, Das Seminardekret des Trienter Konzils und Formen seiner geschichtlichen Verwirklichung, in: Theologische Quartalschrift 144 (1964), 12-30. – Putz gibt irrtümlich den 14. Juli 1563 als Beschlusstermin an; vgl. PUTZ, Domus Gregoriana, 22.

[71] Neben den bischöflichen Würdenträgern, die bischöfliche Seminare bereits gestiftet hatten und durch das Trienter Konzil endgültig dazu verpflichtet wurden, waren es die Päpste selbst, die der Gründung von päpstlichen Seminaren förderten. So bewilligte z. B. Papst Gregor XIII. 1584 vierzig Stipendien für den adeligen Nachwuchs in Fulda und gab für deren Unterhalt 30 Goldscudi pro Kopf. Aber auch die Orden gründeten Seminare und Kollegien zur Ausbildung des künftigen Nachwuchses oder der Professen. Schließlich sind die Seminarstiftungen weltlicher Herrscher zu nennen, wie die Herzöge von Bayern, die neben der Domus Gregoriana in München schon 1494 das Herzogliche Georgianum in Ingolstadt ins Leben gerufen hatten; vgl. PUTZ, Domus Gregoriana, 35f. – Zum 1584 in Fulda errichteten päpstlichen Seminar vgl. KATHREIN, Jesuitengymnasium und päpstliches Seminar in Fulda, 62-67; KOMP, Die zweite Schule Fulda's und das päpstliche Seminar; LEINWEBER, Das Päpstliche Seminar in Fulda und seine Bedeutung im Zeitalter der Katholischen Erneuerung und des Barock; 400 Jahre Päpstliches Seminar – 250 Jahre Universität Fulda. – Allgemein zum Seminarwesen vgl. HEIM, Art. Seminar, Seminarien, in: DERS., Kleines Lexikon der Kirchengeschichte, 403; KOCH, Art. Seminar, in: DERS., Jesuiten-Lexikon, 1640-1642; NISING, „… in keiner Weise prächtig". Die Jesuitenkollegien der süddeutschen Provinz des Ordens und ihre städtebauliche Lage im 16.-18. Jahrhundert, 51f.

[72] Zu Herzog Georg dem Reichen (1455-1503, Herzog seit 1479) vgl. ADB, Bd. 8, 600-602; BOSL, Bayerische Biographie, 248f.; HAUSBERGER, Art. Georg, Herzog v. Niederbayern (1455-1503), in: LThK³, Bd. 4, 483f.; HIERETH, Art. Georg der Reiche, in: NDB, Bd. 6, 199f.; NÖHBAUER, Die Wittelsbacher, 116f.; ZIEGLER, Die Herzöge von Landshut, in: SCHMID, WEIGAND (Hg.), Die Herrscher Bayerns, 130-141, hier 132-141; STAUBER, Herzog Georg von Bayern-Landshut und seine Reichspolitik.

[73] Wenn auch ein priesterlicher Regens der herzoglichen Stiftung von Anfang an vorstand, so war das Georgianum zunächst nicht ausschließlich als Priesterseminar gedacht. Dennoch gilt das bis heute in München bestehende Herzogliche Georgianum als älteste Priesterausbildungsstätte im deutschen Sprachraum. – Zur Geschichte des Herzoglichen Georgianums vgl. KACZYNSKI (Hg.), Kirche, Kunstsammlung und Bibliothek des Herzoglichen Georgianums; SCHMID, Geschichte des Georgianums in München. Festschrift zum 400jährigen Jubiläum; SCHWAIGER, Das Herzogliche Georgianum in Ingolstadt, Landshut, München 1494-1994; SEIFERT, Das Georgianum 1494-1600. Frühe Geschichte und

Die Jesuiten nahmen sich in besonderer Weise dem Internatswesen an, auch wenn „die Leitung von Internaten zunächst nicht zu den genuin jesuitischen Aufgaben zählte"[74]. In den Kollegien sollte der eigene Ordensnachwuchs ausgebildet werden. „Erst auf Druck bischöflicher und fürstlicher Kollegienstifter machte die Ordensleitung allmählich den ordensinternen Schul- und Seminarbetrieb auch externen Schülern zugänglich, die nicht in den Orden eintreten wollten."[75]

In München wurde schon bald in den siebziger Jahren des 16. Jahrhunderts durch die Initiative des Herzogs Albrecht V. dem Kolleg, das vorübergehend im Kloster der Augustinereremiten in der Neuhauser Straße eingerichtet worden war, ein Seminar angeschlossen, das „als studienfördernde Einrichtung im sekundären und damit gymnasialen Bildungsbereich errichtet wurde"[76] und als „Domus Gregoriana" in die Geschichte einging. Man kann davon ausgehen, dass sich die Jesuiten durch die Einrichtung des Internats Nachwuchs für ihren Orden erhofften, zwingend notwendig war es aber nicht. Nach dem Vorbild des durch Ignatius von Loyola 1551 in Rom gegründeten Collegium Germanicum wurden auch Schüler aufgenommen, die von Anfang an nicht in den Orden eintreten wollten.[77] Neben der Domus Gregoriana war dem Müchener Kolleg seit 1576 ein Konvikt angegliedert, das 1597 nach Ingolstadt transferiert wurde.[78]

Gestalt eines staatlichen Stipendienkollegs, in: REAL, Die privaten Stipendienstiftungen der Universität Ingolstadt im ersten Jahrhundert ihres Bestehens, 147-206; vgl. auch SEIFERT, Die »Seminarpolitik« der bayerischen Herzöge im 16. Jahrhundert und die Begründung des jesuitischen Schulwesens, in: GLASER (Hg.), Wittelsbach und Bayern II/1, 125-132; SEIFERT, Weltlicher Staat und Kirchenreform. Die Seminarpolitik Bayerns im 16. Jahrhundert.

[74] PUTZ, Domus Gregoriana, 25; vgl. auch SCHRÖTELER, Erziehung in den Jesuiteninternaten des 16. Jahrhunderts.

[75] PUTZ, Domus Gregoriana, 25.

[76] PUTZ, Domus Gregoriana, 35. – Putz unterscheidet beim jesuitischen Seminarwesen die eigentlichen Seminare, in denen Alumnen kostenlos unterhalten wurden, von den Konvikten, in denen die Konviktoren für ihre Verpflegung und Ausbildung selbst aufkommen mussten; vgl. PUTZ, Domus Gregoriana, 26. – Die Stiftung der Domus Gregoriana durch das Haus Wittelsbach spiegelt sich in den offiziellen Institutionsnamen für das Internat wider: So wurde es am Anfang „Herzogliches Seminar Domus Gregoriana" und seit 1623 „Kurfürstliches Seminar Domus Gregoriana" bezeichnet. Mit der Erhebung Bayerns zum Königreich am 1. Januar 1806 hieß das Seminar „Königliches Erziehungsinstitut für Studierende in München". Durch allerhöchste Entschließung vom 20. Mai 1905 wurde genehmigt, dem Seminar den Namen „Königliches Erziehungsinstitut Albertinum" zu geben. Auch die heutige Bezeichnung „Studienseminar Albertinum – Wittelsbacher Stiftung seit 1574" erinnert an die herzogliche Gründung im 16. Jahrhundert und sieht sich dem Haus Wittelsbach verpflichtet.

[77] Zum Collegium Germanicum in Rom, das seit 1580 „Collegium Germanicum et Hungaricum" heißt, vgl. DUHR, Geschichte der Jesuiten, Bd. 1, 309-315; HEIM, Art. Collegium Germanicum, in: DERS., Kleines Lexikon der Kirchengeschichte, 92; KOCH, Art. Germanikum, in: DERS., Jesuiten-Lexikon, 663-665; SCHMIDT, Das Collegium Germanicum in Rom und die Germaniker. Zur Funktion eines rö-

Von Anfang an legten die Jesuiten großen Wert auf die schichtenneutrale Ausbildung: durch den kostenfreien Besuch der Gymnasien war es auch minderbemittelten Schülern möglich, die höhere Schulbildung zu erhalten.[79] Die Stiftung der Domus Gregoriana ergänzte diesen Gedanken um die kostenfreie Unterkunft, bot daher talentierten Schülern, die nicht in München wohnten, in den Genuss der Elitenbildung zu kommen.

Was das Gründungsdatum der Domus Gregoriana betrifft, hat Putz herausgearbeitet, „dass schwerlich von einem Gründungsmoment im Jahr 1574 als einmaligem willentlichen Akt des Stifters auszugehen ist, sondern vielmehr von einem Gründungsprozess, der bereits im Jahr 1561 begann und seinen endgültigen Abschluss erst mit der Ausstellung der Bestätigungsurkunde 1654 fand"[80]. Im Jahre 1561 wurde die Einrichtung eines Internats angedacht, aber aus unbekannten Gründen nicht umgesetzt.[81]

Die für das Jahr 1574 angegebene Stiftung von 400 Gulden an das Jesuitenkolleg in München durch Herzog Albrecht V. zur finanziellen Aufbesserung armer Schüler hatte wohl eher „einmaligen Charakter und nicht die Gründung einer dauerhaften Einrichtung zum Ziel"[82]. Festzuhalten ist, „dass die Domus Gregoriana von 1561 bis 1587 ein im Planungsstadium befindliches Seminar war"[83].

---

mischen Ausländerseminars (1552-1914); STEINHUBER, Geschichte des Collegium Germanicum Hungaricum in Rom, 2 Bde.; vgl. auch GATZ, Art. Kollegien u. Seminarien, in: LThK³, Bd. 6, 178-180.

[78] Vgl. PUTZ, Domus Gregoriana, 28f., 41. – Zu den weiteren Einrichtungen und Aufgabenbereiche des Münchener Jesuitenkollegs vgl. NISING, „... in keiner Weise prächtig". Die Jesuitenkollegien der süddeutschen Provinz des Ordens und ihre städtebauliche Lage im 16.-18. Jahrhundert, 207-223; PUTZ, Domus Gregoriana, 36-47.

[79] Vgl. DUHR, Die Studienordnung der Gesellschaft Jesu, 46-50.

[80] PUTZ, Domus Gregoriana, 48. – Die Tradition des Studienseminars Albertinum bezieht sich dennoch auf das Jahr 1574. So erschien zum 300jährigen Jubiläum die Festschrift von P. Beda STUBENVOLL, Geschichte des Königl. Erziehungs-Institutes für Studirende (Holland'sches Institut) in München aus Anlaß des 300jährigen Bestehens dieser Anstalt; am 26. und 27. Oktober 1974 wurde das 400jährige Jubiläum begangen, wozu das Kuratorium der Stiftung die Festschrift „400 Jahre (1574-1974) Albertinum" herausgab; zuletzt wurde 1999 das 425jährige Stiftungsjubiläum im Studienseminar Albertinum begangen; vgl. Jahresbericht des Studienseminars Albertinum 1998/1999.

[81] In zwei schriftlichen Notizen des Jahres 1561 findet sich dieser Hinweis: zum einen in einem Brief des Rektors des Münchener Kollegs, Theoderich Canisius, an den Provinzial der Oberdeutschen Provinz, Petrus Canisius, vom Juli 1561 und zum anderen im Quartalsbericht des Provinzials der genannten Provinz. Putz vermutet finanzielle Gründe für die Verzögerung der Umsetzung; vgl. PUTZ, Domus Gregoriana, 49f.

[82] PUTZ, Domus Gregoriana, 53. – Putz begründet diese These damit, dass von einer Gründung der Domus Gregoriana in zeitgenössischen Dokumenten wie Kolleggeschichten und Visitationsberichten jeder Hinweis fehlt. Auch die spätere Rückdatierung der Bestätigungsurkunde von 1654, die auf die Schenkung des Herzogs Albrecht V. von 1574 eingeht und einen P. Johannes Baptist Confluentinus (Koblenzer) SJ (1540-1595) als Initiator der Stiftung angibt, der in der Fastenzeit vor dem Herzog eine Predigt gehalten haben soll, in der er auf die finanzielle Not vieler Schüler hingewiesen habe, stellt

Mit dem Jahr 1587 tritt die Einrichtung des Seminars konkreter in Erscheinung. In diesem Jahr stiftete Herzog Wilhelm V. eine tägliche Verköstigung für 40 arme Knaben aus der herzoglichen Küche.[84] Nach Putz gab daher Herzog Wilhelm V. „den entscheidenden Impuls in diesem Gründungsprozess [...]; die Aktivitäten Herzog Albrechts V. hatten demnach eine geringere Bedeutung"[85]. Die Einrichtung eines Internats fand allerdings keine Erwähnung, so ist wohl eher an ein Tagesheim zu denken, in dem sich die Schüler versammelten, da noch die Visitation des Jahres 1591 von diesem Zustand ausgeht. Der Visitationsbericht gab erstmals den Namen des Seminars mit „Domus Gregoriana" an und nannte konkrete Aufnahmebedingungen und Verhaltensregeln.[86]

Es ist anzunehmen, dass die Speisung der armen Schüler zunächst in der Hofküche stattfand, denn eine Verfügung Herzog Wilhelms V. vom 20. Januar 1592 bestimmte, dass sie fortan im Kolleg stattzufinden habe, wofür der Herzog eine jährliche Abgabe von Lebensmitteln aus der Hofküche anordnete.[87]

Mit der Angabe eines eigenen „praefectus pauperum studiosorum" im Münchener Personalkatalog der Jesuiten für das Schuljahr 1593/1594 „kam der Gründungsprozess zu einem ersten Abschluss"[88].

Die Frage nach dem Zeitpunkt der Umgestaltung des Tagesheims zu einem Internatsbetrieb lässt sich nicht genau beantworten. Spätestens mit dem Erwerb ei-

---

Putz in Frage, da der genannte Pater erst im Dezember 1574 die Priesterweihe empfangen hatte; vgl. PUTZ, Domus Gregoriana, 51-53. – Stubenvoll bezieht sich in seiner Veröffentlichung auf dieses Gründungsdatum; vgl. STUBENVOLL, Geschichte des Königl. Erziehungs-Institutes, 9f. – Zu P. Johannes Baptist Confluentinus (1540-1595), der nach seinem Geburtsort auch „Koblenzer" genannt wurde, vgl. Catalogus generalis, 66; DUHR, Geschichte der Jesuiten, Bd. 1, 317f.; PUTZ, Domus Gregoriana, 41, Anm. 160, 331; STUBENVOLL, Geschichte des Königl. Erziehungs-Institutes, 9f.; WEYERER, Direktoren, in: Jahresbericht des Studienseminars Albertinum 2007/2008, 116-120, hier 116.

[83] PUTZ, Domus Gregoriana, 58.
[84] Die Belegstellen siehe in: PUTZ, Domus Gregoriana, 54, Anm. 237.
[85] PUTZ, Domus Gregoriana, 58.
[86] So blieb unter anderem die Zahl der „pauperum scholasticorum" auf vierzig begrenzt; vgl. PUTZ, Domus Gregoriana, 54f.
[87] Ein Grund könnte darin liegen, dass Herzog Wilhelm V. seit 1583 ein eigenes Kolleggebäude für die Jesuiten errichten ließ und somit allmählich die dafür nötigen Räume zur Verfügung standen. Seinen Abschluss fand die Kollegerrichtung mit der Weihe der Kirche St. Michael am 6. Juli 1597. Eine Abschrift der Verfügung vom 20. Januar 1592 in: StAM, Albertinum B 29; vgl. auch STUBENVOLL, Geschichte des Königl. Erziehungs-Institutes, 49-51.
[88] Der aufgeführte P. Johannes Baptist Confluentinus starb am 16. Mai 1595. Ihm folgte P. Georg Hosser (1543-1621); vgl. PUTZ, Domus Gregoriana, 55f., 94-96, 99; Catalogus generalis, 66, 191; STUBENVOLL, Geschichte des Königl. Erziehungs-Institutes, 53; WEYERER, Direktoren, in: Jahresbericht des Studienseminars Albertinum 2007/2008, 116-120, hier 116.

nes eigenen Hauses in der Herzogspitalstraße am 1. Juni 1622 stand jedoch ein Gebäude zur Verfügung, das einen Internatsbetrieb erlaubte.[89] Den Endpunkt des Gründungsprozesses setzte die nachträglich ausgestellte Stiftungsurkunde vom 10. Mai 1654, worin die Kurfürstenwitwe Maria Anna die Domus Gregoriana nunmehr als Kurfürstliches Seminar bestätigte.[90] Bis 1646 erachtete man einen eigenen Stiftungsbrief wohl nicht für notwendig. „Die Domus Gregoriana war Teil des Jesuitenkollegs in München, so dass der Stiftungsbrief des Kollegs von St. Michael auch hierfür Geltung hatte."[91] Im Jahre 1646 richteten die „pauperes studiosi domus Gregorii" ein Gesuch an Kurfürst Maximilian I., in dem sie baten, „an das von E[uer] D[urchlaucht] höchstseligem Vater glücklich begonnene Werk die letzte Hand anzulegen und das uns bisher gnädigst zugewendete Almosen auch für die Zukunft zu bestätigen"[92]. Das Bittschreiben bezog sich auf die von Herzog Wilhelm V. 1592 angeordnete Lieferung von Naturalien an das Kolleg zur Verköstigung der vierzig armen Gregorianer. Die Ausfertigung der Urkunde verzögerte sich aufgrund der Wirren des Dreißigjährigen Krieges und des 1651 erfolgten Todes des Kurfürsten.[93] Der Grund für die

---

[89] Zwar ist schon früher von einem gemieteten Gebäude mit Namen „Domus Gregoriana" die Rede, wobei es sich um einen Eckbau auf dem Areal des Jesuitenkollegs gehandelt haben dürfte, doch bereitet die Datierung der betreffenden Urkunde Herzog Wilhelms V. Schwierigkeiten. Sie könnte nach Putz vor 1597 ausgestellt worden sein; vgl. PUTZ, Domus Gregoriana, 56; vgl. auch Häuserbuch der Stadt München, Bd. 3, 181; NISING, „… in keiner Weise prächtig". Die Jesuitenkollegien der süddeutschen Provinz des Ordens und ihre städtebauliche Lage in 16.-18. Jahrhundert, 217.
[90] Die zweite Gemahlin des ersten bayerischen Kurfürsten Maximilian, Maria Anna, stammte aus dem Hause Habsburg und war eine Tochter Kaiser Ferdinands II. Nach dem Tod ihres Gatten am 27. September 1651 übernahm sie die Regentschaft und Vormundschaft für ihren noch minderjährigen Sohn Ferdinand Maria. Mit der Vollendung seines 18. Lebensjahres, am 31. Oktober 1654, übernahm Ferdinand Maria die Regentschaft. Eine Abschrift der von der Kurfürstenwitwe Maria Anna ausgestellten Urkunde in: StAM, Albertinum B 42. – Putz gibt im Anhang eine wortgetreue Abschrift; vgl. PUTZ, Domus Gregoriana, 331-338. – Der lateinische Text mit deutscher Übersetzung in: STUBENVOLL, Geschichte des Königl. Erziehungs-Institutes, 18-40. – Zur Kurfürstin Maria Anna fehlt eine eigenständige Untersuchung; lediglich zwei Veröffentlichungen sind mir bekannt: HABERKAMP, MÜNSTER, Die ehemaligen Musikhandschriften der Königlichen Hofkapelle und der Kurfürstin Maria Anna in München; MAYR, Briefe der Kurfürstin Maria Anna von Bayern, in: Festgabe Karl Theodor von Heigel zur Vollendung seines sechzigsten Lebensjahres, 305-323.
[91] PUTZ, Domus Gregoriana, 58.
[92] STUBENVOLL, Geschichte des Königl. Erziehungs-Institutes, 15. – Der vollständige lateinische Brief mit deutscher Übersetzung in: Ebda., 12-16.
[93] Zu Kurfürst Maximilian I. (1573-1651, seit 1597 Herzog, seit 1623 Kurfürst) vgl. ADB, Bd. 21, 1-22; ALBRECHT, Art. Maximilian I., in: LThK³, Bd. 7, 1; ALBRECHT, Art. Maximilian I., in: NDB, Bd. 16, 477-480; ALBRECHT, Maximilian I. von Bayern 1573-1651; ALBRECHT, Das konfessionelle Zeitalter. Teil 2. Die Herzöge Wilhelm V. und Maximilian I., in: HBG, Bd. 2², 393-457; ALBRECHT, Die Testamente Kurfürst Maximilians I. von Bayern, in: ZBLG 58/1 (1995), 235-260; BAUERREIß, Kirchengeschichte Bayerns, Bd. 7, 106-137; BOSL, Bayerische Biographie, 512; GLASER (Hg.), Wittelsbach und Bayern II/1. Um Glauben und Reich. Kurfürst Maximilian I. Beiträge zur bayerischen Ge-

urkundliche Sicherung der Stiftung war also eher materieller Art. Mit der Ausstellung der Urkunde sollten die in einem Prozess von über achtzig Jahren erworbenen Rechte gesichert werden. So hält Putz fest, dass die ausgestellte Urkunde weniger den Charakter einer Stiftungs- oder Gründungsurkunde habe. „Die sogenannte Gründungsurkunde hatte lediglich die Aufgabe, einen bestehenden Rechtszustand für die Zukunft zu sichern."[94]
Die Urkunde vom 10. Mai 1654 hatte fortan für das Seminar wie auch für das kurfürstliche Haus die Bedeutung eines Stiftungsbriefes. Der folgende Kurfürst Ferdinand Maria verlieh diesem Brief die höchste Anerkennung, in dem er ihn am 31. August 1662 bestätigte.[95] Ebenso tat es Kurfürst Karl Albrecht in seiner Bestätigung vom 15. September 1728. In ihr heißt es, dass sich die Jesuiten bezüglich der „aufnahm der ad seminarium Sancti Gregorii aspirirenden knaben nach solcher der fundation und unserer intention ohne veraenderung" zu richten haben.[96]

---

schichte und Kunst 1573-1657; HAERING, Art. Maximilian I. von Bayern, in: HEIM (Hg.), Theologen, Ketzer, Heilige, 268; IMMLER, Kurfürst Maximilian I. und die Kirche. Aspekte seiner Finanzpolitik während des Dreißigjährigen Krieges, in: ZBLG 51/2 (1988), 387-409; IMMLER, Maximilian I. Der Große Kurfürst auf der Bühne der europäischen Politik, in: SCHMID, WEIGAND (Hg.), Die Herrscher Bayerns, 202-217; KOCH, Art. Maximilian I., in: DERS., Jesuiten-Lexikon, 1185f.; KRAUS, Gymnasium der Jesuiten, 35-40; KRAUS, Maximilian I.; NEUHAUS, Maximilian I., Bayerns Großer Kurfürst, in: ZBLG 65 (2002), 5-23; NÖHBAUER, Die Wittelsbacher, 175-191; SCHMID, Kurfürst Maximilian I. von Bayern (1598-1651), in: SCHWAIGER (Hg.), Christenleben im Wandel der Zeit, Bd. 1, 129-142; SCHWAIGER, München – eine geistliche Stadt, in: DERS. (Hg.), Monachium sacrum, Bd. 1, 1-289, hier 116-127.

[94] PUTZ, Domus Gregoriana, 58.

[95] Eine Kopie des Bestätigungsschreibens von 1662 in: StAM, Albertinum B 42; PUTZ, Domus Gregoriana, 339. – Eine Abschrift mit deutscher Übersetzung in: STUBENVOLL, Geschichte des Königl. Erziehungs-Institutes, 41-44. – Zu Kurfürst Ferdinand Maria (1636-1679, Kurfürst seit 1651) vgl. ADB, Bd. 6, 677-679; BOSL, Bayerische Biographie, 198; GrBBE, Bd. 1, 503; HEIM, Ferdinand Maria. Die italienische Heirat, in: SCHMID, WEIGAND (Hg.), Die Herrscher Bayerns, 218-230; KRAUS, Gymnasium der Jesuiten, 41-44; NÖHBAUER, Die Wittelsbacher, 197-204; SCHERER, Art. Ferdinand Maria, in: NDB, Bd. 5, 86f.; SCHMID, Vom Westfälischen Frieden bis zum Reichsdeputationshauptschluß. Altbayern, in: HBKG, Bd. 2, 293-356, hier 311.

[96] StAM, Albertinum A 96. – Eine Abschrift der Bestätigung Kurfürsts Karl Albrecht vom 15. September 1728 in: PUTZ, Domus Gregoriana, 340. – Zum späteren Kaiser des Heiligen Römischen Reichs deutscher Nation (1697-1745, Kurfürst seit 1726, Kaiser seit 1742), der sich Kaiser Karl VII. nannte, vgl. ADB, Bd. 15, 219-226; BOSL, Bayerische Biographie, 405; GrBBE, Bd. 2, 984f.; GREIPL, Karl Albrecht. Der zweite wittelsbachische Kaiser, in: SCHMID, WEIGAND (Hg.), Die Herrscher Bayerns, 250-263; HARTMANN, Karl Albrecht – Karl VII. Glücklicher Kurfürst – Unglücklicher Kaiser; KRAUS, Gymnasium der Jesuiten, 46-48; NÖHBAUER, Die Wittelsbacher, 215-221; SCHMID, Karl VII. (1742-1745), in: SCHINDLING, ZIEGLER (Hg.), Die Kaiser der Neuzeit 1519-1918, 215-231, 488-490; SCHMID, Vom Westfälischen Frieden bis zum Reichsdeputationshauptschluß. Altbayern, in: HBKG, Bd. 2, 293-356, hier 312f.; WAGNER, Art. Karl VII., in: NDB, Bd. 11, 218f.

Die Bestätigungsurkunde von 1654 enthält zunächst eine Darstellung der Gründungsgeschichte („Origo et progressus"), die 1574 beginnt und Herzog Albrecht V. als Stifter von 400 Gulden nennt, gefolgt von den Aufnahmekriterien für Zöglinge („Conditiones suscipiendorum"), den Haussatzungen („Leges alumnorum") und dem Absatz über die Leitung des Hauses („Gubernatio"). Zuletzt werden die Abgaben des kurfürstlichen Hofes an das Seminar aufgelistet. Auf diese Bestätigungsurkunde soll noch näher eingegangen werden, da sie im Grunde bis zur Umgestaltung des Seminars unter Direktor Benedikt von Holland[97] in ihren Hauptpunkten Gültigkeit besaß. In den „Conditiones" wird am Ende Sinn und Zweck der Stiftung „Domus pauperum studiosorum S. Gregorii Magni" zusammenfassend formuliert. Demnach sollte armen Familien eine Möglichkeit gegeben werden, ihren begabten Söhnen durch einen Freiplatz im kurfürstlichen Kosthaus die höhere Schulbildung zukommen zu lassen. Neben der Schulbildung wird vor allem der Unterricht in der Vokal- und Instrumentalmusik betont, und zwar im Hinblick auf die Mitwirkung bei der Kirchenmusik in der Kollegkirche St. Michael.[98] Später wurde in den Haussatzungen noch der Ministrantendienst in St. Michael genannt.[99]

---

[97] Zur Person Benedikt von Hollands (1775-1853), der von 1810-1824 dem Königlichen Erziehungsinstitut für Studierende in München als Direktor vorstand, vgl. BSB, cgm 6415; StAM, RA Fasz. 3448/56212; GUGGENBERGER, Nekrologium, 64; HOLLAND, Art. Holland, Benedict v. H., in: ADB, Bd. 12, 748; HUFNAGEL, Berühmte Tote, 187; KNAB, Nekrologium, 70; LINDNER, Album Neresheimense, Nr. 14 (1896), 10; SCHEIBMAYR, Wer? Wann? Wo?, Bd. 1, 131; STUBENVOLL, Geschichte des Königl. Erziehungs-Institutes, 329-385, 408; WEIßENBERGER, Art. Holland, Benedikt (in der Welt Hyazinth) v., in: LThK[1], Bd. 5, 116; ZELLER, GIERL, Licht- und Lebensbilder des Clerus, 46-429. – Eine Zeichnung Hollands um 1830 von J. G. Zeller im Münchner Stadtmusem, Inventar-Nr. GR MI 2228. Siehe die Abbildung Nr. 10 im Anhang.
[98] Zur Münchener Jesuitenkirche St. Michael vgl. ALTMANN, Der Baukomplex um St. Michael in München – ein bayerischer Escorial?, in: Jahrbuch des Vereins für christliche Kunst in München 16 (1987), 73-80; ALTMANN, St. Michael in München. Mausoleum – Monumentum – Castellum, in: Beiträge zur altbayerischen Kirchengeschichte 30 (1976), 11-114; BRAUN, Die Kirchenbauten der deutschen Jesuiten, Teil 2, 49-95; CRAMMER, Gründlicher Bericht, 93-109; DUHR, Geschichte der Jesuiten, Bd. 1, 625-635; FORSTER, Das gottselige München, 215-265; GMELIN, Die St. Michaelskirche in München und ihr Kirchenschatz; MAYER, WESTERMAYER, Statistische Beschreibung, Bd. 2, 214-227; PAAL, Gottesbild und Weltordnung. Die St. Michaelskirche in München; SCHULZ, St. Michaels-Hofkirche in München. Festschrift zum dreihundertjährigen Jubiläum der Einweihung; SCHWAIGER, München – eine geistliche Stadt, in: DERS. (Hg.), Monachium sacrum, Bd. 1, 1-289, hier 100-103; STEINER, Altmünchner Gnadenstätten, 44-49; WAGNER, KELLER (Hg.), St. Michael in München. Festschrift zum 400. Jahrestag der Grundsteinlegung und zum Abschluß des Wiederaufbaues.
[99] „Intentio et finis eorum, qui domum istam erexerunt, et ad praesentem statum industria sua et eleemosyna promoverunt, illa fuit, ut adolescentes bonis ingeniis et dotibus instructi, sed ita pauperes, ut studiis operam dare non possent, in hac domo ex piorum eleemosynis precariam sustentationem haberent, ad studia prosequenda et musicam addiscendam, ac proinde omnes tenebuntur addiscere musicam, tam vocalem, quam instrumentalem, illaque se exercebunt, loco, tempore et modo, iuxta prae-

Was nun die konkrete Aufnahme der Zöglinge betraf, welche als kurfürstliche Stipendiaten freie Kost und Logis erhielten, war auf die erforderlichen Eigenschaften zu achten. So sollten die Kandidaten nicht zu jung sein und bereits die dritte Klasse des Gymnasiums (Syntax) besuchen oder mit ihr beginnen. Eine Ausnahme war für Diskantisten vorgesehen. Auch sollte kein Schüler aufgenommen werden, der bereits zu alt sei.[100] Von dieser Altersbeschränkung konnte der Rektor Dispens geben, wenn es die Kirchenmusik erforderte.[101]
Zuerst sollten die Söhne Münchener Bürger den Vorzug erhalten, sodann durfte auf bayerische Landeskinder zurückgegriffen werden. Der Zutritt so genannter „Ausländer" war schließlich möglich, wenn sie musikalische Kenntnisse oder ausgezeichnete schulische Leistungen nachweisen konnten, worauf generell alle Kandidaten geprüft werden sollten. Die Zahl der aufzunehmenden Alumnen wurde auf 40 begrenzt.[102] Darüber hinaus konnte noch eine Anzahl von Schülern unterhalten werden, die einen Beitrag zur Kostendeckung leisteten. Dem Rektor des Kollegs oblag es, über die Aufnahme eines Kandidaten zu entscheiden, nachdem er das Gutachten des Präfekten berücksichtigt hatte. Der Kurfürst konnte zusätzlich die Aufnahme von Zöglingen bestimmen, die er für förderungswürdig hielt.[103]
Mit diesem nachträglich erstellten Fundationsbrief bekundete das kurfürstliche Haus seine Verpflichtungen gegenüber der Domus Gregoriana, wie sie das Haus Wittelsbach durch die Stiftungen der Herzöge Albrecht V. und Wilhelm V. übernommen hatte und stellte es unter seinen persönlichen Schutz. Gleichzeitig

---

scriptum superiorum, ut musicam in templo S. Michaelis iuvare et conservare queant"; StAM, Albertinum B 42; PUTZ, Domus Gregoriana, 333. – Es verstand sich von selbst, dass im Seminar nur Knaben aufgenommen wurden, denn Mädchen oder Frauen durften kirchlichen Vorschriften zufolge nicht bei der Liturgie beteiligt werden. Erst das Zweite Vatikanische Konzil ließ Frauen offiziell zur Kirchenmusik zu.
[100] Vielleicht stehen im Hintergrund Internatserfahrungen, dass zu junge Seminaristen noch sehr von Heimweh geplagt sein und sich ältere Jugendliche eher schwer den Regeln eines Internatslebens unterordnen können.
[101] Dies änderte sich noch im 17. Jahrhundert, denn es wurden zum einen vermehrt Schüler der ersten Gymnasialklasse, gelegentlich sogar aus der Vorbereitungsklasse aufgenommen, die als Diskantisten notwendig waren, andererseits fanden sogar Lyzeisten Aufnahme, wenn sie als Bassstimme oder für Dienstämter gebraucht wurden; vgl. PUTZ, Domus Gregoriana, 59.
[102] Der Stiftungsbrief geht bereits von einer höheren Zahl von Seminaristen aus, wenn es heißt, dass sich seit acht Jahren die Zahl der Zöglinge fast um das Doppelte vermehrt habe; vgl. PUTZ, Domus Gregoriana, 332f.; STUBENVOLL, Geschichte des Königl. Erziehungs-Institutes, 24f.
[103] Dieses kurfürstliche Recht sorgte immer wieder für Konflikte zwischen den Inspektoren und der kurfürstlichen Regierung, wenn zum Beispiel die Aufnahme von Knaben verfügt wurde, die den erforderlichen Kriterien nicht entsprachen; siehe hierzu weiter unten.

schenkte die Kurfürstenwitwe Maria Anna der Societas Jesu vollstes Vertrauen, denn sie bestätigte ihr die volle Leitungsgewalt, die sie bis zur Aufhebung des Ordens 1773 behalten sollte.

Putz stellt in ihrer Arbeit die Frage nach den Motiven und Zielen, die zur Gründung des Seminars durch die herzoglichen Stiftungen führten. Als Teil des Jesuitenkollegs diente die Domus Gregoriana vorwiegend zur Bildung begabter, finanziell aber mittelloser Knaben, die dafür den kirchenmusikalischen, wie liturgischen Dienst in der Kollegskirche zu übernehmen hatten. „Beide Seiten wollten für St. Michael eine auf höchstem Niveau angesiedelte Kirchenmusik zur höheren Ehre Gottes, aber auch zum Ruhm des Ordens und des Herzogs."[104]

Ein zweites Motiv lag darin, im Seminar „einen hervorragend qualifizierten Nachwuchs für Staat und Kirche heranzubilden"[105]. Gegenüber den meist kirchlich gestifteten Knabenkonvikten, die zur Heranbildung künftiger Priester errichtet worden waren, stand den Absolventen der Domus Gregoriana die Berufswahl frei, auch wenn bis 1773 mehr als 61 % der Absolventen den geistlichen Stand ergriffen.[106]

Zur Sicherung der katholischen Konfession, wozu sich das Haus Wittelsbach aus persönlicher Glaubensüberzeugung im 16. Jahrhundert entschieden hatte, bedurfte es gut ausgebildeter und von ihrem Glauben überzeugter Männer, die im staatlichen oder kirchlichen Dienst tätig werden sollten. Das Herrscherhaus stützte sich im Bemühen um die Katholische Reform im Herzogtum Bayern auf die Jesuiten „als Motor für die Verbreitung und Festigung des katholischen Glaubens"[107]. Der Orden selbst profitierte vom Seminar, konnte er sich doch begründete Hoffnungen auf Nachwuchs machen.[108]

Ein weiteres Motiv ist der soziale Gedanke. Die schichtenneutrale Elitenbildung wurde zum Merkmal der Jesuiten in ihrem Bildungssystem, denn der Besuch von Gymnasien und damit verbundenen Lyzeen war kostenfrei. Hinzu kamen die herzoglich gestifteten Freiplätze im Seminar, wodurch finanziell benachtei-

---

[104] PUTZ, Domus Gregoriana, 60.
[105] PUTZ, Domus Gregoriana, 61.
[106] Im Fundationsbrief vom 10. Mai 1654 heißt es: „Postea vero, ubi fructum vidit, et hanc eleemosynam bene collocatam esse advertit, desiderans hac ratione acquirere copiam bonorum et eruditorum sacerdotum et laicorum [...]"; Zitat nach PUTZ, Domus Gregoriana, 332. – Zum geistlichen Werdegang der Gregorianer-Absolventen bis 1773 vgl. PUTZ, Domus Gregoriana, 160-204.
[107] PUTZ, Domus Gregoriana, 61.
[108] Von den Absolventen der Domus Gregoriana traten 5,8 % in den Jesuitenorden ein; vgl. PUTZ, Domus Gregoriana, 185-189.

ligten Knaben, die auch vom Land kommen konnten, die Möglichkeit des sozialen Aufstiegs gegeben werden sollte.
Nicht zu vergessen ist das religiöse Motiv, die Sorge um das Seelenheil, denn mit den herzoglichen Stiftungen, denen bald auch bürgerliche folgten, waren Gebete für die Stifter verbunden.[109]
Zusammenfassend hält Putz fest: „Für die herzogliche Familie waren Repräsentation, Heranbildung von Funktionseliten und Förderung sozial schwacher Schichten der Bevölkerung ein wichtiges Motiv. Doch auch die Fürbitte der Knaben im Gebet ist als Movens beim eigentlichen Gründer des Internates – sei es nun Albrecht V. oder der sehr fromme Wilhelm V. – nicht gering anzusetzen."[110]

1.2. Die Aufhebung der Societas Jesu und ihre Folgen für das bayerische Bildungswesen

„Ex certa scientia et plenitudine potestatis Apostolicae saepedictam Societatem extinguimus et supprimimus: tollimus et abrogamus omnia et singula ejus officia, ministeria et administrationes, Domus, Scholas, Collegia, Hospitia, Grancias et loca quaecumque quavis in Provincia, Regno et ditione existentia et modo quolibet ad eam pertinentia, ejus statuta, mores, consuetudines, Decreta, Constitutiones, etiam juramento, confirmatione Apostolica aut alias roboratas, omnia item et singula privilegia et indulta generalia vel specialia, quorum tenores praesentibus, ac si de verbo ad verbum essent inserta, ac etiamsi quibusvis formulis, clausulis irritantibus et quibuscunque vinculis et decretis sint concepta, pro plene et sufficienter expressis haberi volumus."[111] Mit diesen Worten aus dem Breve „Dominus ac Redemptor" vom 21. Juli 1773 hob Papst Clemens XIV.[112] die Gesellschaft Jesu auf, jenen Orden, der so maßgeblich zur Stabilisierung des

---

[109] Vgl. die Liste der Stifter von 1574 bis 1797, sowie die Stifter von Stipendien in: STUBENVOLL, Geschichte des Königl. Erziehungs-Institutes, 56-64, 66-85.
[110] PUTZ, Domus Gregoriana, 61.
[111] Zitat nach KNAAKE, Breve, 28f.
[112] Zu Papst Clemens XIV. (1769-1774) vgl. KOCH, Art. Klemens XIV., in: DERS., Jesuiten-Lexikon, 993-996; SCHNEIDER, Das Papsttum unter dem steigenden Druck des Staatskirchentums. Clemens XIV. (1769-1774), in: HKG, Bd. 5, 632-636; SCHWAIGER, Art. Clemens XIV., in: LThK³, Bd. 2, 1226f.; SCHWAIGER, Art. Clemens XIV., in: HEIM (Hg.), Theologen, Ketzer, Heilige, 93; SCHWAIGER, HEIM, Art. Clemens XIV., in: DIES., Kleines Lexikon der Päpste, 46; SEPPELT, SCHWAIGER, Geschichte der Päpste, 361-363.

katholischen Bekenntnisses während der Katholischen Reform beigetragen und strikten Gehorsam gegenüber dem Oberhaupt der katholischen Kirche abgelegt hatte.[113] Das Breve setzte einen Schlusspunkt unter jene Entwicklung, die die Jesuiten zu den ersten Verlierern jener neuen Geistesströmung werden ließ, die sich in Deutschland um die Mitte des 18. Jahrhunderts ausgebreitet hatte und die wir allgemein als Aufklärung bezeichnen.[114] Am Ende sollte es alle Klöster treffen, denn „der Antijesuitismus nach 1773 entwickelte sich zusehends zu einer generellen Absage an alle Orden und zum Teil an die ganze römische Vorherrschaft"[115]. Dabei wurde der Kampf gegen die Jesuiten weniger auf protestantischer Seite geführt, sondern vielmehr innerhalb der katholischen Kirche selbst. Denn die Aufklärung, die in Deutschland zunächst vom Protestantismus aufgegriffen und geprägt worden war, brachte auch jene Variante hervor, die in der Wissenschaft als „Katholische Aufklärung" bezeichnet wird.[116] Als frühe Ver-

---

[113] Zur Aufhebung der Gesellschaft Jesu vgl. BAUERREIß, Kirchengeschichte Bayerns, Bd. 7, 409-413; DUHR, Die Etappen der Aufhebung des Jesuitenordens nach den Papieren in Simancas, in: Zeitschrift für katholische Theologie 22 (1898), 432-454; HAUB, Ich habe euch nie gekannt, weicht alle von mir ... Die päpstliche Aufhebung des Jesuitenordens 1773, in: RUDOLF, BLATT (Hg.), Alte Klöster. Neue Herren. Die Säkularisation im deutschen Südwesten 1803, Teil 1, 77-88; KOCH, Art. Aufhebung der G[esellschaft]J[esu], in: DERS., Jesuiten-Lexikon, 120-129; KOCH, Art. Dominus ac Redemptor, in: DERS., Jesuiten-Lexikon, 436-441; MÜLLER, Die Aufhebung des Jesuitenordens in Bayern. Vorgeschichte, Durchführung, Administrative Bewältigung, in: ZBLG 48/2 (1985), 285-352; MÜLLER, Die Aufhebung des Jesuitenordens in Deutschland, in: Die Geschichte des Christentums, Bd. 10, 173-178; RUMMEL, Die Aufhebung des Ordens, in: HBKG, Bd. 2, 857f.; SCHWAIGER, München – eine geistliche Stadt, in: DERS. (Hg.), Monachium sacrum, Bd. 1, 1-289, hier 180-182; WILD, SCHWARZ, OSWALD, Die Aufhebung des Jesuitenordens 1773, in: DIES., Die Jesuiten in Bayern, 284-294.
[114] Zur geistesgeschichtlichen Epoche der Aufklärung in Deutschland und dem kaum mehr überschaubaren Schrifttum vgl. stellvertretend HAMMERMAYER, Die Aufklärung in Wissenschaft und Gesellschaft, in: HBG², Bd. 2, 1135-1197; MÖLLER, Vernunft und Kritik. Deutsche Aufklärung im 17. und 18. Jahrhundert; PÜTZ, Die deutsche Aufklärung; SCHNEIDER, Die wahre Aufklärung. Zum Selbstverständnis der deutschen Aufklärung; SCHWAIGER, München – eine geistliche Stadt, in: DERS. (Hg.), Monachium sacrum, Bd. 1, 1-289, hier 178-192; VALJAVEC, Geschichte der abendländischen Aufklärung. – Einen brauchbaren Überblick in: MÜLLER, Die Aufklärung.
[115] DÜLMEN, Antijesuitismus, 67.
[116] Zu einer differenzierten Bewertung der Aufklärung aus katholischer Sicht regten vor allem die Kirchenhistoriker Max Braubach (1899-1975) und besonders Sebastian Merkle (1862-1945) zu Beginn des 20. Jahrhunderts an; vgl. BRAUBACH, Die kirchliche Aufklärung im katholischen Deutschland im Spiegel des „Journal von und für Deutschland", in: HJb 54 (1934), 1-63, 178-220; MERKLE, Die katholische Beurteilung des Aufklärungszeitalters; DERS., Die kirchliche Aufklärung im katholischen Deutschland. Eine Abwehr und zugleich ein Beitrag zur Charakteristik „kirchlicher" und „unkirchlicher" Geschichtsschreibung. – Zu Max Braubach vgl. REPGEN, Art. Braubach, Max, in: LThK³, Bd. 2, 655f. – Zu Sebastian Merkle vgl. GANZER, Art. Merkle, Sebastian, in: LThK³, Bd. 7, 145; GANZER, Sebastian Merkle (1862-1945), Theologe, in: BAUMGART, SÜß (Hg.), Lebensbilder bedeutender Würzburger Professoren, 231-246; WEITLAUFF, Art. Merkle, Sebastian, in: NDB, Bd. 17, 159-161. – Zum Begriff und Wesen der Katholischen Aufklärung vgl. von ARETIN, Katholische Aufklärung im Heiligen Römischen Reich, in: DERS., Das Reich. Friedensgarantie und europäisches Gleichgewicht 1648-

treter der Katholischen Aufklärung sind vor allem für Bayern die Zeitgenossen Eusebius Amort[117] und Anselm Desing[118] zu nennen.[119] Die neue Geistesströmung der Aufklärung hielt verspätet Einzug im katholischen Deutschland. Bedeutende Zentren der Katholischen Aufklärung waren vor

---

1806, 403-433; BAUERREIß, Kirchengeschichte Bayerns, Bd. 7, 379-402; CIAFARDONE, Art. Aufklärung, in: LThK³, Bd. 1, 1207-1211; DENZLER, ANDRESEN, Art. Aufklärung, in: DIES., dtv-Wörterbuch der Kirchengeschichte, 93-95; GERICKE, Theologie und Kirche im Zeitalter der Aufklärung; HAAß, Die geistige Haltung der katholischen Universitäten Deutschlands im 18. Jahrhundert. Ein Beitrag zur Geschichte der Aufklärung; HEGEL, Die katholische Kirche Deutschlands unter dem Einfluß der Aufklärung des 18. Jahrhunderts, in: Rheinisch-Westfälische Akademie der Wissenschaften, Vorträge G 206, 5-31; KLUETING (Hg.), Katholische Aufklärung – Aufklärung im katholischen Deutschland (Studien zum achtzehnten Jahrhundert 15); PLONGERON, Was ist katholische Aufklärung?, in: KOVÁCS (Hg.), Katholische Aufklärung und Josephinismus, 11-56; SCHÄFER, Katholische Theologie in der Zeit der Aufklärung, in: HBKG, Bd. 2, 506-532; SCHÄFER, Kirche und Vernunft. Die Kirche in der katholischen Theologie der Aufklärungszeit; SCHWAIGER, Die Aufklärung in katholischer Sicht, in: Concilium 3 (1967), 559-566; SCHWAIGER, Kirche und religiöse Kultur – Vom Barock zur Aufklärung, in: DERS. (Hg.), Das Bistum Freising in der Neuzeit, 495-527, hier 515-518.

[117] Eusebius Amort (1692-1775) war 1708 Absolvent der Domus Gregoriana und wurde Augustiner-Chorherr in Polling; vgl. ADB, Bd. 1, 408f.; BAUERREIß, Kirchengeschichte Bayerns, Bd. 7, 241f., 385-389; Bayerische Bibliothek, Bd. 3, 1199f.; BOSL, Bayerische Biographie, 19; GrBBE, Bd. 1, 45; HELL, Art. Amort, Eusebius, in: LThK³, Bd. 1, 538; KRAUS, Gymnasium der Jesuiten, 524f.; LEITSCHUH, Matrikeln II, 145; PRECHT-NUßBAUM, Zwischen Augsburg und Rom. Der Pollinger Augustiner-Chorherr Eusebius Amort (1692-1775). Ein bedeutender Repräsentant katholischer Aufklärung in Bayern; PUTZ, Domus Gregoriana, 221; RÜCKERT, Eusebius Amort und das bayerische Geistesleben im 18. Jahrhundert; SCHAFFNER, Eusebius Amort (15. November 1692 – 5. Februar 1775), in: SCHWAIGER (Hg.), Bavaria Sancta, Bd. 3, 373-387; SCHAFFNER, Eusebius Amort (1692-1775) als Moraltheologe; SEPPELT, Art. Amort, Eusebius, in: NDB, Bd. 1, 256f.; STOERMER, Verzeichnis der Mitglieder, 26.

[118] Zu dem Amberger Jesuitenschüler Anselm Desing (1699-1772), der seit 1761 Abt von Ensdorf war, vgl. ADB, Bd. 5, 73f.; BAUERREIß, Kirchengeschichte Bayerns, Bd. 7, 239f.; Bayerische Bibliothek, Bd. 3, 1211f.; BOSL, Anselm Desing, 1699-1772, in: FÄRBER (Hg.), Bedeutende Oberpfälzer, 84-90; BOSL, Bayerische Biographie, 135; GEGENFURTNER, Anselm Desing (1699-1772). Abt des Benediktinerklosters Endsdorf, in: SCHWAIGER (Hg.), Lebensbilder aus der Geschichte des Bistums Regensburg, 372-376; GrBBE, Bd. 1, 350; HAERING, Art. Desing, Anselm, in: LThK³, Bd. 3, 111; HAMMERMAYER, Anselm Desing, Abt von Ensdorf, in: SCHROTT (Hg.), Bayerische Kirchenfürsten, 238-247; KNEDLING, SCHROTT (Hg.), Anselm Desing (1699-1772). Ein benediktinischer Universalgelehrter im Zeitalter der Aufklärung; LINDNER, Monasticon Metropolis Salzburgensis antiquae, 415; LINDNER, Schriftsteller, Bd. 1, 275-282; STEGMANN, Anselm Desing. Abt von Ensdorf (1699-1772). Ein Beitrag zur Geschichte der Aufklärung in Bayern; STEGMANN, Art. Desing, Anselm, in: NDB, Bd. 3, 614f.; STOERMER, Verzeichnis der Mitglieder, 47.

[119] Zum frühen Aufkommen der Aufklärung in Bayern vgl. HAMMERMAYER, Barock und frühe Aufklärung. Zur Wissenschafts- und Geistesentwicklung Bayerns (circa 1680-1730), in: GLASER (Hg.), Kurfürst Max Emanuel. Bayern und Europa um 1700, Bd. 1, 428-448. Hammermayer gibt mit Recht zu bedenken, dass die Begriffe „Barock" und „Aufklärung" nicht sofort mit dem „Alten" und „Neuen" verbunden werden dürfen. „Falsch und fatal wäre es darum, »Barock« und »Aufklärung« als absolutes Kontrastpaar der bayerischen Geistes- und Wissenschaftsentwicklung der späten 17. und frühen 18. Jahrhunderts zu setzen und schnittgenau zu trennen. Kein abrupter Übergang erfolgte, sondern Altes und Neues existieren mit-, neben-, auch gegeneinander, oft vielfältig verschränkt und überlagert, konstitutive Elemente in ein und derselben Person, im gleichen Werk"; HAMMERMAYER, ebda., 428.

allem in Fulda[120], Mainz[121], Trier[122] und Würzburg[123]. Dabei erstreckte sich die Aufklärung keineswegs nur in philosophischem Gedankengut, sondern hatte praktische Auswirkungen auf nahezu alle Bereiche gesellschaftlichen, künstlerischen und kirchlichen Lebens.[124]

---

[120] Eine führende Persönlichkeit der Katholischen Aufklärung in Fulda war der Benediktiner Karl von Piesport (1716-1800); vgl. RÖDER, Karl von Piesport (1716-1800). Leben und Werk eines Fuldaer Benediktiners unter dem Einfluß der kirchlichen Aufklärung. – Zur Aufklärung im Hochstift Fulda vgl. HAAß, Die geistige Haltung der katholischen Universitäten Deutschlands im 18. Jahrhundert, 67-74; HAMMERSTEIN, Aufklärung und katholisches Reich, 165f.; MÜHL, Die Aufklärung an der Universität Fulda. Mit besonderer Berücksichtigung der philosophischen und juristischen Fakultät (1734-1805); MÜLLER, Fürstbischof Heinrich von Bibra und die Katholische Aufklärung im Hochstift Fulda (1759-88). Wandel und Kontinuität des kirchlichen Lebens.

[121] Zur Aufklärung im Kurfürstentum Mainz vgl. HAAß, Die geistige Haltung der katholischen Universitäten Deutschlands im 18. Jahrhundert, 44-54; HAMMERSTEIN, Aufklärung und katholisches Reich, 142-158; JÜRGENSMEIER, Kurmainzer Reformpolitik in der zweiten Hälfte des 18. Jahrhunderts, in: KLUETING (Hg.), Katholische Aufklärung – Aufklärung im katholischen Deutschland, 302-318.

[122] Hier ist vor allem auf den Trierer Weihbischof Johann Nikolaus von Hontheim (1701-1790) zu verweisen, der mit seiner unter dem Pseudonym Justinus Febronius veröffentlichen Schrift „De statu ecclesiae et legitima potestate Romani Pontificis liber singularis ad reuniendos dissidentes in religione christianos compositus" als Begründer des Febronianismus gilt. Ein Förderer der Ideen Hontheims war der Trierer Kirchenrechtler Georg Christoph Neller (1709-1783). – Zur Person Hontheims vgl. RAAB, Art. Hontheim, Nikolaus v., in: NDB, Bd. 9, 604f.; SEIBRICH, Art. Hontheim, Johann Nikolaus v., in: LThK³, Bd. 5, 270f. – Zur Person Nellers vgl. LISTL, Art. Neller, Georg Christoph, in: LThK³, Bd. 7, 733. – Zur Aufklärung in Trier vgl. FRANZ (Hg.), Aufklärung und Tradition. Kurfürstentum und Stadt Trier im 18. Jahrhundert; HAAß, Die geistige Haltung der katholischen Universitäten Deutschlands im 18. Jahrhundert, 38-47; HAMMERSTEIN, Aufklärung und katholisches Reich, 136-142.

[123] Eine herausragende Persönlichkeit der Aufklärung an der Universität Würzburg war der Kanonist Johann Kaspar Barthel (1697-1771), dessen Schüler Georg Christoph Neller war; vgl. HELL, Art. Barthel, Johann Caspar, in: LThK³, Bd. 2, 37; MERZBACHER, Art. Barthel, Johann Kaspar, in: NDB, Bd. 1, 607f. - Zur Aufklärung im Hochstift Würzburg vgl. DETTELBACHER, Aufklärerische Reformbemühungen in der 2. Hälfte des 18. Jahrhunderts. Regionalgeschichtliche Ergänzungen. Schulreformen im Hochstift Würzburg, im Kurfürstentum Mainz, in den Grafschaften Castell und Castell-Rüdenhausen, in: Handbuch der Geschichte des bayerischen Bildungswesens, Bd. 1, 672-679; HAAß, Die geistige Haltung der katholischen Universitäten Deutschlands im 18. Jahrhundert, 75-87; HAMMERSTEIN, Aufklärung und katholisches Reich, 33-73; MERKLE, Würzburg im Zeitalter der Aufklärung, in: DERS., Ausgewählte Reden und Aufsätze, hg. von FREUDENBERGER, 421-441.

[124] Leitworte der Aufklärung, die vor allem die Nützlichkeit und Vernunft betonte, waren allgemein „Reform" und „Vereinfachung" gegen die barocke Schwülstigkeit. Zur Hebung des Sozialwesens wurden zum Beispiel Witwen- und Waisenkassen eingeführt. Zur Verbesserung der Landwirtschaft führte man die Stallfütterung, den Anbau von Klee und den Gebrauch von Dünger ein. Die Wirtschaft erfuhr zahlreiche Fördermaßnahmen, unter anderem wurden zahlreiche kirchliche Feiertage abgeschafft. Nach dem Vorbild des Propstes des Augustiner-Chorherrenstiftes Sagan in Schlesien, Johann Ignaz von Felbigers (1724-1788), der durch Kaiserin Maria Theresia zur Reform des österreichischen Schulwesens berufen wurde, wurden überall auf dem Land Volksschulen gegründet und die Schulpflicht endgültig eingeführt. Auch die Liturgie und Volksfrömmigkeit erfuhren Veränderungen und Einschränkungen, so führte man den deutschen Messgesang ein und ging gegen Aberglauben und übertriebenes Wallfahrtswesen vor. – Zu Felbiger und seiner Schulreform vgl. DÜLMEN, Die Prälaten Franz Töpsl aus Polling und Johann Ignaz von Felbiger aus Sagan. Zwei Repräsentanten der katholischen Aufklärung, in: ZBLG 30/2 (1967), 731-823; KRÖMER, Johann Ignaz von Felbiger. Leben und Werk; MÄRZ, Art. Felbiger, Johann Ignaz v., in: LThK³, Bd. 3, 1214; SCHÖNEBAUM, Art. Felbiger, Jo-

Überhaupt war das 18. Jahrhundert maßgebend im Bereich der Pädagogik, so dass Ulrich Herrmann geradezu vom „pädagogischen Jahrhundert" spricht.[125] Bahnbrechend für die Entdeckung der Kindheit als eigenständiger Wert war Jean-Jacques Rousseau[126] mit seinem Roman „Émile ou de l'éducation" 1762, dessen Lehre vom Eigenrecht der Kindheit in Deutschland vor allem von den Philanthropen aufgenommen wurde, die ein Programm der Pädagogikreform entwarfen.[127] Überhaupt wurde die Schulpflicht nun nach und nach in den verschiedenen Ländern eingeführt. Im Lehrplan schlug sich der Brauchbarkeitsgedanke nieder, weshalb der Muttersprache größere Bedeutung zukam. Gymnastische Übungen und Spiele sollten der Erholung des jungen Körpers und Geistes dienen. Ziel aller Reform sollte die Glückseligkeit sein, die mit Sittlichkeit ver-

---

hann Ignaz v., in: NDB, Bd. 5, 65f.; STANZEL, Die Schulaufsicht im Reformwerk des Johann Ignaz von Felbiger (1724-1788). Schule, Kirche und Staat in Recht und Praxis des aufgeklärten Absolutismus. – Zum Verhältnis von Aufklärung, Liturgie und Volksfrömmigkeit vgl. BRITTINGER, Die bayerische Verwaltung und das volksfromme Brauchtum im Zeitalter der Aufklärung; GOY, Aufklärung und Volksfrömmigkeit in den Bistümern Würzburg und Bamberg; GUTH, Liturgie, Volksfrömmigkeit und kirchliche Reform im Zeitalter der Aufklärung. Ein Beitrag zur kirchlichen Aufklärung in den alten Bistümern Bamberg und Würzburg, in: WDGBl 41 (1979), 183-201; KOHLSCHEIN, Aufklärungskatholizismus und Liturgie. Reformentwürfe für die Feier von Taufe, Firmung, Buße, Trauung und Krankensalbung; PFENNIGMANN, Volksfrömmigkeit und Aufklärung, in: SCHINDLER (Hg.), Bayern für Liebhaber. Barock und Aufklärung, 123-150; PÖTZL, Volksfrömmigkeit, in: HBKG, Bd. 2, 871-961, hier 957-961; REIFENBERG, Gottesdienstliches Leben, in: HBKG, Bd. 2, 613-639, hier 634-639; SIEMONS, Frömmigkeit im Wandel. Veränderungen in den Formen der Volksfrömmigkeit durch Aufklärung und Säkularisation.
[125] Als selbständige akademische Disziplin begegnet die Pädagogik in Deutschland erstmals 1779 in Halle, wo Ernst Christian Trapp (1745-1818) einen Lehrstuhl erhielt; vgl. SCHWEITZER, Art. Pädagogik, in: TRE, Bd. 25, 575-590; HERRMANN, Das pädagogische Jahrhundert; vgl. auch HERRMANN, Das 18. Jahrhundert als Epoche der deutschen Bildungsgeschichte und der Übergang ins 19. Jahrhundert, in: Handbuch der deutschen Bildungsgeschichte, Bd. 2, 547-555; HERRMANN, Pädagogisches Denken und Anfänge der Reformpädagogik, in: Handbuch der deutschen Bildungsgeschichte, Bd. 4, 147-178; PAUL, Religiös-kirchliche Sozialisation und Erziehung in Kindheit und Jugend, in: HBKG, Bd. 2, 557-612, hier 592-612. – Zu Ernst Christian Trapp vgl. ZIMMERMANN, Art. Trapp, Ernst Christian, in: ADB, Bd. 38, 497f.
[126] Zum Reformpädagogen Rousseau (1712-1778) vgl. FORSCHNER, Art. Rousseau, Jean-Jacques, in: LThK³, Bd. 8, 1332f.; HERRMANN, Die großen Anreger der Pädagogikreform in Europa: Locke und Rousseau, in: Handbuch der deutschen Bildungsgeschichte, Bd. 2, 102-105; SCHMIDT, Art. Rousseau, Jean-Jacques, in: TRE, Bd. 29, 441-446.
[127] Als Begründer des Philanthropismus gelten in Deutschland Johann Bernhard Basedow (1724-1790) und Joachim Heinrich Campe (1746-1818). – Zu Basedow vgl. BOLLNOW, Art. Basedow, Johann Bernhard, in: NDB, Bd. 1, 618f.; HERRMANN, Wegbereiter der Pädagogikreform in Deutschland: Basedow und Campe, in: Handbuch der deutschen Bildungsgeschichte, Bd. 2, 106f.; MÄRZ, Art. Basedow, Johann Bernhard, in: LThK³, Bd. 2, 51. – Zu Joachim Heinrich Campe vgl. FRIEMEL, Art. Campe, Joachim Heinrich, in: LThK³, Bd. 2, 914; HAUSMANN, Art. Campe, Joachim Heinrich, in: NDB, Bd. 3, 110f.

bunden wurde.¹²⁸ Für den katholischen Schulbereich wurde der Augustiner-Chorherr Johann Ignaz von Felbiger bedeutend, der zunächst von Friedrich II. mit der Schulreform in Schlesien beauftragt wurde und die Gründung von Lehrerseminaren vorantrieb. Seit 1774 reformierte er im Auftrag Maria Theresias das österreichische Schulwesen. Die Ideen Felbigers wurden im ganzen katholischen Deutschland aufgenommen.¹²⁹ So unterhielt zum Beispiel Propst Franz Töpsl von Polling in den Jahren 1770 bis 1774 engen wissenschaftlichen Kontakt zum Saganer Propst Felbiger.¹³⁰

„Jesuitisch" – zunächst ein Gütesiegel für eine hervorragende Bildung und Ausbildung – galt nun in den Ohren der Aufklärer als altmodisch, starrsinnig und unaufgeklärt. Ein „Jesuitenzögling", was im Grunde die meisten Aufklärer waren, da sie ihre Ausbildung bei den Jesuiten erfahren hatten, stand demnach für eine rückwärts gewandte Person, die sich nicht dem Licht der Aufklärung zuwenden wollte. Die antijesuitische Haltung zeigte sich auch in Bayern bei Mitgliedern anderer Ordensgemeinschaften, vor allem innerhalb der Prälatenorden.¹³¹ Als ein bekanntes Beispiel ist der einflussreiche Pollinger Propst Franz Töpsl zu nennen, der in der Folgezeit zu einer Schlüsselfigur der bayerischen Prälaten werden sollte.¹³² Manche bayerische Klöster entwickelten sich zu her-

---

¹²⁸ Zur Epoche des Philanthropismus, die sich etwa von 1770-1820 erstreckte, vgl. HERRMANN, Die Pädagogikreform im ausgehenden 18. Jahrhundert, insbesondere der Philanthropen, in: Handbuch der deutschen Bildungsgeschichte, Bd. 2, 108-113; RUPPERT, Art. Philanthropismus, in: LThK³, Bd. 8, 208f.; SCHMITT, Die Philanthropine – Musterschulen der pädagogischen Aufklärung, in: Handbuch der deutschen Bildungsgeschichte, Bd. 2, 262-277; STACH, Art. Philanthropismus, in: TRE, Bd. 26, 485-487.
¹²⁹ Als Beispiel sei die Schulordnung des Hochstifts Fulda „Allgemeine Ordnung für die niedern Schulen des Bißtumes und Fürstentumes Fuld" von 1781 genannt. Überhaupt orientierte sich die fuldische Bildungsreform der Zeit von 1769-1784 stark an den Vorstellungen und Methoden Felbigers; vgl. RÖDER, Karl von Piesport, 111-120.
¹³⁰ Felbiger verfasste zahlreiche pädagogische und katechetische Lehrbücher und reformierte das Schulwesen vor allem dadurch, indem er den Einzel- durch den Klassenunterricht ablöste. Als Muster für zahlreiche Schulordnungen des ausgehenden 18. Jahrhunderts diente seine 1761 erlassene Schulordnung. – Zum katholischen Schulreformer Johann Ignaz von Felbiger (1724-1788) vgl. DÜLMEN, Die Prälaten Franz Töpsl aus Polling und Johann Ignaz von Felbiger aus Sagan. Zwei Repräsentanten der katholischen Aufklärung in Deutschland, in: ZBLG 30/2 (1967), 731-823.
¹³¹ Der Antijesuitismus ist keine Neuerscheinung des 18. Jahrhunderts, sondern eher die Neuauflage einer Gegnerschaft zur Gesellschaft Jesu, die sich schon bei der Einführung des neuen Ordens im 16. Jahrhundert zeigte. Im Stift Fulda z. B. stieß die Berufung der Jesuiten unter Fürstabt Balthasar von Dernbach auf erbitterten Widerstand in der Ritterschaft und im Stiftskapitel; vgl. WALTHER, Abt Balthasars Mission. – Zum Antijesuitismus des 18. Jahrhunderts vgl. DÜLMEN, Antijesuitismus und katholische Aufklärung, in: HJb 89 (1969), 52-80.
¹³² Zur Person Franz Töpsls (1711-1796), der 1728 das Münchener Jesuitengymnasium absolvierte hatte, vgl. ADB, Bd. 38, 453; BAADER, Lexikon verstorbener Baierischer Schriftsteller, Bd. 1, Teil 2, 263f.; BAUERREIß, Kirchengeschichte Bayerns, Bd. 7, 388f.; Bayerische Bibliothek, Bd. 3, 1264;

vorragenden Zentren der Katholischen Aufklärung wie zum Beispiel Polling[133], Rottenbuch[134] und Wessobrunn[135]. Dezidierter Ort des Antijesuitismus wurde die 1759 ins Leben gerufene „Churbayerische Akademie der Wissenschaften". Hier vereinten sich Laien, Priester wie Ordensmänner, die die Liebe zur Wissenschaft, das Einführen neuer Methoden, aber auch die Gegenerschaft zur Gesellschaft Jesu einte.[136]

BOSL, Bayerische Biographie, 782; Catalogus Pollingae; DÜLMEN, Propst Franziskus Töpsl (1711-1796) und das Augustiner-Chorherrenstift Polling. Ein Beitrag zur Geschichte der katholischen Aufklärung in Bayern; DÜLMEN, Die Prälaten Franz Töpsl aus Polling und Johann Ignaz von Felbiger aus Sagan. Zwei Repräsentanten der katholischen Aufklärung, in: ZBLG 30/2 (1967), 731-823; GrBBE, Bd. 3, 1962; HAUSBERGER, Art. Töpsl, Franz, in: LThK³, Bd. 10, 109; KRAUS, Gymnasium der Jesuiten, 473, 620; LEITSCHUH, Matrikeln II, 245; STOERMER, Verzeichnis der Mitglieder, 145.

[133] Zum Augustiner-Chorherrenkloster Polling vgl. ANGELOSANTI, Klosterland – Bauernland. 200 Jahre Säkularisation des Augustinerchorherren-Stifts Polling 1803-2003; CHROBAK, Die wissenschaftlichen Leistungen der Augustinerchorherren im Zeitalter der Aufklärung: Das Beispiel Polling, in: MAI (Hg.), Die Augustinerchorherren in Bayern, 67-76; DRESSLER, BUZAS, WIESE, Zur Geschichte der Pollinger Bibliothek; DÜLMEN, Propst Franziskus Töpsl; HAMMERMAYER, Das Augustiner-Chorherrenstift Polling und sein Anteil an Entstehung und Entfaltung von Aufklärung und Akademie- und Sozietätsbewegung im süddeutsch-katholischen Raum (ca. 1717-1787); HARTIG, Oberbayerischen Stifte, 124-135; HELL, Art. Polling, in: LThK³, Bd. 8, 396f.; LENK, Die Pollinger Augustiner [Chorherren] und ihre Büchersammlung, in: SCHINDLER (Hg.), Bayerns goldenes Zeitalter, 246-266; SCHMID, Die Bibliothek des bayerischen Augustiner-Chorherrenstifts Polling. Bestände – Aufhebung – Erbe, in: MÜLLER (Hg.), Reform – Sequestration – Säkularisation, 165-190; SCHMID, Klosterhumanismus im Augustiner-Chorherrenstift Polling, in: MÜLLER (Hg.), Kloster und Bibliothek, 79-107.

[134] Pörnbacher beleuchtet in seiner Arbeit „Das Kloster Rottenbuch zwischen Barock und Aufklärung" das Nebeneinander von „Altem" und „Neuem", das Festhalten an barocke Traditionen und das Öffnen für die Geistesrichtung der Aufklärung in ein und demselben Kloster. – Zum Augustiner-Chorherrenstift Rottenbuch vgl. HARTIG, Oberbayerischen Stifte, 135-143; PÖRNBACHER, Die Bibliothek des Augustiner-Chorherrenstifts Rottenbuch am Vorabend der Säkularisation, in: MÜLLER (Hg.), Kloster und Bibliothek, 171-192; PÖRNBACHER, Das Kloster Rottenbuch zwischen Barock und Aufklärung (1740-1803); PÖRNBACHER (Hg.), Rottenbuch. Das Augustinerchorherrenstift im Ammergau. Beiträge zur Geschichte, Kunst und Kultur; RÖHRIG, Art. Rottenbuch, in: LThK³, Bd. 8, 1325f.

[135] Zur Benediktinerabtei Wessobrunn vgl. ALTMANN, 1250 Jahre Wessobrunn. Festschrift; ANDRIAN-WERBURG, Die Benediktinerabtei Wessobrunn; FUGGER, Kloster Wessobrunn. Ein Stück Kulturgeschichte unseres engeren Vaterlandes; HARTIG, Oberbayerischen Stifte, 25-32; HEMMERLE, Benediktinerklöster in Bayern, 336-342; LINDNER, Professbuch der Benediktiner-Abtei Wessobrunn; REINHARDT, Das Projekt einer lateinisch-deutschen Brevierausgabe. Zur Geschichte der Abtei Wessobrunn im 18. Jahrhundert, in: ZBLG 31/2 (1968), 642-648; SCHNELL, Die Bedeutung von Wessobrunn, in: ZBLG 35/1 (1972), 186-201; WINHARD, Die Benediktinerabtei Wessobrunn im 18. Jahrhundert; WINHARD, Art. Wessobrunn, in: LThK³, Bd. 10, 1117f.

[136] Zu beachten ist, dass von den 18 Gründungsmitgliedern die Hälfte Ordensleute waren. Zwar beteuerte der Akademiegründer Johann Georg von Lori (1723-1786) die religiöse Neutralität, faktisch fanden aber keine Aufnahmen von Jesuiten statt. Dafür nahm man den protestantischen Mathematiker Johann Heinrich Lambert (1728-1777) auf. – Zur Person Loris vgl. ADB, Bd. 19, 183-195; BAADER, Lexikon verstorbener Baierischer Schriftsteller, Bd. 1, Teil 1, 324-327; Bayerische Bibliothek, Bd. 3, 1231f.; BOSL, Bayerische Biographie, 490f.; GrBBE, Bd. 2, 1208; HAMMERMAYER, Art. Lori, Johann Georg, in: NDB, Bd. 15, 180-183; KRAUS, Art. Lori, Johann Georg (von), in: Biographisches Lexikon der Ludwig-Maximilians-Universität München, Teil 1, 250-252; STOERMER, Verzeichnis der Mitglieder, 95. – Zu Lambert vgl. ADB, Bd. 17, 552-556; BOSL, Bayerische Biographie, 460; KRAUS, Art.

Bedeutendes wissenschaftliches Zentrum der Katholischen Aufklärung wurde die von Benediktinern unterhaltene Universität Salzburg.[137] Die bayerischen Benediktineräbte schickten ihre talentierten Religiosen bevorzugt zum Studium nach Salzburg. Über sie gelangte das Gedankengut der Aufklärung in nahezu alle bayerische Benediktiner-Klöster. Hier wurde nach neuesten wissenschaftlichen Methoden gelehrt. Unter anderem wurde teilweise die deutsche Sprache in den Vorlesungen verwendet, der Gebrauch von Lehrbüchern eingeführt und das Diktieren des Lehrstoffs abgeschafft. In der Philosophie hatte man sich der Lehre des Protestanten Christian von Wolff geöffnet.[138]

Lambert, Johann Heinrich, in: NDB, Bd. 13, 437-439; STOERMER, Verzeichnis der Mitglieder, 90. – Zur Gründung und Geschichte der Bayerischen Akademie der Wissenschaften vgl. HAMMERMAYER, Geschichte der Bayerischen Akademie der Wissenschaften 1759-1807, 2 Bde.; HEYDENREUTER, Die Bibliotheken der bayerischen Augustiner-Chorherrenstifte und die Bayerische Akademie der Wissenschaften im 18. Jahrhundert, in: MÜLLER (Hg.), Kloster und Bibliothek, 193-215; KRATZ, Aus den Frühtagen der Bayerischen Akademie der Wissenschaften; KRAUS, Die historische Forschung an der Churbayerischen Akademie der Wissenschaften 1759-1806; KRAUS, Die naturwissenschaftliche Forschung an der Bayerischen Akademie der Wissenschaften im Zeitalter der Aufklärung; SPINDLER, Gründung und Anfänge der Bayerischen Akademie der Wissenschaften, in: ZBLG 44/2 (1981), 505-523; WAGNER, Die Anfänge der Bayerischen Akademie der Wissenschaften, in: HARTMANN, VIERHAUS (Hg.), Der Akademiegedanke im 17. und 18. Jahrhundert, 171-191. – Zu den Mitgliedern der Akademie vgl. STOERMER, Verzeichnis der Mitglieder. – Ein Verzeichnis der Gregorianer-Absolventen bis 1773 als Mitglieder der Akademie in: PUTZ, Domus Gregoriana, 206-210.
[137] Zur Geschichte der 1622 gegründeten Universität in Salzburg vgl. HERMANN, Salzburg, Universität, in: Germania Benedictina, Bd. 3/3, 425-477; KAINDL-HÖNIG, RITSCHEL, Die Salzburger Universität 1622-1964; RINNERTHALER, Art. Salzburg, Universität, in: TRE, Bd. 29, 740-743; SATTLER, Collectaneen-Blätter zur Geschichte der ehemaligen Benedictiner-Universität Salzburg; WAGNER (Hg.), Universität Salzburg 1622 – 1962 – 1972. Festschrift; DERS., Die Geschichte der Universität 1622-1962, in: Universität Salzburg. Gedanke und Gestalt, 18-27. – Zur Katholischen Aufklärung in Salzburg vgl. APFELBAUER, Die Aufklärung an der Benediktineruniversität Salzburg unter Erzbischof Hieronymus Colloredo, in: Jahrbuch der Universität Salzburg 1981-1983, 69-86; HAAß, Die geistige Haltung der katholischen Universitäten Deutschlands im 18. Jahrhundert, 160-164; HAMMERMAYER, Das Erzstift Salzburg, ein Zentrum der Spätaufklärung im katholischen Deutschland (ca. 1780-1803), in: KLUETING (Hg.), Katholische Aufklärung – Aufklärung im katholischen Deutschland, 346-368; REB, L'Aufklärung catholique à Salzbourg, 2 Bde.
[138] Maßgeblichen Anteil an der Salzburger Universitätsreform hatte Anselm Desing, der von 1737-1743 an der Salzburger Hochschule lehrte; vgl. STEGMANN, Anselm Desing, Abt von Ensdorf (1699-1772). – Zur Aufklärung in Salzburg allgemein vgl. HAMMERMAYER, Die Aufklärung in Salzburg (ca. 1715-1803). Die letzte Epoche des Erzstifts Salzburg. Politik und Kirchenpolitik unter Erzbischof Graf Hieronymus Colloredo (1772-1803), in: DOPSCH, SPATZENEGGER (Hg.), Geschichte Salzburgs. Stadt und Land, Bd. II/1, Salzburg 1988, 375-452, 453-535; Bd. II/5, Salzburg 1991, 3003-3054 (Anmerkungen). – Zum Philosophen Christian von Wolff (1679-1754) und seine Wirkungsgeschichte vgl. ADB, Bd. 44, 12-31; ARNDT, Art. Wolff, Christian v., in: LThK³, Bd. 10, 1278f.; BIRKNER, Christian Wolff, in: Gestalten der Kirchengeschichte 8 (1983), 187-198; HAMMERSTEIN, Christian Wolff und die Universitäten. Zur Wirkungsgeschichte des Wolffianismus im 18. Jahrhundert, in: SCHNEIDERS (Hg.), Christian Wolff 1679-1745. Interpretationen zu seiner Philosophie und deren Wirkung, 266-277; POSER, Art. Wolff, Christian Freiherr von (1679-1754), in: TRE, Bd. 36, 277-281.

Das Bildungsmonopol der Jesuiten im höheren Schulwesen stieß allmählich bei der Regierung und besonders bei den Prälaten auf Kritik. So befanden sich nahezu alle katholischen Hochschulen in der Hand der Jesuiten.[139] Obwohl aus den Jesuitenschulen viele gelehrte Staatsdiener hervorgingen, war das jesuitische Bildungsmodell mit der Einführung der „Ratio studiorum" 1599 doch vorwiegend auf die geistliche Erneuerung im katholischen Deutschland ausgerichtet und bereitete mehr auf den geistlichen Stand vor.[140] Der Direktor der Universität Ingolstadt und Berater des Kurfürsten Maximilian III. Joseph (Kurfürst 1745-1777)[141] Johann Adam Freiherr von Ickstatt, ein Schüler Christian von Wolffs in Marburg, sah sich durch dieses dem Staat weniger nützliches

---

[139] Wenige Ausnahmen bildeten neben der Benediktiner-Universität Salzburg das von den bayerischen und schwäbischen Benediktinern getragene Gymnasium und Lyzeum in Freising. In Fulda konnte das benediktinische Stiftskapitel seinen Einfluss an der Fuldaer Universität gegen die Jesuiten geltend machen. Schließlich stand die Universität Erfurt nicht unter der Leitung der Gesellschaft Jesu. – Zu Freising vgl. BENKER, Freising als Stadt der Bildung in der Geschichte. Zum 300jährigen Jubiläum der Gründung der Bischöflichen Hochschule, in: Sammelblatt des Historischen Vereins Freising 36 (1999), 11-20; DEUTINGER (Hg.), Zur Geschichte des Schulwesens in der Stadt Freysing, in: Beyträge zur Geschichte, Topographie und Statistik des Erzbisthums München und Freysing 5 (1854), 209-568. – Zu Fulda vgl. MÜHL, Die Aufklärung an der Universität Fulda mit besonderer Berücksichtigung der philosophischen und juristischen Fakultät (1734-1805). – Zu Erfurt vgl. HENGST, Jesuiten an Universitäten und Jesuitenuniversitäten, 148-156; JUNGHANS, Art. Erfurt, Universität, in: TRE, Bd. 10, 141-144.

[140] Zur Studienordnung der Jesuiten vgl. DUHR, Die Studienordnung der Gesellschaft Jesu; GROLL, Das jesuitische Studien- und Erziehungsprogramm und seine Umsetzung in der Priesterausbildung, in: KIESSLING, Die Universität Dillingen und ihre Nachfolger. Stationen und Aspekte einer Hochschule in Schwaben, 271-290; HAUB, Jesuitisch geprägter Schulalltag. Die Bayerische Schulordnung (1569) und die Ratio studiorum (1599), in: FUNIOK, SCHÖNDORF (Hg.), Ignatius von Loyola und die Pädagogik der Jesuiten. Ein Modell für Schule und Persönlichkeitsbildung, 130-159; KALTHOFF, Die Herstellung von Erzogenheit. Die edukative Praxis der Jesuitenkollegs in der Programmatik und Praxis ihrer „Ratio Studiorum" von 1599, in: Jahrbuch für Historische Bildungsforschung 4 (1998), 65-89; KESSLER, Die Geistlichen Übungen des Ignatius von Loyola und die Studienordnung der Jesuiten. Pädagogik aus den Exerzitien, in: FUNIOK, SCHÖNDORF (Hg.), Ignatius von Loyola und die Pädagogik der Jesuiten, 44-53; KESSLER, Art. Ratio studiorum, in: LThK³, Bd. 8, 842f.; KOCH, Art. Studienordnung der G[esellschaft]J[esu], in: DERS., Jesuiten-Lexikon, 1709-1715; NISING, „… in keiner Weise prächtig". Die Jesuitenkollegien der süddeutschen Provinz des Ordens und ihre städtebauliche Lage im 16.-18. Jahrhundert, 32-35; WILD, SCHWARZ, OSWALD (Hg.), Die Jesuiten in Bayern, 123-133.

[141] Zu Kurfürst Maximilian III. Joseph (1727-1777) vgl. ADB, Bd. 21, 27-31; BOSL, Bayerische Biographie, 512f.; ELHARDT, Max III. Joseph. Kurfürst zwischen Rokoko und Aufklärung; GrBBE, Bd. 2, 1275; KRAUS, Gymnasium der Jesuiten, 48-55; MITTERWIESER, Kurfürst Maximilian III. Joseph der Mildtätige, in: ZBLG 1/1 (1928), 48-51; MÜLLER, Max III. Joseph. Absolutismus oder Aufklärung?, in: SCHMID, WEIGAND (Hg.), Die Herrscher Bayerns, 264-278; PRINZ, Kurfürst Maximilian III. Joseph (1745-1777), in: SCHWAIGER (Hg.), Christenleben im Wandel der Zeit, Bd. 1, 297-309; PRINZ, Max III. Joseph – Ein glanzloser Kurfürst? Nachruf auf ein modestes Jubiläum, in: ZBLG 41/2-3 (1978), 595-606; SCHMID, Art. Maximilian III. Joseph, in: LThK³, Bd. 7, 1f.; SCHMID, Art. Maximilian III. Joseph, in: NDB, Bd. 16, 485-487; SCHMID, Vom Westfälischen Frieden bis zum Reichsdeputationshauptschluß. Altbayern, in: HBKG, Bd. 2, 293-356, hier 313f.

Bildungsmodell veranlasst, 1770 eine Verringerung der Zahl der Lateinschulen und Gymnasien zu fordern. An ihrer Stelle sollten Landwirtschafts- und Realschulen geschaffen werden, damit „Mathematik und Naturwissenschaften im weitesten Sinne gelehrt und durch Instrumente und Experimente begreiflich gemacht würden"[142]. Tatsächlich sollten 1781 die Gymnasien in Landsberg, Mindelheim und Burghausen aufgelöst werden, da durch sie „den arbeitenden Klassen viele (zu viele) Hände entzogen würden"[143].

Neben den Benediktinern hatten sich vor allem die Augustiner-Chorherren der neuen Strömung der Katholischen Aufklärung geöffnet und gingen nach und nach zum rationalen Bildungsideal über.[144] Überhaupt wurden in den Klosterschulen der Prälatenorden den so genannten Realfächern Mathematik, Geographie und der Experimentalphysik größere Beachtung geschenkt, wozu man physikalische Kabinette anlegte. Das Quellenstudium im Rahmen der Geschichtswissenschaft fand größere Bedeutung, eine neue Hinwendung zur Heiligen Schrift und den biblischen Sprachen lässt sich beobachten. Die Bibliotheken wurden ausgebaut und die neueste Literatur – nicht selten auch die Werke protestantischer Gelehrter – angeschafft.[145]

---

[142] MAGNUS, 125 Jahre TU München, 80.

[143] KRAUS, Schule im Umbruch, 350. – Die Aufhebung der Gymnasien in Burghausen, Landsberg und Mindelheim führte zu Zunahme von Antragstellern um Aufnahme in die Domus Gregoriana aus diesen Städten; vgl. StAM, RA Fasz. 942/14745. – Zur Person Ickstatts (1702-1776) vgl. ADB, Bd. 13, 740f.; Bayerische Bibliothek, Bd. 3, 1222f.; BOSL, Bayerische Biographie, 382; GrBBE, Bd. 2, 933; HAMMERMAYER, Art. Ickstatt, Johann Adam, in: NDB, Bd. 10, 113-115; HAMMERMAYER, Art. Ickstatt, Johann Adam Freiherr von, in: Biographisches Lexikon der Ludwig-Maximilians-Universität München, Teil 1, 199f.; KREH, Leben und Werk des Reichsfreiherrn Johann Adam von Ickstatt (1702-1776). Ein Beitrag zur Staatsrechtslehre der Aufklärungszeit; KREH, Reichsfreiherr Johann Adam von Ickstatt (1702-1776). Leben und Werk eines katholischen Staatsrechtslehrers der Aufklärungszeit, in: ZBLG 36/1 (1973), 72-114; LISTL, Art. Ickstatt, Johann Adam, in: LThK^3, Bd. 5, 385f.; STOERMER, Verzeichnis der Mitglieder, 78.

[144] Zum Verhältnis der Katholischen Aufklärung und der Augustiner-Chorherren vgl. CHROBAK, Die wissenschaftlichen Leistungen der Augustinerchorherren im Zeitalter der Aufklärung: Das Beispiel Polling, in: MAI (Hg.), Die Augustinerchorherren in Bayern, 67-76; HAMMERMAYER, Das Augustiner-Chorherrenstift Polling und sein Anteil an Entstehung und Entfaltung von Aufklärung und Akademie- und Sozietätsbewegung im süddeutsch-katholischen Raum (ca. 1717-1787); HEILINGSETZER, Die Augustiner Chorherren im Zeitalter der Aufklärung, in: PÖMER (Hg.), 900 Jahre Stift Reichersberg, 249-262; HEYDENREUTER, Die Bibliotheken der bayerischen Augustiner-Chorherrenstifte und die Bayerische Akademie der Wissenschaften im 18. Jahrhundert, in: MÜLLER (Hg.), Kloster und Bibliothek, 193-215.

[145] Für die Benediktiner ist z. B. an das Wirken des Fuldaer Propstes Karl von Piesport (1716-1800) zu erinnern. Dieser hatte in Salzburg studiert und sich vor allem durch seinen Lehrer Anselm Desing mit dem Gedankengut der Katholischen Aufklärung vertraut gemacht. Er reformierte den Lehrbetrieb an der Universität Fulda und betrieb die Einrichtung einer öffentlichen Bibliothek; vgl. RÖDER, Karl von Piesport.

Gegen die Jesuiten, wie generell gegen den Einfluss der Orden, besonders was das weitgehend in kirchlicher Hand ruhende Bildungswesen betraf, stand das aufkommende Staatskirchentum, das absolutistischen Vorstellungen entsprang, wie es deutlich in der Person des Peter von Osterwald, seit 1761 weltlicher Direktor des Geistlichen Rates, abzulesen ist.[146] In diesem Zusammenhang ist die Abtrennung der Bayerischen von der Oberdeutschen Provinz der Jesuiten zu sehen, die 1770 erfolgte.[147] Ziel war letztlich auch die Verstaatlichung des sich in kirchlicher Hand befindenen Schulwesens.

Wie stand es überhaupt mit dem Bildungswesen der Jesuiten im zweiten Drittel des 18. Jahrhunderts? Hier führt wohl nur eine differenzierte Betrachtungsweise weiter. Bei den Urteilen der Zeitgenossen muss unterschieden werden, ob es sich um explizite Jesuitengegner handelt oder nicht. Dabei ist zu beachten, dass den radikalen Aufklärern im Grunde nicht nur die Jesuiten verhasst waren, sondern letztlich eine tiefe Abneigung gegen das Mönchswesen generell eigen war.[148] Gegnerschaft kam, wie aufgezeigt, auch aus den eigenen Reihen der Orden, vor allem von Mitgliedern der Prälatenorden.

---

[146] Als Reaktion auf die staatskirchlich-territorialistische Kirchenpolitik versammelten sich die bayerischen Bischöfe zum so genannten Salzburger Kongress (1770-1777). Die staatskirchlichen Bestrebungen im Zeitalter des Absolutismus führten im Kurfürstentum Bayern zur Gründung der Münchener Nuntiatur und des Münchener Hofbistums; vgl. BAUER, Kasimir von Häffelin und die kurbayerischen Landes- und Hofbistumsbestrebungen zwischen 1781 und 1789, in: ZBLG 34/3 (1971), 733-767. – Zum Salzburger Kongress vgl. BAUERREIß, Kirchengeschichte Bayerns, Bd. 7, 414-416; HAMMERMAYER, Staatskirchliche Reformen und Salzburger Kongreß, in: HBG², Bd. 2, 1269-1274; NESNER, Das späte 18. Jahrhundert, in: SCHWAIGER (Hg.), Das Bistum Freising in der Neuzeit, 469-527, hier 481-483; PFEILSCHIFTER-BAUMEISTER, Der Salzburger Kongreß und seine Auswirkung 1770-1777. Der Kampf des bayr. Episkopats gegen die staatskirchenrechtliche Aufklärung unter Kurfürst Max III. Joseph; SCHWAIGER, München – eine geistliche Stadt, in: DERS. (Hg.), Monachium sacrum, Bd. 1, 1-289, hier 186-192. – Zu Peter von Osterwald (1718-1778) vgl. ADB, Bd. 24, 525f.; BAADER, Lexikon verstorbener Baierischer Schriftsteller, Bd. 1, Teil 2, 122-124; BAUERREIß, Kirchengeschichte Bayerns, Bd. 7, 404-409; Bayerische Bibliothek, Bd. 3, 1241; BOSL, Bayerische Biographie, 566; GEBELE, Peter von Osterwald; GrBBE, Bd. 2, 1443; SCHMID, Vom Westfälischen Frieden bis zum Reichsdeputationshauptschluß. Altbayern, in: HBKG, Bd. 2, 293-356, hier 316-318; STOERMER, Verzeichnis der Mitglieder, 111; WEITLAUFF, Art. Osterwald, Peter v., in: LThK³, Bd. 7, 1199; WEITLAUFF, Art. Osterwald, Peter v., in: NDB, Bd. 19, 622f. – Zum Geistlichen Rat vgl. BAUER, Der kurfürstliche geistliche Rat und die bayerische Kirchenpolitik 1768-1802.

[147] Durch Osterwalds Einfluss wurde das Amt des geistlichen Direktors beseitigt und die Majorität der weltlichen gegenüber der geistlichen Bank festgelegt. In diesem Zusammenhang sind auch die Klostermandate zu nennen, die seit etwa 1760 einsetzten und die bayerischen Klöster empfindlich trafen; vgl. MÜLLER, Aufhebung des Jesuitenordens, 303; KRAUS, Probleme der bayerischen Staatskirchenpolitik 1750-1800, in: KLUETING (Hg.), Katholische Aufklärung – Aufklärung im katholischen Deutschland, 119-141; RAAB, Das Staatskirchentum in Kurbayern, in: HKG, Bd. 5, 524-530.

[148] Ein vernichtendes Urteil über die Bildungsarbeit und Methoden der Jesuiten bringt 1847 Sugenheim: „Keine andere, mit der Jugenderziehung sich beschäftigende Körperschaft hat es nämlich in der schwierigen Kunst, ihre Zöglinge jahrelang zu quälen, damit sie nichts, d. h. nichts Tüchtiges lernten;

Gewiss, die Jesuiten hielten trotz einiger Erneuerungsversuche an ihrer aus der Katholischen Reform gewachsenen Bildungsnorm fest, die auf die Erneuerung des Glaubens ausgelegt war, also eher den geistlichen Stand als Berufsziel vor Augen und weniger die Bedürfnisse des Staates im Blick hatte. Auf der anderen Seite stellte das jesuitische Bildungssystem – freilich nur für den katholischen Raum – ein weltweit einheitliches System dar, dessen Abschlüsse überall gleich waren. Auch das Festhalten an der lateinischen Sprache als anerkannte Wissenschaftssprache lag unter anderem hierin begründet. Immerhin hatte sich in Bayern der Jesuit Benedikt Stattler mit der Lehre Christian von Wolffs auseinander gesetzt und seine mathemathische Methode rezipiert.[149]

Positiv muss erwähnt werden, dass der neue Provinzial der Bayerischen Provinz[150], P. Josef Erhard, 1771 Vorschläge zur Reform des Gymnasialunterrichts vorlegte, um den Vorwurf der Wissenschaftsfeindlichkeit zu entkräften. Die Re-

---

die Schösslinge am Stamme der Menschheit zu geistigen, nicht selten auch zu körperlichen, Krüppeln zu schlagen, zu solch' hoher Meisterschaft gebracht, wie jene ehrwürdige Societät!" SUGENHEIM, Geschichte der Jesuiten, 330f. – Johann Michael Sailer (1751-1832), der selbst Jesuit war und sich mit den Ideen der Aufklärung auseinandergesetzt hatte, bewertete die Bildungsarbeit der Jesuiten viel milder. Sailer hat immer dankbar anerkannt, was ihm durch den Unterricht und die Erziehung durch die Jesuiten mit auf den Lebensweg gegeben worden war. Josef Widmer, der Herausgeber seiner Gesammelten Werke, führt in seinen „Beiträgen zur Biographie J. M. Sailers" an: „Vielfältig rügte er (Sailer) die Mängel der heutigen Privat- und öffentlichen Erziehung; erzählte, wie er früher in dieser Beziehung gewesen sei, und rühmte mit sichtbarer Freude die Anstalten in den Schulen der Jesuiten zur Erwerbung und Belebung der Andacht, mit unverkennbarer Rührung erzählend, was er ihnen in dieser und anderer Beziehung zu verdanken habe"; SCHIEL, Johann Michael Sailer, Bd. 1, 363.

[149] Vgl. MÜLLER, Der Jesuitenorden und die Aufklärung im süddeutsch-österreichischen Raum, in: KLUETING (Hg.), Katholische Aufklärung – Aufklärung im katholischen Deutschland, 225-245, hier 236. – Zur Person Stattlers (1728-1797), der 1744 das Münchener Jesuitengymnasium als Seminarist der Domus Gregoriana absolviert hatte, vgl. ADB, Bd. 35, 498-506; BAUER, Der kurfürstliche geistliche Rat, 232, Anm. 2; BOSL, Bayerische Biographie, 746; Catalogus generalis, 423; GrBBE, Bd. 3, 1879f.; KOCH, Art. Stattler, Benedikt, in: DERS., Jesuiten-Lexikon, 1689f.; KRAUS, Gymnasium der Jesuiten, 185, 613f.; LEITSCHUH, Matrikeln III, 17; PUTZ, Domus Gregoriana, 314; SCHOLZ, Benedikt Stattler; SCHÄFER, Art. Stattler, Benedikt, in: LThK³, Bd. 9, 935; STOERMER, Verzeichnis der Mitglieder, 139.

[150] Die Abtrennung der Bayerischen Provinz von der Oberdeutschen Provinz war auf höchsten Befehl vom 30. Dezember 1769 im Rahmen der absolutistisch-staatskirchlichen Politik Kurbayerns Anfang des Jahres 1770 vollzogen worden. Erster Provinzial der Bayerischen Provinz, die nur von kurzer Lebensdauer sein sollte, wurde P. Josef Erhard. Ihr gehörten die Kollegien München, Ingolstadt, Amberg, Burghausen, Landsberg, Landshut, Mindelheim, Regensburg und Straubing an. Mit der angeordneten Gründung der Bayerischen Provinz war ein Verbot der Aufnahme ausländischer Novizen und Ordensmitglieder verbunden, was die Gesellschaft Jesu empfindlich traf. 1773 zählte sie 546 Mitglieder, wovon 229 Priester waren; vgl. BAUERREIß, Kirchengeschichte Bayerns, Bd. 7, 410; KOCH, Art. Bayern, in: DERS., Jesuiten-Lexikon, 163-167; WILD, SCHWARZ, OSWALD (Hg.), Die Jesuiten in Bayern, 285, 288.

alfächer sollten stärker berücksichtigt werden. Die inneren Reformkräfte kamen durch die Aufhebung 1773 nicht mehr zum Zug.[151]
Die Untersuchungen von Andreas Kraus und Hannelore Putz zeigen ja gerade, wie wirksam der Orden allein schon in München bis zur Aufhebung war.[152] Nicht zu vergessen ist der Einfluss der Jesuiten auf die religiöse Erneuerung der alten Orden in Bayern.[153]
Dennoch muss gesagt werden, dass die Jesuiten jeden Versuch zur Brechung des Bildungsmonopols zu bekämpfen versuchten und keine fruchtbare Konkurrenz zuließen, und nur schwer öffneten sie sich neuen Lehrmethoden. So lässt sich allgemein der Mangel an Bildungsreform feststellen. „Für den Jesuitenorden als religiöse und frömmigkeitsorientierte Institution hätte dieser Befund belanglos sein können. Für die Societas Jesu als dem katholischen Schulorden schlechthin musste die damit verbundene Divergenz von eigener Zielsetzung und der des Staates, dem es auf effiziente, praxisorientierte Ausbildung mit anderer Fächergewichtung ankam, Folgen haben; im harmlosesten Fall hätten sie wohl allemal in der Entflechtung von jesuitischem und staatlichem Schulwesen bestanden."[154]
Kratz zieht folgendes Resümee: „Auf eine zweihundertjährige Periode der Stetigkeit folgte für das bayerische Gymnasium eine sechzigjährige Periode äußerster Unruhe und unaufhörlichen Experimentierens, wie der beständige Wechsel in der Oberleitung der Schulen und in den Unterrichtsplänen zeigt, denen die innere Ausreife fehlte."[155]
Wie geschah nun die Aufhebung der Gesellschaft Jesu in Bayern? Zwar hatte Papst Clemens XIV. das Breve „Dominus ac Redemptor" schon am 21. Juli

---

[151] Die Reformvorschläge blieben zwei Jahre lang unerledigt liegen und wurden erst am 28. Juli 1773 von der bayerischen Behörde genehmigt – sieben Tage nach dem Aufhebungsbreve von Papst Clemens XIV.; vgl. DUHR, Geschichte der Jesuiten, Bd. 4/2, 54-58; LURZ, Zur Geschichte der bayerischen Schulreformation in der Aufklärungsepoche, in: Mitteilungen der Gesellschaft für deutsche Erziehungs- und Schulgeschichte 13 (1903), 261-287, hier 261; MÜLLER, Die Aufhebung des Jesuitenordens in Bayern, 313; vgl. auch MÜLLER, Aufklärungstendenzen bei den süddeutschen Jesuiten zur Zeit der Ordensaufhebung, in: ZBLG 54/1 (1991), 203-217; MÜLLER, Der Jesuitenorden und die Aufklärung im süddeutsch-österreichischen Raum, in: KLUETING (Hg.), Katholische Aufklärung – Aufklärung im katholischen Deutschland, 225-245. – Zu P. Joseph Erhard (1716-1784) vgl. Catalogus generalis, 98; DUHR, Geschichte der Jesuiten, Bd. 4/2, 54-59.
[152] Vgl. KRAUS, Das Gymnasium der Jesuiten zu München; PUTZ, Domus Gregoriana.
[153] Vgl. HUBENSTEINER, Vom Geist des Barock, 144-146; PENZ, „Jesuitisieren der alten Orden"? Anmerkungen zum Verhältnis der Gesellschaft Jesu zu den österreichischen Stiften im konfessionellen Zeitalter, in: OHLIDAL, SAMERSKI (Hg.), Jesuitische Frömmigkeitskulturen. Konfessionelle Interaktion in Ostmitteleuropa 1570-1700, 143-161.
[154] MÜLLER, Die Aufhebung des Jesuitenordens in Bayern, 311.
[155] KRATZ, Aus den Frühtagen der Bayerischen Akademie der Wissenschaften, 219.

1773 erlassen, die Veröffentlichung und damit die Durchführung wurde aber auf den Monat August verschoben.[156] In Bayern ließ man auf die Ordensaufhebung sogar eine Münze prägen, welche die Aufschrift trug: „Nunquam novi vos, discedite a me omnes."[157]
In drei Schritten sollte die Aufhebung des Ordens in Bayern durchgeführt werden: Zunächst wurde der Besitz des Ordens durch kurfürstliche Kommissare inventarisiert und die Kollegien versiegelt. Da das Breve an die zuständigen Ortsbischöfe gerichtet war, musste in einem zweiten Schritt der offizielle Aufhebungsakt mit den Ordinarien abgestimmt werden. Dann sollten die Kollegien durch kurfürstliche und bischöfliche Kommissare aufgehoben werden.[158] Die Aufhebungskommission wurde am 28. August 1773 durch ein kurfürstliches Reskript eingesetzt.[159] Die offizielle Bekanntgabe des Breve verzögerte sich in Bayern noch bis zum 4. Oktober 1773. Als Aufhebungskommissare für München wurden durch ein weiteres Reskript vom 28. August 1773 Ferdinand von Prugglach[160] und Lorenz Aichberger[161] bestimmt. Diese hatten sich zum Kolleg

---

[156] Duhr nennt den Grund für die verzögerte Veröffentlichung, um das Ordensfest des hl. Ignatius von Loyola am 31. Juli noch feiern zu können; vgl. DUHR, Die Etappen der Aufhebung des Jesuitenordens, 450.
[157] BayHStA, GR Fasz. 727/1. – In der „Beschreibung einer Denkmünze auf die gänzliche Aufhebung des Jesuitenordens 1773" heißt es: „Eine Begebenheit wie diese, welche noch vor wenig Jahren unter die Wunderwerke würde gezählet worden seyn; Eine Begebenheit, die nur für den, mit wahrer Klugheit geleiteten, apostolischen Muth eines Clemens XIV. aufbehalten war, verdienet, der Vergessenheit entrissen und durch dauerhafte Denkmäler verewiget zu werden"; BayHStA, GR Fasz. 727/1; vgl. auch HAUB, Ich habe euch nie gekannt, weicht alle von mir ... Die päpstliche Aufhebung des Jesuitenordens 1773, in: RUDOLF, BLATT (Hg.), Alte Klöster. Neue Herren. Die Säkularisation im deutschen Südwesten 1803, Bd. 2/1, 77-88.
[158] MÜLLER, Die Aufhebung des Jesuitenordens in Bayern, 323.
[159] Zu den Mitgliedern der Aufhebungskommission zählten Graf Joseph Franz Maria von Seinsheim (Präsident), Graf Maximilian von Berchem, Wiguläus Xaver Alois von Kreittmayr, Johann Georg von Lori, Anton Kollmann und Johann Nepomuk Felix von Zech; vgl. MÜLLER, Die Aufhebung des Jesuitenordens in Bayern, 323 und 323, Anm. 152. – Zu Graf von Seinsheim (1707-1787) vgl. BOSL, Bayerische Biographie, 719; GIGL, Zentralbehörden, 155, Anm. 7. – Zu Maximilian Franz Joseph von Berchem (1702-1777) vgl. BOSL, Bayerische Biographie, 60; OW, Art. Berchem, Maximilian Franz Joseph Frhr. von, in: NDB, Bd. 2, 63f. – Zum großen bayerischen Rechtsgelehrten Wiguläus Xaver Alois von Kreittmayr (1705-1790), der 1721 das Münchener Jesuitengymnasium absolviert hatte, vgl. ADB, Bd. 17, 102-115; BAUER, Wiguläus Xaver Aloys Freiherr von Kreittmayr 1705-1790. Ein Leben für Recht, Staat und Politik; Bayerische Bibliothek, Bd. 3, 1228f.; BOSL, Bayerische Biographie, 449; GIGL, Zentralbehörden, 156f., Anm. 10; KRAUS, Gymnasium der Jesuiten, 117, 568; LEITSCHUH, Matrikeln II, 210; RALL, Art. Kreittmayr, Wiguläus Xaverius Aloysius, in: NDB, Bd. 12, 741-743. – Zu Joseph Anton Kollmann (1728-1787) vgl. GIGL, Zentralbehörden, 432, Anm. 29. – Zu Reichsgraf von Zech (1746-1813), der 1760 das Münchener Jesuitengymnasium absolviert hatte, vgl. GIGL, Zentralbehörden, 93f.; KRAUS, Gymnasium der Jesuiten, 177, 634; LEITSCHUH, Matrikeln III, 81; STOERMER, Verzeichnis der Mitglieder, 159.
[160] Zu seiner Person vgl. BAUER, Der kurfürstliche geistliche Rat, 59, Anm. 22.

zu begeben und sollten die betreffenden Mitglieder von der Aufhebung ihres Ordens und den Ausführungsbestimmungen unterrichten. Des Weiteren hatten sie eine Inventarsliste mit allen Mobilien und Immobilien anzufertigen und die Kassen zu versiegeln.

Es stellte sich natürlich die Frage, was mit den Jesuiten selbst geschehen sollte, nachdem ihr Orden aufgehoben worden war. Das Breve unterschied in seinen Ausführungsbestimmungen zwischen Novizen, Laienbrüdern, Scholastikern und Patres. Die Novizen sollten „unverzüglich und mit voller Geltung entlassen werden"[162]. Mitglieder, die bereits die einfache Profess abgelegt hatten, konnten auf Wunsch von ihr befreit werden, „um diejenige Lebensstellung einzunehmen, von welcher sie im Herrn die Überzeugung gewonnen haben, dass sie ihrer Berufung, ihren Kräften und ihrem Gewissen mehr entspreche"[163]. Den Patres stand frei, in einen anderen Orden einzutreten oder fortan als Weltpriester zu leben. Diejenigen Patres, die aus finanziellen oder gesundheitlichen Gründen, wegen fehlendem Wohnsitz, oder aus Altersgründen das Haus nicht verlassen konnten, wurde erlaubt, dass sie im Kolleg weiter wohnen durften, „doch unter der Bedingung, dass sie mit der Verwaltung besagten Hauses oder Kollegs nichts zu tun erhalten, sich nur der Kleidung der Weltkleriker bedienen und dem Bischofe ihres Ortes völlig unterworfen sind"[164].

Von Bedeutung für das bayerische Schulwesen war die Bestimmung im Paragraph „Volumus praeterea" für jene Mitglieder der Gesellschaft, die als Lehrer eingesetzt waren. Dieser schrieb vor, dass alle von ihren Ämtern entfernt werden sollten, es sei denn, dass sich „von ihrer Wirksamkeit etwas Gutes erwarten lasse"[165]. Die Ausführung dieses „Gummiparagraphen" bedeutete für die meisten

---

[161] Zu Lorenz Aichberger (1742-1821), der 1759 das Münchener Jesuitengymnasium als Seminarist der Domus Gregoriana absolviert hatte, vgl. KRAUS, Gymnasium der Jesuiten, 84; LEITSCHUH, Matrikeln III, 74; PUTZ, Domus Gregoriana, 220; BAUER, Der kurfürstliche geistliche Rat, 93, Anm. 6.
[162] KNAAKE, Breve, 30.
[163] KNAAKE, Breve, 31.
[164] KNAAKE, Breve, 33.
[165] KNAAKE, Breve, 36. – „Volumus praeterea, quod, si quis eorum, qui Societatis institutum profitebantur, munus exerceat erudiendi in literis juventutem aut Magistrum agat in aliquo Collegio aut schola, remotis penitus omnibus a regimine, administratione et gubernio, iis tantum in docendi munere locus fiat perseverandi et potestas, qui ad bene de suis laboribus sperandum signum aliquod praeseferant, et dummodo ab illis alienos se praebeant disputationibus et doctrinae capitibus, quae sua vel laxitate vel inanitate gravissimas contentiones et incommoda parere solent ac procreare, nec ullo unquam tempore ad hujusmodi docendi munus ii admittantur vel in eo, si nunc actu versantur, suam sinantur praestare operam, qui scholarum quietem ac publicam tranquillitatem non sunt pro viribus conservaturi"; KNAAKE, Breve, 35f.

Lehrer das Verbleiben an ihren Stellen, sie sollten lediglich keine administrativen Führungspositionen besetzen.[166]

Die Umsetzung des Breve „Dominus ac Redemptor" vom 21. Juli 1773 wurde in Deutschland unterschiedlich scharf umgesetzt. In einigen Hochstiften, wie zum Beispiel Fulda und Würzburg, wurden den Jesuiten fast alle Lehrstühle entzogen.[167] Demgegenüber verzögerte sich im Hochstift Augsburg die Ausführung der Ordensaufhebung.[168] Hier blieben die Jesuiten bis 1776 fast ungestört in ihren Positionen.[169] In diesem Zusammenhang ist der Umgang des protestantischen Königs von Preußen, Friedrich II., zu erwähnen, der die Jesuiten in Schlesien bis 1776 im Schuldienst beließ.[170] Im Zarenreich Russland wurde das päpstliche Breve überhaupt nicht umgesetzt. Katharina II. weigerte sich vehement in Bezug auf die Jesuitenkollegien in ihren ehemals polnischen Gebieten, das Aufhebungsbreve zu verkünden.[171] Hier konnte der Orden bis zur Wiederherstellung durch Papst Pius VII. mit der Bulle „Sollicitudo omnium Ecclesiarum" vom 7. August 1814 bestehen bleiben.[172]

---

[166] Vgl. MÜLLER, Die Aufhebung des Jesuitenordens in Bayern, 317.

[167] An der Universität Fulda wurden fast alle Lehrstühle der Jesuiten mit Benediktinern besetzt. Einige Exjesuiten durften jedoch weiter lehren. – Zu den Vorgängen in Fulda vgl. KATHREIN, Jesuitengymnasium und päpstliches Seminar in Fulda; KOCH, Art. Fulda, in: DERS., Jesuiten-Lexikon, 625f.; MÜHL, Die Aufklärung an der Universität Fulda, 28; RÖDER, Karl von Piesport, 76f.; vgl. auch DUHR, Geschichte der Jesuiten, Bd. 4/1, 180-186. – Zum Würzburger Jesuitenkolleg und -gymnasium vgl. DUHR, Geschichte der Jesuiten, Bd. 1, 120-127; Bd. 4/1, 187-190; KOCH, Art. Würzburg, in: DERS., Jesuiten-Lexikon, 1863f.

[168] Zum Kolleg und Gymnasium der Jesuiten in Augsburg vgl. BAER, HECKER (Hg.), Die Jesuiten und ihre Schule St. Salvator in Augsburg 1582; BRAUN, Geschichte des Kollegiums der Jesuiten in Augsburg; DUHR, Geschichte der Jesuiten, Bd. 1, 200-205; Bd. 4/1, 240-245; KOCH, Art. Augsburg, in: DERS., Jesuiten-Lexikon, 131-134; NISING, „… in keiner Weise prächtig". Die Jesuitenkollegien der süddeutschen Provinz des Ordens und ihre städtebauliche Lage im 16.-18. Jahrhundert, 88-93; ROLLE, Heiligkeitsstreben und Apostolat. Geschichte der Marianischen Kongregation am Jesuitenkolleg St. Salvator und am Gymnasium der Benediktiner bei St. Stephan in Augsburg 1589-1989.

[169] Ursache für das Fortbestehen des Jesuitenordens waren Auseinandersetzungen über die Frage, wer die Schule von St. Salvator unterhalten sollte und wem die Güter des Ordens bei dessen Aufhebung zufallen sollten; vgl. HECKER, Die Augsburger Jesuiten und das Kolleg St. Salvator von 1773 bis 1807, in: BAER, HECKER (Hg.), Die Jesuiten und ihre Schule St. Salvator in Augsburg 1582, 77-81.

[170] Vgl. DUHR, Geschichte der Jesuiten, Bd. 4/1, 459-488; HOFFMANN, Friedrich II. von Preußen und die Aufhebung der Gesellschaft Jesu; KOCH, Art. Friedrich II., in: DERS., Jesuiten-Lexikon, 617-620; KOCH, Art. Preußen, in: DERS., Jesuiten-Lexikon, 1467f.; KOCH, Art. Schlesien, in: DERS., Jesuiten-Lexikon, 1605f.; SCHNEIDER, Clemens XIV. (1769-1774), in: HKG, Bd. 5, 632-636, hier 635.

[171] Vgl. KOCH, Art. Katharina II., in: DERS., Jesuiten-Lexikon, 970; KOCH, Art. Russland, in: DERS., Jesuiten-Lexikon, 1574-1578; SCHNEIDER, Clemens XIV. (1769-1774), in: HKG, Bd. 5, 632-636, hier 635.

[172] Vgl. KOCH, Art. Sollicitudo omnium ecclesiarum, in: DERS., Jesuiten-Lexikon, 1656-1658. – Zu Papst Pius VII. (1800-1823) vgl. AUBERT, Napoleon und Pius VII., in: HKG, Bd. 6/1, 59-99; AUBERT, Art. Pius VII., in: LThK³, Bd. 8, 327-329; KOCH, Art. Pius VII., in: DERS., Jesuiten-Lexikon, 1432f.;

Es zeigte sich bald, „dass die Exjesuiten in Bayern mit menschenwürdiger Behandlung und guter Versorgung rechnen durften"[173]. Die Zeit drängte, denn Anfang November wurde üblicherweise das neue Schuljahr begonnen. Die kurfürstliche Seite wies die Bischöfe darauf hin, dass das päpstliche Breve spätestens bis zum 3. Oktober 1773 zu publizieren sei, „wenn man einige Ex-Jesuiten zu den Schulämtern gebrauchen will"[174]. Ende September verhandelten die bischöflichen Abgeordneten mit der kurfürstlichen Aufhebungskommission über den eigentlichen Aufhebungsvorgang. Die Ergebnisse dieser Verhandlung spiegelten sich in zwei kurfürstlichen Resolutionen wider. Die erste gab das Verhandlungsergebnis wieder, die zweite bot den Aufhebungskommissaren konkrete Verhaltensvorschriften. Danach sollten sich alle Mitglieder eines Kollegs am 3. oder 4. Oktober in Gegenwart eines bischöflichen Abgesandten und eines kurfürstlichen Kommissars versammeln. Die Verkündigung des päpstlichen Breve blieb dem Vertreter der bischöflichen Aufhebungskommission vorbehalten, der den Jesuiten auch das Versprechen abzunehmen hatte, alle angesprochenen Punkte zu befolgen. Dem kurfürstlichen Aufhebungskommissar kam die bedeutendere Rolle zu, die Inbesitznahme der Güter und Kapitalien der Jesuiten durch den Staat offiziell zu verlautbaren und Gehorsam gegenüber dem Kurfürsten einzufordern. Ein Personenkatalog war zu verfassen, in dem jeder Exjesuit erklären sollte, „ob und zu was für Ämter jeder sich gebrauchen lassen wolle, und wo jeder sich in Zukunft aufzuhalten gedencke"[175]. Die Exjesuiten, die vom Gehorsam gegenüber ihrem Oberen entbunden worden waren, wurden der Direktion eines Weltgeistlichen zugeführt und damit unter bischöfliche Aufsicht gestellt.

Was die administrative Bewältigung der Aufhebung betraf, so wurde für das Jesuitenvermögen, um sich abzeichnenden Kompetenzproblemen zwischen der Hofkammer und Geistlichem Rat zu entgehen, die so genannte Fundationsgüterdeputation gebildet, die bis 1778 bestand.[176] Eine zweite Deputation, der unter

---

SCHWAIGER, Art. Pius VII., in: HEIM (Hg.), Theologen, Ketzer, Heilige, 323f.; SCHWAIGER, HEIM, Art. Pius VII., in: DIES., Kleines Lexikon der Päpste, 104f.; SEPPELT, SCHWAIGER, Geschichte der Päpste, 369-390.
[173] MÜLLER, Die Aufhebung des Jesuitenordens in Bayern, 326.
[174] Zitat nach MÜLLER, Die Aufhebung des Jesuitenordens in Bayern, 326.
[175] Zitat nach MÜLLER, Die Aufhebung des Jesuitenordens in Bayern, 326. – Zum Begriff „Exjesuit" vgl. KOCH, Art. Exjesuiten, in: DERS., Jesuiten-Lexikon, 535f.
[176] Der Behörde, die bis zum 23. April 1778 bestand, gehörten an: Johann Kaspar de la Rosée (Präsident), Joseph Graf von Spaur, Joseph Alois von Hofstetten, Franz Xaver Wilhelmseder, Gretz, Anton Adam von Danzer und Märkl; vgl. GIGL, Zentralbehörden, 408f.; MÜLLER, Die Aufhebung des Jesui-

anderem der Reformer Heinrich Braun[177] angehörte, hatte Vorschläge zur Neugestaltung des bayerischen Schulwesens auszuarbeiten, deren Ergebnis die neue Schulordnung vom 8. Oktober 1774 war.[178] Der Pollinger Augustiner-Chorherr Gerhoh Steigenberger schrieb zu den Vorgängen in der Schulkommission: „Wie Schneeflocken liefen Vorschläge herum. Einer wollte den Mainzer Plan; der andere den Berlinischen. Einer behauptete man soll die Schulen den Ordensgeistlichen geben, andere wollten Weltpriester. Einige behaupteten das ganze Erziehungsgebäude soll man zusammenreißen, und von Grunde aus neu machen, nach Basedows Art; andere sagten, der Grund wäre gut, man soll nur die Nebenmauern einreißen [...]. Endlich erschienen der unvergessliche H. Baron von Ickstatt und H. Can. Braun mit gedruckten Vorschlägen [...]."[179]

Von Bedeutung war die 1773 anonym verfasste Handschrift „Reflexionen über die Frage: was soll mit den Gütern sowohl, als Personen der Jesuiten in den

---

tenordens in Bayern, 330. – Zum Präsidenten de la Rosée (1710-1795) vgl. BOSL, Bayerische Biographie, 465; GIGL, Zentralbehörden, 67f.; KRAUS, Gymnasium der Jesuiten, 119. – Zu Spaur (1705-1793) vgl. BAUER, Der kurfürstliche geistliche Rat, 159f., Anm. 30; GIGL, Zentralbehörden, 72f.; PFISTER, Das Kollegiatstift Zu Unserer Lieben Frau, in: SCHWAIGER (Hg.), Monachium sacrum, Bd. 1, 291-473, hier 425f. – Zu Hofkammerrat von Hofstetten (1736-1796), der 1752 das Münchener Jesuitengymnasium absolvierte, vgl. GIGL, Zentralbehörden, 150; KRAUS, Gymnasium der Jesuiten, 638; LEITSCHUH, Matrikeln III, 46. – Zu Wilhelmseder (* 1720), der 1736 das Jesuitengymnasium in München absolvierte, vgl. GIGL, Zentralbehörden, 257; KRAUS, Gymnasium der Jesuiten, 175, 287; LEITSCHUH, Matrikeln II, 292. – Zum Hofkammerrat von Danzer vgl. GIGL, Zentralbehörden, 378, 405, 409. – Bei Märkl könnte es sich um Georg Michael Märkhl handeln, vgl. GIGL, Zentralbehörden, 378.

[177] Zum großen bayerischen Schulreformer Heinrich Braun (1732-1792) vgl. ADB, Bd. 3, 265f.; BAUER, Der kurfürstliche geistliche Rat, 92, Anm. 1; Bayerische Bibliothek, Bd. 3, 1205f.; BOSL, Bayerische Biographie, 88; GRAßL, Aufbruch zur Romantik, 65f.; GrBBE, Bd. 1, 220; GÜCKEL, Heinrich Braun und die Bayerischen Schulen von 1770-1781; HEIM, Goldenes Priesterjubiläum in München 1775, in: WEITLAUFF, NEUNER (Hg.), Für euch Bischof – mit euch Christ, 245-270; HEINZ, Art. Braun, Heinrich, in: LThK³, Bd. 2, 659; PFISTER, Das Kollegiatstift Zu Unserer Lieben Frau, in: SCHWAIGER (Hg.), Monachium sacrum, Bd. 1, 291-473, hier 392f.; RETTINGER, Die Schulbücher Heinrich Brauns, in: Handbuch der Geschichte des bayerischen Bildungswesens, Bd. 1, 701-710; STOERMER, Verzeichnis der Mitglieder, 36; STROBL, Art. Braun, Heinrich, in: NDB, Bd. 2, 551; WOLFRAM, Heinrich Braun. Geboren 1732, gestorben 1792. Ein Beitrag zur Geschichte der Aufklärungsepoche in Bayern.

[178] Vgl. MÜLLER, Die Aufhebung des Jesuitenordens in Bayern, 331. – Die Schulordnung ist gedruckt in: LURZ, Mittelschulgeschichtliche Dokumente Altbayerns, Bd. 2, 203-225.

[179] STEIGENBERGER, Pragmatische Geschichte, 96. – Zur Person D. Gerhoh Steigenbergers (1741-1787), der 1757 als Seminarist der Domus Gregoriana das Münchener Gymnasium absolvierte, vgl. ADB, Bd. 35, 577; BAADER, Lexikon verstorbener Baierischer Schriftsteller, Bd. 1, Teil 2, 248f.; BAUER, Der kurfürstliche geistliche Rat, 160, Anm. 31; Bayerische Bibliothek, Bd. 3, 1261; BOSL, Bayerische Biographie, 749; DÜLMEN, Töpsl, 341; GrBBE, Bd. 1, 1886; HAMMERMAYER, Art. Steigenberger, Gerhoh, in: Biographisches Lexikon der Ludwig-Maximilians-Universität München, Teil 1, 414f.; KRAUS, Gymnasium der Jesuiten, 185, 616, 643; LEITSCHUH, Matrikeln III, 69; PUTZ, Domus Gregoriana, 315; STOERMER, Verzeichnis der Mitglieder, 139.

churbaierischen Landen geschehen?", die als Handlungsmaxime diente.[180] Grundsätzlich sollte „den Jesuiten in Individuis ihr Schickal, so viel nur immer möglich ist, erträglich, von ihren Gütern aber der beste, und der Kirche sowohl als dem Staate nützlichste Gebrauch und Verwendung gemacht werden"[181]. Bezüglich der Güter heißt es ferner: „Der Haupttheil der jesuitischen Fundations-Güter bestehet aus jenen, so den Jesuiten von den Fundatoribus zugemeinet waren, um daß sie verschiedene Lehrämter versehen, und die Jugend sowohl in Scholis inferioribus als Superioribus nebst Beybringung einer katholisch-christlichen Moral wohl und gehörig instruiren sollten." Daher sollten die Jesuitengüter nicht in Kameralgüter umgewandelt werden, denn „diese Gattung Güter, weil die Lehrstühle immer existiren werden, und die Jugend allzeit im Glaube, Sitten, und Wissenschaften unterrichtet werden muß, mag auch inskünftig zu gar nichts anders als zu dem Unterricht der Jugend applicirt werden"[182]. Was allerdings die „Verwendung der Fundations Güter der sogenannten Studenten Seminarien" betraf, heißt es: „Eine weitere Gattung Güter, so die Jesuiten inne hatten, sind die, welche die Stiftungs-Güter der sogenannten Studenten-Seminarien ausmachen. Mit diesen Gütern mögen die Fundatores die Absicht gehabt haben, das Kinder von unvermöglichen Ältern im Latein und Wissenschaften unterrichtet werden, und wehrend solcher Zeit den benöthigten Unterhalt gratis sollten bekommen können. Man lebt nun aber izt in den Zeiten, wo man aus der Erfahrung überzeuget ist, das dem Staate nicht nützlich, sondern schädlich seye, wenn ein zu großer Theil der Jugend sich auf das Latein lernen verlegt, indem hierdurch in der Folge gar zu viele Hände, und fast alle gute Köpfe von der agricultur, den Handwerken, den Künsten abgezogen, sofort der Zehrstand ohne maas vermehrt, und der nährstand immer vermindert wird."[183] Um dem entgegenzuwirken, sollte bedacht werden „anstatt der überflüssigen Lateinischen Schulen, sogenante Real-Schulen anzulegen, wo die Jugend in solchen Sachen unterrichtet wird, welche auf die agricultur, Künste, und Handwerke sich beziehen, und wodurch sie zu nutzbaren, und schicklichen Gliedern des Nährstands gebildet werden".[184] Hier

---

[180] Die 67 Seiten umfassende Handschrift befindet sich in: BayHStA, Jes. 1044.
[181] BayHStA, Jes. 1044.
[182] BayHStA, Jes. 1044.
[183] BayHStA, Jes. 1044.
[184] BayHStA, Jes. 1044. – Der anonyme Verfasser brachte sogleich die Gymnasien in Mindelheim und Landshut in Vorschlag, die tatsächlich 1781 nach der Übernahme des bayerischen Schulwesens durch die Prälatenorden geschlossen wurden; vgl. MÜLLER, Die Aufhebung des Jesuitenordens in Bayern, 335.

wird die im Hintergrund stehende Diskussion über das Bildungskonzept deutlich, die in den nächsten Jahrzehnten weitergehen sollte.

Eine weitere Frage war die „Verwendung der Jesuiten ad Professuras in Scolis inferioribus", die der Autor auch schnell aus pragmatischen Gründen beantwortete: „Wo man die Ex-Jesuiten am meisten zu appliciren haben wird, sind die Lehrstühle bey den Scolis inferioribus, nachdem mit ausschluß der Benedictiner, so wegen den Gymnasiis von Salzburg und Freysing noch was thaten, sich auf die Lehrämter pro scolis inferioribus niemand bis dato verlegt hat, noch auch, solange die Societät existirte, verlegen konnte. Eine Bestellung in den Scolis inferioribus ist sehr bald nothwendig."[185]

Wenn sich auch der anonyme Verfasser für die Beibehaltung der Exjesuiten in den Gymnasien noch vorläufig aussprach, so sah er in der Aufhebung der Gesellschaft Jesu eine Gelegenheit, gegen das Bildungsmonopol generell vorzugehen, denn „man soll nunmehro den unverbrüchlichen Schlus fassen, aus dem Unterrichte der Jugend für keinen Orden, für keine Communitäten, für keine gewisse Gattung Leute, in der Welt ins künftige mehr ein Monopolium zu machen."[186]

Was nun all diese Vorschläge bezüglich der Besetzung der Lehrstellen betraf, erging am 4. Oktober 1773 an den Geistlichen Rat ein Reskript, wonach die Gymnasien und Lyzeen mit zwei Drittel Exjesuiten und einem Drittel Weltgeistlichen oder anderen Religiosen versehen werden sollten.[187] Da sich bis zum 16. Oktober nicht genügend Weltpriester gemeldet hatten, kamen die übrigen Orden zum Zug. Allem voran der Pollinger Propst Franz Töpsl sah jetzt die Stunde für die Prälatenorden gekommen, durch den Einsatz von Chorherren und Mönche in staatlichen Schulen gegen die verstärkt wahrzunehmende Ordenskritik an-

---

[185] BayHStA, Jes. 1044. – Die Zeit drängte, da nur noch kurze Zeit bis zum Anfang des neuen Schuljahres 1773/1774 war. Die Reflexionen dürften daher im Spätsommer 1773 verfasst worden sein.

[186] BayHStA, Jes. 1044. – Ähnlich äußerte sich der ehemalige Benediktiner und zum Weltpriesterstand übergetretene Heinrich Braun in seiner Schrift „Wie sind die Plätze der PP. Jesuiten in den Schulen zu ersezzen, wenn ihr Institut aufgehoben ist?", der sich gegen die Übergabe der Schulen an irgend einen Orden aussprach und für das Lehramt Weltpriester und zum ersten Mal im katholischen Deutschland Laien vorschlug: „Andere wichtige Stellen besezt der Staat selbst, und besezt sie durch Leute aus seinem Mittel, durch Leute, die keinen besondern Stand noch eine besondere Communität ausmachen, durch Leute, die in ihren Gesinnungen und Vortheilen im ganzen kein anderes Interesse suchen können, als das Interesse des Staates selbst ... Alles also zusammen genommen, warum soll man die Lehrämter nicht auf eben die Art besezzen können, wie die Rathsstellen in den Justiz- Kameral- und andern Kollegien, deren Glieder in einem gewißen aber sehr weitläufigen Verstande eine Communität ausmachen, die aber keinesweges in einer besondern Art verbrüdert sind, noch in einem Bande zusammenhangen, als in der Gleichheit der Geschäfte, die jedes Mitglied unter der Direktion des Staates für den Staat zu besorgen hat"; Zitat nach MÜLLER, Die Aufhebung des Jesuitenordens in Bayern, 347f.

[187] Vgl. MÜLLER, Die Aufhebung des Jesuitenordens in Bayern, 349.

zugehen und die Nützlichkeit der Orden für Staat und Gesellschaft zu unterstreichen.[188] Das Rektorat des Münchener Gymnasiums wurde 1773 dem Weltgeistlichen Anton Josef von Bucher[189] übertragen, dem von 1777 bis 1781 der Weltpriester Josef Melchior Danzer[190] folgte.

1.3. Die Leitung des Kurfürstlichen Seminars durch Exjesuiten (1773-1781)

Für die Domus Gregoriana in München hatte die Aufhebung der Gesellschaft Jesu zur Folge, dass das Seminar aus dem Verband mit dem Jesuitenkolleg gelöst und als eigenständiges Haus weitergeführt wurde. Über die Vorgänge der Aufhebung des Münchener Kollegs berichtet Stubenvoll kurz, der in den Besitz eines Tagebuchs des letzten Rektors des Kollegs vom Jahre 1773 kam.[191] Der Eintrag vom 30. August 1773 lautet: „Cum diebus prioribus Roma ad Magnates aulae venissent literae, societatem nostram ibidem authoritate Pontificis jam esse abolitam, quin cum ipsa jam copia Bullae abolitionis ad eosdem esset missa, hodie circa mediam octavam matutinam venerunt in Collegium duo commissarii Electorales, perillustris D. Baro de Prutklach[192] et D. Aichberger consiliarii aulici cum domino quodam Cancellista, obsignaruntque Archivium P. Provincialis et P. Procuratoris."[193] Für den 2. September 1773 findet sich der Eintrag: „Disposuerunt denuo aliqua nuperi DD. Commissarii Electorales apud P. P. Procu-

---

[188] Eine kritische Haltung gegen die Tätigkeit von Ordensleuten im Schuldienst nahm Abt Petrus Gerl von Prüfening ein; vgl. MÜLLER, Die Aufhebung des Jesuitenordens in Bayern, 351.
[189] Zu Anton Josef von Bucher (1746-1817), der das Jesuitengymnasium in München 1763 absolviert und von 1773-1777 als Weltpriester das Amt des Gymnasialrektors inne hatte, vgl. ADB, Bd. 3, 476f.; BAUER, Der kurfürstliche geistliche Rat, 170f., Anm. 17; BAUERREIß, Kirchengeschichte Bayerns, Bd. 7, 399; Bayerische Bibliothek, Bd. 3, 1207f.; BOSL, Bayerische Biographie, 99; GRAßL, Anton von Bucher. Satiriker, Schulreformer, Patriot, in: SCHINDLER (Hg.), Bayern für Liebhaber. Barock und Aufklärung, 151-167; GRAßL, Aufbruch zur Romantik, 67-69; GrBBE, Bd. 1, 250; HUFNAGEL, Berühmte Tote, 62f.; KRAUS, Gymnasium der Jesuiten, 181, 531, 635; KRAUS, Schule im Umbruch, 350, 361, Anm. 39; LEITSCHUH, Die Leiter des Gymnasiums, 42; LEITSCHUH, Matrikeln III, 93; PAUER, Art. Bucher (Buecher), Leonhard Anton Joseph v., in: NDB, Bd. 2, 700; STOERMER, Verzeichnis der Mitglieder, 38.
[190] Zum Weltpriester Josef Melchior Danzer (1738-1800) vgl. BAUER, Der kurfürstliche geistliche Rat, 168, Anm. 5; GIGL, Zentralbehörden, 435; KRAUS, Schule im Umbruch, 350, 361f., Anm. 44; LEITSCHUH, Die Leiter des Gymnasiums, 42.
[191] Über den Verbleib dieses Dokuments ist nichts bekannt; vgl. STUBENVOLL, Geschichte des Königl. Erziehungs-Institutes, 275f.
[192] Hier ist wohl der Aufhebungskommissar Ferdinand von Prugglach gemeint; vgl. MÜLLER, Die Aufhebung des Jesuitenordens in Bayern, 323.
[193] STUBENVOLL, Geschichte des Königl. Erziehungs-Institutes, 275f.

ratores Prov. et ruralem. Item in Seminario S. Greg. M. et in domo Exercit." Der Eintrag am 4. September heißt schließlich: „Post litanias hora quarta in templo nostro cantatas DD. Commissarii Electorales etiam thesauros templi obsignarunt, promiserunt tamen, toties obsignationem denuo tollendam et restaurandam, quoties pro varietate festorum ornatu quodam pretiosiore opus esset."[194]
Inspektor P. Johann Evangelist Hueber, der seit 1767 im Amt war, schrieb am 6. September 1773 über die Preisverteilung, dass sie in diesem Jahr ohne die so genannte Endskomödie und ohne größere Feierlichkeit begangen wurde „wegen des traurigen Schicksals unserer Gesellschaft; wenn es Gott nicht anders wendet, droht ihr noch der gänzliche Untergang"[195].
Mit der Aufhebung der Gesellschaft Jesu gewann der Staat mehr Einfluss in das Bildungs- und Seminarwesen. Ein erster Schritt zur Verstaatlichung des Bildungswesens war getan. Für die Domus Gregoriana hatte dies zur Folge, dass auf administrativer Seite ein Aufsichtsorgan in der Person des Propstes der Frauenkirche, Joseph Graf von Spaur, zugleich von 1772 bis 1791 Mitglied des Geistlichen Rates, durch die Fundationsgüterdeputation bestellt wurde.[196] Als neu ernannter Rektor für die ehemaligen Jesuiten der Münchener Stiftungen – Domus Gregoriana, Kurbayerische Mission, Exerzitienhaus und so genanntes Goldenes Almosen[197] – hatte er „auf die beybehaltung dieser sammentlichen Stiftungen stetshin die genauiste obsicht"[198] zu tragen. Die Zuweisung von Exjesuiten unter einem Rektor aus dem Weltpriesterstand entsprach der Forderung des Aufhebungsbreve.[199] Gleichzeitig unterstanden sie damit der Oberaufsicht und der Gerichtsbarkeit des Ortsbischofs von Freising, Ludwig Joseph Freiherr von Welden (Bischof von 1769 bis 1788).[200]

---

[194] STUBENVOLL, Geschichte des Königl. Erziehungs-Institutes, 276.
[195] STUBENVOLL, Geschichte des Königl. Erziehungs-Institutes, 276.
[196] Vgl. StAM, Albertinum A 10; STUBENVOLL, Geschichte des Königl. Erziehungs-Institutes, 279.
[197] Zur Kurbayerischen Mission vgl. DUHR, Geschichte der Jesuiten, Bd. 4/2, 216-224. – Zur Stiftung des Goldenen Almosens, die zur Verbreitung guter Bücher durch den Jesuiten Emmeran Welser († 1618) ins Leben gerufen wurde, vgl. BAUER, Der kurfürstliche geistliche Rat, 221, Anm. 17; BRÜCKNER, Zum Literaturangebot des Güldenen Almosens, in: ZBLG 47 (1984), 121-139; KOCH, Art. Almosen, in: DERS., Jesuiten-Lexikon, 43.
[198] StAM, Albertinum A 10. – Das Ernennungsdekret vom 14. Januar 1774 ist abgedruckt in: STUBENVOLL, Geschichte des Königl. Erziehungs-Institutes, 279.
[199] Vgl. KNAAKE, Breve, 34.
[200] Zum Freisinger Bischof Freiherr von Welden (1727-1788) vgl. GREIPL, Art. Welden auf Laubheim und Hohenaltingen, Ludwig Joseph Freiherr von, in: GATZ (Hg.), Die Bischöfe des Heiligen Römischen Reiches 1648 bis 1803. Ein biographisches Lexikon, 564f.; HEIM, Ludwig Joseph Freiherr von Welden. Fürstbischof von Freising (1769-1788); NESNER, Das späte 18. Jahrhundert, in: SCHWAIGER (Hg.), Das Bistum Freising in der Neuzeit, 469-527, hier 477-485.

Die Fundationsgüterdeputation war ferner zuständig bei Veräußerung bzw. Verpachtung von Gütern, für die Bestellung des Personals und dessen Besoldung. Die Seminarrechnungen hatte der Inspektor bei der Fundationsgüterdeputation einzureichen.[201] Am 10. März 1775 erhielt Hueber den Auftrag, „den Fundations Brief – oder andere die Fundation des hiesigen Seminarii betreffende Documenta" zur Fundationsgüterdeputation einzusenden, „damit hievon nach churfrtl. gnäd. Willens Meynung vidimirte Copien genohmen, und behöriger Gebrauch gemacht werden möge"[202]. Über die Aufnahme und Entlassung von Seminaristen entschied ebenfalls besagte Institution, was immer wieder zu Konflikten führte, da das Seminar auch zur Aufnahme solcher Kandidaten verpflichtet wurde, die nicht die fundationsmäßigen Eigenschaften besaßen.[203] Gewöhnlich hatte der Inspektor die Kandidaten über ihre Tauglichkeit zu prüfen und eine Vorschlagsliste zur Aufnahme an die Fundationsgüterdeputation einzureichen.

Mancher Bittsteller wandte sich mit Erfolg bezüglich einer Aufnahme in das Kurfürstliche Seminar direkt an die Hofkammer. So bat der Münchener Hofstallmaler Johann Georg Hermann im Jahre 1776, seinen Sohn Josef in der Domus Gregoriana aufzunehmen. Am 3. Juni 1776 wurde sie von der Fundationsgüterdeputation gewährt. Inspektor Johann Evangelist Hueber klagte bereits am 14. Juni, dass der Knabe „noch keine statutengemäße Eigenschaften besitzt, noch nicht einmal die Principia erlernet hat, folglich mit andern nicht könnte in die Schule geschikt werden". Ferner merkte er an: „Was die Aufnahm, und Ersetzung der Plätze belanget, hatte ich weiter nichts dabey als pflichtmässige Sorge, Mühe und Arbeit. Ich muste Statuten mässige Knaben aufsuchen, beschreiben, prüfen, und die tauglichsten davon wählen. Die Aufnahm aber geschah nicht in meinem, sondern, wie es die Statuten erfordern, im Name, und mit Be-

---

[201] Am 22. Juni 1774 erging an Inspektor Hueber die Aufforderung, die Seminarrechnungen der letzten zehn Jahre an die Fundationsgüterdeputation einzuschicken, damit „man das gesamte oeconomie Wesen desselben gründlich einsehe". Ferner sollte er ein Verzeichnis aller Seminaristen mit ihrer sozialen Herkunft einsenden; BayHStA, GL Fasz. 2697/477; StAM, Albertinum A 10.
[202] StAM, Albertinum A 10.
[203] Inspektor Hueber klagt in einem Schreiben an den Kurfürsten aus dem Jahre 1774, dass er sich seit acht Jahren alle Mühe geben würde, um den Wohlstand des Hauses, der guten Zucht, der Wissenschaften und der Musik nach allen Kräften zu fördern. „Nun aber will es mir fast unmoeglich werden, dieses ferner zu bewürken, denn da eines theils immer solche Knaben müssen in das Seminarium genommen werden, welche die Fundationsmässige, und von Sr. Kayserlichen Majestät Carl den VII. gnäd. bestätigte Eigenschaften, sonderbar die erforderliche Brauchbarkeit in der Musik nicht haben; Andrentheils aber nicht erlaubt ist, die zu Erhaltung und Fortsetzung der Musik nothwendigen Subjecten nachzusetzen. Ist es ganz und gar unmöglich die Musik, welche doch fast der Hauptzweck dieser Stüftung ist, ferner zuerhalten"; StAM, Albertinum A 96.

willigung des gnädig verordneten Vorstehers, oder Rectors dieses Hauses."[204] Inspektor Hueber hatte Josef Hermann allerdings zu Schuljahresbeginn nicht ins Seminar aufgenommen. Daher wandte sich im September die Witwe des Malers, Anna Johanna Hermann, noch einmal an die Fundationsgüterdeputation, die am 23. September 1776 endgültig die Aufnahme ihres Sohnes verfügte.[205] Johann Evangelist Hueber blieb demnach als Exjesuit weiter in seinem Amt bestehen. Durch die Fundationsgüterdeputation erhielt Hueber am 14. Januar 1774 den Auftrag „nicht nur bemelt Chl. wirkl. geheimen Rath und Probsten bey U. L. Frauen alhier Herrn Grafen von Spaur in beschriebener Eigenschafft als Rectorem zu erkennen, und selbigen in allen Verfügungen, welche die Erhaltung und gute Ordnung dieser milden Stifftung zum Gegenstand haben, allerdings gezimmende Folge – und subordinationsmässiges Betragen zu leisten, sondern auch die dissfalls über Einnamen und Ausgaben zu verfassen habende Rechnungen alle Jahre ohnmitlbahr bey diesortiger Fundationsgüter Deputation getreulich abzulegen, dessen zu geschehen man sich gegen ihm Priester Hueber allerdings versiehet"[206].

Der im Inspektorat bestätigte Hueber hatte mit der Aufhebung des Ordens seine Wohnung nicht mehr im Kolleg, sondern seit Herbst 1773 im Seminar zu nehmen. Bislang wohnte lediglich ein Weltpriester im Seminar, „der als Praefectus bestelt war, zu beständiger Auf- und Nachsicht darinen sich immer aufhalten solte"[207]. Als Besoldung erhielt der Inspektor, der zuvor ganz durch das Kolleg unterhalten worden war, neben der freien Wohnung, die Kost mit täglich zwei Maß Bier und in Geld 240 Gulden, die das Seminar aufzubringen hatte.[208] Damit wurde die Forderung des päpstlichen Breves erfüllt, wonach den Exjesuiten „ein anständiger Unterhalt aus den Einkünften des Hauses oder des Kollegiums an-

---

[204] BayHStA, GL Fasz. 2697/477.
[205] Der Seminarist Josef Hermann (Hörmann) weilte nur ein Jahr in der Domus Gregoriana; vgl. BayHStA, GL Fasz. 2697/477.
[206] StAM, Albertinum A 10; vgl. STUBENVOLL, Geschichte des Königl. Erziehungs-Institutes, 279. – Zur Justifizierung der Seminarrechnungen im Kurfürstentum Bayern wurde 1784 der Registrator und Offiziant Nikola Zoller ernannt, der von allen Seminarien zusammen ein Jahresgehalt von 122 fl. erhalten sollte. Das Kurfürstliche Seminar in München hatte einen jährlichen Betrag von 30 fl. an den Rechnungsrevisor Zoller zu leisten; vgl. StAM, Albertinum A 50.
[207] BayHStA, GL Fasz. 2697/477.
[208] Diese Summe entsprach der Pension, welche den Exjesuiten von der Fundationsgüterdeputation zugesprochen worden war; vgl. BayHStA, GL Fasz. 2697/476; MÜLLER, Die Aufhebung des Jesuitenordens in Bayern, 343.

gewiesen"[209] wurde. Hinzu kamen noch etwa 130 fl. aus Stipendien von 255 gestifteten Messen, die der Inspektor in der Seminarkirche zu lesen hatte.[210]
Nach der Aufhebung des Münchener Kollegs 1773 hatten vier weitere Exjesuiten ihren Tisch im Kurfürstlichen Seminar eingenommen, nämlich die Priester Franz Xaver Kreitl[211], Aloys Wölfinger[212] und Johann Michael Steiner[213] und der Laienbruder Josef Zeitler[214]. Zwei von ihnen, Wölfinger und Steiner, waren sogar ins Seminar eingezogen. Nachdem die Fundationsgüterdeputation davon erfahren hatte, beantragte sie am 23. September 1774 beim Kurfürsten, „daß weder den ex-Jesuiten (ausser für dermal dem Inspectori) weder jemand andern die Wohnung mit- oder ohne Kost in dem Seminario zugegen der Stiftung, und dem Nutzen desselben gestattet werden solle, um so minder, als es hier nicht so fast um angebliche Bequemlichkeiten, sondern um Vorbiegung vor Nachtheile, und besorglicher Consequenz zu thuen seyn dörfte"[215]. Begründet wurde der Antrag damit, dass „selbst die Jesuiten nicht zue gaben, daß ein Glied aus ihrer Gesellschaft, und nicht einmal der vorgesetzte Inspector die Kost, und Wohnung im Seminario nemmen, sondern lediglich ein Weltpriester, der als Praefectus bestelt war, zu beständiger Auf- und Nachsicht darinen sich immer aufhalten sollte: wohl wissend, daß dieser Ort seiner Stiftung, und Absicht nach ein bloßes Seminarium für Studierende Jünglinge, und also keineswegs, wie es jetzt die Aussicht zu bekommen scheint, ein Gasthof, oder wohl gar Samel-Platz für Leute seye, die ganz dahin nicht gehören, und durch ihr dortseyn nur wieder neue Vereinigungen, und nicht zuelässige Gesellschaften veranlassen, welche nur immer weiter ausgedehnt, und nach, und nach das Seminarium schlech-

---

[209] KNAAKE, Breve, 32. – Am 6. November 1773 erging die entsprechende Anweisung an die Fundationsgüterkasse, dass an Hueber keine Pension mehr ausbezahlt werden dürfte, „weil er die ihm bewilligte jährliche 240 f. per modus Solarii von den Seminarii gefällen zu ziehen hat"; BayHStA, GL Fasz. 2698/484. – Hueber erhielt durch die freie Kost und Logis daher mehr als seine ehemaligen Mitbrüder. Im Jahr 1805 wurden in der Seminarrechnung 440 Gulden als Gehaltsausgaben für den Inspektor verbucht, für Kost und Logis aus 200 Gulden berechnet; vgl. BayHStA, GL Fasz. 2697/477.
[210] Vgl. BayHStA, GL Fasz. 2699/489.
[211] Franz Xaver Kreitl fehlt im Catalogus generalis.
[212] Zu Aloys Wölfinger, auch Welfinger, (1736-1799), der mit der Verwahrung der Bibliothek des Kollegs durch die „Obsignations-Kommission" beauftragt wurde, vgl. Catalogus generalis, 473.
[213] Zu Steiner (1746-1808), der Professor am Gymnasium war, vgl. ADB, Bd. 35, 706; BAUER, Der kurfürstliche geistliche Rat, 285, Anm. 38; Catalogus generalis, 427.
[214] Josef Zeitler, auch Zeittler, (1724-1789) war Provisor der Wilhelminischen Apotheke. – Zu seiner Person vgl. Catalogus generalis, 496.
[215] BayHStA, GL Fasz. 2697/477.

terdings nur den Name nach, in Hauptwerk aber mehrein ex-Jesuitisches Gast- und Wohnungs Hauß dastehen würde"[216].

Kurfürst Maximilian III. Joseph entschied im Sinn der Fundationsgüterdeputation und verlangte den sofortigen Auszug der Exjesuiten Wölfinger und Steiner aus der Domus Gregoriana. An Inspektor Hueber war die Weisung gerichtet, „daß derselbige bey Vermeydung schwehren Einsehens sich nicht mehr anzumessen habe, jemanden der nicht Berufes halber in das Seminarium gehört, weder zur Kost, noch zur Wohnung einzunehmen"[217].

1774 bewarb sich Hueber um eine Stelle als Hofkaplan und dachte dabei schon an die Zeit nach seinem Dienst als Inspektor. Zwar habe die vakante Stelle derzeit keine Einkünfte, aber „damit wenigst nach der Zeit des Seminariums, welches mir dermal auf gnäd. Verordnung den Unterhalt verschaffen soll, erleichtert, und ich meinen nothwendigen Unterhalt, ohne demselben beschwerlich zu seyn, erlangen möge"[218]. Da er die Stelle nicht erhalten hatte, sorgte er sich weiter um seine Zukunft. 1776 bat er um eine schriftliche Zusicherung einer Pension, „daß, wenn ich auch heute oder morgen diesem Amte nicht mehr werden können vorstehen, mir meine Pension gereichet, und die gnäd. Erlaubniß ertheilt werde, dieselbe hier in geistl. Diensten der Hofkirche St. Michaels, oder wo ich es immer am besten finden werde, im Frieden und ungekränkten zu verzehren"[219]. Er hätte das Haus vor zwölf Jahren in schwierigen Umständen übernommen, da es mit Schulden beladen war. Inzwischen hätte er fast alle Schulden getilgt. „Ich hatte dieses Hause zu besorgen in den schwersten Zeiten der Theuerung und der Hungersnoth, und habe es durch besondern Beystand Gottes so durchgebracht, daß es weder mit neuen Schulden beladen wurde, noch jemals an Brod und Nahrung einen Abgang zu leiden hatte."[220] Und weiter schrieb Hueber: „Ich habe mich diese ganze Zeit hindurch unermüdet bearbeitet, dieses Hause im guten Stande zu erhalten, die Jugend zu all christl. Tugend, und anständigen Wissenschaften anzuleiten, die Ehre Gottes durch eine erbauliche Kirchenmusik zu befödern. In diesen Bemühungen habe ich nun die besten Jahre meines

---

[216] BayHStA, GL Fasz. 2697/477.
[217] BayHStA, GL Fasz. 2697/477; Konzept an Propst von Spaur als Seminarrektor vom 13. Dezember 1774.
[218] StAM, Albertinum A 66; A 84.
[219] StAM, Albertinum A 84.
[220] Anfang der 1770er Jahre herrschte Hungersnot im Kurfürstentum Bayern; vgl. RANKL, Die bayerische Politik in der europäischen Hungerkrise 1770-1773, in: ZBLG 68 (2005), 745-779; vgl. auch ABEL, Massenarmut und Hungerkrisen in Deutschland im letzten Drittel des 18. Jahrhunderts, in: HERRMANN (Hg.), »Das pädagogische Jahrhundert«, 29-52.

lebens verzehret, meine Kräfte und Gesundheit erschöpfet, und allezeit nur für andere für mich selbst wenig oder gar nichts gesorget."[221]

Die Aufhebung des Jesuitenordens hatte erhebliche finanzielle Folgen für das Seminar. Nicht nur die Besoldung neben Kost und Trunk waren für den Inspektor aufzubringen, auch gingen bei anderen Jesuitenkollegien angelegte Gelder verloren. Im Jahre 1754 wurden 4000 fl. beim Jesuitenkolleg zu Konstanz zu 3 % angelegt, die jährlich 120 fl. an Zinsen abwarfen. Seit 1774 waren diese Zinsgelder nicht mehr bezahlt worden.[222] Weitere Kapitalien waren bei dem Jesuitenkolleg in Feldkirchen (6200 fl.), im Konvikt zu Dillingen (3000 fl.), im Jesuitenkolleg in Freiburg im Breisgau (2500 fl.) und bei der Jesuitenprovinz in Linz (4000 fl.) angelegt, die alle keine Zinsen mehr abwarfen und letztlich nicht mehr zurückbezahlt wurden. Schließlich ist noch ein Kapital von 4000 fl. zu nennen, das an die Buchhändler Pez und Baader in Regensburg vergeben war. Auch dieses ging zusammen mit den Zinsen in Höhe von 2820 fl. verloren. Am 30. November 1793 wurde von der Schulkuratel angeordnet, dass diese Kaptalien „als gänzlich uneinbringbar gleichwol abgeschrieben und in den Seminari Rechnungen künftighin ganz weggelassen werden sollen"[223].

Um das gesamte Rechnungswesen des Seminars einzusehen, erging am 22. Juni 1774 an Hueber die Weisung, die letzte Seminarrechnung, die noch im ehemaligen Jesuitenkolleg abgelegt worden war, zusammen mit den letzten zehn Jahresrechnungen zur Fundationsgüterdeputation zu senden. Ferner sollte er innerhalb 14 Tage ein „classificiertes Verzeichniß des gesamten in dem Seminario dermal befindlichen und zu unterhaltenden Personals" erstellen.[224] Hueber bat später, da er in der Erstellung der Jahresrechnungen nicht genügend erfahren sei, ihm von Seiten der Fundationsgüterdeputation jemanden zu bestimmen, der sie herstelle. Ihm wurde daher erlaubt, sich nach einem Rechnungsschreiber umzusehen, den Hueber im Kanzlisten Aschenbrenner fand.[225]

Als Inspektor Hueber am 27. Dezember 1777 verstarb, bewarb sich noch am gleichen Tag der Exjesuit und Gregorianer Michael Holzinger um die Stelle des

---

[221] StAM, Albertinum A 84.
[222] Vgl. BayHStA, GL Fasz. 2696/475.
[223] BayHStA, GL Fasz. 2696/475. – Kurfürst Karl Theodor hatte hierzu am 22. November 1793 die Erlaubnis gegeben; vgl. ebda.
[224] BayHStA, GL Fasz. 2697/477.
[225] Dieser erhielt für seinen Dienst eine Vergütung von 7 fl. 20 kr.; vgl. BayHStA, GL Fasz. 2697/477.

Inspektors.[226] In seinem Gesuch an die Fundationsgüterdeputation betonte er, dass „durch die Anstellung Meiner [Michael Holzinger] die gnädig ausgesprochene Pension einer Persohn zurückfällt". Außerdem sei er für das Amt befähigt, da er „als selbst 6 Jahr gewesener Seminarist allhier so wohl der Gebräuchen, als Musik wohl erfahren"[227] sei. Mit der Ernennung Holzingers noch zum 1. Januar 1778 fand ein weiterer Exjesuit Anstellung als Inspektor im Kurfürstlichen Seminar.[228] Wieder erfolgte die Anweisung an die Fundationsgüterkasse, dass sie ab Januar 1778 keine Pension mehr an den Exjesuiten Holzinger auszahlen sollte.[229]

Anton von Bucher urteilte über Inspektor Holzinger in seinem Werk „Die Jesuiten in Baiern vor und nach ihrer Aufhebung": „Von der alten Methode, zu lehren und zu erziehen, wich er nirgends."[230]

Im Mai 1778 bahnte sich ein Streitfall mit der Gemeinde ob der Au bei München bezüglich der Überführung des Trinkwassers durch den Seminargarten in der Falkenau an.[231] Inspektor Holzinger war der Ansicht, dass durch Ausputzung der Brunnenstube, die der Gemeinde eigentümlich war und wofür das Seminar verantwortlich sein sollte, das Wasser wieder fließen müsste. Die Gemeinde hätte schon die Drohung ausgesprochen, „man würde ehnder unser wasserröhre anpohren, als des wassers länger entrathen"[232]. Nach Aussage der Gemeinde hätte sie einen Teil des Wassers „aus freuwilliger Güte" dem Seminargarten abgegeben. Inzwischen wurde von der seminareigenen Brunnenstube das Türchen samt den Bändern weggerissen. „Die Gemeinde will von dieser Gewaltthätigkeit nichts wissen, weil sie sagen, den nämlichen Tage wäre bey einen aus Ihren selbst eingebrochen worden."[233] Wie die Sache ausging, ist nicht

---

[226] Johann Evangelist Hueber verstarb am 27. Dezember 1777 „früh um ein viertl nach zwey Uhr"; BayHStA, GL Fasz. 2698/484; vgl. auch StAM, Albertinum B 12/12. – Hueber vermachte der Domus Gregoriana eine Saaluhr, die mit Genehmigung vom 31. Juli 1802 zum Nutzen des Hauses verkauft werden durfte; vgl. StAM, Albertinum A 84.
[227] BayHStA, GL Fasz. 2698/484. – Michael Holzinger hatte von 1758-1764 die Domus Gregoriana besucht; vgl. PUTZ, Domus Gregoriana, 256.
[228] Das Ernennungsdekret vom 31. Dezember 1777 in: BayHStA, GL Fasz. 2698/484.
[229] Die Exjesuitenpension hatte in jährlich 240 fl. bestanden; vgl. BayHStA, GL Fasz. 2698/484.
[230] BUCHER, Die Jesuiten in Baiern vor und nach ihrer Aufhebung, Bd. 2, 50.
[231] Der Seminargarten in der Falkenau wurde 1745 von der Witwe Eva Anna Ziegler für 5000 fl. gekauft. Eine Abschrift des Kaufbriefs vom 27. August 1745 in: BayHStA, GL Fasz. 2696/475.
[232] BayHStA, GL Fasz. 2696/475. – Im Kaufbrief ist nichts von einem Wasserrecht zu Gunsten des Kurfürstlichen Seminars enthalten. Erst 1751 erhielt das Seminar von der Gemeinde Au dieses Recht als freiwillige Abgabe; vgl. ebda.
[233] Das Schreiben Holzingers an die Fundationsgüterdeputation vom 4. Mai 1778 in: BayHStA, GL Fasz. 2696/475.

mehr in den Akten enthalten. Am 22. August 1781 bat Holzinger um Ratifikation, die Brunnenstube zu Giesing für 65 fl. neu aufrichten zu lassen.[234]
Ein besonderer Tag im Inspektorat Holzingers war die Ankunft des neuen Kurfürsten Karl Theodor in der Haupt- und Residenzstadt München, der am 9. Oktober 1778 feierlich durch das Neuhauser Tor in die Stadt einzog.[235] Holzinger wollte auch von Seiten des Seminars einen Beitrag „zu dieser gemeinschaftlichen Freudens Erzeigung" leisten und bat vorab am 8. September 1778 um Ratifikation entstehender Kosten.[236]

Durch die Übergabe des bayerischen Schulwesens an die Prälatenorden 1781 verlor der Exjesuit Michael Holzinger seinen Inspektoratsposten nach nur drei Dienstjahren.[237]

Der letzte Eintrag Holzingers im Diarium vom 15. Oktober 1781 lautet: „Hoc die sacerdos curatus Michael Holzinger, officio Inspectoris, quo per 3 annos et 9 menses fungebatus iam ante 5 Dies exutus, Seminario omnio excessit."[238]

Als Michael Holzinger am 8. Mai 1802 in München starb, wurde das Seminar trotz der Amtsenthebung nach dem Testament vom 29. April 1802 zum Universalerben eingesetzt, „theils weil er selbst einst 3 Jahre lang desselben Vorstand war, und dessen Dürftigkeit zu gut einsah; theils weil er mit noch anderen seiner

---

[234] Vgl. BayHStA, GL Fasz. 2696/475.
[235] Nachdem Kurfürst Max III. Joseph am 30. Dezember 1777 verstorben war, trat der Erbfall nach den Wittelsbacher Hausverträgen ein und der pfälzische Kurfürst Karl Theodor wurde zugleich bayerischer Kurfürst. – Zu Kurfürst Karl Theodor (1724-1799, seit 1742 pfälzischer Kurfürst) vgl. ADB, Bd. 15, 250-258; BOSL, Bayerische Biographie, 406; ELICKER, Verfassungsfragen der Sukzession Karl Theodors in Bayern und des bayerisch-niederländischen Tauschprojekts, in: ZBLG 69 (2006), 123-149; FUCHS, Art. Karl (IV.) Theodor, in: NDB, Bd. 11, 252-258; GrBBE, Bd. 2, 986; KÖRNER, Art. Karl (IV.) Theodor, in: LThK[3], Bd. 5, 1248; KRAUS, Gymnasium der Jesuiten, 55-62; MOSER, Karl Theodor. Der Kurfürst der Schönen Künste, in: SCHMID, WEIGAND (Hg.), Die Herrscher Bayerns, 279-294; NÖHBAUER, Die Wittelsbacher, 229-239; RALL, Kurfürst Karl Theodor (1724-1799). Regierender Herr in sieben Ländern; SCHMID, Vom Westfälischen Frieden bis zum Reichsdeputationshauptschluß. Altbayern, in: HBKG, Bd. 2, 293-356, hier 314f.; WIECZOREK, PROBST, KOENIG (Hg.), Lebenslust und Frömmigkeit. Kurfürst Carl Theodor (1724-1799) zwischen Barock und Aufklärung, 2 Bde.
[236] Die Höhe des Betrags ist nicht genannt; vgl. BayHStA, GL Fasz. 2696/475; StAM, Albertinum A 66. – In einem Schreiben vom 5. März 1799 aus Anlass des Einzugs von Kurfürst Maximilian IV. Joseph heißt es in Erinnerung an den Einzug Karl Theodors im Jahre 1778: „Es wurde vor dem Thor des Seminary Eingang eine Bühne aufgemacht, worauf ein Chor mit Sänger, dan intrumental music, auch Trompeten und Pauken [...]"; BayHStA, GL Fasz. 2698/485.
[237] Anton von Bucher notierte zur Pensionierung Holzingers: „Als die Klostergeistlichen die Schulen übernahmen, wurde er in Pension gesetzt, und diese wird er, da er allezeit die Ruhe sehr geliebt, und nie das Mindeste von Ehrgeiz geäußert hat, vermuthlich hübsch stille verzehren, und durch seine Demuth die größere Ehre Gottes zu befördern suchen"; BUCHER, Die Jesuiten in Baiern vor und nach ihrer Aufhebung, Bd. 2, 50.
[238] StAM, Albertinum B 12.

Brüder in den Studier-Jahren sein Aufkommen und Unterhalt großen Theils dem hießigen Churfürstl. Seminar zu verdanken hatte"[239]. Holzinger wünschte zu allererst, „daß selber Christkatholischen Gebrauch nach von dem hiesigen Seminario St. Greg. M. mit Zuziehung der marianisch lateinischen Congregation beerdiget [...] werden solle"[240].

---

[239] BayHStA, GL Fasz. 2696/475. – Das Testament war wenige Tage vor seinem Tod am 29. April 1802 im Beisein des Amtskommissars Scharl und des Amtsaktuars Wölfl verfasst worden; vgl. ebda.
[240] BayHStA, GL Fasz. 2696/475. – Seiner Stiefmutter und Witwe des Hoftrompeters Lorenz Holzinger, Anna Holzinger, geborene Heinritzi, legierte er einen zehnfachen Dukaten und jedem seiner fünf Brüder Franz Xaver (1747-1815), bis 1803 Benediktiner in Andechs (P. Benedikt), Franz Josef, Lorenz Maximilian (1751-1809), bis 1783 Augustiner-Chorherr in Indersdorf (D. Aquilinus), Johann Benedikt (1753-1822), bis 1803 Zisterzienser in Raitenhaslach (P. Benedikt), und Johann Sebastian Thaddäus einen vierfachen Dukaten. Das Kurfürstliche Armeninstitut sollte 50 fl. und seine Dienstmagd Maria Anna Welz, die ihm siebzehn Jahre lang treu gedient hatte, sollte 25 fl. erhalten. Am 4. Juni 1802 bat Inspektor Neuner die Erbschaft antreten zu dürfen. Die Inventarschätzung, die Pfarrer Joseph Darchinger von U.L.F. am 28. Juni 1802 aufgestellt hatte, belief sich auf 959 fl. 37 kr.; vgl. BayHStA, GL Fasz. 2696/475. – Am 4. Januar 1803 war im Seminar noch immer ein vierfacher Dukaten deponiert, der für Josef Holzinger, Kapellmeister beim k. k. Regiment in Ungarn, bestimmt war. Daher wurde angeordnet, falls dieser sich nicht im Seminar melden sollte, dass „ermelter Dukaten seiner Zeit dem Seminar zugehörig" sein sollte; BayHStA, GL Fasz. 2699/489. – Zur Person Darchingers (1747-1821), der 1764 das Jesuitengymnasium in München absolviert hatte, vgl. KNAB, Nekrologium, 12; LEITSCHUH, Matrikeln III, 99. – Zu den Brüdern Michael Holzingers, die zum Teil auch die Domus Gregoriana besucht hatten, vgl. PUTZ, Domus Gregoriana, 90. – Zu dem Zisterzienser P. Benedikt (Johann Benedikt) Holzinger in Raitenhaslach, der 1771 das Kurfürstliche Seminar und Jesuitengymnasium in München absolviert hatte, vgl. BOSL, Bayerische Biographie, 369; GrBBE, Bd. 2, 904; HARNISCH, Art. Holzinger, Benedikt, in: Biographisches Lexikon der Ludwig-Maximilians-Universität München, Teil 1, 190; KRAUS, Gymnasium der Jesuiten, 558; LEITSCHUH, Matrikeln III, 132; PUTZ, Domus Gregoriana, 256. – Zum Augustiner-Chorherren D. Aquilinus (Lorenz Max) Holzinger in Indersdorf, der 1770 das Münchener Gymnasium als Seminarist absolviert hatte, vgl. KRAUS, Gymnasium der Jesuiten, 558; LEITSCHUH, Matrikeln III, 128; MITTELSTRAß, Augustiner Chorherren als Pfarrvikare in Indersdorf, 56f.; PUTZ, Domus Gregoriana, 256; STOERMER, Verzeichnis der Mitglieder, 76. – Zum Benediktiner in Andechs, P. Benedikt (Franz Xaver) Holzinger, der 1765 das Münchener Gymnasium als Seminarist der Domus Gregoriana absolviert hatte, vgl. Catalogus Religiosorum; KRAUS, Gymnasium der Jesuiten, 501; LEITSCHUH, Matrikeln III, 105; PUTZ, Domus Gregoriana, 256.

2. Die Domus Gregoriana unter Leitung der Augustiner-Chorherren (1781-1794)

2.1. Die Gründung des Maltesterordens Bayerischer Zunge 1781 und ihre Auswirkung auf das Schulwesen in Bayern

Nach der Aufhebung der Gesellschaft Jesu stellte sich schon bald die Frage, was mit dem Vermögen des Ordens geschehen sollte, das sich auf 7,4 Millionen Gulden belief.[241] Das Breve von Papst Clemens XIV. vom 21. Juli 1773 schrieb vor, dass die Exjesuiten aus den Einkünften des Kollegs unterhalten werden sollten. Außerdem verbot der Papst, dass die Güter der Jesuiten veräußert werden durften. Leer gewordene Kollegien sollten zu frommen Zwecken verwendet werden, „juxta id quod sacris canonibus, voluntati fundatorum, divini cultus incremento, animarum saluti ac publicae utilitati videbitur suis loco et tempore recte riteque accommodatum"[242]. Es verstand sich von selbst, dass die Rentenerträge nur zu Kultuszwecken benutzt werden durften. In Bayern diente das Jesuitenvermögen hauptsächlich als Fonds zur Finanzierung des Bildungswesens, der ehemaligen Jesuitenkirchen und zum Unterhalt der Exjesuiten.[243]

Diese Ordnung war nur von kurzer Dauer. Mit Zustimmung durch Papst Pius VI.[244] wurde am 31. August 1781 das Jesuitenvermögen zur Dotation der neu gegründeten Bayerischen Zunge des Malteserordens zweckentfremdet.[245] Kur-

---

[241] Vgl. MÜLLER, Die Aufhebung des Jesuitenordens in Bayern, 329.
[242] KNAAKE, Breve, 33f. – In München wurde schon 1775 gegen diese Bestimmung gehandelt, indem das Kurfürstliche Kadettenkorps in einen Teil des ehemaligen Jesuitenkollegs einzog; vgl. SCHWAIGER, München – eine geistliche Stadt, in: DERS. (Hg.), Monachium sacrum, Bd. 1, 1-289, hier 182.
[243] In der Schulverordnung für die kurbayerischen Gymnasien und Lyzeen vom 1. September 1777 war noch verfügt worden, „daß die ehemal von den Jesuiten im Genusse gehabten Güter und Einkünfte als ein beständiger immerwährender Fond, und als ein Corpus pium, perpetuum, individuum angesehen, für künftige Zeiten immer beysammen bleiben, und bloß zum Unterhalte der Exjesuiten, der Kirchen, Gottesdienste, Schulen und Lehrer und andern dergleichen hergebrachten milden und gottseligen Werken gewiedmet seyn sollen"; LURZ, Mittelschulgeschichtliche Dokumente Altbayerns, Bd. 2, 236.
[244] Pius VI. hatte am 15. Juli 1781 der Errichtung des Malteserordens Bayerischer Zunge zugestimmt. – Zu Papst Pius VI. (1775-1799) vgl. AUBERT, Pius VI., in: HKG, Bd. 6/1, 9-12; GELMI, Art. Pius VI., in: LThK³, Bd. 8, 326f.; RAAB, Das Zeitalter der Revolution. Pius VI. und Pius VII., in: GRESCHAT (Hg.), Das Papsttum II, 158-170, hier 158-163; SCHWAIGER, Art. Pius VI., in: HEIM (Hg.), Theologen, Ketzer, Heilige, 323; SCHWAIGER, HEIM, Art. Pius VI., in: DIES., Kleines Lexikon der Päpste, 104; SEPPELT, SCHWAIGER, Geschichte der Päpste, 364-369.
[245] Zur Geschichte der bayerischen Maltesergründung, auf die hier nicht näher eingegangen werden soll, vgl. von ARETIN, Die Bayerische Zunge des Souverainen Ordens vom H. Johannes zu Jerusalem (Malteser Orden) 1782-1808, in: Review of the Sovereign Military Order of Malta 2, 16, 32-41;

fürst Karl Theodor hatte die Gründung als Versorgungsinstitut für seine illegitimen Kinder und einigen Günstlingen des Hofes bewirkt.[246] Diese im Grunde überflüssige Ordensgründung bedeutete eine weitere Zäsur für das bayerische Bildungswesen. Zunächst war daran gedacht worden, dass die Klöster einen jährlichen Beitrag zur Finanzierung des Malteserordens in Höhe von 150000 Gulden leisten sollten.[247] Im Vorfeld wurde zur finanziellen Fundierung auch die Aufhebung einiger ständischer Klöster in Erwägung gezogen. In den Verhandlungen zwischen dem bayerischen Hof und Rom wurde dieser Gedanke bald fallen gelassen. Man einigte sich darauf, einen jährlichen Beitrag von den Klöstern zu fordern.[248]

Schließlich kam ein neuer Plan ins Spiel, „dass die Klöster anstelle der 150000 fl. Beiträge für den Malteserorden das bislang aus dem Jesuitenfonds finanzierte Schulwesen in finanzieller Trägerschaft übernehmen und als Gegenleistung die

---

AUTENGRUBER, FEDER, Bayern und Malta. Das Großpriorat Bayern der Bayerischen Zunge des souveränen Malteser Ritterordens und seine Insignien (1782-1808); BAUERREIß, Kirchengeschichte Bayerns, Bd. 7, 413; FORSTER, Das gottselige München, 255-263; FRELLER, Die Malteserkrise. Anmerkungen zum bayerisch-russischen Verhältnis am Beginn der Regierungszeit Max IV. Joseph, in: ZBLG 69 (2006), 595-643; GUMPPENBERG, Das bayerische Gross-Priorat des Johanniter-Ordens, in: OA 4 (1843), 68-92; JAHN, Klosteraufhebungen, 35-47; RÖDEL, Brückenschläge von Kurbayern nach Malta. Illegitime Söhne der Wittelsbacher und der Malteserorden, in: AMANN, PELIZAEUS, REESE, SCHMAHL (Hg.), Bayern und Europa, 143-151; SCHEGLMANN, Säkularisation I, 50-56; STEINBERGER, Die Gründung der baierischen Zunge des Johanniterordens. Ein Beitrag zur Geschichte der Kurfürsten Max II. Emanuel, Max III. Joseph und Karl Theodor von Baiern. – Allgemein zum Orden der Malteser bzw. Johanniter vgl. BERGER, Art. Johanniter-Orden, in: LThK[3], Bd. 5, 982-984; HEIM, Art. Johanniter (Malteser), in: DERS., Kleines Lexikon der Kirchengeschichte, 222f.; KARMON, Die Johanniter und Malteser. Ritter und Samariter. Die Wandlungen des Ordens vom Heiligen Johannes; LAGLEDER, Die Ordensregel der Johanniter/Malteser. Die geistlichen Grundlagen des Johanniter-/Malteserordens, mit einer Edition und Übersetzung der drei ältesten Regelhandschriften; SAMERSKI, Art. Malteser, in: LThK[3], Bd. 6, 1252f.; SCHWAIGER, Art. Johanniter (Malteser), in: DERS. (Hg.), Mönchtum, Orden, Klöster, 260-264.

[246] Der aus der Verbindung mit der Mannheimer Schauspielerin Josepha Seyffert geborene Sohn Karl Theodors, Karl August Graf von Bretzenheim, wurde schon als zwölfjähriger zum Großprior ernannt. – Zu seiner Person vgl. BOSL, Bayerische Biographie, 94; MÜLLER, Universität und Orden, 160; GrBBE, Bd. 1, 236. – Die Versorgung illegitimer Söhne aus dem Hause Wittelsbach durch den Johanniter- oder Malteserorden war keine Neuerscheinung, wie der Aufsatz von Rödel zeigt; vgl. DERS., Brückenschläge von Kurbayern nach Malta. Illegitime Söhne der Wittelsbacher und der Malteserorden, in: AMANN, PELIZAEUS, REESE, SCHMAHL (Hg.), Bayern und Europa, 143-151.

[247] Auf den Betrag von 150000 fl. kam man, da 40000 fl. als Militärbeitrag nach Malta beigesteuert werden sollten. 40000 fl. waren zum Unterhalt für den Großprior und 17000 fl. für den Kommandeur bestimmt. Schließlich waren noch 60000 fl. zum Unterhalt für zwanzig Ordensritter vorgesehen; vgl. MÜLLER, Universität und Orden, 163.

[248] Die Beiträge der Klöster sollten nach der jeweiligen Wirtschaftsleistung abgestuft werden. Nach Steinberger ist dieser Gedanke „ohne Zweifel den persönlichen Erwägungen des Papstes entkeimt"; STEINBERGER, Die Gründung der baierischen Zunge des Johanniterordens, 118.

Lehrämter in eigener Regie besetzen sollten"[249]. Auf Seiten der bayerischen Prälaten traten Abt Petrus Gerl von Prüfening, Präses der Bayerischen Benediktinerkongregation[250], und Propst Franz Töpsl von Polling, Landschaftsverordneter des Prälatenstandes, als führende Verhandlungspartner auf. In dem am 31. Juli 1781 an die Prälaten ergangenem Zirkular, das von beiden Prälaten unterschrieben worden war, heißt es eingangs sehr markant: „So ungewiß unser Schicksal ist, und so betrübt die Umstände sind, welche uns von allen Seiten umgeben; So könnte jedoch vielleicht dieser Zeitpunkt, welcher der kritisch- und gefährlichste ist, in welchem sich der bajerische Prälatenstand je befunden hat, ein günstig- und glücklicher Zeitpunkt für uns werden. Wenn nemlich Se. Kurfürstl. Durchl. sich dahin bewegen lassen, die gewesene Jesuiter-Güter zur Stiftung der baier. Malteser-Zung, von welcher Stiftung Höchstdieselben nicht mehr abzuweichen fest entschlossen sind, gnädigst zu bestimmen geruhten, und sich damit begnügten, daß der Prälatenstand die Besorgung der Schulen, welche die Jesuiten hatten, auf sich nehme."[251] In der fünf Punkte enthaltenden Begründung wird unter anderem betont, dass durch diese Übernahme endlich der antimonastische Topos der Aufklärung entkräftet werden könnte, „daß die Ordensgeistliche bey unseren Zeiten dem Staate keinen Nuzen schaffen, welcher Vorwurf allzeit der erste Beweggrund zu unserer so oft vorgeschlagenen Undrükung war"[252].
Eine ins Leben gerufene Schulkommission hatte die Organisation des bayerischen Bildungswesens zu regeln.[253] Der heterogen zusammengesetzten Kommission gehörten folgende vierzehn Mitglieder an: Theodor Heinrich Graf To-

---

[249] MÜLLER, Universität und Orden, 169.
[250] Zu Abt Petrus Gerl von Prüfening (1718-1781) vgl. BOSL, Bayerische Biographie, 251; GrBBE, Bd. 1, 635; LINDNER, Monasticon Metropolis Salzburgensis antiquae, 442; LINDNER, Schriftsteller, Bd. 1, 246f. – Zur Bayerischen Benediktinerkongregation vgl. BAUERREIß, Kirchengeschichte Bayerns, Bd. 7, 221f.; FINK, Beiträge zur Geschichte der bayerischen Benediktinerkongregation. Eine Jubiläumsschrift 1684-1934; HAERING, Die Bayerische Benediktinerkongregation 1684-1803. Eine rechtsgeschichtliche Untersuchung der Verfassung eines benediktinischen Klösterverbandes unter Berücksichtigung rechtlicher Vorformen und rechtssprachlicher Grundbegriffe; HAERING, Die bayerische Benediktinerkongregation von 1684 bis 1803, in: Germania Benedictina, Bd. 1, 621-652.
[251] Zitat nach MÜLLER, Universität und Orden, 171. – Das Zirkular wurde an 36 bayerische Prälatenklöster gesandt. Interessant ist festzuhalten, dass die Klöster der Bettelorden für diese Veränderung nicht in Betracht gezogen wurden. Sie wurden zwar zur Finanzierung des bayerischen Bildungswesens herangezogen, durften aber kein Lehrpersonal stellen.
[252] Zitat nach MÜLLER, Universität und Orden, 171. – Das vollständige Rundschreiben innerhalb der bayerischen Prälaten vom 31. Juli 1781 ist abgedruckt in: MÜLLER, Akademische Ausbildung zwischen Staat und Kirche, Teil 2, 426-428.
[253] Vgl. MÜLLER, Akademische Ausbildung zwischen Staat und Kirche, Teil 1, 68-70.

por von Morawitzky²⁵⁴ (Präsident), Franz Xaver Joseph von Pettenkofen²⁵⁵ (Vizekanzler), als geistliche Assessoren: Die drei Augustiner-Chorherren: Propst Franz Töpsl von Polling, Propst Rupert Sigl von Weyarn²⁵⁶, Propst Johann Baptist Sutor von Indersdorf²⁵⁷, Aloys Wölfinger (Exjesuit), Matthias von Schönberg²⁵⁸ (Exjesuit), Franz von Paula Kumpf²⁵⁹ und Heinrich Braun, als weltliche Assessoren: Kaspar von Lippert²⁶⁰, Johann Evangelist von Vacchiery²⁶¹, Marquard von Gärtner²⁶², Franz von Berger²⁶³ und Johann Evangelist Joseph Kietreiber²⁶⁴.

Die offizielle Übergabe des bayerischen Schulwesens an die Prälatenorden erfolgte durch kurfürstlichen Erlass vom 31. August 1781.²⁶⁵ Darin heißt es: „Bey Gelegenheit des von dem gesammten regularen Prälatenstande in Baiern, und

---

[254] Zu Theodor Heinrich Graf Topor von Morawitzky (1735-1810) vgl. Bayerische Bibliothek, Bd. 3, 1236f.; BOSL, Baycrische Biographie, 532; GIGL, Zentralbehörden, 82f.; HUFNAGEL, Berühmte Tote, 149; MÜLLER, Akademische Ausbildung zwischen Staat und Kirche, Teil 1, 81, Anm. 173; MÜLLER, Universität und Orden, 190, Anm. 105; STOERMER, Verzeichnis der Mitglieder, 104; WANDERWITZ, Theodor Heinrich Graf von Topor Morawitzky (1735-1810), in: ZBLG 46/1 (1983), 139-155; WANDERWITZ, Art. Morawitzky, Theodor Heinrich Graf v. Topor, in: NDB, Bd. 18, 89.

[255] Zu Franz Xaver Joseph von Pettenkofen (* 1754) vgl. BAUER, Der kurfürstliche geistliche Rat, 169, Anm. 13.

[256] Zu Propst Rupert Sigl von Weyarn (1727-1804), der 1743 das Münchener Jesuitengymnasium als Seminarist der Domus Gregoriana absolviert hatte, vgl. KRAUS, Gymnasium der Jesuiten, 470, 611; LEITSCHUH, Matrikeln III, 13; LINDNER, Monasticon Metropolis Salzburgensis antiquae, 165; MÜLLER, Im Vorfeld der Säkularisation, 353; PUTZ, Domus Gregoriana, 312; SCHEGLMANN, Säkularisation III/2, 698f.; SEPP, Weyarn, 536f.

[257] Zu Propst Johann Baptist Sutor von Indersdorf (1735-1806) vgl. LINDNER, Monasticon Metropolis Salzburgensis antiquae, 156.

[258] Zu Schönberg (1734-1792) vgl. ADB, Bd. 32, 267f.

[259] Zu Franz von Paula Kumpf († 1810) vgl. BAUER, Der kurfürstliche geistliche Rat, 99, Anm. 32.

[260] Zu Johann Kaspar von Lippert (1729-1800) vgl. ADB, Bd. 18, 735f.; BOSL, Bayerische Biographie, 484; FUCHS, Art. Lippert, Johann Kaspar Edler v., in: NDB, Bd. 14, 657f.; GIGL, Zentralbehörden, 135f.; GrBBE, Bd. 2, 1191; HAMMERMAYER, Art. Lippert, Johann Kasimir von, in: Biographisches Lexikon der Ludwig-Maximilians-Universität München, Teil 1, 245f.; HEININGER, Johann Caspar Lippert und der bayerische Staat; KRAUS, Johann Kaspar von Lippert im Spiegel seiner Korrespondenz, in: Festschrift Dieter Albrecht, 137-156; MESSERER, Briefe an den Geh. Rat Johann Caspar von Lippert in den Jahren 1758-1800. Ein Beitrag zur Geistes- und Kulturgeschichte Bayerns in der 2. Hälfte des 18. Jahrhunderts; STOERMER, Verzeichnis der Mitglieder, 94.

[261] Zu Johann Evangelist von Vacchiery können keine näheren Angaben gemacht werden.

[262] Zu Marquard von Gärtner konnten keine biographischen Angaben gefunden werden.

[263] Zu Franz von Berger können keine weiteren Angaben gegeben werden.

[264] Zu Johann Evangelist Joseph Kietreiber (Kittreiber) vgl. BAUER, Der kurfürstliche geistliche Rat, 281, Anm. 23.

[265] Der kurfürstliche Erlass vom 31. August 1781 ist abgedruckt in: MÜLLER, Akademische Ausbildung zwischen Staat und Kirche, Teil 2, 428-431; vgl. auch StAM, RA Fasz. 896/14466. – Zur Übernahme des Schulwesens durch die bayerischen Prälatenorden vgl. LURZ, Die bayerische Mittelschule seit der Übernahme durch die Klöster; MÜLLER, Akademische Ausbildung zwischen Staat und Kirche, Teil 1, 65-78; PÖRNBACHER, Rottenbuch, 263-271.

der obern Pfalz zur Besorgung übernehmenden Schulwesens will vorzüglich Sr. Churfürstl. Durchlaucht Höchstlandesherrliche Fürsorge erheischen, daß sowohl für itzt bey der vorhandenen Abänderung, als für künftige Zeiten die dienstliche Maaßregeln ergriffen werden, nach welchen die zweckmäßige christliche, und politische Bildung der lieben Jugend zu erzielen ist. Es erfordern dieses die Sr. Churfürstl. Durchlaucht theuersten Regentenpflichten, nach welchen Höchstselbe als Supremus Advocatus Ecclesiae über die Aufrechthaltung der ächten Grund- und Lehrsätze der heiligen Religion, und als Landesherr über die Erziehung der Bürger des Staats immer wachen, und dadurch Ruhe, Aufklärung, und Beförderung derjenigen Kenntnisse zu erhalten suchen, von welchen die wahre Glückseligkeit des Staats im ganzen, und eines jeden Unterthans im einzelnen Betrachte wesentlich abhängt."[266]

Obwohl auch kritische Stimmen aus den eigenen Reihen der Prälaten aufkamen, war die Übernahme des bayerischen Schulwesens besiegelte Sache.[267] Am 5. September 1781 wurde das Jesuitenvermögen zur Gründung des Malteserpriorats in Besitz genommen. Die offizielle Errichtung erfolgte am 14. Dezember 1781.[268] Das Ergebnis lag durchaus, wie Winfried Müller feststellt, im Interesse des ehrgeizigen Pollinger Prälaten Franz Töpsl, durch die Übernahme des Bildungswesens das alte Monopol der Jesuiten, noch immer waren etwa zwei Drittel der Lehrstühle von Exjesuiten besetzt, endlich brechen zu können. Waren die Benediktiner wenigstens mit einer Hochschule in Salzburg und dem Gymnasium und Lyzeum in Freising im öffentlichen Bildungsbereich vertreten, hatten die Augustiner-Chorherren bislang nicht einen einzigen öffentlichen Lehrstuhl in Bayern besetzt. Töpsl sah endlich die Stunde gekommen, dies mit der Übernahme der Schulen durch die Prälatenorden zu ändern, und Polling sollte dabei eine führende Rolle erhalten.[269] Schon längst hatte er sein Kloster zu einem herausra-

---

[266] Zitat nach MÜLLER, Akademische Ausbildung zwischen Staat und Kirche, Teil 2, 428.
[267] Vor allem der Weyarner Propst Rupert Sigl (1727-1804) hatte harsche Kritik gegen das Zirkular vom 31. Juli 1781 geäußert; vgl. MÜLLER, Universität und Orden, 174f.
[268] Kurfürst Karl Theodor bestimmte München als Sitz des Großpriorats. Dem Malteserorden wurde im Juli 1782 die Hofkirche St. Michael zugewiesen, in welche die Malteser am 10. Dezember 1782 feierlich einzogen; vgl. MÜLLER, Akademische Ausbildung zwischen Staat und Kirche, Teil 1, 70; SCHWAIGER, München – eine geistliche Stadt, in: DERS. (Hg.), Monachium sacrum, Bd. 1, 1-289, hier 182.
[269] So relativiert Winfried Müller das Urteil Dülmens, dass es sich bei den Vorgängen im August 1781 um ein Überrumpelungsmanöver als einen „Sieg der Gewandtheit kurfürstlicher Beamter über die Einfältigkeit des alten Propstes von Polling" (DÜLMEN, Propst Franziskus Töpsl, 262) gehandelt habe. Müller sieht die These von der Einfältigkeit dadurch widerlegt, „dass Töpsl nach 1781 noch mehr als zehn Jahre lang als Generalstudiendirektor des lateinischen Schulwesens die Interessen der Präla-

genden Ort der Bildung und Wissenschaft befördert. Die Bibliothek mit über 80000 Bänden zählte zu den größten im ganzen Heiligen Römischen Reich deutscher Nation.[270] Schon kurz nach der Aufhebung der Jesuiten war Propst Töpsl bereit, Chorherren seines Klosters für das Lehramt freizustellen. Winfried Müller urteilt über die Übernahme des bayerischen Schulwesens durch die Prälatenorden, dass „die Ereignisse des Jahres 1781 jedoch eindeutig ein retardierendes Moment auf dem Weg zu einem staatlichen Schulwesen darstellen. Wie zu Zeiten der Jesuiten war der Bildungsbereich wieder fest in Ordenshand, wenn auch mit dem Unterschied, dass immerhin nach staatlich vorgegebenen Lehrplänen, nicht nach der Studienordnung eines Ordens unterrichtet wurde."[271]

---

tenorden, insonderheit jene der Augustiner-Chorherren und vor allem jene seines Klosters Polling, wohlüberlegt vertrat"; MÜLLER, Universität und Orden, 177f.

[270] Vgl. DÜLMEN, Propst Franziskus Töpsl, 63-70; GOLDER, BAHNMÜLLER, Bayerische Klosterbibliotheken, 6; LENK, Die Pollinger Augustiner [Chorherren] und ihre Büchersammlung, in: SCHINDLER (Hg.), Bayerns goldenes Zeitalter. Bilder aus dem Barock und Rokoko, 246-266; SCHMID, Die Bibliothek des bayerischen Augustiner-Chorherrenstifts Polling. Bestände – Aufhebung – Erbe, in: MÜLLER (Hg.), Reform – Sequestration – Säkularisation, 165-190. – Allgemein zur Rolle der Klosterbibliotheken im Zeitalter der Aufklärung vgl. ARNOLD, VODOSEK (Hg.), Bibliotheken und Aufklärung; BREUER (Hg.), Die Aufklärung in den deutschsprachigen katholischen Ländern. Kulturelle Ausgleichsprozesse im Spiegel der Bibliotheken in Luzern, Eichstätt und Klosterneuburg; HEYDENREUTER, Die Bibliotheken der bayerischen Augustiner-Chorherrenstifte und die Bayerische Akademie der Wissenschaften im 18. Jahrhundert, in: MÜLLER (Hg.), Kloster und Bibliothek, 193-215; SCHMID, Die Rolle der bayerischen Klosterbibliotheken im wissenschaftlichen Leben des 17. und 18. Jahrhunderts, in: RAABE (Hg.), Öffentliche und private Bibliotheken im 17. und 18. Jahrhundert, 143-187.

[271] MÜLLER, Universität und Orden, 5. – Zur Übergabe des Schulwesens durch kurfürstlichen Erlass vom 31. August 1781 in die Hände der bayerischen Prälatenorden führt Winfried Müller weiter aus: „Strukturell gesehen bedeutete die in der Normalverordnung [vom 31. August 1781] getroffene Vereinbarung eine Fortschreibung des zu Zeiten der Jesuiten in Geltung gewesenen Schulsystems; an die Stelle der Societas Jesu waren eben die Prälatenorden getreten. Sie finanzierten die Professoren, die zuvor aus den jesuitischen Stiftungsgütern besoldet worden waren, und erhielten dafür weitreichende Kompetenzen in Berufungs- und Entlassungsfragen; in dieser Hinsicht war das Generalstudiendirektorium an die Stelle des Jesuitenprovinzials getreten. Auf dem Weg zu einem staatlichen Schulwesen, wie es dann gegen Ende unseres Untersuchungszeitraumes in der Ära Montgelas verwirklicht wurde, haben wir es somit mit einem retardierenden Moment, das auf die Zustände vor 1773 verweist, zu tun. Ein gewichtiger Unterschied zur jesuitischen Schulregie war freilich, daß das vom Jesuitenorden vorgegebene Lehrsystem methodisch und inhaltlich außer Kraft gesetzt worden war. D. h. die Prälatenorden konnten die Studien nicht wie vormals die Jesuiten nach ihrem eigenen System ausrichten, sondern mußten sich mit staatlich vorgegebenen Lehrplänen ins Benehmen setzen"; MÜLLER, Universität und Orden, 213.

2.2. Die Übernahme des bayerischen Schulwesens durch die Prälatenorden

Durch das kurfürstliche Reskript vom 10. August 1781 war die Gründung der Bayerischen Zunge des Malteserordens und die damit verbundenen Übernahme des bayerischen Schulwesens durch die Prälatenorden beschlossene Sache.[272] Am 27. August traten die Vertreter der kurfürstlichen Spezialkommission und die Abgeordneten der Prälatenorden zu Verhandlungen zusammen, deren Ergebnisse sich in der so genannten „Normalverordnung" vom 31. August 1781 niederschlugen. Sie regelte das Verhältnis von monastischer Schulträgerschaft und staatlicher Aufsicht. Als staatliches Aufsichtsorgan wurde die „Schul- bzw. Universitätskuratel" ins Leben gerufen.[273] Zu Kuratoren der neu geschaffenen Institution wurden Theodor Heinrich Graf Topor von Morawitzky, Kasimir von Häffelin[274] und Karl Albrecht von Vacchiery[275] berufen.[276] Zugleich übernahm die Kuratel die staatliche Oberaufsicht über das Kurfürstliche Seminar in München. Auf der Seite des Prälatenstandes wurde das Generalstudiendirektorium als Zwischenorgan gegründet.[277] Die ersten Studiendirektoren wurden durch Kurfürst Karl Theodor berufen, wobei jeder der vier Prälatenorden durch einen Direktor

---

[272] Vgl. MÜLLER, Akademische Ausbildung zwischen Staat und Kirche, Teil 2, 428-431.
[273] Zum Personal der Schul- bzw. Universitätskuratel vgl. MÜLLER, Akademische Ausbildung zwischen Staat und Kirche, Teil 1, 81-83; MÜLLER, Universität und Orden, 190; GIGL, Zentralbehörden, 442-448; StAM, RA Fasz. 896/14466.
[274] Zu Johann Baptist Kasimir von Häffelin (Haeffelin) (1737-1827) vgl. ADB, Bd. 49, 697f.; BOSL, Bayerische Biographie, 297; FENDLER, Johann Casimir von Häffelin 1737-1827. Historiker, Kirchenpolitiker, Diplomat und Kardinal; GIGL, Zentralbehörden, 125-127; GrBBE, Bd. 2, 733; GUGGENBERGER, Nekrologium, 85; HAUSBERGER, Art. Häffelin, Johann Kasimir Frhr. v., in: LThK³, Bd. 4, 1138f.; JANKER, Art. Haeffelin, Kasimir Johann Baptist, in: GATZ (Hg.), Die Bischöfe des Heiligen Römischen Reiches 1648 bis 1803, 164-167; KRAUSEN, Art. Haeffelin, Kasimir Johann Baptist Frhr. v., in: NDB, Bd. 7, 429; MÜLLER, Akademische Ausbildung zwischen Staat und Kirche, Teil 1, 81, Anm. 173; MÜLLER, Universität und Orden, 190, Anm. 105; SCHOTTENLOHER, Der bayerische Gesandte Kasimir Haeffelin in Malta, Rom und Neapel (1796-1827), in: ZBLG 5/3 (1932), 380-415; STOERMER, Verzeichnis der Mitglieder, 67.
[275] Zu Karl Albrecht von Vacchiery (1746-1807), der 1764 das Jesuitengymnasium in München absolviert hatte, vgl. BAADER, Lexikon verstorbener Baierischer Schriftsteller, Bd. 1, Teil 2, 292-294; BOSL, Bayerische Biographie, 800; GrBBE, Bd. 3, 1999; KRAUS, Gymnasium der Jesuiten, 622, 643; LEITSCHUH, Matrikeln III, 99; MÜLLER, Akademische Ausbildung zwischen Staat und Kirche, Teil 1, 81, Anm. 173; MÜLLER, Universität und Orden, 190, Anm. 105; STOERMER, Verzeichnis der Mitglieder, 148.
[276] Vgl. MÜLLER, Akademische Ausbildung zwischen Staat und Kirche, Teil 1, 81, Anm. 173, Teil 2, 428f.
[277] Zum Aufgabenbereich und zur personellen Zusammensetzung des Generalstudiendirektoriums vgl. MÜLLER, Universität und Orden, 194-215; MÜLLER, Akademische Ausbildung zwischen Staat und Kirche, Teil 1, 83-90.

vertreten war. Es waren dies Abt Petrus Gerl von Prüfening und Abt Benedikt Schwarz von Tegernsee für die Benediktiner[278], die Augustiner-Chorherren waren vertreten durch Propst Franz Töpsl von Polling[279], die Zisterzienser durch Abt Theobald Weißenbach von Raitenhaslach[280] und die Prämonstratenser-

---

[278] Warum die Benediktiner durch zwei Studiendirektoren vertreten waren, lässt sich nicht eindeutig beantworten. Ein Grund könnte darin liegen, dass sie mit 27 Klöstern zahlenmäßig den stärksten Prälatenorden darstellten und den Löwenanteil zur Finanzierung des bayerischen Schulwesens zu leisten hatten. Mit einem Beitrag von 11726 fl. 25 ½ kr. im Schuljahr 1781/1782 brachten sie doppelt so viel auf als die Augustiner-Chorherren mit 5835 fl. 19 kr. Die Zisterzienser hatten 4225 fl. 50 kr. und die Prämonstratenser-Chorherren 2355 fl. 6 kr. aufzubringen; vgl. MÜLLER, Universität und Orden, 228. – Schon 1782 wünschte Kurfürst Karl Theodor als Nachfolger für Abt Petrus Gerl, der im Oktober 1781 verstorben war, und für Benedikt Schwarz, der aus Alters- und Gesundheitsgründen das Amt eines Studiendirektors nicht mehr wahrnehmen konnte, die Äbte Johannes Baptist Bergmann von Andechs (1731-1790) und Ottmar Seywold von Ettal (1729-1787) zu präsentieren, wobei Abt Ottmar die Klöster vertreten sollte, die nicht der Bayerischen Benediktinerkongregation angehörten, nämlich Asbach, Ettal, Metten, Niederaltaich, St. Veit, Seeon und Vornbach. Auf Abt Ottmar folgte 1787 Abt Joseph Maria Hiendl von Oberaltaich (1737-1796), der zugleich Präses der Bayerischen Benediktinerkongregation war. Nach dem Tod Abt Bergmanns von Andechs am 1. Dezember 1790 wurde vorerst kein zweiter Studiendirektor aus dem Benediktinerorden mehr eingesetzt. Erst nach dem Tod Hiendls am 25. Juni 1796 waren die Benediktiner wieder mit zwei Studiendirektoren vertreten. Es waren dies Abt Alphons Hafner von Ettal (1742-1807) als Vertreter der nicht der Benediktinerkongregation angehörenden Klöster, der allerdings erst im Mai 1797 das kurfürstliche Plazet erhielt, und Abt Karl Klocker von Benediktbeuern (1748-1805), der am 15. Juli 1796 mit kurfürstlicher Genehmigung ins Generalstudiendirektorium berufen wurde; vgl. MÜLLER, Universität und Orden, 195-199. – Zu Abt Benedikt Schwarz von Tegernsee (1715-1787) vgl. LINDNER, Familia S. Quirini Tegernsee, 159-161; LINDNER, Monasticon Metropolis Salzburgensis antiquae, 200. – Zu Abt Johannes Baptist Bergmann von Andechs vgl. Bayerische Bibliothek, Bd. 3, 1205; LINDNER, Monasticon Episcopatus Augustani antiqui, 33. – Zu Abt Ottmar Seywold von Ettal vgl. LINDNER, Album Ettalense, 255f.; LINDNER, Monasticon Metropolis Salzburgensis antiquae, 183. – Zu Abt Joseph Maria Hiendl von Oberaltaich vgl. LINDNER, Monasticon Metropolis Salzburgensis antiquae, 436; MÜLLER, Im Vorfeld der Säkularisation, 344. – Zu Abt Alphons Hafner von Ettal vgl. LINDNER, Album Ettalense, 256; LINDNER, Monasticon Metropolis Salzburgensis antiquae, 184; MÜLLER, Im Vorfeld der Säkularisation, 343; SCHEGLMANN, Säkularisation III/1, 395f. – Zu Abt Karl Klocker von Benediktbeuern vgl. BOSL, Bayerische Biographie, 423; Catalogus Religiosorum; GrBBE, Bd. 2, 1034f.; HEMMERLE, Benediktbeuern, 549-555; LINDNER, Monasticon Episcopatus Augustani antiqui, 51; MÜLLER, Abt Karl Klocker von Benediktbeuern, Wissenschaftsorganisator und Repräsentant des bayerischen Prälatenstandes, in: KIRMEIER, TREML (Hg.), Glanz und Ende der alten Klöster, 62-69; MÜLLER, Im Vorfeld der Säkularisation, 345f.; SCHEGLMANN, Säkularisation III/1, 310-312; WINHARD, Karl Klocker (1748-1805), letzter Abt von Benediktbeuern (1796-1803), in: WEBER (Hg.), Vestigia Burana. Spuren und Zeugnisse des Kulturzentrums Benediktbeuern, 161-179.

[279] Erst im Jahre 1794 erhielten die Augustiner-Chorherren durch Propst Rupert Sigl von Weyarn einen zweiten Vertreter im Generalstudiendirektorium; vgl. MÜLLER, Akademische Ausbildung zwischen Staat und Kirche, Teil 1, 83.

[280] Auf Abt Theobald Weißenbach (1737-1792) von Raitenhaslach folgten von 1792 bis 1797 Abt Otto Doringer (1728-1797) von Aldersbach und von 1797 bis 1803 Abt Edmund Bachmaier (1759-1817) von Fürstenzell; vgl. MÜLLER, Akademische Ausbildung zwischen Staat und Kirche, Teil 1, 83; MÜLLER, Universität und Orden, 199f. – Zu Abt Theobald von Raitenhaslach vgl. KRAUSEN, Raitenhaslach, 335-338; LINDNER, Monasticon Metropolis Salzburgensis antiquae, 91. – Zu Abt Otto Doringer von Aldersbach vgl. LINDNER, Monasticon Metropolis Salzburgensis antiquae, 334; MÜLLER, Im Vorfeld der Säkularisation, 341f. – Zu Abt Edmund Bachmaier von Fürstenzell vgl. LINDNER, Monasticon

Chorherren durch Abt Joseph Gaspar von Neustift[281]. Als Abgesandter der oberpfälzischen Klöster fungierte der Geistliche Rat P. Wigand Schider.[282] Das einflussreiche Amt des Sekretärs des Generalstudiendirektoriums, der die gesamte Geschäftsführung zu leiten und in München seine Wohnung zu nehmen hatte, wurde durch den Augustiner-Chorherren Anselm Greinwald aus Rottenbuch besetzt.[283]

Was die Frage des Lehramtspersonals, der Lehrplanänderungen und der Einführung von Schulbüchern betraf, wurde dem Generalstudiendirektorium zwar ein Vorschlagsrecht eingeräumt, die endgültige Entscheidung traf aber die staatliche Schul- und Universitätskuratel. Winfried Müller stellt fest, dass in der Normalverordnung „nur von Gymnasien und Lyzeen die Rede" ist, während die Landesuniversität Ingolstadt keine Erwähnung fand.[284] Ebenso fehlte die Erwähnung von Seminaren.

Am 13. September 1781 wurde die Aufteilung der Schulhäuser zur Besetzung der Lehrstellen mit Religiosen der einzelnen Orden angeordnet.[285] Demnach er-

---

Metropolis Salzburgensis antiquae, 345; MÜLLER, Im Vorfeld der Säkularisation, 340; SCHEGLMANN, Säkularisation III/2, 92.

[281] Die Prämonstratenser-Chorherren waren von 1781 bis 1803 mit zwei Studiendirektoren vertreten. Auf Abt Joseph Gaspar von Neustift (1736-1794) folgte 1794 Abt Gottfried Spindler von Schäftlarn (1750-1808); vgl. MÜLLER, Akademische Ausbildung zwischen Staat und Kirche, Teil 1, 83; MÜLLER, Universität und Orden, 200f. – Zu Joseph Gaspar von Neustift vgl. BACKMUND, Neustift, 63; LINDNER, Monasticon Metropolis Salzburgensis antiquae, 213. – Zu Gottfried Spindler von Schäftlarn, der 1768 das Münchener Jesuitengymnasium als Seminarist der Domus Gregoriana absolviert hatte, vgl. BACKMUND, Schäftlarn, 83; KRAUS, Gymnasium der Jesuiten, 471; LEITSCHUH, Matrikeln III, 120; LINDNER, Monasticon Metropolis Salzburgensis antiquae, 217; MÜLLER, Im Vorfeld der Säkularisation, 353; PUTZ, Domus Gregoriana, 313.

[282] Vgl. MÜLLER, Universität und Orden, 194f. – Eine Übersicht mit den jeweiligen Studiendirektoren der Prälatenorden von 1782 bis 1800 in: MÜLLER, Akademische Ausbildung zwischen Staat und Kirche, Teil 1, 83. – Zur Person Wigand Schiders, der Zisterzienser in Waldsassen war, vgl. MÜLLER, Universität und Orden, 199.

[283] D. Anselm Greinwald (1740-1803) war von 1781 bis 1794 Sekretär des Generalstudiendirektoriums und zugleich Professor für Dogmatik und Kirchenrecht am Kurfürstlichen Lyzeum und Superior des Professorenhauses. Nach seiner Absetzung 1794, die Johann Kaspar von Lippert veranlasst hatte, wurde P. Placidus Scharl aus Andechs (1731-1814) als Sekretär ernannt, der von 1794 bis 1796 das Rektorat des Gymnasiums und von 1794 bis 1803 auch das Rektorat des Lyzeums versah. – Zur Person Anselm Greinwalds vgl. Catalogus Rothenbuch; PÖRNBACHER, Rottenbuch, 4-6. – Zu P. Placidus Scharl vgl. Bayerische Bibliothek, Bd. 3, 1251f.; BOSL, Bayerische Biographie, 666; Catalogus Religiosorum; GrBBE, Bd. 3, 1701; KRAUS, Schule im Umbruch, 351, 361, Anm. 41; LEITSCHUH, Die Leiter des Gymnasiums, 42; LINDNER, Schriftsteller, 297f.; MÜLLER, Im Vorfeld der Säkularisation, 351; SATTLER, Chronik von Andechs, 766; SATTLER, Ein Mönchsleben aus der zweiten Hälfte des achtzehnten Jahrhunderts. Nach dem Tagebuche des P. Placidus Scharl O.S.B. von Andechs; SCHEGLMANN, Säkularisation III/1, 204.

[284] MÜLLER, Universität und Orden, 192.

[285] Vgl. MÜLLER, Akademische Ausbildung zwischen Staat und Kirche, Teil 1, 73f.;

hielten die Augustiner-Chorherren mit 18 Klöstern[286] im Kurfürstentum das renommierte Gymnasium und Lyzeum in der Haupt- und Residenzstadt München und das akademische Gymnasium in Ingolstadt, den Benediktinern, die im Kurfürstentum Bayern mit 27 Niederlassungen[287] vertreten waren, wurden Amberg, Neuburg an der Donau und Straubing zugesprochen. Die zahlenmäßig kleineren Orden der Zisterzienser[288] und der Prämonstratenser-Chorherren[289] mit je sieben Klöstern erhielten jeweils ein Schulhaus: erstere bekamen Burghausen, letztere Landshut zugeteilt.[290]

Eine wichtige Aufgabe war die Berufung des neuen Lehrpersonals aus den vier Prälatenorden. Die Zeit drängte, denn Anfang November eröffnete das neue Schuljahr. Mitte September erging ein Rundschreiben an die in Frage kommenden Klöster, fähige Schulmänner zu benennen.[291]

Was die Entscheidung über das Lehrpersonal betraf, zeigte sich die führende Rolle des Pollinger Prälaten Franz Töpsl, „der bei der Auswahl von Professoren

---

[286] Es waren dies die Klöster: Au am Inn (mit einer finanziellen Beteiligung für das Schuljahr 1781/1782 von 246 fl. 51 kr.), Baumburg (476 fl. 40 kr.), Bernried (214 fl. 52 kr.), Beuerberg (195 fl.), Beyharting (236 fl. 52 kr.), Dießen (586 fl. 40 kr.), Dietramszell (183 fl. 20 kr.), Gars (208 fl. 28 kr.), Herrenchiemsee (366 fl. 40 kr.), Indersdorf (555 fl. 52 kr.), St. Mang bei Stadtamhof (51 fl. 20 kr.), St. Nikola bei Passau (503 fl. 53 ½ kr.), Polling (493 fl. 54 ½ kr.), Rohr (440 fl.), Rottenbuch (550 fl.), Schlehdorf (83 fl. 36 kr.), Weyarn (148 fl.) und St. Zeno bei Reichenhall (293 fl. 20 kr.); vgl. MÜLLER, Universität und Orden, 225.

[287] Folgende Klöster der Benediktiner im Kurfürstentum Bayern beteiligten sich an der Finanzierung 1781/1782: Andechs (366 fl. 40 kr.), Asbach (222 fl. 56 kr.), Attel (236 fl. 52 kr.), Benediktbeuern (880 fl.), Hl. Kreuz in Donauwörth (28 fl. 17 ½ kr.), Ensdorf (146 fl. 40 kr.), Ettal (660 fl.), Frauenzell (96 fl. 15 kr.), Mallersdorf (218 fl. 54 kr.), Metten (311 fl. 18 kr.), Michelfeld (202 fl. 24 kr.), Niederaltaich (1650 fl.), Oberaltaich (513 fl. 20 kr.), Prüfening (364 fl. 43 kr.), Reichenbach (293 fl. 20 kr.), St. Emmeram in Regensburg (400 fl.), Rott am Inn (550 fl.), Scheyern (574 fl. 12 kr.), Seeon (403 fl. 20 kr.), Tegernsee (1129 fl. 20 kr.), Thierhaupten (220 fl.), St. Veit bei Neumarkt (295 fl. 15 kr.), Vornbach (440 fl.), Weihenstephan (440 fl.), Weißenohe (128 fl. 20 kr.), Weltenburg (187 fl.) und Wessobrunn (733 fl. 20 kr.); vgl. MÜLLER, Universität und Orden, 224.

[288] Die sieben Zisterzienserklöster mit ihrem jährlichen Beitrag für 1781/1782 waren: Aldersbach (660 fl.), Fürstenfeld (918 fl. 30 kr.), Fürstenzell (256 fl. 40 kr.), Gotteszell (183 fl. 20 kr.), Raitenhaslach (520 fl. 40 kr.), Walderbach (220 fl.) und Waldsassen (1466 fl. 40 kr.); vgl. MÜLLER, Universität und Orden, 225.

[289] Die Klöster der Prämonstratenser-Chorherren mit ihrer Abgabe für 1781/1782 waren: Neustift (256 fl. 40 kr.), Osterhofen (371 fl. 4 kr.), St. Salvator (146 fl. 40 kr.), Schäftlarn (425 fl. 42 kr.), Speinshart (238 fl. 20 kr.), Steingaden (550 fl.) und Windberg (366 fl. 40 kr.); vgl. MÜLLER, Universität und Orden, 226.

[290] Dass den Augustiner-Chorherren die bedeutendsten Schulen Bayerns zugesprochen wurden, war sicher auf den Einfluss des Pollinger Prälaten Franz Töpsl zurückzuführen. Zu bemerken ist, dass die Schulen in Landsberg und Mindelheim bereits 1781 aufgehoben wurden; vgl. MÜLLER, Universität und Orden, 194.

[291] Dass dies nicht so einfach war, zeigt die Tatsache, dass nicht alle Klöster Religiosen für den Unterricht an bayerischen Gymnasien und Lyzeen freigaben; vgl. MÜLLER, Universität und Orden, 204.

einerseits Wert auf wissenschaftliche Modernität legte, auf der anderen Seite aber doch auch zu einseitiger Bevorzugung seiner eigenen Konventualen tendierte, wenn es um die Besetzung der den Augustiner-Chorherren vorbehaltenen Professuren ging"[292].

Tatsächlich gelang es dem Generalstudiendirektorium, die etwa 40 Lehrstellen an den kurfürstlichen Schulen mit Mitgliedern aus den Prälatenorden zu besetzen, was die endgültige Entlassung der Exjesuiten zur Folge hatte.[293] Die Besetzung mit Religiosen führte bei Vertretern der antimonastisch gesinnten Aufklärer zu scharfen Kommentaren.[294] Im folgenden Jahr wurde am 30. August 1782 eine neue Schulordnung erlassen, die einen bemerkenswerten Studien- und Lehrbücherplan enthielt.[295]

So wurde zwar das Bildungsmonopol der Jesuiten endgültig gebrochen, es wurde aber, wenn auch unter anderem Vorzeichen und mit mehr staatlichem Einfluss, den Prälatenorden übertragen. In den Augen der Zeitgenossen erhielt besonders Propst Töpsl eine Sonderstellung, wenn sich noch im Jahre 1782 der Augustiner-Chorherr Paul Hupfauer aus Beuerberg[296] zur dominierenden Stel-

---

[292] MÜLLER, Universität und Orden, 205.

[293] Müller nennt die Bereitstellung der neuen Lehrer aus den Reihen der Prälatenorden „eine beachtenswerte Leistung und ein erster organisatorischer Erfolg des Generalstudiendirektoriums, dass es in den wenigen Wochen, die bis zum Beginn des Schuljahres im November verblieben, alle Professuren an den bayerischen Gymnasien und Lyzeen sowie an der Landesuniversität – insgesamt handelte es sich immerhin um knapp 40 Stellen – rechtzeitig besetzen konnte"; MÜLLER, Universität und Orden, 206. – Unter den entlassenen Universitätsprofessoren befand sich auch der Exjesuit Johann Michael Sailer; vgl. SCHWAIGER, Johann Michael Sailer, 24f.

[294] Der ehemalige Benediktiner Johann Pezzl schrieb als ausgesprochener Klosterkritiker: „Die Jesuiten wurden alle, und mit ihnen auch der Doctor obscurus [Benedikt Stattler] jubilirt; dafür bekamen die übrigen Mönche die Leitung des Nationalverstandes in ihre unerfahrne Hände." Und im Aufklärungsjournal „Der beste Nachbar" heißt es: „Sonst schickte man erfahrne Männer aus der Stadt aufs Land hinaus, und ließ durch sie das rohe Volk gesittet und menschlicher machen. Jetzt werden Männer vom Lande herein in die Stadt geruffen, welche unsere Jugend unterweisen müssen"; Zitat nach MÜLLER, Universität und Orden, 207. – Zu Johann Pezzl (1756-1823) vgl. BOSL, Bayerische Biographie, 583; SIEGRIST, Art. Pezzl, Johann Andreas, in: NDB, Bd. 20, 288f.

[295] Die Schulordnung vom 30. August 1782 ist teilweise ediert in: LURZ, Mittelschulgeschichtliche Dokumente Altbayerns, Bd. 2, 267-283; MÜLLER, Akademische Ausbildung zwischen Staat und Kirche, Teil 2, 438-442 (Philosophischer und Theologischer Plan).

[296] Zum späteren Propst von Beuerberg Paul Hupfauer (1747-1808), der 1766 das Jesuitengymnasium als Seminarist der Domus Gregoriana absolviert hatte, vgl. BOSL, Bayerische Biographie, 380; GrBBE, Bd. 2, 930; HARNISCH, Der Augustiner-Chorherr Paul Hupfauer und seine Ordenskritik am Vorabend der Säkularisation, in: MÜLLER, SMOLKA, ZEDELMAIER (Hg.), Universität und Bildung, 247-261; HARNISCH, Art. Hupfauer, Paul, in: Biographisches Lexikon der Ludwig-Maximilians-Universität München, Teil 1, 198; KRAUS, Gymnasium der Jesuiten, 453, 560; LEITSCHUH, Matrikeln III, 110; PUTZ, Domus Gregoriana, 260; SCHEGLMANN, Säkularisation III/2, 503-507; STOERMER, Verzeichnis der Mitglieder, 78.

lung des Pollinger Prälaten äußerte: „Es muß dieß von allen H. H. Prälaten beobachtet werden, wenn sie anders dem Pollingischen Monopolium Einhalt thun wollen, das heuer wieder zu mancher Missfälligkeit so sehr auffällt."[297]

2.3. Die Übertragung der Domus Gregoriana an die Augustiner-Chorherren 1781

Den Augustiner-Chorherren wurde im Zuge der Übergabe des bayerischen Schulwesens nicht nur das Münchener Gymnasium und Lyzeum, sondern auch das Kurfürstliche Seminar „Domus Gregoriana" übertragen. Die konkrete Übergabe des Schulhauses und des Seminars erfolgte durch eine Extraditionskommission vom 8. bis 11. Oktober 1781, der Aloys von Hofstetten[298] und Gerhoh Steigenberger angehörten. Nach dem erstmals erstellten Extraditionsprotokoll begab sich die Kommission am 8. Oktober in das Schulgebäude, wo der bisherige Rektor Joseph Danzer sämtliche Schlüssel an Gerhoh Steigenberger in Vertretung des Pollinger Propstes auszuhändigen hatte. Weiter heißt es: „Man wolle hiemit im Namen und aus höchsten Special Befehl Sr. Chl. Drlt. des gnädigen Landesherrn im Substituto und Subdelegato respective dessen Subdeleganti Titl. H. Prälaten von Polling, eigentlich aber den delegierten sämmtlichen loblichen Prälaturen der Baieris. und oberpfälzischen Churlande die Schulgebäude hiesigen Gymnasii und Lycaei, alle, und ohne Ausnahm, wie und wie viele deren in dem jüngstverflossenen 1781 Schuljahre als Schulen, und zum Schulwesen genutzt, bewohnt, und gebraucht worden, mithin zum Beyspiel auch das rectorats-Zimmer, ehemalige Refectorium, oder bisherige disputations-Zimmer, Studenten Congregationsodaeum, Studenten Kirchen-Saal etc. in der Maas übergeben, daß dieselbe zum besten des Staats, nämlich für das ofentliche Gymnastisch und Lycaeistische Schulwesen destiniert, verwendet, und vorbehalten bleiben – und folglich in solcher qualitaet von oberwähnt sämmtlichen Prälaturen,

---

[297] Vgl. MÜLLER, Universität und Orden, 205. – Zur Finanzierung des Schulwesens durch die Klöster mit einer Auflistung der zu finanzierenden Lehranstalten siehe MÜLLER, Universität und Orden, 215-229. – Das Kurfürstliche Seminar in München fand keine Erwähnung, da die Personalkosten aus Stiftungsmitteln aufgebracht werden mussten. Bemerkenswert ist die Tatsache, dass auch die Frauenklöster und die Klöster der Bettelorden zur Finanzierung durch das Generalstudiendirektorium herangezogen wurden, obwohl sie zunächst kein Lehrpersonal stellen durften; vgl. ebda.
[298] Joseph Aloys von Hofstetten (1736-1796) absolvierte 1752 das Münchener Jesuitengymnasium. – Zu seiner Person vgl. BAUER, Der kurfürstliche geistliche Rat, 59, Anm. 21; GIGL, Zentralbehörden, 150; KRAUS, Gymnasium der Jesuiten, 638; LEITSCHUH, Matrikeln III, 46.

respective den Orden Canonicorum Regularum [Augustiner-Chorherren], welchen Ihro Churfrtl. Drlt. die Besorgung, und Bestellung des hiesigen Gymnasii und Lycaei gnädigst anvertraut haben, genutzt – und administriert werden sollen, in so lang und viel, als nicht Ihro Churfrtl. Drlt. allen falls die Anweisung anderer tauglicher und geräumigere Malteßer-Ordens-Gebäude zu dem nämlichen Endzweck gnädigst zu genehmigen gefällig seyn werde."[299]
Als zweites wurde das zu den ehemaligen Jesuitengütern gehörige und so genannte Paulanerhaus in der Herzogspitalgasse extradiert, das in Zukunft zu Professorenwohnungen verwendet werden sollte. Hierbei stellte Steigenberger den Antrag, „nicht nur in dem kleinen zu diesen Wohnungen gehörigen Höfl eine Thür, sondern auch in der Wohnung zu ebener Erde, eine Oefnung zu einer Speisen-Winde in das noch zu extradierende Seminarium hinüber machen, und durchbrechen zu dörfen"[300], denn die Professoren sollten das Essen aus der Seminarküche erhalten, was von der Kommission zugestanden wurde.
Die Extradition des Kurfürstlichen Seminars erfolgte schließlich vom 9. bis 11. Oktober 1781. Nach dem „Protocoll so in Conformitaet eines gdgsten. Special-Commissorii ddo. 15ten Sept. 1781 bey der vorgenommenen Extradition des Seminarii S. Gregorii M. dann selbiger Kirche, Seminarii-Bibliothek, und des dazu gehörigen Garten, ob der Au, gehalten worden"[301] wurde dem Inspektor Michael Holzinger das „Special-Commissorium" vom 15. September 1781 vorgelesen.[302] Anwesend war auch der neu ernannte Inspektor D. Frigdian Greinwald aus Polling, dem zugleich das Rektorat des Lyzeums übertragen wurde.[303]
Dann wurde die Seminarkasse überprüft, in der laut summarischer Kassenrechnung 1586 fl. 21 kr. 2 d. sich befinden sollten. Es fehlten nach erfolgter Überprüfung allerdings 1 fl. 11 kr. und 2 d., „die der abstehende H. Inspector in die Kasse hinein sogleich gut machen zu wollen sich erklärt hat"[304].

---

[299] BayHStA, GL Fasz. 2831/1443; vgl. zu den Vorgängen auch PÖRNBACHER, Kloster Rottenbuch, 263-271.
[300] BayHStA, GL Fasz. 2831/1443.
[301] BayHStA, GL Fasz. 2831/1443.
[302] Eine Abschrift in: STUBENVOLL, Geschichte des Königl. Erziehungs-Institutes, 285-288.
[303] D. Frigdian Greinwald (1730-1808) besetzte das Rektorat von 1781 bis 1784; ihm folgte sein Mitbruder Eusebius Obermiller (Rektor von 1784 bis 1786). Im Jahr 1786 wird Greinwald zudem als „Probst der churf. Hof- und Malteser Ordens Großprioratskirche" bezeichnet; StAM, Albertinum A 94. – Zu Rektor D. Frigdian Greinwald vgl. Catalogus Pollingiae; KRAUS, Gymnasium der Jesuiten, 6; LEITSCHUH, Die Leiter des Gymnasiums, 42.
[304] Nach beiliegender Rechnung vom 1. November 1780 bis zum 9. Oktober 1781 betrug die Summe der Einnahmen 12788 fl. 24 kr. 2 d., die Summe der Ausgaben 11202 fl. 3 kr., wodurch ein Überschuss von 1586 fl. 21 kr. 2 d. zustande kam; vgl. BayHStA, GL Fasz. 2831/1443.

Weiter ging man zur Materialrechnung, wobei das Leingewand nicht überprüft werden konnte, „weil eines Theils kein vorgängiges Inventarium vorhanden, und andern Theils ein zimmlicher Theil hievon in der Wäsche war, auch die Haushalterinn, die Zahl, und den Betrag dieses Leingewands selbst nicht recht zu wissen gestunde". Des Weiteren wurde festgestellt, dass „weder über die meistens aus lauter Schulbüchern bestehende Seminari-Bibliothek kein Katalog, weder über die zum Seminari Hause gehörigen Musikalien Instrumente ein besonderes Verzeichniß existierte, noch auch über die übrigen sämmtlichen Hausgeräthschaften nicht das mindeste Inventarium sich zeigte". So blieb der Kommission nichts anderes übrig, „als sich in dem ob der Au befindlichen, zum Seminarium gehörigen Garten, zu begeben". Im Gartenhaus wurde fast nichts an Möbeln vorgefunden. Die Kommission vermerkte, dass der Gärtner durch das Jahr das nötige „Kräutlwerk" und das Obst gratis ins Seminar zu liefern hatte, wofür ihm ein Wiesengrund überlasse wurde. Außerdem erhielt er einen Jahreslohn von 130 fl.[305] Nachdem man vom Seminargarten zurückgekehrt war, begab sich die Kommission zur Seminarkirche ad S. Gregorium Magnum. Obwohl nun endlich ein Inventar über alle Paramente und liturgischen Geräte vorlag, konnte man die Angaben in demselben nicht überprüfen, „da diese Geräthe in allerhand Zimmern und Kästen auseinander, und mit andern Hausgeräthschaften vermischt waren" und die Zeit eine langwierige Durchgehung des Hauses nicht gestattete. Man begnügte sich damit, wenigstens die Pretiosen zu inspizieren, wobei Inspektor Holzinger erklärte, „daß auch von den übrigen Sachen nichts erhebliches abgehen werde".
Nachdem dies alles geschehen war, schritt man zur eigentlichen Extradition, „und zwar übergab man per Extraditionem clavium an den Titl. H. Substitut Steigenberger das Seminari Haus, samt allen Zugehörden[!], wie auch die Kirche und die Seminarii Registratur und Urkunden Archiv, samt den hiezu relativen Verzeichnissen, dergestalten, daß die lobl. Prälaturn und hier specifice der lobl. Orden Canonicorum Regularium dieses Seminari Haus administrieren mögen, und sollen, wie sie sich es vor Gott, und Sr. Kurfürstl. Drlt. zu verantworten getrauen, besonders aber nach dem Verlangen der Fundationen und deren Kräften, nicht minder nach Erforderniß des Chormusikdiensts bey der Kurfürstl. Residenz Kirche, und auch bey der Michaelshofkirche, und der deßwegen von Beyden Kirchen zu beziehen habenden Gelder, in specie aber, weil zu Bedie-

---

[305] Vgl. BayHStA, GL Fasz. 2697/476.

nung der Residenzkirche keine Obligation existiert, in so lange, und in so weit der von Hof aus hiefür dem Seminari Hause zugehende Geldgenuß fortgehen, und zureichen wird"[306].

Unter Vorbehalt wurden hierbei auch die Musikalien und Instrumente, die Bibliothek, das Leinzeug und die übrigen Hausgerätschaften extradiert, jedoch unter der Auflage, dass die fehlenden Inventare zu erstellen und zur Studienkuratel einzusenden waren.

Zum Schluss wurden dem neu eingesetzten Inspektor Greinwald der Seminarpräfekt Franz von Paula Ehrenhofer[307], der in seinem Amt bestätigt wurde, die anwesenden Seminaristen, die Haushälterin und das übrige Hauspersonal vorgestellt und „mittls Abstattung des Handgelübs" zum Gehorsam und Respekt verpflichtet.[308]

Ein Höhepunkt im Inspektorat Frigdian Greinwalds war sicher der Besuch des Papstes Pius VI. vom 26. April bis 2. Mai 1782 in München.[309] Bei der Ankunft des Papstes am späten Nachmittag, der vom Gasteig her durch das Isartor in die Stadt feierlich einzog, läuteteten alle Glocken der Stadt, in deren Klang auch die beiden Glocken der Seminarkirche eingestimmt haben dürften. Ein Augenzeuge

---

[306] BayHStA, GL Fasz. 2831/1443.

[307] Franz von Paula Ehrenhofer (1749-1825) war kein Exjesuit, sondern Weltpriester. Mit achtzehn Dienstjahren von 1779 bis 1797 war Ehrenhofer längster Präfekt im Untersuchungszeitraum. Gemessen an Dienstjahren stand er im gesamten Zeitraum bis 1805 an dritter Stelle nach Andreas Rauscher mit 29 Dienstjahren (Präfekt 1696-1725) und Franz Anton Goldenberger mit 28 Dienstjahren (Präfekt 1725-1753); vgl. PUTZ, Domus Gregoriana, 104f.; STUBENVOLL, Geschichte des Königl. Erziehungs-Institutes, 410f.

[308] Der scheidende Inspektor Michael Holzinger bemerkte, dass er „theils wegen seiner Erfahrenheit in der Musik und übrigen Qualitaeten, theils und vermuthlich auch um seine Pension der Fundations-Kasse zu ersparen" vor vier Jahren zum Inspektor berufen worden sei, und stellte an die kurfürstliche Kommission den Antrag, dass ihm die den Exjesuiten zustehende Pension von 240 fl. bewilligt werde; vgl. BayHStA, GL Fasz. 2831/1443.

[309] Zum Papstbesuch 1782 in München vgl. Papst Pius VI. in München (nach Haefs stammt die Schrift von Lorenz von Westenrieder; vgl. HAEFS, Aufklärung in Altbayern, 364, 909, Anm. 25); Ausführliche Beschreibung aller Feierlichkeiten und sonstigen Sachen, welche sich während der höchstbeglückten Anwesenheit Ihrer Päpstlichen Heiligkeit Pius VI. in der churpfalzbaierischen Haupt- und Residenzstadt München begeben haben; BAUERREIß, Kirchengeschichte Bayerns, Bd. 7, 417f.; FORSTER, Das gottselige München, 50-62; FREYTAG, Wie Papst Pius VI. im Jahre 1782 durch Bayern reiste; HAUG, Papst Pius VI. in München 1782, in: Das Bayerland 21 (1910), 357f.; KAPFER, Die Reise des Papstes Pius VI. nach Deutschland und sein Aufenthalt in Wien und München, in: Monatsschrift des Historischen Vereins von Oberbayern 7-9 (1897), 105-113; KOVÁCS, Der Pabst in Teutschland. Die Reise Pius VI. im Jahre 1782; MILBILLER, Ode auf die Ankunft Sr. Heiligkeit Papst Pius VI. in München; NÖHBAUER, Chronik Bayerns, 271; PFISTER, RAMISCH, Die Frauenkirche in München, 39-41; SCHEGLMANN, Säkularisation I, 78-80; SCHWAIGER, München – eine geistliche Stadt, in: DERS. (Hg.), Monachium sacrum, Bd. 1, 1-289, hier 182-186; SCHWAIGER, Pius VI. in München (1782), in: Münchener Theologische Zeitschrift 10 (1959), 123-136; WOLF, Das Kurfürstliche München, 274-276.

notierte über den historischen Einzug am Freitag, den 26. April 1782: „Um ¾ auf 6 Uhr geschah der erste Kanonschuss auf dem Gasteige zum Zeichen der höchsten Ankunft, welcher sogleich von den übrigen auf den Wällen beantwortet wurde. Eine unbeschreibliche Menge Volkes, welches ungeachtet des an disem der allgemeinen Freude gewidmeten Tage beständig anhaltenden Regenwetters, ausserordentlich häufig zusammengekommen war, hatte sich vor die Thöre stromweise hinausbegeben, so das Se. Heiligkeit beinahe in zwei unabgebrochenen Reihen zu beiden Seiten von Haidhausen bis in die Stadt hereinfuhren. Als Se. Heiligkeit nicht ferne mehr von den Stadtthören sich befanden, fieng man an, alle Kloken der Stadt zusammen zu läuten, welches mit dem auf den Wällen unaufhörlich fortdonnernden Kanoniren ein sehr feierliches Getöne verursachte."[310]

Zum Papstbesuch kamen auch viele Ordensleute aus den umliegenden Klöstern in die bayerische Haupt- und Residenzstadt. So gestattete zum Beispiel Abt Johannes VI. Bergmann von Andechs seinen Konventualen eine Fahrt nach München, um den Heiligen Vater zu sehen. „Zu tiefst beeindruckt vom Oberhaupt der Kirche, kamen sie nach Hause. Sie waren einem großen Mann begegnet."[311]

Am Montag, den 29. April besuchte der Papst unter anderem die Kirche der Augustiner-Eremiten[312] und die Michaelskirche. Der Chronist berichtete: „Die Väter Augustiner machten eine Spalier zu beiden Seiten des Kirchthores. Se. Heiligkeit verrichteten am Choraltare ein kurzes Gebet, besahen denn die ganze Kirche ringsum, wozu Höchstdenselben, und den päpstl. Herren Prälaten eine gedrukte Beschreibung von den Merkwürdigkeiten dieser Kirche überreichet worden war, verfügten Sich hierauf wider in den Wagen, [...] und fuhren in die unweit davon stehende, überaus prächtige Hofkirche zu st. Michael, die ehemalige Jesuitenkirche, wo Sie ebenfalls unter Paradirung eines Bataillons von dem kurfürstl. Leibregimente, von einer zahlreichen Geistlichkeit, an deren Spize der kurfl. Hr. geheime Rath, und hiesige Hofpfarrer Frank[313], und Herr Kirchenpropst Kramer[314]

---

[310] Papst Pius VI. in München, 15.
[311] MATHÄSER, Andechser Chronik, 147.
[312] Zu den Augustiner-Eremiten und der Klosterkirche in München vgl. BAUERREIß, Kirchengeschichte Bayerns, Bd. 7, 71-73; DREYER, Die Augustiner-Eremiten in München im Zeitalter der Reformation und des Barock; FORSTER, Das gottselige München, 287-315; HEMMERLE, Geschichte des Augustinerklosters in München; SCHWAIGER, München – eine geistliche Stadt, in: DERS. (Hg.), Monachium sacrum, Bd. 1, 1-289, hier 103f., 165f., 167 (Abbildung 48); STEINER, Altmünchner Gnadenstätten, 14.
[313] Rainer A. Müller nennt einen Exjesuiten mit Namen Ignaz Frank, der allerdings im Catalogus generalis des Jesuitenordens von Gerl keine Erwähnung findet; vgl. MÜLLER, Akademische Ausbildung zwischen Staat und Kirche, Teil 1, 69. – Nach Stubenvoll übernahm der Kanoniker und Hofpfarrer Ig-

sich befanden, empfangen, und wie gewöhnlich unter einem von 4 Priestern getragenen Himmel nach dem Choraltare geführt wurden. Nach einem kurzen Gebete betrachteten Se. Heiligkeit diese weiträumige, ganz ohne Säulen gebaute Kirche mit grosser Aufmerksamkeit und Bewunderung, und begaben Sich hierauf zurük in den Wagen."[315]

Der Papst besuchte am Mittwoch, den 1. Mai 1782 den Bürgersaal, wobei er in einem Wagen durch die Kaufinger und Neuhauser Straße fuhr. Man kann sich bildlich vorstellen, wie die Seminaristen der Domus Gregoriana staunend und jubelnd an den Fenstern und auf der Neuhauser Straße die Vorbeifahrt des Papstes verfolgt haben dürften.

Bei der Abreise des Papstes am 2. Mai 1782 zwischen 8 und 9 Uhr morgens hatten die Seminaristen der Domus Gregoriana spätestens ihren großen Auftritt: „Se. Heiligkeit fuhren nun unter dem Donner der Kanonen auf den Wällen, und Zusammenläuten der Kloken durch die Stadt, die Sie unaufhörlich segneten, und die Sr. Heiligkeit ebenfalls die heissesten Segenswünsche erwiderte. In der Neuhauser Gasse liessen sich zu beiden Seiten, nemlich auf dem Bürgersale, und aus dem Kosthause [Domus Gregoriana] Chöre von Trompeten und Pauken hören, und das häufigst versammelte Volk konnte nicht satt werden, den innigst guten, herzlichst geliebten heil. Vater noch zum lezten Male zu sehen."[316]

Matthias Ettenhueber verfasste zur Abreise des Papstes am 2. Mai 1782 einen patriotischen Segenswunsch, darin heißt es: „Wir werden bis nach Rom im Herze dich begleiten: Dein liebstes München kömmt dir nimmer von der Seiten; gieng Rom nach München vor, geht München jetzt nach Rom, und Lech, und Iser gueßt sich in den Tyberstrom."[317]

---

naz Frank 1780 das Rektorat des Kurfürstlichen Seminars in München; vgl. STUBENVOLL, Geschichte des Königl. Erziehungs-Institutes, 280; vgl. auch ADB, Bd. 7, 252f.

[314] Vielleicht handelt es sich um den Exjesuiten Anton Cramer (1705-1785); vgl. Bayerische Bibliothek, Bd. 3, 1209; Catalogus generalis, 68.

[315] Papst Pius VI. in München, 35f. – Ob die Domus Gregoriana, die für die Kirchenmusik in St. Michael zuständig war, hierbei einen musikalischen Auftritt zu leisten hatte, ist nicht belegt.

[316] Papst Pius VI. in München, 52.

[317] ETENHUEBER, München in Rom. Oder: Ewiges Gedächtnißfest der schmerzvollsten Abreise Sr. Päpstlichen Heiligkeit Pius des Sechsten, welche den 2 May 1782, bey einer unbeschreiblichen Menge Volkes, und Paradierung hiesiger Kurfürstl. Garnison-Regimenter, und sämmtlicher Bürgerschaft zu Pferd und Fuß, zwischen 8 und 9 Uhr frühe erfolgt, und mit einem patriotischen Segenswunsche begleitet worden. – Zu Matthias Ettenhuber (Etenhueber, Ettenhueber) (1722-1782), der 1745 das Münchener Jesuitengymnasium als Seminarist des Kurfürstlichen Seminars absolviert hatte, vgl. BAADER, Lexikon verstorbener Baierischer Schriftsteller, Bd. 1, Teil 1, 153-155; Bayerische Bibliothek, Bd. 3, 1214f.; BOSL, Bayerische Biographie, 188; KRAUS, Gymnasium der Jesuiten, 542; LEITSCHUH, Matrikeln III, 19; LENK, Der Hofpoet Etenhueber, in: SCHINDLER (Hg.), Szenerien des Rokoko, 104-117;

Zur Erweiterung der Ökonomie kaufte Greinwald 1787 für 2000 fl. vom Tafernwirt zu Haidhausen, Jakob Paul, einen Garten in der Falkenau, um die Anzahl der Milchkühe von drei bis vier auf sechs erhöhen zu können. Das erworbene Grundstück lag in der Nähe des Seminargartens und erbrachte sieben Tagewerke.[318] Die finanzielle Situation des Seminars hatte sich seit Aufhebung des Jesuitenordens kontinuierlich verschlechtert. Inspektor Greinwald machte bereits im Jahr 1784 auf die schwierigen finanziellen Verhältnisse des Seminars aufmerksam. So zeigte die „Fassion über das Kurfürstliche Seminarium St. Greg. M. der armen studirenden Knaben in München" vom 3. Mai 1784 gegenüber der Einnahme von 6446 fl. 10 kr. 2 d. die höhere Ausgabe von 6676 fl. 41 kr. auf.[319] An „Sichere Einnahmen und Ausgaben dieses Hauses betr." wurden aufgeführt:

Einnahm[320]:

Nr.	Beschreibung der Einnahme	fl.	kr.	d.
1.	An Zinsungen von den bey dem Lobl. Landschaftl. Zinszahl Ammt, alten Werkes anliegenden Kapitalien, welche nur mehr nach 4 pro Cento verzinset werden[321]	2571	35	2
2.	An Zinsungen von den bey dem Lobl. Landschaftl. Schulden Abledigungs Werke anliegenden Kapitalien nach 2 ½ pro C.[322]	861	35	0
3.	An Zinsungen von den bey dem Adel, und anderen Standspersonen, anliegenden Kapitalien[323]	400	0	0

PUTZ, Domus Gregoriana, 238; REINHARDSTÖTTNER, Der kurfürstlich-bayerische Hofpoet Matthias Etenhueber, in: DERS. (Hg.), Forschungen zur Kultur- und Litteraturgeschichte Bayerns, Bd. 1, 7-68.
[318] Der Kauf erfolgte am 23. Oktober 1787; vgl. BayHStA, GL Fasz. 2699/492.
[319] Vgl. StAM, RA Fasz. 942/14745; Albertinum A 45.
[320] BayHStA, GL Fasz. 2696/476; StAM, RA Fasz. 942/14745; Albertinum A 45.
[321] Das „Verzeichniß der bey dem k. Landschaftlichen Zinszahlamt aufliegenden Kapitalien des Studenten-Seminars in München" vom 17. April 1806 nannte insgesamt ein Kapital von 76440 fl., das 3057 fl. 35 kr. 2 d. Zinsen abwarf; vgl. BayHStA, GL Fasz. 2698/478.
[322] Das „Verzeichniß der beym k. Schuldenabledigungswerke zu 2 ½ pro Cento aufliegenden Kapitalien" gab die Kapitalsumme von 39163 fl. 27 kr. an. Die Zinsen hierfür betrugen 1024 fl. 5 kr.; vgl. BayHStA, GL Fasz. 2698/478.
[323] Vgl. das Verzeichnis der Kapitalträger des Studentenseminars vom 26. Juni 1807 in: BayHStA, GL Fasz. 2696/475; vgl. auch das „Verzeichniß der Aktiv-Obligationen des königl. Studenten-Seminars in München", verfasst von Inspektor Lambert Knittelmair, in: BayHStA, GL Fasz. 2698/482. – Dieses Verzeichnis gibt die Gesamtsumme aller Stiftungskapitalien mit 186783 fl. 27 kr. an.

4.	An Zinsungen von den Ewig Geldweise aufliegenden Kapitalien	393	0	0
5.	An Zinsungen von Gemeinen Kapitalien	5	0	0
6.	An Haus Zinsen[324]	340	0	0
7.	An Geld, welches von der Lobl. St. Michaels Hof- und Hochen Maltheser-Ritter-Ordens-Kirche wegen der Kirchen Musik jährl. bezahlt wird	200	0	0
8.	An zu Geld angeschlagenen 3 Schfl. Korn, welche vom Wilhelminischen Collegio, jetzt vom Hochen Maltheser-Ritter-Orden, für die Exspectanten, anstatt des vormals gereichten Brodes, abgegeben werden Pro Memoria: Für alle folgende Einnahmen muß jährl. bey Höchster Stelle supplicando eingelangt werden.	15	0	0
9.	An Gestifteten Almosen vom Kurfrtl. Eleemosynariat[325]	40	0	0
10.	An mildest gestifteter Neuen Jahres-Schankung, so bey dem Kurfrtl. Lobl. Hofzahl Amt zu erheben[326]	200	0	0
11.	An Geld, so von dem Kurfrtl. Lobl. Musikstabs Amt wegen 10 Knaben, die zur Hofkapell-Musik abgeschickt werden, jährl. bezahlt wird	285	0	0
12.	An Geld vom Kurfürstl. Lobl. Hof-Zahl Amt, statt der vorhin vom Kurfrtl. Lobl. Hofküchen Amt in natura gereichten 12 Centner Schmalz, und für die übrigen Victualien sind Ao. 1778 per aversum bey eben angezeigtem Amte jährl. dem Seminario gnädigst angeschaft worden	800	0	0
13.	An zu Geld angeschlagenen 50 Schfl. Korn, so bey dem Kurfrtl. Lobl. Hofkasten Amt jährl. Allergnädigst angeschaft werden, jedes Schfl. zu 5 f.[327]	250	0	0

---

[324] Hierbei sind die Einnahmen von mehreren vermieteten Wohnungen in den drei zum Kurfürstlichen Seminar gehörenden Häusern in der Neuhauser Straße gemeint.
[325] Das Geld war „für die arme und meistenteils gut lernende Zöglinge" bestimmt. Die Empfänger erhielten folgende Auflage: „Zudem müssen jene welche das Almosen erhalten nicht nur des Verdienstes wegen fleißig studieren, sondern auch alle Donnerstage nach geendeter H. Messe öfentlich auf dem Saal die Litanei aller Heiligen und die hiezu bestimte Gebette nebst fünf Pater et Ave zur Dankbarkeit für die Gutthäter in Gegenwart des Rectors mit lauter Stimme abbetten"; BayHStA, GL Fasz. 2696/474; Schreiben der Schulkuratel vom 26. März 1792.
[326] Die so genannte „Neujahrsschankung" in Höhe von 200 fl. wurde bereits im Fundationsbrief von 1654 genannt; vgl. PUTZ, Domus Gregoriana, 332; STUBENVOLL, Geschichte des Königl. Erziehungs-Institutes, 22; vgl. auch BayHStA, GL Fasz. 2696/474.

14.	An zu Geld angeschlagenen 20 Kl.[after] Feucht-Holz, so dem Seminario vom Kurfürstl. Lobl. Trift Ammt, aus Höchsten Gnaden jährl. zu Guten kommen, jedes Kl. zu 3 f.	60	0	0
15.	An zu Geld angeschlagenen 5 Salzscheiben, so bey dem Kurfürstl. Lobl. Salz Amt dem Seminario allergnädigst verwilliget werden, jede Scheibe zu 5 f.	25	0	0
	Summa aller Einnahm	6446	10	2

Ausgab[328]:

Nr.	Beschreibung der Ausgabe	fl.	kr.	d.
1.	Dieses Haus muß, der Stüftung gemäß, 40 und wegen der Kurfrtl. Hofkapell 10 also jährl. 50 Alumnen gratis unterhalten. Für Kost und Trunk eines jeden dieser Alumnen nur 75 f. angesetzt, giebt eine jährl. Ausgab von	3750	0	0
2.	So giebt das Seminarium 24 Armen Exspectanten täglich einmal etwas schlechtere Kost. Für jeden nur 15 f. anzusetzen, macht eine jährl. Auslag von	360	0	0
3.	Auf Besoldungen für Herrn Inspektor, Herrn Praefekten, Haushalterinn, Köchinn, Kellerinn, zwo Haus Mägde, Hausknecht und Gärtner	564	0	0
4.	Auf Salarirte Instructores in der Musik, dann Musik und Musikalische Instrumenten	320	0	0
5.	Auf Holz und Licht	550	0	0
6.	Auf Bett- und Tischzeig	50	0	0
7.	Auf Haus- Garten- und Bau Reparationen	150	0	0
8.	Auf verschiedene Handwerksleuthe	220	0	0
9.	Auf Ehrungen und Neue Jahres-Schankungen	265	22	0
10.	Auf Steuren und Anlagen, als Latern- und Herdtsteur, dann Stadtbrunnen etc.	27	19	0
11.	Auf Interesse von einem Kapital hinaus	30	0	0
12.	Auf Medicamenten für die Armen Studenten, dann Baader und Krankenwarterin	60	0	0

---

[327] Die Abgabe von 50 Scheffel Korn wurden durch Kurfürst Ferdinand Maria im Bestätigungsschreiben vom 31. August 1662 angeordnet, „statt der bisher aus Unserer Hofpfisterei jeden Tag verabreichten 48 Portionen"; STUBENVOLL, Geschichte des Königl. Erziehungs-Institutes, 43.
[328] BayHStA, GL Fasz. 2696/476; StAM, RA Fasz. 942/14745; Albertinum A 45.

13.	Auf Almosen	80	0	0
14.	Auf Schreib Materialien	70	0	0
15.	Auf die Bibliothec	30	0	0
16.	Gemein- und Sonderbare Ausgaben	150	0	0
	Summa aller Ausgab	6676	41	0

In der beigefügten „Specification der in der Fassions-Tabell des kurfürstl. Seminarii S. Greg. M. der armen studirenden Knaben zu München Pro Nota am Ende gesetzten Ausstände von 15069 f. 10 kr. 2 d."[329]:

Nr.	Beschreibung des Ausstandes	fl.	kr.	d.
1.	Bey der Lobl. Landschaft stehen aus alle Zinse des Alt- und Neuen Werkes de Ao. 1784 mit	3595	22	2
2.	Das Stift Kempten hatte ein zu 3 ½ pro Cto. Verzinsliches Kapital a 10500 f. welches Ao. 1784 heimbezahlet worden; wovon aber die Zinse alle, mit 459 f. 16 kr. vom Kapital selbsten auf Unkosten, zur Verlurst[!] gegangen. Die Zinse von Ao. 1773 bis 1783 incl. beliefen sich auf[330]	4037	0	0
3.	Das Kloster Kaisersheim[331] hatte ein zu 3 ½ pro Cto. verzinsliches Kapital a 2500 f. welches ebenfalls Ao. 1784 heimbezahlet worden, bey Verlurst[!] 11 jähriger Zinse von	962	0	0
4.	Das Excollegium zu Konstanz hat ein zu 3 pro Cto. verzinsliches Kapital a 4000 f. Stehet die Zinse aus von Ao. 1774 bis 1784 incl.[332]	1320	0	0
5.	Der Schöneberg bey Ellwangen hat ein zu 3 ½ pro Cto. verzinsliches Kapital a 7000 f. Stehet die Zinse aus von Ao. 1773 bis 1784 incl. mit[333]	2940	0	0
6.	Die zween vergannten Buchhändler Betz und Baader zu Regensburg haben ein Kapital a 2000 f. zu 5 pro Cto. und Deto a 2000 f. zu 3 pro Cto. Stehen beederseits die Zinse aus von Ao. 1773 bis 1784 incl. Mit	1920	0	0

---

[329] Vgl. StAM, RA Fasz. 942/14745; Albertinum A 45.
[330] Vgl. BayHStA, GL Fasz. 2696/475.
[331] Gemeint war das Reichsstift Kaisheim; vgl. BayHStA, GL Fasz. 2696/475.
[332] Das Kapital in Höhe von 4000 fl. war am 15. September 1754 an das Jesuitenkolleg in Konstanz gegeben worden; vgl. BayHStA, GL Fasz. 2696/475.
[333] An die Fürstpropstei Ellwangen war im Jahre 1767 das Darlehen von 7000 fl. gegeben worden; vgl. BayHStA, GL Fasz. 2696/475.

7.	Das Seminarium zu Straubing hat ein zu 2 pro Cto. verzinsliches Kapital a 800 f. Stehet die Zinse aus von Ao. 1773 bis 1784 incl. Mit	192	0	0
8.	Die noch restirenden Kostgelder belaufen sich auf	102	48	0
	Summa	15069	10	2

Weiter zeigte Greinwald einen finanziellen Verlust von 26132 fl. 55 kr. 2 d. an, den das Haus von 1773 bis 1790 erlitten hatte.[334] Eine weitere finanzielle Belastung hatte das Kurfürstliche Seminar durch die von Papst Clemens XIV. am 24. September 1771 erstmals bewilligte so genannte Dezimationssteuer des bayerischen Klerus und kirchlicher Einrichtungen aufzubringen.[335] Das päpstliche Breve erlaubte die Erhebung der Steuer zunächst

---

[334] In neun Posten führte Greinwald die Verluste auf: Erstens war das beim Stift Kempten zu 3 ½ % aufliegen gewesene Kapital von 10500 fl. 1784 zurückbezahlt worden, „aber so, daß von jedem Tausend zu Verlurst[!] gegangen 33 f. 49 x. zusammen also 355 fl. 4 kr. 2 d."; an Unkosten hatte das Seminar pro 1000 fl. Immerhin 9 fl. 57 kr. zu tragen, was eine Summe von 104 fl. 11 kr. 2 d. ergab. So errechnete Greinwald für elf Jahre einen finanziellen Schaden von insgesamt 4042 fl. 30 kr. Zweitens lag ein Kapital von 2500 fl. beim „Kloster Kaisersheim" (Kaisheim) zu 3 ½ % auf, das am 29. Juli 1784 zurück bezahlt worden war. Daraus ergab sich ein Verlust an Zinsen von 875 fl. Drittens lag bei den einstigen Jesuiten auf dem Schöneberg bei Ellwangen ein Kapital von 7000 fl. zu 3 ½ % auf, von dem seit 1773 keine Zinsen mehr abfielen, was einen Schaden von 4410 fl. ergab. Viertens erbrachte das beim ehemaligen Jesuitenkolleg in Konstanz aufliegende Kapital von 4000 fl. zu 3 % seit 1774 keine Zinsen mehr ein, weshalb Greinwald einen Schaden von 2020 fl. geltend machte. Fünftens lagen bei den Buchhändlern Betz und Baader zu Regensburg 2000 fl. zu 5 % und 2000 fl. zu 3 % auf; diese „hörten aber auf zu zinsen anno 1773 und schulden bis 1790 incl. Zinsen 2880 fl. Sechstens führte Greinwald auf, dass beim Hochlöblichen Landschaftlichen Zinszahlamt ein Kapital von 64290 fl. auflag, das bis 1779 mit 5 % verzinst worden war. Im Jahr 1779 seien dann die Zinsen auf 4 % gesenkt worden, was der Domus Gregoriana einen jährlichen Verlust von 643 fl. 44 kr. 2 d. einbrachte. Auf elf Jahre gerechnet kam ein finanzieller Schaden von 7081 fl. 9 kr. 2 d. auf. Siebtens machte Greinwald geltend: „Bei Aufhebung der Societät ist von einer Hochlobl. Churf. Fundations-Güter-Deputation einem zeitl. Inspector, und Rechnungsführer (anstatt eines auskömmlichen Beneficii) eine jährliche Besoldung mit 240 f. nebst Kost, Trunk, Holz, Licht, und freyer Wohnung im und bey dem Seminaro angewiesen worden, welch alles die 3 bisherigen Inspectores in die 11 Jahre genossen; dadurch aber dem armen Hause wiederum ein Vermögens-Abstand, nur im Geld allein, [von] 4080 fl." entstanden war. Achtens musste das Seminar einem Rechnungsjustifikanten, der 1784 durch kurfürstlichen Erlass neu aufgestellt worden war, jährlich 30 fl. zahlen, zusammen in elf Jahren also 180 fl. Schließlich führte der Inspektor neuntens auf: „So reichet das Wilhelminische Collegium [richtig: Exkollegium] dem Seminaro seit 1784 mithin 7 Jahre her, die vorhin von einer Hochlobl. Churf. Fundations-Güter Deputation für die armen Exspectanten ausgesprochene jährliche 3 Schäfel Korn nicht mehr: Schäfel zu 5 f. angesetzt: 105 f." Dies alles zusammen genommen erbrachte den großen Einkommensverlust von 26132 fl. 55 kr. 2 d.; vgl. BayHStA, GL Fasz. 2698/478; StAM, Albertinum A 1; Schreiben Greinwalds vom 5. Dezember 1790.

[335] Zu dieser Steuer, welche die kirchlichen Besitzungen betraf, vgl. BAUER, Der kurfürstliche geistliche Rat, 262-275; SCHMID, Vom Westfälischen Frieden bis zum Reichsdeputationshauptschluß – Altbayern, in: HBKG, Bd. 2, 293-356, hier 332-334.

auf fünf Jahre von 1772 bis 1776.[336] Die Domus Gregoriana sollte einen jährlichen Steuerbetrag von 455 fl. 59 kr. an die Kasse der bischöflichen Dezimationskommission in Freising abliefern.[337] Im April des Jahres 1773 suchte Inspektor Hueber um Nachlass der Dezimationssteuer an, da sie auch im Jahr 1772 dem Seminar erlassen worden sei. Andernfalls sah er sich gezwungen, neun oder zehn Seminaristen entlassen zu müssen, und „zwar solcher, welche ohne einziges Kostgeld erhalten werden, folglich auch aus den Musikanten die bessere sind. Wodurch leider, manche arme, wohltüchtige Jünglinge um ihren fernen Unterhalt, und Glücke kommen würden."[338] Inspektor Hueber wandte sich am 22. Januar 1774 wieder an Kurfürst Max III. Joseph mit der Bitte um Erlass der Dezimationssteuer, die dem Haus am 12. April 1774 gewährt wurde.

Im folgenden Jahr wandte sich Hueber erneut an den Kurfürsten und bat um Befreiung des Dezimationsbetrages von 455 fl. 59 kr.[339] Diesmal wurde dem Kurfürstlichen Seminar jedoch nur ein Nachlass von 300 fl. 59 kr. am 22. März 1775 zugesagt, so dass der Inspektor 155 fl. an die bischöfliche Dezimationskasse in Freising zu liefern hatte. Im Jahr 1776 gewährte Kurfürst Max III. Joseph auf den Antrag Huebers am 2. September 1776 einen Nachlass von 310 fl. 59 kr.[340] Am 17. Februar 1777 erging das Schreiben an das Inspektorat mit dem Wortlaut: „Nachdeme Sr. Pabstlichen Heylligkeit eine weitere quinquenal Decimation und zwar von instehend 1777 Jahre anfangend bis 1781 gebilliget haben. Als befehlen Wir Euch hiemit gnäd., daß ihr von dem St. Georgen[!] Gottshauß im Seminaro die Decimations quotam pr. 455 f. 59 x. bis auf Philippi et Jacobi huius anni erhollen, und bey der Subdelegiert Bistum Freyßing. Decimations Commission mit allem pro hoc anno, sondern auch in futur um nemlich pro ao. 1778 bis 1781 ieden Jahrs ganz die vollkomene Richtigkeit iederzeit herstellen sollet."[341] Wieder bat Inspektor Hueber um Nachlass der Dezimationssumme. Am 17. Oktober 1777 gewährte ihm der Kurfürst einen Nachlass von 310 fl. 59

---

[336] Im Jahre 1775 suchte die kurfürstliche Regierung beim Päpstlichen Stuhl um Verlängerung der Dezimationssteuer an, die von Papst Pius VI. am 1. März 1776 für weitere fünf Jahre (1777-1781) gewährt wurde. Pius VI. übertrug das persönliche Recht zur Dezimation schließlich am 2. März 1778 auf den neuen Kurfürst Karl Theodor. Die Erhebung der Dezimation oblag weiterhin dem bayerischen Episkopat; vgl. BayHStA, GL Fasz. 2696/476; BAUER, Der kurfürstliche geistliche Rat, 86f., 262-271.
[337] Vgl. BayHStA, GL Fasz. 2696/476; StAM, Albertinum A 45.
[338] BayHStA, GL Fasz. 2696/476. – Eine Liste der Dezimationsschuldigkeiten und den Nachlässen von 1772 bis 1777 ebda.
[339] Vgl. BayHStA, GL Fasz. 2696/476.
[340] Vgl. BayHStA, GL Fasz. 2696/476; StAM, Albertinum A 45.
[341] BayHStA, GL Fasz. 2696/476; StAM, Albertinum A 45.

kr. jedoch mit der Anmerkung, dass das Kurfürstliche Seminar in Zukunft den vollen Steuerbetrag zu zahlen habe, „weillen ersagtes Seminarium vor die zur Hof Music abgehende 10 Knaben, von Anfang october huius anni aus dem Music Fundo die fixirte 300 f. vollkommen widerum erhaltet"[342]. Im kommenden Jahr bat der neue Inspektor Michael Holzinger um Erlass der Dezimationszahlung von 455 fl. 59 kr., die ihm am 3. November 1779 nicht gewährt wurde. Die Domus Gregoriana musste nun die Dezimation in voller Höhe nach Freising abliefern.[343]

Erst unter Inspektor Frigdian Greinwald wurde 1784 die Dezimation der Domus Gregoriana von kurfürstlicher Seite untersucht, da nach der am 3. Mai 1784 eingereichten „Fassion" die Ausgaben im Seminarhaushalt um 230 fl. 30 kr. 2 d. höher waren als die Einnahmen. Zunächst gewährte Kurfürst Karl Theodor der Stiftung am 30. Juni 1784 einen Nachlass von 155 fl. 59 kr., so dass Greinwald noch 300 fl. nach Freising zu liefern hatte. Auf eine weitere Eingabe des Inspektorats erließ der Kurfürst schließlich am 6. September 1784 einen vollständigen Nachlass der Besteuerungssumme.[344] Im kurfürstlichen Schreiben hieß es allerdings, dass dem Seminar St. Gregor dem Großen laut der Aktenlage in den vergangenen Jahren mehr Dezimationsbeträge nachgelassen worden seien, „als bey einer näheren Untersuchung vielleicht verantwortlich seyn dürfte". Weiter wurde bemerkt: „Es wird kein Beyspiel aufzuweisen seyn, das ein Corpus pium im ganzen Lande in Abreichung der Decimation sich beschwerd befind, um so mehr gedenkt man Seminaro als einer vorzüglich frommen Stüftung alle Billigkeit wiederfahren zu lassen."[345] In der eingereichten Schrift seien „beträchtliche Einnahmen mit Stillschweigen umgangen, hingegen all nur erdenkliche Ausgaben mit zimlicher Übertribenheit eingeschaltet worden". Schließlich bemerkte die Dezimationskommission, „daß mit denen zur Bestreittung der Staatsbürden gewidmeten Decimations Geldern nicht willkürlich und nach Gunst dispensirt werden darf". Die Kommission erteilte daher den Auftrag, eine glaubwürdigere

---

[342] BayHStA, GL Fasz. 2696/476; StAM, Albertinum A 45.
[343] In einem Schreiben vom 13. März 1785 berichtete Inspektor Greinwald, dass er sich bei seinem Vorgänger, Inspektor Michael Holzinger, bezüglich der Zahlung des Dezimationsbetrages von 455 fl. 59 kr. erkundigt habe. Nach dessen Aussage habe das Seminar die erste Zahlung der Dezimation zwar in voller Höhe nach Freising abgegeben, „Se. Kurfrtl. Drtl. Maximilian Joseph, Hochst Seeligen Angedenkens, hätten aber solches Geld aus angestammter allerhöchster Kurmilde diesem Armen Hause aus Höchst Eigener Chatoulle allergnäd. wiederum zu stellen lassen"; StAM, RA Fasz. 942/14745; Albertinum A 45.
[344] Vgl. BayHStA, GL Fasz. 2696/476; Schreiben Greinwalds vom 27. August 1784.
[345] BayHStA, GL Fasz. 2696/476; StAM, Albertinum A 45.

„Fassion" einzureichen, nach deren Untersuchung „dem Seminaro alle Billigkeit wiederfahren wird, jedoch behalt man sich bevor, daß, wenn wieder verhoffen die nämlichen Fehler wie in der vorgefunden zum Vorschein kommen sollten, die Fassion Ex officio verfasst werden würde".[346]
Endlich im Jahre 1785 erfolgte die generelle Befreiung der Domus Gregoriana von der Dezimationssteuer, nachdem Frigdian Greinwald am 13. März 1785 eine neue Fassionstabelle von 1775 bis 1784 eingesandt hatte und so die Bedürftigkeit des Seminars nachweisen konnte.[347] Den kurfürstlichen Gnadenerweis teilte der Sekretär des Generalstudiendirektoriums, D. Anselm Greinwald, am 10. Mai 1785 dem Inspektorat mit, „daß ermeldt Löbl. Commission ob causam publicam diesen fundum, nicht wie andere Stiftungen, als manum mortuam, sondern zu den gemein-nützlichsten Absichten bestimmte Ansehen, sohin von aller Decimation befreyen möchte"[348].

Die Schulkuratel wollte aufgrund der schwierigen finanziellen Situation des Seminars „sich thätig verwenden, daß diese sehr herabgekommene milde Stiftung wieder nach und nach in guten Stande gesezt, und solcher auf eine daurhafte Art befestigt werde"[349]. In den Jahren 1791 und 1792 erfolgte eine Untersuchung aller milden Stiftungen im Kurfürstentum Bayern. Laut eines Reskripts vom 9. Juli 1791 der bayerischen Landesregierung wurde vom Kurfürstlichen Seminar die Einsendung aller Stiftungsbriefe und die letzte Jahresrechnung verlangt.[350]
Inspektor D. Frigdian Greinwald blieb elf Jahre im Dienst und war damit einer der längsten Inspektoren des 18. Jahrhunderts.[351]

---

[346] StAM, Albertinum A 45. – Greinwald betonte in einem weiteren Schreiben, dass alle Angaben aus justifizierten Rechnungen genommen worden seien; vgl. StAM, Albertinum A 45.
[347] Vgl. BayHStA, GL Fasz. 2696/476; StAM, Albertinum A 45.
[348] BayHStA, GL Fasz. 2696/476; StAM, Albertinum A 45. – Im Jahre 1787 erfolgte allerdings noch einmal die Aufforderung zur Nachzahlung des Dezimationsbetrages für die Jahre von 1783-1787 in Höhe von 1667 fl. 57 kr. Im Schreiben Greinwalds vom 3. März 1787 erinnerte er daran, dass die Domus Gregoriana „mehrere Hundert der nützlichsten und besten Männer sowohl dem weltlichen als geistlichen Staate erzohen und geliefert" habe. „Nichts zu melden von der Kirchen- und anderer Musik, die sich noch immer das Glück hat, sich mit dem durchgängigen Beyfalle des Publikums schmeicheln zu dörfen"; BayHStA, GL Fasz. 2696/476. – Am 11. Mai 1787 wurde das Kurfürstliche Seminar endgültig von der Dezimationssteuer befreit und lediglich zur Zahlung von jährlich 30 fl. „wegen der von der Exjesuiten-Provinz zum Seminar überwiesenen landschaftlichen Kapitalien" angewiesen; BayHStA, GL Fasz. 2696/476; StAM, RA Fasz. 942/14745; Albertinum A 45.
[349] StAM, Albertinum A 50; Schreiben der Schulkuratel vom 12. Mai 1791.
[350] Am 10. Januar 1792 wurde hierzu noch die „Instruction zur Untersuchung der milden Saecular-Stiftungen in Baiern" in Druck gegeben; StAM, Albertinum A 1.
[351] Lediglich P. Franz Ignaz Davé (Inspektor 1703-1715) und Johann Evangelist Hueber (1765-1777) versahen das Amt des Inspektors zwölf und P. Johannes Kharrer (1725-1738) dreizehn Jahre; vgl. PUTZ, Domus Gregoriana, 100. Stubenvoll gibt bei P. Davé den falschen Namen „P. Ignatius Bare"

Als im Jahre 1792 Johann Kaspar von Lippert als bekannter Kontrahent Pollings in die Schul- und Universitätskuratel berufen wurde, hatte dies unmittelbare Folgen für die Pollinger Augustiner-Chorherren, denn nun suchte Lippert Polling auszuschalten.[352] Bereits am 25. August 1792 stellte Lippert als Schulkurator in der entsprechenden Untersuchung „über die Gebrechen, welche sich in solchem [Schulhaus und Seminar] aller Fürsorge ungeachtet doch eingeschlichen haben"[353] Anträge zur deren Verbesserung. Im siebten Punkt wird das Seminar behandelt, „welches sowohl im Wissenschaftlichen als Oekonomischen und Sittlichen sehr herabgekommen ist"[354]. Die Wissenschaft habe abgenommen, wie die Untersuchung ausführte, „weil die Seminaristen wegen Kirchen-Musik bei vielen Gottesdiensten, wozu sie durch eine unschikliche Ausdehnung des Inspectors in vielen Kirchen gebraucht worden sind, zum Studieren wenig Zeit haben, und außer dießem zu Leztern nicht streng genug angehalten werden"[355]. Schon 1788 musste sich Greinwald mit Anschuldigen bezüglich mangelnder Disziplin im Haus auseinander setzen. Unter anderem wurde ihm vorgeworfen, dass er länger bei Tisch sitzen blieb. Der Inspektor sagte zu seiner Verteidigung, dass nicht allen gleichzeitig das Essen auf den Tisch gestellt werden könne. „Da nun bey dieser Beschafenheit die Speisen für den Inspektor Tisch späters als für die Seminaristen aufgetragen werden, so glaubt der Inspektor nicht gehalten zu seyn, die Speisen in aller Eile zum Schaden der Gesundheit hineinwerfen zu müssen, sondern ist der Meinung, daß es auch ihm erlaubt seyn werde, dieselben so, wie andere Menschen gemählich genüssen zu dörfen."[356] Der Meinung des

---

und bei P. Kharrer die ungenaue Inspektoratszeit 1725-1737 an; vgl. STUBENVOLL, Geschichte des Königl. Erziehungs-Institutes, 407. – Zu P. Davé SJ (1668-1729) vgl. Catalogus generalis, 74. – Zu P. Kharrer SJ (1675-1738) vgl. Catalogus generalis, 213.
[352] Lippert war 1777 an der Entlassung des Pollinger Augustiner-Chorherrn Gerhoh Steigenberger als Universitätsbibliothekar verwickelt gewesen. Als sich das Blatt 1781 zugunsten der Prälatenorden gewendet hatte, wurde Lippert aus der Hofbibliothek entlassen und Steigenberger als zweiter Bibliothekar eingesetzt. Winfried Müller urteilt in diesem Zusammenhang richtig: „In Lippert und Töpsl standen sich zwei Protagonisten des exjesuitischen und des antijesuitischen Lagers gegenüber, deren ideologischen Gegensätzen durch Gehässigkeiten [...] eine emotionale Komponente von beträchtlicher Eigendynamik zuwuchs"; MÜLLER, Universität und Orden, 181.
[353] BayHStA, GL Fasz. 2832/1451. – Als weitere Schulkuratoren unterschrieben von Hertling und von Vacchiery.
[354] BayHStA, GL Fasz. 2832/1451.
[355] BayHStA, GL Fasz. 2832/1451.
[356] BayHStA, GL Fasz. 2697/477.

Propstes von Polling, Franz Töpsl, nach seien die Anschuldigungen „dem Inspector von übelgesinnten Leuten angedichtet worden"[357].
Was den sittlichen Bereich betraf, warf die Schulkuratel im Schreiben vom 25. August 1792 Greinwald weiter vor, dass er durch seine Podagra oft gehindert sei, die Aufsicht ausüben zu können.[358] Überdies er „Unterhaltungen und Wohlleben mehr liebt als das Seminarium". Überhaupt habe er selbst wenig Erziehung, was dem Präfekten gleichfalls vorgeworfen wurde, der zudem auch zu nachsichtig sei. Um der „moralischen Verderbnis" der Seminaristen abzuhelfen, wäre schon zum dritten Mal die Wohnung des Rektors ins Seminar verlegt worden.[359]
Bezüglich der Ökonomie des Seminars wurde dem Inspektor mangelnde Kenntnis vorgeworfen, was nicht die einzige Ursache sei, weiter wollte sich die Kuratel aber nicht zu diesem Punkt äußern, „weil die von Euer Churf. D. zu Untersuchung der milden Stiftungen gnädigst angeordnete Commission Höchstdemselben hierüber seiner Zeit selbst referiren wird"[360].
Um in den angesprochenen Punkten Abhilfe zu schaffen, schlug die Schulkuratel kurzerhand vor, dass Inspektor Frigdian Greinwald „in sein Kloster zurükgesendet, und sein Nachfolger, so wie der Präfekt, Vize-Präfekt und die Monitores zu Erfüllung ihrer Pflichten auf das Nachdrüklichste angewiesen werden möchten". Die kirchenmusikalischen Dienste der Seminaristen sollten mit Ausnahme der Hof-, der Seminar-, der St. Michaels- und der Damenstiftskirche eingeschränkt werden „und die Seminaristen mit aller Stiftungswidriger oder sonst nicht besonders anbefohlener Kirchenmusik verschont werden". An dieser Stelle schlug die Schulkuratel bereits einen Nachfolger vor, obwohl dies in den Befugnissen des Generalstudiendirektoriums lag. Man könnte ja nicht sicher

---

[357] BayHStA, GL Fasz. 2697/477; vgl. auch BayHStA, GL Fasz. 2834/1472; Propst Töpsl an Schulkuratel am 29. Juli 1788.
[358] Am 7. August 1788 berichtete Propst Töpsl zur Schulkuratel über die chronische Krankeit, an der D. Frigdian Greinwald litt: „Das Podagra stellet sich bey dem Inspector jeweil nicht nur im Winter, sondern auch im Sommer ein, und da es bey 3. Wochen anhält, kann doch diese kurze Zeit für kein halbes Winter- oder Sommerjahr gerechnet werden. In dieser kurzen Zeit hält der Präfekt die Oberaufsicht, ein Mann, der durch seinen wahrhaft priesterlichen und unsträflichen Lebenswandel vorzügliche Schäzung verdienet"; BayHStA, GL Fasz. 2697/477.
[359] Allerdings ist nur von zwei Rektoren bekannt, dass sie im Seminar wohnten, nämlich Franz Xaver Weinzierl, Augustiner-Chorherr in Polling (1790-1791) und Albert Kirchmayr, Augustiner-Chorherr in Weyarn (1791-1794).
[360] AEM, Nachlass Clemens Braun 90. – Nach der Verfügung der Schulkuratel vom 28. September 1792 an das Generalstudiendirektorium wurde der Rechnungsrevisor Kastulus Seidl zum Kommissar mit dem Auftrag ernannt, das Rechnungswesen des Seminars zu prüfen; vgl. BayHStA, GL Fasz. 2698/478.

sein, wie es hieß, ob das Generalstudiendirektorium einen brauchbaren Mann benennen würde. Von Seiten der Kuratel wurde der Augustiner-Chorherr Anton Acher aus Weyarn für das Amt des Inspektors genannt, der seit über acht Jahren die Pfarrei Feldkirchen betreute. Acher sei ein betagter Mann, der selbst eine große Ökonomie zu besorgen habe, „welche ihm sein Prelat nicht so lange anvertraut haben würde, wenn er sie nicht volkomen verstünde"[361].

Die Absetzung Greinwalds war hiermit schon beschlossene Sache. Das kurfürstliche Plazet folgte am 15. September 1792 und entsprach den Vorschlägen der Schulkuratel in allen Punkten. Die Absetzung Greinwalds wurde besiegelt und Anton Acher zum neuen Inspektor ernannt, „wenn das General-Studien-Directorium gegen dessen Anstellung nicht ganz besonders außerordentliche rücksichtwürdige Anstände hat"[362].

Nach dem Hinweis des späteren Inspektors P. Stefan Widmann OSB hatte D. Frigdian Greinwald während seiner Amtszeit 1788 Professor Magnus Singer zur Mithilfe in der Aufsicht erhalten.[363] Singer durfte mietfrei im Seminar wohnen, musste aber für die Unkosten für Kost und Trunk, Licht, Holz und Wäsche selbst aufkommen und sollte „besonders zu Erbauung der Seminaristen auf anständige Aufführung"[364] derselben achten. Hierbei hatte aber das Generalstudiendirektion selbst die Wohnung für das Schuljahr 1788/1789 im Seminar beantragt, da durch die Vermehrung des Lehrpersonals der Raum im Professorenhaus in der Herzogspitalstraße zu eng geworden war. Bei der Übernahme des Studienwesens 1781 waren zunächst acht Professoren eingezogen. Mit der Zeit wurden noch zwei weitere Lehrer angestellt, so „daß iezt ein Professor schon seit 2 Jahren in einem engen sehr kurzem und durch das nächst anstossende Haus verfünsterten Zimmer von 2 Kreuzstöcken, ohne iemal einen Sonnenschein zu genüßen, gleichsam in einem Kerker eingesperrt leben, und nebenbey

---

[361] BayHStA, GL Fasz. 2832/1451. – Dies musste Polling umso härter treffen, da Propst Rupert Sigl von Weyarn ein bekannter Kontrahent Töpsls war; vgl. MÜLLER, Universität und Orden, 195, 201.

[362] BayHStA, GL Fasz. 2832/1451; vgl. auch GL Fasz. 2698/478. – Im Unterschied zur Untersuchung nennt das Reskript neben den aufgelisteten vier Kirchen noch die Herzogspitalkirche. Am 29. September 1792 musste Propst Franz von Polling als Generalstudiendirektor die Entlassung seines Konventualen Frigdian Greinwald aus dem Inspektorat des Münchener Seminars unterschreiben und sie ihm schriftlich mitteilen; vgl. StAM, Albertinum A 84.

[363] Zu dem Augustiner-Chorherrn Magnus Singer (1756-1829) aus Sankt Mang bei Stadtamhof, der von 1788 bis 1790 im Kurfürstlichen Seminar in München gewohnt hatte und am 28. September 1790 zum Propst seines Klosters gewählt worden war, vgl. StAM, Albertinum A 44; KNAB, Nekrologium, 438; LINDNER, Monasticon Metropolis Salzburgensis antiquae, 387; SCHEGLMANN, Säkularisation III/2, 679f.

[364] Schreiben vom 20. Oktober 1788 in: BayHStA, GL Fasz. 2699/489.

auch das Bethe in dem nemlichen Zimmer ohne Verschlag haben muß". Nach Ansicht des Sekretärs Anselm Greinwald „kann so ein Zimmer einen studierenden Kopf zur Gesundheit, und nothwendigen Heiterkeit des Geistes in keinem Weege gedeilich seyn"[365]. Er stellte daher bei der Schulkuratel den Antrag, dass Professor Singer im Seminar eine mietfreie Wohnung erhalten könnte. Die Schulkuratel sprach hierfür am 13. September 1788 die Genehmigung aus, falls der Inspektor keine Einwände dagegen hätte. Es wurden noch die Bedingungen genannt, dass erstens hieraus kein Recht für nachfolgende Professoren erwachse, zweitens hatte der Professor für Holz, Licht und Kost selbst aufzukommen und drittens sollte er „in Hinsicht der freyen Wohnung auf die Sitten, und gute Aufführung der Seminaristen zugleich ein wachsammes Auge haben"[366]. So konnte Magnus Singer zum Schuljahresbeginn 1788 einziehen. Als Magnus Singer 1790 zum letzten Propst von Sankt Mang bei Stadtamhof gewählt wurde und daher aus der Seminarwohnung wieder auszog, bat das Generalstudiendirektorium, dass Rektor Franz Xaver Weinzierl, Augustiner-Chorherr aus Polling, in die Wohnung einziehen dürfte, was von der Schulkuratel am 29. November 1790 genehmigt wurde.[367]

Bei der Berufung des Augustiner-Chorherren Albert Kirchmayr aus Weyarn 1791 zur Mitaufsicht im Seminar ist wohl auch eine Kontrolle im Auftrag der Schulkuratel im Seminar zu sehen.[368] Anlässlich eines tragischen Unglücksfalls,

---

[365] Schreiben vom 13. September 1788 in: BayHStA, GL Fasz. 2700/493. – Schon vor Singer hatte 1786 Professor Anton Leinfelder (1752-1832), Augustiner-Chorherr aus Dietramszell, im Seminar gewohnt, der für Holz und Licht einen halben Winter lang 16 fl. und für 32 Wochen an Bett- und Zimmermiete 11 fl. 44 kr. zahlte; vgl. BayHStA, GL Fasz. 2700/494. – Zu Anton Leinfelder, der als Seminarist der Domus Gregoriana 1769 das Münchener Jesuitengymnasium absolviert hatte, vgl. LEITSCHUH, Matrikeln III, 123; PUTZ, Domus Gregoriana, 272; KRAUSEN, Dietramszell, 342f.; SCHEGLMANN, Säkularisation III/2, 553. Krausen gibt falsch an, dass Leinfelder von 1786-1792 Professor am „Gregorianum zu München" gewesen sei; er meinte wohl das Münchener Gymnasium und nicht das Kurfürstliche Seminar Domus Gregoriana; vgl. KRAUSEN, Dietramszell, 342.
[366] BayHStA, GL Fasz. 2700/493.
[367] Zu Rektor Franz Xaver Weinzierl (1757-1833), der bereits nach einem Jahr 1791 wegen angeblicher Beziehungen zum Illuminatenorden aus dem Schuldienst entlassen wurde, vgl. Bayerische Bibliothek, Bd. 3, 1268; BOSL, Bayerische Biographie, 830; Catalogus Pollingae; DÜLMEN, Töpsl, 89, 341; GrBBE, Bd. 3, 2072f.; KRAUS, Schule im Umbruch, 351; LEITSCHUH, Die Leiter des Gymnasiums, 42; SCHEGLMANN, Säkularisation III/2, 614f.
[368] Der Augustiner-Chorherr Albert Kirchmayr (Kirchmair) (1745-1814) war 1764 Absolvent der Domus Gregoriana. Von 1781 bis 1794 war er Professor der zweiten Rhetorik und seit 1791 auch Rektor des Münchener Gymnasiums; vgl. BayHStA, GL Fasz. 2699/489; 2700/494; KRAUSEN, Gymnasium der Jesuiten, 7; KRAUS, Schule im Umbruch, 351; LEITSCHUH, Matrikeln III, 99; LEITSCHUH, Die Leiter des Gymnasiums, 42; PUTZ, Domus Gregoriana, 264; SCHEGLMANN, Säkularisation III/2, 702; SEPP, Weyarn, 550-552.

bei dem der Sohn des Hofmusikers Giovanni Vallesi, Georg Fidelius[369], fünf Tage nach seinem unerlaubten Austritt aus dem Kurfürstlichen Seminar 1793 aus nicht geklärten Umständen zufällig erschossen worden war, hatte Rektor Kirchmayr heftige Kritik an Inspektor Acher geäußert, da er den jungen Vallesi vorzeitig aus dem Seminar entlassen hätte. Acher schrieb am 26. August 1793 an die Schulkuratel: „Auf den Fall des Wallesi saget der Schul-Rektor: Ich bin Schulde daran; ich hätte wissen sollen, wo meine Leute seyn, ich hätte den Wallesi in das Seminar zurückrufen sollen." Der Inspektor meinte weiter: „Es kann seyn, daß ich eine Schulde habe, aber die Schulde der Sorglosigkeit gewis nicht, noch der Unachtsamkeit auf die Seminaristen; denn ich sah es am ersten Morgen seiner abwesenheit aus dem unzerrütteten Bette bey dem Aufstehen der Studenten sah ich es, das Er, Wallesi vom Hause abwesend sey, ich erfuhr es durch einen Seminaristen, daß Wallesi bey seiner Mutter in ihrem Hause sey. Aber ich dachte: Jede Mutter habe das Recht ihr Kind bey sich zu behalten, ich habe die Gewalt nicht, noch das Recht das Kind von seiner Mutter abzufodern, zu dem streite es wider die Würde des Hauses seine Guthaten denen mit Gewalt aufzutringen, die Selbe nicht haben wollen, und durch den austritt von sich werfen. So dachte ich, und mag darinn nach der Meynung des Schul-Rektors eine Schulde haben, eine Schulde des irrig urtheilenden Verstandes. Jedoch aus diesen Gedanken, überlegten Gedanken floß mein Stillschweigen bey der Abwesenheit des Wallesi; ich betrachtete ihn nemlich als einen mit Wissen und Willen seiner Mutter ausgetrettenen, den ich der Obsorge seiner Mutter gänzlich überlassen, nicht mehr in das Seminar annehmen wolle wegen schon öfters wiederhollten austretten. Dazu überlegte ich bey mir durch zween Täge vor dem Todfalle des Wallesi, ob ich nicht seine gänzliche Entlassung vom Seminar der Mutter förmlich bedeuten, die Kleyder und Bücher in das mütterliche Haus solle überbringen lassen. Aber heute ist es sehr gut für mich, daß ich es nicht gethann habe; ich würde durch dieß wieder Schulde haben an seinem Tode. Denn man würde sagen: Meine übertriebene Strenge habe ihn zur Melancholie, Desperation gebracht, dadurch in Todes Gelegenheit, in den Tod."[370] Anton Acher wurde durch die Schulkuratel beruhigt, dass er für den Tod des ehemaligen Semina-

---

[369] Georg Fidelius Vallesi (auch Wallesi, Valesi, Wallershauser, Walleshauser) war Sohn des Tenorsängers Johann Evangelist Vallesi (1735-1816) und im Schuljahr 1792/1793 im Seminar untergebracht; vgl. BayHStA, GL Fasz. 2697/477. – Zum Vater vgl. Großes Sängerlexikon, Bd. 5, 3562.
[370] BayHStA, GL Fasz. 2697/477. – Für ähnliche Fälle des unerlaubten Fernbleibens aus dem Seminar erbat sich Inspektor Anton Acher Verhaltensregeln durch die Schulkuratel; vgl. ebda.

risten keine Verantwortung trage. Überhaupt habe er „sich in dem Seminarium von niemand etwas einreden, noch bei Aufnahme oder Entlassung eines Seminaristen etwas vorschreiben zu lassen. Da über Lezteres die höchste Ratification ohnehin jedes Mal erholt werden muß, und der Titl. Rector in dem Seminaro auf nichts anderes als auf Ordnung, fleisiges Studieren, und gute Sitten der Seminaristen, welches ihm bei seiner Anstellung concomitanter nebst dem Inspector und Praefekt (hauptsächlich wegen der Nachläßigkeit des abgestandenen Inspectors) übertragen worden ist, obacht zu geben hat."[371]

Nachträglich wurde Frigdian Greinwald im Rahmen des Kostgeldausstandes des Schulrektors Kirchmayr noch der Vorwurf gemacht, dass er im Herbst 1791 volle 42 Tage vom Seminar abwesend gewesen sein soll. Greinwald erläuterte in seinem Bericht vom 14. August 1793, dass er am 4. September von München abgereist sei und sich am 23. September wieder dort eingefunden habe, was eine Abwesenheit von lediglich 19 Tagen bedeuten würde. Im Jahr 1792 hätte er, so die weitere Anschuldigung, sogar acht Wochen lang das Haus verlassen. Greinwald korrigierte, dass er am 9. September in die Ferien abgereist und schon am 25. September wieder in München eingetroffen wäre, demnach hätte er nur 16 Tage in den Ferien verbracht. Der Inspektor berichtete, dass gewöhnlich am Anfang der Herbstferien das ganze Haus gestrichen und gesäubert wurde. Diese Arbeiten verrichteten einige Maurer mit dem dienenden Personal unter der Aufsicht der Seminarhaushälterin. Diese Arbeiten sollten längstens bis Michaelis dauern. „Je weniger Leute nun im Wege standen, desto schleuniger und ungehinderter gieng diese Arbeit vor sich. Weßwegen man unter der Woche so vielen Knaben eine kleine Reise zu machen gestattete, als viele es verlangten; daß also manche Woche, bis Samstags Nachmittag, kaum 9 bis 10 Knaben im Hause verblieben: für derer ordentlich – und sittliches Betragen ein wachsames Aug zu haben, ein und anderer bescheidene Official auf seiner Verantwortung hatte. Welch alles schon zu den Zeiten, da die Verwaltung und Besorgung dieses Hauses noch unter der preiswürdigen Societät stand, man für ganz schiklich und thunlich hielt."[372]

Greinwald war neben D. Gerhoh Steigenberger also ein weiteres Opfer der Gegnerschaft Lipperts zu Polling, der die exponierte Stellung Töpsls zu zerschlagen suchte und „alle Pollinger Chorherren entfernt haben wollte, um den Wünschen

---

[371] StAM, Albertinum A 66; Schulkuratel an Acher vom 31. August 1793.
[372] Schreiben vom 14. August 1793 in: BayHStA, GL Fasz. 2700/494.

der Jesuiten [richtig: Exjesuiten] gemäß, das Gymnasium mit den gefügigeren Benediktinern und Augustinern [Augustiner-Eremiten] [...] zu besetzen"[373]. Propst Töpsl schrieb am 10. Oktober 1792 an Sekretär Anselm Greinwald über die Entlassung seines Konventualen D. Frigdian Greinwald aus dem Inspektorat, der ein Vetter des Sekretärs war, dass die Vorwürfe der wissenschaftlichen, sittlichen und ökonomischen Gebrechen jeder Ursache fehlen würde. Vielmehr hätte Greinwald seines Wissens nach „allzeit mit Ruhm und Nutzen des Seminarii"[374] gewirkt. Auch wäre nie eine Klage über Greinwald bei ihm eingegangen. Der scheidende Inspektor erhielt am 31. Oktober 1792 noch den Auftrag, die Rechnungen binnen 14 Tagen unter Androhung „unbeliebiger ZwangsMittl" anzufertigen und an die Schulkuratel einzusenden. Da es seine Schuld sei, mit der Herstellung der Rechnung noch nicht fertig zu sein, könne ihm die Kost im Seminar nicht weiter gereicht werden.[375] Bereits am 6. November 1792 stellte Greinwald, den die Entlassung unverhofft getroffen hatte, an das Generalstudiendirektorium den Antrag, es sollte sich bei der Kuratel für ihn einsetzen, da er es zeitlich nicht schaffe, die Seminarrechnung für 1790 in der verlangten Zeit von 14 Tagen zu verfassen, obwohl er den ganzen Vor- und Nachmittag daran sitzen würde. Bei der Erstellung der Inventare durch die angeordnete Kommission hätte er allein schon sieben Tage beiwohnen müssen. Auch der Transport seiner Habseligkeiten nach Polling hätte zwei Tage gedauert, so dass er erst seit dem 18. Oktober an der Erstellung der Rechnung arbeiten könnte.[376] Am 12. Dezember 1792 konnte D. Frigdian Greinwald endlich die Jahresrechnung des Seminars und der Kirche für 1791 und 1792 an das Generalstudiendirektorium zur Weitergabe an die Schulkuratel übergeben und bat um baldige Justifizierung, da er seit 1. November auf eigene Kosten in München verweilen müsste.[377]

---

[373] DÜLMEN, Propst Franziskus Töpsl, 315. – Nach Dülmen hatte Lippert 1791 auch verhindert, dass der Pollinger Augustiner-Chorherr Weinzierl Rektor des Gymnasiums wurde. Dagegen hatte er nach Leitschuh von 1790 bis 1791 das Münchener Rektorat besetzt; vgl. DÜLMEN, Propst Franziskus Töpsl, 314; LEITSCHUH, Die Leiter des Gymnasiums, 42.
[374] AEM, Nachlass Clemens Braun 90. – Dechant Eusebius aus Rottenbuch schrieb am 16. Oktober 1792 auf die Entlassung von Professoren Bezug nehmend an Anselm Greinwald, dass sie „ohne erforderliche Ursache, und nur auf Zuthun der Ex-Jesuiten, die nach und nach die Schulen an sich bringen wollen", entlassen wurden; AEM, Nachlass Clemens Braun 90. – Zu einem ähnlichen Urteil kam auch Töpsl; vgl. MÜLLER, Universität und Orden, 290.
[375] Vgl. AEM, Nachlass Clemens Braun 90.
[376] Vgl. AEM, Nachlass Clemens Braun 90.
[377] Erst am 17. Januar 1793 erhielt Frigdian Greinwald von der Schulkuratel die Erlaubnis, nach Polling abreisen zu dürfen; vgl. AEM, Nachlass Clemens Braun 90.

Im Fall Greinwalds zeigte sich auch, dass die Schulkuratel nach 1792 mit der Ernennung Lipperts zum Kurator die Kompetenzen des Generalstudiendirektoriums zu okkupieren suchte.[378] Deutlich wird dies in einem Brief des Sekretärs des Generalstudiendirektoriums, Anselm Greinwald, an seinen Pollinger Verwandten Frigdian Greinwald vom 25. Januar 1793, dass gestern im Seminar eine Kommission gehalten worden sei, ohne das Generalstudiendirektorium beigezogen zu haben. Über den Inhalt dieser Kommission konnte Frigdian Greinwald seinem Vetter am 30. Januar nach München berichten, dass er durch einen Brief des Präfekten Ehrenhofer, den er als einen „selguten Herrn" bezeichnete, darüber informiert worden sei. Da es für Ehrenhofer eher um belanglose Dinge ging, urteilte auch er, dass die Kuratel „so grübelt, so picht in München, um ihre [D. Frigdian Greinwald] helle Verdienste zu verdunkeln"[379]. Nach dem „Protokoll de dato München dem 24ten Jänners 1793"[380] leitete Geheimrat und Kuratelsekretär Nemmer Junior die Kommission im Beisein des Aktuars Johann Baptist Bernhart. Anlass war eine Baumaßnahme am Pollinger Stadthaus, das an das Kurfürstliche Seminar angrenzte.[381] Nachdem die Schulkuratel davon erfahren hatte, stand die Frage im Raum, ob dadurch der Domus Gregoriana ein Nachteil entstanden sei. Zunächst wurde Präfekt Ehrenhofer vernommen. Dieser berichtete gegenüber der Kommission: „Das Seminarium und das Haus des Klosters Polling hätten eine Commun-Maur. Titl Herr Prelat von Polling habe auf seiner Seite oberhalb seiner Stallung zwey Zimmer beiläufig im Jahre 1785 herstellen lassen; dadurch aber sein Haus nicht erhöhet, sondern die alten Dachstull um so viel niederer gemacht, als zu Herstellung dieser neuen Zimmer nothwendig gewesen wäre." Ehrenhofer versicherte, dass durch die Baumaßnahme dem Seminar kein Licht entzogen worden sei. Des Weiteren hatte die Schulkuratel ein neues Fenster über dem Backofen im Bäckenhaus an der Neuhauser Straße bemerkt, das in den Innenhof des Seminars führte. Hierzu antwortete der Präfekt, dass dieses Fenster auf Kosten des Seminars hergestellt worden sei, „weil gedachter Bäk hierum gebetten hat, damit selber für seine Ehecomsortin zu ihrem Kindbetten dadurch ein Zimmer erhalten konnte". Was den Altar in der Kran-

---

[378] Vgl. MÜLLER, Universität und Orden, 191.
[379] AEM, Nachlass Clemens Braun 90.
[380] BayHStA, GL Fasz. 2698/478.
[381] Zum Pollinger Stadthaus in der Herzogspitalstraße vgl. Häuserbuch der Stadt München, Bd. 3, 178; LIEB, Klosterhäuser im alten München, in: StMBO 91 (1980), 139-181, hier 162; TRAUTMANN, Kulturbilder aus Alt-München, Bd. 1, 146-149.

kenkapelle im zweiten Stock des Seminars betraf, bestätigte Ehrenhofer, dass dieser nicht dem Haus gehörte, sondern Eigentum der kleinen Kongregation sei. Man hätte bei der Inventarisierung schlichtweg vergessen, dies zu vermerken. Bezüglich einer Kopie des Herz-Jesu-Bildes mit einem angeblichen Wert von 100 fl. gab Präfekt Ehrenhofer zur Antwort: „Das Bild wäre mit andern Sachen aus dem Studenten Saal bei Gelegenheit, daß selber für die Chl. Hofbibliothek hergestellt werden muste, in das Seminarium gekommen, und von dem ehemaligen Herrn Inspector Greinwald dem Custos in der heiligen Dreyfaltigkeits Kirche Titl Priester Joseph Scherer auf sein Ersuchen und zur öfentlichen Verehrung in obiger Kirche gegeben worden." Zuletzt wurde Ehrenhofer noch auf eine Kopie des Baumeisters des Jesuitenkollegs angesprochen, die Inspektor Greinwald auf seine Kosten hatte herstellen lassen und bei seinem Abtritt mit nach Polling genommen hätte. Der Präfekt bestätigte, dass das Bild privat von Greinwald in Auftrag gegeben und auch von diesem selbst bezahlt worden war. „Das Original selbst befinde sich noch dermalen in der St. Michaels Malteserordens Hofkirch."[382] Weiter wurden noch ältere Hausdiener des Seminars zu den genannten Punkten befragt. „Der Kutscher ist zwar schon 8 Jahre in dem Seminario, kann aber wie Titl Hr. Inspector Acher erinnert theils wegen seinem Alter, theils wegen seiner von ieher gewohnten Unachtsamkeit und Gleichgiltigkeit gegen alle vorkommende Fälle über obige Gegenstände keine Auskunft geben." Der Hausknecht Balthasar Gerhardinger befand sich zwar schon fünf Jahre im Dienst, konnte aber keine Auskunft geben, da die Baumaßnahmen vor seinem Dienstantritt durchgeführt worden waren. Was allerdings das vor etwa sieben Jahren durchgebrochene Fenster im Bäckenhaus betraf, wusste Gerhardinger soviel zu sagen, dass die entstandenen Kosten durch den Bäcker selbst bestritten worden seien. „Ferners erinnert mehr gedachte Balthasar, daß diesen Bäckens Eheleuten wegen ihren ehelichen Zänkereyen von dem vorigen Inspector öfters Ruhe aufgetragen worden ist; indem die Seminaristen darauf schon manchmal auf eine unangenehme Art aufmerksam wurden. Eben so werden sie, besonders an Schrannentägen, und im Sommer bei Gelegenheit der Kreuzgänge von denen Bauren, welche in dieser Bäckenstube unruhig und manchmal betrunken übernachten, sehr oft in ihrer Ruhe gestöhrt."[383] Zuletzt vernahm die Kommission

---
[382] BayHStA, GL Fasz. 2698/478. – Ehrenhofer musste anschließend das Protokoll unterschreiben; vgl. ebda.
[383] BayHStA, GL Fasz. 2698/478. – Da Gerhardinger nicht schreiben konnte, unterschrieb der Pförtner mit dem Namen des Hausknechts; vgl. ebda.

den Pförtner Lorenz Schiele, der bereits seit acht Jahren im Kurfürstlichen Seminar angestellt war. Schiele wusste ergänzend mitzuteilen, „daß er selbst die Bauren manchmal zu mehrere Ruhe habe ermahnen müssen"[384].
Bezüglich der grundlosen Entfernung einiger Religiosen durch die Schulkuratel protestierte das Generalstudiendirektorium vergebens am 25. Februar 1793: „Wenn ein Professor ohne von dem Directorio ermahnt zu seyn, ohne gehört zu werden, ohne eine Ursache seiner Absezung zu wissen, ohne sich vertheidigen zu dörfen oder zu können, vom Lehramt entfernet wird, so können für das gemeine Beste der Studien keine günstige Folgen entstehen. Leute entweders aus Leidenschaft, oder aus übertriebenen Vortrage, oder aus unschuldiginiger Meinung können einen Professor so herabsezen, daß er in den Augen Euer Churf. Drtl. die Amovotion[?] verdiene, obschon vielleicht der mann ganz unschuldig seyn mag, oder der Fehler in der Sache selbst nit so groß ist, oder durch Ermanungen und directorial Korrektionen leicht gebessert werden könnte. Wie traurig mus es aber einem Manne fallen, so bis zur Zernichtung seiner Ehre durch Intriquen behandelt zu seyn! Beschämt vor seinen Schülern und dem Publico mus er schmachten, der oft mit geringer Mühe geändert werden könnte, oder der vielleicht vom geklagten Fehler frei ist. Wie leicht ist es, daß durch Fabeln beste Männer unglücklich werden?"[385] Die Antwort der Schulkuratel mündete in dem Vorwurf des Kurators von Hertling, das Generalstudiendirektorium würde nicht seinen Pflichten nachkommen und hätte die milden Stiftungen völlig außer Acht gelassen. Daher machte sich der Kurfürst „selbst zur Regenten Pflicht, diesem Unfug zu steuern und solche maßregeln zu ergreifen, wodurch für das beste der Erziehung und der dazu bestimmten milden Stiftungen wirksam und schleunig gesorgt wird. Dieser Fall hat, wie dem Directorio selbst wohl bekannt seyn mus aus obigen Gründen bisher öfters eintretten müssen, und wird auch in Zukunft iedesmal eintretten, so oft es die nothwendigkeit erfordern, oder gedachtes Directorium einer Nachlässigkeit sich schuldig machen wird."[386]
Erst 1799 fand die Acta Frigdiana ihren Abschluss. Bereits am 11. Juli 1793 hatte sich Frigdian Greinwald an das Generalstudiendirektorium gewandt, dass er die beiden letzten Seminarrechnungen zwar vor sieben Monaten eingereicht, aber bis dato noch keine Resolution erhalten habe. „Da mir und meinem Kloster

---

[384] „Womit dieses Protokoll geschlossen und von dem Portner seine Aussage ebenfals unterschrieben worden ist. München den 24ten Jänner 1793"; BayHStA, GL Fasz. 2698/478.
[385] AEM, Nachlass Clemens Braun 90.
[386] AEM, Nachlass Clemens Braun 90.

die völlige Berichtigung meiner 11jährigen Verwaltung nothwendig um so mehr am Herzen liegen muß, als ich zur unterstüzung und aufrechthaltung dieses armen Instituts (welches sonst schon vor etlichen Jahren gesunken seyn würde) theils aus meinen eignen Einkünften, und vorhin ersparten, theils aus einigen mir von guten Freunden unverzinßlich vorgestrekten Geldern 5611 f 55 x 1 d nach und nach habe daran sezen müssen, wie solches die 1792te Rechnung, und die noch in Handen habende, über samentliche 11jährige Rechnungen auf das genauist, und gewissenhaftlichste verfaste Beutel Rechnungen sonnenklar beweisen."[387] Greinwald bat, dass sich das Generalstudiendirektorium bei der Schulkuratel für die Justifizierung der Seminarrechnungen einsetzen sollte, da seine Kreditgeber ihr Geld zurück verlangen würden. Zur Begründung, dass er mit Privatvermögen dem Seminar aufzuhelfen versucht hatte, gab der einstige Inspektor an: „Schon seit dem Jahr 1773 fieng der vermögen stand dieses Hauses merklich zu sincken an; da von dieser Zeit an kein einziger Zünß mehr von dem in Ausland vorhin angelegten sehr beträchtlichen Capitalien bezahlt worden ist. So muste von der Zeit an, als die bestandene Societät Jesu erloschen das arme Haus einen Inspector jährlichen mit 240 f. solariren, und demselben mit Wohnung, Kost, Trunk, Holz und Liecht unentgeltlich versehen. Im Jahr 1779 folgte hierauf die traurige landschaftliche Zünsen Reduction von 5 auf 4 pro Cento dardurch dem Hause eine mehrmalige Minderung ihres Einkommens jährlich 600 f. und darüber zugegangen."[388] Aufgrund dessen hätte schon sein Vorgänger Michael Holzinger von der Fundationsgüterdeputation einmalig 4000 fl. zur Unterstützung erhalten, damit das Haus nicht gezwungen war, Seminaristen entlassen zu müssen. Obwohl Greinwald von 1773 bis 1790 einen finanziellen Schaden von über 26000 fl. errechnet hatte, „sorgte ich gleichwol bey solcher ohnmacht für die verpflegung des sowohl studierenden, als dienenden, des sowohl gesunden als Kranken Personals immer so gut, als irgend einer meiner Herrn Vorfahrer ohne ein geringsten von deme abzugehen, was hieran herkomens war: ausser das ich es in ein – und anderen zur Ermunterung des moralischen, und wissenschaftlichen Fleises meiner Zöglinge verbesserte. Ich berufe mich disfals auf das Zeugnise aller Zöglinge, für welche ich bey Tage, so bey Nacht gesorget, und welchen das schöne gefühl der Danksagung noch nicht völ-

---

[387] BayHStA, GL Fasz. 2698/478.
[388] BayHStA, GL Fasz. 2698/478.

lig erloschen ist."³⁸⁹ Was den sittlichen Bereich betraf, „hat es auch meine wachsame Sorge durch göttliche gnade dahin gebracht, daß in einer so zahlreichen jugendlichen gemeinde irgend eine Ärgerniß um sich zu greifen und Schaden anzurichten ... So wissen mir nicht wenige Stifter, und Klöster dank, in welche viele meiner Zöglinge das glück gehabt haben aufgenohmen zu werden, daß Sie an diesem solche Candidaten gefunden, die sich in die klösterliche Zucht und Ordnung vor allen anderen schikten."³⁹⁰ Elf Jahre lang hätte Greinwald das Inspektorat versehen, „welcher Posten auf meine mit gebrachte, und bestens bestellte gesundheit das Theuerste geschenks des Himmels so schlime Einflüße machte, daß ich mir für immer noch übrige Lebens Tage wenig Gutes von daher mehr versprechen dürfe."³⁹¹ Auf den Antrag des Generalstudiendirektoriums vom 15. März 1794 beauftragte die Schulkuratel den Rechnungsrevisor Kastulus Seidl³⁹² mit der Rechnungsprüfung. Da bis August nichts geschehen war, wiederholte am 1. August 1794 das Generalstudiendirektorium die Bitte der Justifizierung der Seminarrechnungen. Hinzugefügt wurde die Bemerkung: „Frigdian Greinwald lebt in den 60er Jahren, leidet seine Leibs Unpäßlichkeiten, die bedenklich sind, und ihn bei Zeiten und schnell zum Grabe hinbringen können: aus der Grube wird er sich nicht mehr vertheidigen noch Erläuterung geben können."³⁹³ Tatsächlich wurde bereits am 16. August 1794 Seidl beauftragt, binnen eines Monats die Rechnungssache herzustellen. Am 6. September 1794 reichte Kastulus Seidl seine Abrechnung mit folgender Tabelle ein³⁹⁴:

---

[389] BayHStA, GL Fasz. 2698/478. – Weiter führte Greinwald zur Bekräftigung aus: „So steht mir auch das gerechte, und unparteiische Publicum dafür, daß unter meiner Inspection die Musik sowohl, als der jährliche wissenschaftliche Fortgang in diesem Hause den unter meinem Herrn Vorfahrern Verdiensten Ruhm, wo nicht über troffen, doch gewis dem selben das gleichgewicht gehalten"; ebda.
[390] BayHStA, GL Fasz. 2698/478.
[391] „Ich wünsche mir gleichwol nichts sehnlicheres als meine noch übrige Tage hindurch in all möglicher Herzens Ruhe meinem Gott dienen zu können: welcher Wunsch aber eher nicht in Erfüllung gehen mag, als die gänzliche Berichtigung meiner 11jährigen so beschwerlichen Amts Verwaltung geendet seyn wird"; BayHStA, GL Fasz. 2698/478.
[392] Ein Jahr nach dessen Tod 1798 suchte Anton Köllmayr, Hofgerichtsadvokat und Konsulent am Damenstift, am 31. Oktober 1799 beim kurfürstlichen geheimen Departement in Geistlichen Sachen „um Verleihung der ingolstädtischen Universitäts Agentie und Münchner Seminariums-Inspektion der Oekonomie" an, was ihm aber am 27. November 1799 abgeschlagen wurde, da „die ökonomische Aufsicht von der pädagogischen und wissenschaftlichen am hiesigen Seminar nach der höchsten Absicht nicht getrennt werden soll"; BayHStA, GL Fasz. 2699/489.
[393] BayHStA, GL Fasz. 2698/478.
[394] BayHStA, GL Fasz. 2698/478.

Jahr	Einnahmen	Ausgaben	Überschuss (+)/ Defizit (-)
1781	16428 fl. 44 kr.	13382 fl. 45 ¾ kr.	+3045 fl. 58 ¼ kr.
1782	10736 fl. 21 ¼ kr.	12689 fl. 47 ¾ kr.	-1953 fl. 26 ½ kr.
1783	11442 fl. 19 ¾ kr.	13072 fl. 22 ¾ kr.	-1630 fl. 3 kr.
1784	23716 fl. 51 ¼ kr.	27448 fl. 51 ¾ kr.	-3732 fl. ½ kr.
1785	10635 fl. 9 kr.	12073 fl. 56 kr.	-1438 fl. 47 kr.
1786	12830 fl. 3 ¾ kr.	10421 fl. 16 ¾ kr.	+2408 fl. 47 kr.
1787	10213 fl. 55 ½ kr.	11282 fl. 45 ¼ kr.	-1068 fl. 49 ¾ kr.
1788	14425 fl. 53 kr.	14593 fl. 58 ¾ kr.	-168 fl. 5 kr.
1789	10454 fl. 19 kr.	11115 fl. 13 ¾ kr.	-660 fl. 54 ¾ kr.
1790	11719 fl. ¾ kr.	11778 fl. 39 ¾ kr.	-59 fl. 39 kr.
1791	12299 fl. 25 ¼ kr.	12145 fl. 5 ½ kr.	+154 fl. 19 ½ kr.
1792	12447 fl. 25 ¼ kr.	12216 fl. 38 kr.	+230 fl. 47 ¼ kr.

Rechnungsrevisor Kastulus Seidl kam zu dem Ergebnis, dass Frigdian Greinwald lediglich 860 fl. 18 kr. gebühren würden. Die Antwort Greinwalds ließ nicht lange auf sich warten. Nach seiner Gegenrechnung vom 5. November 1794 betrug die Forderung gegenüber dem Seminar immer noch 5611 fl. 55 kr. 1 d.; er wollte sich aber inzwischen mit einer Zahlung von 3000 fl. zufrieden geben.[395] Andernfalls schloss Propst Franz Töpsl von Polling schließlich am 14. März 1795 den ordentlichen Rechtsweg nicht mehr aus, wobei dann der volle Betrag zu leisten sei.[396] Die Schulkuratel veranlasste am 27. Juni 1795 erneut die Untersuchung der Rechnungsdifferenzen an, doch bis zum Herbst des Jahres 1798 ohne Ergebnis. Erst am 6. Oktober 1798 ordnete die Schulkuratel für November eine Kommission „zu gütlicher Auseinandersetzung und endlicher Berichtigung des Frigdian Greinwaldischen Rechnungswesen"[397] an. Zwischenzeitlich hatte Polling seine Forderung noch einmal auf 2000 fl. herabgesetzt, die schließlich am 7. September 1799 nach Polling gesandt wurden.[398]

---

[395] BayHStA, GL Fasz. 2698/478; vgl. auch das Schreiben Frigdian Greinwalds vom 12. September 1795 in: StAM, Albertinum A 84.
[396] Allein das Stift Polling hatte seinem Konventualen einen Kredit von 1200 fl. gegeben; vgl. BayHStA, GL Fasz. 2698/478.
[397] BayHStA, GL Fasz. 2698/478; 2832/1450. – Zum Vorsitzenden der Kommission wurde Schulkurator und Hofrat von Vacchiery ernannt; vgl. ebda.
[398] Die höchste Genehmigung zur Zahlung von 2000 fl. hatte Kurfürst Maximilian IV. Joseph am 20. April 1799 erteilt; vgl. BayHStA, GL Fasz. 2698/478; vgl. auch StAM, Albertinum A 84. – Inspektor

Die Ernennung von Johann Kaspar von Lippert 1792 zum Universitäts- und Schulkurator bewog Propst Franz Töpsl letztlich dazu, sich von der Führungsposition zurückzuziehen. Er überließ spätestens Ende 1793 die Geschäfte im Generalstudiendirektorium seinem Kontrahenten Propst Rupert Sigl aus Weyarn, auch wenn Töpsl formal weiter Mitglied des Generalstudiendirektoriums blieb.[399]
Am 25. Oktober 1792 wurde der neue Inspektor D. Anton Acher aus Weyarn in sein Amt eingeführt.[400] Hierbei musste Acher den Illuminateneid leisten in Folge der in den 1790er Jahren einsetzenden Illuminatenverfolgungen.[401]
In ähnlicher Prozedur wie bei der Einführung Greinwalds wurde Acher der Präfekt Franz von Paula Ehrenhofer vorgestellt. Sodann wurden alle Domestiken vorgerufen und ihnen der Auftrag erteilt, „daß samentliche den gebührenden Gehorsam und Respect um so gewisser selbem gebührends zu erzeigen hätten, als dem neuen Titl Inspektor der nemliche Gewalt übergeben worden, welchen der vorige Titl. Inspektor gehabt hat: sohin mit jedem Domestiquen und Ehehalten nach seinem Belieben, Gefallen oder Erfordernis eine Abänderung ohne weitere Rück- oder Anfrage zu treffen befugt seye"[402]. Die Haushälterin Ursula Deininger wurde besonders angewiesen, dass sie „nicht nur ohne Abbruch der Seminaristen pflichtmäßige Häuslichkeit beobachte, sondern auch besonders den Bedacht hierauf nehme, daß die junge Leuthe richtig nach Nothdurft gesäubert, reinlich gehalten und alles so beobachtet werde wie sie die weitere Befehle von

---

Neuner musste zur Zahlung der Summe ein Darlehen in Höhe von 2000 fl. zu 3 % beim Seminar in Landshut aufnehmen; vgl. StAM, Albertinum A 43; BayHStA, GL Fasz. 2698/478.

[399] Vgl. DÜLMEN, Propst Franziskus Töpsl, 315.

[400] Das Protokoll wurde geführt in Gegenwart des Studienkurators von Vacchiery, des Sekretärs Anselm Greinwald für das Generalstudiendirektorium, des Aktuars Johann Baptist Bernhart, des Präfekten Franz von Paula Ehrenhofer und des neu ernannten Inspektors Anton Acher; vgl. BayHStA, GL Fasz. 2699/489.

[401] Der Illuminateneid – eigentlich ein Anti-Illuminateneid – wurde seit 1790 von allen bayerischen Beamten verlangt und bildete die Grundlage für den in Bayern bis auf den heutigten Tag verlangten Beamteneid; vgl. MOSER, Karl Theodor. Der Kurfürst und die Schönen Künste, in: SCHMID, WEIGAND (Hg.), Die Herrscher Bayerns, 279-294, hier 291. – Zum Illuminatenorden in Bayern vgl. DÜLMEN, Der Geheimbund der Illuminaten. Darstellung, Analyse, Dokumentation; DÜLMEN, Der Geheimbund der Illuminaten, in: ZBLG 36/3 (1973), 793-833; GRAßL, Freimaurer, Rosenkreuzer und Illuminaten, in: SCHINDLER (Hg.), Bayern für Liebhaber. Barock und Aufklärung, 196-214; HAMMERMAYER, Illuminaten in Bayern. Zu Geschichte, Fortwirkung und Legende des Geheimbundes, in: GLASER (Hg.), Wittelsbach und Bayern III/1, 146-173; HAMMERMAYER, Höhepunkt und Wandel: Die Illuminaten, in: HBG², Bd. 2, 1188-1197; HEIM, Art. Illuminaten, in: DERS., Kleines Lexikon der Kirchengeschichte, 206; SCHÜTTLER, Die Mitglieder des Illuminatenordens 1776-1787/93.

[402] BayHStA, GL Fasz. 2699/489. – An Dienstpersonal waren anwesend: „Ursula Deiningerin, Haushalterin, Walburga Spickerin, Köchin, Kreszenzia Hermannin, Näherin, Maria Stubenbaumin, Kellnerin, Theresia Kamerlocherin, Stallmagdt, Birgitta Kamerlocherin, Hausmagt, Anna Klassin, Hausmagt, Lorenz Schille, Portner, Balthasar Gehhardinger, Hausknecht, Andreas Anleitner, Fuhrknecht"; ebda.

Titl. dem neuen Inspektor erhalten werde"[403]. Mit der Übergabe aller Hausschlüssel an den neuen Inspektor wurde das Protokoll beendet.

Schon nach zwei Jahren suchte Acher um seine Entlassung an. Im entsprechenden Schreiben an die Studienkuratel vom 12. Juli 1794 begründete er seinen Antrag damit, dass er in der Musik nicht hinlänglich verständig sei. „Immer werde ich von Verständigen in der Musik erinnert, daß bey dem mir gnädigst anvertrauten Seminar die Musik im Verfalle sey, die Musik, welche von der Stiftung an als eine wesendliche Vollkomenheit des Hauses ist betrachtet worden." Er selbst sehe das Mangelhafte ein und erkenne den Fehler bei sich, „indem ich so viele Musikalische Käntnüß nicht besitze, daß ich eine vollständige Musik zu dirigieren im Stande wäre". Es gäbe im Seminar nur einen Musikdirektor in der Person des Präfekten Ehrenhofer, der alle Musiken dirigieren müsse, was aber unmöglich sei, „da die Musiken zu gleicher Zeit an zerschiedenen[!] Orten müssen aufgeführt werden". Acher sah für sich die notwendige Konsequenz, mit Ende des Schuljahres das Inspektorat aufzugeben und stellte den entsprechenden Antrag mit dem Zusatz: „Der Inspector solle ein vollkomener Musikant seyn, oder Er solle nicht Inspector seyn."[404] Der Antrag wurde von der Studienkuratel am 16. August 1794 abgelehnt. So wesentlich auch bei einem Inspektor die musikalischen Kenntnisse seien, hätte Acher in Sachen der Ökonomie und der Disziplin zur vollsten Zufriedenheit Dienst geleistet. Er sollte aber Vorschläge unterbreiten, wie die Musik verbessert werden könnte, z. B. durch Anstellung eines Vize-Präfekten.[405]

So wurde vorerst Anton Achers Gesuch um Entlassung nicht statt gegeben. Bald aber trat eine Veränderung ein, die seine Entfernung aus dem Münchener Inspektorat bewirkte.

---

[403] BayHStA, GL Fasz. 2699/489.
[404] BayHStA, GL Fasz. 2699/489; Schreiben vom 12. Juli 1794.
[405] Vgl. BayHStA, GL Fasz. 2699/489.

3. Die Domus Gregoriana unter Leitung der Benediktiner (1794-1802)

3.1. Die Umgestaltung des Schulwesens in Bayern 1794: Die Vorrangstellung der Benediktiner

Seit 1781 die Prälatenorden das Recht der Besetzung der bayerischen Lehrstellen hatten, gab es von Anfang an Konflikte in zwei Richtungen. Zum einen gab es Meinungsverschiedenheiten und Rangeleien um die Vorrangstellung innerhalb der Prälatenorden selbst, wie wir es zum Beispiel bei den Pröpsten Franz Töpsl von Polling und Rupert Sigl von Weyarn sehen. Zum anderen zeigten sich Spannungen zwischen den ständischen Prälatenorden und den nicht ständischen Mendikantenorden, die nicht nur Abgaben zur Finanzierung des Schulwesens leisten wollten, sondern daraus auch den Anspruch auf Besetzung von Lehrstellen erhoben.[406] Vor allem das Konkurrenzverhalten und das daraus resultierende Gerangel um Lehrstühle zwischen Augustiner-Chorherren und Benediktinern schadeten insgesamt den Prälatenorden.[407] Beide Orden suchten die Führungsrolle im Bildungswesen zu behaupten, was eigentlich anspornend auf die Wissenschaft wirkte, letztlich aber von Kaspar von Lippert ausgenutzt wurde, den Einfluss der Augustiner-Chorherren zurückzudrängen. Am 26. September 1794 wurde von der Studienkuratel „unvermittelt und ohne irgendwelche Vorverhandlungen mit dem Generalstudiendirektorium" eine Neuregelung der Lehrstellenverteilung publiziert, die deutlich zugunsten der Benediktiner ausfiel, was Winfried Müller veranlasste, von einem „benediktinischen Triumph" zu sprechen.[408] Den Benediktinern wurden alle Lehrstühle der Landesuniversität Ingolstadt zugesprochen, die bisher an andere Ordensleute vergeben waren. Außerdem erhielten sie das prestigevollere Gymnasium und Lyzeum in München, die bislang

---

[406] Vgl. hierzu MÜLLER, Universität und Orden, 312-329.
[407] Gerhoh Steigenberger schrieb schon 1774 an Töpsl, dass er so viele Lehrstühle als möglich mit Augustiner-Chorherren besetzen sollte, „damit die Benedictiner, wie sie suchen, nit das Übergewicht auf unser Universität, und übrigen Orten erlangen" und 1776 verbreitete sich das Gerücht, dass „denen Benedictinern die Gymnasia des ganzen Lands" übertragen werden sollten; Zitate nach MÜLLER, Universität und Orden, 305f.
[408] „Wenn dabei in den 90er Jahren die Benediktiner letztlich erfolgreicher waren, so lag dies daran, dass sie von den Schulbehörden im Vergleich zu den Augustiner-Chorherren als konservativer eingestuft wurden; vor allem Polling wurde ja – und hier spielte wieder die alte Feindschaft zwischen Lippert und Töpsl eine wichtige Rolle – in den Sog einer illuminaten- und revolutionsfürchtigen reaktionären Innenpolitik gezogen"; MÜLLER, Universität und Orden, 308.

von den Augustiner-Chorherren besetzt waren. Die Regularkanoniker bekamen Straubing und Neuburg an der Donau zugewiesen.[409]

Erstmals bekamen die Dominikaner Zugang in die öffentliche Bildungslandschaft; sie erhielten das Landshuter Gymnasium, das die Prämonstratenser-Chorherren abtreten mussten.[410] Auch die Augustiner-Eremiten profitierten bei der Umgestaltung des Bildungswesens. Mit Professor Maximus Imhof hielt ein renommierter Naturwissenschaftler Einzug ins Münchener Lyzeum.[411]

Die Augustiner-Chorherren hatten endgültig ihre exponierte Stellung verloren. Schließlich wurde Anselm Greinwald aus dem einflussreichen Amt des Sekretärs des Generalstudiendirektoriums entlassen und an dessen Stelle der Benediktiner P. Placidus Scharl aus Andechs gesetzt.[412] Gleichzeitig wurde Propst Sigl aus Weyarn ins Generalstudiendirektorium berufen, was ebenso auf Kaspar von Lippert zurückzuführen ist. „So gab Töpsl es Ende 1793 endgültig auf, wietere Chorherren nach München zu senden und überließ die Amtsgeschäfte seinem Gegner, dem Propst von Weyarn."[413]

---

[409] Von den Pollinger Augustiner-Chorherren blieb einzig Albert Riegg, der 1785 die Domus Gregoriana absolviert hatte, als Professor in Neuburg an der Donau im Amt; vgl. DÜLMEN, Propst Franziskus Töpsl, 315. – Zum späteren Bischof von Augsburg vgl. ADB, Bd. 28, 548f.; BOSL, Bayerische Biographie, 633; Catalogus Pollingae; DÜLMEN, Propst Franziskus Töpsl, 90, 342; KRAUS, Schule im Umbruch, 358, Anm. 27, 370; LEITSCHUH, Matrikeln III, 177; NESNER, Metropolitankapitel, in: SCHWAIGER (Hg.), Monachium sacrum, Bd. 1, 475-608, hier 520f.; ROLLE, Ignaz Albert (von) Riegg (6. Juli 1767 – 15. August 1836). Eine Bischofsgestalt zwischen Aufklärung und kirchlicher Erneuerung, zum 150. Todestag, in: Jahrbuch des Vereins für Augsburger Bistumsgeschichte e. V. 20 (1986), 70-112; RUMMEL, Art. Ignaz Albert von Riegg, in: GATZ (Hg.), Die Bischöfe der deutschsprachigen Länder 1785/1803 bis 1945. Ein biographisches Lexikon, 620f.

[410] Vgl. MÜLLER, Universität und Orden, 317-329.

[411] Der Augustiner-Eremit Maximus Imhof (1758-1817) erhielt den Lehrstuhl für Mathematik; wenige Jahre nach seiner Ernennung wurde mit Theophilus Huebpauer (1749-1825) ein zweiter Augustiner-Eremit ans Münchener Lyzeum berufen; vgl. MÜLLER, Universität und Orden, 316. – Zu Maximus Imhof vgl. StAM, WG 557; ADB, Bd. 14, 56f.; ANTRETTER, Maximus von Imhof (1758-1817). Augustiner-Eremit, Physiker, in: SCHWAIGER (Hg.), Lebensbilder aus der Geschichte des Bistums Regensburg, 565-576; BOSL, Bayerische Biographie, 384; DREHER, Die Augustiner-Eremiten in München, 392; GrBBE, Bd. 2, 936; HUFNAGEL, Berühmte Tote, 53f.; KNOBLOCH, Art. Imhof, Maximus, in: NDB, Bd. 10, 153; STOERMER, Verzeichnis der Mitglieder, 78. – Zu Theophilus Huebpauer (Huebpaur) vgl. DREHER, Die Augustiner-Eremiten in München, 391-393.

[412] P. Placidus Scharl wurde gleichzeitig 1794 das Rektorat des Münchener Gymnasiums übertragen, das er bis 1796 besetzte. Scharl blieb als Sekretär des Generalstudiendirektoriums bis 1803 im Amt.

[413] DÜLMEN, Propst Franziskus Töpsl, 315. – Schon am 10. März 1793 schrieb Töpsl an D. Sebastian Seemiller (1752-1798), dass die Benediktiner die einstige Machtposition der Jesuiten einnehmen würden: „Relatum nuper est ab abbate Oberaltachensi, quosdam Benedictinos in illa parte collegii quondam jesuitici, a melitensibus empta, ac nondum soluta, quod hucusque directoribus ignotum erat, cum utensilia et reliquis apparatus pro novis incolis adhuc desint et Greinwalderus, nec reliquis directores aliquid adhuc hac de re sciant. Vellem scire, qui, quot, et a quo tempore ex religiosis locum illum occupent"; Zitat nach DÜLMEN, Aufklärung und Reform in Bayern, 298. – Zum Pollinger Augustiner-

3.2. Die Domus Gregoriana unter benediktinischer Leitung

Gemäß der neuen Verteilung der Lehrstellen in Kurbayern von 1794 wurden die Benediktiner für das Münchener Gymnasium und Lyzeum verantwortlich. Zudem wurde ihnen die Leitung des Kurfürstlichen Seminars in der Haupt- und Residenzstadt übertragen. Die Bestätigung der Übergabe erfolgte am 29. November 1794 durch die Schulkuratel. Dem scheidenden Inspektor Anton Acher wurde darin immerhin die höchste Zufriedenheit für seine gute Wirtschaftsführung bescheinigt.[414]

Erster Inspektor aus dem Benediktinerorden wurde P. Cölestin Engl aus Prüfening, der unter den Inspektoren seit 1773 erstmals kein Absolvent der Domus Gregoriana war.[415] Mit P. Cölestin kam noch ein zweiter Konventuale aus Prüfening nach München: P. Benno Ortmann, der mit höchstem Plazet vom 21. Oktober 1794 als Professor der zweiten Rhetorik ernannt wurde.[416] Gleichzeitig wurde er „dem hiesigen Inspector zur Aushilfe in der Disciplin, und Musick"[417] beigeordnet und nahm daher seine Wohnung im Kurfürstlichen Seminar.

Die Amtszeit von Inspektor Engl endete schon nach einem Jahr. Gründe für sein schnelles Ausscheiden sind nicht bekannt. Die Schulkuratel verfügte am 28. Oktober 1795 die Anstellung P. Stefan Widmanns, Benediktiner von Reichenbach, als neuen Inspektor.[418] Am 2. November 1795 fand die Extradition des Se-

---

Chorherren Sebastian Seemiller, der 1769 das Münchener Jesuitengymnasium als Seminarist der Domus Gregoriana absolvierte, vgl. ADB, Bd. 33, 589; DÜLMEN, Sebastian Seemiller (1752-1798). Augustiner-Chorherr und Professor in Ingolstadt. Ein Beitrag zur Wissenschaftsgeschichte Bayerns im 18. Jahrhundert, in: ZBLG 29/2 (1966), 502-547; DÜLMEN, Propst Franziskus Töpsl, 86-88, 341; KRAUS, Gymnasium der Jesuiten, 611; LEITSCHUH, Matrikeln III, 124; PUTZ, Domus Gregoriana, 311.

[414] Vgl. BayHStA, GL Fasz. 2832/1450.
[415] Zu P. Cölestin Engl (1743-1802) vgl. Catalogus Religiosorum; GAMBS, Personalstand, 197; LINDNER, Schriftsteller, Nachträge, 32.
[416] Vgl. BayHStA, GL Fasz. 2699/489. – Auf P. Placidus Scharl folgte von 1796 bis 1799 P. Benno Ortmann (1752-1811) im Rektorat. – Zur Person Ortmanns vgl. StAM, Albertinum A 66; BAADER, Lexikon verstorbener Baierischer Schriftsteller, Bd. 1, Teil 2, 116-119; Bayerische Bibliothek, Bd. 3, 1240f.; BOSL, Bayerische Biographie, 564; Catalogus Religiosorum; GAMBS, Personalstand, 197f.; GrBBE, Bd. 2, 1439; KRAUS, Schule im Umbruch, 351, 362, Anm. 45; LEITSCHUH, Die Leiter des Gymnasiums, 42; LINDNER, Schriftsteller, Bd. 1, 247-250 u. DERS., Nachträge, 30; SCHEGLMANN, Säkularisation III/1, 702-706; SCHMID, P. Benno Ortmann aus dem Benediktinerkloster Prüfening. Theologe – Pädagoge – Literat, in: ACKERMANN, SCHMID, VOLKERT (Hg.), Bayern vom Stamm zum Staat, Bd. 2, 83-105.
[417] BayHStA, GL Fasz. 2699/489.
[418] Vgl. BayHStA, GL Fasz. 2832/1450. – Zu P. Stefan Widmann (1748-1804) vgl. Catalogus Religiosorum; GAMBS, Personalstand, 200; SCHEGLMANN, Säkularisation III/1, 724f.

minars statt. Bis zur Ankunft Widmanns aus dem Kloster Reichenbach, wurde die Aufsicht P. Benno Ortmann als „Mitinspektor" übertragen.[419]

Das Antrittsprotokoll von P. Stefan Widmann erfolgte am 16. November 1795, der einen Tag zuvor in München angekommen war. Bei der Amtsübergabe wurde Inspektor Widmann P. Benno Ortmann als „Mit- und Beigeordneter" vorgestellt.[420]

Die Mitwirkung Ortmanns an der Hausleitung war offensichtlich nicht genau geregelt und wurde wohl von Inspektor Widmann gelegentlich missachtet. So erfolgte am 12. November 1796 durch die Schulkuratel die Bestätigung Ortmanns „als wirklichen Mitinspektor des hiesigen Seminarii" dergestalt, „daß ein zeitlicher Inspektor ohne dessen Einverständniß im Wesentlichen und überhaupt nichts vorzunehmen und eben genannter Titl. Ortmann durchgehends die Miteinsicht und Mitgenehmigung sowohl in Disciplinaribus, als Oeconomicis haben solle"[421].

Im Januar des Jahres 1797 bat der Hauptmann Ludwig von Pigenot um Aufnahme seines sechzehnjährigen Sohnes Wolfgang ins Kurfürstliche Seminar in München. Nachdem Inspektor Widmann einen Auftrag der Schulkuratel erhalten hatte, prüfte dieser den Kandidaten am 9. Januar und berichtete an die zuständige Behörde, dass er ihn gegen das wöchentliche Kostgeld von einem Gulden aufnehmen wollte.[422] Zehn Tage später kam ein Schreiben der Schulkuratel ins Seminar mit der Frage ins Seminar, ob denn Mitinspektor Ortmann mit der Aufnahme ebenso einverstanden sei und verlangte seine gutachtliche Meinung.[423]

---

[419] Die Extradition des Kurfürstlichen Seminars fand in Anwesenheit des Studienkurators von Vacchiery, des Aktuars Johann Baptist Bernhart, des Direktorialsekretärs und Rektors P. Placidus Scharl, des abstehenden Inspektors P. Cölestin Engl und des Professors der Rhetorik und „Beigeordneten des Seminariums" P. Benno Ortmann statt; vgl. BayHStA, GL Fasz. 2699/489.

[420] Die Amtsübergabe erfolgte im Beisein der Personen: Studienkurator von Vacchiery, Aktuar Johann Baptist Bernhart, Direktorialsekretär P. Placidus Scharl, P. Stefan Widmann, Mitinspektor P. Benno Ortmann, Präfekt Franz von Paula Ehrenhofer und Subpräfekt Johann Baptist Schmid; vgl. BayHStA, GL Fasz. 2699/489.

[421] BayHStA, GL Fasz. 2699/489; 2832/1450.

[422] Vgl. BayHStA, GL Fasz. 2697/477; Schreiben Widmanns an die Schulkuratel vom 11. Januar 1797.

[423] Die Schulkuratel erinnerte in ihrem Schreiben vom 21. Januar 1797 wieder daran, dass „in Zukunft alle Seminar Inspektions Berichte von selbem [Benno Ortmann] im Fall der nemlichen Meinung ist, mit unterzeichnet sein sollen, indem ihm von allem die Miteinsicht und Mitgenemigung gebühret"; BayHStA, GL Fasz. 2697/477. – Nachdem Ortmann nichts gegen die Aufnahme Wolfgang von Pigenots einzuwenden hatte, wurde sie von der Schulkuratel am 9. Februar 1797 bewilligt; vgl. ebda.

Doch auch in der Folgezeit wurde Ortmann von Widmann in seiner Position nicht recht respektiert, da er am 24. August 1797 an die Kuratel schrieb: „Ohnerachtet die aufgestellte Inspection dort, und izt (ich weis nicht, warum) mich in diesem Posten, der doch zum Wohl des Hauses war, zu erkennen niemals Anstalten traf, sondern mich allein als einen unbevollmächtigten Kostgänger ansah [...]." Der Inspektor habe ihn „in keinem einzigen Vorfalle zur Einsicht, viel minder Mitbegnemigung, und nur in etlichen indifferenten Sachen zur Unterschrift" gezogen. Er wünschte daher seine Entlassung von der Mitinspektion oder aber „solche Grenzen, und Maaßregeln mildest festzusezen, um dem Wohl des Hauses dienen zu können"[424]. Die Schulkuratel ordnete daraufhin eine Vernehmung des Inspektors in dieser Sache am 2. Oktober 1797 an.

In seinem Antwortschreiben vom 13. Oktober 1797 erläuterte Widmann, dass die Wirtschaftsverwaltung des Seminars von Anfang an einem zeitlichen Inspektor übertragen worden sei, „weil derselbe hiefür allein haften mußte"[425]. Zur Beihilfe in der Aufsicht über die Musik und die Disziplin habe ihm ein Präfekt, ein Subpräfekt und zwei Monitoren zur Verfügung gestanden. Erst 1788 sei Professor Magnus Singer zur Verstärkung der Aufsicht in der Disziplin eine Wohnung im Seminar angeordnet worden, allerdings habe er für die Unkosten selbst aufzukommen. Nach zwei Jahren sei Schulrektor Singer wieder ausgezogen und der neue Schulrektor D. Franz Xaver Weinzierl aus Polling habe im Herbst 1790 die Wohnung bezogen. Dann habe die Schulkuratel 1791 D. Albert Kirchmair von Weyarn Inspektor D. Frigdian Greinwald und seinem Nachfolger Acher beigeordnet, dass er „auf Ordnung, fleißiges Studiren und gute Sitten der Seminaristen" zu achten habe. Ansonsten sei bestätigt worden, „daß Inspector in dem Seminar sich von Niemand einreden, noch bey Aufnahme oder Entlassung eines Seminaristen etwas vorschreiben zu lassen habe". P. Benno Ortmann sei ihm bei seiner Anstellung als Beigeordneter vorgestellt und erst am 12. November 1796 als Mitinspektor zur Seite gestellt worden, wobei Widmann erwähnte, dass dies allerdings ohne Antrag des Generalstudiendirektoriums geschehen sei. Er gab zu, dass ihm diese Verfügung schwer fallen würde, er habe ihr aber untertänigsten Gehorsam geleistet. Die Klagen des Mitinspektors seien daher „eitel und im Ungrund befangen". Vielmehr habe er nie erlebt, dass Ortmann in Fraugen der Disziplin Seminaristen öffentlich ermahnt oder bestraft habe „und so blieb Co-

---

[424] BayHStA, GL Fasz. 2699/489.
[425] BayHStA, GL Fasz. 2699/489.

inspector bei den Seminaristen immer schön, und der mit der eisernen Ruthe immer bewaffnete Inspector zog sich den Haß und Verläumdungen mancher ungesitteter Seminaristen auf sich"[426].

Auf den Vorwurf, P. Benno habe seine Kost teuer zahlen müssen, obwohl ihm bei seinem Einzug ins Seminar freie Kost und Logis zugesagt worden sei, antwortete Widmann kurz und bündig, dass er hierzu keinen Befehl erhalten habe. Was die Mithilfe in der Musik betraf, sei Ortmann im letzten Schuljahr für 49 halbstündige Dienste im Geigenunterricht mit 16 fl. 20 kr. bezahlt worden. Dagegen habe er in diesem Schuljahr noch keinen Musikunterricht erteilt. Zum Schluss überließ Inspektor Widmann es dem Generalstudiendirektorium, ob es für die Disziplin der Studenten und den Gehorsam der Dienstboten besser sei, „daß zween oder nur ein Hausherr im Seminar zu befehlen habe"[427].

Der Konflikt zwischen beiden nahm kein Ende. Einen Monat später, am 26. Dezember 1796, klagte Widmann gegenüber Abt Karl in Benediktbeuern: „Möchte doch dieser Segen dermal für mich besonders thätig seyn, da die andauernden Cabalen und intriquen, dann der Neider-Schaar sich vermehren", wofür er besonders seinen Kollegen P. Benno Ortmann verantwortlich machte. Sein intrigantes Vorgehen sei schon bei seiner Lehrtätigkeit in Amberg ans Licht gekommen.[428] „So wie er meinen Vorfahrer [P. Cölestin Engl], seinen eignen Mitbruder verfolget, so verfolget er auch mich. Kurz! Niemal wird ein Inspector, oder anderer Vorstand ruhig seyn können, so lange dieser Mann ihme an der Seite steht."[429] Wenn es sein muss, werde Widmann seinen Platz frei machen, aber nicht für Ortmann, sondern eher noch einem Exjesuiten oder einem Augustiner-Eremiten, welche eine Anstellung im Seminar suchten. Nur fünf Tage später erhielt Abt Karl Klocker einen zweiten Brief, diesmal aber von P. Benno Ortmann, der schrieb: „H. v. Vacchieri hasset mich, und wird mich verfolgen, weil ich diesen und den vorigen Inspector habe sollen verdrängen wollen. O mein Gott! Da weis mein Herz nichts davon [...]."[430] Was die angeblichen Vorfälle in Amberg beträfen, spricht er von Verleumdung, die Inspektor Widmann in die Welt gesetzt habe. „Wenn es Euer Gnaden gut befinden, so ziehe ich aus dem

---

[426] BayHStA, GL Fasz. 2699/489.
[427] BayHStA, GL Fasz. 2699/489.
[428] „[...] titl. Prof. Ben.[no] seine intriques sind in Amberg unter 3 H. Regenten, P. Colomann, P. Joann. Ev. Mayerhofer, und P. Georg Schneller, besonders aus dem 2te jahr nach übernahm der Schulen, von titl. H. Abt zu Ensdorf verfassten Protocoll bekannt"; BayHStA, GL Fasz. 2699/489.
[429] Schreiben vom 26. Dezember 1796 in: BayHStA, GL Fasz. 2699/489.
[430] Der Brief vom 1. Januar 1797 in: BayHStA, GL Fasz. 2699/489.

Seminar ins Professorenhaus. Da es aber Aufsehen machet; so will ich im Gottesname alles übertragen. Indeß werde ich ieden Rath befolgen."[431]
Inspektor Widmann suchte schon im September 1797 um eine Lehrstelle in Landshut an, da er gehört hatte, dass im nächsten Schuljahr die Benediktiner das Gymnasium übernehmen würden.[432] Bereits ein paar Tage später bot sich Ortmann für das Inspektorat an, „falls sich über ein oder anders Jahr eine Vacatur begeben sollte". Er hatte wohl von dem Versetzungswunsch Widmanns gehört. Er gab zu, dem Ruf nach München gefolgt zu sein, „weil ich Hoffnung erhielt, in den Inspections-Posten nachzurücken, falls er wie immer vacant würde"[433]. Er sei zudem nach dem Weggang P. Cölestin Engls schon einmal in der Nachfolge übergangen worden.

Am 9. Mai 1798 reichte schließlich Widmann seinen Rücktritt ein, da ihm „diese Last bei gegenwärtigen Zeiten und Umständen so ganz unerträglich wird"[434]. Als Nachfolger schlug Widmann natürlich nicht seinen Kontrahenten Ortmann, sondern P. Gregor Gimpl[435] von Wessobrunn vor, der derzeit das Superiorat im Missionshaus der Benediktiner in Schwarzach/Pongau versah; er sei schon 1795 mit ihm als Inspektor des Münchener Seminars vorgeschlagen worden.[436]

Auch für das Generalstudiendirektorium schien wohl die Nachfolge in der Person Benno Ortmanns nicht in Frage zu kommen, denn Abt Karl Klocker sah sich nach einem anderen Kandidaten um. Auf Anfrage an das Stift Attel bot Abt Dominikus Weinberger[437] am 25. April 1798 seinen Religiosen P. Ildephons Kier-

---

[431] Ortmann hatte die angebliche Verleumdung durch den Schulkommissar vernommen, „so kann ich noch nicht operiren, wie ich will, da alles unbestimmt ist". Er fügte noch an: „Ich werde für alle Fälle responsabl seyn, und meine Verdienste um die pfälzische Jugend in 12 Jahren müssen mir ein bedeutendes Wort reden, da ich so viele gut gebildete Männer zog. Wie wehe mir aber so etwas thut; kann ich nicht erklären. Man zwingt mich am Ende, alles niederzulegen; so gerne ich mit der kleinen Jugend umgehe"; BayHStA, GL Fasz. 2699/489; Schreiben vom 1. Januar 1797.
[432] Das Landshuter Gymnasium, das seit 1781 von den Prämonstratenser-Chorherren betreut worden war, wurde 1794 den Dominikanern übertragen. – Das Schreiben Widmanns vom 7. September 1797 in: BayHStA, GL Fasz. 2699/489.
[433] Der Brief vom 20. September 1797 in: BayHStA, GL Fasz. 2699/489.
[434] BayHStA, GL Fasz. 2699/489. – Gleichzeitig lehnte Widmann den Antrag des Generalstudiendirektoriums auf eine Professur aus Altersgründen ab. Wohlgemerkt war er erst 50 Jahre alt. Er könne sich eine Stelle vorstellen, die Seelsorge mit Ökonomieführung verbinden würde, wie es zum Beispiel bei dem Amt des Superiors im Missionshaus in Schwarzach der Fall wäre.
[435] P. Gregor Gimpl (1755-1831) war von 1795-1810 Superior der Benediktinermission in Schwarzach. – Zu seiner Person vgl. ANDRIAN-WERBURG, Wessobrunn, 534f.; Catalogus Religiosorum; GUGGENBERGER, Nekrologium, 101; LINDNER, Wessobrunn, 458; SCHEGLMANN, Säkularisation III/1, 926.
[436] Vgl. BayHStA, GL Fasz. 2699/489.
[437] Zu Abt Dominikus II. Weinberger (1754-1831) vgl. GUGGENBERGER, Nekrologium, 57; HÄRTEL, Von der „Stabilitas loci" zur „Stabilitas salutis", 395-399; KNAB, Nekrologium, 62; LINDNER, Monas-

mair[438] zur Nachfolge Widmanns an, der schon vor zwei Jahren gewünscht hätte, als Inspektor des Münchener Seminars angestellt zu werden. Der Prälat schlug Kiermair für diesen Posten aufgrund seiner hervorragenden literarischen und musikalischen Kenntnisse und seiner strengen Wachsamkeit auf die Moral und gute Sitten vor.[439] Der besonders empfohlene Kandidat erwies sich auf näheres Hinsehen Abt Karls durchaus nicht als der geeignetste. Auf einer Reise nach Freising in einer Sache des von den Benediktinern unterhaltenen Lyzeums hatte er „eine sehr unerwartete Description vom bemelten P. Ildephons" erfahren, nach der Kiermair „wegen seinen humor ein vir plane intolerabilis wäre, der wegen Zanksüchtigkeit nicht leicht mit jemanden friedlig und ruhig leben könnte". Weiter hatte Abt Karl vernommen, dass er schon durch bischöfliche Autorität von drei Pfarreien entfernt worden sei, und schließlich sein Abt „wünsche selbst dieses Menschen im Kloster auf eine gute art los zu werden"[440]. Mit diesen Vorwürfen konfrontiert, antwortete Abt Dominikus am 6. August 1798, dass der 58 Jahre alte P. Ildephons ein sehr strenger Mann sei. Kiermair wäre aber bei dieser Sachlage, „wenn etwa schon im Voraus eine Eingenommenheit, oder Abneigung wider sich [Kiermair] bei denen, mit denen er hinfür zu leben und zu handeln hätte"[441], vorliegen würde, nicht bereit, das Amt zu übernehmen.

P. Ildephons Kiermair schien inzwischen am Posten des Münchener Inspektor selbst nicht mehr groß interessiert zu sein. Er schrieb noch vor dem Bekanntwerden der Vorwürfe an Klocker nach Benediktbeuern, dass das Münchener Seminar derzeit in keinem guten Ruf stehen würde „und ist selbst Kloster Attel ganz schüchtern in aufnahm derlei Kandidaten, die ehemal dort Zöglinge waren"[442]. Zwei berufene Männer, die Benediktiner P. Cölestin Engl und P. Stefan Widmann, hätten zusammen nicht länger als vier Jahre aushalten können. Indes-

---

ticon Metropolis Salzburgensis antiquae, 179; MÜLLER, Im Vorfeld der Säkularisation, 355; SCHEGLMANN, Säkularisation III/1, 227f.; SCHINAGL, Die Abtei Attel in der Neuzeit, 333, 406-408.

[438] Zu P. Ildephons Kiermair (1741-1817), der 1778 das Kurfürstliche Gymnasium in München absolvierte, vgl. Catalogus Religiosorum; HÄRTEL, Von der „Stabilitas laci" zur „Stabilitas salutus", 402f.; LEITSCHUH, Matrikeln III, 158; SCHEGLMANN, Säkularisation III/1, 229; SCHINAGL, Die Abtei Attel in der Neuzeit, 334, 403f.

[439] Der Brief vom 25. April 1798 in: BayHStA, GL Fasz. 2699/489.

[440] Der Brief vom 2. August 1798 in: BayHStA, GL Fasz. 2699/489.

[441] BayHStA, GL Fasz. 2699/489. – In einem weiteren Schreiben vom 19. August 1798 teilte Abt Dominikus endgültig mit, „daß er [P. Ildephons Kiermair] bei diesen Umständen, und aus dringenden Ursachen das Inspektorat nicht annehmen könnte, nicht annehmen werde"; ebda.

[442] Der Brief ohne Datum in: BayHStA, GL Fasz. 2699/489.

sen sei er schon fortgeschrittenen Alters und sein Augenlicht sei auch nicht mehr das Beste.[443]

Da für Abt Karl der Benediktiner Kiermair nicht mehr in Frage kam und die Zeit keine große Suche mehr zuließ, sah er sich kurzerhand nach einem geeigneten Kandidaten in seinem eigenen Kloster um und fand ihn in der Person von P. Bonifaz Koller, der ihm prädestiniert für das Inspektorat in München schien. Koller war nicht nur ein guter Musiker und Komponist, sondern hatte bereits von 1781 bis 1795 das klostereigene Seminar in Benediktbeuern als Regens mit Erfolg geleitet. Zudem war er selbst 1768 Absolvent der Domus Gregoriana gewesen.[444] Am 13. Oktober 1798 konnte Sekretär P. Placidus Scharl die Bestätigung Kollers durch die Kuratel nach Benediktbeuern senden, worauf P. Bonifaz seinen Umzug nach München vornahm.[445]

Über den Antrittsbesuch bei Johann Kaspar von Lippert berichtete Koller am 25. Oktober 1798 seinem Abt nach Benediktbeuern: „Meine Antrittsaudienz bey Titl. H. v. Lippert war eben so kurz, als frostig: am Montag um 11 Uhr führte mich H. P. Seckrätair [P. Placidus Scharl] auf; zum Glück, oder Unglück ließ sich auch ein Titl. H. Baron zur nemlichen Zeit melden; dieser wurde von den bedienten in das Vorzimmer geführt, während dem wir beyde auf dem Hausflötz (atrio) auf Se. Excellenz warteten. Er kamm über eine Stiege herab, und nachdem Er die Ursache unsers Daseyn vernohmen hatte, sagte er: Ich bin froh, daß einmal ein neuer Inspektor kommt: denn der andere [P. Stefan Widmann] wurde uns noch von Haus, und Hof fressen; er schmauste, und schlief biß in den Tag hinein, und wollte das beste, was das Seminarium noch besitzt, auch den Garten verkaufen;[446] H. Prälat von B.Beurn [Benediktbeuern] war auch mit einverstanden: allein die Untreue schlagt seinen eigenen Herrn; mentita est iniquitas sibi.

---

[443] Vgl. BayHStA, GL Fasz. 2699/489.
[444] Vgl. PUTZ, Domus Gregoriana, 267. – Zu P. Bonifaz Koller (1752-1799) vgl. Catalogus Religiosorum; LINDNER, Schriftsteller, Bd. 1, 140.
[445] Vgl. BayHStA, GL Fasz. 2699/489. – Die Schulkuratel hatte die Anstellung Kollers am 6. Oktober 1798 genehmigt; vgl. BayHStA, GL Fasz. 2832/1450.
[446] So berichtet Magnus Sattler in seiner Veröffentlichung nach dem Tagebuch des P. Placidus Scharl von Andechs: „Indessen konnten es auch andere dem Herrn von Lippert nicht leicht recht machen. Es war üblich, dass der Seminarinspector die Professoren an seinem Namenstage zu Tische lud. P. Stephan Widmann von Reichenbach beobachtete auch dieses Herkommen, als ihm diese Stelle übertragen wurde. Herr von Lippert glaubte das rügen zu müssen und sagte, der Inspector verwende die Seminareinkünfte zum Besten armer Studirenden und Schmausereien. Im folgenden Jahre machte derselbe einen Ausflug in die Nachbarschaft und lud Niemanden ein; Herr von Lippert bemerkte hierüber, es sei ungeschickt; es sei altes Herkommen, dass der Seminarinspector die Professoren an seinem Namenstage zu Tische lade u. s. w." SATTLER, Ein Mönchsleben, 422.

Jetzt mögen sie gleichwohl sehen, wo sie eine Protecktion finden. Adieu."[447] Gestern hätte er zudem den Exjesuiten Welfinger aufgesucht, „der die gröste Zufriedenheit bezeigte, und mir überaus freundlich begegnete. Der Anfang und das Ende des Gesprächs bezogen sich auf Titl. H. Inspecktors ungesittetes, unordentliches Betragen, an welchen ihm in Summa alles mißfiel"[448].

Der Start in München war für Koller kein guter gewesen. „Seit meiner Deportation nach München zähle ich keine vergnügte Stunde mehr: welcher Abstand zwischen Wallersee[449], und hier!! Es mag villeicht besser werden, wenn ich einmal an meinem Poste stehe, und die Sorgen des Hauses alle Schwermuth, und Gedanken in die Ferne verdrängen."[450] Der Wunsch Kollers sollte nicht in Erfüllung gehen.

Am 31. Oktober 1798 fand das Protokoll der Amtsübergabe statt, wobei P. Benno Ortmann als Mitinspektor bestätigt wurde. Hierbei hatte P. Bonifaz Koller wie sein Vorgänger den seit 1790 im Kurfürstentum Bayern eingeführten Illuminateneid zu leisten.[451]

Gleich zu Beginn seiner Amtszeit wurden im Gartenhaus in der Falkenau Soldaten einquartiert, und das Seminar hatte Stroh, Licht und Holz aufzubringen. So bat Koller am 20. Dezember 1798 den Kurfürsten, dass aufgrund der kümmerlichen Hausumstände das Seminar von dieser Lieferung befreit werde. Gleichzeitig teilte er dem Kurfürsten mit, dass er bislang in seinem Leben mit dem Ökonomiewesen nichts zu tun hatte und ihm hier die nötigen Kenntnisse fehlen

---

[447] BayHStA, GL Fasz. 2699/489. – Im gleichen Brief schrieb Koller, dass er in München gehört habe, dass sechs Frauen- und sechs Männerklöster, die er in seinem Brief unten nachtrug, nämlich Aldersbach, Benediktbeuern, Niederaltaich, Rottenbuch, Tegernsee und Waldsassen, aufgehoben werden sollten und bat zum Schluss: „Gott segne E. H. und Gnaden und nehme unser uraltes Stift, für welches ich Tag, und Nacht besorgt bin, in seinen mächtigen, väterlichen, heiligen Schutz"; ebda.
[448] „Seine schwächliche Gesundheit, und starkes Husten hinderten ihn den angefangenen Text fortzusetzen; und würklich vermuthe ich, sein Lebensende dörfte nicht mehr ferne seyn"; BayHStA, GL Fasz. 2699/489. – Aloys Welfinger (Wölfinger) starb am 24. Februar 1799; vgl. Catalogus generalis, 473.
[449] Gemeint ist die zum Stift Benediktbeuern gehörende Pfarrei Walchensee, wo P. Bonifaz Koller von 1796-1798 als Expositus eingesetzt war; vgl. HEMMERLE, Benediktinerabtei Benediktbeuern, 679f.
[450] BayHStA, GL Fasz. 2699/489.
[451] Bei der Amtseinführung waren von amtlicher Seite gegenwärtig: Kommissar von Vacchiery, Aktuar Bernhart und Abt Karl Klocker für das Generalstudiendirektorium; vgl. BayHStA, GL Fasz. 2699/489. – P. Benno Ortmann zog im Herbst 1799 ins Professorenhaus und dann ins Kongregationsgebäude neben der Dreifaltigkeitskirche, wobei er am 4. Januar 1800 von der Schulkuratel die Erlaubnis erhielt, weiterhin für 15 kr. pro Tag den Mittagstisch „ohne Nachtkost und ohne Trunk" im Seminar einnehmen zu dürfen; vgl. BayHStA, GL Fasz. 2698/478 a; StAM, Albertinum A 66; SCHMID, P. Benno Ortmann aus dem Benediktinerkloster Prüfening, in: ACKERMANN, SCHMID, VOLKERT (Hg.), Bayern vom Stamm zum Staat, 83-105, hier 94.

würden. Er sei zu der Einsicht gelangt, einer so schweren Verantwortung nicht gewachsen zu sein, „zumal in einem Zeitpunkt, wo die Preise aller Lebensbedürfnüssen sich fast mit iedem Tag erhöhen, wo Handwerks- und Arbeitsleute nebst genüglicher Kost und Trunk sich noch bis zur Überspannung bezahlen lassen". Er werde aber, wenn es der Kurfürst wollte, „die bestmöglichste Sorge für das geistlich- und zeitliche Wohl des Hauses tragen"[452].
Die Sorgen um das Seminar ließen den Gesundheitszustand des Inspektors verschlechtern. Im Januar 1799 musste er seinem Abt nach Benediktbeuern berichten, dass er an starkem Husten mit Schleimauswurf leide und bat ihn bereits, nach einem Nachfolger Umschau zu halten.[453] Am 7. Februar wiederholte Koller die Bitte, ihn vom Amt des Inspektors zu entpflichten. Wenn nötig, wäre sein Arzt bereit, ihm „das schriftliche Zeugniß zu geben, daß die mit der vorigen so sehr contrastierende ietzige Lebensart den Urstoff zu meinem Maleur gegeben habe"[454]. Fünf Tage später beantragte P. Bonifaz schließlich, sich vom Seminar für ein oder zwei Wochen entfernen zu dürfen, um sich im Benediktbeuerner Klosterhaus in München erholen zu können.[455] Er schlug sogar vor, entweder P. Benno Ortmann oder einem anderen Mann das Inspektorat zu übertragen.[456] Wohl ohne die Erlaubnis seines Abtes erhalten zu haben, zog P. Bonifaz bereits ins Pfleghaus des Klosters Benediktbeuern ein, denn am 15. Februar berichtete P. Placidus Scharl nach Benediktbeuern, dass Koller das Seminar verlassen habe „und um 1000 f., saget Er, gieng Er nicht mehr hinein: seine Gesundheit sei ihm schätzbarer"[457]. Scharl hatte versucht, ihn zu trösten, dass er die Ökonomie nicht schlecht verwaltet habe, worauf Koller klagte, dass er nicht im Stand sei, eine gute Disziplin einzuführen. Inzwischen hatte Koller in seiner Verzweiflung selbst bei der Schulkuratel am 16. Februar um seine Entlassung gebeten, die daraufhin am 19. Februar 1799 P. Benno Ortmann als provisorischen Inspektor ernannte.[458] Koller erholte sich nicht mehr von seiner Krankheit. Er starb am 12. April 1799 in München.

---

[452] BayHStA, GL Fasz. 2699/491.
[453] Der Brief vom 17. Januar 1799 in: BayHStA, GL Fasz. 2699/489.
[454] BayHStA, GL Fasz. 2699/489. – Der Arzt hatte bei Koller Katarrh diagnostiziert; vgl. ebda.
[455] Zum Stadthaus des Klosters Benediktbeuern in München vgl. Häuserbuch der Stadt München, Bd. 3, 401-403; LIEB, Klosterhäuser im alten München, in: StMBO 91 (1980), 139-181, hier 162f.
[456] Der Brief vom 12. Februar 1799 in: BayHStA, GL Fasz. 2699/489.
[457] BayHStA, GL Fasz. 2699/489.
[458] Das Vorgehen der Schulkuratel wurde ohne Hinzuziehung des Generalstudiendirektoriums vorgenommen. Die provisorische Extradition sollte am 19. Februar 1799 um 10 Uhr vormittags stattfinden. P. Placidus Scharl schrieb um 9.30 Uhr einen Brief an Abt Karl nach Benediktbeuern mit den Worten:

Inzwischen musste sich Abt Karl Klocker bei den bayerischen Benediktinern wieder nach einem geeigneten Inspektor umsehen. Schon am 15. Februar 1799 bekam Klocker eine positive Antwort aus Wessobrunn. Abt Johannes Damascenus von Kleimayrn[459] konnte ihm P. Virgil Neuner vorschlagen, einen „sehr ordentlichen Religiosen, ungemein fleissigen Kastner, und treflichen Musikanten", der auch bereit sei, das Amt zu übernehmen. Von 1774 bis 1778 war er selbst Zögling des Münchener Seminars und hatte das Amt eines Monitors inne.[460] Allerdings könne Neuner erst Anfang April nach München reisen, da er im März noch vier Fastenpredigten im Kloster zu halten habe.[461]

Bei dieser Gelegenheit stellte Abt Johannes von Damaskus die „freymüthige Frage", „was denn nebst dem Inspector der Professor Ortmann im Seminarium machet?" Die Konflikte zwischen ihm und den bisherigen Inspektoren hatten sich herumgesprochen. Er wüsste nicht, ob Ortmann seine Kost dem Seminar zahlen würde oder nicht. Seiner Meinung nach würde die Einrichtung cincs Mitinspektors für Zwistigkeiten sorgen. Wenn er die Kost nicht zahlen würde, so wäre „dieß noch darüber eine unnütze Ausgabe dieser Stiftung, die sich ohnehin sehr hart, wie man zu sagen pflegt, hauset". Warum also könnte man nicht gleich Ortmann zum Inspektor ernennen. Wenn er aber nicht genügend für dieses Amt befähigt sei, so sollte bei dieser Gelegenheit eine Änderung getroffen werden, wohl um seinen Religiosen vor der schwierigen Persönlichkeit Ortmanns zu bewahren. „Macht der Inspector eine Schuldigkeit, so ist er mit dem Praefecten im Stande die Ordnung bey den Seminaristen zu erhalten. Der Dritte ist überflüssig, vielleicht auch der guten Ordnung schädlich."[462]

„Heut also um 10 Uhr wird diese Unternehmung vorgehen. Ich soll auch dabei erscheinen; aber da ich keinen Befehl vom Rmo. Directorio habe, so werde ich nur ein Zuseher sein, um Relation geben zu können. Der ganze Vorgang wird von der Höchsten Curatel unternommen, und das Directorium kann dabei für nichts haften, welches ich auch bei Gelegenheit anzeigen werde"; BayHStA, GL Fasz. 2699/489.

[459] Johannes Damascenus (Damaszen; von Damaskus) von Kleimayrn (1735-1810) war von 1798 bis 1803 letzter Abt von Wessobrunn. – Zu seiner Person vgl. ANDRIAN-WERBURG, Wessobrunn, 435-440; Catalogus Religiosorum; HÖRGER, Johann Damaszen von Kleimayrn, der letzte Abt von Wessobrunn, in: Lech-Isar-Land 1968, 174-194; LINDNER, Monasticon Episcopatus Augustani antiqui, 100; MÜLLER, Im Vorfeld der Säkularisation, 345; SCHEGLMANN, Säkularisation III/1, 922f.; WINHARD, Wessobrunn, 70-75.

[460] Dabei hatte Neuner 1776 das Münchener Kurfürstliche Gymnasium absolviert und anschließend zwei Jahre am Lyzeum Philosophie studiert.

[461] In einem weiteren Brief an Abt Karl vom 25. Februar 1799 schlug Abt Johannes vor, dass Benno Ortmann bis zur Ankunft Neuners in München Ende März das Inspektorat versehen sollte; vgl. BayHStA, GL Fasz. 2699/489.

[462] BayHStA, GL Fasz. 2699/489.

Schließlich schrieb Abt Johannes im gleichen Brief vom 15. Februar 1799 noch von der angeblichen Neuigkeit über den Kurfürsten einen Tag zu früh: „[...] ich zweifle an dem Todfall unsers Landesherrn nicht mehr. Gott hat also einen Strich in das menschliche Concept gemacht. Er gebe uns auch in Ruhe und Frieden einen anderen gütigen Landesvater."[463] Am gleichen Tag berichtete Placidus Scharl an Abt Karl nach Benediktbeuern über den im Sterben liegenden Kurfürsten Karl Theodor: „Vielleicht ändert sich sehr vieles, wenn der Gnädigste Herr Herr mit Tod abgehen sollte. Höchst Selber ist heut wieder recht schlecht, und soll schon halb erkaltet sein, so daß man Ihn immer mit warmen Überschlägen beleget. Heut soll noch der Herzog von Zweibrücken kommen, oder wie andere sagen, schon hier sein. In der ganzen Stadt ist das Venerabile pro Serenissimo zum Gebethe ausgesetzt. Auch bei den Studenten setzten wir unter der Messe aus, und betheten laut den Rosenkranz. Wir sind voll von Erwartung neuer, und großer Dinge."[464] Am folgenden Tag erlitt der ungeliebte Kurfürst Karl Theodor einen weiteren Schlaganfall und starb schließlich nachmittags um Viertel nach drei Uhr, worauf „alles frohlockte und jeder dem andern Glück wünschte"[465].

Der vorgeschlagene P. Virgil Neuner aus Wessobrunn wurde von der Schulkuratel zum 1. April bestätigt und kam am 30. März 1799 in München an.[466] Am 4. April wurde Neuner in sein Amt installiert.[467] P. Benno Ortmann blieb nach wie vor Mitinspektor, doch zog er noch Ende des Jahres 1799 aus dem Kurfürstlichen Seminar ins benachbarte Professorenhaus. Er bat Inspektor Neuner weiterhin die Kost im Seminar einnehmen zu dürfen, „weil im Professor Hause die Kost-Praeparation für ihn allein viel zu kostspielig seyn würde, besonders da er

---

[463] BayHStA, GL Fasz. 2699/489. – Kurfürst Karl Theodor hatte am 12. Februar 1799 beim Kartenspiel einen Schlaganfall erlitten; vgl. STAHLEDER, Chronik der Stadt München, Bd. 3, 466.
[464] BayHStA, GL Fasz. 2699/489.
[465] STAHLEDER, Chronik der Stadt München, Bd. 3, 466. – Am 27. Februar 1799 wusste P. Placidus noch nach Benediktbeuern zu berichten: „In der Residenz soll man viel Geld finden, auch das fortgeschickte wieder glücklich einholen. Den 15. oder 16ten Hornung hat der verstorbene Höchstsel. aus Baiern mit dem Gelde fort wollen, und es würde nicht gut gegangen sein. Gott beschloß eine andere Reise"; BayHStA, GL Fasz. 2699/489.
[466] Abt Karl von Benediktbeuern hatte zuvor am 23. Februar 1799 bei der Schulkuratel um Konfirmation der Person Neuners als neuer Inspektor gebeten. Von Neuners Ankunft in München berichtete P. Placidus am 31. März nach Benediktbeuern, und dass er ihn bereits den Herren von Vacchiery und Graf Morawitzky vorgestellt hätte. „Ich wünsche, daß es ihm gut anschlage, und hoffe es, besonders weil 2 dem Inspektoren gefährliche Männer, Titl. H. von Lippert und H. P. Wölfinger ausser der Activität sind"; BayHStA, GL Fasz. 2699/489.
[467] Das Protokoll der Amtseinführung vom 4. April 1799 in: BayHStA, GL Fasz. 2699/489.

doch mit wenigen zu frieden, und begnügt leben kann"[468]. Virgil Neuner sprach sich am 21. Dezember 1799 gegenüber der Schuldeputation des Geistlichen Rates dafür aus, gegen eine wöchentliche Bezahlung von 1 fl. 45 kr. Ortmann den Mittagstisch im Seminar zu gewähren. Am 4. Januar 1800 erhielt er die Genehmigung, den Mittagstisch allerdings ohne Trunk im Seminar zu erhalten.[469] Noch im März 1799 beantragte Ortmann als provisorischer Inspektor für die bevorstehende Ankunft des Kurfürsten Maximilian IV. Joseph bei der Schulkuratel, „daß sie auch durch Musik und andere äußerliche Ceremonien bey dem feyerlichen Einzug des gnädigsten Landesvaters an der allgemeinen Freude Theil nehmen"[470]. Schon zum Einzug des Kurfürsten Karl Theodor hätte das Seminar eine Bühne vor dem Eingangstor des Seminars aufstellen und einen Chor mit Instrumentalmusik, dazu auch Pauken und Trompeten, auftreten lassen. P. Benno dachte daran, an dem Seminartor eine Aufschrift anbringen zu lassen, ohne sie zu benennen. Außerdem sollte an diesen Festtag den Seminaristen eine Speise mehr und ein Trunk gereicht werden, wozu wohl 60 bis 70 Pfund Kalbfleisch für einen Braten und 2 Eimer Bier nötig wären. Was die musikalische Darbietung betraf, berichtete Benno Ortmann: „Die Musik besteht in einem Lied, das ich für dieses Fest schrieb, welches von 40 Sängern mit blasenden Instrumenten accompagnirt auf einer vor dem Thore errichteten Bühne abgesungen wird." Er fügte noch die Bemerkung hinzu: „Es wird Effect machen."[471] Kur-

---

[468] BayHStA, GL Fasz. 2698/478 a.
[469] 1799 wurde Ortmann auch das Rektorat entzogen und an den Weltpriester Michael Lechner vergeben. Das Schreiben der Schulkuratel vom 4. Januar 1800 in: StAM, Albertinum A 66. – Schmid gibt falsch an, da er sich auf die Angaben von Stubenvoll stützt, dass Benno Ortmann von 1802 bis 1804 Inspektor der Domus Gregoriana gewesen sein soll. Außerdem spricht Schmid davon, dass Ortmann die Leitung der „Domsingknaben" innehatte, was ebenso falsch ist, da es zu diesem Zeitpunkt keine Domkirche in München gab; vgl. SCHMID, P. Benno Ortmann aus dem Benediktinerkloster Prüfening. Theologe – Pädagoge – Literat, in: ACKERMANN, SCHMID, VOLKERT (Hg.), Bayern vom Stamm zum Staat, Bd. 2, 83-105, hier 94, Anm. 66.
[470] BayHStA, GL Fasz. 2698/485. – Zum letzten bayerischen Kurfürsten Maximilian IV. Joseph (von 1799 bis 1805) und ersten König von Bayern Maximilian I. Joseph (seit 1. Januar 1806 bis 1825) vgl. ADALBERT PRINZ VON BAYERN, Max I. Joseph von Bayern. Pfalzgraf, Kurfürst und König; ADB, Bd. 21, 31-39; BAUER, Max I. Joseph. Der König und seine Residenzstadt, in: SCHMID, WEIGAND (Hg.), Die Herrscher Bayerns, 295-309; BOSL, Bayerische Biographie, 512; GrBBE, Bd. 2, 1275f.; NÖHBAUER, Die Wittelsbacher, 249-265; SCHMID, Vom Westfälischen Frieden bis zum Reichsdeputationshauptschluß. Altbayern, in: HBKG, Bd. 2, 293-356, hier 315f.; SICHERER, Staat und Kirche in Bayern vom Regierungs-Antritt des Kurfürsten Maximilian Joseph IV. bis zur Erklärung von Tegernsee 1799-1821; WEIS, Art. Maximilian I. Joseph, in: LThK³, Bd. 7, 2f.; WEIS, Art. Maximilian I., in: NDB, Bd. 16, 487-490.
[471] Das Lied trug den Titel „Einklang der studirenden Jugend des Gregorianischen Hauses in die allgem. Landesfreude beim feierlichen Einzug des durchl. Landesfürsten Max Joseph (ein Feyerlied), München 1799"; vgl. SCHEGLMANN, Säkularisation III/1, 704f. – Der Antrag vom 2. März 1799 in:

fürst Maximilian IV. Joseph fuhr mit seiner Gemahlin Karoline Friederike Wilhelmine von Baden, die eine Protestantin war, am 12. März 1799 feierlich durch die Straßen der Stadt, die festlich illuminiert worden war.[472] Bei diesem Einzug soll sich ereignet haben, dass der Kaltenegger Bräu[473] aus der jubelnden Menge zur Kutsche des Kurfürstenpaares herantrat, und mit den Worten „O Maxl, weil du nur da bist, jetzt geht alles gut!" die Hand des Regenten ergriffen haben.[474] Mit Kurfürst Maximilian IV. Joseph kam auch Maximilian Joseph Graf Montgelas nach München, der die Verfassung des alten Kurfürstentums Bayern nach französischem Vorbild grundlegend und radikal reformieren sollte und Bayern zu einem modernen Verfassungsstaat machte.[475] Maximilian IV. Joseph ernannte Montgelas schon 1799 zum Geheimen Staats- und Konferenzminister des neu errichteten Departements der Auswärtigen Angelegenheiten und gewährte ihm weitläufige Freiheiten in der Gestaltung seines Reformprogramms. Bereits am 25. Februar 1799 schuf Montgelas die Ministerien zum 1. März 1799 neu. Zukünftig sollte es nach französischem Muster vier Departements geben: 1. das Departement der auswärtigen Geschäfte, 2. das Departement für die Finanzen, 3. das Departement für die Justiz und 4. das Departement für Geistliche Angelegenheiten, worunter auch das Schul- und Bildungswesen fiel.[476] Bereits am 20.

BayHStA, GL Fasz. 2698/485. – Der Antrag wurde am 5. März 1799 von der Schulkuratel genehmigt; vgl. ebda.

[472] Vgl. STAHLEDER, Erzwungener Glanz, 468. – Zur Kurfürstin Caroline Friederike Wilhelmine von Baden (1776-1841) vgl. SCHAD, Bayerns Königinnen, 15-98.

[473] In anderen Quellen wird dagegen der Braumeister Joseph Pschorr angegeben; vgl. KRAUSEN, Zur gesellschaftlichen Bedeutung des Brauerstandes in Altbayern, in: Jahrbuch der Gesellschaft für die Geschichte und Bibliographie des Brauwesens 1967, 22-44, hier 39; NÖHBAUER, Die Chronik Bayerns, 276. – Die Bezeichnung „Bräu" bezeichnete früher nicht die Braustätte, sondern den Bierbrauer selbst; vgl. SEDLMAYR, GROHSMANN, Die »prewen« Münchens, 248, Anm. 1.

[474] Vgl. NÖHBAUER, Die Chronik Bayerns, 276 (mit einer Abbildung des Geschehens); STAHLEDER, Chronik der Stadt München, Bd. 3, 467; TRAUTMANN, Kulturbilder aus Alt-München, Bd. 1, 172f. – Nach Stahleder soll der Kaltenecker-Bräu bereits am 20. Februar 1799 die bekannten Worte ausgesprochen haben.

[475] Zum großen aber auch umstrittenen, vor allem wegen seiner rücksichtslos betriebenen Klosterpolitik, bayerischen Staatsmann Montgelas (1759-1838) vgl. ADB, Bd. 22, 193-204; BOSL, Bayerische Biographie, 531; BUSLEY, KLEMMER, Maximilian Joseph Graf von Montgelas (1759-1838). Dokumente zu Leben und Wirken des bayerischen Staatsmannes; DOEBERL, Maximilian von Montgelas und das Prinzip der Staatssouveränität; HERRE, Montgelas. Gründer des bayerischen Staates; RUMSCHÖTTEL, Montgelas und das bayerische Königtum, in: SCHMID (Hg.), 1806 Bayern wird Königreich. Vorgeschichte, Inszenierung, europäischer Rahmen, 69-81; WEIS, Art. Maximilian Joseph Freiherr Montgelas, in: LThK³, Bd. 7, 445; WEIS, Montgelas, 2 Bde.; WEIS, Art. Montgelas, Maximilian Joseph, in: NDB, Bd. 18, 55-63; WEIS, Montgelas' innenpolitisches Reformprogramm. Das Ansbacher Memoire für den Herzog vom 30.9.1796, in: ZBLG 33/1 (1970), 219-256.

[476] Vgl. STAHLEDER, Chronik der Stadt München, Bd. 3, 468.

Februar 1799 wurden alle Professoren des Kurfürstlichen Schulhauses und das Leitungspersonal der Domus Gregoriana auf den neuen Kurfürsten Maximilian IV. Joseph verpflichtet.[477]

Im Zuge der Neugestaltung des Bildungswesens wurde am 24. September 1799 ein neuer Schulplan erlassen, „der in wissenschaftlicher Hinsicht bemerkenswerte Neuerungen brachte, auf organisatorischem Gebiet aber die Weichen für das Säkularisationsdekret vom 16. Februar 1803 stellte"[478]. Immerhin wurde 1802 endgültig die allgemeine Schulpflicht in Bayern eingeführt.[479]

Mit der Durchführung der Säkularisation im Februar 1803 begann für Bayern eine neue Phase der Bildungspolitik, die im „Lehr-Plan für die kurpfalzbayerischen Mittelschulen, oder für die sogenannten Real-Klassen (Principien), Gymnasien und Lyceen" vom 27. August 1804 mündete.[480] Verfasser des Mittelschullehrplans, der aufgeklärten Bildungsideen entsprach, waren Joseph Wismayr[481], nach dessen Teilverfasserschaft die Schulverordnung auch verkürzt als „Wismayrscher Lehrplan" bezeichnet wird, und Kajetan Weiller[482], der seit 1799 als Professor und Rektor am Kurfürstlichen Lyzeum in München tätig war.

---

[477] Vgl. das Protokoll vom 20. Februar 1799, das in Gegenwart des Hofrats und Lokalschulkommissars von Vacchiery, des Aktuars Johann Baptist Bernhart und des Sekretärs Joseph Rosenberger abgenommen wurde. Hierbei wurde unter anderem P. Benno Ortmann als Lehrer der zweiten Rhetorik und provisorischer Seminarinspektor und Johann Baptist Schmid als Seminarpräfekt der Eid abgenommen; vgl. BayHStA, GL Fasz. 2832/1450.

[478] MÜLLER, Akademische Ausbildung zwischen Staat und Kirche, Teil 1, 91. – Durch die „Kurfürstlich-baierische Verordnung im Betreff der Lizäistischen und Gymnastischen Schulen" vom 24. September 1799 wurden die lateinischen Studien in Burghausen und Landsberg und das akademische Gymnasium in Ingolstadt aufgehoben. – Die Verordnung ist ediert in: LURZ, Mittelschulgeschichtliche Dokumente Altbayerns, Bd. 2, 285-291; MÜLLER, Akademische Ausbildung zwischen Staat und Kirche, Teil 2, 448-454.

[479] Die Schulpflicht betraf den Besuch der Volks- bzw. Trivialschule vom 6. bis zum vollendeten 12. Lebensjahr. Vom 12. bis zur Vollendung des 18. Lebensjahres wurde für alle Jungen und Mädchen der Besuch der Sonn- und Feiertagsschule vorgeschrieben, die zur Wiederholung und Ergänzung des Schulstoffes dienen sollte; vgl. LIEDTKE, Gesamtdarstellung, in: Handbuch der Geschichte des bayerischen Bildungswesens, Bd. 2, 11-133, hier 52-61.

[480] Rainer A. Müller datiert den Lehrplan im ersten Teil seiner Arbeit fälschlich auf den 24. August 1804, während er im zweiten Teil den edierten Text der Schulverordnung richtig auf den 27. August 1804 datiert; MÜLLER, Akademische Ausbildung zwischen Staat und Kirche, Teil 1, 103, Teil 2, 456-474; vgl. auch LURZ, Mittelschulgeschichtliche Dokumente Altbayerns, Bd. 2, 522-556. – Ein Nachtrag zum Lehrplan von 1804 vom 12. November 1805 in: LURZ, Mittelschulgeschichtliche Dokumente, Bd. 2, 556-560.

[481] Zu Joseph Wismayr (1767-1858) vgl. Bayerische Bibliothek, Bd. 3, 1272; BOSL, Bayerische Biographie, 855; GrBBE, Bd. 3, 2121; GUGGENBERGER, Nekrologium, 71; HUFNAGEL, Berühmte Tote, 69; MÜLLER, Akademische Ausbildung zwischen Staat und Kirche, Teil 1, 104, Anm. 59; STOERMER, Verzeichnis der Mitglieder, 157.

[482] Zu Kajetan von Weiller (1762-1826), der 1778 das Kurfürstliche Gymnasium in München absolvierte, vgl. ADB, Bd. 41, 494; Bayerische Bibliothek, Bd. 3, 1267f.; BOSL, Bayerische Biographie,

Im Jahr 1799 wurde das Kurfürstliche Seminar von zwei Feuern heimgesucht. Das erste Feuer brach am 29. Oktober aus. Inspektor P. Virgil Neuner berichtete über den Vorfall: „Abends um halb 7 Uhr, da wir eben zu Tische saßen, kamm in der Holz Remiß, wo ein Vorrath von etlich 30 Klafter Holz angelegt war, unvermuthet Feuer aus. Auf die erste Nachricht eilte ich mit den mir gnädigst anvertrauten der drohenden Gefahr zu, riß schon halb verbrannten Scheiter aus dem Holz-Stock, ließ Wasser in Menge anschütten, und – Gott sey tausend Dank gesagt – das Feuer erlosch – und das Seminar war gerettet." Die Nacht über ließ Neuner abwechselnd Wache halten. Nach dem Löschen des Feuers wurde die Brandursache untersucht und festgestellt, dass „einige halb verbrannte Schwefel-Spänn unter dem Holz, und einige kleine verbrannten Schaiteln, die glaublich als Brennstoff geflissentlich angelegt worden". Der Inspektor ging daher von Brandstiftung aus, konnte aber keine verdächtige Person namhaft machen. „Meines Erachtens möchten sich um die 6te Stunde Abends, zu welcher Stunde den Stadtleuten die Milch vor dem Viehstall verkauft und ausgemessen wurde, boshafte Leute heimlich hereingeschlichen, und dieses Unglück vorbereitet haben."[483]

Nur fünf Tage später geschah am 3. November ein weiterer Feuerausbruch nachmittags um Viertel vor drei Uhr auf dem Heuboden über dem Viehstall. Inspektor Virgil Neuner ging in seinem Bericht an die Schuldeputation wieder von Brandstiftung aus, da das Heu in diesem Jahr sehr dürr eingebracht worden sei. Selbst

---

829; GrBBE, Bd. 3, 2070; GUGGENBERGER, Nekrologium, 65; HÖCK, Kajetan Weiller. Ein romantischer Aufklärer, in: SCHINDLER (Hg.), Bayern für Liebhaber. Romantik, 9-20; HUFNAGEL, Berühmte Tote, 84f.; KRAUS, Schule im Umbruch, 366, Anm. 67, 371; LEITSCHUH, Matrikeln III, 160; MÜLLER, Akademische Ausbildung zwischen Staat und Kirche, Teil 1, 104, Anm. 60; STOERMER, Verzeichnis der Mitglieder, 153; VIERLING-IHRIG, Schule der Vernunft.

[483] Sofort hatte Virgil Neuner zur Vermeidung einer weiteren Katastrophe angeordnet, dass „1. künftighin die Porte den ganzen Tag hindurch gesperrt bleibt, und auf die Aus- und eingehende Personen genaue Spähe gehalten wird, und [...] 2. künftig die Milch morgens und Abends um ¼ auf 7 Uhr nicht mehr bey dem Stall, sondern bey der Porte, wo die Milchleute zugleich miteinander herein gelassen werden, in Gegenwart wenigst zweyer Personen vom Haus Personal vertheilet, und ausgemessen wird." Des Weiteren bat Neuner, die sich im Innenhof befindliche Soldaten-Küche entfernen zu lassen, damit er den ganzen Hof übersehen könne. Schließlich meinte der Inspektor, dass er nicht alle Türen verschließen könnte, denn die Tür zur Wohnung des Herrn Rektors P. Benno Ortmann, die zugleich auch zur Seminarküche führte, müsste für seine Schüler offen bleiben. So bat er, dass „künftighin das Seminar mit der Einlogirung eines Herrn Professors möchte verschonet bleiben, weil eine derley Einlogirung dem Seminar nicht nur zu keinem Nutzen dienlich ist, sondern so gar der Disciplin der Seminaristen zum grösten Schaden gereichet, weil im entgegensezten Falle bey beständig offener Thüre jedem Seminaristen der freye Eingang zu dem Haus Personale des zweyten Geschlechtes von sich selbst offen stünde"; BayHStA, GL Fasz. 2699/491; Schreiben vom 31. Oktober 1799.

wenn das Heu für das Feuer verantwortlich gewesen wäre, „so hätte man doch lange vorher schon einen Geruch verspüren müssen; welches aber kein Mensch bezeigen kann". In tiefster Demut dankte Neuner noch dem Kurfürsten, „daß Sich Höchstdieselbe in höchst eigener Person von diesem Unglücke zu überzeugen geruhten"[484].

Die kurfürstlich angeordnete Kommission ließ die Brandursache von Sachverständigen untersuchen und ordnete die Vernehmung des Hauspersonals an, die schon am 6. und 7. November 1799 durch den Direktor des Geistlichen Rates Johann Evangelist Kittreiber, den Geistlichen Rat Franz Xaver Prentner[485] und den Aktuar Johann Baptist Bernhart erfolgte. Die Untersuchung bestätigte für den Brand in der Holzremise am 29. Oktober 1799 die Vermutung des Inspektors, dass es sich um Brandstiftung handeln musste, da „sich in der Mitte (zum offenbaren Zeichen, daß das Feuer ex instituto angelegt war) ganz verbrante Scheiteln, als Brennstoff, und halb verbrante Schwefelspäne vorfanden". Das Verhör des Hauspersonals ergab, „daß sich gegen die Domestiquen nichts heraus geworfen hat, die Folge also ist, daß das Feuer von bösartigen Stadt-Leuthen muß angelegt worden seyn".[486] Von den Seminaristen kam niemand in Frage. „Zwar wandern auch die Seminaristen öfters den Hof durch, jedoch ohne Tabakpfeife und ohne Liecht; weil ihnen das Erstere schon nicht gestattet wird, und von diesen kömt schon gar keiner in die Holzschupfe."[487]

Die Kommission sprach zunächst ihre besondere Zufriedenheit über Inspektor Neuner aus, der sich beim ersten Brand durch das Herausziehen von brennendem Material die Hand verbrannt hatte, und „das zweytemal aber ordnete er, mit Zurücksezung seiner eignen Habseligkeiten, vor allem die sämentlichen Seminar Urkunden, so wie auch das vorräthige Geld in eigne Säcke zusamen, und erfüllte

---

[484] Das Schreiben vom 4. November 1799 in: BayHStA, GL Fasz. 2699/491.
[485] Zu seiner Person vgl. BAUER, Der kurfürstliche geistliche Rat, 241, Anm. 42.
[486] Vernommen wurden am 6. November 1799 Franziska Wersinger, die seit fünf Jahren dem Seminar als Viehmagd diente, und Margaretha Hartmann, die erst seit Jakobi als Hausmagd angestellt war. Am 7. November wurden noch befragt: Susanna Thomas, die seit einem Viertel Jahr als Küchenmagd beschäftigt war, und der Hausknecht Jakob Kern. Das „Observations-Protokoll sämtlicher vier vorstehender Gezeugs-Personen" ergab: „Die 1, 2 und 3te Gezeugs Persohn haben sich in ihren Aussagen sehr ruhig, ordentlich und unbedenklich ohne mindeste Gemüthsveränderung verhalten. Der 4te Gezeug hingegen, oder der Hausknecht des Seminariums war so zimlich verworren, fast über jede Frage im Angesicht erröthet, wischte immer am Kopf, und man konnte nichts über die eigentliche Entstehung der beiden Brünste von ihm herausbringen"; BayHStA, GL Fasz. 2699/491.
[487] So die Aussage der Viehmagd Franziska Wersinger während des Verhörprotokolls am 6. November 1799 in: BayHStA, GL Fasz. 2699/491.

so gewiß alle Pflichten eines treuen Administrators"[488]. Um in Zukunft einer Brandgefahr möglichst zu entgehen, sollten alle Schlösser abgeändert und die Seminarpforte immer verschlossen werden.[489]
Um die schwierige finanzielle Lage des Seminars zu verbessern, wandte sich Inspektor P. Virgil Neuner am 27. Februar 1800 mit einem Vorschlag an den Präses der Benediktinerkongregation mit den Worten: „Bey so fataler Lage des hießigen Seminars, gehe ich immer mit einem Project schwanger, und Schüchternheit hält mich wieder von der Ausführung desselben zurücke. Mein Anschlag wäre unmaßgeblichst dieser: Da dem hießigen Seminar von keiner Seite geholfen wird, um selben izt noch mit einer kleinen Beysteuer noch leicht zu helfen wäre; so dürfte es nicht undienlich seyn, wenn ich im Namen der armen studierenden Seminaristen bei einigen etwas mehr vermögenden Stiftern bittweise anklopfte; und um so mehr, da bey nahe in allen Klöstern Männer anzutreffen sind, die in ihren Studierjahren ihre Verpflegung dem hießigen Seminar zuverdanken hatten." Neuner meinte, es würde einer Kollekte für das Kurfürstliche Seminar mehr Nachdruck verliehen werden, wenn der Präses der Kongregation ein Zirkularschreiben verfassen und an folgende Klöster versenden würde: Benediktbeuern, Tegernsee, Wessobrunn, Scheyern, Weihenstephan, Andechs und Thierhaupten.[490] Der Vorschlag wurde nicht in die Tat umgesetzt.
Die Jahre 1800 und 1801 brachten der Domus Gregoriana weitere Belastungen durch die wiederholte Einquartierung französischer Soldaten, wodurch dem Haus ein beträchtlicher Schaden zugefügt wurde. Zwar hatte Kurfürst Max IV. Joseph verfügt, „das hiesige Seminar nur in dem äusersten Drange mit französischen Quartier" zu belegen und von aller Verpflegung freizuhalten, dennoch entstanden Schäden und Verpflegungskosten in Höhe von 428 fl. 54 kr. im Seminar selbst und im Garten in der Falkenau.[491] Diese Summe sollte auf höchste Anordnung des Kurfürsten durch die Lokalumlage vergütet werden.[492]

---

[488] BayHStA, GL Fasz. 2699/491. – Die Genehmigung zum Wiederaufbau des Heubodens wurde am 23. November 1799 erteilt; vgl. ebda.
[489] Vgl. BayHStA, GL Fasz. 2699/491; StAM, Albertinum A 66.
[490] Vgl. BayHStA, GL Fasz. 2699/489.
[491] Kurfürst Maximilian IV. Joseph hatte zuvor am 17. November 1800 den Befehl an P. Virgil Neuner erteilt, alle Beschädigungen, die am Seminargebäude und im Gartenhaus entstanden waren, zu beschreiben und eine Kostenschätzung abzugeben; vgl. BayHStA, GL Fasz. 2699/491.
[492] Vgl. BayHStA, GL Fasz. 2699/491; Kurfürst Maximilian IV. Joseph an die Kriegsdeputation am 1. Juli 1801. – Im Inventar vom 24. bis 28. Januar 1803 wurde angefügt: „Zum Schluß muß man noch bemerken, daß in Gegenhalt des ao. 1792 errichteten Inventarii sowohl an verschiedenen Leingewand als auch an Zinn, Kupfer, Bildereyen, so anderen sich vieles abgängig gefunden hat, welche Stücke

Die schwierigen Verhältnisse bewogen Neuner die Reduzierung der Zahl der Seminaristen für das Schuljahr 1800/1801 in Vorschlag zu bringen. „Da das Seminar sich in einer misslichen und dürftigen Lage befindet, und bey so anhaltender Theurung, wo sich besonders die Ausgaben vermehren, und sich die Einnahmen, wie billig zu befürchten, von sich selbst so ganz leicht vermindern dürften, ein so großes Personal die armen studierenden Knaben unterhalten zu können, sich ganz außer Stand findet, wenn selbes nicht aus anderen Quellen, die aber bey diesen Zeiten glaublich alle verstopft bleiben, [...] so wäre mein unmaßgeblichster Vorschlag, [...] das Personal der Seminaristen auf eine merklich mindere Zahl dürfte eingeschränkt werden [...]." Schon bei der Aufnahme sollte darauf geachtet werden, dass nur die fähigsten Kandidaten einen Freiplatz erhalten. Es sollten nur so viele Studenten aufgenommen werden, die zur Bestreitung der Musikverpflichtungen nötig seien, „daß die gewöhnlichen Gottesdienste in Höchst dero Hofkapelle, in der St. Michaels- und Seminari Kirche, wie auch im Herzogspitale ihren ordentlichen Fortgang haben dürften, jedoch mit mutiger Einschränkung der Singenden Personen"[493]. Insgesamt sollten nur 40 Seminaristen im Haus wohnen.

Was die musikalischen Dienste in der Hofkapelle betraf, sollten künftig nur zwei Diskantisten, zwei Altisten und ein Tenorist abgeschickt werden. Obwohl das Seminar immer elf Sänger in der Hofkapelle aufgestellt hätte, wären jährlich mit Abzug von Steuern nur 285 fl. bezahlt worden. Für die Musik in St. Michael würden sieben- bis achtundzwanzig Seminaristen nötig sein, „die sich dann zu bestimmten Zeiten in das Herzogs-Spital, und Damenstift abwechslungs Weise vertheilen müßten". Der Rest sollte mit Konviktoren aufgefüllt werden, von denen jeder 90 fl. Kostgeld zahlen sollte. Zusammenfassend hielt P. Virgil Neuner fest: „Das Personal der Seminaristen von etlich 40zig scheint mir nun das einzig nothwendige Mittel zu seyn, das Seminar wieder emporzuschwingen, und selbes doch wieder nach wenigen Jahren in einen guten Stand zu setzen, wo dann die Anzahl der Seminaristen schon wieder höher hinansteigen dürfte [...]."

---

also in Zeit 10. Jahren theils zerrissen theils zerbrochen worden, zum Theil aber auch durch die selbst bayerische Einquartirung zum Theil aber auch durch die langwirige Einquartirung der Franzosen, welchen man besonders auf verlangen gutwillig oder mittels gebrauchten Gewald ohne Anstant geben musste, vieles ruinirt und zu Grund gegangen ist. Welche Erinnerung besonders der abgetrettene Inspector Virgil Neuner vor seinen Abgang noch gemacht hat"; BayHStA, GL Fasz. 2699/489. – Zu den Einquartierungen vgl. auch HEIMERS, Die Trikolore über München, 46-56; STAHLEDER, Chronik der Stadt München, Bd. 3, 482.
[493] StAM, Albertinum A 66.

Neuner begründete seinen Vorschlag weiter: wenn im Haus nur 40 Studenten leben würden, so könnten sie erstens im kleineren Museum Platz finden; es müsste im Winter nur noch ein Ofen geheizt werden statt der zwei im großen Studiersaal. Es ließen sich dadurch mehrere Klafter Holz sparen. Zweitens könnte die Seminarwäsche wegen der kleineren Menge wieder im Haus selbst gewaschen werden und dadurch die Kosten für die Wäscherin von derzeit 100 fl. um zwei Drittel gespart werden. Drittens könnten die Ausgaben für Fleisch, Brot und Bier um die Hälfte reduziert werden. Schließlich ließen sich viertens mehrere Scheffel Getreide ersparen. Was die Exspektanten betraf, so sollte ihnen verbindlich gemacht werden, „alle Musikdienste, so oft selbe nur immer erfoderlich sind, auf den Chören mitmachen zu helfen". Dagegen sollten diejenigen entlassen werden, die bislang keinen Dienst geleistet hätten „und noch oben drein darüber geschmähet, und mit auffallendsten Undanke vom Seminar schimpflich gesprochen haben". „Dies scheint mir das einzige Mittel zu seyn, wodurch dem Seminar in wenigen Jahren, ganz wieder könnte aufgeholfen, und jene Schulden pr. 2000 fl. in das Seminar nach Landshut in bälde könnten abbezahlt werden, Gott gebe nur bessere Zeiten."[494]

Eine weitere finanzielle Belastung drohte dem Seminar durch den verlangten „Kriegskosten-Vorschuß" nach dem Reskript vom 19. Dezember 1800, wonach das Haus zunächst 1725 fl. an die entsprechende Kommission zu leisten hatte.[495] Am 7. Februar 1801 bat P. Virgil Neuner um Befreiung von dieser hohen Zahlung mit der Begründung: „Das Seminar stehet durch seinen 1. und ehrwürdigen Zweck allen andern milden Stiftungen von Bruderhäusern und Spitälern, wo alte Leuthe gepflegt werden, weit voran; der Staat erzielht sich eine junge Nachkommenschaft, die einst als Glieder des Vaterlandes und der Kirche einen nicht unbetreflichen Einfluß auf die innere Behandlung und Organisation des Staates selbst haben." Nach der vorgenommenen Reduzierung der Seminaristenzahl müssten noch 79 Zöglinge unterhalten werden. Die Ausgaben würden sich um 146 fl. 47 kr. höher als die Einnahmen des Hauses belaufen. Neuner sei ansonsten gezwungen, noch „mehrere arme Knaben aus dem Seminar zu entlassen und

---

[494] Das Schreiben vom 6. August 1800 in: StAM, Albertinum A 66.
[495] Das Seminar hatte den Kriegskosten-Vorschuss „nach dem mit 4 von Hundert erhobenen Kapitals-Betrage einer dreyfachen Decimation pro 22500 fl. zu moderiren, und solchen auf 161 f. festzusetzen"; BayHStA, GL Fasz. 2696/475; Schreiben vom 23. März 1801.

sozusagen auf die Gasse zu schicken"[496]. Das Gesuch brachte zunächst nicht den gewünschten Erfolg, denn das Kurfürstliche Seminar sollte durch Beschluss vom 23. März 1801 noch eine Summe von 161 fl. an die „Kriegskosten-Vorschuß-Commission" entrichten, die aber dann doch am 3. Juni 1801 erlassen wurde.[497]

Inspektor Virgil Neuner sollten keine langen Dienstjahre beschert werden. Er wurde ein Opfer der Umgestaltung des Lehrplans. Um der Forderung der Zeit nach mehr Realunterricht gerecht zu werden, forderte die Kuratel die Anstellung eines sechsten Professors am Münchener Gymnasium, der Naturgeschichte, Naturlehre, Physik und Mathematik lehren sollte. Dieser Unterricht sollte den Schülern für ihr künftiges Berufsleben die notwendigen Kenntnisse geben, „ohne darum ihre Zeit mit Erlernung fremder für sie unnützer Sprachen verschwenden zu müßen"[498]. Da die finanziellen Mittel des lateinischen Schulfonds knapp bemessen seien, richtete die Behörde ihren Blick auf das Einkommen des Seminarinspektors, denn die Anstellung eines neuen Lehrers könnte mit dem Inspektorat des Seminars verbunden werden. Obwohl die Besetzung des Inspektors der Domus Gregoriana den Benediktinern vorenthalten war, sollte dafür künftig ein Weltpriester eingesetzt werden.

Zu diesem Vorschlag sah man sich durch ein höchstes Reskript vom 20. November 1799 berechtigt, „in welchem dem geistlichen Rathe aufgetragen wird, taugliche Subjeckte aus dem Weltpriesterstand zum Inspektorat für das hiesige Seminarium in Vorschlag zu bringen. Die Ursache der Entfernung der Mönche von den Seminarien-Inspecktoraten war dortmals, weil Mönche nicht kautionsfähig sind, und die Prälaten dieselbe nicht übernehmen wollen. Diese Ursache bestehet noch."[499] Überhaupt wurden jetzt bedeutende Ämter an Weltpriester

---

[496] BayHStA, GL Fasz. 2696/475. – In einem weiteren Brief vom 10. Februar 1801 wandte sich Neuner mit der Bitte um Befreiung an den Kurfürsten. Zwar hatte die Kriegskosten-Vorschuss-Kommission zwischenzeitlich einen Nachlass von 725 fl. gewährt, doch auch die Zahlung von 1000 fl. sei für das arme Haus nicht zu leisten. So hätte das Seminar allein einen Kredit von 2000 fl. beim Seminar in Landshut aufnehmen müssen, um die Forderungen D. Frigdian Greinwalds von Polling decken zu können; vgl. ebda.
[497] BayHStA, GL Fasz. 2696/475.
[498] BayHStA, GL Fasz. 2699/489.
[499] BayHStA, GL Fasz. 2699/489. – Kurfürst Max IV. Joseph hatte am 20. November 1799 bei der Neuvergabe von Inspektoratsstellen verfügt, dass diese das Amt provisorisch für ein Jahr erhalten sollten und nur „solche fähige Subjecte, welche eine Caution zu leisten im Stande sind, dabey angestellet werden sollen [...]. Für das hiesige Seminarium habt ihr Uns aber unverzüglich zur Inspectors-Stelle einige taugliche Subjecte aus dem Weltpriester- oder weltlichen Stande in Vorschlag zu bringen." Erstmals wurde hier die Möglichkeit ausgesprochen, dass ein Laie Inspektor des Kurfürstlichen Semi-

vergeben, so wurde bereits 1799 das Rektorat P. Benno Ortmann entzogen und dem Weltpriester Michael Lechner übertragen.[500] Bekräftigt wurde dieses Ansinnen mit dem Vorwurf, dass der jetzige Inspektor zwar die Ökonomie gut verwalte, aber die wissenschaftliche und moralische Erziehung gänzlich vernachlässigen würde. „Es kann doch dem Staate nicht gleichgültig seyn, ob eine solche Stiftung zweckmäßig verwendet werde, und es muß der Regierung daran liegen, ähnlichen Institutionen eine solche innere Verfassung zu geben, daß aus demselben nicht nur gute Musiker, wie es bisher geschehen; sondern auch und vorzüglich in jeder Hinsicht brauchbare Diener des Staates hervorgehen. Dieser Zweck wird erreicht, wenn ein fähiger Weltpriester an die Stelle des gegenwärtigen Inspecktors gesetzt wird, welcher mit dieser Stelle auch jene eines 6ten Professors am Gymnasio verbinden könnte."[501] Nach beendigtem Vortrag wurde bereits der Weltpriester Anton Zistelsberger für dieses Amt genannt, da er im Ruf stand, besondere Kenntnis der Naturwissenschaften und der Mathematik zu haben. Er sollte aber zuvor noch von Professor Maximus Imhof geprüft werden.[502]

---

nars werden könnte, was einem Traditionsbruch gleich gekommen wäre; BayHStA, GL Fasz. 2699/489.

[500] Zu Michael Nikolaus Lechner (1756-1813), der 1772 das Münchener Jesuitengymnasium absolviert hatte und dem Münchener Gymnasium von 1799 bis 1808 als Rektor vorstand, vgl. KRAUS, Gymnasium der Jesuiten, 572, 640; KRAUS, Schule im Umbruch, 351, 362, Anm. 46; LEITSCHUH, Die Leiter des Gymnasiums, 42; LEITSCHUH, Matrikeln III, 137. – Bereits in der Verordnung vom 24. September 1799, die sich auf das bayerische Schulwesen bezog, war für das Münchener Schulrektorat und Inspektorat der Domus Gregoriana der Exjesuit Sebastian Mutschelle (1749-1800) vorgesehen, der 1765 das Münchener Jesuitengymnasium absolviert hatte. Warum er beide Ämter nicht annahm, ist nicht bekannt. Jedenfalls behielt er die Pfarrei Baumkirchen bei, als er 1799 die Professur für Moraltheologie und Homiletik am Münchener Lyzeum übertragen bekam. Professor Mutschelle war einer der bedeutendsten Anhänger der Philosophie Immanuel Kants im katholischen Deutschland. Mutschelle starb bereits am 28. November 1800; vgl. LURZ, Mittelschulgeschichtliche Dokumente Altbayerns, Bd. 2, 285-291, hier 288. – Zur Person des Weltpriesters Mutschelles vgl. ADB, Bd. 23, 115f.; BAADER, Lexikon verstorbener Baierischer Schriftsteller, Bd. 1, Teil 2, 61-66; Bayerische Bibliothek, Bd. 3, 1237; BOSL, Bayerische Biographie, 540; BRANDL, Art. Mutschelle, Sebastian, in: LThK³, Bd. 7, 557; Catalogus generalis, 290; ESSER, Art. Mutschelle, Sebastian, in: NDB, Bd. 18, 658f.; HUNSCHEIDT, Sebastian Mutschelle (1749-1800), in: SCHWAIGER (Hg.), Christenleben im Wandel der Zeit, Bd. 1, 334-342; KRAUS, Gymnasium der Jesuiten, 583; LEITSCHUH, Matrikeln III, 106.

[501] BayHStA, GL Fasz. 2699/489; Schreiben vom 9. November 1802.

[502] Anton Zistelsberger war bislang Kooperator in Rohrdorf gewesen. Die Prüfung geschah gemäß Protokoll am 13. November 1802 in Gegenwart des Schulrats Thomas Joachim Schuhbaur mit dem Ergebnis, dass Zistelsberger noch einige Anfangsgründe fehlen würden. Professor Imhof erklärte sich bereit, ihm für das anstehende Lehramt ausbilden zu wollen; vgl. BayHStA, GL Fasz. 2699/489. – Zu Schuhbaur (auch Schubauer) (1743-1812), der 1759 das Münchener Gymnasium absolviert hatte und nach dem Eintritt in das Kloster Niederaltaich 1784 wieder ausgetreten war, vgl. Bayerische Bibliothek, Bd. 3, 1258; GrBBE, Bd. 3, 1791; STOERMER, Verzeichnis der Mitglieder, 132. – Leitschuh nennt im Namensregister der Matrikel des Wilhelmsgymnasiums einen Thomas Schu(ec)hbaur, der

Kurfürst Max IV. Joseph verfügte durch ein Reskript vom 18. November 1802 die Übertragung des Inspektorats an den Weltpriester Anton Zistelsberger provisorisch auf ein Jahr mit der Auflage, sich am Ende des Schuljahrs einer Prüfung bei Professor Maximus Imhof zu unterziehen.[503] Gleichzeitig wurde P. Virgil Neuner „nebst Bezeigung der Zufriedenheit über seinen bisher geleisteten Dienst"[504] entlassen. Neuner fürchtete durch seine vorzeitigte Entlassung die „Urtheile des Publikums" und bat um eine Ehrerweisung für seine Verdienste um das Seminar.[505] Am 21. Dezember 1802 wurde ihm mitgeteilt, „dass dessen Entlassung von der Seminarinspektion keineswegs die Folge einer Unzufriedenheit, sondern blos einer andern Bestellung, die man mit seiner Person nicht vereinigen konnte, gewesen sey"[506] und ihm die Zufriedenheit über seinen Dienst bescheinigt. Dieses Amtszeugnis reichte ihm noch nicht, denn P. Virgil fürchtete auch das Vorurteil seiner eigenen Mitbrüder, so bat er am 11. Januar 1803 beim Administrationsrat der Kirchen und milden Stiftungen um ein Reskript an seinen Abt in Wessobrunn, dass „meine Ehre auch von aussen gegen jede schiefe Meinung, und besonders meiner Mitbrüder, unter denen ich leben muß, zusichern, damit ich vor allen unbeliebigen Vorwürfen sicher gestellt, und meine künftige Lebenstäge, in Rücksicht meiner 13 Jahre hindurch als Professor und Inspektor dem Vaterlande treu geleisteten Dienste, möchten erleichtert werden [...]"[507]. Zwei Tage später richtete Neuner sogar ein Schreiben an den Kurfürsten Max IV. Joseph, er möge doch aufgrund seiner Verdienste dem Abt von Wessobrunn den Wink zukommen lassen, „das man es gerne sähe, wenn selber mich [...] von den beschwerlicheren klösterlichen Verrichtungen, und so wohl täglich- als nächtlichen Chorsingen wenigst auf eine längere Zeit

---

1759 das Gymnasium absolvierte, doch fehlt dieser im genannten Abschlussjahr als Absolvent; vgl. LEITSCHUH, Matrikeln IV, 154.
[503] Vgl. BayHStA, GL Fasz. 2699/489.
[504] BayHStA, GL Fasz. 2699/489. – Virgil Neuner schrieb am 28. November 1802 an den Administrationsrat der Kirchen und milden Stiftungen, dass ihm der Übergabe der Seminarinspektion an den Weltpriester Zistelsberger umso schmerzhafter sei, „weil selbe zu einer Zeit geschieht, in welcher sich von dergleichen Mutation in Rücksicht meiner nicht die vortheilhaftesten Gesinnungen dürften schließen lassen; ich aber meinerseits dem gnäd. Befehle mich ehrfurchtvollst unterziehe". Er bat, falls Zistelsberger schon bald einziehen wollte, das Krankenzimmer beziehen zu dürfen, um die Seminarrechnung beenden zu können. Neuner wurde gewährt, bis Ende Dezember 1802 weiter im Seminar wohnen bleiben zu dürfen. Die Extradierung wurde auf den 4. Januar 1803 gelegt; vgl. BayHStA, GL Fasz. 2699/489; zwei Schreiben vom 3. und 31. Dezember 1802.
[505] Das Schreiben vom 16. Dezember 1802 in: BayHStA, GL Fasz. 2699/489.
[506] BayHStA, GL Fasz. 2699/489.
[507] BayHStA, GL Fasz. 2699/489.

dispensiren wollte, bis ich gleichwohl selbst die dasige klösterliche Ordnung wieder nach und nach angewöhne, in welche ich mich gleich beim ersten Eintritt ins Kloster nur äußerst schwer, und mit unausbleiblicher Zerrittung, und Beschädigung meiner Gesundheit würde fügen müssen."[508] Obwohl die entsprechende Weisung an das Generalschuldirektorium erging, dem Wunsch Neuners zu entsprechen und dem Abt einen empfehlenden Wink zu geben, brauchte sich P. Virgil nicht mehr allzu lange an die klösterliche Ordnung gewöhnen. Am 16. Februar 1803 erfolgte mit dem Reichsdeputationshauptschluss auch die Aufhebung aller landsässigen Klöster in Bayern.[509]

Noch vor der Säkularisation fand 1802 die Umgestaltung des Generalstudiendirektoriums des Prälatenstandes statt. Mit dem Regentenwechsel 1799 erfolgte die Reorgansitation des bayerischen Schulwesens, wobei die Schulkuratel zur „Geistlichen Rates-Schul-Deputation" umgewandelt wurde.[510] Von dieser Umstrukturierung blieb das Generalstudiendirektorium zunächst unberührt, wurde aber am 6. April 1799 der Schuldeputation des Geistlichen Rates unterstellt.[511] Zur Geistlichen Rates-Schulendeputation wurden die Mitglieder Lorenz von Westenrieder[512], Franz Xaver Prentner, Johann Michael Steiner und Ludwig

---

[508] BayHStA, GL Fasz. 2699/489.
[509] Zur Säkularisation der Jahre 1802/1803 vgl. BAUERREIß, Kirchengeschichte Bayerns, Bd. 7, 425-464; BRAUN, WILD (Bearb.), Bayern ohne Klöster? Die Säkularisation 1802/03 und die Folgen; DECOT (Hg.), Kontinuität und Innovation um 1803; HIMMELEIN, RUDOLF (Hg.), Alte Klöster. Neue Herren. Die Säkularisation im deutschen Südwesten, 2 Bde.; KIRMEIER, TREML (Hg.), Glanz und Ende der alten Klöster. Säkularisation im bayerischen Oberland 1803; LANGNER (Hg.), Säkularisation und Säkularisierung im 19. Jahrhundert; MEMPEL, Die Vermögenssäkularisation 1803/10, 2 Teile; MÜLLER, Im Vorfeld der Säkularisation. Briefe aus bayerischen Klöstern 1794-1803 (1812); MÜLLER, Zwischen Säkularisation und Konkordat. Die Neuordnung des Verhältnisses von Staat und Kirche 1803-1821, in: HBKG, Bd. 3, 85-130; SCHEGLMANN, Geschichte der Säkularisation im rechtsrheinischen Bayern, 3 Bde.; SCHMID (Hg.), Die Säkularisation in Bayern 1803. Kulturbruch oder Modernisierung?; STUTZER, Die Säkularisation 1803. Der Sturm auf Bayerns Kirchen und Klöster, STUTZER, Die wirtschaftlichen und sozialen Verhältnisse in säkularisierten Klöstern Altbaierns 1803, in: ZBLG 40/1 (1977), 121-162. Zur Säkularisation in der Haupt- und Residenzstadt München vgl. ARNDT-BAEREND, Die Klostersäkularisation in München 1802/03.
[510] Bei der Umgestaltung bzw. Aufhebung der Geheimen Schulkuratel am 6. April 1799 wurden deren Mitglieder Johann Kaspar von Lippert, Friedrich von Hertling (1729-1806), Eyb und Karl Albert von Vacchiery (1746-1807) ihrer Ämter enthoben; vgl. MÜLLER, Akademische Ausbildung zwischen Staat und Kirche, Teil 1, 91.
[511] Vgl. MÜLLER, Akademische Ausbildung zwischen Staat und Kirche, Teil 1, 91-102.
[512] Zu Lorenz von Westenrieder (1748-1829), der 1764 das Münchener Jesuitengymnasium absolviert hatte, vgl. ADB, Bd. 42, 173-181; BAUER, Der kurfürstliche geistliche Rat, 171, Anm. 18; Bayerische Bibliothek, Bd. 3, 1270f.; BOSL, Bayerische Biographie, 840; GrBBE, Bd. 3, 2091f.; GUGGENBERGER, Nekrologium, 27; HAEFS, Aufklärung in Altbayern. Leben, Werk und Wirkung Lorenz Westenrieders; HAEFS, Aufklärung in Altbayern; HAEFS, Art. Westenrieder, Lorenz v., in: LThK³, Bd. 10, 1118f.; HUFNAGEL, Berühmte Tote, 83f.; KRAUS, Gymnasium der Jesuiten, 187, 372, 628-630, 644; LEIT-

Fronhofer[513] berufen.[514] Bei der Auflösung des Geistlichen Rates am 6. Oktober 1802 wurde schließlich das alte Generalstudiendirektorium der Prälatenorden von dem neuen „Generalschul- und Studiendirektorium" faktisch abgelöst, das personell völlig neu besetzt wurde.[515] Als Vorstand wurde Johann Nepomuk von Fraunberg[516] ernannt, dem drei weitere Direktoren zur Seite standen: der Schulrat Johann Michael Steiner, Professor Thomas Joachim Schuhbauer und Pfarrer Wolfgang Hobmann[517]. „Die Kompetenzen der neuen Behörde betrafen die Aufsicht über die Professoren, die Lehrpläne, Lehrbücher, ja insgesamt die Verwaltung des Schulsystems einschließlich der dazugehörigen Immobilien."[518] Zur Verwaltung des Kirchen- und Stiftungsvermögens wurde der Administrationsrat der Kirchen und milden Stiftungen als rein weltliche Behörde errichtet.[519] Ihm gehörten an: der Präsident Maximilian von Seinsheim, Direktor Johann Evangelist Kittreiber, die ehemaligen Geistlichen Räte Johann Baptist von Vacchiery, Franz Xaver Joseph von Pettenkofen und Franz Felix Schober[520] und die Rechnungsräte Anton Hausmann[521] und Franz Jeremias Utz[522].

SCHUH, Matrikeln III, 102; NESNER, Metropolitankapitel, in: SCHWAIGER (Hg.), Monachium sacrum, Bd 1, 475-608, hier 518f.; PFISTER, Kollegiatstift, in: SCHWAIGER (Hg.), Monachium sacrum, Bd. 1, 291-473, hier 429; STOERMER, Verzeichnis der Mitglieder, 154; TRENNER, Lorenz von Westenrieder (1748-1829), in: SCHWAIGER (Hg.), Christenleben im Wandel der Zeit, Bd. 1, 352-363.
[513] Zu Fronhofer (1746-1800), der 1763 das Gymnasium in München absolviert hatte, vgl. BAUER, Der kurfürstliche geistliche Rat, 169, Anm. 11; Bayerische Bibliothek, Bd. 3, 1216f.; BOSL, Bayerische Biographie, 228; KRAUS, Gymnasium der Jesuiten, 98, 546, 637; LEITSCHUH, Matrikeln III, 94; STOERMER, Verzeichnis der Mitglieder, 59.
[514] Vgl. MÜLLER, Universität und Orden, 336.
[515] Das Generalstudiendirektorium der Prälatenorden blieb zwar bis zur Säkularisation der bayerischen landsässigen Klöster im Februar 1803 bestehen, hatte aber keinen bedeutenden Einfluss mehr; vgl. MÜLLER, Universität und Orden, 374-379. – Zur Reorganisation von 1799 und zur Aufhebung des Geistlichen Rates 1802 vgl. BAUER, Der kurfürstliche geistliche Rat, 276-291; MÜLLER, Universität und Orden, 337.
[516] Zu Josef Maria Johann Nepomuk von Fraunberg (1768-1842), der von 1821-1824 Bischof von Augsburg und von 1824-1842 Erzbischof von Bamberg wurde, vgl. BOSL, Bayerische Biographie, 218; GrBBE, Bd. 1, 559; URBAN, Art. Fraunberg, Josef Maria Johann Nepomuk von, in: GATZ (Hg.), Die Bischöfe der deutschsprachigen Länder 1785/1803 bis 1945, 206-208; WITETSCHEK, Studien zur kirchlichen Erneuerung im Bistum Augsburg, 9-14.
[517] Zu Pfarrer Wolfgang Hobmann (1759-1826), der von 1808-1810 dem Königlichen Erziehungsinstitut für Studierende als Diektor vorstand, vgl. GUGGENBERGER, Nekrologium, 88; SCHÄRL, Beamtenschaft, 129; STUBENVOLL, Geschichte des Königl. Erziehungs-Institutes, 408.
[518] MÜLLER, Akademische Ausbildung zwischen Staat und Kirche, Teil 1, 101.
[519] Vgl. BAUER, Der kurfürstliche geistliche Rat, 290.
[520] Zur Person Schobers vgl. BAUER, Der kurfürstliche geistliche Rat, 239, Anm. 31.
[521] Zu Hausmann vgl. BAUER, Der kurfürstliche geistliche Rat, 284, Anm. 35.
[522] Franz Jeremias Utz (* 1762) war von 1778-1783 Zögling des Kurfürstlichen Seminars in München und studierte seit 1783 an der Universität Ingolstadt. – Zu seiner Person vgl. StAM, WG 112-117; Al-

Schon am 6. September 1805 wurde das Generalschul- und Studiendirektorium wieder aufgelöst und das „Geheime Schul- und Studienbureau" geschaffen, das im Zuge des Behördenzentralismus' durch Erlass vom 29. Oktober 1806 dem Ministerium des Innern unterstellt wurde, zu dessen Präsident Johann Nepomuk Freiherr von Fraunberg ernannt wurde. Zu beigeordneten Referendaren wurden Joseph Wismayr und Wolfgang Hobmann erhoben.[523] Rainer A. Müller hält zu den Vorgängen von 1799 bis 1802 fest: „Mit der endgültigen Entlassung der Prälatenorden aus der Verantwortung für das bayerische höhere Schulwesen war es bis zur endgültigen Säkularisation desselben nur noch ein kleiner Schritt."[524]

---

bertinum B 26; BAUER, Der kurfürstliche geistliche Rat, 287, Anm. 44; LEITSCHUH, Matrikeln III, 171; PÖLNITZ, Matrikel Ingolstadt, 206.
[523] Vgl. MÜLLER, Akademische Ausbildung zwischen Staat und Kirche, Teil 1, 114.
[524] MÜLLER, Akademische Ausbildung zwischen Staat und Kirche, Teil 1, 101.

4. Die Domus Gregoriana unter Leitung eines Weltpriesters (1802-1805)

4.1. Das Kurfürstliche Seminar unter Leitung des Weltpriesters Anton Zistelsberger

Noch vor der Durchführung der großen Säkularisation der landsässigen Klöster im Kurfürstentum Bayern nach dem Reichsdeputationshauptschluss vom 25. Februar 1803 wurde das Inspektorat des Kurfürstlichen Seminars den Benediktinern entzogen und am 2. Dezember 1802 dem Weltpriester Anton Zistelsberger übertragen.[525] Das Protokoll der Übergabe wurde um 9.00 Uhr im Beisein des Generalschuldirektors Joachim Schuhbaur und des Aktuars Ignaz Auracher gehalten. Die Vorstellung des neuen Inspektors sollte „so viel möglich feyrlich, und mittls einer paßenden Anrede an die Versammelten"[526] vorgenommen werden. Bei seinem Amtsantritt hatte Zistelsberger die neu angeordnete Kaution von 500 fl. zu hinterlegen. Die Extradierung konnte erst am 4. Januar 1803 erfolgen, da P. Virgil Neuner sich Aufschub zur Fertigstellung der nötigen Akten erbeten hatte.[527]

Unter Inspektor Zistelsberger geschahen einschneidende Veränderungen. Zunächst wurde die Seminarkirche geschlossen, wenig später fast ihr ganzes Inventar versteigert.[528] Sodann wurde der alte Seminargarten in der Falkenau verkauft und mit dem Erlös der ehemalige Augustinergarten vor dem Schwabinger Tor erworben, da er näher zur Stadt lag.[529] Schließlich erfolgte unter seinem Inspektorat der Neubau des seit dem 1. Januar 1806 so genannten „Königlichen Erziehungsinstituts für Studierende" am lateinischen Schulhaus, das im Jahre 1802 in das aufgehobene Karmelitenkloster transferiert worden war.[530]

---

[525] Stubenvoll gibt bei Anton Zistelsberger die falsche Inspektoratszeit von 1804 bis 1806 an. Nach Stubenvoll sei P. Benno Ortmann OSB von 1802 bis 1804 Inspektor der Domus Gregoriana gewesen; vgl. STUBENVOLL, Geschichte des Königl. Erziehungs-Institutes, 408. – Das Ernennungsreskript für Zistelsberger vom 18. November 1802 in: BayHStA, GL Fasz. 2699/489.
[526] BayHStA, GL Fasz. 2699/489.
[527] Vgl. BayHStA, GL Fasz. 2699/489; Schreiben vom 31. Dezember 1802.
[528] Zur Seminarkirche und deren Schließung siehe weiter unten.
[529] Vgl. DREHER, Die Augustiner-Eremiten in München, 465.
[530] Zum Neubau des „Königlichen Erziehungsinstitutes für Studierende" am ehemaligen Karmelitenkloster an der Stelle des Karmelitenbrauhauses, auf den hier nicht länger eingegangen werden soll, vgl. weiter unten.

Im Schuljahr 1804/1805 hatte sich nach der Seminarrechnung ein Defizit von 4645 fl. 55 kr. ergeben. Zistelsberger war zum Handeln gezwungen und musste kurzfristig die ohnehin schon reduzierte Zahl der Seminaristen von 65 auf 36 verringern. Unter anderem wurden die beiden Seminaristen Josef Hammel und Georg Röckl entlassen, die aber gemäß höchstem Befehl vom 16. September 1805 wieder aufgenommen werden mussten.[531]

Das enorme Defizit hatte sich vor allem dadurch ergeben, dass Kurfürst Maximilian IV. Joseph am 14. September 1804 die so genannten Gratialien, die anfangs größtenteils in Naturalien bestanden hatten und mit der Zeit in Geldleistungen umgewandelt worden waren, aus staatlichen Sparmaßnahmen eingezogen hatte.[532] Schon im Jahre 1789 war von kurfürstlicher Seite versucht worden, die Gratialien einzuziehen, was den Widerstand D. Frigdian Greinwalds hervorrief. Die Hofkammer ließ daraufhin die Abgabe der Gratialien an das Kurfürstliche Seminar untersuchen.[533] Als Legitimationsgrundlagen hatte Inspektor Greinwald den Fundationsbrief vom 10. Mai 1654 der Kurfürstenwitwe Maria Anna, den Konfirmationsbrief vom 31. August 1662 des Kurfürsten Ferdinand Maria und das „Buch der Gutthäter" vorgelegt, „vermög welchen 1592 unterm Dato 20ten Januarii Sr. Drtl. Herzog Wilhelm wegen 40 armen Scholaren aus dero Hofküche monatlich an Schmalz, Mehl, Gersten so andern Victualien nebst Geldreichniß gdst. verwilliget haben"[534]. Durch einen Erlass der Hofkammer vom 5. November 1779 wurden statt dieser Viktualien jährlich 800 fl. und 5 Salzscheiben gegeben. Auch die so genannte Neujahrsschankung in Höhe von 200 fl., die das Haus vom Hofzahlamt empfing, wurde am 30. September 1780 bestätigt. Ferner wurden 50 Scheffel Korn und 20 Klafter Triftholz verabreicht.[535] Die Schulkuratel stellte das Ansinnen an die Hofkammer, „daß allzeit unaufhaltlich dieße gdste. Fundationum, und Gratialien bezahlt, und verabfolgt werden mögen"[536].

---

[531] Hammel war der Sohn eines Hauptmanns und Röckl ein Schlossdienersohn von Schleißheim; vgl. BayHStA, GL Fasz. 2700/494.
[532] Das Seminar hatte bisher vom Hofzahlamt jährlich eine Summe von 1040 fl. erhalten, die sich aus den von Kurfürst Maximilian I. als „Neujahrs-Schankung" bewilligten 200 fl., ferner aus 800 fl. statt der früher vom Hofküchenamt erhaltenen Viktualien und aus 40 fl. von der Armenkasse zusammensetzte. Hinzu kamen 50 Scheffel Korn vom Hofkastenamt, 20 Klafter Triftholz vom Hoftriftamt und 5 Säcke Salz vom Hofsalzamt; vgl. StAM, RA Fasz. 942/14745; Albertinum A 6/2.
[533] Vgl. „Conferenz Protocoll welches rücksichtlich deren dem hiesigen Chl. Sem. S. Gregorii M. gdst. bishero immer verwilligten Gratialien abgehalten worden" vom 24. September 1789 in: StAM, Albertinum A 6/2.
[534] StAM, Albertinum A 6/2.
[535] Vgl. StAM, RA Fasz. 942/14745; Albertinum A 6/2.
[536] StAM, Albertinum A 6/2.

Im Schreiben des Kurfürsten Max IV. Joseph vom 14. September 1804 hieß es dagegen, dass die Gratialien „keineswegs die Natur einer unveränderlichen Stiftung, sondern nur jene eines unständigen und widerruflichen Gratials mit sich führen"[537]. Mit dem Einzug der kurfürstlichen Zuwendungen drohte dem Seminar die gänzliche Auflösung.

Im folgenden Jahr hatte das Generalschul- und Studiendirektorium am 14. Juni 1805 versucht, dass das Seminar „zur möglichst baldigen Rettung jenes bedrängten vaterländischen Erziehungs-Instituts, welches nicht bloß einer palliativen, sondern einer gänzlichen Radikalkur bedarf"[538], die Gratialien wieder zu erhalten.

Am 18. September 1805 beantragte die Behörde zur Sanierung des Seminarhaushalts bei dem Ministerialdepartement in Geistlichen Sachen, dass die eingezogenen Gratialien durch ein Surrogat ersetzt werden sollten und erwähnte, dass „nothwendiger weise und vorzüglich alle von Eurer Kurf. Durchl. ehedem zur unentgeldlichen Verpflegung eingewiesenen Zöglinge, welche nur von den ehemaligen Gratialien verpflegt werden konnten, nach derselben Einziehung wieder aus dem Seminar entlassen werden mußten"[539]. Im Dezember 1805 setzte sich der Kirchenadministrationsrat erfolglos für den Wiedererhalt der Gratialien ein, ansonsten „muß sich das hiesige Seminar von selbst gänzlich und dieß in Bälde auflösen; welches aber für die vaterländischen Erziehungsanstalten um so betrübter wäre, da ihre Anzahl dieser Artn seit den vielen aufgelösten nicht im mindesten surrogierten Klosterstudenten Seminarien so klein ist"[540].

Unter Inspektor Anton Zistelsberger wurden erstmals die Seminaristen nach Verordnung vom 4. März 1805 gegen Pocken geimpft. Die entsprechende Anweisung erfolgte am 13. März durch das kurpfalzbayerische Oberkommissariat der Schulen und Studien. In Zukunft durfte in ein Kurfürstliches Erziehungsinstitut kein Knabe mehr aufgenommen werden, der nicht zuvor geimpft worden war.[541]

Mitte November 1805 war das Seminar durch die Zeitumstände des Krieges als Brot-, Hafer-, Mehl- und Salzmagazin benutzt worden. Hinzu kamen verschie-

---

[537] BayHStA, GL Fasz. 2697/477.
[538] BayHStA, GL Fasz. 2697/477. – Am 9. Juli 1805 wurde zwar ein weiteres Protokoll gehalten, das die Abgabe der Gratialien erneut untersuchte, doch ohne Erfolg; vgl. ebda.
[539] BayHStA, GL Fasz. 2700/494.
[540] BayHStA, GL Fasz. 2697/477; Schreiben vom 16. Dezember 1805.
[541] Vgl. BayHStA, GL Fasz. 2697/477; STAHLEDER, Chronik der Stadt München, Bd. 3, 540.

dene Depots von Uniformen und eine französische Kriegsschusterei mit 28 Leuten. Der Kirchenadministrationsrat hatte sich dafür eingesetzt, „daß sogleich in den ersten Tagen der künftigen Woche der größte und nothwendigste Theil des Seminariums Gebäude geleert wird"[542].
Auch der Weltpriester Zistelsberger blieb nicht sehr lange. Am 25. November 1805 verlieh ihm der Kurfürst Max IV. Joseph die Pfarrei Plattling.[543] Nachfolger Zistelsbergers wurde der Exbenediktiner Lambert Knittelmair aus dem ehemaligen Kloster Oberaltaich, der seit 1804 das Inspektorat des Straubinger Seminars besetzt hatte.[544] Erstmals wurde die Stelle des Münchener Inspektorats öffentlich im Churpfalzbaierischen Regierungsblatt vom 18. Dezember 1805 ausgeschrieben.[545] Die Anzeige war erfolgreich, denn hierauf hatten sich 15 Kandidaten beworben, nämlich Marian Walli[546], Exbenediktiner aus Rott am Inn, Vinzenz Stichaner[547], Exbenediktiner aus Andechs, Bernhard Kellermair[548],

---

[542] BayHStA, GL Fasz. 2699/489.
[543] Vgl. BayHStA, GL Fasz. 2699/489.
[544] Zu Lambert Knittelmayr (Knittelmeyer, Knittelmaier, Knidtlmayr, Knittelmair) (1769-1854), der das Inspektorat von 1806 bis 1808 versah und von 1808 bis 1850 die Ökonomie des Königlichen Erziehungs-Institutes für Studierende in München leitete, vgl. BayHStA, GR Fasz. 636/51; StAM, Albertinum A 89/1; A 93; BOSL, Bayerische Biographie (Ergänzungsband), 88; Catalogus Religiosorum; DEUTINGER, Geschichte des Schulwesens in Freising, 473; GAMBS, Personalstand, 194; GrBBE, Bd. 2, 1043; GUGGENBERGER, Nekrologium, 112; KNAB, Nekrologium, 126; LINDNER, Schriftsteller, Bd. 1, 132; REDLICH, Matrikel Salzburg, 666; SCHARNAGL, Art. Knittelmair, Lambert, in: MGG¹, Bd. 7, 1271f.; SCHEGLMANN, Säkularisation III/1, 607f.; STUBENVOLL, Geschichte des Königl. Erziehungs-Institutes, 408.
[545] „Bekanntmachung. (Die Wiederbesetzung eines erledigten Studenten-Seminariums-Inspektorats betreffend.) Mit dem Ende des heurigen Jahres wird ein Studenten-Seminariums-Inspektorat erledigt. Da nun wünscht, diese Stelle künftig von der mit ihr bisher damit verbundenen außerordentlichen Gymnasiums-Professur zu trennen, die gewöhnlichen Erträgnisse dieses Inspektorates aber für sich nebst freyer Kost, Wohnung, Beheizung, Trunk, u. dgl. zusammen nur in jährlichen 300 Fl. bestehen, die einem für dieses in mancher Hinsicht wichtige Amt ganz geeignetem Manne etwas zu gering scheinen dürften, so gedenkt die churfürstliche Landesdirektion von Baiern hiezu allenfalls einen Pensionär aus irgend einem nun aufgehobenen churpfalzbaierischen Stifte, wenn sich ein sowohl in der Pädagogik und Tonkunst, als auch in der Hauswirthschaft erfahrner gebildeter Mann finden wird, Seiner Churfürstlichen Durchlaucht mit fernerer Beybehaltung seiner ständischen Pension nebst obwähnten Erträgnissen in Vorschlag zu bringen. Wer also obigen Forderungen gehörig zu entsprechen hoft, hat sich der unterzeichneten churfürstlichen Stelle ehenächstens persönlich bekannt zu machen. München den 6ten Dezember 1805. Churfürstliche Landesdirektion von Baiern. Reichsfreyherr von Weichs, Präsident. Von Schmöger, Sekretär"; Churpfalzbaierisches Regierungsblatt, LI. Stück, München den 18. Dezember 1805, 1242.
[546] Zu Marianus Walli (1772-1812) vgl. BayHStA, GR Fasz. 636/51; Catalogus Religiosorum; RUF, Profeßbuch des Benediktinerstiftes Rott am Inn, 365f.; SCHEGLMANN, Säkularisation III/1, 737f.
[547] Zu Stichaner (1770-1819) vgl. BayHStA, GR Fasz. 636/51; Catalogus Religiosorum; SATTLER, Chronik von Andechs, 768; SCHEGLMANN, Säkularisation III/1, 208.

Exbenediktiner aus Weihenstephan, Augustin Klier[549], Exprämonstratenser aus Speinshart, Peter Pillach[550], Exaugustiner-Chorherr aus Beyharting, Gelasius Gail[551], Exaugustiner-Chorherr aus Polling, Korbinian Vogl[552], Exzisterzienser aus Fürstenfeld, Max Nonnosus Reinhard[553], Exbenediktiner aus Seeon, Marzelinus Schöffmann[554], Exaugustiner-Chorherr aus Schlehdorf, Albert Wenig[555], Exaugustiner-Chorherr aus St. Mang, Friedrich Wilhelm Ebole[556], Stadtpfarrer in Neuötting, Franz Xaver Seidel[557], aus St. Wolfgang, der Volkslehrer Josef Harpeintner[558], der ehemalige Inspektor Virgil Neuner und schließlich Lambert Knittelmair. Am 7. Januar 1806 wurde Knittelmair die Stelle des Inspektors verliehen. Bis zu seinem Umzug nach München wurde der im Seminar wohnende Benefiziat und einstige Präfekt Franz von Paula Ehrenhofer mit der Vertretung beauftragt. Das Übergabeprotokoll wurde am 6. Februar 1806 durchgeführt.[559]

---

[548] Zu Kellermair (1777-1836) vgl. BayHStA, GR Fasz. 636/51; Catalogus Religiosorum; GENTNER, Geschichte des Benedictinerklosters Weihenstephan, 249, 347f.; SCHEGLMANN, Säkularisation III/1, 871. – Nach Knab starb Kellermair im Jahre 1835; vgl. KNAB, Nekrologium, 300.

[549] Zu Klier, der ein bedeutender Schriftsteller war, vgl. BayHStA, GR Fasz. 636/51; BACKMUND, Ein Professbuch des Klosters Speinshart, in: Ostbairische Grenzmarken, 52-80, hier 62f.; SCHEGLMANN, Säkularisation III/2, 369-372.

[550] Nach Scheglmann könnte es sich um Georg Petrus Pöllath (1773-1839) handeln; vgl. BayHStA, GR Fasz. 636/51; SCHEGLMANN, Säkularisation III/2, 489; vgl. auch KNAB, Nekrologium, 412.

[551] Zu Gelasius Gail (1756-1832), der von 1768 bis 1774 Seminarist der Domus Gregoriana war, vgl. BayHStA, GR Fasz. 636/51; StAM, WG 100; Catalogus Pollingae; DÜLMEN, Töpsl, 89, 341; FRENINGER, Matrikelbuch, 73; GUGGENBERGER, Nekrologium, 3; LEITSCHUH, Matrikeln III, 144; PÖLNITZ, Matrikel Ingolstadt, 166; RESCH, BUZAS, Verzeichnis der Doktoren, Bd. 7, 9; SCHEGLMANN, Säkularisation III/2, 610f.

[552] Zu Vogl konnten keine biographischen Daten gefunden werden.

[553] Zu Reinhard (1779-1857), vgl. BayHStA, GR Fasz. 636/51; SCHEGLMANN, Säkularisation III/1, 774.

[554] Zu Marzelinus Schöffmann (1765-1818), der von 1780 bis 1784 das Kurfürstliche Seminar in München besucht hatte, vgl. BayHStA, GR Fasz. 636/51; StAM, WG 114-120; Albertinum B 26; LEITSCHUH, Matrikeln III, 174; SCHEGLMANN, Säkularisation III/2, 665f.

[555] Zu Albert Wenig (1772-1844), der von 1786 bis 1792 das Münchener Seminar besucht hatte und von 1806 bis 1815 als Präfekt im Königlichen Erziehungsinstitut für Studierende in München angestellt wurde, vgl. BayHStA, GR Fasz. 636/51; StAM, WG 121-126; GUGGENBERGER, Nekrologium, 115; LEITSCHUH, Matrikeln III, 193; SCHEGLMANN, Säkularisation III/2, 681; STUBENVOLL, Geschichte des Königl. Erziehungs-Institutes, 411.

[556] Zu Friedrich Ebole (1756-1827), der von 1769 bis 1774 Seminarist in der Domus Gregoriana war, vgl. BayHStA, GL Fasz. 2697/477; GUGGENBERGER, Nekrologium, 50; LEITSCHUH, Matrikeln III, 144.

[557] Zu Franz Xaver Seidel (1756-1834) vgl. GUGGENBERGER, Nekrologium, 49.

[558] Zu Harpeintner (* 1776), der von 1788 bis 1794 Seminarist des Kurfürstlichen Seminars war, vgl. BayHStA, GL Fasz. 2699/489; StAM, WG 124-130, 137, 138; LEITSCHUH, Matrikeln III, 198; PÖLNITZ, Matrikel Ingolstadt, 266.

[559] Vgl. „Protocoll welches bey Publicirung des allerhöchsten Reskripts vom 7. Jänner und allergnädigsten Kirchenadministrationsrats Befehl vom 10. hierauf unter dem heutigen wegen Anstellung des neuen Seminar Inspector Lampert Knittelmayr abgehalten worden ist den 6. Februar 1806" in: BayHStA, GL Fasz. 2699/489.

4.2. Ausblick in die Zeit nach 1806: Das „Königliche Erziehungsinstitut für Studierende" in München – seit 1905 „Königliches Erziehungsinstitut Albertinum"

Noch unter Anton Zistelsberger wurde mit dem Neubau des Institutsgebäudes am ehemaligen Karmelitenkloster, in das seit 1802 das Gymnasium verlegt worden war, an der Stelle des Brauhauses Anfang des Jahres 1805 begonnen, um mit der Schule räumlich verbunden zu sein.

Zunächst war im Sommer 1803 daran gedacht worden, das Seminar in den so genannten Augustinerstock zu verlegen, da man das alte Seminargebäude als Mautstation verwenden wollte.[560] Dabei wurde sogar die Frage gestellt, „ob es nicht besser, und zweckmäßiger wäre, die Kommuniät des Seminars aufzuheben, und die Zinsen des Fondes auf Stipendien verdienter Studierenden zu verwenden"[561]. Außerdem hatte eine Bauuntersuchung des Seminargebäudes ergeben, „daß das Hauptgebäude des Seminariums in etwas baufälligen Zustande, und die Dachstühle meistens schlecht unterzogen sich befinden"[562]. Um alle Schäden zu beheben, müsste eine Summe von 13973 fl. aufgewendet werden.[563] Zwischenzeitlich hatte Kurfürst Maximilian IV. Joseph am 13. September 1803 entschieden, die ehemalige Klosterkirche der Augustiner-Eremiten zur Hallanstalt einzurichten.[564]

Was nun das Seminar betraf, formulierte Schulrat Joachim Schubauer am 14. August 1804 einen neuen Gedanken. Da das Brauhaus am lateinischen Schul-

---

[560] Vgl. BayHStA, GL Fasz. 2837/1496; Reskript vom 3. August 1803.
[561] Die kurfürstliche Generalschul- und Studiendirektion lehnte die Aufhebung des Seminars in ihrem Schreiben vom 7. August 1803 entschieden ab. Wenn eine Aufhebung in wirtschaftlicher Hinsicht auch Vorteile erbringen würde, so wäre sie in Hinsicht auf den Zweck der Stiftung nachteilig. „Der Zweck dieser Stiftung kann nicht nur der seyn, den Armen das Studieren zu erleichtern, sondern er muß der höhere seyn, die moralische und wissenschaftliche Ausbildung der Armen, die sonst sehr vernachläßiget würden, nach den Absichten, und Vorschriften der Regierung mit Sicherheit befördern zu können. Dieser Zweck wird nur dann erreicht, wenn die Regierung die Erziehung leiten kann, und dieses kann sie nur in Instituten, die unter ihrer Aufsicht stehen." Ferner wurde noch der Wunsch geäußert, dass das Seminar in das ehemalige Augustinerkloster selbst versetzt werde, da durch die Vermietung des Augustinerstockes dem deutschen Schulfonds eine gute Einnahmequelle zufließen würde; BayHStA, GL Fasz. 2698/481; 2837/1496.
[562] „Die 3 darneben stehenden Wohnhäußer sind als ganz baufällig, und die Dachstühle gänzlich verfault befunden worden"; BayHStA, GL Fasz. 2837/1496; Protokoll vom 10. August 1803.
[563] Die Abschätzung der Baumaßnahmen am Seminargebäude, an der Kirche und an den drei Miethäusern wurde von Stadtmaurermeister Matthias Widmann und dem Zimmermeister Simon Kern aufgestellt; vgl. BayHStA, GL Fasz. 2837/1496; Gutachten vom 17. Dezember 1803.
[564] Vgl. BayHStA, GL Fasz. 2837/1496.

haus, das dem Großpriorat des Malteserordens am 29. Juni 1804 übergeben worden war, immer wieder für Beschwerden seitens der Professoren sorgte, beantragte Schubauer beim „Ministerial-Departement in Finanz-Angelegenheiten" „die lärmvollen Hallen des Bacchus von jenen stillern der Musen weisest zu entfernen" und stattdessen könnte das Brauhaus zum Studenten-Seminar umgeändert oder der Schulbuchverlag hier einziehen.[565] Schließlich stellte Schubauer am 12. Dezember 1804 den Antrag, das Studentenseminar nach den Plänen des Stadtbaudirektors Nikolaus Schedel von Greifenstein[566] an die Stelle des ehemaligen Karmelitenbrauhauses setzen zu dürfen. Am 2. Januar 1805 gab Kurfürst Maximilian IV. Joseph seine Genehmigung zum Abriss des Brauhauses und zum Neubau des Seminargebäudes am Schulhaus.[567] Am 22. Januar 1805 legte Nikolaus Schedel von Greifenstein den Plan zum Neubau vor und überschlug die Kosten mit 54000 fl. Nach der höchsten Genehmigung vom 4. Februar 1805 konnte mit den Abbrucharbeiten des Brauhauses und dem Neubau des Studentenseminars begonnen werden.[568] Der Kostenvoranschlag wurde allerdings bei weitem nicht eingehalten, denn die Kosten des Internatsgebäudes beliefen sich auf etwa 85700 fl.[569] König Maximilian I. Joseph sprach am 19. Juli 1806 seine höchste Zufriedenheit über den Neubau aus.[570] Am 6. August 1806 wurde die Erlaubnis erteilt, das neu erbaute und seit dem 1. Januar 1806 als „Königliches Erziehungsinstitut für Studierende" bezeichnete Haus, beziehen zu dürfen.[571]

---

[565] BayHStA, GL Fasz. 2698/479. – Kurfürst Maximilian IV. Joseph verfügte tatsächlich am 28. September 1804, das Brauhaus zu entfernen und wies darauf hin, dass das leer stehende Gebäude nun für ein anderes Institut zur Verfügung stehen würde; vgl. BayHStA, GL Fasz. 2698/481.
[566] Zum Stadtbaudirektor Nikolaus Schedel von Greifenstein (Greiffenstein) (1752-1810) vgl. BOSL, Bayerische Biographie, 669; LIPOWSKY, Baierisches Künstler-Lexikon, Bd. 2, 70; NERDINGER (Hg.), Klassizismus in Bayern, Schwaben und Franken, 441; THIEME-BECKER, Bd. 29, 596.
[567] Vgl. BayHStA, GL Fasz. 2698/481.
[568] Vgl. BayHStA, GL Fasz. 2837/1496.
[569] Vgl. BayHStA, GL Fasz. 2698/479 a; 2837/1496.
[570] Vgl. BayHStA, GL Fasz. 2837/1496.
[571] Vgl. BayHStA, GL Fasz. 2698/481. – Zur Geschichte des Königreichs Bayern vgl. BITTERAUF, Bayern als Königreich 1806-1906. Hundert Jahre vaterländische Geschichte; BONK, SCHMID (Hg.), Königreich Bayern. Facetten bayerischer Geschichte 1806-1919; ERICHSEN, HEINEMANN (Hg.), Bayerns Krone 1806. 200 Jahre Königreich Bayern; FISCHER, KRATZER (Hg.), Unter der Krone 1806-1918. Das Königreich Bayern und sein Erbe; GLASER (Hg.), Krone und Verfassung. König Max I. Joseph und der neue Staat. Beiträge zur Bayerischen Geschichte und Kunst 1799-1825; JUNKELMANN, Napoleon und Bayern. Von den Anfängen des Königreiches; KÖRNER, Geschichte des Königreichs Bayern; KÖRNER, Staat und Geschichte im Königreich Bayern 1806-1918; KRAMER, Bayerns Erhebung zum Königreich. Das offizielle Protokoll zur Annahme der Königswürde am 1. Januar 1806, in: ZBLG 68 (2005), 815-834; SCHMID (Hg.), 1806 Bayern wird Königreich. Vorgeschichte, Inszenierung, europäischer Rahmen; TREML (Hg.), Geschichte des modernen Bayern. Königreich und Freistaat; WEIS, Die Begründung des modernen bayerischen Staates unter König Max I. (1799-1825), in:

Bedeutendster Leiter des Internats im 19. Jahrhundert, der nun als Direktor bezeichnet wurde, war Benedikt von Holland von 1810 bis 1824, der das Erziehungsinstitut reorganisierte, Erweiterungsbauten vornehmen ließ und die kirchenmusikalischen Verpflichtungen 1811 beendete.[572] Durch die Erweiterung des Internatsgebäudes und den Bau eines großen Speisesaals im Innenhof der ehemaligen Klosteranlage konnten etwa 150 Zöglinge aufgenommen werden. Größtes Ziel Hollands war allerdings die Errichtung eines eigenen Institutsgymnasiums, was nach einigen Hindernissen schließlich 1817 gelang.[573]

Nach seinem großen Reorganisator Direktor Benedikt von Holland wurde das Königliche Erziehungsinstitut auch „Hollandeum", „Hollandium" und „Holland'sches Institut" genannt.[574] Das Institutsgymnasium – das zweitälteste Gymnasium Münchens – wurde 1824 als das „Neue Gymnasium" auch anderen Schülern geöffnet und trägt seit dem Schuljahr 1849/1850 den Namen „Ludwigsgymnasium".[575]

Besondere Förderung galt der Musik- und Kunsterziehung. Zahlreiche Mitglieder der Königlichen Hofmusik erteilten den Zöglingen Musikunterricht.[576] Unter den Lehrern im Zeichnen finden sich die Namen Franz Dahmen, Maximilian Frank, Philipp Joseph Krauss und Julius Zimmermann.[577]

HBG², Bd. 4/1, 3-126; WEIS, Das neue Bayern – Max I. Joseph, Montgelas und die Entstehung und Ausgestaltung des Königreichs 1799-1825, in: GLASER (Hg.), Wittelsbach und Bayern III/1, 49-64. – Zur Geschichte des Königlichen Erziehungsinstituts für Studierende seit 1806 vgl. 400 Jahre Albertinum 1574-1974, 16-39; PUTZ, Domus Gregoriana, 71f.; PUTZ, WEYERER, Historisches I-III, in: Jahresbericht des Studienseminars Albertinum 1998/1999, 12-47; STUBENVOLL, Geschichte des Königl. Erziehungs-Institutes, 317-405.

[572] Vgl. STUBENVOLL, Geschichte des Königl. Erziehungs-Institutes, 329-385. – Auf den Exbediktiner Benedikt von Holland folgten die Weltpriester Johann Evangelist Paintner (Direktor 1824-1830), Anton Mengein (1830-1834), Josef Kreil (1834-1836) und Josef Anton Geyr (1836-1840); vgl. STUBENVOLL, Geschichte des Königl. Erziehungs-Institutes, 408f.; WEYERER, Direktoren, in: Jahresbericht des Studienseminars Albertinum 2007/2008, 116-120, hier 118.

[573] Vgl. STUBENVOLL, Geschichte des Königl. Erziehungs-Institutes, 356.

[574] Vgl. Gedenkblatt zur Erinnerung an die Jubelfeier anläßlich des 350jähr. Bestehens, hg. vom K. Erziehungsinstitut für Studierende (Hollandeum) nunmehr Albertinum zu München; STUBENVOLL, Geschichte des Königl. Erziehungs-Institutes für Studirende (Holland'sches Institut) in München.

[575] Vgl. Jahres-Bericht über das Königliche Ludwigs-Gymnasium und das Königliche Erziehungs-Institut für Studirende in München im Studienjahr 1849/50. – Zur Geschichte des Ludwigsgymnasiums vgl. GUGGENBERGER, Geschichte des Ludwigsgymnasiums in München (1824-1924); PAUL, Aus der Geschichte des Ludwigsgymnasiums, in: Jahresbericht des Ludwigsgymnasiums München 1998/99. 175 Jahre Ludwigsgymnasium München. Festschrift und Bericht über das Schuljahr 1998/99.

[576] Eine Liste der Musiklehrer von 1801-1874 in: STUBENVOLL, Geschichte des Königl. Erziehungs-Institutes, 418-420. – Eine Ergänzung der Musiklehrer für die Zeit nach 1874 in: Gedenkblatt zur Erinnerung an die Jubelfeier anläßlich des 350jähr. Bestehens.

[577] Vgl. STUBENVOLL, Geschichte des Königl. Erziehungs-Institutes, 418. – Zu Franz Dahmen (1793-1865) vgl. PROCHAZKA, Art. Dahmen, Franz, in: Münchner Maler, Bd. 1, 201; THIEME-BECKER, Bd.

Manche namhafte Künstler des 19. und 20. Jahrhunderts wie zum Beispiel Wilhelm von Harnier[578] (Zögling von 1812 bis 1817), Maximilian Haushofer[579] (1821-1829), Wilhelm Obletter[580] (1901-1906), Eduard Schleich der Jüngere[581] (1866-1871) und Willibald Wex[582] (1842-1844) erlernten im Königlichen Erziehungsinstitut die Anfänge des Zeichnens.

Berühmtester Zögling unter Direktor Benedikt von Holland wurde auf Vermittlung König Maximilians I. Joseph Herzog Maximilian, der von 1817 bis 1824 im Institutsgebäude lebte.[583] Überhaupt vertrauten bayerische Adelsfamilien ihre Söhne dem Erziehungsinstitut an. So finden sich unter den Zöglingen der Zeit von 1806 bis 1918 die Adelsfamilien von Andrian, von Aretin, von Berchem, von Bibra, von Branca, von Brentano, von Castell, von Dall'Armi, von Deroy, von Freyberg, von Fugger, von Hegnenberg, von Hirschberg, von Holnstein, von Hundt, von Krauß, von Kreith, von Lerchenfeld, von Leyden, von Löwenstein, von Maffei, von Magerl, von Miller, von Ow, von Pechmann, von Perfall, von Poißl, von Preysing, von Rambaldi, von Reigersberg, von Ruffin, von Sprety, von Stengel, von Stetten, von Tauffkirchen, von Tautphöus, von Thüngen,

---

8, 279f. – Zu Maximilian Frank (Franck) (ca. 1780-1830) vgl. THIEME-BECKER, Bd. 12, 353. – Zu Philipp Joseph Krauss (1789-1864) vgl. BARANOW, Art. Krauss (Kraus), Philipp Joseph, in: Münchner Maler, Bd. 2, 385; THIEME-BECKER, Bd. 21, 455. – Zu Julius Zimmermann (1824-1906) vgl. LUDWIG, Art. Zimmermann, Julius, in: Münchner Maler, Bd. 4, 420; THIEME-BECKER, Bd. 36, 514.

[578] Zu Wilhelm von Harnier (1800-1838) vgl. LUDWIG, Art. Harnier, Wilhelm I. von, in: Münchner Maler, Bd. 2, 94f.; THIEME-BECKER, Bd. 16, 47.

[579] Zu Maximilian Haushofer (1811-1866) vgl. ADB, Bd. 11, 92f.; BOSL, Bayerische Biographie, 313; HUFNAGEL, Berühmte Tote, 264f.; LUDWIG, Art. Haushofer, Maximilian, in: Münchner Maler, Bd. 2, 106-109; OBERMAYER, Maximilian Haushofer 1811-1866. Ein Beitrag zur Münchner Landschaftsmalerei, in: OA 102 (1977), 32-122; THIEME-BECKER, Bd. 16, 142f.; VEVERKOVA-ROUSOVA, Maximilian Haushofer 1811-1866. Lehrer für Landschaftsmalerei an der Akademie der bildenden Künste in Prag.

[580] Zu Wilhelm Obletter (1891-1974) vgl. BARANOW, Art. Obletter, Willi (Wilhelm), in: Münchner Maler, Bd. 6, 142f.

[581] Zu Eduard Schleich der Jüngere (1853-1893) vgl. ADB, Bd. 54, 31-33; BOSL, Bayerische Biographie, 677; GRBBE, Bd. 3, 1729; LUDWIG, Art. Schleich der Jüngere, Eduard, in: Münchner Maler, Bd. 4, 54-56; THIEME-BECKER, Bd. 30, 100.

[582] Zu Willibald Wex (1831-1892) vgl. LUDWIG, Art. Wex, Willibald, in: Münchner Maler, Bd. 4, 370; THIEME-BECKER, Bd. 35, 465f.; ZUBER, Nördliche Friedhof, 83.

[583] Zu Herzog Maximilian (1808-1888) vgl. BOSL, Bayerische Biographie, 513; CHRISTL, Herzog Max und Sisi in Unterwittelsbach; DREYER, Herzog Maximilian in Bayern, der erlauchte Freund und Förderer des Zitherspiels und der Gebirgspoesie; DREYER, Maximilian Herzog in Bayern. Schriftsteller und Komponist 1808-1888, in: Lebensläufe aus Franken 1 (1919), 310-326; HERES, Erinnerung an den »Zithermaxl« Maximilian, Herzog in Bayern, in: WAGNER-JÜDE (Hg.), Das Land ist gut, lieblich anzusehen. Eine Reise durch die Vielfalt Bayerns, 123-134; KÖRNER, Art. Maximilian, Herzog in Bayern, in: NDB, Bd. 16, 495f.; SCHUSSER, Herzog Max in Bayern und die Volksmusik, in: GRAD (Hg.), Die Wittelsbacher im Aichacher Land, 317-325.

von Törring, von Ysenburg, von Zobel und von Zündt, die in Bayern ansässig waren.

Ein Novum war auch die Aufnahme von protestantischen Zöglingen seit dem Direktorat Wolfgang Josef Hobmanns (Direktor 1808-1810). Etwa 50 evangelische Zöglinge lassen sich bis zur Übernahme des Institutes durch den Benediktinerorden nachweisen.[584]

Im Jahre 1840 übertrug König Ludwig I. das Erziehungsinstitut den Benediktinern, die der König seit 1830 wieder in Bayern eingeführt hatte.[585] Erster Direktor wurde P. Franz Xaver Sulzbeck aus Metten.[586] König Maximilian II. stiftete als großer Förderer der Kunst und der Wissenschaft 1852 zur Elitenbildung das Maximilianeum.[587] Von 1852 bis 1918 fanden zwölf Absolventen des

---

[584] Erst mit der Übernahme der Leitung durch die Benediktiner wurden keine Protestanten mehr aufgenommen; vgl. die gedruckten Jahresberichte des Königlichen Erziehungsinstituts für Studierende in München von 1808 bis 1840.

[585] Die Urkunde König Ludwigs I. vom 13. Mai 1840 in: STUBENVOLL, Geschichte des Königl. Erziehungs-Institutes, 397f. – Zu König Ludwig I. (1786-1868, König von 1825-1848) vgl. ADB, Bd. 19, 517-527; BOSL, Bayerische Biographie, 494; BÜTTNER, Ludwig I. Kunstförderung und Kunstpolitik, in: SCHMID, WEIGAND (Hg.), Die Herrscher Bayerns, 310-329; KÖRNER, Art. Ludwig I., in: LThK³, Bd. 6, 1090; KRAUS, Art. Ludwig I., in: NDB, Bd. 15, 367-374; NÖHBAUER, Die Wittelsbacher, 266-285; SCHWAIGER, Art. Ludwig I., in: HEIM (Hg.), Theologen, Ketzer, Heilige, 247f.; KRAUS, Die Regierungszeit Ludwigs I. (1825-1848), in: HBG², Bd. 4/1, 129-234; SEPP, Ludwig Augustus König von Bayern und das Zeitalter der Wiedergeburt der Künste. – Zur Wiedererrichtung der Benediktiner in Bayern vgl. RENNER, Die benediktinische Restauration in Bayern seit 1830, in: Rottenburger Jahrbuch für Kirchengeschichte 6 (1987), 57-85; RENNER, Die Restauration des Benediktiner- und Zisterzienserordens seit 1830, in: HBKG, Bd. 3, 737-753; SCHWAIGER, Die benediktinischen Klostergründungen König Ludwigs I. von Bayern, in: BOSL, LECHNER, SCHÜLE, ZÖLLER (Hg.), Andechs. Der Heilige Berg. Von der Frühzeit bis zur Gegenwart, 84-94.

[586] Auf P. Franz Xaver Sulzbeck (Direktor 1840-1841) folgten die Direktoren: P. Placidus Lacense aus Metten (1841-1851) und P. Gregor Höfer aus Metten (1851-1864); vgl. STUBENVOLL, Geschichte des Königl. Erziehungs-Institutes, 409; WEYERER, Direktoren, in: Jahresbericht des Studienseminars Albertinum 2007/2008, 116-120, hier 118.

[587] Zur Geschichte des Maximilianeums vgl. ALTMANN, Das Maximilianeum in München; GOLLWITZER, 100 Jahre Maximilianeum 1852-1952. – Zu König Maximilian II. (1811-1864, König seit 1848) vgl. ADB, Bd. 21, 39-53; BOSL, Bayerische Biographie, 512; König Maximilian II. von Bayern 1848-1864; KÖRNER, Art. Maximilian II. Joseph, in: LThK³, Bd. 7, 3; KRAUS, Art. Maximilian II., in: NDB, Bd. 16, 490-495; KRAUS, Ringen um kirchliche Freiheit. Maximilian II., in: HBKG, Bd. 3, 168-204; MERZ, Max II. Die soziale Frage, in: SCHMID, WEIGAND (Hg.), Die Herrscher Bayerns, 330-342; MÜLLER, König Maximilian II. von Bayern 1848-1864; NÖHBAUER, Die Wittelsbacher, 286-298; SING, Die Wissenschaftspolitik Maximilians II. von Bayern (1848-1864). Nordlichterstreit und gelehrtes Leben in München; WEIGAND, König Maximilian II. Kultur- und Wissenschaftspolitik im Dienst der bayerischen Eigenstaatlichkeit, in: BONK, SCHMID (Hg.), Königreich Bayern. Facetten bayerischer Geschichte 1806-1919, 75-94.

Ludwigsgymnasiums Aufnahme im Königlichen Maximilianeum, worunter sich acht Zöglinge des Königlichen Erziehungsinstituts befanden.[588] Seit 1864 übernahmen Benediktiner aus der 1850 durch Ludwig I. gestifteten Abtei St. Bonifaz die Leitung des Hauses.[589] In der Regentenzeit König Ludwigs II. konnte im Jahre 1874 die 300-Jahrfeier des Erziehungsinstitutes begangen werden.[590] Aufgrund personeller Schwierigkeiten des Stifts St. Bonifaz wurde 1893 das Direktorat an den Weltpriester Johann Baptist Neudecker übergeben.[591] Durch höchstes Reskript vom 20. Mai 1905 wurde das Erziehungsinstitut

---

[588] Die Stipendiaten aus dem Königlichen Erziehungsinstitut waren: Rudolf Alberstötter (Zögling von 1871 bis 1875), Johann Buck (1904-1908), Georg Bührer (1886-1892), Josef Enzensperger (1884-1890), August Jehle (1886-1895), Franz Kobler (1875-1879), Otto Maul (1875-1881) und Friedrich Rösch (1877-1881); vgl. GOLLWITZER, 100 Jahre Maximilianeum 1852-1952, 215-217, 220f., 225.

[589] Bereits in der Stiftungsurkunde von St. Bonifaz vom 11. November 1850 verfügte König Ludwig I. in Artikel III: „Sollte die Abtei entweder schon gleich anfänglich oder doch wenigstens in der Folgezeit die nothwendige Anzahl gehörig qualifizierter Conventualen gewinnen, so genehmigen Wir, daß derselben die Versehung des kgl. Erziehungsinstitutes für Studirende dahier, und, wenn thunlich, auch des mit diesem Institute in Verbindung stehenden Ludwigs-Gymnasiums gegen Bezug der diesen beiden Anstalten zukommenden Renten und allenfallsiger Erübrigungen am Gehalte der Professoren übertragen werde"; Zitat nach STUBENVOLL, Geschichte des Königl. Erziehungs-Institutes, 400f. – Erster Direktor der Benediktiner aus St. Bonifaz in München war P. Benedikt Zenetti, der 1872 zum Abt gewählt wurde. Er versah das Direktorat von 1864 bis 1866. Auf Zenetti folgten P. Aegidius Hennemann (Direktor 1866-1870) und P. Pius Gams (1870-1872). Von 1872 bis 1879 half P. Pius Bayer aus der Abtei Scheyern aus. Von 1879 bis 1884 war P. Maurus Buchert und von 1884 bis 1893 P. Wilhelm von Coulon Direktor des Erziehungsinstitutes; vgl. STUBENVOLL, Geschichte des Königl. Erziehungs-Institutes, 409; Gedenkblatt zur Erinnerung an die Jubelfeier anläßlich des 350jähr. Bestehens. – Zur Geschichte der Abtei St. Bonifaz vgl. FORSTER, Das gottselige München, 865-892; HEMMERLE, Die Benediktinerklöster in Bayern, 169-171; KLEMENZ (Bearb.), Lebendige Steine. St. Bonifaz in München. 150 Jahre Benediktinerabtei und Pfarrei; LANDERSDORFER, Die Anfänge der Benediktinerabtei St. Bonifaz in München, in: Beiträge zur altbayerischen Kirchengeschichte 45 (2000), 155-177; LANG, Hundert Jahre St. Bonifaz in München 1850-1950; STUBENVOLL, Die Basilika und das Benediktinerstift St. Bonifaz in München.

[590] Zu diesem Jubiläum gab P. Beda Stubenvoll seine „Geschichte des Königl. Erziehungs-Institutes für Studirende (Holland'sches Institut) in München aus Anlaß des 300jährigen Bestehens dieser Anstalt" heraus. Die Festkarte zu diesem Ereignis mit zwei Fotografien, die das Königliche Erziehungsinstitut und die Studienkirche zeigen, siehe unter Abbildung Nr. 12. – Zu König Ludwig II. (1845-1886, König seit 1864) vgl. ALBRECHT, Art. Ludwig II., in: NDB, Bd. 15, 374-379; BÖHM, Ludwig II. König von Bayern. Sein Leben und seine Zeit; BOSL, Bayerische Biographie, 495; BOTZENHART, „Ein Schattenkönig ohne Macht will ich nicht sein." Die Regierungstätigkeit König Ludwigs II. von Bayern; HERRE, Ludwig II. von Bayern. Sein Leben – Sein Land – Seine Zeit; HÜTTL, Ludwig II. König von Bayern. Eine Biographie; KÖRNER, Art. Ludwig II., in: LThK³, Bd. 6, 1090f.; NÖHBAUER, Die Wittelsbacher, 299-319; RALL, PETZET, König Ludwig II.; RICHTER, Ludwig II. König von Bayern; RUMSCHÖTTEL, Ludwig II. Das Leiden am Reich, in: SCHMID, WEIGAND (Hg.), Die Herrscher Bayerns, 343-358; SCHAD, Ludwig II.

[591] Neudecker war von 1893 bis 1899 Direktor des Königlichen Erziehungsinstitutes und wurde 1911 als Weihbischof in München und Freising ernannt. – Zu seiner Person (1840-1926) vgl. GATZ, Art. Neudecker, Johann Baptist von, in: DERS. (Hg.), Die Bischöfe der deutschsprachigen Länder 1785/1803 bis 1945. Ein biographisches Lexikon, 532f.; NESNER, Das Metropolitankapitel zu Mün-

unter Direktor Alois Grießmayr (Direktor 1899-1925) und Prinzregent Luitpold in „Königliches Erziehungsinstitut Albertinum" umbenannt, um an die Stiftung durch Herzog Albrecht V. zu erinnern.[592]
Als hervorragende Zöglinge des Königlichen Erziehungsinstitutes für Studierende in München können aus der Zeit von 1806 bis 1918 zum Beispiel genannt werden: der Rechtshistoriker Karl von Amira[593] (Zögling von 1861 bis 1862), der bayerische Ministerpräsident Otto von Dandl[594] (1877-1886), der Ingenieur und Begründer des Deutschen Museums Oskar von Miller[595] (1866-1867), der Intendant Karl Freiherr von Perfall[596] (1834-1841), der Münchener Erzbischof Karl August Kardinal Graf von Reisach[597] (1811-1816) und der bayerische Minister Gustav von Schlör[598] (1830-1837).

---

chen (seit 1821), in: SCHWAIGER (Hg.), Monachium sacrum, Bd. 1, 475-613, hier 495f.; WEYERER, Direktoren, in: Jahresbericht des Studienseminars Albertinum 2007/2008, 116-120, hier 118.

[592] Vgl. Jahres-Bericht über das Königliche Ludwigs-Gymnasium und das Königliche Erziehungs-Institut Albertinum in München für das Studienjahr 1904/1905, 59. – Zu Prinzregent Luitpold (1821-1912, Regent seit 1886) und die nach ihm benannte Prinzregentenzeit vgl. ALBRECHT, Art. Luitpold, Prinzregent von Bayern, in: NDB, Bd. 15, 505f.; BOSL, Bayerische Biographie, 497f.; GÖTZ, SCHACK-SIMITZIS (Hg.), Die Prinzregentenzeit; MÖCKL, Prinzregent Luitpold von Bayern (1886-1912), in: SCHWAIGER (Hg.), Christenleben im Wandel der Zeit, Bd. 2, 200-214; MÖCKL, Die Prinzregentenzeit. Gesellschaft und Politik während der Ära des Prinzregenten Luitpold in Bayern; NÖHBAUER, Die Wittelsbacher, 324-329; WEIGAND, Prinzregent Luitpold. Die Inszenierung der Volkstümlichkeit?, in: SCHMID, WEIGAND (Hg.), Die Herrscher Bayerns, 359-375.

[593] Zu Karl von Amira (1848-1930) vgl. BOSL, Bayerische Biographie, 18; GrBBE, Bd. 1, 42; LANDAU, NEHLSEN, SCHMOECKEL (Hg.), Karl von Amira zum Gedächtnis; LIERMANN, Art. Amira, Karl Konrad Ferdinand Maria v., in: NDB, Bd. 1, 249; PUNTSCHART, Karl von Amira und sein Werk; SCHEIBMAYR, Letzte Heimat, 151; STOERMER, Gesamtverzeichnis der Mitglieder, 26.

[594] Zu Otto von Dandl (1868-1942) vgl. BOSL, Bayerische Biographie, 127; KRENN, Otto von Dandl. Der letzte Ministerpräsident des Königs, in: Jahresbericht des Historischen Vereins für Straubing und Umgebung 94 (1992), 451-466; SCHÄRL, Beamtenschaft, 91.

[595] Zu Oskar von Miller (1855-1934) vgl. BOSL, Bayerische Biographie, 527f.; FÜBL, Art. Miller, v. Oskar, in: NDB, Bd. 17, 517-519; GrBBE, Bd. 2, 1320f.; MILLER, Oskar von Miller; SCHEIBMAYR, Letzte Heimat, 244; WIENINGER, Bayerische Gestalten, 311-320; ZENNECK, Oskar von Miller.

[596] Zu Karl Freiherr von Perfall (1824-1907) vgl. BOSL, Bayerische Biographie, 578; DÖGE, SIETZ, Art. Perfall, Karl Freiherr von, in: MGG² P, Bd. 13, 307f.; GrBBE, Bd. 3, 1472.

[597] Zu Karl August Kardinal Graf von Reisach (1800-1869) vgl. BOSL, Bayerische Biographie, 624; GARHAMMER, Karl August Graf von Reisach, Erzbischof von München und Freising (1846-1856), Kardinal, in: SCHWAIGER (Hg.), Christenleben im Wandel der Zeit, Bd. 2, 127-137; GARHAMMER, Die Regierung des Erzbischofs Karl August Grafen von Reisach (1846-1856), in: SCHWAIGER (Hg.), Das Erzbistum München und Freising im 19. Jahrhundert und 20. Jahrhundert, 75-124; GARHAMMER, Art. Reisach, Karl August Graf v., in: LThK³, Bd. 8, 1022f.; GOETZ, Karl August Graf von Reisach, in: Lebensläufe aus Franken 1 (1919), 371-379; RIEDER, Kardinal Graf Reisach, hauptsächlich sein Erziehungs- und Bildungsweg, in: Neuburger Kollektaneen-Blatt 74 (1910), 1-35; WEITLAUFF, Art. Reisach, Karl August Graf von, in: NDB, Bd. 21, 382f.

[598] Zu Gustav von Schlör (1820-1883) vgl. BOSL, Bayerische Biographie, 679; GrBBE, Bd. 3, 1733; HÄMMERLE, Gustav von Schlör. Ein Beitrag zur bayerischen Geschichte des 19. Jahrhunderts; SCHÄRL, Beamtenschaft, 111.

Mit der Abdankung König Ludwigs III. im Jahre 1918 erlosch das Königreich Bayern.[599] Dementsprechend wurde das Internat in „Staatliches Albertinum" umbenannt. Durch Bombenangriffe im Zweiten Weltkrieg in der Nacht vom 24. zum 25. April 1944 schwer beschädigt, wurde das Albertinum 1950 auf Vermittlung des Kronprinzen Rupprecht ins Schloss Tegernsee verlegt.[600] Auch in der jüngeren Vergangenheit zeigte sich die Verbindung des Hauses Wittelsbach zu ihrer Stiftung. So legten Herzog Franz von Bayern[601] und Weihbischof Johannes Neuhäusler[602] am 15. Juli 1963 den Grundstein zum Neubau des Internatsgebäudes am Westpark in Nachbarschaft des Ludwigs- und Erasmus-Grasser-Gymnasiums.[603] Im Jahre 1964 wurde der Betrieb wieder in München aufgenommen.[604] Aufgrund rückgängiger Anmeldungen für das Internat wurde unter Direktor Dieter Olbrich (seit 1990) der Internatsbetrieb im Jahre 1994 geschlossen, womit eine jahrhundertealte Tradition beendet wurde.[605] Ein Rückgriff zum einstigen Stifterwillen gelang mit dem Einzug der Domsingschule 1991 in das Gebäude.[606] Nach einigen Jahrzehnten mussten umfangreiche Umbau- und Modernisierungsarbeiten am Studien- und Wirtschaftsgebäude durchgeführt werden. Die Einwei-

---

[599] Zu König Ludwig III. (1845-1921, König von 1913-1918) vgl. BECKENBAUER, Ludwig III. von Bayern 1845-1921. Ein König auf der Suche nach seinem Volk; BOSL, Bayerische Biographie, 495; KÖRNER, Art. Ludwig I., in LThK³, Bd. 6, 1091; KÖRNER, Ludwig III. von Bayern (1913-1918), in: SCHWAIGER (Hg.), Christenleben im Wandel der Zeit, Bd. 2, 215-231; KÖRNER, Ludwig III. Totengräber der Monarchie?, in: SCHMID, WEIGAND (Hg.), Die Herrscher Bayerns, 376-388; NÖHBAUER, Die Wittelsbacher, 329-334; ZORN, Art. Ludwig III., in: NDB, Bd. 15, 379-381.
[600] Vgl. 400 Jahre Albertinum 1574-1974, 25; WEYERER, Aus der Geschichte des Albertinums. Schloss Tegernsee 1950-1964, in: Jahresbericht des Studienseminars Albertinum 2006/2007, 40f. – Zu Kronprinz Rupprecht (1869-1955) vgl. BOSL, Bayerische Biographie, 654; GOETZ, Rupprecht von Bayern 1869-1955. Ein Nachruf; WEIß, Kronprinz Rupprecht von Bayern. Eine politische Biografie; WEIß, Art. Rupprecht, Kronprinz von Bayern, in: NDB, Bd. 22, 285f.
[601] Seine Königliche Hoheit Herzog Franz von Bayern ist bis heute Mitglied des Stiftungskuratoriums und hält dadurch die Verbindung des Hauses Wittelsbach zur Stiftung aufrecht.
[602] Zu Weihbischof Dr. Johannes Baptist Neuhäusler (1888-1973) vgl. BOSL, Bayerische Biographie, Ergänzungsbd. 127; LANDERSDORFER, Art. Neuhäusler, Johannes, in: GATZ (Hg.), Die Bischöfe der deutschsprachigen Länder 1945-2001. Ein biographisches Lexikon, 398f.; NESNER, Das Metropolitankapitel zu München (seit 1821), in: SCHWAIGER (Hg.), Monachium sacrum, Bd. 1, 475-608, hier 501f.; PFISTER, Weihbischof Johannes Neuhäusler (1888-1973), in: SCHWAIGER (Hg.), Christenleben im Wandel der Zeit, Bd. 2, 362-387.
[603] Vgl. PUTZ, WEYERER, Historisches I-III, in: Jahresbericht des Studienseminars Albertinum 1998/1999, 12-47, hier 42f.
[604] Vgl. THOLL, Heimkehr des Albertinums von Tegernsee nach München 1964, in: Jahresbericht des Studienseminars Albertinum 2002/2003, 16-20.
[605] Vgl. PUTZ, WEYERER, Historisches I-III, in: Jahresbericht des Studienseminars Albertinum 1998/1999, 12-47, hier 45.
[606] Vgl. OLBRICH, Herzlichen Glückwunsch: 15 Jahre Münchner Domsingschule, in: Jahresbericht des Studienseminars Albertinum 2006/2007, 128.

hung des renovierten Hauses konnte am 15. März 1991 in Anwesenheit Friedrich Kardinal Wetters[607] und Kultusminister Hans Zehetmairs begangen werden. Am 1. August 1995 übernahm das Erzbischöfliche Ordinariat die Aufsicht über die Stiftung des Studienseminars Albertinum vom Freistaat Bayern. Im Jahr 1999 wurde das 425jährige Jubiläum begangen.[608]

---

[607] Zu Friedrich Kardinal Wetter (* 1928) vgl. LANDERSDORFER, Art. Wetter, Friedrich, in: GATZ (Hg.), Die Bischöfe der deutschsprachigen Länder 1945-2001. Ein biographisches Lexikon, 396f.; PFISTER (Hg.), Gottes Wort in die Zeit. 25. Jahre Erzbischof Friedrich Kardinal Wetter. Silvesterpredigten und Chronik der Erzdiözese München und Freising 1982-2007.
[608] Vgl. Jahresbericht des Studienseminars Albertinum 1998/1999.

5. Die Bewohner des Kurfürstlichen Seminars: Hausvorstände, Seminaristen und Dienstpersonal

5.1. Die Hausleitung der Domus Gregoriana

5.1.1. Der Inspektor

Seit der Gründung der Domus Gregoriana als eine Institution des Münchener Jesuitenkollegs übte der Rektor des Kollegs die Oberaufsicht aus. Im Fundationsbrief der Domus Gregoriana von 1654 heißt es über die Leitungsfunktion des Rektors: „Potestas omnis et auctoritas est penes reverendissimum patrem rectorem collegii, cuius est suscipere, eiicere, regere alumnos, contractus celebrare, officiales constituere, et cetera."[609] Er entschied demnach über die Aufnahme von Seminaristen, die Anstellung und Entlassung des Hauspersonals und des Präfekten. Ihm unterstellt war der durch den Provinzial der Oberdeutschen – seit 1770 Bayerischen Provinz – eingesetzte Inspektor. Dieser wohnte nicht im Seminar selbst, sondern hatte seine Wohnung stets im Jesuitenkolleg. Dem Inspektor stand ein Präfekt zur Seite, der nicht dem Jesuitenorden angehörte, sondern aus dem Weltpriesterstand angestellt wurde. Gegenüber dem Hauspersonal war der Inspektor weisungsbefugt.

Eigentliche Aufgabe des Inspektors war die Leitung des Seminars.[610] In der Stiftungsurkunde vom 10. Mai 1654 heißt es über die „Leitung des Hauses zum hl. Gregor dem Großen" durch den Inspektor, der bis 1773 vom Provinzial der Gesellschaft Jesu ernannt wurde: „[...] qui visitat domum cum socio fere quotidie; an serventur regulae, disciplina, honestas, pietas, et cetera an ferveant studiorum et musicae exercitia, an concordia, sanitas, mundities, oeconomia sibi constet? Hinc vocatur inspector domus. Hic accipit pecunias et expendit per se, vel per oeconomum, redditque de omnibus rationes singulis trimestribus patri

---

[609] Zitat nach PUTZ, Domus Gregoriana, 334; vgl. auch STUBENVOLL, Geschichte des Königl. Erziehungs-Institutes, 32. – Seine Ernennung erfolgte durch den General der Gesellschaft Jesu. Gewöhnlich betrug seine Amtsdauer drei bis sechs Jahre; vgl. KOCH, Art. Rektor, in: DERS., Jesuiten-Lexikon, 1521f.; PUTZ, Domus Gregoriana, 37, 93.
[610] Vgl. PUTZ, Domus Gregoriana, 93-101; STUBENVOLL, Geschichte des Königl. Erziehungs-Institutes, 116-120.

rectori, singulis annis reverendissimi patris provinciali, iuxta rubricas cum plena informatione de statu domus, de omnibus rebus."[611]

Mit der Aufhebung der Gesellschaft Jesu 1773 traten einige Veränderungen bezüglich des Inspektorats ein. Zwar durfte Inspektor Johannes Evangelist Hueber als Exjesuit sein Amt weiter ausüben, musste aber seine Wohnung im Seminargebäude beziehen. Während er bislang durch das Kolleg unterhalten worden war, erhielt Hueber seit 1773 ein Jahresgehalt von 240 fl., die das Seminar neben der freien Kost und Wohnung aufzubringen hatte.[612] Ausgenommen waren die Reisekosten bei den Umzügen, Arzt- und Medizinkosten usw.[613] Zum Gehalt sind noch die Einnahmen aus 255 gestifteten Messen in der Seminarkirche zu rechnen, die eine Gehaltsmehrung von 130 fl. ausmachten.[614]

Neben der Leitung des Hauses war der Inspektor noch für die Jahresrechnung des Seminars verantwortlich. Inspektor Stefan Widmann schrieb hierzu: „Anbei hat er jährlich gegen die 30.000 f. – in Einnahm und Ausgab zu verrechnen, und kann sich bei einer oeconom. Rechnung leicht der Gefahr aussetzen etliche hundert Gulden zu verlieren."[615]

---

[611] Zitat nach PUTZ, Domus Gregoriana, 334; vgl. auch STUBENVOLL, Geschichte des Königl. Erziehungs-Institutes, 32f. – Schon Putz hat darauf hingewiesen, dass eine eigene Dienstbeschreibung über die Aufgaben des Münchener Inspektors fehlt; sie legt daher die Weisungen der Ratio studiorum zu Grunde; vgl. PUTZ, Domus Gregoriana, 94, Anm. 429. – Eine Liste der Inspektoren von 1594-1773 in: PUTZ, Domus Gregoriana, 99-101; eine zum Teil fehlerhafte Liste der Inspektoren und Direktoren von 1574-1874 in: STUBENVOLL, Geschichte des Königl. Erziehungs-Institutes, 406-409. – eine Ergänzung der Direktoren bis 1924 in: Gedenkblatt zur Erinnerung an die Jubelfeier anläßlich des 350jähr. Bestehens; WEYERER, Die Direktoren des Albertinums, in: Jahresbericht des Studienseminars Albertinum 2007/2008, 116-120.

[612] So schrieb Michael Holzinger am 22. November 1780 über das Einkommen eines Inspektors: „[...] jene 240 fl. welche seit 1773 das Seminarium nebst Kost, und täglichen 2 Maaß Bier einem jeweiligen Inspector statt seiner Pension zu geben hat, welcher vormals ganz und gar vom Collegio mußte unterhalten werden"; BayHStA, GL Fasz. 2696/476.

[613] Daher bekam Hueber auch keine Pension von der Fundationsgüterdeputation, die den Exjesuiten zustand; sie betrug ebenso 240 fl.; vgl. die entsprechende Anweisung an die Fundationsgüterkasse vom 6. November 1773 in: BayHStA, GL Fasz. 2698/484.

[614] Vgl. BayHStA, GL Fasz. 2697/477; 2699/489; StAM, Albertinum 109. – Im Jahre 1779 berichtete Inspektor Michael Holzinger, dass das Seminar die Schuldigkeit habe, jährlich 407 gestiftete Messen lesen zu lassen. Dafür lagen 4150 fl. zu 5 % beim Landschaftlichen Zinszahlamt und 1400 fl. zu 4 % beim Hochstift Freising auf, was eine jährliche Zinssumme von 263 fl. 30 kr. erbrachte; vgl. BayHStA, GL Fasz. 2696/475. – Noch im Jahre 1805 erhielt der Inspektor für 255 zu feiernden Messen à 30 kr. 127 fl. und für vier Quatembermessen à 45 kr. 3 fl., was eine Summe von 130 fl. ergab; vgl. BayHStA, GL Fasz. 2697/477; Schreiben vom 8. März 1805.

[615] BayHStA, GL Fasz. 2699/489; Schreiben Widmanns an Abt Karl Klocker ohne Datum.

Im Jahre 1805 wurden für Besoldung und Kost und Trunk des Inspektors in der Rechnung 440 fl. angeschlagen.[616] Mit der Übernahme des Inspektorats durch Lambert Knittelmair 1806 wurden die Geldbezüge auf 300 fl. erhöht.[617]

5.1.2. Der Präfekt

Bis zur Aufhebung des Jesuitenordens 1773 übte der Präfekt die eigentliche Hausleitung im Seminar aus.[618] Er gehörte nicht der Gesellschaft Jesu an, sondern es wurde stets ein Weltpriester durch den Orden bestellt.[619] Dies blieb auch der Fall, nachdem die Augustiner-Chorherren 1781 und die Benediktiner 1794 das Seminar übernommen hatten.

Die Stiftungsurkunde von 1654 formulierte seinen Aufgabenbereich nach der deutschen Übersetzung von Stubenvoll folgendermaßen: „Der Inspektor hat zur Hand einen Ökonom oder Präfekt, der des Hauses unmittelbarer Vorstand ist, das ganze Hausgesinde leitet (welches aus 5 Personen besteht, dem Pförtner, der Köchin, der Näherin und zwei Mägden, welche allerdings von den Zöglingen getrennt und um einen bestimmten Lohn gedungen, gesetzteren Alters und bewährter Sittsamkeit sein müssen), der die Zöglinge überwacht, die Zeiten für Studium und Musik, sowie auch die des Aufstehens, der Erholung, des Essens, des Schlafengehens, des Betens, des Ausgehens und Heimkommens überwacht und immer bei den Zöglingen ist. Über die Gelder, die er vom Inspektor oder von Andern auf dessen Geheiß empfängt oder die er ausgibt, stellt er alle Monate Rechnung. Er besorgt die Beischaffung der Speisen aus der Hofküche und treibt die fälligen Zinsen ein. Er hat die Gewalt, über Widerspenstige mäßige

---

[616] Vgl. BayHStA, GL Fasz. 2697/477; Schreiben vom 8. März 1805.
[617] Allerdings musste Lambert Knittelmair die Bewilligung der Gehaltserhöhung selbst einholen, die schließlich am 28. April 1807 bewilligt wurde. Zudem durfte Knittelmair weiterhin seine Klosterpension beziehen; vgl. BayHStA, GL Fasz. 2699/489; Churpfalzbaierisches Regierungsblatt, LI. Stück, München den 18. Dezember 1805, 1242.
[618] Vgl. hierzu PUTZ, Domus Gregoriana, 101-105; STUBENVOLL, Geschichte des Königl. Erziehungs-Institutes, 116-120. – Eine fehlerhafte Präfektenliste von 1574 bis 1874 in: STUBENVOLL, Geschichte des Königl. Erziehungs-Institutes, 409-416. – Eine Ergänzung für die Zeit von 1874 bis 1924 in: Gedenkblatt zur Erinnerung an die Jubelfeier anläßlich des 350jähr. Bestehens.
[619] Auf diese Besonderheit weist auch Stubenvoll hin; vgl. STUBENVOLL, Geschichte des Königl. Erziehungs-Institutes, 118. – Einzige Ausnahme bildete der Präfekt Matthias Kinshofer, der bereits als Theologiestudent und Subdiakon das Amt im Schuljahr 1776/1777 versah; vgl. StAM, Albertinum B 26.

Strafen zu verhängen, selbst mit der Ruthe."[620] Er hatte neben der Sorge über die Hausdisziplin auch die Seminarrechnung zu führen. Schließlich übernahmen die Präfekten die Leitung der Musik und mussten daher eine gediegene musikalische Ausbildung vorweisen können. Neben der Musikdirektion im Seminar übten die Präfekten Franz von Paula Ehrenhofer (Präfekt 1779-1797) und Johann Baptist Schmid (1797-1804) zugleich die Stelle des Chordirigenten in St. Michael aus.[621]

Das Einkommen des Präfekten bestand neben der freien Kost und Wohnung in 60 fl. Jahresgehalt. Hinzu kamen 58 fl. aus Messstipendien der Seminarkirche von 116 zu lesenden Messen à 30 kr. und 80 fl. aus einem Benefizium bei St. Michael.[622] Für seine Dienste in der Musik an St. Michael erhielt er zusätzlich noch 60 fl.[623] 1805 wurden für den Präfekten die Ausgaben von 362 fl. in der Rechnung verbucht.[624]

Der Präfekt konnte sich bei der Erfüllung seiner Aufgaben einiger Seminaristen bedienen, die besondere Funktionen übernahmen. Im Fundationsbrief von 1654 werden genannt: Ein Vizepräfekt, zwei Monitoren, Bibliothekare und Instruktoren.[625] Zu Zeiten von Inspektor Frigdian Greinwald (Inspektor 1781-1792) gab es folgende Ämter, die von älteren Seminaristen besetzt wurden: ein Subpräfekt, zwei Monitoren, zwei Manuduktoren, mehrere Instruktoren, mehrere Tischpräfekten, ein Tischdienerpräfekt, ein Ministrantenpräfekt, ein Licht- und Fensterkurator und der „Curator Rei pectinariae".[626]

---

[620] Zitat nach der deutschen Übersetzung des Fundationsbriefes von Stubenvoll in: STUBENVOLL, Geschichte des Königl. Erziehungs-Institutes, 33f.; vgl. auch PUTZ, Domus Gregoriana, 334f. – Für den Präfekten liegt ebenso keine eigene Dienstvorschrift vor.
[621] Johann Baptist Schmid blieb Chordirektor in St. Michael bis zu seinem Tod im Jahre 1844; vgl. STUBENVOLL, Geschichte des Königl. Erziehungs-Institutes, 119; SCHLOTER, Die Kirchenmusik in St. Michael, in: WAGNER, KELLER (Hg.), St. Michael in München, 215-219.
[622] Vgl. BayHStA, GL Fasz. 2697/477. – So wurde am 10. Juli 1779 das so genannte Borzianische (auch Portianische) Benefizium, das mit der St. Michaelskirche verbunden war, durch die Fundationsgüterdeputation an den Präfekten Franz von Paula Ehrenhofer verliehen; vgl. StAM, Albertinum A 66; A 106. – Zum Benefizium vgl. MAYER, WESTERMAYER, Statistische Beschreibung des Erzbisthums München-Freising, Bd. 2, 220.
[623] Vgl. BayHStA, GL Fasz. 2699/489.
[624] Dabei wurden für Kost und Trunk 200 fl., Besoldung 50 fl., „Addition" 100 fl. und Verehrungen 12 fl. angerechnet; vgl. BayHStA, GL Fasz. 2697/477; Schreiben vom 8. März 1805.
[625] „Sunt praeterea ex alumnis grandioribus melioribusque constituti vice-praefecti, monitores, bibliothecarii, instructores; utque proficiant alumni in literis, quilibet ex iis, qui sunt in supremis classibus, instruit unum vel alterum in inferioribus constitutum"; PUTZ, Domus Gregoriana, 335; vgl. auch STUBENVOLL, Geschichte des Königl. Erziehungs-Institutes, 34.
[626] Vgl. die handschriftliche Dienstanweisungen von Frigdian Greinwald über „Obligenheiten der Officialen des Churfürstlichen Seminarii S. Greg. M. in München" in: StAM, Albertinum B 6.

Längster Präfekt und Musikdirektor des ausgehenden 18. Jahrhunderts war Franz von Paula Ehrenhofer, der von 1779 bis 1797 dieses Amt ausübte.[627] Er stand für Kontinuität in einer Zeit, in der die Inspektoren öfter wechselten.[628] Propst Franz Töpsl von Polling urteilte 1788 über ihn: „Er ist zwar ein ruhiger, doch nicht unwachsamer Mann: er visitirt immer, aber nicht allzeit zur nemlichen Stunde, so das die Seminaristen zu keiner Stunde sicher sind. Instruiren war niemal – auch nicht bey Jesuiten Zeiten das Amt eines Präfekts, dem die Handhabung der Zucht genug zu schafen giebt. Er geht also seinen Pflichten getreulich und emsig nach, vernachlässigt auch nicht nur das Wesentliche nicht, sondern beobachtet auch Kleinigkeiten."[629] Nach dem Vorbild zweier Amtsvorgänger, namentlich den Präfekten Andreas Rauscher (Präfekt 1696-1725)[630] und Franz Anton Goldenberger (1725-1753)[631], dachte Präfekt Ehrenhofer erstmals im Winter/Frühjahr 1790 darüber nach, der Domus Gregoriana eine Stiftung zu vermachen, da „das arme Haus der kräftigsten Unterstützung bedürfe"[632].

---

[627] Franz von Paula Ehrenhofer (1749-1825) übernahm am 30. Juni 1779 das Präfektenamt, nachdem sein Vorgänger Matthias Kinshofer am 27. Juni 1779 „sub noctem" das Seminar verlassen hatte, und in das Zisterzienserkloster Fürstenfeld eintrat; vgl. StAM, Albertinum B 12/12.

[628] Ehrenhofer stand den Inspektoren Michael Holzinger (Inspektor 1778-1781), D. Frigdian Greinwald (1781-1792), D. Anton Acher (1792-1794), P. Cölestin Engl (1794-1795) und P. Stefan Widmann (1795-1798) als Präfekt zur Seite.

[629] BayHStA, GL Fasz. 2697/477; Töpsl an Schulkuratel vom 7. August 1788. – Ehrenhofer erhielt später das Benefizium zu Allerheiligen auf dem Kreuz in München. Nach einem vorhandenen Kontrakt vom 18. November 1797 durfte er weiter im Institut gegen eine Zahlung von jährlich 100 fl. wohnen, bis er in den Genuss der vollen Benefiziumsstelle nachrücken sollte. Als dies 1810 erfolgt war, bat Ehrenhofer gegen eine Zahlung von jährlich 300 fl. auch ferner noch im Königlichen Erziehungsinstitut für Studierende wohnen zu dürfen, was ihm am 15. Juli 1811 durch das Staatsministerium des Innern genehmigt wurde. Als Franz von Paula Ehrenhofer am 25. Dezember 1825 starb, wurde nach seinem Testament das Königliche Erziehungsinstitut zum Universalerben eingesetzt; vgl. StAM, RA Fasz. 755/13063; Albertinum A 84; A 87.

[630] Zu Andreas Rauscher (1671-1725), der 1692 das Münchener Jesuitengymnasium als Seminarist des Kurfürstlichen Seminars absolviert und 29 Jahre im Kurfürstlichen Seminar als Präfekt gewirkt hatte, vgl. LEITSCHUH, Matrikeln II, 59; PUTZ, Domus Gregoriana, 104f., 296; STUBENVOLL, Geschichte des Königl. Erziehungs-Institutes, 59, 110, 410.

[631] Präfekt Goldenberger († 1753), der 28 Jahre lang das Amt versehen hatte, vermachte in seinem Testament seine Musikinstrumente und seinen Besitz dem Münchener Seminar; vgl. PUTZ, Domus Gregoriana, 105. – Zu Franz Anton Goldenberger vgl. PUTZ, Domus Gregoriana, 104f.; STUBENVOLL, Geschichte des Königl. Erziehungs-Institutes, 410.

[632] StAM, Albertinum A 87; Greinwald an Generalstudiendirektorium vom 6. März 1790. – Inspektor Greinwald konkretisierte die Motive Ehrenhofers, eine Stiftung machen zu wollen, am 6. März 1790. Nach einem eigenhändig verfassten Plan des Präfekten vom 27. Februar 1790, der dem Schreiben Greinwalds beigefügt war, sei Ehrenhofer einziger Erbe seines 79jährigen Vaters. Dieser habe ein weitläufiges und erst vor neun Jahren neu erbautes Wohnhaus in der Sendlinger Gasse eigentümlich in Besitz. So dachte Präfekt Ehrenhofer daran, das Kurfürstliche Seminar in seinem Testament als Alleinerben einzusetzen; vgl. BayHStA, GL Fasz. 2698/486; StAM, Albertinum A 87. – Zum Haus in

Nachdem Ehrenhofer im Sommer 1797 das Benefizium zu Allerheiligen auf dem Kreuz in München erhalten hatte, wurde Johann Baptist Schmid sein Nachfolger, der zugleich das Amt des Musikdirektors an St. Michael versah.[633] Ehrenhofer stellte am 14. Oktober 1797 den Antrag, weiterhin im Kurfürstlichen Seminar wohnen und essen zu dürfen und versprach, „daß ich als Beneficiat dem Seminaro sowohl auf den Musick-Chören mitels Aushülf, als in dem Seminaro selbst mitels Musik-Instruction so anderen, wozu ich mich von Herzen gern verbündlich mache, nützlich, wo nicht gar nothwendig seyn kann"[634]. Des Wieteren hatte er „zum Gebrauch der armen Studierenden dieses Hauses an Schul- und nützlichen Lesbüchern" angeschafft. Zudem hatte Ehrenhofer eine Anzahl von Musikinstrumenten, „nemlich 4 neue Violin, 1 detto Violon, 1 par neue Flautotraver, 1 p.[aar] B Clarinet mit A Mitelstück, 1 par C Clarinet, 1 par D Clarinet, 1 paar Inventions Waldhorn aus allen Thönen in der französischen Stimmung, sammt Kasten, 1 Alt Viol, 1 Violonzcll" besorgt; „alle diese Instrumenter hatte ich zum theil von der Musikanten Kassa, mehreren theils aber ex propriis bezahlt, und ao. 1794 den 30 Jan. dem dasigen Preiswürdigst aufgestelten titl. H. Inspector Anton Acher zu Handen gestellet [...]"[635]. Auch erinnerte Ehrenhofer daran, dass er ein Fortepiano für 150 fl. vom Weinhändler Mayrle gekauft und dem Seminar zur Verfügung gestellt hatte. „Nachdem ich durch Erfahrung, ohngeachtet aller angewendeter Aufsicht, überzeugt bin, daß bes. Musikalien, und Instrumenter von Jahr zu Jahr von jungen Leuthen sehr verdorben und unbrauchbar gemacht werden, auch andere nützliche Bequemlichkeiten für die Seminaristen mangeln, welche von Hauß zu bestritten die Umstände nicht

---

der Sendlinger Straße Nr. 37, das Franz von Paula Ehrenhofer am 15. April 1793 erbte, vgl. Häuserbuch der Stadt München, Bd. 3, 402f.

[633] Vgl. BayHStA, GL Fasz. 2698/486; StAM, Albertinum A 84. – Johann Baptist Schmid (1773-1844), der von 1787-1793 Zögling der Domus Gregoriana gewesen war, hatte bereits 1795 bis 1797 das Amt des Vize-Präfekten und des Musikdirektors versehen und die gewöhnliche Belohnung von täglich einer Maß Bier erhalten. Inspektor Widmann schlug die Nachfolge Schmids selbst vor, „welcher bereits durch 2 Jahre als Vice-Praefect und Musick-Director nützliche Dienste geleistet" hatte; StAM, Albertinum A 84. – Am 27. November 1797 wurde Schmid auf das Borzianische Benefizium nominiert; vgl. StAM, RA Fasz. 755/13063; Albertinum A 84; A 87; A 106.

[634] BayHStA, GL Fasz. 2698/486. – Ursache für das Gesuch Ehrenhofers war, dass sein Vorgänger im Baron von Dachsbergischen Benefizium bat, noch weiter im Benefiziatenhaus bis zu seinem Lebensende wohnen zu dürfen. Daher stellte der Präfekt den Antrag, „daß mir wie vorhin als Prefecten bey dem lobl. Churf. Seminaro Kost, Trunk, und Wohnung so lang ferners gereicht, und gestattet werde, als lang noch der titl. resignierte schon 75ig Jahr alte Beneficiat Heydolf bey leben seyn wird"; ebda.

[635] BayHStA, GL Fasz. 2698/486. – Ehrenhofer konnte sich gut an das Datum erinnern, da am 30. Januar 1794 das Jahresgedächtnis seines verstorbenen Vaters war und „die Seminaristen in dem Seminary Kirchl freywillig ein solennes Requiem abgesungen" hatten; ebda.

zulassen, und ich mit der Hülfe Gottes von den Meinigen in etwas zu verbessern wünsche, so hatte ich in meiner eigenhändig abgefasten leztwilligen Disposition in Ermangelung eines abintestat Erbens das hies. Ch. Seminar als universal Erben aller meiner Hinterlassenschaft eingesezet [...]."[636] Nach anfänglichen Bedenken wurde schließlich am 9. Juni 1798 die Genehmigung erteilt, dass Franz von Paula Ehrenhofer gegen eine jährliche Zahlung von 100 fl. im Kurfürstlichen Seminar die Wohnung und Kost erhalten durfte.[637] Im Mai 1806 schenkte der einstige Präfekt noch einmal Musikinstrumente dem Königlichen Erziehungsinstitut für Studierende, weswegen ihm die allerhöchste Zufriedenheit des Königs ausgesprochen wurde.[638]

Nachdem 1803 die kirchenmusikalischen Dienste in der St. Michaels-Kirche vermindert worden waren, bat Ehrenhofers Nachfolger Präfekt Johann Baptist Schmid beim Generalstudiendirektorium um eine andere Stelle, wobei er einschränkend ergänzte, keine Stelle erhalten zu wollen, bei der er besonders viel reden müsse, da er öfter an Blutbrechen leiden würde.[639] Die Behörde konnte ihm keine andere Stelle in Aussicht stellen, da der Dienst eines Schulinspektors wegen des vielen Sprechens für ihn nicht geeignet und eine Musikdirektorenstelle derzeit nicht erledigt sei.[640] Schmid erhielt dafür im Dezember 1803 „in Rücksicht seiner Verdienste um dieses Institut" eine Gehaltszulage von 100 fl. „iedoch ohne alle Consequenz für dessen Nachfolger"[641].

---

[636] BayHStA, GL Fasz. 2698/486. – Ehrenhofer konkretisierte seinen letzten Willen wiefolgt: „Kraft meiner gemachten leztwilligen Disposition solt meine ganze Verlassenschafts Massa deductis deducendis in 12 gleiche Theil getheilet werden, wovon 3 Theil zur Seminari Kirch und jeweiligen Seminar Prefecten, 3 Theile zur Seminari Bibliothec, 3 Theile zu Musikalische Instrumenter, und 3 Theile zum Theater und Recreations-Instrumenter und Werkzeug bestimmet sind"; ebda.

[637] Vgl. BayHStA, GL Fasz. 2698/486.

[638] Vgl. das Protokoll der Kommission des Kirchenadministrationsrates vom 6. Mai 1806 in: BayHStA, GL Fasz. 2698/486. – Am 23. April 1806 wurde durch den Kirchenadministrationsrat dem ehemaligen Präfekten Ehrenhofer eröffnet, „daß diese aus Liebe für das vaterländische Erziehungsweesen entspringende edle Handlung vorläufig zum allerhöchsten Wohlgefallen gereicht habe [...]"; StAM, Albertinum A 76. – Die Schenkung bestand aus folgenden Instrumenten: „10 Violin, 3 Altviol., 2 Violonzell, 1 Contra Bass, 1 detto kleinerer, 2 ganz neue Wald-Horn, 2 D Horn in franz. Stimmung, 2 Trompeten, 2 Dis-Trompeten, 4 D-Trompeten, 2 Pauken, 2 Posaun, 2 neue Oboe, 2 neue Flauto traver, 2 ganz neue Flauto traver, 2 Piccoli Flauten, 2 D-Clarinet, 2 B Clarinet, 2 F-dis-Clarinet, 2 Fagott"; StAM, Albertinum A 87. – Am 19. Juni 1806 hatte König Maximilian I. Joseph an den Kirchenadministrationsrat bezüglich der Ehrenhoferschen Schenkung die Weisung erlassen: „Wir wollen daher, daß ihm [Franz von Paula Ehrenhofer] hierüber Unsere besondere allergnädigste Zufriedenheit bezeugen sollet"; BayHStA, GL Fasz. 2698/486.

[639] Das Schreiben vom 12. September 1803 in: StAM, RA Fasz. 755/13063.

[640] Das Antwortschreiben vom 18. September 1803 in: StAM, RA Fasz. 755/13063.

[641] Das Reskript vom 5. Dezember 1803 in: StAM, RA Fasz. 755/13063. – Schmid hatte sich am 5. September 1803 an Kurfürst Maximilian IV. Joseph gewandt und geklagt, dass er als Präfekt lediglich

Schon im nächsten Jahr bat Schmid am 13. September 1804 um seine Entlassung von der Präfektenstelle. Er hätte sich volle sieben Jahre der Aufsicht meist unerzogener Jugend unterzogen. „Eben diese 7jährige starke Anstrengung weckte meinen Blutsturz, dem ich schon in meinen Jünglingsjahren im hiesigen C. Seminar sehr oft gefährlich unterlag, von neuem auf [...]."[642] Zu seiner Nachfolge brachte Präfekt Schmid den Exkonventual Andreas Obernetter[643] aus Dießen in Vorschlag. Dieser kam jedoch für die Schulbehörde nicht in Frage, da er kein öffentliches Gymnasium oder Erziehungsinstitut besucht hatte.[644] Als Nachfolger Schmids und letzter Präfekt des Untersuchungszeitraumes wurde Erembert Grießer, Exkonventual aus Ettal, bestimmt, der seine Klosterpension weiter beziehen und als Präfekt nur die freie Wohnung und Kost erhalten sollte.[645] Der scheidende Präfekt Schmid durfte sein Gehalt von 370 fl. „zum Beweis der gnädigsten Zufriedenheit" noch solange beziehen, bis er eine andere Bestimmung erhalten würde.[646] Grießer wurde im Frühjahr 1806 durch König Maximilian I. Joseph ein zweijähriges Sprachstudium in Paris gewährt, wobei er eine jährliche Unterstützung von 200 fl. zugesprochen bekam.[647]

---

ein Gehalt von 62 fl. vom Seminar und für die Musikdirektion 70 fl. von der Malteserordenskirche beziehen würde. Da er öfter an Blutstürzen leide, seien seine Ausgaben für Medikamente enorm gestiegen. So bat Schmid um eine Gehaltszulage von jährlich 150 fl.; vgl. StAM, RA Fasz. 755/13063.
[642] Schreiben vom 13. September 1804 in: StAM, RA Fasz. 755/13063.
[643] Zum ehemaligen Augustiner-Chorherren Andreas Obernetter (1773-1824) von Dießen vgl. StAM, RA Fasz. 755/13063 (Zeugnis aus Benediktbeuern vom 9. September 1791); GUGGENBERGER, Nekrologium, 90; SCHEGLMANN, Säkularisation III/2, 530.
[644] Andreas Obernetter hatte sich am 22. September 1804 um die Stelle des Präfekten im Kurfürstlichen Seminar in München bei der Schulbehörde beworben. Am 2. Oktober 1804 sprach sich Schuhbauer gegen den Amtsbewerber aus, da er „[...] selbst nie in einem ordentlichen Gymnasium oder Lyceum studirt hat"; StAM, RA Fasz. 755/13063.
[645] Im Ernennungsdekret vom 16. Oktober 1804 heißt es: „Dem Priester Erembert Grießer, ehemaligen Kapitular des Stiftes Ettal welcher bereits nicht allein daselbst als Regens der Musik und des Seminariums, sondern auch als Professor im Gymnasium zu Salzburg sehr empfehlende Beweise seiner pädagogisch- und musikalischen Kenntnisse an Tag gelegt hat, wird hirmit die in dem Chf. Studenten-Seminar dahier erledigte Stelle des bisherigen Präfekten und Weltpriesters Johann Baptist Schmid verliehen, welcher seiner mißlichen Gesundheits-Umstände wegen selbst um Entlassung gebethen hat"; StAM, RA Fasz. 755/13063; vgl. auch StAM, Albertinum A 84; A 89/1. – Zu Erembert Grießer (Grieser) (1772-1829) vgl. GUGGENBERGER, Nekrologium, 125; LINDNER, Ettal, 280; SCHEGLMANN, Säkularisation III/1, 398; STUBENVOLL, Geschichte des Königl. Erziehungs-Institutes, 411.
[646] StAM, RA Fasz. 755/13063.
[647] Das Reskript vom 17. April 1806 in: StAM, RA Fasz. 755/13063; Albertinum A 84.

5.2. Die Seminaristen der Domus Gregoriana: Ihre Einteilung und Dienstämter

5.2.1. Die Alumnen

Die Seminaristen des Kurfürstlichen Seminars zu München unterteilten sich in drei Gruppen: die Alumnen, die Konviktoren und die Expektanten.[648]
Zu den Alumnen wurden die Inhaber der 40 gestifteten Freiplätze gezählt.[649] Später kamen noch die zehn Knaben hinzu, die zur kurfürstlichen Hofkapelle abgeschickt und ebenfalls frei unterhalten wurden.[650] In einem Schreiben bezüglich der Dezimation des Seminars vom 22. November 1780 erläuterte Inspektor Michael Holzinger die Geschichte der Hofkapellsänger. „Bey Kriegszeiten hat das Seminarium zur churfstl. Hofkapelle aus schuldigster Dankbarkeit ohne Befehle 2 Knaben abgeschicket, damit in Selber der Gottesdienst wegen der Flucht der Hofmusikanten nicht gar mußte unterlassen werden." Später zu Zeiten des Kurfürsten Maximilian III. Joseph sei daraus eine Schuldigkeit gemacht worden und die Hofkapelle habe vier Knaben gefordert. Holzinger konnte sich erinnern gelesen zu haben, „daß eh Seminaristen zur churfstl. Hofkapelle abgiengen, andere 4 dazu bestimmte Sänger im Seminario, doch mit besserer Kost als die übrigen verpflegt, von der Hofschneiderey ie nach 2 Jahre ganz gekleidet, dem Seminario aber für die Selben jährlich 400 Reichsthaler erleget worden" sei.[651]
Nach 1764 habe die Domus Gregoriana zehn Seminaristen zur Hofkapelle abschicken müssen und sie bis dato auch immer abgeschickt. Dem Haus sei zwar eine finanzielle Unterstützung von jährlich 300 fl. versprochen worden, doch erst seit dem 1. April 1778 erhielt das Seminar nach Abzug von Steuern jährlich 285 fl.[652]

---

[648] Zu den weiteren Ausführungen vgl. PUTZ, Domus Gregoriana, 106-108.
[649] Daher trug das Seminar auch den Namen „Kosthaus der 40 armen Scholaren"; vgl. zum Beispiel Häuserbuch der Stadt München, Bd. 3, 349.
[650] 1784 wurden für einen frei zu haltenden Alumnen für Kost und Trunk 75 fl. in der Rechnung aufgeführt, was bei 50 Freiplätzen eine jährliche Ausgabe von 3750 fl. ergab; vgl. BayHStA, GL Fasz. 2696/476. – Ebenso berechnete Inspektor Neuner im Jahre 1801 die Ausgaben für 40 Alumnen „bloß für Kost, Holz und Licht" auf jährlich 3000 fl.; das Schreiben vom 10. Februar 1801 in: BayHStA, GL Fasz. 2696/475.
[651] So heißt es in der Stiftungsurkunde von 1654 über die vier Hofsingknaben: „Quatuor aulicis musicis cum suo paedagogo dantur in prandio et in coena, panis albus, ordinarie 4. aut 5. fercula, saepe 6 maioribus festis et dominicis ex gallinis, pullis, anseribus, et similibus melioribus cibis. In reliquis habentur ut alumni, quoad disciplinam"; Zitat nach PUTZ, Domus Gregoriana, 335; vgl. auch STUBENVOLL, Geschichte des Königl. Erziehungs-Institutes, 36.
[652] Im „Pro memoria" des Intendanten Graf von Seeau vom 4. Dezember 1774 waren für die zehn Hofkapellknaben 200 fl. Durch den Kurfürsten bewilligt worden. „Bis den 1. Juni aber 1774 hatte das

Nach der Säkularisation trat ein Wandel ein. Am 26. Juli 1805 schrieb Inspektor Anton Zistelsberger an das Generalschulen- und Studiendirektorium, dass ihm für das Schuljahr 1805/1806 nicht mehr genügend Seminaristen für den Dienst an der Hofkapelle und am Hoftheater zur Verfügung stehen würden. Die meisten seien im Stimmbruch und bisher hätten sich nur drei brauchbare Kandidaten gemeldet. Zistelsberger erbat eine Entscheidung, wie hoch die Anzahl der Zöglinge für die Zukunft sein solle und welche er entlassen könne. In der Antwort des Direktoriums wurde bestätigt, dass „dieser nun allgemein eintrettende Mangel sehr wahrscheinlich eine Folge der allgemeinen Kloster-Seminarien-Aufhebung sein mag". Besonders begabten musikalischen Kandidaten solle weiterhin eine kostenfreie Ausbildung zu Teil werden. Durch öffentliche Anzeigen könnten brauchbare Subjekte angeworben werden. Außerdem solle ein Ersatz für die im Jahr 1804 eingezogenen Gratialien durch den Kurfürsten bestimmt werden, um jene Zöglinge zu unterhalten, die in der Hofkapelle oder im Hoftheater Dienste täten. Das Direktorium war außerdem der Meinung, dass für jene Seminaristen, die nach gut geleisteten Musikdiensten ihre Stimme verloren haben, „noch ferner menschenfreundlich gesorgt"[653] werden solle.

Schließlich sind die Stipendiaten einzelner privaten Stiftungen zu nennen, die zum Teil ganz frei unterhalten wurden, oder einen finanziellen Zuschuss zu den Pensionskosten erhielten.[654] Es scheint, dass die Stipendiaten von der Verpflichtung, Musikinstrumente zu spielen und Dienste auf den Chören zu leisten, befreit waren.[655]

Das „Marquardsche Stipendium" bestand in einem Kapital von 3000 fl., das vom kurfürstlichen Geheimen Rat und Pfleger zu Dachau Matthäus Marquard im Jahre 1677 gestiftet worden war.[656] Von den Zinserträgen sollten drei Kinder

---

Seminarium keinen Abtheil an der gnädigst versprochenen Gutthat"; BayHStA, GL Fasz. 2698/484. – Danach erhielt die Domus Gregoriana nach Steuerabzug von 10 fl. lediglich 190 fl. in vier Quartalen. Ein Betrag, der bei weitem nicht die Kosten für zehn Seminaristen deckte, wenn für den Unterhalt eines Seminaristen allein schon 75 fl. aufgebracht werden mussten; vgl. BayHStA, GL Fasz. 2696/476; 2698/484.

[653] Das Schreiben vom 31. Juli 1805 in: BayHStA, GL Fasz. 2700/494.

[654] Stubenvoll zeigt in seinem Werk zwölf Stipendien auf, die für die Zeit nach 1773 nicht mehr alle existierten. So waren das Gumppenbergische Stipendium, das Donaubaurische Stipendium, das Kuglerische Stipendium und das Kreuzische Stipendium von 1773-1805 von keiner Bedeutung mehr; vgl. STUBENVOLL, Geschichte des Königl. Erziehungs-Institutes, 66-85.

[655] In den Seminaristenlisten der Schuljahre 1775/1776, 1776/1777 und 1777/1778 wurden jeweils zwei Stipendiaten ohne Musikinstrumente aufgezählt; vgl. BayHStA, GL Fasz. 2697/477.

[656] Zu Dr. Matthäus Marquard (Marquart, Markart) (1616-1675), der Landsberger Bürgersohn war und 1635 das Münchener Jesuitengymnasium als Seminarist der Domus Gregoriana absolviert hatte, vgl.

der Stadt Landsberg im Münchener Seminar unterhalten werden. Das Präsentationsrecht lag in den Händen des Magistrats der Stadt Landsberg.[657] Im Jahr 1775 war Josef Nikolaus Schneider aus Landsberg Inhaber des Stipendiums. 1778 wurden von den Zinsen in Höhe von 120 fl. nur noch zwei Seminaristen unterhalten, nämlich Andreas Hoy und Karl Deininger.[658] Landsberg präsentierte am 21. Oktober 1782 den Sohn eines Weißgerbers aus Landsberg, Johann Ignaz Riegg, der im Klosterseminar in Polling die vierte Klasse beendet hatte, auf das Stipendium. Nach dem Schulabschluss 1785 fand Riegg im Augustiner-Chorherrenstift Polling Aufnahme und erhielt den Ordensnamen Albert. Nach der Säkularisation wurde Riegg 1821 ins Domkapitel der neu errichteten Erzdiözese München und Freising berufen und schließlich 1824 zum Bischof von Augsburg ernannt.[659]

Der Magistrat der Stadt Landsberg präsentierte 1784 die drei Kandidaten Bartholomäus Reiber, Franz Xaver Hafner und Anton Schwaiger. Nach erfolgter Prüfung im Seminar teilte Greinwald am 10. August 1784 mit, dass Reiber als Exspektant aufgenommen werden könnte, und „die zweenen Alumnen Hafner und Schwaiger schon am S. Michaelis Vorabende bey der ersten Vesper sich hier einfinden, und sohin Chordienste machen, auch jeder sein eigenes Bett, mit benöthigten Überzügen, mitbringen sollen"[660]. Reiber sollte sich am 26. oder 27. Oktober 1784 beim Inspektor anmelden.

Im Jahre 1801 wurde berichtet, dass die ehemals drei gestifteten Stipendien wegen der Zinsminderung von 5 % auf 4 % (so fielen vom Stiftungskapital statt bisher 120 fl. lediglich 107 fl. 30 kr. Zinsen ab) nur noch für zwei Seminaristen ausreichten. Von dem im Jahre 1802 präsentierten Uhrmachersohn Stanislaus Flyri hieß es, dass „dieser aber am ersten Tag wieder nach seiner Heimath gelaufen, und dem Studieren gänzlich entsagt hat"[661].

Das „Sedelmayrsche Stipendium" wurde vom Priester Valentin Sedelmayr, Kaplan bei den Karmeliterinnen in München, gestiftet. Dieser bestimmte in sei-

---

KRAUS, Gymnasium der Jesuiten, 128, 222, 227; LEITSCHUH, Matrikeln I, 72; PUTZ, Domus Gregoriana, 276.
[657] Vgl. StAM, Albertinum A 16; A 28; STUBENVOLL, Geschichte des Königl. Erziehungs-Institutes, 78f.
[658] Vgl. StAM, Albertinum A 28.
[659] Vgl. BayHStA, GL Fasz. 2697/477; StAM, Albertinum A 28; NESNER, Das Metropolitankapitel zu München (seit 1821), in: SCHWAIGER (Hg.), Monachium sacrum, Bd. 1, 475-608, hier 520f.
[660] StAM, Albertinum A 28.
[661] StAM, Albertinum A 28.

nem Testament vom 15. August 1757 ein Kapital von 1000 fl. für ein Stipendium für einen Knaben aus der Pfarrei Hirtlbach.[662] Da sich seit langer Zeit niemand mehr gemeldet hatte, wurde am 11. Dezember 1787 durch Kurfürst Karl Theodor beschlossen, die Nutznießung dem Seminar zufließen zu lassen. Inspektor Frigdian Greinwald sollte einen Seminaristen „von guten Sitten und Studien pro Confirmatione"[663] nominieren.

Dr. theol. Wolfgang Kastner[664], Chorherr bei U.L.F. in München, stiftete durch Testament vom 5. Juni 1622 das nach ihm benannte „Kastnerische Stipendium" mit einem Kapital von 2400 fl.[665] Von den Zinsen sollten zwei Seminaristen unterhalten werden, die das Gymnasium beendet hatten und das Studium der Theologie, Jurisprudenz oder Medizin in Ingolstadt aufnahmen. Das Stipendium musste demnach hinausbezahlt werden. Am 31. Oktober 1791 wurde Inspektor Greinwald durch das Generalstudiendirektorium im Auftrag der Schulkuratel aufgefordert, zur Prüfung des Stipendienwesens den Stiftungsbrief des Kastnerischen Stipendiums einzusenden. Nach mehrmaligen schriftlichen Wiederholungen der Aufforderung[666] berichtete Frigdian Greinwald endlich am 23. Juli 1792, dass er im Archiv des Kurfürstlichen Seminars keinen Stiftungsbrief gefunden hätte. „Hiesiges Seminarium hat an diesem Stipendio blos die Mühe, die Zinsen bey der Landschaft zu erheben, und solche nach Amberg zu übersenden; anstatt daß der Zögling, so selbes genüßt, in hisig Seminaro solches benützt, welches ganz nit[?] der Willensmeynung des sel. Stifters geweßen seyn wird."[667]

Beim „Gebrathschen Stipendium" hatte der Magistrat der Stadt Schongau das Präsentationsrecht, wobei ein Kandidat die erforderlichen Qualitäten erbringen

---

[662] Vgl. StAM, Albertinum A 29; STUBENVOLL, Geschichte des Königl. Erziehungs-Institutes, 81.

[663] StAM, Albertinum A 29. – Schon am 14. Dezember 1787 schlug Inspektor Greinwald den Sohn eines Bauern aus Sachsenhausen, Anton Weigl (1775-1845), vor, der seit 1786 im Seminar wohnte; vgl. ebda.

[664] Zu Dr. Wolfgang Kastner (1586-1625) vgl. PFISTER, Das Kollegiatstift Zu Unserer Lieben Frau, in: SCHWAIGER (Hg.), Monachium sacrum, Bd. 1, 291-473, hier 407f.; vgl. auch PUTZ, Domus Gregoriana, 65, Anm. 313.

[665] Beim „Kastnerischen Stipendium" handelte es sich um das älteste seiner Art in der Domus Gregoriana. Es fand bereits im Stiftungsbrief von 1654 Erwähnung. 1631 wurden 800 fl. vom Stiftungsgeld abgezogen, somit bestand das Kapital des Stipendiums nur noch in 1600 fl., das 80 fl. Zinsen abwarf; vgl. StAM, Albertinum A 23; PUTZ, Domus Gregoriana, 65, Anm. 313, 336; STUBENVOLL, Geschichte des Königl. Erziehungs-Institutes, 67-70.

[666] Das Generalstudiendirektorium wiederholte seinen Auftrag am 5. Dezember 1791, 19. Januar 1792 und schließlich am 16. Juli 1792 mit dem Anhang: „Da nun zur Zeit noch nichts zur Antwort hieher gekommen, so müste ein längerer Aufschub dem Inspektor verantwortlich werden"; StAM, Albertinum A 23.

[667] StAM, Albertinum A 23.

musste, die 1785 Greinwald wie folgt aufzählte: ein präsentierter Kandidat „soll nämlich Imo von guten Sitten, IIdo ein guter Student, IIItio ein brauchbarer Musikant seyn, und sich anvor zur Prüfung stellen"[668]. In seinem Testament vom 31. März 1755 hatte Johann Christoph Gebrath, Lic. theol. und Pfarrkurat in Schongau, der selbst sechs Jahre lang in der Domus Gregoriana gelebt und 1707 das Gymnasium absolviert hatte, die Summe von 1250 fl. gestiftet.[669] Gebrath verfügte nach seinem letzten Willen, „daß die H. Jesuiter obligiert seyn sollen, vor anderen einen aus meiner freundschaft, so lang ein solcher vorhanden, und sich legitimieren kann, dieses Stipendium genussen zu lassen, und in ermeldetes Seminarium anzunehmen. Wobey meine Hauptsechliche Absicht, und wohlgemeynter Wille ist, daß ein solcher Stipendarius sich resolieren solle, entweders dem Weltgeistlichen oder einen Ordensstand anzutretten"[670].
Im Jahr 1779 war Josef Pracht Inhaber des Stipendiums.[671] 1785 verlies Jeremias Pracht das Seminar als Stipendiat und Karl Dolch wurde präsentiert. Er sollte am 26. Oktober 1785 zur Prüfung erscheinen.[672] Am 29. November 1805 verlieh der Administrationsrat der Kirchen und milden Stiftungen das Gebrathische Stipendium an Johann Nepomuk Buchner.[673]
Das „Manzonische Stipendium" wurde von der Witwe eines Warenbeschauers Elisabeth Manzoni ins Leben gerufen.[674] In ihrem Testament vom 25. Oktober 1792 stiftete sie dem Seminar ein Kapital von 1000 fl. Darin hieß es unter Punkt 4: „Ist mein ernstlicher Will, daß für die studirende Jugend in hiesigem Seminario ein Capital pr. Eintausend Gulden sicher verzünßlich angelegt, und von dem jährlichen abfallenden Interessen ein armer Student unterhalten, und verpflegt werden soll. Würde aber von meiner Freundschaft ein Knab zum Studieren Lust,

---

[668] BayHStA, GL Fasz. 2699/489.
[669] Das Kapital warf einen Zinsertrag von 50 fl. ab; vgl. StAM, Albertinum A 16. – Zu Johann Christoph Gebrath (1689/1690-1755), der 1707 das Münchener Gymnasium als Seminarist des Kurfürstlichen Seminars absolviert hatte, vgl. STUBENVOLL, Geschichte des Königl. Erziehungs-Institutes, 80f.; Die Stadtpfarrkirche Mariae Himmelfahrt in Schongau, 339; LEITSCHUH, Matrikeln II, 142; PUTZ, Domus Gregoriana, 65f., Anm. 314, 244.
[670] StAM, Albertinum A 16. – Bezüglich eines Kandidaten aus seiner Verwandtschaft fügte Gebrath die Einschränkung bei: „Da aber einer aus meiner Freundschaft selbst genugsame Mittel zum Studieren hat, solle das Stipendium der ärmere zu genüssen haben, jedoch alle Zeit ein solcher, der genugsame Capacitet zum Studieren hat, und auch übrigens sich wohl verhalten, damit meine Fundation nicht fruchtlos und umsonst sey"; ebda.
[671] Sein Vorgänger war Engelbert Semmer (Seminarist 1774-1776); vgl. StAM, Albertinum A 16.
[672] Vgl. BayHStA, GL Fasz. 2699/489.
[673] Vgl. StAM, Albertinum A 16; A 27.
[674] Vgl. StAM, Albertinum A 27; STUBENVOLL, Geschichte des Königl. Erziehungs-Institutes, 82-85.

und Fähigkeit besitzen, so solle dieser einem andern Studenten vorgezogen werden, außer dessen aber die Auswahl eines derlei Subject dem aldasigen Vorstand überlassen seyn."[675] Am 17. August 1799 wurde das Stipendium an Franz Xaver Fischer, Sohn eines Tafernwirts aus Osterhofen, verliehen.[676] Stubenvoll nennt in seiner Veröffentlichung über das Königliche Erziehungsinstitut noch das so genannte „Mindelheimer Stipendium", das nach kurfürstlichem Willen seit 1787 an drei Mindelheimer Bürgersöhne verliehen werden sollte.[677] An Eigenschaften hatte ein Bewerber aufzubringen: „1) Gute Anlag zum Studiren und Fähigkeit für die erste Grammatik; 2) muß er einer guter Musikant sein; 3) hat er sich zuvor persönlich bei Zeiten zur Prüfung zu stellen; 4) muß er wahrhaft arm, fromm und gut gesittet sein."[678]

Kurfürst Maximilian IV. Joseph verfügte durch ein Reskript vom 15. November 1800 die Transferierung des „Kranzischen Stipendiums" vom Ingolstadter Seminar St. Franz Xaver in das Kurfürstliche Seminar in München, da das dortige akademische Gymnasium durch die Schulverordnung vom 24. September 1799 aufgehoben worden war.[679] Stifter dieses Stipendiums war Pfarrer Leonhard Kranz, der hierzu im Jahr 1731 ein Kapital von 4280 fl. gegeben hatte.[680] Erster Stipendiat in München war im Schuljahr 1800/1801 der aus Hohenwart stammende Alois Klostermair, der in diesem Schuljahr seine gymnasialen Studien beendete.[681]

Schließlich ist noch das „Gollaische Stipendium" zu nennen, das der Geistliche Rat und Dekan zu U.L.F. zu München, Dr. Jakob Golla, am 13. April 1625 mit

---

[675] STUBENVOLL, Geschichte des Königl. Erziehungs-Institutes, 82.
[676] Vgl. StAM, Albertinum A 27.
[677] Das Stipendium wurde als Ersatz für das 1781 aufgehobene Mindelheimer Gymnasium gestiftet. Da zu diesem Stipendium weder im Bayerischen Hauptstaatsarchiv noch im Archiv des Studienseminar Albertinums, das im Staatsarchiv München verwaltet wird, schriftliche Quellen auffindbar waren, muss hier auf die Angaben bei Stubenvoll verwiesen werden; vgl. STUBENVOLL, Geschichte des Königl. Erziehungs-Institutes, 82.
[678] STUBENVOLL, Geschichte des Königl. Erziehungs-Institutes, 82. – An Seminaristen, die aus Mindelheim stammten und für das Stipendium in Frage kamen, lassen sich Dominikus Eisenschmid (Seminarist 1787-1790) und Franz von Paula Schlatterer (1787-1790) nennen. Zuvor waren die gebürtigen Mindelheimer Bürgersöhne Franz Xaver Anwander (1783-1787), Josef Gabelsberger (1775-1776), Ignaz Hutter (1783-1784) und Franz Xaver Ignaz Nies (1783-1787) als Seminaristen in der Domus Gregoriana.
[679] Vgl. MÜLLER, Akademische Ausbildung zwischen Staat und Kirche, Teil 2, 449.
[680] Das Präsentationsrecht sollten die beiden Märkte Hohenwart und Geisenfeld abwechselnd ausüben; vgl. BayHStA, GL Fasz. 2698/478; 2698/482; StAM, Albertinum A 24; STUBENVOLL, Geschichte des Königl. Erziehungs-Institutes, 79f. – Zu Geisenfeld vgl. TROST, Geschichte des Marktes Geisenfeld, in: OA 37 (1878), 50-236.
[681] Vgl. StAM, Albertinum A 24; WG 135; LEITSCHUH, Matrikeln III, 217.

einem Kapital von 7500 fl. gestiftet hatte.[682] Das Kurfürstliche Seminar hatte dieses Stipendium lediglich zu verwalten und musste die Stipendiengelder an externe Studenten ausbezahlen. Zunächst sollten die vier gestifteten Stipendien zu je 100 fl. an Nachkommen seiner Geschwister vergeben werden, die das 10. Lebensjahr erreicht hatten. Danach waren die Stipendien an Söhne aus der Pfarrei Arzt in der Diözese Trient zu vergeben. Wer in den Genuss eines Stipendiums gekommen war, sollte es so lange erhalten, bis er das Studium der Theologie, Recht oder Medizin beendet hatte.[683]

Die Kosten für den Unterhalt eines Alumnen wurden um 1780 mit 75 fl. berechnet. Inspektor Michael Holzinger erläuterte die Summe: „Für Kost, und dann und wann zu reichenden Bier 65 fl. Dann für Dinte, Federn, Papier, Medicin, vorzustreckende Instrumenten, Saiten, Musikalien und Bücher (welche alle zeit schlechter zurückgegeben, und mithin auf Kosten des Hauses müssen ergänzet werden) mit Einschluß dessen, was am Haus-Geräthe von jedem in sonderheit entweders abgenutzet, oder gar verderbet wird, wenigst 5 fl. Endlich für Bett 5 fl. Summa 75 fl."[684]

Die Vergabe eines Alumnen-Freiplatzes war an Bedingungen gebunden. Zum einen musste ein Kandidat in der Schule soweit fortgeschritten sein, dass er die erste Gymnasialklasse besuchen konnte und zum anderen musste er ausreichend musikalische Kenntnisse mitbringen. Zudem war ein einwandfreier Lebenswandel selbstverständliche Voraussetzung.

Die Fundationsgüterdeputation formulierte 1774 die Eigenschaften eines Studenten, der um die unentgeltliche Aufnahme ins Seminar bat: „1mo daß so ein admittendus gute Sitten und Talente zum Studiren habe, 2do noch in den untern Schulen und wenigst in die erste Classe oder Rudiment tauglich, und 3tio vor allem ein guter und brauchbarer Musicant seye."[685] Der Inspektor hatte also bei einem Kandidaten zugleich die Aufnahmebedingungen für das Gymnasium zu berücksichtigen, die in der Schulverordnung vom 1. September 1777 festgelegt

---

[682] Am 3. März 1634 und noch einmal am 3. März 1648 vermehrte Dr. Golla das Stiftungskapital um jeweils 500 fl., so dass sich die Summe letztlich auf 8500 fl. belief. – Zu Dr. Jakob Golla (1568-1648) und seiner Stiftung vgl. BayHStA, GL Fasz. 2698/482; StAM, RA Fasz. 730/13012; Albertinum A 17; A 18; A 19; A 20; A 21; A 22; PFISTER, Das Kollegiatstift Zu Unserer Lieben Frau, in: SCHWAIGER (Hg.), Monachium sacrum, Bd. 1, 291-473, hier 400f.; STUBENVOLL, Geschichte des Königl. Erziehungs-Institutes, 70-76.
[683] Der umfangreiche Stiftungsbrief von 1634 ist gedruckt in: STUBENVOLL, Geschichte des Königl. Erziehungs-Institutes, 70-75.
[684] BayHStA, GL Fasz. 2696/476.
[685] BayHStA, GL Fasz. 2697/477.

wurden: „Ein Schüler der ins Gymnasium zugelassen werden will, muß 1) ein Alter von wenigst 12 vollen Jahren, 2) gute und zum Studiren fähige Talente, und 3) ein hinlängliches Vermögen sich zu unterhalten haben, oder auszeigen können, von welchem Gutthäter er hinlänglich unterstützt wird, um seine Studien fortsetzen zu können. 4) Er muß auch den gehörigen Grad der Wissenschaften aus der Vorbereitungsclasse mitbringen, nämlich den dieser Classe zugetheilten Innbegriff des Christenthums und der Sittenlehre, die Kenntnisse der Muttersprache, nebst der dazu gehörigen Fähigkeit in kleinen schriftlichen Aufsätzen z. B. im gemeinen Briefschreiben, – die Kenntniß der Anfangsgründe in der lateinischen Sprache, so, daß er wenigst eine simple leichte lateinische Construction sowohl verstehen als componiren gelernet hat. – In der Rechenkunst muß er wenigst die ersten Gründe und Kenntnisse der Rechnungsarten von Zahlen in gleicher Art, auch – zugleich die ersten Kenntnisse in der Geographie mitbringen."[686]

Im Jahr 1802 konkretisierte Inspektor P. Virgil Neuner die Aufnahmebedingungen für Alumnen, „daß sie erstens schon bey ihrem Eintritt dem Seminar nützliche Dienste zu leisten im Stande sind; zweitens, daß sie, was ihnen an Musikkenntnissen noch mangelt, durch einen leidentlichen Kostgeld Beytrag ersetzen; drittens sich während dem Schuljahre sowohl im Studieren, als in der Musik große Fortschritte zu machen bestreben, und viertens endlich wenigst im Churfürstlichen Seminar ein ganzes Jahr zu verbleiben"[687].

Vor der Aufnahme hatte sich der Bewerber um einen Freiplatz einer musikalischen Prüfung zu stellen. Eine Sorge der Inspektoren war dabei, die stiftungsmäßige Kirchenmusik in St. Michael gewährleisten, wie auch die anderen vertragsmäßigen musikalischen Verpflichtungen erfüllen zu können. So wurden bevorzugt Kandidaten aufgenommen, die ein Musikinstrument beherrschten, das gerade im Ensemble fehlte oder unterbesetzt war, oder dass sie sofort als Sänger eingesetzt werden konnten.[688]

---

[686] Zitat nach LURZ, Mittelschulgeschichtliche Dokumente Altbayerns, Bd. 2, 250.
[687] Das Schreiben vom 17. August 1802 in: BayHStA, GL Fasz. 2697/477. – Mehrere Zeugnisse von Bewerbern aus der Zeit von 1776 bis 1801 – daneben auch einige Zeugnisentwürfe Frigdian Greinwalds für abgehende Seminaristen – finden sich in: StAM, Albertinum A 30. – Die Zeugnisse geben einen Einblick in die bayerische Bildungslandschaft am Ende des 18. Jahrhunderts. Angegeben wurden die Schulen – wobei es sich zumeist um Klosterschulen handelte – in: Aldersbach, Amberg, Andechs, Benediktbeuern, Bernried, Dietramszell, Donauwörth, Freising, Fürstenfeld, Landsberg, Neuburg, Polling, Rohr, Rottenbuch, Scheyern, Steingaden, Straubing, Tegernsee und Weyarn.
[688] Am 14. Juni 1776 berichtete Inspektor Johannes Hueber bezüglich der Aufnahmebedingungen von Alumnen: „Was die Aufnahm, und Ersetzung der Plätze belanget, hatte ich weiters nichts dabey als

Inspektor Michael Holzinger berichtete am 6. Oktober 1778 von einer Prüfung des Knaben Anton Joseph Kunzer, den der Kammervirtuose und Hoffagottist Anton Conti in Pflege genommen hatte, die am 8. August befohlen worden war. „Heute aber erschien er samt seinen Pflegvater. Da ich aber die Musick Probe vernehmen wollte, betheuerte sein Pflegvater der Hoffagotist, er hätte in einem Jahr noch nicht so viel lehrnen können, daß er zu brauchen wäre; und mit diesem gieng er wiederum ab." Holzinger bat daher „unterthänigst demüthigst, das ohnehin bedrängte Haus [...] mit derley unbrauchbaren unentgeltlich aufzunehmenden Knaben gnädigst zu verschonen [...]"[689].

Seit dem Schuljahr 1794/1795 sollten die Schüler des Gymnasiums zur Unterscheidung von anderen jungen Leuten auf der Straße wieder Mäntel tragen, daher teilte die Schulkuratel am 28. Juni 1794 dem Inspektor mit, „daß auch in das hiesige Seminarium kein Kandidat mehr aufgenommen werden soll, der nicht einen eigenen Mantel besitzt"[690].

Am 12. Juli 1793 bestätigte die Schulkuratel, dass dem Inspektor „die Aufnahme der Alumnen nach vorhergegangener Prüfung derselben ganz überlassen, jedoch muß das Verzeichniß davon jedesmal zur Genehmigung hieher eingesendet werden"[691]. Einige Jahre später wurde diese Freiheit von staatlicher Seite wieder eingeschränkt. Nach dem Reskript vom 6. Oktober 1802 stand dem Generalschuldirektorium das Urteil über die Aufnahme von Seminaristen ausschließlich zu.[692] Am 7. September 1804 erließ Kurfürst Maximilian IV. Joseph ein Reskript, das erneut betonte, „daß nach dem organischen Reskripte vom 6ten

---

pflichtmässige Sorge, Mühe und Arbeit. Ich muste Statutenmässige Knaben aufsuchen, beschreiben, prüfen, und die tauglichsten davon wählen. Die Aufnahm aber geschah nicht in meinem, sondern wie es die Statuten erfordern, im Name, und mit Bewilligung des gnäd. verordneten Vorstehers, oder Rectors dieses Hauses"; BayHStA, GL Fasz. 2697/477. – Akten zum Ein- und Austritt sowie zahlreiche Aufnahmegesuche von Schülern in: BayHStA, GL Fasz. 2696/475; 2697/477; 2700/494; StAM, Albertinum A 66.

[689] BayHStA, GL Fasz. 2696/475. – Inspektor Holzinger erinnerte daran, dass gemäß den von Kaiser Karl VII. bestätigten Statuten kein Knabe als Alumnus aufgenommen werden sollte, der nicht bedürftig sei und „auch noch darzu zu Vergößerung der Ehre Gottes in der Churf. Hofmichaels Kirche brauchbare Musikalische Dienste leisten kann [...]"; ebda. – Zu Anton Conti († 1796) vgl. NÖSSELT, Ein ältest Orchester, 236.

[690] BayHStA, GL Fasz. 2832/1450. – In der beigefügten Abschrift wurde die Bestimmung begründet: „Um die hiesige Studenten von andern jungen Leuten eher zu unterscheiden, und von Erstern die ihnen, nur zu oft aus Mißkentniß, gemachte Vorwürfe über ungesittetes Betragen s. a. abzulenken, hat man, nach dem unterthänigsten Vorschlage der Professorn des hiesigen Schulhauses, dießorts beschlossen: daß in dem hiesigen Schulhause das Mänteltragen, wie in andern Collegien, wieder eingeführt werden soll"; ebda.

[691] BayHStA, GL Fasz. 2700/494; StAM, Albertinum A 66.

[692] Vgl. BayHStA, GL Fasz. 2700/494.

Oktober 1802, euch zwar zustehe, die Anzahl der Seminaristen und Konviktorn im Verhältniß zu den Kräften des Fonds, im Allgemeinen jährlich festzusetzen; dagegen aber steht Unserm Generalschul-Direktorium nach der Natur seiner Geschäfte die Aufnahme der einmal angenommenen Anzahl, und das Urtheil über die Würdigkeit der einzelnen Individuen, ausschließen zu. Ihr habt euch demnach an diese Weisung genau zu halten, und durch Ueberschreitung der ohnehin schon deutlich bezeichneten Gränzen eurer administrativen Befugnisse keine Kollisionen zu veranlassen."[693]

Mancher Kandidat versuchte öfter in das Seminar aufgenommen zu werden. Im Sommer 1798 wandte sich Johann Baumgartner, Modelstecher in der kurfürstlichen „Cottonfabrique", mit dem Antrag an die Schulkuratel, seinen vierzehnjährigen Sohn Pius ins Seminar aufzunehmen, da er insgesamt zehn lebende Kinder zu ernähren hätte. Am 24. August 1798 erging die Weisung an das Inspektorat, dass der Junge zur Prüfung geladen werden sollte. Bei der Aufnahmeprüfung zeigte sich, dass der Bewerber in der Musik wenig unterrichtet sei. Zudem würde er sich nicht im Katalog der Studenten finden und sei daher nicht zum Besuch des Gymnasiums qualifiziert, wie P. Stefan Widmann am 14. September 1798 an die Schulkuratel berichtete.[694] Im nächsten Jahr beantragte der Vater wieder die Aufnahme seines Sohnes und war sogar bereit, 25 fl. Kostgeld zu zahlen. Er hätte neben diesem noch acht Kinder zu versorgen, demnach war ein Kind inzwischen verstorben. Pius Baumgartner wurde ein zweites Mal am 18. Juni 1799 zur Prüfung vorgeladen. Bei der Musikprobe auf der Violine hatte er sich – wie schon im vergangenen Jahr – als eben so wenig brauchbar erwiesen, „in dem man, weil er stecken blieb, die Probe habe vollkommen unterbrechen müssen"[695]. Er wurde nach dem Beschluss vom 27. Juli 1799 nicht aufgenommen.[696]

Im Januar 1797 bat der Hauptmann und Kameralgeometer Ludwig von Pigenot um Aufnahme für seinen ältesten Sohn Wolfgang, der bereits 16 Jahre alt war und die zweite Grammatikklasse besuchte. Durch seine Tätigkeiten auf dem Land wäre er über zwei Drittel des Jahres nicht zu Hause, so stellte sich für den Vater die Frage, seinen Sohn „entweder auf das Land mitzunehmen, und ihn den

---

[693] BayHStA, GL Fasz. 2700/494.
[694] Vgl. BayHStA, GL Fasz. 2697/477.
[695] BayHStA, GL Fasz. 2697/477; Schreiben Widmanns vom 14. Juli 1799. – Bei der Prüfung waren Rektor und Mitinspektor Benno Ortmann und Benefiziat Franz von Paula Ehrenhofer, der den gerade abwesenden Präfekt Johann Baptist Schmid vertrat, anwesend; vgl. ebda.
[696] Vgl. BayHStA, GL Fasz. 2697/477.

Studien (wozu er eine besondere Freude zeigt) zu entziehen, oder ihn der Erziehung und Leitung seiner Mutter zu überlassen". Aber „was für Früchte von mütterlicher Erziehung zumalen bey erwachsenen, studierenden Knaben zu hoffen sind, brauchet keiner Erwähnung: und ein rechtschaffener Vater, dem das Wohl seiner Kinder am Herzen liegt, kann bey solchen Umständen nie ruhig seyn"[697]. Dagegen wäre im Seminar durch die Aufseher dafür gesorgt, junge Leute auszubilden, deren Eltern die Gelegenheit hierzu fehlen würde. Da sich Wolfgang von Pigenot bei der Musikprüfung am 9. Januar 1797 als tauglich gezeigt hatte, wurde seine Aufnahme am 9. Februar gegen ein wöchentliches Kostgeld von 1 fl. bewilligt.[698]

Im Jahre 1785 stellte Ludwig Gall, Schüler der zweiten Rhetorik und Seminarist in Landshut, bei der Schulkuratel einen Aufnahmeantrag für das Münchener Seminar, um sich im Zeichnen fortzubilden. Die Schulkuratel genehmigte den Antrag am 16. April 1785.[699] Dem Inspektor war bei der Aufnahme älterer Kanndidaten anscheinend nicht ganz wohl, da er durch das Generalstudiendirektorium mitteilen ließ, dass das Seminar seit seiner Entstehung her die Alumnen nach vollendetem Schulbesuch in der zweiten Rhetorik gewöhnlich entlassen hätte. Wenn schon einige Lyzeumsstudenten im Haus behalten wurden, so nur diejenigen, „welche durch ihre Bescheidenheit, und Liebe zur Hausordnung, dann durch ihre Musikalische und literarische Fähigkeiten in untern Schulen vor andern ausgezeichnet haben, und gefaßt waren, erbauliche Officialen, und die nützlichsten Instrucktoren, wie in der Musik, so in Studien zu machen"[700]. Niemals aber wäre ein fremder Absolvent aufgenommen worden, und er hätte die Erfahrung mit älteren Schülern gemacht, dass sie sich nur ungern an die Hausordnung gewöhnen und sich besondere Freiheiten herausnehmen würden.[701]

Durch die Aufhebung des Gymnasiums und Seminars in Burghausen 1799 bat Ignaz Neumayr aus Vilshofen um die Aufnahme ins Münchener Seminar, um

---

[697] BayHStA, GL Fasz. 2697/477.
[698] Vgl. BayHStA, GL Fasz. 2697/477.
[699] Allerdings wurde Gall nur als Sekundar-Alumnus aufgenommen, „wo er zwar zu Mittag die nämliche Kost mit andern Seminaristen, nicht aber auf die Nacht, noch eine freye Wohnung zu genüssen hätte". Außerdem hätte er so mehr Zeit, um sich im Zeichnen weiter fortzubilden; BayHStA, GL Fasz. 2697/477.
[700] BayHStA, GL Fasz. 2697/477.
[701] Der Inspektor hatte vorgeschlagen, Gall als Sekundar-Alumnus aufzunehmen, womit sich die Schulkuratel am 13. Juni 1785 zufrieden gab; vgl. BayHStA, GL Fasz. 2697/477.

sich „zum brauchbaren Staatsmitgliede auszubilden"[702]. Er hatte unentgeltlich im dortigen Seminar gewohnt. Durch höchsten Befehl vom 9. November 1799 erhielt er als Alumnus einen Freiplatz.[703]
In der Regel durften die Seminaristen bis zum Abschluss der gymnasialen Studien in der Domus Gregoriana wohnen und wurden anschließend entlassen. Gelegentlich gestattete man einigen Absolventen, die das Studium am Münchener Lyzeum begannen, weiter als Seminaristen im Haus zu wohnen, wenn sie für Hausdienste benötigt wurden. Dagegen war die Aufnahme von Lyzealstudenten, die nicht zuvor im Kurfürstlichen Seminar gelebt hatten, unüblich. So schrieb Inspektor Johann Evangelist Hueber: „Nach altem Gebrauch werden jährlich alle so die Inferiora absolviert aus dem Seminaro entlassen, jene allein ausgenommen, welche zur Instruction und Musik unumgänglich nothwendig sind, und keine Superioristen mehr aufgenommen, weil diese insgemein der guten Zucht und Disciplin sehr hinderlich oft auch sehr schädlich zu seyn pflegen. Es wird auch meines Erachtens für das Seminar immer besser, und zu Erhaltung guter Disciplin vorträglich seyn, das man sich an diesen so nüzlich als nothwendigen Gebrauch hält, als das von dem selben abgegangen werde."[704]
Im Jahre 1802 hatte Inspektor P. Virgil Neuner die Weisung erhalten, überhaupt keine Lyzeumsstudenten mehr aufzunehmen. Dagegen gab Neuner zu bedenken, dass die weitere Beibehaltung oder gelegentliche Aufnahme dieser Studenten für das Seminar notwendig wäre. Zum einen benötigte er sie als Instruktoren für die jüngeren Seminaristen. Zweitens wären für die Musikdienste Bass- und Tenorsänger nötig. Für die Musik wären drittens noch Trompeter, Cornisten und Oboisten notwendig, „welche man unter den Kleinern, wegen zu großer Anstrengung, die besagte Instrumente fodern, entweder gar nicht, oder nur mit Schaden ihrer Gesundheit wird finden" können. Schließlich sollten diejenigen, welche als Monitoren und Subpräfekten eingesetzt werden sollten, „von gesezten Alter, unbescholtenen Lebenswandel, und mit erfoderlichen Kentnissen im Studieren, und Musik versehen seyn"[705]. Im Haus sollten daher ungefähr acht Lyzeumsstudenten beibehalten werden dürfen.

---

[702] BayHStA, GL Fasz. 2700/494. – Die Gymnasien zu Burghausen und Landsberg und das akademische Gymnasium zu Ingolstadt waren durch die Verordnung vom 24. September 1799 aufgehoben worden; vgl. LURZ, Mittelschulgeschichtliche Dokumente Altbayerns, Bd. 2, 285-291, hier 286.
[703] Vgl. BayHStA, GL Fasz. 2700/494.
[704] BayHStA, GL Fasz. 2697/477; StAM, Albertinum A 66.
[705] Das Schreiben vom 3. September 1802 in: BayHStA, GL Fasz. 2697/477. – Angehängt ist ein Verzeichnis derjenigen Studenten, die P. Virgil Neuner benötigte: Johann Baptist Weinberger als erster

Dem Kurfürst stand es zu, jährlich drei Freiplätze an Kandidaten seiner Wahl zu vergeben, was gelegentlich zu Konflikten mit den Inspektoren führte, da sie nicht immer zur Musik zu gebrauchen waren.[706] 1774 schrieb Inspektor Johann Evangelist Hueber an den Kurfürsten, dass er sich nach allen Kräften bemühen würde, den Wohlstand des Hauses, die gute Zucht, die Wissenschaften und die Musik zu fördern. „Nun aber will es mir fast unmoeglich werden, dieses ferner zu bewürken, denn da eines theils immer solche Knaben müssen in das Seminarium genommen werden, welche die Fundationsmässige, und von Sr. Kayserlichen Majestät Carl den VII. gnäd. bestätigte Eigenschaften, sonderbar die erförderliche Brauchbarkeit in der Musik nicht haben: Andern theils aber nicht erlaubt ist, die zu Erhaltung und Fortsetzung der Musik nothwendigen Subjecten nachzusetzen. Ist es ganz und gar unmöglich die Musik, welche doch fast der Hauptzweck dieser Stüftung ist, ferner zu erhalten."[707]

Im Schuljahr 1775/1776 waren „von höchster Stelle eingeschaft": Klemens Holzbogen, Alois Gabelsperger und Andreas Fahrer. Über Anton Stehbauer hieß es im Schuljahr 1777/1778: „eingeschaft von höchster Stelle, und unbrauchbar"[708]. Am 12. Juli 1793 bestätigte die Schulkuratel das Vorrecht des Kurfürsten: „Auch sind Sr. Chl. Durchl. Höchstwelche für die Zustands-Verbesserung des Seminarii gnädigste Sorge jederzeit tragen, und niemals einen Unwürdigen oder nicht Bedürftigen aufnehmen werden, alle Jahre 3 Pläze zur freien Disposition vorzubehalten, und hievon die gehörige Vormerkung zu machen."[709] Recht selbstbewusst antwortete Inspektor D. Anton Acher darauf, dass es für das künftige Schuljahr unmöglich sei, drei Freiplätze durch den Kurfürsten besetzen zu lassen, „außer er verstoße 3 andere würdige schon aufgenommene arme Kinder"[710]. Da im vergangenen Jahr so viele Alumnen angenommen worden wären, könnte er heuer nur die zur Musik tauglichsten Kandidaten aufnehmen.

In den Genuss eines dieser drei Freiplätze, die der Kurfürst vergeben konnte, kamen oft Söhne kurfürstlicher Beamten, Hofmusiker oder Bediensteten des

---

Monitor, Oboist, Fagottist und im Notfall auch Bassist, Johann Baptist Ruprecht als zweiter Monitor, Tenorsänger und Instruktor, Alois Heigl als Instruktor und Violinist, Josef Höfler als Instruktor und Violinist, Johann Baptist Schwaiger als Trompeter, Hornbläser und Bassist, Johann Baptist Haubl als Trompeter, Hornbläser und Bassist und Augustin Häringer als Konviktor; vgl. ebda.
[706] Vgl. BayHStA, GL Fasz. 2700/494.
[707] StAM, Albertinum A 96. – Kurfürst Karl Albrecht, seit 1742 Kaiser Karl VII., hatte am 15. September 1728 die Wittelsbacher Stiftung Domus Gregoriana bestätigt; vgl. PUTZ, Domus Gregoriana, 340.
[708] BayHStA, GL Fasz. 2697/477.
[709] BayHStA, GL Fasz. 2700/494; StAM, Albertinum A 66.
[710] BayHStA, GL Fasz. 2700/494.

Hofes. Am 5. Dezember 1775 bat der oben bereits erwähnte Klemens Holzbogen, der Sohn eines verstorbenen Kammervirtuosen und Violinisten, ihn ins Seminar aufzunehmen. Obwohl sich Inspektor Hueber gegen die Aufnahme ausgesprochen hatte, da Holzinger bereits die Rhetorik absolviert hatte und keine Stimme zum Singen besaß, wurde sie durch eine kurfürstliche Resolution vom 23. Februar 1776 verfügt.[711] So bat auch die Hofstallmalerswitwe Anna Johanna Hörmann 1776 um einen Freiplatz für ihren Sohn Josef im Münchener Seminar, der am 23. September 1776 durch die Fundationsgüterdeputation genehmigt wurde.[712] Dagegen wurde der Antrag von Maria Katharina Kurländer, Witwe des Hofdoktors Sebastian Kurländer, für ihren Sohn Franz Xaver abgelehnt. Ihr Ehemann hätte in den Jahren 1760 bis 1762 im Seminar, „da aldort sehr viele Seminaristen mit hitzigen Fiebern behaftet, gefährlich krank waren, mit erspriesslichen Ordinationen und Nachsicht haltungen ihme bestes Lob, den Patienten aber nebst Gott, die Gesundheit effecten [...] unentgeltlich eifrig versehen habe". Da ihr nur 80 fl. im Jahr zur Verfügung stehen würden, hätte sie ihren Sohn kein Musikinstrument erlernen lassen können. Die Fundationsgüterdeputation lehnte das Gesuch am 30. Oktober 1779 mit der Begründung ab, „daß nach dem dieses Seminarium in Bezug auf die gratis Verpflegung nur allein für Musickkundige und brauchbare Studenten gestiftet ist, eurem Sohn, weil er die Musick nicht erlehrnet hat, disfalls nicht gratificiert werden könne"[713].

Im Jahre 1800 befanden sich Peter Freiherr von Kistler, der Sohn einer mittellosen Hauptmannswitwe, und der Landrichtersohn Ignaz von Predl aus Teisbach als kurfürstliche Alumnen im Seminar. Im Jahre 1803 wurde der Waise Sebastian Beer, Sohn eines Hofmalers, genannt.[714]

Um eine besondere finanzielle Zuwendung suchte 1779 Hofratskanzlist Franz Josef Klinger für seine beiden im Seminar befindlichen Söhne Franz Xaver und Maximilian Josef bei der Fundationsgüterdeputation an, die bereits seit drei Jahren im Haus waren. „Selbe sind so entkleidet, das sie sich kaum vor Ehrliche leuthe zugehen getrauen [...]." Da er nur einen täglichen Lohn von 57 kr. hätte,

---

[711] Vgl. BayHStA, GL Fasz. 2697/477.
[712] Vgl. BayHStA, GL Fasz. 2697/477. – Zudem bekam Josef Hörmann am 18. November 1776 einen täglichen Trunk von 2 Quartel Bier durch die Fundationsgüterdeputation bewilligt; vgl. ebda.
[713] BayHStA, GL Fasz. 2696/475.
[714] Im Fall des Hofmalersohnes Sebastian Beer beantragte das Hofwaisenhaus die Aufnahme ins Seminar. Ein Jahr zuvor waren es Ignaz von Predl, Peter Freiherr von Kistler und Franz Xaver Ott, die einen Freiplatz genießen durften; vgl. BayHStA, GL Fasz. 2700/494; BayHStA, GL Fasz. 2697/477; Schreiben vom 27. Juli 1802.

könnte er seinen Söhnen weder die nötigen Kleider noch die Bücher, die wohl 50 fl. kosten würden, besorgen. Inspektor Miachel Holzinger, der um sein Gutachten gefragt worden war, fand „allein ihr wohlverhalten sowohl in der Musik als Studieren nicht so groß, daß nicht weit mehrere andere noch grösere Verdienste" hätten. Was die Bücher betreffen würde, so „können sie ohne Nachtheile des Hauses für diese zwey Knaben die nothwendigen, so sie anders in der Bibliothec nicht ohne hin schon vorhanden, bey geschaft, und dann in die Bibliothek des Seminariums zurückgestellt werden; wodurch von den vorgeschlagenen 50 fl. schon was weg fällt". Außerdem war Holzinger folgender Meinung: „Hätten diese zwey Knaben nur (mit unterthän. Respect zu melden) ein paar Schuhe und Strümpfe gebethen, so wären sie ihnen eben so wenig, als anderen armen Seminaristen abgeschlagen worden: mit Mantel und Hut sind sie versehen: ein gutes Kleid haben sie auch. Auf den Tantelmärkten läßt sich um ein leidentliches Geld was ehrliches kaufen: das also nicht nothwendig ist, neue Kleider anzuschafen."[715] Er war demnach der Ansicht, dass 5 fl. für jeden Kannben ausreichend wären, zumal das Seminar bereits das Apothekenkonto für einen der beiden zahlen müsste, der unter dem Jahr erkrankt war. Die Fundationsgüterdeputation schloss sich dem Vorschlag Holzingers an und genehmigte am 27. November 1779 die Auszahlung von 10 fl. an die beiden Seminaristen „als ein Respective Allmosen"[716].

Das Nominationsrecht des Kurfürsten, drei Kandidaten seiner Wahl ins Seminar aufnehmen zu können, sorgte immer wieder zu Klagen der Inspektoren, wenn sie die erwünschten Eigenschaften besaßen. Am 27. August 1785 beschwerte sich D. Frigdian Greinwald, dass in einem Zeitraum von drei Jahren bereits fünf Alumnen aufgenommen werden mussten, „deren keiner die erforderlichen Qualitäten besaß [...]". Da im neuen Schuljahr wieder drei seiner Meinung nach unfähigen Kandidaten aufgenommen werden sollten, nämlich Josef Gastl, Beamtensohn von Pillham, Josef Schedl[717], Offizierssohn von Ingolstadt, und Josef Fink, Stadtschreiberssohn von Nabburg, protestierte er: „Wenn es so fortgehen soll (ich bitte unterthän., mir diese Äußerung nicht zur Ungnade zu nehmen), wird in Bälde das hiesige Seminarium das nicht mehr seyn, was es bisher unter dem allerhöchsten Schutze Seiner Kurfrstl. Durchlaucht gewesen, und nach

---

[715] BayHStA, GL Fasz. 2697/477.
[716] BayHStA, GL Fasz. 2697/477.
[717] Josef Schedl war bereits von 1784 bis 1785 als Exspektant im Seminar angenommen worden, da er im adeligen Seminar in Neuburg keinen Platz bekommen hatte; vgl. BayHStA, GL Fasz. 2697/477.

Höchster Willensmeynung der Durchlauchtigsten dann anderer Hohen Stüfteren und Gutthätern seyn sollte: nämlich eine Pflanzschule solcher Jungen, welche durch ihre gute Anlagen zur Musik sowohl als zu den Wissenschaften die schönste Hofnung von sich geben, daß sie unter einer guten Aufsicht und Hauszucht zu Männern erwachsen, die zu seiner Zeit wie der Kirche, so dem Staate, die besten Dienste leisten sollen."[718] Inspektor Greinwald zeigte sich lediglich dazu bereit, Josef Fink gegen einen Kostgeldbeitrag von jährlich 35 fl. aufzunehmen, womit sich die Behörde einverstanden erklärte.[719]

Am 15. Juli 1803 klagte Inspektor Anton Zistelsberger gegenüber dem Administrationsrat der Kirchen und milden Stiftungen: „So wahr es ist, daß unser ruhmvollste Regierung den talentvollen, gut gesitteten Söhnen der getreuen Staatsdiener alle mögliche Unterstützung angedeihen läßt; eben so gewiß ist es auch, daß Höchstdieselbe einem Institute ein Lasten aufbürdet, die es zu tragen nicht im Stande ist."[720]

Erbrachte ein Seminarist die stiftungsmäßigen Leistungen nicht, was bedeutete, dass er nicht die nötigen Fortschritte in der Musik und in den Studien machte, oder er fiel durch tadelhaftes Verhalten auf, so konnte er entlassen werden. Der Gärtnersohn Anton Stehbauer, der 1777 durch die Gnade des Kurfürsten Maximilian IV. Joseph einen Freiplatz erhalten hatte[721], wendete sich im November 1779 an die Fundationsgüterdeputation: „Da ich mich aber nach geendigter Vacanz widerum, wie andere Studenten in bemelten Seminaro einfindig machen wollte, so muste ich zu meinen grösten Leidwesen vernehmen, daß man mich, ohngeachtet meines angewendeten Fleiß und gemachter guten Aufführung, aus aldortiger Communität gänzlich aus zu schliessen willens wäre." Er versprach gegenüber der staatlichen Behörde sich weiterhin eifrig dem Studium und einer guten Lebensführung zu widmen, und „neben diesen auch die Musik so zu ergreifen, damit seiner Zeit durch mich auf den Chor ein erledigter Plaz ersezt werden könne"[722]. Die Wiederaufnahme wurde am 13. November 1779 von der Fundationsgüterdeputation abgelehnt, da er in der Musik nicht zu gebrauchen

---

[718] BayHStA, GL Fasz. 2697/477.
[719] Josef Fink war von 1785-1787 Seminarist der Domus Gregoriana; vgl. BayHStA, GL Fasz. 2697/477.
[720] BayHStA, GL Fasz. 2700/494.
[721] Anton Stehbauer war zunächst von der Fundationsgüterdeputation am 8. Mai 1776 nach geschehener Musikprobe, bei der sich Stehbauer als untauglich erwiesen hatte, abgelehnt worden; vgl. BayHStA, GL Fasz. 2697/477.
[722] BayHStA, GL Fasz. 2696/475; StAM, Albertinum A 66.

sei.[723] Durch ein persönliches Veto des kurfürstlichen Hauses durfte Anton Stehbauer jedoch gegen ein Kostgeld von 40 fl. weiter im Seminar verbleiben.[724] Ein Problem im Internatsleben war der vorzeitige Austritt von Seminaristen und das unerlaubte außer Haus Bleiben über Nacht. Obwohl der Stiftungsbrief von 1654 vorschrieb: „[...] statutum est, ut qui sine facultate patris rectoris excedit, vel ita male se gerit, ut ob malos mores eiici debeat, non modo omni testimonio gymnasii privetur, sed etiam teneatur pro refusione triginta florenos domui persolvere: reliquis impensis in eum factis benigne remissis, ad quod tum ipse alumnus suscipiendus, tum eius parentes vel promotores antequam suscipiatur, scripto se obligabunt"[725], suchte im Jahre 1779 Inspektor Michael Holzinger um einen kurfürstlichen Befehl an, „die Seminaristen in Zaum halten, und verhindern zu können, daß sie nicht vor der Zeit austretten". Er plädierte dafür, dass derjenige, der „aus dem Seminaro vor der gewohnlichen Zeit austrettet oder aber wegen übler aufführung, sonderbar widerspenstigkeit, ungehorsam oder andern üblen aufführung, aus dem Seminaro ausgejagt wird, auch von dem Schulhause, oder Gymnasio keine Testimonia bekomme"[726]. Am 31. August 1793 beschloss die Schulkuratel diesbezüglich: „Wenn übrigens gegen die über Nacht und ohne erheblicher Ursache und des Inspectors Erlaubniß während dem Schuljahr ausbleibende Seminaristen in den Statuten keine Strafen ausgedrückt sind: so ist für künftige Fälle hiemit der gnädigste Befehl, daß ein dergleichen Seminarist das Erste mal öfentlich ermahnt, das zweitemal öfentlich bestraft, und den Eltern oder Vormündern hievon Nachricht gegeben, im dritten Fall aber unmittelbar und ohne weiters aus dem Seminaro excludirt und ihm seine Habschaft nach Abzug des Kostgelds oder anderer Ausstände nachgeschickt werden soll."[727] Diese Neuregelung sollte zu Beginn eines jeden Schuljahres zusammen mit den Statuten öffentlich allen Seminaristen bekannt gemacht werden.
Im Jahr 1801 wurde beschlossen, dass Seminaristen nicht während des Schuljahres austreten durften. Ihnen war vor der Aufnahme zu erklären, „daß selbe durch

---

[723] Vgl. BayHStA, GL Fasz. 2696/475.
[724] Am 18. November 1779 ließ Kurfürst Karl Theodor an Graf von Spaur als Rektor des Kurfürstlichen Seminars schreiben: „So wisset ihr dem Inspectorn des Seminariums kraft diß zu eröffnen, daß er diesen Knaben auf beschehene Special interporition Sr. Drtl. der verwittweten Fraun Kuhrfürstin heuriges Jahres gegen solche 40 f. im Seminarium noch behalten solle"; BayHStA, GL Fasz. 2696/475; vgl. auch StAM, Albertinum A 96; PUTZ, Domus Gregoriana, 67.
[725] Zitat nach PUTZ, Domus Gregoriana, 334; vgl. auch STUBENVOLL, Geschichte des Königl. Erziehungs-Institutes, 31f.
[726] StAM, Albertinum A 66.
[727] BayHStA, GL Fasz. 2697/477; StAM, Albertinum A 66.

die Aufnahme verbindlich gemacht werden, wenigst ein ganzes Schuljahr im Seminar zu verbleiben"[728]. Außerdem sollte derjenige, welcher aus eigenem Verschulden aus dem Seminar ausgeschlossen wurde, zugleich vom Gymnasium entfernt werden.[729]

Der Beweggrund für diese Regelung war der Austritt von vier Seminaristen während des Schuljahres 1800/1801, die hierbei unterschiedliche Gründe angaben. Der erste nannte finanzielle Gründe, da er das Kostgeld nicht weiter zahlen könnte. Der zweite Seminarist gab an, dass er im Seminar keine innerliche Ruhe finden würde. Der dritte Austrittsgrund war gesundheitlicher Art.[730] Der vierte gab schließlich den anstehenden Berufswechsel als Begründung an.

Allerdings gab es auch Ausnahmen von dieser Bestimmung. So wurde am 31. Januar 1805 dem noch sehr jungen Franz Xaver von Schlierf erlaubt, zu seiner Mutter zurückzukehren, da er „für ein Studenten-Seminar überhaupt noch etwas zu kindisch ist, auch sogar noch während jeder Nacht zur Angewöhnung einer körperlichen Reinlichkeit von jemanden aufgeweckt werden sollte, welches in einem Seminar nicht wohl geschehen kann"[731].

Kam ein Singknabe in den Stimmbruch, so konnte es seinen Ausschluss aus dem Seminar bedeuten, wenn er nicht durch das Spielen von Musikinstrumenten dem Haus weiter nützlich sein konnte. Erst allmählich setzte sich die Einsicht durch, dass „auch für diejenigen Singknaben, welche nach gut geleisteten Diensten ihre Stimme verlieren, noch ferner menschenfreundlich gesorgt [...] werden soll"[732].

Ging der Fundationsbrief von 1654 von insgesamt 95 Seminaristen aus, die von der Domus Gregoriana unterhalten wurden[733], setzte sich im Schuljahr 1773/ 1774 die Anzahl der 127 Seminaristen aus 48 Alumnen, 48 Konviktoren und 31 Exspektanten zusammen.[734] 1775/1776 befanden sich 100 Seminaristen im Haus: 66 Alumnen, 22 Halbalumnen[735] und 12 Konviktoren.[736] Es wird deutlich,

---

[728] BayHStA, GL Fasz. 2697/477.
[729] Vgl. BayHStA, GL Fasz. 2697/477; Schreiben vom 23. Mai 1801.
[730] Wörtlich hieß es in dem Schreiben: „Die Seminarii Luft sey für ihn zu eingeschränkt, und seiner Gesundheit höchst schädlich"; BayHStA, GL Fasz. 2697/477.
[731] BayHStA, GL Fasz. 2697/477; 2700/494.
[732] BayHStA, GL Fasz. 2697/477.
[733] Vgl. PUTZ, Domus Gregoriana, 335; STUBENVOLL, Geschichte des Königl. Erziehungs-Institutes, 36, 38.
[734] Vgl. BayHStA, GL Fasz. 2697/477.
[735] Mit dem Begriff „Halbalumnen" wurden jene Seminaristen bezeichnet, die aufgrund guter Studienleistungen oder musikalischer Dienste vom vollen Kostgeldbetrag einen Teilerlass erhalten hatten.
[736] Es fehlt die Anzahl der Exspektanten; vgl. BayHStA, GL Fasz. 2697/477.

dass dem größeren Teil der Seminaristen möglich war, kostenfrei oder zu einem geringen Unkostenbeitrag die höhere Schul- und Musikausbildung zu erlangen. Ein Jahr später 1776/1777 wurden 99 Seminaristen genannt: 63 Alumnen, 28 Halbalumnen und lediglich 8 Konviktoren.[737] Im Schuljahr 1777/1778 finden wir 58 Alumnen, 27 Halbalumnen und nur noch 4 Konviktoren, die das volle Kostgeld zu leisten hatten.[738] Zusätzlich erhielten fünf Musiker die Kost, wohnten aber in der Stadt. Die Zahl der Seminaristen, die im Haus wohnten, sank auf 89 Personen. Im Schuljahr 1781/1782 werden 102 Seminaristen genannt. 1790/1791 fanden 86 Seminaristen und 14 Sekundar-Alumnen Erwähnung.[739] 1793/1794 wurden 78 Seminaristen im Haus und 13 Sekundar-Alumnen aufgezählt.[740] Am 31. Oktober 1796 berichtete Inspektor P. Stefan Widmann, dass er aufgrund der stark gestiegenen Viktualienpreise die Zahl der Seminaristen „um ein merkliches vermindert – die Tauge-Nichts, oder welche nur schlechte Auffführung machten, entlassen"[741] hatte. So betrug die Summe der Seminaristen mit den Sekundar-Alumnen nicht über Hundert. Nach 1800 sank die Zahl der Seminaristen beträchtlich. Im Schuljahr 1800/1801 waren noch 79 Seminaristen zu unterhalten.[742] 1802/1803 sank sie auf 62 Seminaristen und im Schuljahr 1803/1804 wurden sogar nur noch 52 Seminaristen im Haus unterhalten.[743] Im vorletzten Schuljahr des Untersuchungszeitraumes 1804/1805 musste die Zahl der Seminaristen aufgrund der schwierigen finanziellen Situation, besonders durch die staatlich angeordnete Einziehung der Gratialien, kurzfristig von 65 auf 36 reduziert werden.[744] Hierbei waren auch die beiden Alumnen Josef Hammel, Sohn eines Hauptmanns, und Georg Röckl, Sohn eines Schlossdieners in Schleißheim, entlassen worden, da sie keine musikalischen Dienste leisteten. Auf den Protest beider Väter wurde am 27. September 1805 der höchste Befehl erlassen, dass Hammel und Röckl „ihrer besonderen Armuth wegen wieder dahin aufgenommen werden sollten"[745].

---

[737] Vgl. BayHStA, GL Fasz. 2697/477.
[738] Vgl. BayHStA, GL Fasz. 2697/477.
[739] Vgl. StAM, Albertinum A 44.
[740] Vgl. BayHStA, GL Fasz. 2697/477.
[741] BayHStA, GL Fasz. 2699/489.
[742] Vgl. BayHStA, GL Fasz. 2696/475.
[743] Vgl. BayHStA, GL Fasz. 2697/477.
[744] Vgl. BayHStA, GL Fasz. 2697/477; 2700/494.
[745] BayHStA, GL Fasz. 2700/494. – Die Protestschreiben beider Väter ohne Datum siehe ebda.

Den Umzug aus dem alten Seminargebäude im Sommer 1806 in das neu erbaute „Königliche Erziehungsinstitut für Studierende" am lateinischen Schulhaus, das 1802 ins aufgehobene Karmelitenkloster verlegt worden war, konnten 62 Seminaristen erleben.[746]

5.2.2. Die Konviktoren

Die Konviktoren hatten ein Kostgeld für Unterkunft und Verpflegung zu zahlen. Nach dem „Verzeichniß An welchen Tagen den Seminaristen was mehrers an Speis und Trunk mag gereicht werden"[747] von 1786 setzten sich die Kosten folgendermaßen zusammen: für die Kost war die Woche 1 fl. 30 kr. oder für ein ganzes Schuljahr 65 fl. zu zahlen. Der Trunk wurde extra berechnet, und zwar für die Maß Bier 24 kr. und 2 d. pro Tag oder das ganze Schuljahr 20 fl. Wünschte ein Konviktor nur eine halbe Maß Bier pro Tag, so halbierte sich der Preis entsprechend auf 10 fl. für das Schuljahr. Brachte er nicht sein eigenes Bett mit ins Seminar, so war für die Benutzung eines Bettes im Schuljahr 5 fl. zu zahlen. Für Pult und einen abschließbaren Kasten waren noch 1 fl. 30 kr. zu entrichten. Für Schreibmaterialien und Bücher musste der Konviktor selbst aufkommen. Dafür waren die Musikinstruktionen und die Studienförderung kostenfrei. Für besondere Verdienste in der Musik und in den Studien konnte der Konviktor einen Teilnachlass seiner Pensionskosten oder sogar einen ganzen Freiplatz erhalten.[748] 1778 schrieb Inspektor Michael Holzinger: „Es ist im Seminario ein altes Herkommen, welches sich auf Billig- und Gerechtigkeit gründet, daß den Halbalumnis, welche bey erster Aufnahm ins Seminarium den Abgang der ganzen erforderlichen Fehigkeit mit etwas Kostgeld (wenn sie es anders im Stande sind) in so lang zu ersetzen sich aufrichtig gemacht, bis Sie durch ihres Fleißes zuthun sich zur erforderlichen Tauglichkeit erschwungen haben, von Jahre zu Jahre nach maß der so erlangten perfection an ihrem Kostgelde nachgelassen werde."[749] So bat im Sommer 1778 die Forstmeisterswitwe Maria Franziska Sutor ihrem Sohn Franz Xaver, der vor einem Jahr mit einem Kostgeld von 20 fl. aufgenommen worden war, das Kostgeld zu erlassen, da sie drei Söhne zu unter-

---

[746] Vgl. die Zöglingsliste in: STUBENVOLL, Geschichte des Königl. Erziehungs-Institutes, 314-316.
[747] StAM, Albertinum B 50.
[748] Zahlreiche Anträge auf einen Teilerlass vom Kostgeld in: BayHStA, GL Fasz. 2697/477.
[749] BayHStA, GL Fasz. 2696/475. – Inspektor Holzinger bat am 1. August 1778 um Ratifikation dieses ungeschriebenen Gewohnheitsrechtes.

halten hätte. Der Kostgelderlass wurde allerdings nicht gewährt, da Franz Xaver Sutor „im Studieren und Musik geringen Fortgang gemacht, und mithin auch wenig zu gebrauchen ist"[750]. Im Jahr 1803 wandte sich Leonhard Schwab, Oberaufschläger in Neumarkt/Oberpfalz, an das Generalstudiendirektorium mit der Bitte, seinem Sohn Johann Nepomuk, der die dritte Grammatikklasse besuchte, das Kostgeld in Höhe von 25 fl. zu erlassen. Geschickt begründete er seinen Antrag folgendermaßen: „Da die Churfürstlich Höchstlandesherrliche ruhmvolleste Geßinnung dahin ziehlet, daß die zum studieren fähige – mit gutten Talenten und Sitten versehene Söhne derjenigen getreu, und nützlichen Staatsdiener, und Beamten, welche nicht vermögend sind, selbe auf eigne Kosten studieren zu lassen, mit geeigneten Stipendien, oder unentgeltlicher Aufnahm in Seminarien vorzüglich begnadet werden sollen, damit sie zu nützlichen Staatsgliedern gebildet werden können [...]"[751]. Nachdem sich Inspektor Anton Zistelsberger gegen den Kostgelderlass ausgesprochen hatte, da die finanzielle Lage des Seminars äußerst bedrängt war und zudem Johann Nepomuk Schwab keine musikalischen Dienste leistete, wurde am 23. Juli 1803 der Antrag abgelehnt und sogar verfügt, dass Schwab in Zukunft ein höheres Kostgeld von 60 fl. zu leisten habe.[752] 1804 wurde das Kostgeld auf 125 fl. erhöht. Das Bettgeld sollte dagegen für alle Zöglinge 6 fl. auf zehn Schulmonate betragen. Überhaupt sollten nicht mehr als acht sogenannte Expektanten zur Aushilfe in der Musik aufgenommen werden.[753] Einige Seminaristen erhielten eine finanzielle Unterstützung durch einen Geistlichen. So wurde das Kostgeld von Josef Stadler von seinem Onkel, der Pfarrer in Murnau war, durch zwei Jahre bezahlt. Nachdem dessen Pfarrhof abgebrannt war, konnte er das Kostgeld für seinen Neffen, auf dessen Konto sich ein Betrag von 31 fl. 12 kr. angehäuft hatte, nicht mehr tragen. Die Fundationsgüterdeputation gewährte daher am 8. November 1776 diesen Betrag zu erlassen.[754]
Im Schuljahr 1798/1799 fand sich beim Gerichtsbotensohn Josef Widmann aus Haag die Notiz: „unterstüzt von Herrn Eberl Cooperator zu Massenhausen"[755]. Dieser zahlte ein wöchentliches Kostgeld von 1 fl. 45 kr. für den Knaben. Im

---

[750] BayHStA, GL Fasz. 2696/475; Schreiben Holzingers vom 14. September 1778.
[751] BayHStA, GL Fasz. 2700/494.
[752] Vgl. BayHStA, GL Fasz. 2700/494.
[753] Die beiden Schreiben vom 22. Oktober 1804 und 5. November 1804 in: BayHStA, GL Fasz. 2697/477; 2700/494.
[754] Vgl. BayHStA, GL Fasz. 2697/477.
[755] BayHStA, GL Fasz. 2697/477. – Josef Widmann verließ schon nach einem Jahr wieder das Seminar.

gleichen Schuljahr wurden auch Martin Andlbös aus Schwarzhofen und Paul Koegl von Massenhausen durch Priester unterstützt.[756]
Mancher Seminarist zog mit Schulden aus dem Seminar aus und bat später um Erlass. So hatte zum Beispiel Karl von Fischheim, der 1792 das Gymnasium absolviert hatte, Schulden in Höhe von 24 fl. hinterlassen. Er hatte sich zwei Jahre im Seminar befunden, „das ihm Bett zur Ruhe gegeben, den Schneider, Schuster, Apothecker etc. für ihn bezahlet hat"[757]. Da er es nicht zurückzahlen könnte, stellte von Fischheim einen Antrag um Erlass seiner Ausstände, was ihm schließlich durch die Schulkuratel gewährt wurde. Der Badersohn Karl Zaggl von Mühldorf (Seminarist von 1799-1801) hatte im Jahre 1802 einen Ausstand von 45 fl. 29 kr. Während der Ferien wurde daher sein von zuhause mitgebrachtes Bett als Pfand in Beschlag genommen.[758]
Im Jahr 1806 hatten sich beträchtliche Ausstände an Kostgeldern ergeben, wovon Lambert Knittelmair eine Anzeige an den Administrationsrat der Kirchen und milden Stiftungen einreichte.[759]
Ein besonderer Kostgänger namens Paul Ambros Martinelli wohnte 1785 als kurfürstlicher Hoflakai für 200 fl. pro Jahr im Seminar und sollte dafür Kost, Trunk, Holz und Licht erhalten. Nach einem dreiviertel Jahr kündigte ihm Inspektor Frigdian Greinwald allerdings die Wohnung wieder, da das Kostgeld für seine Lebensverhältnisse nicht ausreichen würde. Allein die Kost mit täglich 24 kr berechnet, würden schon in 365 Tagen 146 fl. und der Trunk von täglich drei Maß Weißbier zu 3 kr. 2 d. entsprechend 63 fl. 52 kr. 2 d. ausmachen. Die Kosten für das Licht würden 8 fl. 24 kr. betragen und für das Holz müssten 50 fl. angesetzt werden. Wenn er nur 26 fl. Miete berechnete, so würden sich insge-

---

[756] Beide traten am Ende des Schuljahres aus der Domus Gregoriana aus; vgl. BayHStA, GL Fasz. 2697/477.
[757] BayHStA, GL Fasz. 2700/494.
[758] Im Jahre 1807 befand sich das Bett noch immer im Seminar, da Zaggl seine Schulden nicht zurückbezahlt hatte; vgl. BayHStA, GL Fasz. 2700/494.
[759] Die Ausstände beliefen sich nach Jahren angegeben: im Jahr 1799 von Karl Solwek auf 5 fl., im Jahr 1800 von Alois Lindmair auf 31 fl. 27 kr., von Franz Xaver Kastner auf 7 fl. 25 kr., von Johann Sinner auf 13 fl. 38 kr., von Nepomuk Streicher auf 10 fl., im Jahr 1802 von Karl Zaggl auf 45 fl. 29 kr., im Jahr 1803 von Ottmar Forster auf 22 fl. 8 kr., Josef Reichlmair auf 13 fl. 25 kr., im Jahr 1804 von Ignaz Zeiler auf 16 fl. 50 kr., für die zwei Wimmerbrüder auf 38 fl. 40 kr., im Jahr 1805 von Alois Königer auf 31 fl. 20 kr., von Norbert Wörle auf 27 fl. 50 kr., Michael Konrad auf 27 fl. 50 kr., von Felix Breitenberger auf 12 fl. 55 kr., von Franz Xaver Gabelsberger auf 11 fl. 17 kr., von Georg Rökl auf 23 fl. 56 kr., von Karl Laucher auf 13 fl. 46 kr., von Nepomuk Buchner auf 73 fl., von Franz Alberti auf 20 fl. 30 kr., von Konrad Schmid auf 30 fl. 36 ½ kr. und von Anton Mayr auf 12 fl. 55 kr.; vgl. BayHStA, GL Fasz. 2700/494.

samt die Ausgaben in Höhe von 294 fl. 16 kr. 2 d. ergeben. Mit der Differenz von 94 fl. 16 kr. 2 d. könnte Greinwald leicht einen armen Knaben umsonst unterhalten. So gesehen, könne er den Mietvertrag nicht um ein weiteres Jahr verlängern. Laut Mietvertrag sei außerdem eine quartalsmäßige Kündigung von beiden Seiten vorgesehen.

Hinzu kamen noch andere Gründe, die der Inspektor in seinem Kündigungsschreiben erläuterte. Aufgrund des zunehmenden Alters hätten sich bei Martinelli vermehrt Unpässlichkeiten gezeigt, weshalb er die Hilfe des dienenden Personals benötigen würde. Dieses hätte aber keine Zeit übrig, ihn zu bedienen. Es wäre den Dienstboten nicht zu verdenken, wenn es gelegentlich über geforderte Dienste ungehalten geworden sei. Dadurch, dass Martinelli am Herrentisch mit der Hausleitung speisen würde, sei diese öfter daran gehindert gewesen, „der fehlenden Jugend die ihren Vergehungen angemessene Strafen anzuthun, und die nothwendigen Visitationen machen zu können". So würde ein Schaden an der guten Ordnung und Hauszucht entstehen.

„So höflich und gelassen diese Aufkündung immer lauten mochte, so grob ward mir bey derselben Ablesung in seinem Zimmer begegnet. Ich kam darmit kaum zur Helfte, so ward ich schon mit schaumenden Geschrey unterbrochen, und mußte gegen anderthalb virtlstund die rasendsten Vorwürfe stillschweigend anhören, zum staunenden Ärgerniß meiner in der Nähe studirenden Jugend." Aus Furcht, die tollsinnige Wut könnte in Handgreiflichkeiten ausarten, wollte Greinwald den Raum verlassen. „Allein der Weg zur Thür ward mir mit aller Gewaltthätigkeit verrennt: ich mußte so lange aushalten, bis ich endlich die Thür-Schnalle, und kümmerlich mein Zimmer erreicht." Martinelli ließ aber nicht locker und schrie vor der Zimmertür des Inspektors noch eine dreiviertel Stunde lang weiter, „daß in der Nachbarschaft alles an die Fenster lief, und man in Besorgniß stund, es möchte ein Rasender aus dem Chl. Geist-Spital etwa entkommen seyn". Über den Inhalt des Geschreis gab Greinwald noch die weitere Auskunft: „daß ich ein Hoffärtiger Pfaff, ein hergelaufener Kerl, und nur um Gottes willen hier seye: daß man mich alle Augenblick zum Plunder jagen könne: daß in der Stadt nicht jederman mein Freund seye: daß ich ihn in seiner 6. Wochen langen Unpässlichkeit niemal besucht: daß ihm meine Aufkündungs-Schrift nur auf dem S. v. Abtritte Dienst machen könne. Dieser Inhalt ward hinnach so amplicirt, daß er auf drey virtl Stund hinaus langte."[760] D. Frigdian

---

[760] BayHStA, GL Fasz. 2700/483.

Greinwald zeigte Mitleid mit dem wutentbrannten Mieter Martinelli und verharrte ruhig in seiner Wohnung. Der Inspektor konnte nicht entscheiden, ob diese Art von Persönlichkeit ein „National-Fehler" oder eine persönliche Bosheit sei und hoffte, dass die Schulkuratel seine Kündigung genehmigte.
Im Schuljahr 1775/1776 wurden 66 Alumnen kostenfrei unterhalten, 22 Seminaristen hatten ein geringeres Kostgeld zu zahlen[761] und 12 Konviktoren das volle Kostgeld; sie wurden als „Kostgänger" bezeichnet.[762] Im Schuljahr 1781/1782 zahlten 37 Konviktoren die Kostgeldsumme von 2279 fl., wobei 102 Alumnen frei unterhalten wurden.[763]

5.2.3. Die Exspektanten oder Sekundaralumnen

Bei der dritten Gruppe der Exspektanten handelte es sich um Schüler des Gymnasiums, die nicht im Seminar, sondern in der Stadt wohnten, aber dennoch zu den Seminaristen gezählt wurden. Sie erhielten in der Regel den Mittagstisch im Seminar und hatten Teil an der Musikausbildung und Studienförderung. Ihre Zahl bestand gewöhnlich in 24 Schülern. Ein berühmter Exspektant der Domus Gregoriana war gegen Ende der Jesuitenzeit Johann Michael Sailer, der von 1762 bis 1770 das Münchener Gymnasium besuchte und 1829 Bischof von Regensburg wurde.[764] Sailer wohnte nach eigenen Aussagen in einer Wohnung auf

---

[761] Inspektor Hueber bezeichnete sie als „Halbalumnen"; vgl. BayHStA, GL Fasz. 2697/477.
[762] Im Haus wohnten demnach im Schuljahr 1775/1776 100 Seminaristen; vgl. BayHStA, GL Fasz. 2697/477.
[763] Vgl. BayHStA, GL Fasz. 2696/477.
[764] Zum „bayerischen Kirchenvater" Johann Michael von Sailer (1751-1832), der 1770 das Münchener Jesuitengymnasium absolviert hatte und von Leitschuh nicht als Seminarist identifiziert wurde, vgl. ADB, Bd. 30, 178-192; Bayerische Bibliothek, Bd. 3, 1248-1250; BOSL, Bayerische Biographie, 658; GrBBE, Bd. 3, 1678f.; Johann Michael Sailer. Pädagoge – Theologe – Bischof von Regensburg, hg. vom Domkapitel der Diözese Regensburg; KOCH, Art. Sailer, in: DERS., Jesuiten-Lexikon, 1581f.; KRAUS, Gymnasium der Jesuiten, 366, 599f.; LEITSCHUH, Matrikeln III, 128; PUTZ, Domus Gregoriana, 301; RITTHALER, Johann Michael Sailer (1751-1837), in: SCHROTT (Hg.), Bayerische Kirchenfürsten, 279-289; SCHÖTTL, Johann Michael Sailer am Jesuitengymnasium in München 1762-1770, in: ZIEGLER (Hg.), Monachium, 165-179; SCHWAIGER, Johann Michael Sailer. Der bayerische Kirchenvater; SCHWAIGER, München – eine geistliche Stadt, in: DERS. (Hg.), Monachium sacrum, Bd. 1, 1-289, hier 140-142; SCHWAIGER, Art. Sailer, Johann Michael, in: HEIM (Hg.), Theologen, Ketzer, Heilige, 346f.; SCHWAIGER, MAI (Hg.), Johann Michael Sailer und seine Zeit; STOERMER, Verzeichnis der Mitglieder, 126; WEITLAUFF, Art. Sailer, Johann Michael, in: LThK³, Bd. 8, 1431-1433; WIENINGER, Bayerische Gestalten, 177-182; WOLF, Art. Sailer, Johann Michael v., in: NDB, Bd. 22, 356f.

der „Hundskugel"[765] und wurde Famulus des zwei Jahre jüngeren Johann Michael Oecker[766], den er zur Schule zu begleiten hatte. Dafür erhielt er die tägliche Mittagskost im Hause Oecker. In seinen beiden letzten Gymnasialjahren (von 1768 bis 1770) wurde Sailer Repetitor und Instruktor bei der Familie Thalhauser.[767] Im Schuljahr 1768/1769 erhielt Sailer die Mittagskost im Haus des Landschaftskanzlers. „Auch für die Abendkost durfte ihm nicht bange sein, indem der damalige Inspektor des Seminariums, Pater Huber, ein liebenswürdiger Mann, für Sailer und zwei andere arme Studenten eine Mittelkost zwischen der bessern der Seminaristen und der geringern der Exspektanten in der Pförtnerstube erschuf."[768] Im Schuljahr 1769/1770 erhielt Johann Michael Sailer einen Freitisch in der Domus Gregoriana, den er bis zu seinem Eintritt ins Noviziat des Jesuitenordens in Landsberg im Herbst des Jahres 1770 in Anspruch nehmen konnte.[769]

Die Exspektanten erhielten im Seminar gewöhnlich die Mittagskost, die allerdings minderer Qualität war. Nach der Aussage Inspektor Greinwalds in einem Bericht vom 12. August 1784 bestand das Essen lediglich in einer Suppe und Kraut, weswegen im Volksmund die Bezeichnungen „Krauthaus" und „Krauthäusler" für Seminar und Seminaristen gebraucht wurden.[770] Ferner erhielten sie „dazu noch bey existirender Societät die aus dem vorhinigem Collegio in einem großen kupfernen Kessel hergebrachten Ueberbleibseln ihnen im Seminario wiederum aufgewärmet, und also in Schüsseln vorgesetzt worden"[771]. Nach der Aufhebung der Jesuiten 1773 wurden die Exspektanten mit dem übrig geblie-

---

[765] Die so genannte „Hundskugel Gasse" ist heute Teil der Hackenstraße und Brunnstraße; vgl. ZUBER (Hg.), Bürger schreiben für Bürger, Bd. 1, 27-32; DISCHINGER, BAUER (Hg.), München um 1800, 67f.; Häuserbuch der Stadt München, Bd. 3, 155.
[766] Johann Michael Oecker war Sohn eines Münzoffizialens; er absolvierte 1770 zusammen mit Sailer das Münchener Jesuitengymnasium; vgl. LEITSCHUH, Matrikeln III, 128.
[767] Sailers Mitschüler Alexander (Alexius) Thalhauser (1753-1829), Sohn eines Gerichtsschreibers, hatte ihn als Hausinstruktor für seinen jüngeren Bruder vermittelt. Alexander Thalhauser absolvierte das Münchener Jesuitengymnasium ebenso 1770 und trat mit Sailer in den Jesuitenorden ein. Thalhauser starb 1829 als Pfarrer in Kirchham. Leitschuh nennt den falschen Ort Kirchheim statt Kirchham; vgl. Catalogus generalis, 438; LEITSCHUH, Matrikeln III, 126; KNAB, Nekrologium, 377; SCHÖTTL, Johann Michael Sailer am Jesuitengymnasium in München 1762-1770, in: ZIEGLER (Hg.), Monachium, 165-179, hier 179.
[768] SCHIEL, Johann Michael Sailer, Bd. 1, 29.
[769] Vgl. Catalogus generalis, 361; PUTZ, Domus Gregoriana, 164; SCHIEL, Johann Michael Sailer, Bd. 1, 29f.
[770] Vgl. FORSTER, Das gottselige München, 358, Anm. 5; STUBENVOLL, Geschichte des Königl. Erziehungs-Institutes, 55, Anm. 1.
[771] BayHStA, GL Fasz. 2697/477.

benen Essen des Seminars verköstigt. Da aber öfter nichts übrig blieb, musste eine andere Speise aus Kornmehl zubereitet werden. Dazu bekamen sie früher aus dem Kolleg noch etwas Brot gereicht. Diese Lieferung wurde nach 1773 durch die Fundationsgüterdeputation mit der jährlichen Abgabe von drei Scheffel Korn abgelöst.[772] Nach der Stiftung des Malteser-Ritterordens 1781 wurde diese Getreidelieferung 1784 eingestellt.[773] 1790 versuchte die Schulkuratel beim Großpriorat des Malteserordens diese Abgabe wieder zu bewirken mit der Begründung, „daß ein Lobl. Orden ihre Bürde mit denen Fundations Gütern zugleich übernohmen habe"[774]. Das Bayerische Provinzkapitel des Malteserordens lehnte die Getreidelieferung entschieden mit der Aussage ab, dass man das Korn bis 1784 freiwillig abgegeben hätte.[775] „Von dieser Zeit an wurde diese freywillige Gabe, die ohnehin der ursprünglichen Benennung des exspectanten Kessels nach blos nur als eine in der Communität, wie die erloschene Gesellschaft war, leicht thunliche Sache aus dem Mahlzeit-Überbleibseln Bestand, zurückgenommen [...]."[776] Im letzten Schreiben des Inspektors an das Generalstudiendirektorium vom 6. April 1791 bezüglich der seit 1784 ausstehenden Getreideabgabe meinte Inspektor Greinwald: „Traurig genug für eine arme Stiftung, wenn bald da, bald dort, ein Zufluß der selben entzogen wird! Wenn nicht via Gratiae eingeschlagen wird, und eine nachdrucksamme vom Hochwürdig-Gnädiger Directio an den Fürsten Großprior einzureichende Vorstellung hiran nichts effectuiren sollte, so wird es mit diesen 3 Schäfl Korn wohl auf immer gethan seyn."[777]
Aus der kurfürstlichen Hofpfisterei erhielt das Seminar zudem 60 Paar Pfisterbrote für die armen Exspektanten, „welches ihnen im Seminario zum täglichen Tischbrot ausgeteilt, und das übrige für die Suppen aufgeschnittelt wird". Nach dreijähriger Erfahrung war Inspektor Greinwald aufgefallen, dass „die bis-

---

[772] In den Seminarrechnungen wurden diese drei Scheffel Korn mit 15 fl. angesetzt; vgl. StAM, RA Fasz. 942/14745.
[773] Vgl. StAM, RA Fasz. 942/14745; Albertinum A 10; A 45; STUBENVOLL, Geschichte des Königl. Erziehungs-Institutes, 290-292.
[774] Schreiben vom 17. Mai 1790 in: StAM, Albertinum A 10.
[775] In der „Fassion über das Kurfürstliche Seminarium St. Greg. M. der armen studirenden Knaben in München" vom 3. Mai 1784 wurde noch festgehalten: „15 fl. – An zu Geld angeschlagenen 3. Schfl. Korn, welche vom Wilhelminischen Collegio jetzt vom Hochen Malteser-Ritter-Orden für die Exspectanten, anstatt des vormals gereichten Brodes, abgegeben werden"; StAM, RA Fasz. 942/14745.
[776] Schreiben vom 14. Juni 1790 in: StAM, Albertinum A 10; vgl. auch STUBENVOLL, Geschichte des Königl. Erziehungs-Institutes, 293.
[777] StAM, Albertinum A 10. – Die Akte in Betreff der „Getreidforderung an den Malteserorden für die Exspectanten" trägt schließlich auf dem Aktendeckel den Hinweis: „Ist nichts mehr zu hoffen laut Beylage."

herige Kost für hungernde jungen Leuthe zum Theil nicht hinreichend seye, zum Theil der Gesundheit gar nicht behage, und also diese hungernde Jungen gezwungen seyen, noch Anderen in der Stadt vor die Thüre zu kommen". Sie wären daher sehr ausgelassen und würden die schlimmsten Sitten zeigen. Außerdem würde dem Seminar durch den Abgang der Kornlieferung ein finanzieller Mehraufwand zukommen. Greinwald schlug daher gegenüber der Generalstudiendirektion am 12. August 1784 vor, die Zahl der Exspektanten von bisher 24 auf 12 zu reduzieren. Diese sollten dann „täglich zu Mittag eine ordentliche frische Kost, bey und mit den Seminaristen" erhalten. Er plädierte auch dafür, die Exspektanten in Zukunft als „Alumni Secundarii" zu bezeichnen. Außerdem sollten sie den Vorteil erhalten, „daß sie die täglichen Musikstunden mit den ordentlichen Alumnen gratis benutzen, dann vom Tischlesen und von der guten Tisch- und Hausdisciplin profitiren könnten". Sie sollten auch in die Aufgaben des Seminars eingebunden werden, und zwar für den Chor- und Ministrantendienst. Zehn Sekundar-Alumnen könnten bei feierlichen Gottesdiensten in der Malteserritter-Ordenskirche ministrieren und zwei als Kalkanten auf dem Musikchor Dienst tun. Weiterhin sollten sie in der Stadt wohnen, aber durch die Teilnahme an der wöchentlichen Almosensammlung der Studenten finanzielle Unterstützung erhalten. Das Instruktionsgeld für die Studien sollte wie bisher aus der Armenkasse bezahlt werden.[778] Am 22. August 1784 leitete die Generalstudiendirektion den Antrag an die Schulkuratel weiter und bekräftigte, dass der Vorschlag des Inspektors „nicht nur dem Nutzen des Seminarii, sondern auch der Exspektanten und der Lage der itzigen Studien sehr angemessen [...]"[779] sei. Die Genehmigung wurde am 25. August 1784 erteilt. Im Jahr 1804 wurde die Zahl der Sekundaralumnen noch einmal auf acht reduziert.[780]

5.2.4. Die Dienstämter der Seminaristen

Anhand der Anweisungen „Obligenheiten der Officialen des Churfürstlichen Seminarii S. Greg. M. in München", die Inspektor Greinwald während seiner Amtszeit verfasst hatte, lassen sich die Ämter und Dienste der Seminaristen be-

---

[778] Vgl. BayHStA, GL Fasz. 2697/477.
[779] BayHStA, GL Fasz. 2697/488. – Für einen Exspektanten wurden 15 fl. pro Jahr an Ausgaben veranschlagt; vgl. BayHStA, GL Fasz. 2696/476.
[780] Vgl. BayHStA, GL Fasz. 2697/477; 2700/494; Schreiben vom 18. Oktober 1804 und vom 5. November 1804.

schreiben und bestimmen.[781] Insgesamt neun verschiedene Ämter wurden aufgezählt, die ein Seminarist ausüben konnte. Manche Dienste waren mit mehreren Seminaristen zu besetzen, wobei es sich um folgende Dienstämter handelte: ein Subpräfekt, zwei Monitoren, zwei Manuduktoren, mehrere Instruktoren, mehrere Tischpräfekte, ein Tischdienerpräfekt, ein Ministrantenpräfekt, ein Kurator für das Licht und die Fenster und ein „Curator Rei pectinariae".[782]

5.2.4.1. Der Subpräfekt

Als Subpräfekt wurde gewöhnlich ein älterer Seminarist ernannt, der bereits das Gymnasium absolviert hatte und am Kurfürstlichen Lyzeum Philosophie studierte. Im Seminar wohnte eine gewisse Anzahl von Lyzeumsstudenten, die meist schon als Schüler des Gymnasiums im Seminar gewohnt hatten. Gelegentlich wurde auch ein Absolvent eines anderen Gymnasiums aufgenommen. Im Schuljahr 1775/1776 wurden noch zwei Subpräfekte eingesetzt, nämlich Leonhard Piringer[783] und Josef Endorfer.[784] Im Schuljahr 1790/1791 gab es im Seminar nur einen Subpräfekten, nämlich Matthias Stubenböck. Ebenso war es im darauf folgenden Schuljahr, in dem Georg Wenig dieses Amt ausübte.[785] An weiteren Subpräfekten sind belegt: Benedikt Bartl (1781/1782), Martin Drexler (1783/1784), Thomas Herbster (1787-1890), Jakob Hoelzl (1781/1782), Urban Hörmann (1774-1776), Franz Xaver Rech (1783/1784) und Philipp Sengl (1780/1781).

In 13 Punkten wurden die Dienstvorschriften für den Subpräfekten formuliert. Von ihm wurde zuallererst erwartet, dass er „sich vor anderen in der Religions-Schätzung und Ausübung, in der Rechtschaffenheit, in der Bescheidenheit, in der Handhabung der Haus-Satzungen, und guten Ordnung" auszeichnete. Er

---

[781] Die „Obligenheiten der Officialen des Churfürstlichen Seminarii S. Greg. M. in München" in: StAM, Albertinum B 6. – Die Dienstanweisungen wurden zwar nicht dadiert, lassen sich aber durch die Handschrift D. Frigdian Greinwalds in die Zeit seines Inspektorats von 1781 bis 1792 zuordnen; vgl. auch PUTZ, Domus Gregoriana, 107f.
[782] Stubenvoll zählt 22 Dienstämter auf, ohne die Quelle anzugeben; vgl. STUBENVOLL, Geschichte des Königl. Erziehungs-Institutes, 220f.
[783] Leonhard Piringer ist von 1768 bis 1775 als Seminarist der Domus Gregorina nachzuweisen. 1774 absolvierte er die gymnasialen Studien und begann anschließend das Philosophiestudium am Münchener Lyzeum; vgl. StAM, WG 100; LEITSCHUH, Matrikeln III, 143.
[784] Josef Endorfer versah auch in den Schuljahren 1776/1777 und 1777/1778 das Amt eines Subpräfekten. Während Endorfer 1776/1777 den Dienst wohl allein ausübte, stand ihm 1777/1778 Michael Promberger zur Seite; vgl. BayHStA, GL Fasz. 2697/477.
[785] Vgl. BayHStA, GL Fasz. 2697/477.

hatte dafür zu sorgen, dass sich die Seminaristen pünktlich zu den Studierzeiten an ihren Pulten befanden und das Stillschweigen einhielten. Früh morgens sollte er „am Orte, wo man sich wäscht, so lange sich aufhalten, und für das Stillschweigen und gute Zucht sorgen, bis das Zeichen zum Morgen-Gebethe, oder zur Meditation gegeben wird". Nach gegebenem Zeichen musste er nachsehen, dass sich alle Seminaristen im Studiersaal versammelt hatten. „Finden sich noch einige Abwesende, so soll von ihm einer ins Schlafzimmer geschickt werden, der den etwa noch schlaffenden wecke." Läutete die Glocke zur hl. Messe, sollte er die Seminaristen dazu ermahnen, sich ungesäumt in die Kirche zu begeben. Falls ein Seminarist dieser Anordnung nicht gehorchte, hatte er ihn ernstlich zu ermahnen. Im Wiederholungsfall konnte er sie, sofern sie Schüler der drei unteren Klassen waren, bestrafen. Die Rhetoriker sollte er dagegen dem Inspektor oder dem Präfekten anzeigen. Beim Frühstück hatte er Sorge zu leisten, „daß solches in guter Zucht und Ordnung genommen werde". Während der gemeinsamen Musikprobe hatte er nachzusehen, ob die anderen Seminaristen sich dem Studium widmeten. „In den Erholungszeiten hat der Subpraefect fleißige Sorge zu tragen, daß keine verdächtige und Sitten-verderbende Kamerad- und Gesellschaften entstehen, die Wohlanständigkeit, und Nächsten-Liebe nicht verletzt – besonders das kindische Rilzen und übertriebene Geschrei vermieden werde." An Tagen, an denen ein Nachmittagstrunk gereicht wurde, sollte er im Refektorium Aufsicht führen, dass keine Exzesse entstanden. Nach dem Abendgebet musste er für die Einhaltung des Schweigens sorgen und kontrollieren, dass keine heimlichen Zusammenkünfte im Studier- oder Speisesaal zusammentraten, „sondern ein jeder, nach gepflogener Andacht bey dem Sanctissimo ac venerabili Sacramento, sich züchtig in seinem angewiesenen Schlafplatze zur Ruhe lege, und keiner des anderen Schlafgemach betrette"[786]. Sollte dem Subpräfekten auffallen, dass ein Instruktor seinen Pflichten nicht nachkomme, hatte er ihn dem Inspektor oder dem Präfekten zu melden.

Schließlich wurden noch die Disziplinarmaßnahmen genannt, die dem Subpräfekten zur Verfügung standen. So konnte er zum Beispiel das Stehen bei Tisch, das Knien am Boden, Pultarrest und Beten vor dem Allerheiligsten während der

---

[786] StAM, Albertinum B 6.

Erholungszeit verhängen.[787] Das Schlagen mit der Rute oder das Verhängen der Karenzstrafe blieb dem Inspektor und dem Präfekten vorbehalten."[788]

5.2.4.2. Die Monitoren

Neben dem Subpräfekten waren zwei Monitoren vorgesehen, die ebenso mit Lyzeumsstudenten besetzt wurden. In der elf Punkte umfassenden Dienstanweisung wurde bestimmt: „Die 2. Monitores sollen vor allen mit dem Subpraefecten in bester Harmonie leben, sich mit diesem über den Zustand der Haus-Disciplin öfters besprechen und beraten." Ihre Aufgabe war es, die Hausglocke zum Gottesdienst, zum Gebet, zu den Studier- und Erholungszeiten pünktlich zu läuten.[789] Außerdem sollten sie mit für Ruhe im Refektorium, im Studier- und im Schlafsaal sorgen. „Den Übelgesitteten ihre Unförme mit liebvoler Ernsthaftigkeit zu verweisen, und solchen besonders die Höflichkeit anzupreisen." Fiel ihnen bei einem Seminaristen Lauigkeit oder Gleichgültigkcit gegenüber der Religion auf, so sollten sie sich mit dem Subpräfekten darüber beraten. Nach dem Essen hatten sie darauf zu achten, dass keiner Geschirr aus dem Speisesaal trug und nichts mutwillig zerstört wurde. Im Haus sollten sie Sorge leisten, dass nicht mit dem Ball gespielt wurde und „die erlaubten Spiele zur gegönnten Zeit, und am rechten Orte, auch nicht zu theuer geschehen". Bekamen sie mit, dass Seminaristen Bücher, Kleidungsstücke oder sonst etwas verkauften oder vertauschten, so sollten sie dies unverzüglich dem Präfekten mitteilen. Schließlich hatten sie „bubische Zänkereyen, Schmähungen, Plagereyen etc"[790] zu unterbinden und konnten Maßnahmen zur Erhaltung der Disziplin ergreifen, die allerdings nicht aufgezählt wurden. Sie dürften sich aber im Rahmen der Strafen befunden haben, die der Subpräfekt erteilen konnte. An ihrem Namenstag beka-

---

[787] Über die Disziplinarmaßnahme des Pultarestes berichtete Josef von Hazzi (1768-1845), der von 1779 bis 1786 Seminarist der Domus Gregoriana war, in seiner Jugenderinnerung. Hierbei wurde dem entsprechenden Seminaristen das so genannte Pultkreuz an seinem Platz verhängt, wobei ein schwarz bemaltes Holzkreuz auf das Pult genagelt wurde. Der so bestrafte Zögling durfte solange an keinen Rekreationsstunden teilnehmen, als das Kreuz an seinem Pult angebracht war; vgl. GREIPL, HEYDENREUTER, Jugenderinnerung, 174.

[788] Im Fundationsbrief von 1654 wurde über das Recht des Präfekten, mit der Rute zu bestrafen, ausgesagt: „Habet facultatem dandi moderatas poenas discolis, etiam virgarum"; Zitat nach PUTZ, Domus Gregoriana, 335; vgl. auch STUBENVOLL, Geschichte des Königl. Erziehungs-Institutes, 34. – Zu disziplinarischen Maßnahmen im Kurfürstlichen Gymnasium vgl. auch PUTZ, Domus Gregoriana, 156-160.

[789] Für diesen Dienst war nach Stubenvoll zuvor noch ein eigener Seminarist vorgesehen; vgl. STUBENVOLL, Geschichte des Königl. Erziehungs-Institutes, 221.

[790] StAM, Albertinum B 6.

men die zwei Monitoren ein Geldgeschenk von je 1 fl. 12 kr.[791] Im Schuljahr 1775/1776 versahen die zwei Philosophiestudenten Andreas Hofmann und Nikolaus Schmid den Dienst der Monitoren, die beide ihre gymnasialen Studien 1775 beendet hatten und anschließend am Lyzeum weiterstudierten.[792] Im Schuljahr 1790/1791 wurden Petrus Geiger und Georg Schöffmann als Monitoren aufgestellt.[793]

5.2.4.3. Die Manuduktoren

Wieder zwei Seminaristen konnten zu Manuduktoren ernannt werden. Ihre Aufgabe war es, den gemeinsamen Gang der Seminaristen zur Michaelskirche anzuführen und für Stillschweigen und gute Aufführung am Versammlungsort bei der Pforte zu sorgen. Vor allem sollten sie beim Treppenaufgang zum Musikchor der Kirche für die nötige Stille sorgen, weshalb der erste unten an der Tür und der zweite oben zu warten hatte, bis alle Musiker die Treppe hinauf- oder heruntergegangen waren.[794] Besonders sollten sie auf die Sauberkeit im Haus achten. „Wo sie immer Fetzen Papier, u. s. a. auf dem Boden liegen sehen, sollen sie dem nächst an sie kommenden unteren Klassiker solche heissen aufzuheben, und an das gehörige Ort zu bringen." Bezüglich des Gebrauchs der Musikinstrumente und Bücher durch die Seminaristen hatten sie dafür zu sorgen, dass sie diese anständig benutzten und anschließend in die jeweiligen Schränke und Pulte versperrten. Im Sommer wurde den Manuduktoren Sorge für die Fenster aufgetragen.[795] Sie sollten „die jenigen aufzeichnen, durch deren Muthwillen eine oder mehre Scheiben zerbrochen" wurden. Was Disziplinarmaßnahmen bei Verstößen betraf, so heißt es in der Anweisung: „Es mögen

---

[791] Vgl. „Übersicht aller Einnahmen, und Ausgaben des Churfrtl. Seminars in München" vom 8. März 1805 in: BayHStA, GL Fasz. 2697/477.

[792] Im Schuljahr 1777/1778 wurden Martin Mayr (Absolvent 1776) und Thomas Neuner (Absolvent 1776), der von 1799-1802 Inspektor der Domus Gregoriana war, als Monitoren bezeichnet; vgl. BayHStA, GL Fasz. 2697/477.

[793] An weiteren Seminaristen, die das Amt der Monitoren ausübten, können genannt werden: Matthias Kleinhans (Schuljahr 1791/1792), Andreas Ott (1776/1777), Georg Plutz (1788/1789) und Johann Baptist Rupprecht (1802-1804); vgl. BayHStA, GL Fasz. 2697/477.

[794] Nach Stubenvoll war für diesen Dienst ein eigener Seminarist vorgesehen. Dieser „[...] musste, so oft die Seminaristen auf den Chor der St. Michaelskirche gingen, vorangehen und die Thüre offen halten, bis der ganze Zug mit den Instrumenten dieselbe passirt hatte. Das Gleiche hatte er zu thun nach Beendigung des Gottesdienstes"; STUBENVOLL, Geschichte des Königl. Erziehungs-Institutes, 221, Anm. 1.

[795] Stubenvoll kannte hierfür eigens bestellte Fensterkuratoren; vgl. STUBENVOLL, Geschichte des Königl. Erziehungs-Institutes, 220.

auch die Manuductores die Straffwürdigen Unteren Klassiker, nach vorgegangener Ermahnung, mit wahrer Nächsten-Liebe und Bescheidenheit, büßen."[796]

5.2.4.4. Die Instruktoren

Einen besonders wichtigen Dienst übernahmen die Instruktoren, deren Dienstvorschrift aus zwölf Punkten bestand. Die Seminaristen der Domus Gregoriana hatten gegenüber anderen Schülern den Vorteil, dass sie den Privatnachhilfeunterricht kostenlos erhielten. In der Schulordnung vom 8. Oktober 1774 war unter dem Punkt LXI vorgesehen: „Wenn die Ältern, oder Kostleute einen Instructor, oder Repetitor, oder die Studenten eine Instruction oder Repetition verlangen; haben sie sich bey den Schulrectoren zu melden, welche sich sodann mit den betreffenden Professoren benehmen, und das Weitere fürkehren werden."[797] Die Disziplinarverordnung vom 26. November 1774 bestimmte ferner: „17tens Der glückliche Fortgang eines Schülers manchmal durch einen unschicklichen Privat Unterricht sehr gehemmt, und die Hofnung der Aeltern, so öfters den letzten Heller dafür aufopfern, größtentheils, wo nicht ganz, vereitelt wird: so ist es nothwendig, daß man auch hierinfalls genaue Fürsehung treffe. Deme zufolge soll keiner ohne Vorwissen des Schul Rectors, welcher sich diesertwegen mit dem betreffenden Professore benehmen wird, einen Privat-Unterricht annehmen, dieienige hingegen, so sich dazu melden, werden eine vorgängige Prüfung ihrer Fähigkeit auszustehen; auch sich besonders in der deutschen Muttersprache, in der Geographie, in dem Griechischen, und andern zum Unterricht ihres Schülers nöthigen Dingen bewandert zu machen haben."[798]

Über die Instruktoren hieß es wörtlich: „Die jenigen, welche zur Unterweisung ihrer Mitseminaristen ausersehen, und angestellt sind, sollen sich ein solches zur Ehre und Glücke halten, daß sie schon so frühe Gelegenheit haben, dem Nächsten nützlich zu seyn, sich aber selbst noch mehrer in den Grammatikalischen Wissenschaften zu vervollkommern." Die mit ihrer Beschäftigung erwachsenden Mühe und auch Ungemach sollten sie mit „mannlicher Standhaftigkeit" ertragen, „in dankwissender Zurückerinnerung, daß man sich noch vor gar

---

[796] StAM, Albertinum B 6.
[797] LURZ, Mittelschulgeschichtliche Dokumente Altbayerns, Bd. 2, 215. – Einem Lehrer war es untersagt, selbst Nachhilfeunterricht zu geben, „indeme dieses sowohl dem Ansehen seines tragenden Charakters, als der erforderlichen Unpartheilichkeit eines Professors allerdings zuwider läuft"; LURZ, Mittelschulgeschichtliche Dokumente Altbayerns, Bd. 2, 222.
[798] LURZ, Mittelschulgeschichtliche Dokumente Altbayerns, Bd. 2, 230.

wenig Jahren eben also für sie hat verwenden müssen". Ihren anvertrauten Schülern sollten sie ein Vorbild sein, um ihre Fehler mit Frucht bessern zu können. Ferner wurde ihnen angeraten, den Unterricht mit aller Bescheidenheit und mit Mäßigung zu halten, so dass ihnen von Seiten der Seminaristen Liebe und Ehrfurcht entgegengebracht werde. Machte ein Schüler schlechten Fortgang, hatte der Instruktor der Sache auf den Grund zu gehen, „ob nämlich ein solches vom Unfleiße, oder von der Schwäche des Kopfes herkomme". Während den Schwachen Güte und „besonderer Liebvoller Unterricht" helfen sollte, hatte er die unfleißigen Schüler zu mehr Anstrengung anzuspornen. Darüber hinaus hatte der Instruktor den guten und schlechten Neigungen seiner Schüler nachzugehen. Die Guten sollte er im Guten stärken, dagegen die Bösen vom Bösen abziehen. Brachten wiederholte gute Ermahnungen nicht den gewünschten Erfolg, „so müssen gleichwol Drohungen, und nach diesen, Bussen zu Hilf genommen werden". Allerdings erhielten die Instruktoren die Einschränkung, dass sie im Refektorium keine Strafe verhängen durfte, was nur dem Subpräfekten, den Monitoren und Manuduktoren zustand. Kam aber ein Instruktor durch Bestrafungen nicht weiter, so sollte er sich an den Präfekten oder Inspektor wenden.[799]

Was die Hausaufgaben betraf, wurde dem Instruktor aufgetragen, dafür zu sorgen, „daß von seinen Zöglingen die Schul-Aufgaben über Haus mit allem Fleiße bearbeitet werden. Machen solche Aufgaben den Zöglingen nicht genugsame Beschäftigung; so wolle der Instructor selbst ihnen derlei nützliche Aufgaben vorlegen." Nicht nur über das Betragen im Seminar sollte der Instruktor wachen, sondern die Seminaristen auch in der Schule zur Zucht und Ruhe anhalten, dass sie „dann mit all möglicher Begierde und Aufmerksamkeit die Erklärungen, und den Unterricht ihres Hochwürdigen Herrn Professoris einnehmen". Neigte ein Schüler zur Faulheit, so war die Möglichkeit vorgesehen, ihm die Freizeit einzuschränken. Es sollte nicht geduldet werden, „daß die Faulen ganze Stunden lang auf dem Hofe, und Recreations-Plätzen sich aufhalten". Die Instruktoren hatten auch den Kontakt mit den Schulprofessoren zu pflegen. Einmal im Monat sollten sie sich mit den Lehrern über den Fortgang ihrer Schüler besprechen und

---

[799] Nach der Disziplinarverordnung von 1774 sollten die Instruktoren, was das Bestrafen ihrer Schüler betraf, „aller unnöthigen Schlägereyen, besonders mit dem Stocke, oder flachen Hande, oder gar mit Fäusten an den Kopf, in das Angesicht, oder auf den Rücken sich enthalten, und vielmehr in Bedärfens Fall andere angemeßnere Strafen fürkehren; die größere Fehler aber bey dem Schul-Rector anzeigen, ohne daß sie sich wegen einer abfälligen schadhaften Entdeckung in etwas zu fürchten haben dürfen." Instruktoren, diese Maßgabe überschritten, sollten in Zukunft keine Anstellung mehr finden; LURZ, Mittelschulgeschichtliche Dokumente Altbayerns, Bd. 2, 231.

beraten, „wie sie ihren Zöglingen besonders nützlich seyn, und diesen zum Vorschube dienen können"[800]. Da zahlreiche Seminaristen als Instruktoren eingesetzt wurden, erübrigte sich die Angabe dieses Dienstamtes in einzelnen Seminaristenlisten. Lediglich von Josef Höfler, der von 1797 bis 1804 Seminarist war, ist belegt, dass er den Dienst des Instruktors ausübte.[801]

5.2.4.5. Die Tischpräfekten

Im Speisesaal war für jeden Tisch ein Tischpräfekt vorgesehen.[802] „Dieser hat nun zu sorgen, daß alle seine Tisch-Gespannen beym Tische sich züchtig und anständig betragen: folglich nicht baurenartig mit einem – oder gar zweenen Armben auf den Tisch leinen: vielweniger mit den Ellenbogen auf dem Tische, und mit dem Kinne in der Hand dasitzen: und was dergleichen Unförme noch mehrere sind." Bei der Essensausgabe sollte der Tischpräfekt dafür sorgen, dass ein jeder seine Portion erhielt „und die Größeren von Suppe, Voressen, Gemüße, Milchspeise etc. nicht so vieles für sich nehmen, daß die Kleineren hirinne zu kurz kommen". Wollte sich ein Seminarist über eine zu geringe Fleischportion in der Küche beschweren, so war ihm dies durch den Tischpräfekt zu untersagen. Beim Brotverbrauch hatte er darauf zu achten, dass damit nicht verschwenderisch umgegangen wurde und keiner „von diesem nur die Rinde aufzähre, die Mollen aber beyseitige". Da die „Salz-Säure" der Gesundheit nicht erträglich sei, sollte er beim Salzen des Essens verhindern, dass ein Seminarist „ganze Löffel voll" in eine Speise gab. Dem Präfekten hatte er rechtzeitig diejenigen anzuzeigen, die einen Hang zum übermäßigen Trunk hätten. Während der Tischlesung hatte er Sorge zu leisten, „daß keiner am Tisch dem anderen an der Aufmerksamkeit, etwa durch Geschwätz, durch muthwillige Possen, durch Getöse mit Eyer- oder Kastanien-Schelfen, durch Scharren auf dem Deller, u. d. gl. hinderlich seye"[803]. An Tagen, an denen es keine Tischlesung gab, hatte der Tisch-

---

[800] StAM, Albertinum B 6. – Auch die Disziplinarverordnung von 1774 sah im 18. Punkt für die Instruktoren vor, dass sie „öfters bey dem Schulrector, und den Professorn ihrer Schüler um das Betragen, und den Fortgang derselben sich erkundigen, den Ursachen des Zurückbleibens nachforschen und wenn sie einige Fehler auf ihrer Seite finden, dieselbigen mit Fleiße verbessern, auch über das häußliche Betragen ihrer Discipel getreuliche Anzeige thuen, um damit man nicht gedrungen werde, im widrigen Falle unter dem Jahre eine Abänderung mit ihnen treffen und Sie von allen Instructionen entfernen zu lassen"; LURZ, Mittelschulgeschichtliche Dokumente Altbayerns, Bd. 2, 231.
[801] Vgl. BayHStA, GL Fasz. 2697/477.
[802] Vgl. zu den Regeln im Refektorium auch PUTZ, Domus Gregoriana, 153-156 und STUBENVOLL, Geschichte des Königl. Erziehungs-Institutes, 241-244.
[803] StAM, Albertinum B 6.

präfekt lautes Geschrei und Streitigkeiten zu unterbinden.[804] Zum Schluss sollten alle Tischpräfekten darauf achten, dass dem Geschirr und der Einrichtung kein mutwilliger Schaden zugefügt wurde.[805]

5.2.4.6. Der Tischdienerpräfekt

Die meisten Dienstanweisungen mit 16 Punkten erhielt der Tischdienerpräfekt. Für dieses verantwortungsvolle Amt wurden meist Schüler der zweiten Rhetorik ausgewählt. So versah zum Beispiel der Sohn des Bierbrauers aus dem „Weißen Brauhaus" in München, Benno Wild, im Schuljahr 1777/1778 diesen Dienst.[806] Dem Tischdienerpräfekt kam die Aufgabe zu, die wöchentlich eingeteilten Tischdiener vor dem Mittag- und Abendessen rechtzeitig in den Speisesaal zu rufen. Beim Decken der Tische hatte er für Ruhe und Ordnung zu sorgen. Nachdem die Tische gedeckt, die Brotportionen und die gefüllten Wasserbecher verteilt waren, hatte der Tischdienerpräfekt die Glocke zum Mittagessen pünktlich um elf Uhr und zum Abendessen um halb sieben Uhr zu läuten. Ein weiteres Glockenzeichen zu geben galt „als ein auffallender Unform". Sollten einmal der Inspektor und der Präfekt die Glocke überhört haben, so war ein Tischdiener abzuschicken, der ihnen zu melden hatte, dass bereits alle Seminaristen im Speisesaal versammelt seien. Nach dem Tischgebet sollte der Tischdienerpräfekt mit einer schwarzen Tafel durch die Reihen gehen und an den ersten Tischen nach leeren Plätzen Ausschau halten, die er mit Seminaristen, die nach der Tischordnung an den letzten Tischen zu sitzen hatten, besetzen. Auf die Tafel hatte er aufzuschreiben, wie viele an jedem Tisch saßen und sollte ihre Zahl durch die Winde an die Küche weitergeben.[807]

Der Tischdienerpräfekt war auch für die Ausgabe des Tischtrunks zuständig, wenn er von einem Seminaristen bestellt war. Weiter kam ihm zu, den Herren-

---

[804] Nach Hannelore Putz „gab es während des Essens immer wieder auch Tischlesungen; ansonsten fand das Essen so lange in Stillschweigen statt, bis der Präfekt mit einem Zeichen Dispens gab"; PUTZ, Domus Gregoriana, 154.
[805] Vgl. StAM, Albertinum B 6. – Einzig von Franz Xaver Hudler ist belegt, dass er im Schuljahr 1807/1808 Tischpräfekt war; vgl. BayHStA, GL Fasz. 2697/477.
[806] Benno Wild war von 1772 bis 1778 Seminarist im Kurfürstlichen Seminar und studierte anschließend am Lyzeum zwei Jahre Philosophie. Seit 1786 ist er als Braumeister in München nachweisbar; vgl. StAM, WG 100, 106, 107, 109, 111-113; LEITSCHUH, Matrikeln III, 160; SEDLMAYR, GROHSMANN, Die »prewen« Münchens, 228. – Im Schuljahr 1775/1776 war Johann Nepomuk Josef Seel Tischdienerpräfekt, der seine gymnasialen Studien 1776 beendete; vgl. StAM, WG 100, 106, 107, 110, 111; BayHStA, GL Fasz. 2697/477; LEITSCHUH, Matrikeln III, 154.
[807] Vgl. StAM, Albertinum B 6.

tisch, an dem der Inspektor und der Präfekt Platz nahmen, zu bedienen, „folglich von dem selben, bis man vom Tische aufsteht, sich nicht zu entfernen, um immer an Hande zu seyn, wenn darauf was mangeln soll". Gleichzeitig hatte er darauf zu achten, dass die Tischdiener die Speisen ordentlich zu ihren Tischen brachten. Die Wasserträger hatte er ständig aufmerksam zu machen, wenn an einem Tisch das Getränk ausging. Da die Tischdiener am so genannten „Nachtisch" zu essen hatten, sollte der Tischdienerpräfekt kontrollieren, dass sie sich nicht beim Zurückbringen der Speisen bereits satt aßen. „Solchem nach soll er derlei unförmliche Näscherei durchaus nicht gedulden, im widersetzungsfalle hat er solche Näscher dem Herrn Inspector oder Praefecten anzuzeigen." Das übrig gebliebene Essen war daher unverzüglich durch die Winde in die Küche zu geben. Bei der Essensausgabe hatte er an der Winde für Ruhe und Ordnung zu sorgen und sollte „alles Geschwätz und Getöse daselbst sogleich abstellen". Die Tischdiener hatte er anzuweisen, auf ihre zugeteilten Tischen aufmerksam zu schauen, was an Speisen fehlte. „Gelustet es ein – und anderem Tischdiener bey irgend einem Tische einen Schwätzmarkt zu halten, oder sich wohl gar daselbst kommentlich darneben nieder zu setzen (besonders wenn über Tische gelesen wird) so soll der Tischdienerpraefekt ihm ein solches ohne widers untersagen, und ihn an sein Ort rufen oder holen."[808] Auf das Geschirr und vor allem das Silberbesteck hatte er besonders zu achten, dass nichts entwendet wurde und alles nach Gebrauch wieder in die Küche kam.

Von dem Essen, was am Herrentisch übrig blieb, durfte er sich soviel nehmen, wie es die Herren erlaubten. Den Rest musste er in die Küche geben. „Besonders aber soll er sich hüten, Bescheide am Weine zu thun." Fand er Brotreste oder andere Lebensmittel auf den Fensterbänken, auf den ungedeckten Tischen oder anderswo, so sollte er diese einsammeln und in den Brotkorb legen.[809] Die Tischdiener hatte er vom Nachessen rechtzeitig zum Gebet in den Studiersaal zu schicken, mit Ausnahme desjenigen, der den Nachtisch abzuräumen hatte. Der Tischdienerpräfekt hatte das Refektorium als letzter zu verlassen und abzusperren. Gegenüber der Haushälterin sollte er sich „jederzeit höflich und willig"[810] erweisen.

---

[808] StAM, Albertinum B 6.
[809] Hierfür war in früheren Zeiten nach Stubenvoll ein eigener Seminarist zuständig; vgl. STUBENVOLL, Geschichte des Königl. Erziehungs-Institutes, 221.
[810] StAM, Albertinum B 6.

5.2.4.7. Der Ministrantenpräfekt

Den Ministrantendienst bei Hochämtern, Vespern und Litaneien in der „St. Michaelis Hof- und Hochen Ritter-Ordenskirche" hatten vor allem die Sekundar-Alumnen, die es seit dem Schuljahr 1784/1785 mit der Anzahl von zwölf Seminaristen gab, zu versehen, und waren dem Zeremoniar und dem Ministrantenpräfekten unterstellt.[811] Dieser hatte sich jedes Mal mit dem Zeremoniar zu besprechen, um die Gottesdienstplanung und die Anzahl und Einteilung der Ministranten vornehmen zu können. In der Sakristei hatte er für Ruhe und Ordnung zu sorgen. Zusammen mit den Weihrauchträgern sollte er den Herren Leviten und dem Zelebranten beim An- und Ablegen der Gewänder behilflich sein. „Thut es so Eile, daß er und sein Consors nicht genug hinreichet, diese An- und Auskleidung zu bewerkstelligen, so soll er noch 2. andere geschickte Ministranten zu Hilfe nehmen." Beobachtete er bei den Ministranten während ihres Dienstes oder in der Sakristei, dass diese schwätzten, lachten oder „fürwitzig" umhersahen, so sollte er sie zunächst gütig ermahnen, im Widersetzungsfall aber dem Inspektor anzeigen. Besonders hatte er die Ministranten auf Pünktlichkeit anzuweisen, dass „die Geistlichkeit nicht auf sie zu warthen gezwungen werde". Zuletzt sollte er vor dem Einzug in die Kirche nachsehen, dass die Ministranten mit „Birete, Krägen, Leichter, Kerzen, Fackeln, Schiffel, Rauchfaß, Weyhrauch, Glocke etc."[812] versehen waren.

5.2.4.8. Der Licht- und Fensterkurator

Der Inhaber dieses Dienstes hatte dafür zu sorgen, dass bei anbrechender Dunkelheit die Leuchterträger die Kerzen aufsteckten und anzündeten. Nachdem die Glocke zum Gottesdienst und zu den Mahlzeiten geläutet hatte, trug er die Verantwortung, dass alle Kerzen bei den Pulttischen gelöscht waren. Als Lichtkurator sollte er die Verschwendung von Kerzen vermeiden, dass er „besonders während der Instructions- und Repetitions- auch Recreations-Zeit, mehrere [Seminaristen] zu einen Leuchter zusamm zu setzen heisse". Die „Kerzenstümpfeln" hatte er einzusammeln und dahin zu bringen, wo sie der Präfekt haben wollte. Nach dem Läuten der Hausglocke zum Abendessen sollte er die Lampen

---

[811] Stubenvoll gibt an, dass die Seminaristen seit 1736 täglich um 5.30 und 6 Uhr in St. Michael den Ministrantendienst auszuüben hatten; vgl. STUBENVOLL, Geschichte des Königl. Erziehungs-Institutes, 186.
[812] StAM, Albertinum B 6.

in „locis secretis", auf dem Korridor und im Treppenhaus löschen und während des Tischgebets nach dem Essen wieder anzünden. Schließlich sollte er während des Nachtgebets, wenn die Lauretanische Litanei anfing, in den Schlafsälen die Lampen anzünden. In der Sommerzeit wurde ihm auch die Sorge für die Fenster in den Studiersälen, auf den Fluren und in den Schlafsälen übertragen, „daß solche bey entstehendem Winde, Tag und Nacht, gut und fleissig geschlossen werden"[813]. Hierbei sollten ihm die bestellten Leuchterträger Hilfe leisten.

5.2.4.9. Der „Curator Rei pectinariae"

„Weil der kleineren Jugend, vor anderen, das leidige Ungezifer zusetzt, so muß nothwendig einem aus den bescheideneren Seminaristen die besondere Obsorge übertragen werden, daß solch verdrüßliche Unwesen nicht überhandnehmen."[814] Der Scminarist, dem diese „menschfreundliche Obsorge" übertragen war und als „Curator Rei pectinaiae" bezeichnet wurde, sollte an jedem Sonntag, Dienstag und Donnerstag bei der Haushälterin anfragen, wann an diesen Tagen die Seminaristen gekämmt werden könnten. Nachdem er die Zeit erfahren hatte, waren zunächst die Seminaristen mit langen Haarzöpfen und diejenigen, „so böse Köpfe haben"[815], dann alle anderen zur Haushälterin zu schicken. Vor Ort sollte er für das rechte Betragen sorgen. Während dieser Arbeit war Stillschweigen geboten. War nach dem Gutachten der Haushälterin bei einem Seminaristen auch an anderen Tagen das Kämmen nötig, so hatte er ihn rechtzeitig hinzuschicken. Folgte ein Seminarist nicht seinen Anweisungen, so sollte er ihn beim Präfekten anzeigen. In der Dienstverordnung für das Hauspersonal wurde unter Punkt Nr. 10 bemerkt: „Diejenigen, welchen Amtshalber zusteht, die Studenten vom Ungezifer zu säubern, sollen auf die Zeit bedacht seyn, an welcher sie diesen Liebesdienst am schicklichsten ausüben können. Zuvor aber soll es dem Herrn Präfekten gesagt werden: welcher Anstalt machen wird, daß die Studenten nach und nach berufen werden; deren einmal mehrere, als drey, zugegen seyn sollen, nebst einen Aufseher: der Sorge tragen soll, daß die Arbeit beständig fortgeht, und dabey das Stillschweigen beobachtet werde."[816]

---

[813] StAM, Albertinum B 6.
[814] StAM, Albertinum B 6. – Nach Stubenvoll hieß dieser Dienst „Pectendis assistet"; vgl. STUBENVOLL, Geschichte des Königl. Erziehungs-Institutes, 221.
[815] StAM, Albertinum B 6.
[816] StAM, Albertinum B 9.

Der Vergleich mit den Ämtern und Diensten, wie sie von Hannelore Putz für die Zeit vor 1773 beschrieben sind, zeigt eine weitere Ausdifferenzierung und Veränderung der Aufgabenbereiche.[817] Nach Putz waren folgende Ämter bekannt: Vizepräfekt, Subpräfekt, Monitoren, Musikpräfekt, Bibliothekspräfekt, „Nosocomus", „Praefectus pulsantium" und „Ianitor"[818]. In der Seminaristenliste von 1775/1776 wurden außerdem noch aufgezählt: ein Präfekt für die Hofknaben[819], ein Gehilfe des Pförtners[820] und ein Tischleser[821]. Vor 1773 gab es neben den zwei Subpräfekten noch einen Vizepräfekten, dessen Aufgabenbereich sich nur schwer von dem der Subpräfekten abgrenzen lässt, wobei der Vizepräfekt „allerdings die größere Autorität hatte"[822]. Im Schuljahr 1775/1776 wurden neben dem Präfekten noch zwei Subpräfekten genannt.[823] Die Dienstbeschreibung von Inspektor Greinwald sah nur noch einen Subpräfekten vor. Gleich blieb, dass dieses Amt mit einem älteren Studenten besetzt wurde, der das Gymnasium bereits absolviert hatte und am Lyzeum Philosophie studierte. Weiterhin gab es das Amt des Monitoren, das mit zwei Seminaristen besetzt wurde. Sie blieben für das Läuten der Glocke zu den Studier- und Gottesdienstzeiten zuständig. Lediglich die Sorge für die Fenster in den Schlafsälen wurde den zwei Manuduktoren und besonders dem Licht- und Fensterkurator übertragen. Alle anderen Dienstämter waren scheinbar nicht mehr vorgesehen, zumindest liegen in der Handschrift D. Frigdian Greinwalds keine Dienstbeschreibungen vor. Die Sorge für die Musikinstrumente hatten die beiden Manuduktoren übernommen, so dass wohl ein eigener Musikpräfekt nicht mehr gebraucht wurde. Wer sich um die Bibliothek zu kümmern hatte, war nicht vorgeschrieben.

---

[817] Vgl. PUTZ, Domus Gregoriana, 107f. – Zum Vergleich wurden im Fundationsbrief von 1654 an Dienstämtern für Seminaristen genannt: „Sunt praeterea ex alumnis grandioribus melioribusque constituti vice-praefecti, monitores, bibliothecarii, instructores; utque proficiant alumni in literis, quilibet ex iis, qui sunt in supremis classibus, instruit unum vel alterum in inferioribus constitutum"; Zitat nach PUTZ, Domus Gregoriana, 335; vgl. auch STUBENVOLL, Geschichte des Königl. Erziehungs-Institutes, 34.
[818] Im Schuljahr 1775/1776 wurde der Lyzeumsstudent Johann Daibl als „Ianitor" bezeichnet; ihm war also die verantwortungsvolle Aufgabe des Türschließers zuerkannt worden; vgl. BayHStA, GL Fasz. 2697/477.
[819] Dieses Amt war dem Philosophiestudenten Urban Hermann übertragen worden; vgl. BayHStA, GL Fasz. 2697/477.
[820] Als Gehilfe des Pförtners wurde Josef Pazenhofer bezeichnet. Im folgenden Schuljahr 1776/1777 versah Pazenhofer als Philosophiestudent und Seminarist allein den Pförtnerdienst, wofür er eine jährliche Vergütung von 40 fl. erhielt; vgl. BayHStA, GL Fasz. 2697/477.
[821] Tischleser war in diesem Schuljahr Philipp Rieger; vgl. BayHStA, GL Fasz. 2697/477.
[822] PUTZ, Domus Gregoriana, 107.
[823] Vgl. BayHStA, GL Fasz. 2697/477.

5.3. Das Dienstpersonal

Das zur Hauswirtschaft nötige Personal bestand zu Zeiten der Gesellschaft Jesu lediglich aus dem Pförtner, der Köchin, einer Näherin und zwei Mägden.[824] Im Schuljahr 1773/1774 waren an Hauspersonal angestellt: die Hauserin Maria Franziska Mayr[825], die Köchin Theresia Stiller, die Kellerin Eva Hofbaur, die zwei Mägde Walburga Höck und Elisabeth Graser und der Hausknecht Franz Urban. Auffallend ist, dass ein eigener Pförtner nicht erwähnt wurde. Diese Aufgabe wurde zu dieser Zeit wohl noch von einem Student als Janitor versehen.[826] 1784 betrugen die gesamten Personalausgaben für Inspektor, Präfekt, Haushälterin, Köchin, Kellerin, zwei Hausmägde, Hausknecht und Gärtner 564 fl.[827] Im Jahre 1804 bekamen die sieben Dienstboten allein ein Gehalt von 267 fl. 42 kr.[828] Dem Inspektor stand als Hausherr zu, das Dienstpersonal nach freier Verfügung einzustellen und zu entlassen. So kündigte Inspektor Frigdian Greinwald 1786 der Haushälterin Theresia Federl, die fünf Jahre lang ihren Dienst ausgeübt hatte, die Anstellung.[829]

Im Jahre 1789 bestand das Dienstpersonal aus folgenden Personen: Lorenz Delle (Pförtner, Mesner und Schneider), Andreas Anleutner (Bauknecht), Balthasar Gehartinger (Hausknecht), Apollonia Bock (Haushälterin), Katharina Göbl (Köchin), Margaretha Heiser (Kellerin), Katharina Kling (Hausmagd), Anna Maria Stidl (Hausmagd), Theresia Kollocher (Stallmagd) und Anna Maria Piller (Näherin).[830]

---

[824] In der Fundationsurkunde vom 10. Mai 1654 hieß es nach der deutschen Übersetzung von Stubenvoll: „Der Inspektor hat zur Hand einen Oekonomen oder Präfekt, der des Hauses unmittelbarer Vorstand ist, das ganze Hausgesinde leitet (welches aus 5 Personen besteht, dem Pförtner, der Köchin, der Näherin und zwei Mägden, welche allerdings von den Zöglingen getrennt und um einen bestimmten Lohn gedungen, gesetzteren Alters und bewährter Sittsamkeit sein müssen) [...]"; STUBENVOLL, Geschichte des Königl. Erziehungs-Institutes, 33f.; vgl. auch PUTZ, Domus Gregoriana, 334f. – Zu den Aufgaben des Hauspersonals vgl. auch STUBENVOLL, Geschichte des Königl. Erziehungs-Institutes, 140-146; PUTZ, Domus Gregoriana, 108-110.
[825] Maria Franziska Mayr vermachte am 25. Februar 1782 der Seminarkirche ein Kapital von 350 fl. „per donationem inter vivos", das zur Kirchenzierde verwendet werden sollte. Sie starb am 25. März 1782; vgl. BayHStA, GL Fasz. 2696/475; StAM, Albertinum A 106.
[826] Vgl. BayHStA, GL Fasz. 2697/477.
[827] Vgl. StAM, Albertinum A 45.
[828] Hinzu kamen 1804 das Jahresgehalt der Wäscherin von 100 fl. und das Gehalt des Gärtners von monatlich 16 fl., was auf das Jahr gerechnet 192 fl. ergab; vgl. BayHStA, GL Fasz. 2697/477; Ausgabensliste für Bedienstete vom 24. Juli 1804.
[829] Vgl. StAM, Albertinum A 94.
[830] Vgl. StAM, Albertinum A 44.

Nach dem Antrittsprotokoll des Inspektors D. Anton Acher vom 25. Oktober 1792 waren an Hauspersonal vorhanden: die Haushälterin Ursula Deininger, die Köchin Walburga Spicker, die Näherin Kreszenzia Hermann, die Kellerin Maria Stubenbaum, die Stallmagd Theresia Kamerlocher, die Hausmagd Birgitta Kamerlocher, die Hausmagd Anna Klass, der Pförtner Lorenz Schille, der Hausknecht Balthasar Gehhardinger und der Fuhrknecht Andreas Anleitner.[831]

Sechs Jahre später, im Extraditionsprotokoll vom 31. Oktober 1798, gab es unter dem Personal einige Veränderungen. Genannt wurden darin die Haushälterin Kordula Höfler, die Köchin Ursula Ger, die Kellerin Maria Anna Hammer, die Küchenmagd Ursula Jingler, die Hausmagd Anna Winkler, die Krankenwärterin Anna Hausinger, die Stallmagd Franziska Wier, der Hausknecht Jakob Kern und der Pförtner Lorenz Schille, der zugleich als Schneider tätig war. Neu war das Amt der Krankenwärterin.[832] Eine eigene Näherin wurde erspart. Diese Aufgabe hatte der Pförtner übernommen. Auch ein eigener Fuhrknecht war nicht mehr angestellt.[833] Im Jahre 1806 bestand das Hauspersonal schließlich aus folgenden Personen: Maria Anna Mühlmayr, Haushälterin; Katharina Poschinger, Köchin; Maria Anna Hämerl, Kellerin; Dorothea Dalman und Anna Maria Zeiss, Hausmägde; Katharina Mayr, Viehmagd; Maria Anna Hueter; Sebastian Eisele, Pförtner und Bernhard Glas, Hausknecht.[834]

Was die einzelnen Verdienste betraf, so gab die Ausgabenliste vom 8. März 1805 folgende Löhne an: die Haushälterin erhielt als Lohn 48 fl. Für Kost und gelegentlichen Trunk wurden 170 fl. berechnet. Hinzu kamen Verehrungen von 12 fl., was die Summe von 230 fl. ergab. Die Köchin, die Kellerin, die zwei Hausmägde, die eine Viehmagd und die Krankenwärterin, die zugleich Näherin war, erhielten jeweils 155 fl. 30 kr.[835] Der Hausknecht bekam 168 fl. 30 kr. angerechnet. Die Summe setzte sich aus der berechneten Kost in Höhe von 125

---

[831] Vgl. BayHStA, GL Fasz. 2699/489. – Im Jahre 1795 war folgendes Hauspersonal im Seminar angestellt: Ursula Niedermair, Haushälterin; Lorenz Schille, Pförtner; Maria Anna Glas, Köchin; Maria Stubenbaum, Kellerin; Theresia Kamerlocher, Stallmagd; Maria Anna Seidl und Maria Anna Gründl, Küchenmägde und Jakob Kern, Hausknecht; vgl. ebda.
[832] Nach den Satzungen für das dienende Personal aus dem Jahre 1605 war allerdings eine Krankenwärterin vorgesehen. Ihre Dienstbeschreibung umfasste 11 Punkte. Im Fundationsbrief von 1654 fand sie keine Erwähnung mehr. 1803 war Mechthild Cohlmund Krankenwärterin im Seminar; vgl. BayHStA, GL Fasz. 2699/489; STUBENVOLL, Geschichte des Königl. Erziehungs-Institutes, 33f., 144f.; PUTZ, Domus Gregoriana, 334f.
[833] Vgl. BayHStA, GL Fasz. 2699/489.
[834] Vgl. das Extraditionsprotokoll vom 6. Februar 1806 in: BayHStA, GL Fasz. 2699/489.
[835] Für die Kost wurden 125 fl. und für den Trunk 12 fl. angerechnet. An Lohn waren 16 fl. und an Verehrungen, wohl eine Art Trinkgeld, 2 fl. 30 kr. vorgesehen; vgl. BayHStA, GL Fasz. 2697/477.

fl., dem Lohn von 30 fl., dem Biergeld von 10 fl. und den Verehrungen von 3 fl. 30 kr. zusammen. Der Gärtner, der erstmals im Extraditionsprotokoll vom 9. bis 11. Oktober 1781 genannt wurde, erhielt 1782/1783 einen Jahreslohn von 130 fl.[836] Was die Seminarwäsche betraf, so wurde sie gegen Ende des 18. Jahrhunderts aus dem Haus gegeben, da in den Dienstanweisungen der Haushälterin aus der Feder D. Frigdian Greinwalds von einem Wäscher aus der Au berichtet wurde.[837] 1799 verlangte die Wäscherin Magdalena Strohschneider, die seit vielen Jahren „durch ihre Reinlichkeit, und Genauigkeit dem Seminar jederzeit bestens genug gethan"[838], statt der bisher 50 fl. eine Erhöhung auf 100 fl. Zum einen wäre der Holzpreis zum Kochen des Waschwassers enorm gestiegen, andererseits müsste sie das Personal aufgrund der großen Wäsche erweitern. Eigentlich würden auch diese 100 fl. kaum hinreichen, doch wollte sie aus Dankbarkeit, dass ihr Sohn Friedrich vier Jahre hindurch im Seminar unterhalten wurde, nicht mehr verlangen. Ihr Antrag wurde am 30. November 1799 bewilligt.[839] Insgesamt wird deutlich, dass sich das Personal am Ende des 18. Jahrhunderts verdoppelt hatte.

Zum angestellten Hauspersonal war, wie bereits erwähnt, im letzten Drittel des 18. Jahrhunderts noch der Gärtner zu zählen, der den Seminargarten in der Falkenau zu bestellen hatte.[840] Durch Resolution vom 4. Januar 1796 wurde Bernhard Alois Kam als Gärtner angestellt, der beim Verkauf des Seminargartens an den Hofgerichtsrat von Schab im Jahr 1804 seine Stelle verlor. Sein Vorgänger war Johann Niedermaier, der 12 Jahre lang angestellt war. Kam heiratete die Witwe Maria Anna Niedermaier, die am 5. Januar 1795 die Gärtnerstelle verliehen bekommen hatte.[841] Am 26. März 1804 stellte er beim Administrationsrat

---

[836] Vgl. BayHStA, GL Fasz. 2697/476; 2831/1443. – Nach dem „Ueberschlag der jährlichen Einnahmen und Ausgaben, die sich aus dem hiesigen Studenten Seminar gehörigen Garten mit Zugehör auszeigen" vom 9. Februar 1807 verdiente der Gärtner einen Jahreslohn von 144 fl. Zudem erhielt er wöchentlich einen Laib Brot gereicht. Den Laib zu 30 kr. berechnet, ergab dies eine weitere Ausgabe von 26 fl. pro Jahr; vgl. BayHStA, GL Fasz. 2700/494.
[837] Vgl. StAM, Albertinum B 9.
[838] BayHStA, GL Fasz. 2699/489; 2699/490; StAM, Albertinum A 94. – Der Sohn der Wäscherin, Friedrich Strohschneider, hatte von 1795 bis 1799 das Kurfürstliche Seminar besucht und studierte anschließend am Lyzeum in München bis 1801 Philosophie. 1801 immatrikulierte er sich an der Universität Landshut in Jurisprudenz; vgl. BayHStA, GL Fasz. 2699/489; StAM, WG 130-135; LEITSCHUH, Matrikeln III, 213; PÖLNITZ, Matrikel Landshut, 127.
[839] Vgl. BayHStA, GL Fasz. 2699/490; StAM, Albertinum A 94.
[840] Im Fundationsbrief von 1654 fand der Gärtner noch keine Erwähnung. Erst 1781 wurde die Stelle eines Gärtners erwähnt, der 1782/1783 ein Jahresgehalt von 130 fl. bekam; vgl. BayHStA, GL Fasz. 2696/476; 2831/1443.
[841] Vgl. StAM, Albertinum A 94.

der Kirchen und milden Stiftungen den Antrag, dass ihm eine jährliche Pension oder ein anderer Arbeitsplatz verliehen werden möchte. Man holte wohl die Meinung des Inspektors Anton Zistelsberger über den Antrag ein, der berichtete, dass er nach dem Verkauf des Grundstückes den Gärtner gebeten hätte, das noch vorhandene Kräuterwerk ins Seminar zu liefern. Dieser hätte darauf „mit dürren Worten" geantwortet, „daß er nicht mehr im Dienste des kurfrstl. Seminars stehe, und nichts mehr liefere – so wie er es auch wirklich that"[842].
Inspektor Greinwald verfasste zwischen 1781 und 1792 die „Satzungen für das dienende Personal im Hause St. Gregor. M. der armen studirenden Knaben zu München"[843], die 33 Punkte umfasste. In der Präambel schrieb er: „1. Sollen diejenigen Personen, welche sich allda in Hausdiensten befinden, sich billigermaßen für glückselige schätzen, daß sie in diesem Hause, gleichsam außer der Welt, von so vielen und grossen Gefahren des Leibes sowohl, als der Seele, befreyet leben, und wie der geistlichen, so auch der leiblichen Ruhe genießen können; in dem sie nicht mit so vielen, so schweren und unsaubern Arbeiten, als in vielen andere Häusern, beladen werden." Sie erhielten die Zusage, dass sie pünktlich den Lohn erhalten würden, „welcher gewiß nicht gering ist". Wenn sie ihre Arbeit gut und fleißig verrichten würden, bekämen sie vom Haus Unterstützung im Krankheitsfall und im Alter.[844] Für die Köchin Theresia Stiller, die zwanzig Jahre lang dem Haus gedient und sich Tag und Nacht um kranke Seminaristen gekümmert hatte, beantragte zum Beispiel Inspektor D. Frigdian Greinwald für die 58 Jahre alte Köchin die Aufnahme ins Josefsspital „wegen zugestossener Gehörlosigkeit und abnehmenden Kräften"[845]. Gleichfalls bat er am 5. September 1784 für die ledige Walburga Höck, die 33 Jahre lang im Seminar als Hausmagd gearbeitet hatte, dass sie ins Josefspital aufgenommen werden solle. Aufgrund eines erlittenen Beinschadens konnte die 63jährige ihren Dienst nicht mehr ausüben.[846]

---

[842] BayHStA, GL Fasz. 2834/1472; StAM, Albertinum A 94. – Von der Verleihung einer Pension oder einer anderen Gärtnerstelle findet sich in den Akten nichts erwähnt.
[843] StAM, Albertinum B 9.
[844] „Sollten sie aber bis in ihr spätes Alter im Dienste dieses Hauses, mit aller Zufriedenheit der Vorgesetzten, aushalten, so wird für sie Sorge getragen werden, daß sie ihre noch übrigen Lebenstage in einem Churfürstlichen Spital ruhig ihrem Gott dienen mögen"; StAM, Albertinum B 9.
[845] StAM, Albertinum A 94.
[846] Bereits im Jahr 1782 zahlte das Kurfürstliche Seminar eine Rechnung für die alte Magd Walburga in Höhe von 12 fl. für „Chirurgen-Verrichtungen" an Franz Xaver Gumpert, „Chirurg auf dem Hundts-Kugel Baad"; vgl. StAM, Albertinum A 49/III; StAM, Albertinum A 94. – Zum Josefspital vgl. FORSTER, Das gottselige München, 712-717; MAYER, WESTERMAYER, Statistische Beschreibung,

Gleichwohl sollten sie nach dem zweiten Punkt wissen, dass sie nicht unkündbar wären, sondern nur solange im Dienstverhältnis stehen würden, „als sie sich dem Haus nützlich und anständig zu seyn erweisen werden". Unnötige Ausgänge in die Stadt sollten sie vermeiden. Wenn sie drittens den Seminaristen begegneten, so hatten sie „ehrlich, züchtig, schamhaftig, bedeckt und bekleidet" zu sein, „damit sie diesen Jünglingen keine Aergernisse geben" würden. Überhaupt sollte viertens jeder unnötige Kontakt mit den Seminaristen unterbleiben und nur das notwendige mit ihnen gesprochen werden. Es war ihnen untersagt, ohne Vorwissen des Hausvorstandes einen Seminaristen auszuschicken oder ihm eine Arbeit zu erteilen. „Noch sollen sie sich einfallen lassen, als hätten sie über die Studenten einige Obergewalt, als wäre es ihnen erlaubt, die Studenten zu schmähen, zu tadeln, zu straffen, zu schlagen." Dies stand nur dem Inspektor oder dem Präfekten zu. Wenn etwas vorfallen sollte, so hatten die Dienstboten solches einem Hausvorstand zu melden.

Nach dem fünften Punkt durften sie keine fremden Männer in ihre Wohnungen lassen, „daß sie allda trinken, zechen, oder schwätzten". Die Pforte hatte daher immer verschlossen zu sein und man sollte zunächst durch das Gitter fragen, was ein Besucher wollte. Denjenigen Lieferanten, die für ihre Arbeit einen Trunk erhielten, sollten diesen im Sommer vor der Pforte an einem besonderen Tisch einnehmen; im Winter aber sollten sie den Trunk in der Dienstbotenstube unter der Aufsicht der Seminarhaushälterin bekommen.

Auch für das geistliche Leben gab es zwei Bestimmungen (Nr. 6 und Nr. 7). Monatlich waren ihnen die Beichte und der Empfang des Altarsakraments vorgeschrieben. „Wenn Herr Inspektor sich erkundiget, ob diese und andere Andachtsübungen von ihnen verrichtet worden, sollen sie ein solches ganz nicht übel nehmen; indem ja ein jeder christliche Hausvater in seinem Gewissen verpflichtet ist, darob und daran zu seyn, daß die Hausbedienten sich christlich und tugendhaft aufführen, und dem Geschäfte ihrer Seelen geziemend obliegen." Sie sollten siebtens ihr tägliches Morgengebet verrichten und zusammen die Messe um 5.00 Uhr in St. Michael besuchen, „wenn es je die Hausgeschäfte zulassen". In der Kirche hatten sie dort Platz zu nehmen, wo sie von der Haushälterin gesehen werden konnten. Bei Tisch war gemeinsam ein Gebet vor und nach dem Essen zu sprechen. Während des Essens wäre es wünschenswert, wenn jemand et-

---

Bd. 2, 334-339; SCHWAIGER, München – eine geistliche Stadt, in: DERS. (Hg.), Monachium sacrum, Bd. 1, 1-289, hier 162f.

was aus einem geistlichen Buch vorlesen würde, „wodurch neben dem Leibe auch die Seele mit einer geistlichen Speise gelabt, und zugleich das unanständige Geschwätz verhindert würde"[847]. Auch das Nachtgebet sollte das Hauspersonal gemeinsam verrichten und sich anschließend ins Bett begeben.

Nach Punkt acht sollten sich alle um Frieden und Einigkeit untereinander bemühen und „eine der andern Lebensart, oder Mängel, mit Geduld übertragen: eine der andern in der Arbeit aushelfen: nicht mürrisch, nicht zornig, nicht zänkisch, nicht zu empfindlich seyn". Sticheleien und Hetzreden waren zu unterbinden und verboten waren „Zotten und Possen zu erzählen, oder Buhllieder zu singen". Die Anordnung Nr. 9 schrieb vor: „Bey den Hausthüren gegen das Herzogspital sollen sie nicht leicht aus- und eingehen, und solche Thüren Niemand andern zum Durchgehen eröfnen; damit sie nicht mit der Zeit gemeine und offene Thüren werden."[848] Der zehnte Punkt betraf Weisungen bezüglich des Verhaltens beim Entfernen von Parasiten bei den Seminaristen.[849] Was das Anrichten der Speisen in der Küche betraf, regelte die Bestimmung Nr. 11, dass „die Jungfrau Haushalterinn allzeit persönlich gegenwärtig seyn, und genaue Acht haben soll, daß die Portionen, soviel möglich, recht und gleich ausgetheilt werden. Zum Beispiel für fünf Studenten zwei Pfund Fleisch". Den Seminaristen sollte nichts von ihrer Nahrung entzogen werden. Besondere Wachsamkeit wurde ihr über die so genannte Speise und die Keller aufgetragen, in denen die Lebensmittel und andere Vorräte aufbewahrt wurden. „Zu dem Ende soll Niemand in die Speise, außer in ihrer Gegenwart eingelassen werden."[850]

Konkrete Arbeitsaufträge erhielt das Hauspersonal von der Haushälterin, der sie zwölftens „als einziger Meisterinn" untergeben waren. „Solchem nach soll es auf keine Weise dahin kommen, daß die Jungfr. Haushalterinn ihre Untergebene bitte, und bittlich ersuche, daß die vorgeschriebene Arbeit vollzogen werde; sondern sie hat in Kraft ihrer Gewalt zur zu schaffen." Die untergeordneten Dienstboten sollten den Anordnungen der Haushälterin nicht widersprechen, „sie nicht mit zornmüthigen, mit pucherischen, mit schnurrischen, mit murrischen Worten anfahren, oder ihr sonst etwas zu wider thun: vielweniger sie mit dem groben Worte du betiteln". Bekräftigt wurde diese Unterordnung mit dem Recht des

---

[847] StAM, Albertinum B 9. – Inspektor D. Frigdian Greinwald wollte für die geistliche Lesung bei Tisch gerne „nützliche und trostreiche Bücher" zur Verfügung stellen; vgl. ebda.
[848] StAM, Albertinum B 9.
[849] Vgl. hierzu auch die Anweisungen für den „Curator Rei pectinariae" weiter oben.
[850] StAM, Albertinum B 9. – Mit der „Speise" ist die Speise- oder Vorratskammer gemeint.

Hausherrn, dass er unfolgsame Dienstboten jederzeit entlassen könnte: „Auch eine einzige fürsetzliche Uebertrettung dieser Satzung könte Ursache genug seyn, dergleichen widerspenstige und feindselige Dienstbothen aus dem Dienste zu entlassen. Wie denn dieses in diesem Hause schon öfters geschehen ist." Wer meinte, ihm sei Unrecht geschehen, konnte sich beim Inspektor Recht verschaffen.

Über die Haushälterin wurde besonders im Punkt 13 vermerkt, dass sie ernsthaft und leutselig sein sollte: „gegen das dienende Personal soll sie sich als eine bestmeynende Freundinn, gegen das studirende Personal als eine gute Mutter erzeigen, um Ehrfurcht und fromme Liebe zu gewinnen." Vor allem den Kranken sollte ihre liebevolle Sorge gelten und hatte sie nach den Anweisungen des Arztes zu versorgen. Auch an das Arbeitsklima zwischen der Haushälterin und dem übrigen Hauspersonal wurde gedacht. „Zu lange anhaltender Unwillen, und immerfort währende finstere Gesichter machen ganz natürlich einen dem Hause höchst schädlichen Unlust zur Arbeit." Sie sollte ein leuchtendes Beispiel wahren Christentums geben, so würde die gewünschte Ordnung bei den Untergebenen erhalten bleiben.

Die vierzehnte Anweisung verbot dem untergeordneten Dienstpersonal, „ohne Vorwissen der Jungfrau Haushalterinn, an dem Hausgeräthe etwas den Handwerkern zu übergeben, z. B. die kupfernen Geschirr zum verzinnen, oder was Neues machen zu lassen"[851].

Das dienende Personal hatte fünfzehntens seine Arbeit „allzeit sauber, emsig, vollkommen, geschwind und freudig" zu verrichten. Um nicht dem Müßiggang zu verfallen, sollten sie nach erledigter Arbeit die Haushälterin fragen, was noch zu tun wäre.

Die Bestimmung Nr. 16 suchte Vorschläge zu Einsparungsmöglichkeiten in der Hauswirtschaft zu fördern, die vom Hauspersonal ausgingen. „Wenn also da und dort eine sich überzeigte, daß etwas erspart, oder dieses und jenes und jenes Hauswesen nützlicher möchte angewendet werden, sollen sie dieses bey Zeiten, und mit Anstande dem Herrn Inspektor anzeigen." Eine Belohnung wurde allerdings nicht in Aussicht gestellt.[852]

---

[851] StAM, Albertinum B 9.
[852] Die Bediensteten sollten bedenken, dass sie vom Kurfürstlichen Seminar versorgt wurden. Daher sollte ihnen das Wohl des Hauses nicht gleichgültig sein. „Den Nutzen des Hauses (dem sie dienen, von dem sie Speis und Lohn genießen: welch beedes ihnen jedes Mal mit Freuden gereicht wird) sol-

Wer siebzehntens aus dem Haus gehen wollte, hatte zuvor die Erlaubnis von der Haushälterin einzuholen und anzugeben, „wohin sie gehen wollen; damit man sie im Falle der Noth zu finden wisse". Wenn zwei oder drei Frauen zur Andacht gehen wollten, „wäre es sehr schön, und erbaulich, wenn sie sich nicht von einander absönderten, sondern mit einander in die ihnen beliebige Kirchen giengen, um sich sicher zu stellen, daß sie nicht, anstatt in die Kirche, in andere verdächtige Orte gegangen", womit eine gewisse Sozialkontrolle gegeben war. Wenn sie dienstbedingt aus dem Haus gehen müssten, so sollten sie auf der Straße keine „Ständerlinge" abgeben, oder sich woanders hinbegeben, sondern nach geleistetem Dienst unverzüglich wieder ins Seminar zurückkehren.

Beim Ausgang war achtzehntens darauf zu achten, dass wenigstens zwei Frauen im Seminar waren. In Abwesenheit des Pförtners und der Studenten, sollten sie nicht jedem die Tür öffnen, „sondern sie sollen diesen durch das Gitter anhören, und ihn mit guten Worten auf eine andere Zeit bescheiden".

Verboten wurde mit der Anordnung Nr. 19 das Einladen fremder Personen ohne Genehmigung des Inspektors. Ebenso durften keine Tagwerker oder Tagwerkerinnen ohne Vorwissen der Hausleitung beschäftigt werden. Bei der Vergabe von Arbeiten an solche Personen hatte sich die Haushälterin zunächst davon zu überzeugen, dass diese einen ehrlichen Lebenswandel führten, arbeitsam und treu wären. „Weibspersonen, welche verdächtig sind, welche nur leeres und unnützes Geschwätz halber in das Haus kommen, welche Pösteln und Briefeln hin und wieder tragen, welche Kuplerinnen abgeben, und Tritschlereyen anzetteln, sollen vor all andern also gleich ausgeschaft werden."[853]

Zwanzigstens hatten bei der Abgabe und Annahme der Hauswäsche an den Wäscher aus der Au die Haushälterin und die Mägde die Wäschestücke zu zählen und zu verzeichnen, wem welches Kleidungsstück gehörte, damit nachher jeder seine richtigen Sachen zurückbekommen würde.[854]

Streng wurde in der Weisung Nr. 21 das Ausleihen, das Verschenken oder Verschicken von Hauseigentum verboten, was mit Diebstahl gleichgesetzt wurde und zur Entlassung „mit Schand und Spott" führen sollte. „Um auch fremden Leuten keine Gelegenheit zum Stehlen zu geben, sollen sie alle dahin beflissen

---

len sie vor all andern, wie es gut – christlich – und recht schaffenen Dienstbothen zusteht, sich zu Herzen gehen lassen"; StAM, Albertinum B 9.
[853] StAM, Albertinum B 9.
[854] Gegen Ende des 18. Jahrhunderts wurde die Seminarwäsche an die Wäscherin Magdalena Strohschneider abgegeben; vgl. BayHStA, GL Fasz. 2699/490; StAM, Albertinum A 94.

seyn, daß alle Thüren und Thore, besonders zu den Kästen, Behältnissen, Gewölbern, Kellern etc. allzeit verschlossen, und die Schlüßel abgezogen seyn."[855] Gleichzeitig wurde das Hauspersonal zu Schadensersatz verpflichtet, wenn etwas aus Unachtsamkeit gestohlen oder kaputt ging.[856]

Der Punkt 22 betraf die beiden Hausmägde, die für das Herrichten der Betten in den Schlafsälen verantwortlich waren. Sie sollten ihre Arbeiten zügig verrichten, die Schlafsäle gut durchlüften, die Strohsäcke von Zeit zu Zeit umdrehen und Schäden am Bettzeug der Näherin melden. Was auf dem Boden lag, sollten sie aufheben. „Nehmen sie wahr, daß ein – oder der andere Student auf was immer für eine Art sein Bett verderbe, sollen sie solches sogleich dem Herrn Präfekten hinterbringen."

In der Küche war es dreiundzwanzigstens untersagt, einem Studenten gegen Geld etwas anderes zuzubereiten. Überhaupt sollte jeder Lärm vermieden werden, „damit das geistliche Lesen im Refektorium nicht gehindert, und die Vorbeygehenden auf der Gasse nicht geärgert werden". Ihr Essen erhielten die Dienstboten nach der Nummer 24 in der gemeinsamen Stube. Bekamen nun die Seminaristen aus gewissen Gründen eine bessere Speise auf den Tisch und einen Trunk dazu, so hatte dies das Hauspersonal nicht zu verlangen.

Im Krankheitsfall galt fünfundzwanzigstens der Grundsatz, dass das Haus zur Zahlung von anfallenden Kosten für „die Arztney, den Doktor, die Aderlässen, das Schrepfen, und so anders" nicht verbunden wäre. „Es kann jedoch eine solche Gutthat derjenigen erwiesen werden, welche arm und bedüftig ist, und beyneben um das Haus durch ihren sonderbaren Fleiß, Bestrebsamkeit, Sittsamkeit, und Treue sich besonders verdient macht. Insgemein zu sagen: wie sie sich hierinn gegen das Haus verhalten, so wird sich dieses auch gegen sie verhalten [...]." Wurde ihnen sechsundzwanzigstens durch den Inspektor ein Aderlass gewährt, „sollen sie nicht meynen, als müsse es seyn, daß sie einen oder zween Tage, nach ihrem Belieben, spatzieren gehen, und alle, auch die leichteste Arbeit von sich schieben können, besonders was den zweyten Tag betrifft; worüber sie

---

[855] Weiter hieß es dort: „Wenn man auch nur auf eine kleine Zeit davon geht, so soll man gleichwohl nichts offen stehen lassen; sondern alles fleißig einsperren (besonders wenn fremde Leute um die Wege sind) kurz: eine jede soll alles also verwahren, als wenn es ihr eigenes Gut wäre"; StAM, Albertinum B 9.

[856] Vor allem der zu grobe Umgang mit dem Geschirr würde es immer wieder nötig machen, dass Handwerker bestellt werden müssten; vgl. StAM, Albertinum B 9.

sich bey dem Herrn Inspektor erkundigen sollen, wie dieser sollte zugebracht werden".

Die Anordnung Nr. 27 legte besonders die Sauberkeit und Ordnung im Haus dem Dienstpersonal ans Herz. Alle Räume sollten wohl gesäubert werden und alle Gerätschaften sich nach Gebrauch wieder ordentlich an ihrem Platz befinden.[857]
An Sonn- und Feiertagen war achtundzwanzigstens der Besuch der vormittägigen Predigt in St. Michael durch die Haushälterin so zu gestalten, dass die Mägde wechselweise hierzu gehen konnten. Den einen Sonntag sollten die Köchin und die erste Magd, den folgenden Sonntag die Kellerin und die zweite Magd zur Predigt gehen. In der Kirche hatten sie sich an einen Ort zu setzen, an dem sie von der Haushälterin gesehen werden konnten. „Auch wird es gut und löblich gethan seyn, wenn sie das, was sie in der Predigt gehört, zu Mittag über Tisch einander erzählen." Außerdem sei es ein guter Brauch, vor dem Mittagessen das Tagesevangelium vorzulesen. Für die Samstage und Frauenabende bestimmte der Punkt Nr. 29, dass nach dem Abendessen in der Stube der Rosenkranz gebetet werden solle, wie es fast in allen Bürgerhäusern der Fall sei. „So würde auch Glück und Seegen, Fried, Einigkeit, Liebe und Treue im Hause seyn, wenn nach eingebrachtem Mittag- und Abendmahle von dem dienenden Personal die in diesem Hause sonst gewöhnliche Gebethe andächtig gesprochen würden: welches die letztern Jahre her missfälligst, aus Abgange des wahren Christeneifers, unterlassen worden ist."[858]
Ein weiteres Anliegen bezüglich der Umgangsformen des Dienstpersonals regelte Punkt 30: „Das unsinnige Schmähen, das weibische Zanken, das soldatenmäßige Fluchen und Schelten soll auf immer aus diesem Hause verbannt, und in die Kaserne verwiesen seyn." Im Haus sollte Friede, Einigkeit, Geduld und Sanftmut herrschen und eine sollte der anderen Fehler großmütig ertragen und sich bei der Arbeit gegenseitig aushelfen.
Die weitere Anweisung Nr. 31 betraf die Diskretion gegenüber Dritten. Was im Seminar zwischen den Dienstboten oder den Seminaristen geschah oder geredet wurde, sollte nicht aus dem Haus getragen werden, „indem ein solches der Liebe

---

[857] Hervorgehoben wurde die Sauberkeit in den Studiersälen, in den Schlafsälen und in den beiden Wohnungen der Hausleitung; ferner wurden besonders die Stube, die Küche, die Speisegewölbe und die Keller genannt, wo es vor allem auf die Hygiene ankam; vgl. StAM, Albertinum B 9.
[858] StAM, Albertinum B 9. – Zog sich dagegen die Arbeit bis zum Abend hin, so sollte die Haushälterin den Rosenkranz ausnahmsweise auf den Sonn- oder Frauentag verlegen; vgl. ebda.

des Nächsten schnur straks zu wider läuft, und aus solch geringsinniger Schwätzerey die größten und schwersten Ungelegenheiten entstehen können"[859].
Der Punkt Nr. 32 wies die Haushälterin zur Dienstaufsicht gegenüber dem Hauspersonal an: „Die Jungfrau Haushalterinn, ob sie schon nicht gehalten ist, an alle Hausarbeit mit Hand anzulegen, ist doch verpflichtet, allenthalben fleißig nachzugehen, und nachzusehen, ob die Arbeit recht und wohl verrichtet werde."[860]
Die letzte Dienstvorschrift Nr. 33 verbot die Annahme von „Schmiralien oder Verehrungen" von Handwerksleuten, Künstlern und Metzgern. Diese würden nämlich diese Ausgaben auf ihre Waren und Arbeitszeiten wieder aufrechnen und sie dadurch wieder reinholen. Dem Haus entstünde auch dann ein finanzieller Schaden, wenn Lieferanten oder Handwerker durch solche Geschenke die Dienstboten zum Schweigen brächten, wenn sie mangelhafte Waren geliefert oder schlecht gearbeitet hätten.
Zur Erfüllung dieser Satzungen wurden alle streng angewiesen mit dem Hinweis auf die drohende Möglichkeit der Entlassung im widrigen Fall. Um die „Satzungen für das dienende Personal im Hause St. Gregor. M. der armen studirenden Knaben zu München" besser im Gedächtnis zu haben, sollte sie die Haushälterin jährlich zur jeder Quatemberzeit vorlesen.[861] „Vor all andern sollen sie der Jungfrau Haushalterinn bekannt seyn; damit sie, als Vorgesetzte, wisse, was geschehen, oder unterlassen werden soll."[862] Über die Einhaltung der Satzungen durch das ihr untergebene Dienstpersonal sollte die Seminarhaushälterin öfter dem Inspektor Rechenschaft abgeben.
Die Stelle des Pförtners war zeitweise mit dem Dienst des Hausschneiders und Mesners verbunden, was gelegentlich für Klagen sorgte. So wurde dem Pförtner

---

[859] StAM, Albertinum B 9.
[860] Weiter wurde angeordnet: „Es soll also keine etwas dagegen haben, wenn die Jungfrau Haushalterinn in diesem Stücke ihrer Amtspflichte nachkömmt. Kömmt sie hinter einen Fehler, so soll sie dergleichen Hinläßige mit guten, doch ernsthaften Worten ihres Fehlers erinnern. Wenn der Fehler aber von Wichtigkeit ist, oder öfters begangen wird, soll sie ein solches dem Herrn Inspektor andeuten"; StAM, Abertinum B 9.
[861] Als Quatemberzeiten (Quatember von lateinisch „quattuor tempora", vier Zeiten) wurden in der Römischen Synode von 1078 festgelegt: die erste Woche der Fastenzeit, die Pfingstwoche, die Woche nach dem Kreuzfest (14. September) und die nach Luzia (13. Dezember). Sie waren liturgisch gekennzeichnet durch besondere Fürbitte für das Gedeihen der Feldfrüchte und durch Abwehrgebete böser Mächte; vgl. ADAM, Das Kirchenjahr mitfeiern, 154-159; HEIM, Art. Quatember, in: DERS., Kleines Lexikon der Kirchengeschichte, 367; HEINZ, Art. Quatember, Quatembertage. I. Liturgiegeschichtlich, in: LThK³, Bd. 8, 764f.; HARTINGER, Art. Quatember, Quatembertage. II. Brauchtum, in: LThK³, Bd. 8, 765.
[862] StAM, Albertinum B 9.

Lorenz Schille beim Protokoll aus Anlass des Rücktritts von Inspektor Cölestin Engl vom 2. November 1795 der Auftrag erteilt, dass er besonderen Gehorsam gegenüber der Hausleitung zeigen solle, die in der Interimszeit von Mitinspektor P. Benno Ortmann und Präfekt Franz von Paula Ehrenhofer versehen wurde. Ferner sollte er keinen Seminaristen ohne Erlaubnis aus dem Haus lassen und noch „minder Freunden und nicht in das Seminarium gehörigen Purschen ohne Vorwissen der Vorgesetzten Eingang gestatten"[863]. Beigefügt wurde die Anweisung: „Uebrigens aber wird ihm Lorenz Schille nochmalen wiederholt, daß er seine Pflichten besser wie bishero, in schuldige Erfüllung bringe, zugleich auch eingepräget, daß selber (wie ihm schon einmal verbotten worden) nicht in die Stadt hinaus arbeite, damit alle Verdrüßlichkeiten und Unruhe verhüttet werden."[864] Scheinbar half dies alles wenig, denn am 11. Februar 1802 ereignete sich ein Vorfall in der Pförtnerstube, der für großes Aufsehen sorgte. Nachmittags zwischen drei und vier Uhr überfielen die Vorsteher der Schneiderzunft den Pförtner Lorenz Schille[865] und beschlagnahmten einige Kleidungsstücke und Stoffe.[866] Den Schneidergesellen des Pförtners nahmen sie kurzer Hand mit und führten ihn dem Stadtoberrichter Sedlmair vor, der ihn in der „Schergenstube" einsperrte. Gegen Abend wurde zwar der Geselle wieder entlassen, aber nicht die abgenommenen Kleider und Stoffe, die zur Verwahrung im Amt verblieben, wie es Inspektor Neuner dem Geistlichen Rat berichtete.[867] Die Meister der Schneiderzunft ihrerseits beschuldigten am gleichen Tag bei gleicher Stelle den Pförtner des Kurfürstlichen Seminars der „Pfuscherey". Er habe einen Gesellen angestellt und würde Aufträge aus der Stadt annehmen, was ihm verboten sei. Dadurch würde der Handwerkerzunft ein finanzieller Schaden zugefügt werden. Sie forderten daher die Entlassung des Pförtners. Dass sie den Pförtner in seiner Stube überfallen und Kleidungsstücke beschlagnahmt hatten, verschwiegen die Handwerksmeister, worauf in einem internen Schreiben der Behörde hingewiesen wurde. Auch wären die mitgenommenen Waren Eigentum der Studenten gewesen. Der Verfasser namens Prentner meinte dazu: „Was sind es denn für Knaben, die im Seminar sich befinden? Meistens recht arme, und hilfsbedürftige

---

[863] BayHStA, GL Fasz. 2699/489.
[864] BayHStA, GL Fasz. 2699/489.
[865] Lorenz Schiele (auch Schielle, Schille) befand sich zu diesem Zeitpunkt bereits 18 Jahre lang in Diensten des Kurfürstlichen Seminars; vgl. BayHStA, GL Fasz. 2699/490.
[866] Beschlagnahmt wurden „ein neugemachtes, und ein halbfertiges Kleid, sammt einigen Tuch, das alles den Studenten gehörte, und Leinwand"; BayHStA, GL Fasz. 2699/490.
[867] Vgl. BayHStA, GL Fasz. 2699/490.

Söhne, die oft ein Kleid beim Schneider und das andere am Leibe haben. Ist es also nicht eine nothdürftige Wohltat für sie, wenn gleich im Hause selbst der Schneider für sie zufinden ist?"[868]

Kurfürst Maximilian IV. Joseph beschloss in einem Reskript an den Geistlichen Rat vom 29. März 1802, dass dem Pförtner verboten sei, einen Gesellen zu halten und in die Stadt hinaus zu arbeiten. Dagegen werde die geforderte Entlassung Schieles nicht bewilligt. Grundsätzlich wurde festgelegt, dass „dem hiesigen, so wie allen anderen im Lande befindlichen Churfürstlichen Seminarien und Geistlichen Kommunitäten das Befugniß zustehet, für ihre Bedürfnisse einen Schneider zu halten, und frei auf zunehmen; hierauf auch, sowohl wegen der guten Ordnung, als wegen ökonomischen Rücksichten bei diesen Erziehungshäusern der armen studirenden Jugend streng bestanden werden muß". Schließlich wurde der Auftrag an den Geistlichen Rat erteilt, dass dieser die Rückgabe der beschlagnahmten Kleidungsstücke und Stoffe beim Stadtoberrichteramt unverzüglich einfordern sollte. Zugleich sollte den „erwähnten Führern ihr unbefugtes Betragen, und ihre sträflichen Eingriffe in die Gerechtsame des von dem bürgerlichen Gerichtszwange befreiten Seminars nachdrücklich"[869] verwiesen werden.

Dem Pförtner Lorenz Schille war neben seiner Tätigkeit als Hausschneider seit 1785 auch der Mesnerdienst in der Seminarkirche übertragen worden, den er bis 1792 ausübte. Im Jahre 1792 wurden zu diesem Dienst zwei Seminaristen bestellt, die das Amt abwechslungsweise verrichten sollten. Inspektor Virgil Neuner kam zu dem Urteil, dass diese Veränderung der Kirche zu keinem Nutzen gewesen wäre, „indem selbe alle Paramente, Kirchengeräthe verwahrloset, und mit dem Opfer Wein, und Baum Oel zum ewigen Licht nicht am besten zu wirthschaften gewußt hatten". Außerdem würde den Seminaristen durch die Mesnerei Studierzeit verloren gehen und zu „oftmals unbeliebige Zusammenkünften daselbst" führen. Er beantragte daher am 18. September 1799, diese Aufgabe wieder dem Pförtner übergeben zu dürfen „gegen die gewöhnliche Verabreichung der Mittagskost, und eines Stückels Brattens auf die Nacht, und zwar nur einmal in der Woche"[870]. Dem Antrag wurde am 28. September 1799 statt gegeben.[871] Über den letzten Pförtner im alten Seminargebäude, Sebastian Eise-

---
[868] BayHStA, GL Fasz. 2699/490.
[869] BayHStA, GL Fasz. 2699/490; StAM, Albertinum A 94.
[870] BayHStA, GL Fasz. 2699/490; StAM, Albertinum A 107.
[871] Vgl. BayHStA, GL Fasz. 2699/490; StAM, Albertinum A 107.

le, wurde berichtet, dass er „öfter manche Stunde an Feyertagen abwesend befunden worden; übrigens aber in Oeffnung und Schlüßung der Pforte am Morgen, und Abend seine Pflicht zu erfüllen sich bestrebet habe"[872].
Im Sommer 1796 erhielt die Haushälterin Maria Ursula Niedermayr von Inspektor P. Stefan Widmann die Kündigung ihrer Stelle. Dagegen erhob sie bei der Schulkuratel am 26. August 1796 Einspruch. Inspektor Widmann habe ihr den Dienst gekündigt, „ohne eine andere ursach der Dienstentlassung anzugeben, als weil dieses das hochlobl. Studien Directorium gern sehete, und sich gedachter Titl. Inspector weiteren Verdrüslichkeiten auszusetzen nicht gedenke". Da es ihr schwer fallen würde, unschuldig aus dem Dienst verdrängt zu werden, stellte sie den Antrag, die Sache näher zu untersuchen. Die Haushälterin gab an, dass sie unter Inspektor P. Cölestin Engl (Inspektor 1794-1795) im vergangenen Jahr um Jakobi aus einer ansehnlichen Stellung in Regensburg, wo sie beim kurmainzischen Gesandten als Köchin angestellt war, nach München gekommen sei. Zuvor habe sie schon einmal im Seminar zu Straubing gearbeitet. Nachdem P. Cölestin im November letzten Jahres in sein Kloster zurückgerufen worden war, folgte auf diesen P. Stefan Widmann aus dem Kloster Reichenbach in der Oberpfalz. „Dieser lag die ersten zwey Monathe, gleich bey seiner Ankunft, hier im Seminare schwerlich krank, ohne noch die mindeste Kenntniß von der Seminary Haushaltung zu haben, so, daß ich die ganze bey einen Personal von 120 Menschen aeusserst schwere oeconomie ganz allein führen muste, und, wie ich glaube, auch mit Nuzen geführet habe." Kaum sei der Inspektor genesen gewesen, „so brachten ihm meine Feinde die widrigsten Gesinnungen gegen mich bey; da er aber ein Mann ist, der nicht bloßen Geschwäze trauen wollte, prüfte er mich mehrere Monate, und fand vermög bereits unterm 23. April ausgestelt anliegenden Attestat meine Treue bewähret, und meine Aufführung allerdings untadlhaft"[873]. Zusätzlich brachte sie das Zeugnis von fünf ehemaligen Dienstboten bei, die beim Hofoberrichteramt über ihr Verhalten aussagten, da die Haushälterin glaubte, „daß mich die übrigen Seminary Dienstbothen in verschiedenen orten verläumdet haben möchten"[874]. Auch würden die Seminarrechnungen über

---

[872] BayHStA, GL Fasz. 2699/490; Schreiben Lambert Knittelmairs an den Administrationsrat der Kirchen und milden Stiftungen vom 3. Juli 1806.
[873] BayHStA, GL Fasz. 2699/489; Schreiben vom 26. August 1796 mit zwei Zeugnisabschriften vom 23. April und 30. Juli 1796.
[874] BayHStA, GL Fasz. 2699/489. – Hofoberrichter von Hofstetten attestierte der Haushälterin, dass sie „sowohl ihrer Aufführung, als Hauswirthschaft allerdings belobt worden, und nichts ungleiches hierinn gegen sie vorgekommen" wäre; ebda.; Schreiben vom 30. Juli 1796.

ihre gute Führung der Hauswirtschaft Zeugnis geben. So hätten zum Beispiel die Einkünfte der Milchwirtschaft gegenüber ihrer Vorgängerin monatlich um 10 fl. höher gelegen. Und obwohl die Zahl der Seminaristen bei ihr um 18 Personen gestiegen sei, habe sie den Verbrauch des Weizens von 25 auf 19 Scheffel reduzieren können.

Mit ihrer Eingabe hatte die Haushälterin vorläufig Erfolg, denn die Schulkuratel schrieb am 26. September 1796 an die Kurfürstliche Inspektion, dass es nicht einzusehen wäre, warum der Seminarhaushälterin die Kündigung eingereicht worden war und verlangte pflichtmäßige Auskunft.[875] So wandte sich Widmann am 1. Oktober an Abt Karl Klocker von Benediktbeuern und bat um Unterstützung, da „sich Euer Hochwürden und Gnaden qua Director Studiorum gegen mich geäussert, dass Hochselbe gerne sehten, wenn ich zu Verhütung weiterer Verdrüßlichkeiten die dermalige Seminary-Hauserin aus dem Dienst entließe"[876].

Eine mögliche Ursache zur Kündigung der Haushälterin könnte der Inhalt des Briefes von P. Benno Ortmann an Abt Karl nach Benediktbeuern vom 28. Juli 1796 gewesen sein. Gleich zu Beginn schrieb Ortmann: „Was ich heute im Curzen gebethen, wiederhohle ich noch mal, daß die Hauserinn sicher aus dem Hause komme. Meine Gründe sind an sich schon wichtig; und sehe ich auf die Ehre des Sem. und auf das Publicum, dann werden sie noch wichtiger. H. Inspektor wird sich zwar sträuben; aber dem ohngeachtet muß selbst für seine Ehre gesorget werden. Der Mann sieht nicht, wo hundert sehen." An dieser Stelle klagte P. Benno, dass ihm nicht genügend Respekt vom Hauspersonal bezeugt werde. „Ich werde im Hause wie ein Costgeher betrachtet, und manchesmal sehr kurz gehalten. Besonders weis die Hauserinn nicht, wie man einem Priester begegnen soll, da Sie allein Titl H. Inspektor bedienet – übrigens bekümmert Sie sich um nichts." Auch solle ihm der Inspektor mehr Beachtung schenken „und mich nicht so platterdings wegwerfe[n]". „Ich erhielt das Decret als Beygeordneter des Sem. warum respektirt ers gar nicht? Auch hierinn bitte ich, man möchte die Gränzen bestimmen."[877] Unter dem Brief setzte Benno Ortmann

---

[875] Vgl. BayHStA, GL Fasz. 2699/489; 2699/490.
[876] BayHStA, GL Fasz. 2699/489. – Worin nun die „Verdrüßlichkeiten" bezüglich der Seminarhaushälterin lagen, nannte P. Stefan Widmann allerdings nicht.
[877] Benno Ortmann ließ es nicht unversäumt zu bemerken, dass es seiner Meinung nach beim Inspektor an guter, liebreicher und väterlicher Aufsicht durchgehends fehlen würde. „Die Gelegenheiten, lehrreich zu seyn, werden versäumt. – Man läßt beynahe alles – dem Studenten – Vicepraefecten – über"; BayHStA, GL Fasz. 2699/489.

noch nach: „Heute ist H. Inspector mit der Hauserinn und einigen Sängern in Sem. garten gegangen. Das unter den übrigen seine Sensation gemachet hat."[878]
Inspektor Widmann berichtete am 5. Oktober 1796 an die Schulkuratel, dass Maria Ursula Niedermayr nach wie vor treu und fleißig diene. Er habe ihr gekündigt, „als weil dieses das Hochlöbl. Studien Direcrorium, weis nicht warum, gerne gesehen, und ich weiteren Verdrüslichkeiten bei meinem ohnehin höchst beschwerlichen Inspector Amt mich nicht aussezen wollte [...]"[879]. Abt Karl Klocker schrieb am 31. Oktober 1796 an die Schulkuratel, dass es landeskundig und gesetzmässig sei, wenn einem Dienstboten ohne alle Ursache und ohne sein Verschulden der Dienst zur gewöhnlichen Zeit gekündigt werde. Zur näheren Erklärung fügte er noch hinzu, dass „manche Geschäfte vorfallen, deren Ursachen jedermann zu eröffnen eben nicht rathsam ist. Wobey ich doch so viel praesumtion verdient zu haben erachte, daß ich in dieser Sache keineswegs nur Leidenschaft, sondern vielmer aus guten Gründen und den besten Absichten verfahren sey."[880]
Worin nun die wahren Ursachen lagen, nannte Abt Karl allerdings nicht. Am 9. November 1796 erließ die Schulkuratel an das Generalstudiendirektorium den Befehl, dass der Haushälterin der Dienst gekündet werden solle. Es sei der Behörde unbenommen, „die Professorn und Seminarii Inspektorn selbst nach Erforderniß der Umstände von ihren Stellen in ihre Klöster zurückzufodern, und abzuändern, so will man selbes um so weniger in Vorkehrungen minderer Art hindern, und also, bes. bei der von dem Titl. Condirector von Benediktbeuern den 31 v.[origen] M.[onats] nähers einberichteten Beschafenheit, die der Mar.[ia] Urs.[ula] Nidermair Haushälterin in dem hies. Seminaro geschehene Dienstaufkündung nicht nur allein bestättigen, sondern auch dem Titl. Inspector Widmann hiemit auftragen, gedachte Hauserin in Gegenwart des gnäd. Aufgestellten Mitinspektors Benno Ortmann und des dortigen Musikpräfektens den Dienst alsogleich förmlich und mit dem Anhange aufzukünden, daß selbe das Seminarium künftige Liechtmeßzeit ohne weiters verlassen solle"[881]. In den Akten findet sich noch ein kleiner Zettel mit der Aufschrift: „Daß mir Hochwürden

---

[878] BayHStA, GL Fasz. 2699/489.
[879] BayHStA, GL Fasz. 2699/489; 2699/490. – Stefan Widmann hatte vom Kondirektor des Studiendirektoriums, Abt Karl von Benediktbeuern, bereits am 3. Oktober 1796 die Antwort erhalten, dass er „das weitere ad summam Curatelam bald möglichst gelangen lassen" werde; BayHStA, GL Fasz. 2699/489.
[880] BayHStA, GL Fasz. 2699/489; 2699/490.
[881] BayHStA, GL Fasz. 2699/489; 2699/490.

Herr Inspektor heut 20 November [1796] bis lichtmeß den verdrißlich Seminari Dinst aufgesagd. Vergib ihm Gott und meiner Frieden. Maria Ursula Nidermayr, Hauserin."[882]

Am 28. Juni 1797 wurde dem Hausknecht Jakob Kern der Dienst gekündigt, da er trotz wiederholten Verbots durch den Inspektor „nicht aufhöret sowohl den Seminaristen zum Nachtheil der Disciplin, als in die Stadt hinaus zur Beeinträchtigung der Bierzapfer, Bier auszuschenken". Er sei zudem ein „verrükter Kopf", der höchst ungehorsam sei und nicht auf den Willen seines Herrn höre. Überhaupt sei er faul und träge bei seinen angeordneten Arbeiten, „so daß er oft die ganze Woche wenig oder gar nichts arbeitet, ausser den wenigen Gesott schneiden, und Gassen kehren", wozu er oft sogar einen Tagwerker anstellen würde. Auf dem Chor der St. Michaels-Kirche sei er nach Aussage des Vize-Präfekten, Johann Baptist Schmid, als Kalkant sehr nachlässig. In der Stadt würde er „Kauderey" treiben, weswegen er schon einmal vom Melber beim Stadtoberrichteramt verklagt worden sei. Schließlich habe der Hausknecht alle Schlösser in seinen Kammern und in seinem Bierkeller verändern lassen, „so daß der Haus-Herr, oder Haus Vater nicht aufmachen nicht sperren, sohin nicht nachsehen kann"[883].

Zu dieser Dienstentlassung kam es aber nicht, da die Schulkuratel am 17. Juli 1797 ihr nicht statt gab. P. Benno Ortmann hatte zuvor am 13. Juli an die Schulkuratel berichtet, „daß sich der Beklagte einige Fehler, und Fahrlässigkeiten in seinem Dienste beygehen ließ, die aber bey mehr gegenseitigen Vertrauen leicht zu verbessern wären, weil nur noch keine obstinatio erprobet ist; sondern vielmehr höre ich, daß izt Beklagter unter der Inspection des Herrn Achers das Lob der Treue, und seine Empfehlung hatte. Sollte nun der sonst gut empfohlene Mensch auf einmal unverbesserlich geworden seyn? Utique nemo repente sit

---

[882] BayHStA, GL Fasz. 2699/490. – Am 4. Dezember 1796 konnte Inspektor P. Stefan Widmann bereits der Schulkuratel eine Nachfolgerin in der Person der Köchin des P. Placidus Scharl melden, ohne sie beim Namen zu nennen. Sie wäre 45 Jahre alt und auch der Exjesuit Wölfinger hätte großes Vertrauen in sie; vgl. ebda. – Im Abtrettungsprotokoll Widmanns vom 31. Oktober 1798 wurde dann die Seminarhaushälterin Kordula Höfler genannt, um die es sich hier handeln könnte; vgl. BayHStA, GL Fasz. 2699/489.

[883] BayHStA, GL Fasz. 2699/489; 2699/490; StAM, Albertinum A 94. – Zur Bekräftigung der Dienstkündigung wurden die Zeugen Vizepräfekt Johann Baptist Schmid, Monitor Georg Högl, Pförtner Lorenz Schiele, die Köchin Ursula Gähr und die Viehmagd Theresia Wimmer angefügt. Vor allem die letzten beiden Frauen wurden als Augenzeugen angegeben, dass Kern am 18. April 1797 vier Flaschen Bier in die Stadt hinaus verkauft haben soll, was Professor Ortmann ebenfalls von seinem Fenster aus beobachtet hatte; vgl. ebda.

pessimus." Ortmann schlug vor, Kern eine Zeitfrist zur Besserung zu setzen. Gleichzeitig wünschte er gegenüber der Schulkuratel, dass sich der Inspektor bei solchen Angelegenheiten mit ihm besprechen würde, „so wie in allen im höchsten Decrete genannten Sachen freundschaftlich geneigter, und näher aufrichtiger sich mit der einmal decretirten Mitinspection, als bisher geschehen ist, zur Aufrechthaltung des Ganzen mit Hindansezung aller Argwohne, und Mistrauen benehmen möchte"[884]. Die Schulkuratel folgte dem Vorschlag Ortmanns. Ihrer Ansicht nach habe der Hausknecht Jakob Kern dem Seminar nützliche Dienste geleistet. Ihm sollten seine Fehler aufgezeigt werden mit dem Anhang, „daß, wenn er sich hierin nicht ungesäumt bessern wollte, dann ihm in dem nächsten Viertl – oder halben Jahre der Dienst unfehlbar aufgekündet werden würde".

Beigefügt wurde noch die Bemerkung: „Übrigens hat man bei dießer Gelegenheit neuerdings mit Missfallen bemerkt: daß der Seminarii Inspecktor Widmann sich mit dem gnäd. aufgestelten Mitinspector Ortmann wider nicht auf die gehörige Art benohmen habe. Es wird daher nach der bereits widerholt erklärten höchsten Willensmeinung hiemit neuerdings verordnet: daß gedachter Titl. Widmann sich in allen Fällen folglich auch im gegenwärtigen mit dem Titl. Ortmann vorläufig und ordnungsmäßig benehmen solle [...]."[885] Am 26. August 1797 wurden Kern von Seiten des Inspektors Widmann und Mitinspektors P. Benno Ortmann die Dienstverfehlungen vorgetragen und das Versprechen „mit Mund und Hand" abgenommen, dass er sich in Zukunft an die Anweisungen halten würde.[886]

Unter Inspektor Virgil Neuner kam es wieder zu Klagen über Jakob Kern, „weil er überhaupt kein zu großer Liebhaber von Arbeiten ist, indem ich ihn oft halbe, ja manchmal ganze Täge nicht zu Gesicht bekomme"[887]. Anlass hierzu war das Gesuch Kerns um eine Gehaltserhöhung, die am 26. April 1800 abgelehnt wurde.[888]

1805 befand sich die finanzielle Situation des Hauses in derart misslichen Umständen, dass der Vorschlag zur Verminderung des Dienstpersonals gemacht

---

[884] BayHStA, GL Fasz. 2699/490. – Am 8. Juli 1797 hatte die Schulkuratel eine Berichterstattung von P. Benno Ortmann verlangt, da die Dienstaufkündigung Kerns einseitig geschehen wäre.
[885] BayHStA, GL Fasz. 2699/489; 2699/490; StAM, Albertinum A 94.
[886] Vgl. StAM, Albertinum A 94.
[887] StAM, Albertinum A 94.
[888] Das Einkommen Jakob Kerns bestand im Jahre 1800 in 30 fl. Jahreslohn, 10 fl. für den Dienst als Kalkant auf dem Chor von St. Michael, 10 fl. Biergeld und in fünf Ehrungen zu je 30 kr.; vgl. StAM, Albertinum A 94.

wurde. Inspektor Zistelsberger erhielt am 17. Juni 1805 durch das Generalschul- und Studiendirektorium den Auftrag, „die Anzahl der weiblichen Dienstbothen zu vermindern, und besonders statt der für ein so grosses Hauswesen zu unerfahrenen dermaligen Hauserinn, und der noch übrigen ohnehin zu jungen Mägde arbeitsamere und von etwas gesetzterem Alter aufzunehmen und die allerdings entbehrliche beständige Kranken-Wärterinn zu entlassen"[889].

---

[889] BayHStA, GL Fasz. 2697/477. – Für den Unterhalt der zwei Vorstände und die Arbeitslöhne der Angestellten, wobei die Gehälter der Instruktoren nicht eingerechnet waren, musste das Haus jährlich 2133 fl. 30 kr. aufbringen. Im Jahr 1804 erhielten sieben Dienstboten zusammen 267 fl. 42 kr., der Gärtner 192 fl. und die Wäscherin 100 fl.; hinzu kamen noch die Honorare des Rechnungsrevisors Hörteis und des Arztes Pachauer zu je 30 fl.

6. Die drei Lebensbereiche der Seminaristen: Religiöse Erziehung – schulische Förderung – musikalische Ausbildung

6.1. Die religiöse Formung der Seminaristen

Zur Festigung des religiösen Lebens diente der Tagesablauf.[890] Ferner sollte der Besuch der Marianischen Kongregationen zur religiösen Formung der Seminaristen beitragen.[891] Das Erziehungsziel wurde in der „Tagordnung" klar formuliert.[892] Die Seminaristen sollten sich während ihrer Seminarzeit „an ein ordentliches leben gewöhnen, und sich mit der Zeit zu klösterlicher Zucht sowohl, als bürgerlichen lebenswandl vill besser schikhen, in dem ihnen diese gutte erziehung meistentheils lebenslänglich anklebet"[893]. So verwundert es nicht, dass der Tagesablauf an den der Klöster angelehnt war. Natürlich war der Tagesablauf auch von den Unterrichtszeiten am Gymnasium und von den musikalischen Diensten abhängig. Der tägliche Messbesuch in der Seminarkirche war selbstverständlich vorgeschrieben.[894] Das Morgen- und Abendgebet war gemeinsam

---

[890] Vgl. zur religiösen Formung der Seminaristen auch PUTZ, Domus Gregoriana, 130-135 und STUBENVOLL, Geschichte des Königl. Erziehungs-Institutes, 146-150.
[891] Der Fundationsbrief von 1654 schrieb vor: „1. Omnes alumni sint sodales congregationis Beatissimae Virginis, eiusque leges, praesertim de confessione et communione diligenter servent"; Zitat nach PUTZ, Domus Gregoriana, 333; vgl. auch STUBENVOLL, Geschichte des Königl. Erziehungs-Institutes, 29. – Zur Geschichte der Marianischen Kongregationen vgl. BAUERREIß, Kirchengeschichte Bayerns, Bd. 6, 334f.; Bd. 7, 308; BERINGER, De Congregationibus Marianis Documenta et Leges; DUHR, Geschichte der Jesuiten, Bd. 1, 357-371; HEIM, Art. Marianische Kongregationen, in: DERS., Kleines Lexikon der Kirchengeschichte, 299; KOCH, Art. Kongregationen, in: DERS.: Jesuiten-Lexikon, 1018-1023; KRAMMER, Bildungswesen und Gegenreformation, 168-195; KRATZ, Aus alten Zeiten. Die Marianischen Kongregationen in den Ländern deutscher Zunge; LAMBERT, Art. Marianische Kongregationen, in: LThK³, Bd. 6, 1359f.; LÖFFLER, Die Marianischen Kongregationen in ihrem Wesen und in ihrer Geschichte; MILLER, Die Marianischen Kongregationen im 16. und 17. Jahrhundert, in: ZfKTh 58 (1934), 83-109; MULLAN, Die Marianische Kongregation dargestellt nach den Dokumenten; PUTZ, Domus Gregoriana, 130-133; ROLLE, Heiligkeitsstreben und Apostolat. Geschichte der Marianischen Kongregation am Jesuitenkolleg St. Salvator und am Gymnasium der Benediktiner bei St. Stephan in Augsburg 1589-1989; SATTLER, Geschichte der Marianischen Congregationen in Bayern.
[892] StAM, Albertinum B 5. – Die Tagesordnung stammt aus der Zeit um 1750, dürfte aber mit geringen Veränderungen für das ganze 18. Jahrhundert von Bedeutung gewesen sein. Auf sie soll später noch näher eingegangen werden.
[893] StAM, Albertinum B 5.
[894] Die „Münchnerische Andachts-Ordnung für das Jahr 1773" nennt unter der Rubrik „Tägliche Andachten": „In dem Gottshaus St. Gregorii M. oder Seminarii wird täglich ein heilige Meß gelesen, an Schultagen um halbe 6. Uhr, an Feyrtagen um 6. Uhr, an Vacanz- und Freytagen um halbe 7. Uhr." Die Verpflichtung zum täglichen Messbesuch galt auch für die anderen Schüler des Gymnasiums. So

zu verrichten.[895] Nach den „Leges Alumnorum Domus S. Gregorii M." im Fundationsbrief von 1654 sollten die Seminaristen für die Wohltäter des Hauses täglich fünf Vater unser und Ave Maria dazu den Psalm Miserere und die Lauretanische Litanei beten. Zwei Mal wöchentlich kam noch die Allerheiligenlitanei hinzu.[896] In der Tagesordnung war weiter das Tischgebet und die Tischlesung übliche Praxis. Die Schulordnung von 1774 schrieb zudem noch den monatlichen Empfang der Sakramente der Buße und Kommunion vor. Dabei „stehet den Studenten frey, zu beichten, wo sie wollen; doch haben sie die heilige Communion an dem besonders dazu bestimmten Platze, und dabey die vorgeschriebene gedruckte Communionzettel zu empfangen, welche andern Tages durch die Pedellen wieder einzusammeln, und den Schulrectoren zu behändigen sind, wo die abgängige angemerket werden, und ihnen die Communion zu empfangen ein anderer Tag bestimmet werden muß."[897]

Die „Münchnerische Andachts-Ordnung für das Jahr 1773" gab die besonderen Gottesdienste und andere liturgische Feiern in der Seminarkirche an. Sie sollen hier wiedergegeben werden[898]:

Das Jahr nach Christi Geburt. 1773.

Tag	Monat	Liturgie
31	Jenner	In Seminario, die ewige Anbethung[899], um halbe 7. Uhr der Beschluß mit der Litaney.

---

fand nach der Schulordnung von 1774 die tägliche Schulmesse um halb acht Uhr statt; vgl. LURZ, Mittelschulgeschichtliche Dokumente Altbayerns, Bd. 2, 218.

[895] „Matutinas, et vespertinas preces, quae sunt illis praescriptae simul omnes persolvant"; Zitat nach PUTZ, Domus Gregoriana, 333; vgl. auch STUBENVOLL, Geschichte des Königl. Erziehungs-Institutes, 29.

[896] „Pro benefactoribus domus quotidie dicant 5 pater et ave, cum psalmo miserere, et litaniis Beatissimae Virginis, per hebdomadem bis litanis omnium Sanctorum [...]"; Zitat nach PUTZ, Domus Gregoriana, 334; vgl. auch STUBENVOLL, Geschichte des Königl. Erziehungs-Institutes, 29.

[897] LURZ, Mittelschulgeschichtliche Dokumente Altbayerns, Bd. 2, 218. – Ob die Seminaristen der Domus Gregoriana ebenso verpflichtet waren, die Beweise des Empfangs der Kommunion abzugeben, lässt sich nicht klären. Sicher ist wohl anzunehmen, dass für die Zöglinge die eigene Seminarkirche für den Empfang der Sakramente vorgesehen war.

[898] Vgl. auch STUBENVOLL, Geschichte des Königl. Erziehungs-Institutes, 99-101.

[899] Das so genannte „Ewige Gebet" oder die „Ewige Anbetung" wurde 1747 in der Haupt- und Residenzstadt München eingeführt. In der Seminarkirche fand dieses Gebet zum letzten Mal in der Stadt statt, bevor es auf dem Land weiter abgehalten wurde. So war der Spruch bekannt: „Im Kosthaus geht das Gebet zum Thor 'naus"; STUBENVOLL, Geschichte des Königl. Erziehungs-Institutes, 100; vgl. HARTIG, Die Pflege des Eucharistischen Lebens in der Erzdiözese München und Freising, in: ZIEGLER (Hg.), Festgabe des Vereins für Diözesangeschichte von München und Freising zum Münchener Eu-

11	Merz	Im Seminario, Abends um halbe 6. Uhr wegen dem morgigen Fest Litaney.
12	Merz	Gregorius I. Papst[900]: Im Seminario, das Fest des heil. Pabst Gregorius um 6. Uhr das Amt, und Abends um halbe 6. Uhr die Litaney.
11	April	Heil. Ostertag: Seminarium, in diesem Gotthause wird diese 3. Tage hindurch um halbe 6. Uhr Litaney gehalten.
17	Junius	Seminarium. In diesem Gotthaus wird wegen dem morgigen Herz Jesu-Fest um 6. Uhr Abends die Litaney gehalten.
18	Junius	Herz Jesu[901]: Seminarium. In diesem Gotthause wird das Fest des Herz Jesu mit dem 12. stündigen Gebeth begangen, fruh[!] um 6. Uhr das Hochamt, und Abends um halbe 6. Uhr die Litaney, und können alle vollkommenen Ablaß erlangen.
20	Junius	Seminarium, in diesem Gotthause wird Abends um halbe 6. Uhr zu Ehren des heil. Aloysius die Litaney gehalten.
21	Junius	Aloysius Beicht.[vater][902]: Seminarium, Abends um halbe 6. Uhr die Litaney zu Ehren des heil. Aloysius.

charistischen Weltkongreß 1960, 150-159; HEIM, Art. Ewige Anbetung, in: DERS., Kleines Lexikon der Kirchengeschichte, 141; SANDER, Art. Ewige Anbetung, in: LThK³, Bd. 3, 1074f.; SANDER, Art. Ewiges Gebet, in: LThK³, Bd. 3, 1077.

[900] Papst Gregor der Große (ca. 540-604), nach dem das Münchener Seminar sich benannte, starb am 12. März 604. Daher wurde das Fest an diesem Tag gefeiert. Nach dem Zweiten Vatikanischen Konzil wurde der Gedenktag auf den 3. September, den Tag seiner Bischofsweihe im Jahre 590, verlegt; vgl. Der Römische Kalender, 157, 178; GESSEL, Art. Gregor I., in: LThK³, Bd. 4, 1010-1013; JENAL, Gregor I., der Große, in: GRESCHAT (Hg.), Das Papsttum, Bd. 1, 83-99; MARKUS, Art. Gregor I., der Große, in: TRE, Bd. 14, 135-145; SCHWAIGER, Art. Gregor I. der Große, in: HEIM (Hg.), Theologen, Ketzer, Heilige, 147; SCHWAIGER, HEIM, Art. Gregor I., in: DIES., Kleines Lexikon der Päpste, 57; SEPPELT, SCHWAIGER, Geschichte der Päpste, 58-63; THOMAS, Art. Gregor I. der Große, in: LCI, Bd. 6, 432-441.

[901] Der Salesianerin Margareta Maria Alacoque (1647-1690) war in den Jahren 1673 und 1675 offenbart worden, die Einführung des Herz-Jesu-Festes am ersten Freitag nach der Oktav von Fronleichnam zu bewirken. In der Seminarkirche der Domus Gregoriana wurde wohl um 1700 ein Herz-Jesu-Bild auf dem Hochaltar aufgestellt, das als so genanntes „Seminari-Kindl" sehr verehrt wurde; vgl. ADAM, Das Kirchenjahr mitfeiern, 144-146; LE BRUN, Art. Alacoque, Marguerite-Marie, in: LThK³, Bd. 1, 313; SCHLOSSER, Art. Alacoque, Marguerite-Marie, in: HEIM (Hg.), Theologen, Ketzer, Heilige, 25; WALZER, Art. Herz Jesu, in: LCI, Bd. 2, 250-254.

[902] Der 1568 in Castiglione delle Stiviere geborene Aloysius von Gonzaga war 1585 in den Orden der Gesellschaft Jesu eingetreten und starb in jugendlichem Alter am 21. Juni 1591 in Rom an der Pest, nachdem er sich durch aufopferungsvollen Einsatz während einer Pestepidemie an der Krankheit selbst angesteckt hatte. Er wurde 1726 heilig gesprochen und 1729 zum Patron der studierenden Jugend ernannt; vgl. BAUERREIß, Kirchengeschichte Bayerns, Bd. 7, 310; Der Römische Kalender, 148; KOCH, Art. Aloisius (Luigi) Gonzaga, in: DERS., Jesuiten-Lexikon, 43-45; MAYR, SCHÜTZ, Art. Aloysius (Luigi) Gonzaga, in: LCI, Bd. 5, 100f.; SCHNEIDER, Art. Aloysius (Luigi, Louis) v. Gonzaga, in:

21	Julius	Seminarium, Abends um halbe 6. Uhr Litaney.
22	Julius	Mar.[ia] Magdalena Büsserin[903]: Seminarium, ebenfalls das Fest der heil. Magdalena, fruh um 6. Uhr das Amt, und Abends um halbe 6. Uhr Litaney, und vollk.[ommenen] Ablaß zu gewinnen.[904]
4	August	Im Seminario, Abends um halbe 6. Uhr Litaney.
5	August	Maria Schnee[905]: Seminarium, um 6. Uhr das Amt, und Abends um halbe 6. Uhr Litaney.
8	August	Cyriacus Mart.[yrer][906]: Seminarium, die Kirchweyhe[907], um 6. Uhr das Amt, und Abends um halbe 6. Uhr Litaney.
25	August	Seminarium, um 8. Uhr das Seelenamt für alle Gutthäter des Hauses.[908]
12	November	Seminarium, um halbe 5. Uhr zu Ehren des heil. Beichtigers Stanislaus Kostka Litaney.

LThK³, Bd. 1, 426; STÜBINGER, Art. Aloysius von Gonzaga, in: HEIM (Hg.), Theologen, Ketzer, Heilige, 28f.

[903] Zur hl. Maria Magdalena vgl. ANSTETT-JANSSEN, Art. Maria Magdalena, in: LCI, Bd. 7, 516-541; Der Römische Kalender, 151f., 193; KREMS, Art. Maria Magdalena. 3. Ikonographie, in: LThK³, Bd. 6, 1341f.; MAISCH, Art. Maria Magdalena. 2. Zeitgenössische Deutungen, in: LThK³, Bd. 6, 1341; RADLBECK-OSSMANN, Art. Maria Magdalena. 1. Schrift u. Überlieferung, in: LThK³, Bd. 6, 1340.

[904] Papst Benedikt XIV. hatte 1748 den Gläubigen, die am Fest der hl. Maria Magdalena die Seminarkirche besuchten, einen vollkommenen Ablass erteilt. Dieses Recht fand im 18. Jahrhundert öfter Bestätigung. Am 10. Juli 1773 gewährte Papst Clemens XIV. auf die Dauer von sieben Jahren unter bestimmten Voraussetzungen denjenigen, welche am Fest Maria Magdalena die Seminarkirche besuchten, einen vollkommenen Ablass. Pius VI. gewährte den gleichen Ablass am 18. März 1780 für weitere sieben Jahre. Am 7. Mai 1784 veränderte Papst Pius VI. dieses Privileg, indem an allen beliebigen Tagen derjenige Gläubige 100 Tage Ablass erhielt, der unter bestimmten Bedingungen die Seminarkirche besuchte; vgl. StAM, Albertinum U 91 (27. Juli 1748), U 92 (6. August 1756); U 93 (10. Juli 1773); U 94 (18. März 1780) und U 95 (7. Mai 1784).

[905] Die Seminarkirche war am Fest Maria Schnee 1646 eingeweiht worden; vgl. PUTZ, Domus Gregoriana, 63. – Papst Pius V. (1566-1572) führte den Gedenktag Maria Schnee als Gedenktag der Weihe der Basilika Santa Maria Maggiore in Rom 1568 als allgemeines Fest für die ganze Kirche ein. Das Schneewunder geht auf eine mittelalterliche Legende zurück. Nach dem Zweiten Vatikanischen Konzil wurde der Name des Gedenktages vom Kirchweihfest von Maria Schnee geändert in den Namen „Weihe der Basilika Maria Maggiore"; vgl. DAUSEND, Art. Marienfeste, in: LThK¹, Bd. 6, 935-938; Der Römische Kalender, 154, 196.

[906] Der Hl. Cyriacus wird zu den Vierzehn Nothelfern gezählt; vgl. BOBERG, Cyriacus von Rom, in: LCI, Bd. 6, 16-18; Der Römische Kalender, 196; WIMMER, Art. Cyriacus, in: LThK³, Bd. 2, 1367f.

[907] Das Kirchweihfest der Seminarkirche wurde am Sonntag nach Maria Schnee (5. August) gefeiert; vgl. PUTZ, Domus Gregoriana, 63; STUBENVOLL, Geschichte des Königl. Erziehungs-Institutes, 97, 232.

[908] Die Stiftungsurkunde von 1654 schrieb vor: „[...] singulis annis celebrent anniversarium pro benefactoribus vivis et defunctis, cantatis duobus officiis, vigiliis mortuorum et aliis sacris"; Zitat nach PUTZ, Domus Gregoriana, 334; vgl auch STUBENVOLL, Geschichte des Königl. Erziehungs-Institutes, 29f. – Nach Stubenvoll wurde während dieses Gedenkgottesdienstes für alle lebenden und verstorbenen Wohltäter des Hauses nach dem Evangelium eine Formel aus dem Jahre 1646 verlesen; vgl. STUBENVOLL, Geschichte des Königl. Erziehungs-Institutes, 101f. (mit einer Edition der Formel).

13	November	Stanislaus Kostka[909]: Seminarium, Abends Litaney, wie gestern.
3	December	Franciscus Xaverius[910]: Seminarium, Abends um halbe 6. Uhr Litaney.
4	December	Barbara Jungf.[rau] u. Mart.[yrerin][911]: Seminarium, das Fest der heil. Barbara, fruh um 6. Uhr Amt, Abends um halbe 5. Uhr Litaney.

Unter der Rubrik „Wochentlichen Andachten" nannte die „Münchnerische Andachts-Ordnung" für den Freitag: „Im Seminario wird um halbe 7. Uhr die heil. Meß gelesen, und dabey das Ciborium ausgesetzet." Am Samstag wurde „Abends die Litaney, im Sommer um 7. Uhr, und im Winter um halbe 5. Uhr" gehalten. An „Monatliche Andachten" gab es an jedem ersten Freitag im Monat in der Seminarkirche für diejenigen, „so das Ablaßgebeth zu Ehren des Herzen Jesu verrichten", einen Ablass zu gewinnen. Bezüglich der „Andachten an den Frauen-Tagen" hieß es schließlich für die Kirche des Kurfürstlichen Seminars, dass „in dieser Kirche an dem Vorabend und Tag selbsten um halbe 5. Uhr Litaney gehalten wird"[912].

Zur religiösen Formung diente besonders zu Jesuitenzeiten die 1563 in Rom entstandene Marianische Kongregation, die in die Studienordnung der Gesellschaft

---

[909] Der 1550 geborene Stanislaus Kostka studierte zusammen mit seinem Bruder Paul von 1564-1567 bei den Jesuiten in Wien. Als er den Wunsch äußerte, der Gesellschaft Jesu beizutreten, versuchte sein Bruder ihn davon abzubringen. Nach langen Umwegen wurde Stanislaus endlich im Jahre 1567 in Rom als Novize aufgenommen, wo er schon bald am 15. August 1568 verstarb. Der 1726 heilig gesprochene Stanislaus Kostka wird als Patron der studierenden Jugend verehrt. Nach der Schmidtischen Matrikel des Bistums Freising von 1738 bis 1740, die Deutinger ediert hat, trug ein Seitenaltar der Seminarkirche den Titel „Altare s. Stanislai Kostkæ"; vgl. DEUTINGER, Die älteren Matrikel, Bd. 1, 378; KOCH, Art. Stanislaus Kostka, in: DERS., Jesuiten-Lexikon, 1687f.; SQUARR, Art. Stanislaus Kostka, in: LCI, Bd. 8, 389f.; WRBA, Art. Kostka, Stanislaw (Stanislaus), in: LThK³, Bd. 6, 405f.

[910] Der Jesuit Franz Xaver, der am 3. Dezember 1552 verstorben war, wurde 1622 heilig gesprochen. Er begründete die Mission im Fernen Osten und wird als Apostel Indiens und Japans verehrt; vgl. BAUERREIß, Kirchengeschichte Bayerns, Bd. 7, 310; Der Römische Kalender, 166; KOCH, Art. Franz Xaver, in: DERS., Jesuiten-Lexikon, 591-601; KURRUS, Art. Franz Xaver, in: LCI, Bd. 6, 324-327; SCHATZ, Art. Franz Xaver, in: LThK³, Bd. 4, 55f.; STÜBINGER, Art. Franz Xaver, in: HEIM (Hg.): Theologen, Ketzer, Heilige, 133.

[911] Die Hl. Barbara zählt zu den Vierzehn Nothelfern. Der Gedenktag der Heiligen wurde nach dem Zweiten Vatikanischen Konzil abgeschafft, da die Akten der Heiligen Barbara als völlig legendär beurteilt wurden und auch über den Ort ihres Leidens unter den Gelehrten keinerlei Übereinstimmung besteht. In der Seminarkirche war ein Seitenaltar auf den Titel „Altare s. Barbaræ virg. mart." geweiht; vgl. DEUTINGER, Die älteren Matrikel, Bd. 1, 378; Der Römische Kalender, 213; vgl. auch PETZOLDT, Art. Barbara, in: LCI, Bd. 5, 304-311; WIMMER, Art. Barbara, in: LThK³, Bd. 1, 1401f.

[912] Münchnerische Andachts-Ordnung für das Jahr 1773.

Jesu aufgenommen wurde und an jedem Kolleg vertreten sein sollte.[913] Die Schulordnung von 1774 schrieb bezüglich des Kongregationswesens unter Einfluss aufklärerischen Gedankenguts im Punkt LXXVII vor: „Tyrocinien und Congregationen haben, wie vormals, ihren Fortgang, doch ist darauf zu sehen, daß selbe mehr in einem katechetisch- und nützlichen Unterrichte, als in förmlichen Predigten bestehen mögen."[914]

Nach jesuitischem Bildungsideal sollten alle Stände in den Marianischen Kongregationen erreicht werden. So gab es in München folgende Abteilungen: die Kongregation der Bürger[915] und die Kongregation der Handwerkslehrlinge und der Handwerksgesellen, die ihren Sitz seit 1678 in der Seminarkirche hatte.[916] Für die Studenten und Schüler war die Congregatio latina maior, die Congregatio latina minor sowie die Congregatio angelica vorgesehen.[917]

---

[913] In München war die größere lateinische Kongregation 1578 von elf Studenten gegründet worden. Forster nennt dagegen das Jahr 1577 als Gründungsjahr; vgl. FORSTER Das gottselige München, 202. – Allgemein zum Marianischen Kongregationswesen vgl. BERINGER, De Congregationibus Marianis Documenta et Leges; KRATZ, Aus alten Zeiten. Die Marianischen Kongregationen in den Ländern deutscher Zunge; LÖFFLER, Die Marianischen Kongregationen in ihrem Wesen und in ihrer Geschichte; MILLER, Die Marianischen Kongregationen im 16. und 17. Jahrhundert, in: ZfKTh 58 (1934), 83-109; MULLIAN, Die Marianische Kongregation dargestellt nach den Dokumenten; SATTLER, Geschichte der Marianischen Congregationen in Bayern.

[914] LURZ, Mittelschulgeschichtliche Dokumente Altbayerns, Bd. 2, 217. – Die so genannte kleine Studentenkongregation sollte durch den jeweiligen Rhetorikprofessor geleitet werden; vgl. Punkt LXXVIII der Schulordnung von 1774 in: LURZ, Mittelschulgeschichtliche Dokumente Altbayerns, Bd. 2, 217. – Auch die Schulordnung von 1777 schrieb vor: „Die Gottesdienste, Tyrocinien, Congregationen, Beichten und Communionen sind mit aller erforderlichen Erbauung zu halten"; LURZ, Mittelschulgeschichtliche Dokumente Altbayerns, Bd. 2, 262.

[915] Die Kongregation der „Herren und Bürger zu München" war am Dreifaltigkeitssonntag 1610 auf den Namen „Mariä Verkündigung" gegründet worden. Sie besteht bis auf den heutigen Tag und hat ihren Sitz im Bürgersaal in der Neuhauser Straße; vgl. FORSTER, Das gottselige München, 119-143; MAYER, WESTERMAYER, Statistische Beschreibung, Bd. 2, 227-235; PICHLER, Die Marianische deutsche Kongregation.

[916] Die am 10. Januar 1643 errichtete „Congregation der ledigen Mannspersonen" verlegte mit der Schließung der Seminarkirche 1803 ihren Sitz in die Damenstiftskirche St. Anna. Nach Forster wurde die Kongregation am 24. Juli 1644 gegründet; vgl. FORSTER, Das gottselige München, 363; BayHStA, GL Fasz. 2698/480; MAYER, Domkirche zu U. L. Frau in München, 234; WESTERMAYER, Statistische Beschreibung, Bd. 2, 340f.; PICHLER, Die Marianische deutsche Kongregation, 23f.

[917] Die große lateinische Kongregation nahm zunächst nur Studenten des Lyzeums auf. In der kleinen lateinischen Kongregation vereinten sich die Schüler des Jesuitengymnasiums. Sie wurde 1635 noch einmal in die mittlere und kleinere Kongregatio unterteilt. In der kleinen Kongregation wurden die Schüler der unteren Lateinklassen aufgenommen. Die mittlere und kleinere Kongregation wurden nach der Aufhebung des Jesuitenordens zusammengefasst und einem Professor unterstellt. Nach Mayer und Westermayer wurde das Vermögen der Congregatio minor dem Erziehungsinstitut für Studierende zugesprochen. Einzig die große lateinische Kongregation blieb bestehen; vgl. FORSTER, Das gottselige München, 202-214; MAYER, WESTERMAYER, Statistische Beschreibung, Bd. 2, 226f.; SCHWAIGER, München – eine geistliche Stadt, in: DERS. (Hg.), Monachium sacrum, Bd. 1, 1-289, hier 158f.

In den Marianischen Kongregationen sollten neben der Förderung der Frömmigkeit und des apostolischen Eifers auch Elitenbildung betrieben werden, daher gab es strenge Zulassungsbedingungen. Inhaltlich ging es in erster Linie um die Hinführung und Anleitung zur Selbstheiligung und zum apostolischen Einsatz. Die Zusammenkünfte fanden in besonderen Räumlichkeiten statt. Die Congregatio latina maior hielt ihre Veranstaltungen im so genannten „Schönen Saal" des Jesuitenkollegs ab.[918] Jeder Kongregation stand ein Präses vor, der bis 1773 aus dem Jesuitenkolleg stammte. Dem Präses stand ein Präfekt zur Seite, der nicht selten dem Hause Wittelsbach angehörte.[919]

Zur Mitgliedschaft in den Marianischen Kongregationen waren die Seminaristen nach der Stiftungsurkunde von 1654 verpflichtet.[920]

Während der Fastenzeit wurden spezielle Meditationen gehalten, von denen einige durch Gregorianer verfasst und vertont worden waren. So schrieb der Exjesuit Franz Xaver Epp für das Jahr 1774 einen Zyklus von drei Fastenmeditationen.[921] Die ebenfalls von Epp verfasste und von August Ullinger in Ton gesetzte „Meditatio sancti Hieronymi" wurde 1776 uraufgeführt.[922] Auch von P. Benno Ortmann, von 1794 bis 1799 Professor und seit 1796 auch Rektor am Kurfürstlichen Gymnasium und seit 1798 Präses der lateinischen Kongregation, sind einige Predigten und Kompositionen gedruckt worden.[923]

---

[918] Eine Abbildung des Altares in: SCHWAIGER, München – eine geistliche Stadt, in: DERS. (Hg.), Monachium sacrum, Bd. 1, 1-289, hier 157.
[919] Eine Liste der Präfekten und Präsides der größeren lateinischen Kongregation von 1773-1894 in: FORSTER, Das gottselige München, 211-213.
[920] Vgl. PUTZ, Domus Gregoriana, 333; STUBENVOLL, Geschichte des Königl. Erziehungs-Institutes, 29.
[921] Der vollständige Titel lautet „Peccatum. Argumentum trium Meditationum, quas in Adamo, & Adami posteris Congregatio Latina Major, Matris Propitiae, B. V. Mariae ab Angelo Salutatae tempore Quadragesimae exhibuit"; vgl. SAMMER, Fastenmeditation, 171f. – Zu Franz Xaver Epp (1733-1789), der 1752 das Jesuitengymnasium als Seminarist der Domus Gregoriana absolvierte und in den Jesuitenorden eintrat, vgl. ADB, Bd. 6, 157f.; Catalogus generalis, 97; GrBBE, Bd. 1, 457; HUHN, Geschichte des Spitales, 226-229; KRAUS, Gymnasium der Jesuiten, 540; LEITSCHUH, Matrikeln III, 45; PUTZ, Domus Gregoriana, 133, 237; STOERMER, Verzeichnis der Mitglieder, 52.
[922] „Meditatio sancti Hieronymi, Argumentum Meditationis unius, Tempore Quadragesimae exhibitae in Odeo Congregationis Majoris Latinae, B. V. Mariae ab Angelo Salutatae, Matris Propitiae. Monachii MDCCLXXVI"; vgl. SAMMER, Fastenmeditation, 272. – Ullinger war ebenso wie Epp Absolvent der Domus Gregoriana. Leitschuh hat ihn nicht als Musiker identifiziert; bei ihm fehlen auch die genauen Lebensdaten; vgl. LEITSCHUH, Matrikeln III, 116; PUTZ, Domus Gregoriana, 133, 319. – Zu Augustin Ullinger (1746-1781), der nach Robert Münster „einer der besten bayerischen Komponisten des 18. Jahrhunderts" war, vgl. MÜNSTER, Art. Ullinger, Augustin, in: MGG² P, Bd. 16, 1192f.; STUBENVOLL, Geschichte des Königl. Erziehungs-Institutes, 183.
[923] Als Beispiele seien genannt: ORTMANN, Dreytägige Geistes-Erneuerung, von den marianischen Sodalen in der hl. Charwoche gehalten, München 1795; DERS., Drey Cantaten für die dreitägige Geistes-Erneuerung, München 1793.

Die Schulkuratel schrieb am 15. September 1792 vor, dass „besonders jeder Rector darauf zu sehen hat, daß die Superioristen in den Congregationen fleißig erscheinen, und sich da ordentlich betragen, um so gewißer, als sie außerdessen weder Attestata, noch Stipendien, noch den Churfürstl. Titulum mensae zu hoffen haben sollen"[924].

Anton von Bucher, der die Kongregation als „Vorbereitungsschule zum Mönchthum" bezeichnete, berichtete um 1800: „Jede Kongregation hatte ehehin ihren Saal, ihre Kirche, ihre Gottesdienste, ihre Prozessionen, ihre Feyerlichkeiten mit ansehnlicher Pracht gehalten, und die Kongregation der lateinischen Kinder war so wenig arm, als die der Gelehrten. Nun sind aber die lateinischen Kongregationen in einen Saal zusammengedrängt."[925]

Der Herausgeber von „A. v. Bucher's sämmtlichen Werken", Joseph von Klessing, schrieb aus der Sicht eines Aufklärers im Vorwort: „Wichtigste Momente aus dem Leben des Verfassers [Anton von Bucher]" über die Inhalte und Praktiken der Kongregationen: „Dieses Institut [...] bedurfte einer gänzlichen Umschaffung. – Zilizien, Kreuzziehen, öffentliche Geiselungen, an Kapuzinismus gränzende Mortifikationen, eitle, kindische, geist- und sinnlose, untugendhafte Tugendlehren aus P. Lechners Sodalis Parthenius[926], und P. Pembles[927] andachtlosem devotio quotidiana gelehrt, Aufmunterungen zu ewigen Gelübden, und Maskeraden der Einsiedler in der großen, weiten, offenen Welt, ein auf Kosten des reinen Gottesdienstes, und der heiligen Religion zur Unehre übertriebener Kultus, kurz, alles, was Vernunft und Menschheit entehren konnte, vereinigte sich darinnen."[928]

Anton von Bucher, der nach der Aufhebung der Jesuiten 1773 als Rektor des Gymnasiums in München eingesetzt worden war, übernahm das Amt des Präses

---

[924] BayHStA, GL Fasz. 2832/1450.
[925] BUCHER, Die Jesuiten in Baiern, Bd. 1, 98.
[926] Kaspar LECHNER, Sodalis parthenius sive libri tres, quibus mores sodalium exemplis informantur. Opera Maiorum Sodalium Academicorum B. Mariae Virginis Annunciatae in lucem dati, Ingolstadt 1621. – Zu P. Kaspar Lechner SJ (1583-1634) vgl. Catalogus generalis, 239.
[927] Gemeint ist wohl P. Josef Pemble SJ (1717-1784). Das hier genannte Werk konnte nicht näher identifiziert werden. – Zu seiner Person vgl. Catalogus generalis, 309.
[928] BUCHER, Die Jesuiten in Baiern, Bd. 1, XIXf. – Bei der großen Bußprozession am Karfreitag in München trugen die Sodalen der einzelnen Marianischen Kongregationen Figuren, welche Szenen aus der Passion Christi darstellten, und gingen als Geißler und Kreuzträger mit. Am 31. März 1770 verbot Kurfürst Maximilian III. Joseph alle „Passions Tragödien". Die Karfreitagsprozession sollte „in Zukunft nur in einem andächtigen Umgang ohne Sprüche, Herumreißungen u. dgl. Unförmlichkeiten" gehalten werden; BRITTINGER, Die bayerische Verwaltung und das volksfromme Brauchtum im Zeitalter der Aufklärung, 41-47, hier 44; vgl. auch PICHLER, Die Marianische deutsche Kongregation, 33-36.

und Predigers der mittleren lateinischen Kongregation, „und bald verschwanden Schwärmerey und Lüge, indem er die Wahrheit und Heiligkeit der Religion in ihrer Würde darstellte"[929].

1802 musste die Kongregation den großen Saal im ehemaligen Jesuitenkolleg zugunsten eines Bücherlagers räumen; ihr wurde am 1. Juni 1802 die Dreifaltigkeitskirche zugewiesen.[930] Der Präses P. Benno Ortmann bezog mit den beiden Kaplänen Kaspar Glück und Erhard Einmüller auf Anordnung der Leihhaus-Direktion eine Wohnung an der Dreifaltigkeitskirche.[931]

6.2. Der Besuch des Kurfürstlichen Gymnasiums und die Studienförderung in der Domus Gregoriana

Eng verbunden war die Domus Gregoriana mit dem 1559 gegründeten und von den Seminaristen besuchten Gymnasium, das ebenso zum Jesuitenkolleg gehörte.[932] Die bayerischen Herzöge hatten die Jesuiten ja mit der katholischen Er-

---

[929] BUCHER, Die Jesuiten in Baiern, Bd. 1, XX. – Der Aufklärer Klessing kongretisierte weiter: „Seine [Buchers] Sittenreden, die er für die jungen Studirenden hielt, waren den Bedürfnissen, den Neigungen und Versuchungen ganz angemessen, für die sie bestimmt waren. Seine Ermahnungen führten gerade auf die Pflichten, welche seine Zuhörer in ihrer Jugend bey den Obliegenheiten ihres Standes erfüllen mussten. Besonders beschämte er die damals noch ausschweifenden Charlatanereien der mitten in einem katholischen Lande, wie Baiern war, neben den gewöhnlichen Predigern aller Orden noch bestehenden und herumzeihenden Missionarien der Gesellschaft Jesu, welche ihr Geschäft noch eben so fortrieben, als in jenen Zeiten, in welchen der Orden noch im vollen Glanze und in seiner Herrlichkeit stand"; BUCHER, Die Jesuiten in Baiern, Bd. 1, XX.
[930] Zur Dreifaltigkeitskirche in München vgl. FORSTER, Das gottselige München, 171-214; FORSTNER, GÖTZ, JOOß, VOLPERT, Die Stadt läg in dem Grund, wan diese Kirch nit stund ... Maria Anna Lindmayr, die Dreifaltigkeitskirche und das Karmelitinnenkloster in München; MAYER, WESTERMAYER, Statistische Beschreibung, Bd. 2, 241-247; SCHWAIGER, München – eine geistliche Stadt, in: DERS. (Hg.), Monachium sacrum, Bd. 1, 1-289, hier 145-150.
[931] Benno Ortmann blieb Präses bis zu seinem Tod am 7. März 1811; vgl. SCHEGLMANN, Säkularisation III/1, 704f.
[932] Das älteste Münchener Gymnasium besteht im heutigen Wilhelmsgymnasium fort. – Zur Geschichte der Schule vgl. BAUER, Aus dem Diarium gymnasii S.J. Monacensis; DUHR, Geschichte der Jesuiten, Bd. 1, 246-249; Festschrift zur Vierhundert-Jahr-Feier des Wilhelms-Gymnasiums 1559-1959; Festschrift zur Vierhundert-Jahr-Feier des Wilhelms-Gymnasiums; FINK-LANG, Das Münchner Jesuitengymnasium und sein bildungsorganisatorischer Ort, in: DICKERHOF (Hg.), Bildungs- und schulgeschichtliche Studien, 221-240; HUTTER, Die Gründung des Gymnasiums zu München im Jahre 1559/60; HUTTER, Die Hauptmomente der Schulgeschichte des alten Gymnasiums zu München; JOACHIMSEN, Aus der Vergangenheit des Münchener Wilhelmsgymnasiums; KEFES, Beruf oder Studium? Aspekte der Studienentscheidung der Absolventen des Jesuitengymnasiums München 1600-1776, in: Jahresbericht Wilhelmsgymnasium München (2002/2003), 149-177; KOCH, Art. München, in: DERS., Jesuiten-Lexikon, 1250-1254; KRAUS, Das Gymnasium der Jesuiten zu München; LEITSCHUH, Matrikeln der Oberklassen, 4 Bde.; PUTZ, Domus Gregoriana, 116-122; SCHLEDERER, Unterricht am Jesuitengymnasium. Beispiel: München, in: Handbuch der Geschichte des bayerischen Bildungswesens,

235

neuerung und der Schulreform betraut. In der Haupt- und Residenzstadt München wurde 1559 das erste Jesuitengymnasium im Kurfürstentum Bayern errichtet, dann folgten das akademische Gymnasium in Ingolstadt (1571)[933], Mindelheim (1621)[934], Amberg (1626)[935], Burghausen (1629)[936], Landshut (1629)[937], Straubing (1631)[938] und Landsberg (1641)[939]. Außerhalb des Kurfürstentum

---

Bd. 1, 535-548; SELBMANN, 430 Jahre Wilhelmsgymnasium; SELBMANN, Vom Jesuitenkolleg zum humanistischen Gymnasium. – Allgemein zur Geschichte der Jesuitenschulen vgl. DUHR, Geschichte der Jesuiten, Bd. 1, 237-294; HAMMERSTEIN, MÜLLER, Das katholische Gymnasialwesen im 17. und 18. Jahrhundert, in: Handbuch der deutschen Bildungsgeschichte, Bd. 2, 324-335. – Zur Schulgeschichte der Jesuiten im 18. Jahrhundert vgl. DUHR, Geschichte der Jesuiten, Bd. 4/2, 38-59.

[933] Zum Kolleg und akademischen Gymnasium in Ingolstadt, das 1799 aufgehoben wurde, vgl. Die Jesuiten in Ingolstadt 1549-1773; KOCH, Art. Ingolstadt, in: DERS., Jesuiten-Lexikon, 869-872; NISING, „… in keiner Weise prächtig". Die Jesuitenkollegien der süddeutschen Provinz des Ordens und ihre städtebauliche Lage im 16.-18. Jahrhundert, 156-165.

[934] Zur Geschichte des Kollegs und des Gymnasiums – seit 1659 auch Lyzeums – in Mindelheim, die beide 1781 geschlossen wurden, vgl. KOCH, Art. Mindelheim, in: DERS., Jesuiten-Lexikon, 1201f.; MÜLLER, Akademische Ausbildung zwischen Staat und Kirche, Teil 1, 303-305; NISING, „… in keiner Weise prächtig". Die Jesuitenkollegien der süddeutschen Provinz des Ordens und ihre städtebauliche Lage im 16.-18. Jahrhundert, 202-207; ZOEPFL, Geschichte des ehemaligen Mindelheimer Jesuitenkollegs, in: Archiv für Geschichte des Bistums Augsburg 6 (1929), 1-96.

[935] Zum Kolleg und Gymnasium mit Lyzeum in Amberg vgl. BATZL, Geschichte des Erasmus-Gymnasiums Amberg; BLÖSSNER, Geschichte des humanistischen Gymnasiums Amberg; GEGENFURTNER, Die Niederlassungen der Jesuiten im Bistum Regensburg, in: SCHWAIGER, MAI (Hg.), Klöster und Orden im Bistum Regensburg, 385-408, hier 386-394; KOCH, Art. Amberg, in: DERS., Jesuiten-Lexikon, 55; MÜLLER, Akademische Ausbildung zwischen Staat und Kirche, Teil 1, 257-262; NISING, „… in keiner Weise prächtig". Die Jesuitenkollegien der süddeutschen Provinz des Ordens und ihre städtebauliche Lage im 16.-18. Jahrhundert, 83-88; RIXNER, Geschichte der Studien-Anstalt zu Amberg. Ein Beitrag zur Geschichte der bayerischen gelehrten Schulen.

[936] Zum Burghauser Kolleg und Gymnasium mit Lyzeum vgl. Festschrift 350 Jahre Kurfürst-Maximilian-Gymnasium Burghausen; GRYPA, GUTFLEISCH (Hg.), Das Kurfürst-Maximilian-Gymnasium zu Burghausen. Vom Kolleg der Societas Jesu zur Königlich Bayerischen Studien-Anstalt; KOCH, Art. Burghausen, in: DERS., Jesuiten-Lexikon, 279; MÜLLER, Akademische Ausbildung zwischen Staat und Kirche, Teil 1, 277-281; NISING, „… in keiner Weise prächtig". Die Jesuitenkollegien der süddeutschen Provinz des Ordens und ihre städtebauliche Lage im 16.-18. Jahrhundert, 97-102.

[937] Zur Geschichte des Kollegs und Gymnasiums mit Lyzeum in Landshut vgl. KOCH, Art. Landshut, in: DERS., Jesuiten-Lexikon, 1073; MÜLLER, Akademische Ausbildung zwischen Staat und Kirche, Teil 1, 299-303; NISING, „… in keiner Weise prächtig". Die Jesuitenkollegien der süddeutschen Provinz des Ordens und ihre städtebauliche Lage im 16.-18. Jahrhundert, 186-193; O'CONNOR (Bearb.), Was bleibt?! Hans-Carossa-Gymnasium Landshut. Ein Lesebuch zum 375-jährigen Schuljubiläum; WOLF, Das Landshuter Gymnasium, in: Verhandlungen des Historischen Vereins von Niederbayern 62 (1929), 1-178.

[938] Zum Straubinger Kolleg mit Gymnasium und Lyzeum vgl. Festschrift zur Dreihundertfünfundzwanzig-Jahr-Feier des Humanistischen Gymnasiums Straubing; GEGENFURTNER, Die Niederlassungen der Jesuiten im Bistum Regensburg, in: SCHWAIGER, MAI (Hg.), Klöster und Orden im Bistum Regensburg, 385-408, hier 403-408; HUBER, Historia Collegii Straubingani. Aufzeichnungen des Straubinger Jesuitenkollegs; KOCH, Art. Straubing, in: DERS., Jesuiten-Lexikon, 1707; MÜLLER, Akademische Ausbildung zwischen Staat und Kirche, Teil 1, 329-332; NISING, „… in keiner Weise prächtig". Die Jesuitenkollegien der süddeutschen Provinz des Ordens und ihre städtebauliche Lage im 16.-

Bayerns wurde bereits 1549/1551 in Dillingen die bedeutende Universität und das Gymnasium gegründet werden, die beide von den Jesuiten geführt wurden.[940] In der Reichsstadt Augsburg konnte 1582 ein Jesuitenkolleg mit Gymnasium errichtet werden.[941] In der Reichsstadt Regensburg wurde das Jesuitengymnasium 1589/1590 gemeinsam durch den bayerischen Herzog Wilhelm V. und den Bischof von Regensburg ins Leben gerufen.[942] In Passau wurde 1612/1615[943] und in Neuburg an der Donau 1616/1617[944] ein Jesuitengymna-

---

18. Jahrhundert, 54-77, 274-281; SCHLAPPINGER, Das staatliche Gymnasium Straubing 1773-1931. Festschrift zur Feier des 300jährigen Bestehens des Gymnasiums Straubing.

[939] Zum Landsberger Kolleg mit Gymnasium und Lyzeum, die 1781 erstmals und schließlich 1799 noch einmal aufgehoben wurden, vgl. DELLINGER, Geschichte des Jesuitenkollegs in Landsberg, in: OA 14 (1853/1854), 115-145; GIESS, Das ehemalige Gymnasium der Jesuiten in Landsberg am Lech, in: Ars Bavarica 47/48 (1986/1987), 51-84; KOCH, Art. Landsberg, in: DERS., Jesuiten-Lexikon, 1073; MÜLLER, Akademische Ausbildung zwischen Staat und Kirche, Teil 1, 297-299; NISING, „… in keiner Weise prächtig". Die Jesuitenkollegien der süddeutschen Provinz des Ordens und ihre städtebauliche Lage im 16.-18. Jahrhundert, 180-186.

[940] Zu den Jesuiten und der Universität in Dillingen vgl. HAUSMANN, Geschichte des ehemaligen päpstlichen Alumnates in Dillingen; KIESSLING (Hg.), Die Universität Dillingen und ihre Nachfolger; KRAUS, Die Bedeutung der Universität Dillingen für die Geistesgeschichte der Neuzeit, in: Jahrbuch des Historischen Vereins Dillingen an der Donau 92 (1990), 13-37; OBLINGER, Unterricht am Jesuitengymnasium zu Dillingen a. d. Donau, in: Handbuch der Geschichte des Bayerischen Bildungswesens, Bd. 1, 478-485; RUMMEL, Die Anfänge des Dillinger Jesuitenkollegs, in: Jahrbuch des Vereins für Augsburger Bistumsgeschichte 25 (1991), 60-74; RUMMEL, Art. Dillingen a. d. Donau, in: LThK³, Bd. 3, 231f.; RUPP, Entwicklung, Bedeutung und Einfluß der Ausbildung von Geistlichen an der Universität Dillingen, in: KIESSLING (Hg.), Die Universität Dillingen und ihre Nachfolger, 291-323; SPECHT (Bearb.), Matrikel der Universität Dillingen; VOLLMER, Das ehemalige Jesuitenkolleg in Dillingen, in: SCHIEDERMAIR (Hg.), Klosterland Bayerisch Schwaben, 295-299.

[941] Zum Augsburger Kolleg mit Gymnasium und Lyzeum vgl. BAER, HECKER (Hg.), Die Jesuiten und ihre Schule St. Salvator in Augsburg 1582; BRAUN, Geschichte des Kollegiums der Jesuiten in Augsburg; DUHR, Geschichte der Jesuiten, Bd. 1, 200-205; KOCH, Art. Augsburg, in: DERS., Jesuiten-Lexikon, 132-134; MÜLLER, Akademische Ausbildung zwischen Staat und Kirche, Teil 1, 268-272; NISING, „… in keiner Weise prächtig". Die Jesuitenkollegien der süddeutschen Provinz des Ordens und ihre städtebauliche Lage im 16.-18. Jahrhundert, 88-93.

[942] Zu Regensburg vgl. DUHR, Geschichte der Jesuiten, Bd. 1, 205-210; GEGENFURTNER, Die Niederlassungen der Jesuiten im Bistum Regensburg, in: SCHWAIGER, MAI (Hg.), Klöster und Orden im Bistum Regensburg, 385-408, hier 397-403; KLOSE, Das Gymnasium und Lyzeum St. Paul zu Regensburg, in: Albertus-Magnus-Gymnasium Regensburg, 221-243; KOCH, Art. Regensburg, in: DERS., Jesuiten-Lexikon, 1515-1517; MAIER, Das Schulwesen von der Zeit der Reformation bis zur Aufklärung, 371; NISING, „… in keiner Weise prächtig". Die Jesuitenkollegien der süddeutschen Provinz des Ordens und ihre städtebauliche Lage im 16.-18. Jahrhundert, 235-245.

[943] Zum Gymnasium und Lyzeum in Passau vgl. KASTNER, Die Jesuiten in Passau. Schule und Bibliothek 1612-1773, 375 Jahre Gymnasium Leopoldinum und Staatliche Bibliothek; KOCH, Art. Passau, in: DERS., Jesuiten-Lexikon, 1385; MÜLLER, Akademische Ausbildung zwischen Staat und Kirche, Teil 1, 314-319; MÜLLER, Regionalgeschichtliche Ergänzung. Altbayern, 391.

[944] Zu Neuburg an der Donau vgl. KOCH, Art. Neuburg a. D., in: DERS., Jesuiten-Lexikon, 1285f.; MÜLLER, Akademische Ausbildung zwischen Staat und Kirche, Teil 1, 312-314; NISING, „… in keiner Weise prächtig". Die Jesuitenkollegien der süddeutschen Provinz des Ordens und ihre städtebauliche

sium gegründet. Damit waren nahezu alle katholischen Gymnasien Altbayerns in jesuitischer Hand. Eine seltene Ausnahme bildete das 1697 in Freising gestiftete Gymnasium, das den Benediktinern übertragen wurde.[945] Daneben unterhielten nur wenige Stifte wie zum Beispiel Benediktbeuern, Tegernsee oder Weyarn ein volles Gymnasium.[946]

Die Jesuiten besaßen so fast uneingeschränkt das Bildungsmonopol in Bayern. Der Orden konnte völlig autonom handeln und wurde sogar 1608 von der Kontrolle des Geistlichen Rates befreit.[947]

Allen unter jesuitischer Leitung stehenden Schulen galt als Lehrplan bis zur Aufhebung des Ordens 1773 die „Ratio atque institutio studorium Societatis Jesu"[948] von 1599. Zum Ausbildungsprinzip der Jesuiten wurde die schichtenneutrale Elitenbildung. Der Besuch des Unterrichts war daher kostenfrei.[949]

„Für die erfolgreiche Tätigkeit der Jesuiten in Bayern war nicht zuletzt die Unterstützung der Landesherrn entscheidend, die ihnen von vornherein Hilfe zusicherten. Durch staatliche Aufwendungen konnten großzügig räumliche und personelle Voraussetzungen geschaffen werden. Der wahre Schlüssel ihres Erfolges aber war, dass sie Unterricht und Erziehung mit höchstem persönlichen Einsatz, systematischer Exaktheit und genauem, nach Erfahrung aufgebautem Plan vertraten."[950]

Lage im 16.-18. Jahrhundert, 223-230; RATZINGER, Versuch einer Geschichte der Studien-Anstalt Neuburg a./D.

[945] Vgl. HEUFELDER, Martin Heufelder's kurze Schulgeschichte Freysings, in: Beyträge zur Geschichte, Topographie und Statistik des Erzbisthums München und Freysing 5 (1854), 209-235.

[946] In den meisten Schulen der bayerischen Klöster wurden lediglich die unteren Gymnasialklassen unterrichtet; vgl. SEPP, Die Gestaltung der pfarrlichen und schulischen Verhältnisse in Bayern nach 1803, dargestellt am Beispiel der Augustiner-Chorherrenstifte der Diözese Freising, in: MÜLLER (Hg.), Reform – Sequestration – Säkularisation, 221-264, hier 256.

[947] Vgl. MÜLLER, Regionalgeschichtliche Ergänzung. Altbayern, 390.

[948] Zur Studienordnung der Jesuiten vom 8. Januar 1599 vgl. BATLLORI, Der Beitrag der „Ratio studiorum" für die Bildung des modernen katholischen Bewusstseins, in: SIEVERNICH, SWITEK (Hg.), Ignatianisch. Eigenart und Methode der Gesellschaft Jesu, 314-322; DUHR, Geschichte der Jesuiten, Bd. 1, 280-289; DUHR, Die Studienordnung der Gesellschaft Jesu; FARRELL (Hg.), The Jesuit Ratio Studiorum; HAUB, Jesuitisch geprägter Schulalltag, in: FUNIOK, SCHÖNDORF (Hg.), Ignatius von Loyola und die Pädagogik der Jesuiten, 130-159; KALTHOFF, Herstellung von Erzogenheit, in: Jahrbuch für Historische Bildungsforschung 4 (1998), 65-89; KESSLER, Die „Geistlichen Übungen" des Ignatius von Loyola und die Studienordnung, in: FUNIOK, SCHÖNDORF (Hg.), Ignatius von Loyola und die Pädagogik der Jesuiten, 44-53; KOCH, Art. Studienordnung der GJ, in: DERS., Jesuiten-Lexikon, 1709-1715; MÜLLER, Regionalgeschichtliche Ergänzung. Altbayern, 392-394. Hier auch eine Tabelle des jesuitischen Ausbildungsplans; ebda., 393.

[949] Zum Unterricht am Münchener Gymnasium vgl. auch SCHLEDERER, Unterricht am Jesuitengymnasium, in: Handbuch der Geschichte des bayerischen Bildungswesens, Bd. 1, 535-548.

[950] MAIER, Das Schulwesen von der Zeit der Reformation bis zur Aufklärung, 371.

Das Münchener Gymnasium war zunächst im Kloster der Augustiner-Eremiten in der Neuhauser Straße durch Herzog Albrecht V. eingerichtet worden, ehe der Herzog um 1561 ein neues Schulgebäude für sechs Klassen errichten ließ. Schon 1574 bis 1576 folgte ein weiterer Neubau in der Ettstraße[951], da durch den großen Zulauf von Schülern die Räumlichkeiten bald zu eng geworden waren. Mit dem Bau der Kollegkirche St. Michael 1583 unter Herzog Wilhelm V. wurde 1588 endgültig das Gymnasium errichtet und das alte Gebäude 1592 abgerissen.[952] Das Gymnasium wurde im Schuljahr 1597/1598 durch ein Lyzeum ergänzt, in dem Philosophie und Theologie gelehrt wurden.[953]

Nach dem Bildungsideal der Jesuiten sollte das Gymnasium als „Vorbereitungsschule auf die Philosophie" dienen, wobei das Gymnasium die nötige Geistesbildung zu vermitteln hatte. Vor allem durch das Studium der lateinischen und griechischen Sprache mittels klassischer Schriftsteller sollte die vorbereitende Geistesbildung erworben werden. Das Gymnasium war daher in drei Stufen eingeteilt: Grammatik, Humanität (Poetik) und Rhetorik.[954] „Diese dreifache Stufe bezweckte, dem Schüler in der Grammatik den richtigen, in der Humanität den schönen, in der Rhetorik den überzeugenden Ausdruck des Gedankens beizubringen."[955]

Das dreistufige Jesuitengymnasium bestand aus mindestens fünf Klassen: Rudimenta, Grammatik, Syntax, Humanität und Rhetorik.[956] In München gab es noch

---

[951] Die Straße ist benannt nach Kaspar Ett (1788-1847), dem Wegbereiter des Cäcilianismus in Deutschland, der sich von 1799-1807 im Münchener Seminar befand; vgl. StAM, WG 134-141; DOLLINGER, Münchner Straßennamen, 75; HUFNAGEL, Berühmte Tote, 196.

[952] Vgl. DOLLINGER, Baugeschichte des Wilhelmsgymnasiums, 63-75; SCHLEDERER, Unterricht am Jesuitengymnasium, 536.

[953] 1807 wurde die theologische Sektion des Lyzeums aufgehoben. Ludwig I. verlegte 1826 das Münchener Lyzeum nach Landshut, um es schließlich 1834 in Freising anzusiedeln, wobei die theologische Sektion neu errichtet wurde. 1969 wurde die seit 1923 so genannte „Philosophisch-Theologische Hochschule" durch einen Erlass des Kultusministeriums aufgehoben; vgl. LEITSCHUH, Schüler des Wilhelmsgymnasiums, 16-18; MÜLLER, Akademische Ausbildung zwischen Staat und Kirche, Teil 1, 306-312; MÜLLER, Lyzeum, Philosophisch-Theologische Hochschule Freising, in: GATZ (Hg.), Priesterausbildungsstätten, 151f.

[954] Der Grammatik waren hierbei drei bis vier Jahre zugedacht, während die Humanität ein Jahr dauerte. Die Rhetorik konnte ein bis zwei Jahre umfassen; vgl. DUHR, Die Studienordnung der Gesellschaft Jesu, 79.

[955] DUHR, Die Studienordnung der Gesellschaft Jesu, 79.

[956] Die ersten drei Klassen Rudimenta, Grammatik und Syntax entsprachen in der Regel dem Aufbau einer Lateinschule, wie sie von vielen Klöstern unterhalten wurden. Die Bezeichnungen für die einzelnen Klassen variierten zum Teil; vgl. MAIER, Das Schulwesen von der Zeit der Reformation bis zur Aufklärung, 371.

eine sechste Klasse, die auf den Besuch des Gymnasiums vorbereitete.[957] Im Schuljahr 1773/1774 wurden im Prämienkatalog fünf Klassen mit den Namen aufgeführt: Rudimenta, Grammatica, Syntaxis, Poesis und Rhetorica.[958]
Bei der feierlichen Eröffnung des Gymnasiums 1559 befanden sich 200 Schüler in vier Klassen, 1576 schon 600 in sechs Klassen, 1631 zählten Gymnasium und Lyzeum zusammen 1464 Studenten. Im Schuljahr 1771/1772 finden wir noch 568 Gymnasiasten und 308 Lyzeisten. München war damit das größte Gymnasium in Kurbayern.[959]
Mit der Aufhebung der Societas Jesu 1773 endete die Geschichte des Jesuitengymnasiums, wenn auch zunächst etwa zwei Drittel der Lehrerschaft mit Exjesuiten besetzt blieben. Neuer Rektor wurde von 1773 bis 1777 der Weltpriester Anton Josef von Bucher.[960]
Das Bildungsmonopol und vor allem die Lehrmethode und -inhalte der Jesuiten standen im 18. Jahrhundert im Kritikfeuer reformwilliger Aufklärer. Bemängelt wurde beispielsweise das starre Festhalten am Diktieren des Lehrstoffs. Was den Inhalt betraf, wurde vor allem der fehlende Praxisbezug kritisiert und die Einführung der aufkommenden Naturwissenschaften gefordert, was schließlich zur Gründung von Realschulen führte.[961] Auch sollte der Muttersprache und den modernen Fremdsprachen mehr Geltung zukommen.[962]

---

[957] PUTZ, Domus Gregoriana, 116. – Nach Leitschuh gab es demnach in München die Klassen Rudimenta (1. Klasse), Grammatica (2. Klasse), Syntaxis minor (3. Klasse), Syntaxis maior (4. Klasse), Humanitas oder Poesis (5. Klasse) und Rhetorica (6. Klasse); vgl. LEITSCHUH, Matrikeln des Wilhelmsgymnasiums, Bd. 1, XII, Anm. 2.
[958] Vgl. „Nomina eorum, (...) qui in fine Anni praemiis donati sunt" für das Schuljahr 1773/1774.
[959] Vgl. SCHLEDERER, Unterricht am Jesuitengymnasium, in: Handbuch der Geschichte des bayerischen Bildungswesens, Bd. 1, 535-548, hier 537. Hier auch weitere Schülerzahlen. – Vgl. zu den Schülerzahlen am Münchener Gymnasium auch LEITSCHUH, Schüler des Wilhelmsgymnasiums, 36. – Eine statistische Tabelle über die Frequenz für die Zeit von 1773-1860 in: HUTTER, Hauptmomente der Schulgeschichte, Anhang.
[960] Vgl. LEITSCHUH, Die Leiter des Gymnasiums, 42. – Auf Bucher folgte bis 1781 Josef Danzer (1739-1800) im Rektorat; zu seiner Person vgl. PFISTER, Das Kollegiatstift Zu Unserer Lieben Frau in München (1495-1803), in: SCHWAIGER (Hg.), Monachium sacrum, Bd. 1, 291-473, hier 394.
[961] Die Realschule wurde als neue Schulform mit der Schulordnung von 1774 im Kurfürstentum Bayern eingeführt; vgl. BUCHINGER, Ansätze zu einer Realschule, in: Handbuch der Geschichte des bayerischen Bildungswesens, Bd. 1, 687-700; KRALLINGER, Die Real- oder höheren Bürgerschulen in Bayern nach den Hauptstadien ihrer Entwicklung; LURZ, Mittelschulgeschichtliche Dokumente Altbayerns, Bd. 2, 214.
[962] Vgl. FÜRNROHR, Gesamtdarstellung, in: Handbuch der Geschichte des bayerischen Schulwesens, Bd. 1, 633-656; LURZ, Zur Geschichte der bayerischen Schulreformation in der Aufklärungsepoche, in: Mitteilungen der Gesellschaft für deutsche Erziehungs- und Schulgeschichte 13 (1903), 261-287; MÜLLER, Bildungspolitische Auswirkungen der Aufhebung des Jesuitenordens, in: Handbuch der Geschichte des bayerischen Bildungswesens, Bd. 1, 711-726.

Winfried Müller macht noch auf einen anderen, in den organisatorischen Bereich fallenden Kritikpunkt aufmerksam: „Aufgrund der aus dem Geist der Gegenreformation erwachsenen Absicht, möglichst vielen den unentgeltlichen Unterricht zuteil werden zu lassen und so zur Festigung des katholischen Glaubens beizutragen, resultierte eine aus heutiger Sicht ausgesprochenen moderne soziale Offenheit; in der Ratio studiorum war ja ausdrücklich dekrediert worden, es dürfe niemand vom Unterricht ausgeschlossen werden, nur weil er bürgerlichen Standes oder arm sei."[963]

Aufklärer wie Johann Adam von Ickstatt warnten vor dem Übergewicht des unproduktiven Zehrstandes gegenüber dem produktiven Nährstand und forderten Studienbeschränkungen. Kindern von Bauern und Handwerkern sollte – abgesehen von herausragenden Ausnahmefällen – der Zugang zur höheren Schule verwehrt werden.[964]

Heinrich Braun hatte in seiner Schrift „Wie sind die Plätze der PP. Jesuiten in den Schulen zu ersezzen, wenn ihr Institut aufgehoben ist?" von 1773 zu bedenken gegeben, dass die theologischen Disziplinen an Weltpriester oder Ordensleute zu vergeben seien. Andere Lehrstellen der Jesuiten könnten auch mit weltlichen Lehrern besetzt werden.[965] Die Umsetzung scheiterte an der Finanzierung des Lehrpersonals. So war es kostengünstiger auf Exjesuiten, die eine Pension von 240 fl. erhielten und auf andere Ordensleute oder Weltpriester, die durch ein Kloster oder ein Benefizium versorgt wurden, zurückzugreifen. Außerdem fehlte es an dem entsprechenden weltlichen Lehrpersonal.

Die bisherigen Jesuitengymnasien wurden verstaatlicht, das Vermögen des Ordens einem Fonds zugeführt, aus dem das Schulwesen finanziert werden sollte

---

[963] MÜLLER, Bildungspolitische Auswirkungen der Aufhebung des Jesuitenordens, in: Handbuch der Geschichte des bayerischen Bildungswesens, Bd. 1, 711-726, hier 715f.

[964] Vgl. FÜRNROHR, Gesamtdarstellung, in: Handbuch der Geschichte des bayerischen Bildungswesens, Bd. 1, 633-656, hier 644-646. – Der Gedanke, den Zugang von Bauern- und Handwerkerbuben an das Gymnasium einzuschränken, war nicht neu. Schon Kurfürst Ferdinand Maria forderte in einem Mandat aus dem Jahre 1673 eine strengere Auswahl und verschärfte die Prüfungen; vgl. MÜLLER, Sozialstatus und Studienchance in Bayern, in: HJb 95 (1975), 120-141, hier 124f.

[965] „Andere wichtige Stellen besezt der Staat selbst, und er besezt sie durch Leute aus seinem Mittel, durch Leute, die keinen besondern Stand noch eine besondere Communität ausmachen, durch Leute, die in ihren Gesinnungen und Vortheilen im ganzen kein anderes Interesse suchen können, als das Interesse des Staates selbst [...]. Alles also zusammen genommen, warum soll man die Lehrämter nicht auf eben die Art besezzen können, wie die Rathsstellen in den Justiz- Kameral- und andern Kollegien, deren Glieder in einem gewissen aber sehr weitläufigen Verstande eine Communität ausmachen, die aber keineswegs auf eine besondere Art verbrüdert sind, noch in einem andern Bande zusammenhangen, als in der Gleichheit der Geschäfte, die iedes Mitglied unter der Direktion des Staates für den Staat zu besorgen hat"; BRAUN, Wie sind die Pläzze zu ersezzen, 40.

und zu dessen Verwaltung die Fundationsgüterdeputation eingerichtet wurde. „Jetzt endlich sah die Reform-»Partei« die Möglichkeit, moderne Schulen zu errichten. In dem nun folgenden Jahrfünft überstürzten sich Reformpläne und Reformmaßnahmen im Bildungswesen, so daß man diese Zeit als die erste große Ausbau- und Erneuerungsphase des Schulwesens in Bayern bezeichnet hat."[966]
Am 8. Oktober 1774 wurde schließlich die neue Schulordnung eingeführt[967], die bereits am 1. September 1777 wieder abgelöst wurde.[968] Die Schulaufsicht wurde dem Geistlichen Rat unterstellt. Als untere Behörden dienten die Lokal-Schulkommissionen, die die örtliche Schulaufsicht übernahmen. Die Unterrichtszeit wurde vormittags auf 8 bis 10 Uhr und nachmittags 2 bis 4 Uhr festgelegt. Dienstags sollten die Gymnasiasten nur zwei Stunden Unterricht von 8 bis 10 Uhr erhalten. Am Donnerstag, der nach jesuitischer Tradition ein ganzer Vakanztag war, wurde für die Schüler eine Unterrichtsstunde von 8 bis 9 Uhr eingeführt.[969]
Neu war die Einführung des französischen und italienischen Sprachunterrichts, die zusätzlich als Wahlfächer angeboten und als nützlich angesehen wurden.[970]

---

[966] FÜRNROHR, Gesamtdarstellung, in: Handbuch der Geschichte des bayerischen Bildungswesens, Bd. 1, 633-656, hier 639.
[967] Die Schulordnung von 1774 ist abgedruckt in: LURZ, Mittelschulgeschichtliche Dokumente Altbayerns, Bd. 2, 203-225. – Ergänzend zur Schulordnung wurde am 26. November 1774 noch eine Disziplinarordnung erlassen, abgedruckt in: LURZ, Mittelschulgeschichtliche Dokumente Altbayerns, Bd. 2, 226-235.
[968] Die Schulordnung vom 1. September 1777 ist abgedruckt in: LURZ, Mittelschulgeschichtliche Dokumente Altbayerns, Bd. 2, 236-267; MÜLLER, Akademische Ausbildung zwischen Staat und Kirche, Teil 2, 378-395.
[969] Die Lyzealstudenten hatten dagegen nach wie vor den ganzen Donnerstag vorlesungsfrei; vgl. LURZ, Mittelschulgeschichtliche Dokumente Altbayerns, Bd. 2, 259.
[970] In der Schulverordnung vom 1. September 1777 wurde unter § 36 „Ausländische Sprachen, Zeichnungskunst" bestimmt: „Die jedem Stande nützlichen Sprachen, als 1) die französische; 2) die italiänische; wie auch 3) die Zeichnungskunst werden in besondern Stunden von einigen hierzu aufgestellten Lehrern für Studirende sowohl als nicht Studirende im Gymnasio zu München gelehret. Um die schädliche Vermischung dieser Gegenstände, und das Hin- und Herlaufen in die verschiedenen Fächer, folglich die daraus entstehende Verwirrung zu vermeiden, steht es zwar in Jedermanns Willkühr in eine oder das andere Fach zu wählen; nachdem aber Jemand eines gewählet hat, so muß er auch nach gnädigster Verordnung dabey bleiben, bis er den gehörigen Grad der Wissenschaft erlanget hat. Sodann kann er sich entweder zu einem andern Fach wenden, oder wenn er entlassen werden will, so wird ihm ein seiner Fähigkeit und dem gemachten Fortgange angemessenes, und von dem Rector und dem Lehrer gefertigtes Attestat zum Zeugniß seines Wohlverhaltens ertheilt"; LURZ, Mittelschulgeschichtliche Dokumente Altbayerns, Bd. 2, 252f. – Erstmals wurden im Schuljahr 1778/1779 Preise an Schüler des Unterrichts „Aus der französischen Sprache" und „Aus der Welschen Sprache", womit die italienische Sprache gemeint war, vergeben. Der Seminarist Josef Kiening wurde hierbei lobend erwähnt; vgl. Verzeichniß derjenigen Studierenden, welche sich in dem kurfürstlichen Schulhause zu München in dem Jahre 1779 vorzüglich hervorgethan, und Preise erhalten haben.

Auch das Angebot des Unterrichts in der Zeichnungskunst war neuerdings vorgesehen. Über dieses Unterrichtsangebot hieß es im Vorbericht zum gedruckten Studentenverzeichnis des Schuljahres 1778/1779: „Die Zeichnungskunst wird dem Gelehrten, und bürgerlichen Stande gemeinschaftlich gehalten. In dieser Absicht sind auch 3 Klassen, 1) Lyceisten, 2) Gymnasisten, 3) Realschüler. Die Gegenstände sind eben dreyerley, nämlich 1) Figuren, oder historische Zeichnungen; 2) geometrische Zeichnungen, Civilbaukunst, Perspectiv; 3) Landschaften. Jährlich übt man sich in allen drey Gattungen."[971] Unter dem Rektorat von Anton von Bucher wurde kein geringerer als der Hofkammerrat und Galerieinspektor Johann Jakob Dorner d. Ä. (1741-1813) als erster Lehrer der Zeichnungsschule angestellt.[972]

Was die Lehrmethode betraf, verbot die Schulverordnung von 1777 erstmals unter § 39 das Diktieren des Lehrstoffes in den oberen Klassen mit den Worten: „Das Dictiren in den höhern Classen ist, und bleibt gänzlich abgeschafft [...]."[973] Ein eigener Paragraph war sogar an die Inspektoren der Seminarien im Kurfürstentum gerichtet, dass sie die ihnen anvertrauten Häuser zu Musteranstalten der Erziehung machen sollten.[974]

---

[971] Verzeichniß derjenigen Studierenden, welche sich in dem kurfürstlichen Schulhause zu München in dem Jahre 1779 vorzüglich hervorgethan, und Preise erhalten haben.
[972] Vgl. BUCHER, Die Jesuiten in Baiern, Bd. 1, XXI. – Zu Johann Jakob Dorner d. Ä. vgl. ADB, Bd. 5, 354; Allgemeines Künstler-Lexikon, Bd. 29, 93f.; BOSL, Bayerische Biographie, 151; GrBBE, Bd. 1, 387; LIPOWSKY, Baierisches Künstler-Lexikon, Teil 1, 51-54; THIEME-BECKER, Bd. 9, 480-482.
[973] LURZ, Mittelschulgeschichtliche Dokumente Altbayerns, Bd. 2, 253. – Die einzige Ausnahme war vorgesehen, „wenn je bisweilen ein Zusatz als ein Supplement des mit Genehmigung der churfürstl. gymnastischen Schuldirection gewählten oder vorgeschriebenen Auctors zu machen, und den Zuhörern mitzutheilen ist; und dann soll dieß nicht in den ordentlichen Lehrstunden, sondern außer diesen entweder Dictando verbreitet, oder den Zuhörern von Hand zu Hand mitgetheilet werden. Hingegen soll jeder Professor darauf bedacht seyn, daß er 1) die Gegenstände seiner Vorlesungen in ein Sistem bringe; und daß 2) dieses Sistem in einem Entwurfe nebst den dazu gehörigen Scholiis und Corollariis in etlichen Bogen zur churfürstl. Büchercensur eingeschickt, und 3) seinen Zuhörern in die Hände gegeben werden kann, bis ein förmlicher Plan zu Stande gebracht werden wird"; ebda., 253f. – Bereits Anselm Desing hatte als Professor an der Universität Salzburg, wo er seit 1736 lehrte, das hinderliche und zeitaufwendige Diktieren des behandelten Stoffes aufgegeben und den Gebrauch von Handbüchern als Grundlage der Vorlesung eingeführt. Sein Schüler, der Fuldaer Benediktiner Karl von Piesport, tat es ihm gleich, als er 1743 den Lehrstuhl für Philosophie an der Universität Fulda erhielt; vgl. RÖDER, Karl von Piesport, 23, 65.
[974] Unter § 16 wurde bestimmt: „Sonderheitlich haben sich die Inspectoren der churfürstl. Seminarien in Sachen, welche die gelehrte oder sittliche Erziehung ihrer Seminaristen betreffen, dieser gnädigsten Verordnung um so mehr zu fügen, als die in diesen Pflanzschulen erzogenen Knaben nach und nach die Muster seyn sollen, nach welchen die Söhne der Privatpersonen erzogen und gebildet werden sollen. Es sind in dergleichen Seminarien die meisten Hindernisse weg, die so vielfältig bey der so verschiedenen häuslichen Erziehung so sehr herrschen, und so schwer gehoben werden können. Es kömmt nur auf die kluge Einrichtung und Anstalt des Vorstehers an. Und gleichwie die Seminaristen,

Das Bildungsziel der Reformpädagogen wurde in derselben Schulverordnung im Paragraph 15, der sich auf die Einrichtung von Lehrerkonferenzen bezog, so formuliert: „Aus allen diesen ergiebt sich von selbst, daß Aufklärung des Verstandes, Kultur der Seelenkräfte, Veredlung des Gemüthes, Erhaltung und Bewahrung jugendlicher Unschuld, Ausübung der Religion, Tugend, Andacht, Eifer im Gottesdienste, Wohltätigkeit, Ehrfurcht, Gehorsam, Fleiß und Arbeitsamkeit, Verfeinerung der Sitten, überhaupt Anleitung zum Guten, und Rettung vom Bösen die Hauptgeschäfte dieser Versammlung ausmachen, welche um so viel mehr, und desto lebhafter geführt werden müssen, als die Ehre des Lyceums oder Gymnasiums, das Glück unserer aufblühenden Jugend, unsrer künftigen Nation, und die Wohlfahrt des Staates davon abhängt."[975]

Zwar blieb im Kurfürstentum Bayern mit der Einführung der Schulreformen der 1770er Jahre der Schulbesuch kostenfrei, dagegen sollte aber die Zahl der Gymnasialschüler reduziert werden. „[...] Leute, von welchen sich der gelehrte Staat keine Hoffnung machen kann", sollten „frühezeitig von den Gymnasien ab- und entweder zu einer bürgerlichen Hauptschule, oder zu einem Handwerke angewiesen werden"[976], wodurch nach den Worten Rainer A. Müllers „dem Bildungsoptimismus der Aufklärung durch den verstärkten Aufbau von sozialen Barrieren freilich Grenzen gesetzt"[977] wurden.

1774 wurden in Bayern erstmals Realschulen eingeführt, die aus zwei Klassen bestanden und dem Gymnasium vorgeschaltet wurden.[978] Die Klasseneinteilung

---

was die öffentliche Erziehung betrifft, von der Direction ihres Rectors oder Professors nicht ausgenommen sind, so können auch ihre Fehler bey der Versammlung der Professorn geregt, und die schicklichsten Verfügungen darüber gemacht werden. Sehr leicht wird dieses besonders in denjenigen Orten geschehen können, in denen das Seminarium mit den Excollegien verbunden ist, und der Inspector des Seminariums nach gnädigster Willensmeynung eine Professorstelle mit zu versehen hat, und bey der Versammlung selbst gegenwärtig ist"; LURZ, Mittelschulgeschichtliche Dokumente Altbayerns, Bd. 2, 242f.

[975] LURZ, Mittelschulgeschichtliche Dokumente Altbayerns, Bd. 2, 242.
[976] LURZ, Mittelschulgeschichtliche Dokumente Altbayerns, Bd. 2, 242.
[977] MÜLLER, Sozialstatus und Studienchance in Bayern, in: HJb 95 (1975), 120-141, hier 124.
[978] Zur Einführung der Realschule hieß es in der Schulordnung von 1774 unter dem Punkt LVI: „Ob nun schon diese Realschulen ein hier zu Land ganz neuer, und bisher vielen unbekannter Gegenstand sind, sohin sich hin, und wieder bey Errichtung derselben einige Schwierigkeiten ergeben können: so hoffet man doch zuversichtig, (weil diese nicht nur Schulen für Studierende, welche ohnedem die geringste Anzahl ausmachen sollten, sondern die Schulen aller Bürger sind, in welchen sie sowohl allgemeine, als besondere Kenntniße in Absicht auf ihre künftige Berufsgeschäfte, und die ganze Lebenswohlfahrt erlangen können), daß alle für das Beste des Vaterlandes Gutgesinnte sich beeifern werden, das Ihrige zu Errichtung, und Fortsetzung dieser so gemeinnützigen Anstalten beyzutragen"; LURZ, Mittelschulgeschichtliche Dokumente Altbayerns, Bd. 2, 214. – Nach Ebner kann Bayern „den Ruhm für sich in Anspruch nehmen, als erster deutscher Staat" schon im Jahre 1774 durch einen

lautete für das Schuljahr 1774/1775: Realia I, Realia II, Grammatica infima, Grammarica media, Rhetorica I und Rhetorica II.[979]

Die veränderte Schulsituation schlug sich auch bei den Kandidaten für das Kurfürstliche Seminar nieder. Im Schuljahr 1775/1776 wurden erstmals Realschüler in die Domus Gregoriana aufgenommen.[980] Durch die Schulordnung von 1777 wurde mit der Realschule die Prinzipienklasse verbunden, in der Schüler bereits Latein zur späteren Aufnahme ins Gymnasium lernten.[981]

Dem Verzeichnis der Studenten vom Schuljahr 1778/1779 wurde ein Vorbericht beigegeben, da „wir zuverläßig hören, daß ein großer Theil des Publikums, dem doch daran liegt, das zu wissen, was in die Erziehungsanstalten einschlägt, entweder nicht hinlänglich genug davon unterrichtet, oder durch falsche Begriffe, die hier und da von verschiedenen Misgönnern (vermuthlich aus Vorurtheile oder Nebenabsichten) besonders dieses Jahr hindurch ausgestreuet wurden, irre gemacht worden sind. Wahrheit sieget immer, mir manchmal – zu spät." Im Kurfürstlichen Gymnasium würde nach der Schulordnung von 1777 gelehrt werden. Auf den Vorwurf, dass die lateinische Sprache vernachlässigt werde, zitierte der Verfasser aus der Schulordnung, Seite 12: „Die lateinische Sprache ist, und bleibt die Sprache der Wissenschaften, und die Vernachlässigung derselben würde der erste Grad zur wissenschaftlichen Barbarey seyn." Auf die Kritik, dass nur vier Jahre für das Gymnasium vorgesehen wären, entgegnete er, „daß kein Schüler mehr in das Churfl. Gymnasium zugelassen wird, der nicht 1) zwölf volle Jahre seines Alters, und 2) den gehörigen Grad der Wissenschaft aus der Vorbereitungsclasse mitbringt". In der Vorbereitungs- oder Principienklasse könnte der Schüler sich bis zum zwölften Lebensjahr aufhalten und dort genau so viel lernen wie in der ehemaligen Rudimenta, „so wird wohl kein Zweifel

---

staatlichen Hoheitsakt begründetes Realschulwesen ins Leben gerufen zu haben; EBNER, Geschichte des Realschulwesens in Bayern, 7. – 1778 wurde sie durch Heinrich Braun um eine dritte Klasse erweitert; vgl. FÜRNROHR, Gesamtdarstellung, 647; BUCHINGER, Ansätze zu einer »Realschule«, 687-700. – Eine Übersicht zum Lehrplan in der Realschule in: HUTTER, Hauptmomente der Schulgeschichte, 22.

[979] Vgl. Testimonium publicum für das Schuljahr 1774/1775.

[980] Unter den Alumnen wurden folgende Schüler der zweiten Realklasse aufgezählt: Wilhelm Stöcher, Philipp Lechner, Franz Daxberger, Franz Kiecher, Korbinian Miller, Karl Waltl und Johann Pessenbacher. Als Halbalumne wurde Josef Loy und unter den Kostgängern Andreas Salzgeber als Realschüler genannt; vgl. BayHStA, GL Fasz. 2697/477.

[981] Vgl. FÜRNROHR, Gesamtdarstellung, in: Handbuch der Geschichte des bayerischen Bildungswesens, 633-656, hier 647.

mehr übrig seyn, warum es nicht möglich seyn soll, hinnach in der Zeit vier Jahren das zu leisten, was vorhin geleistet wurde"[982].
Die Vorbereitungsklasse stand mit der Realklasse in Verbindung. 1778/1779 wurden auch Schüler dieser beiden Klassen ins Münchener Seminar aufgenommen, doch nahm die Zahl der Realschüler kontinuierlich wieder ab.[983]
Die Kosten für die höhere Schulbildung, die zuvor von den Jesuiten getragen worden waren, waren enorm. 1774 mussten in Kurbayern 30600 fl. aufgewandt, die 1777 bis auf 42217 fl. gestiegen waren. Ein Geheimrat erklärte damals zum Schuldirektor Heinrich Braun: „Um des Himmels willen, Herr Canonikus, machen sie doch die Kosten erträglicher, im kurzen müssen wir zu zahlen aufhören [...]."[984] Schuldirektor Braun wurde daher mit Einsparungsmöglichkeiten beauftragt. Das Gymnasium wurde in der Folge auf vier Klassen gekürzt, die im Schuljahr 1777/1778 mit Grammatica I, Grammatica II, Rhetorica I, Rhetorica II bezeichnet wurden.[985] An finanziellen Mitteln waren künftig für die Gymnasien 25000 fl. und für die Realschulen 6000 fl. vorgesehen.[986]
Rainer A. Müller kommt über den Schulplan von 1777 zu dem Urteil: „Er stellte zweifellos kein revolutionär wirkendes, nachjesuitisches Bildungskonzept dar, war zukunftsorientiert aber doch insofern, als er einer größeren naturwissenschaftlichen Ausbildung Raum bot und damit eine Entwicklung initiierte, die – ohne Zutun der Planer, ja sogar vermutlich gegen deren erklärten Willen – langfristig der starken Betonung der Theologie in Forschung und Lehre entgegenwirkte."[987]
Am 31. August 1781 hatte Kurfürst Karl Theodor das höhere Schulwesen den Prälatenorden übertragen.[988] Oberste Schulbehörde des Staates wurde die Schulen- und Studienkuratel mit Theodor Heinrich Graf Topor von Morawitzky, Ka-

---

[982] Verzeichniß derjenigen Studierenden, welche sich in dem kurfürstlichen Schulhause zu München in dem Jahre 1779 vorzüglich hervorgethan, und Preise erhalten haben, nebst einem Vorberichte von der Einrichtung und dermaligen Verfassung des kurfürstlichen Lyceums, Gymnasiums, und der Realschule allda, 11.
[983] Im Schuljahr 1778/1779 befanden sich unter den Seminaristen zehn Realschüler, 1779/1780 waren es noch acht. Schon im Schuljahr 1780/1781 waren nur noch zwei Realschüler im Seminar und im Schuljahr 1781/1782 befand sich schließlich kein Realschüler mehr in der Domus Gregoriana.
[984] Zitat nach 400 Jahre Wilhelmsgymnasium, 76.
[985] Vgl. Testimonium publicum für das Schuljahr 1777/1778.
[986] Vgl. FÜRNROHR, Gesamtdarstellung, in: Handbuch der Geschichte des bayerischen Bildungswesens, Bd. 1, 633-656, hier 649.
[987] MÜLLER, Akademische Ausbildung zwischen Staat und Kirche, Teil 1, 65.
[988] Das Dekret ist abgedruckt in: MÜLLER, Akademische Ausbildung zwischen Staat und Kirche, Teil 2, 428-431.

simir von Haeffelin und Karl Albrecht von Vacchiery als Kuratoren.[989] Das Gremium führte die staatliche Aufsicht über das Generalstudiendirektorium, das vom Prälatenstand aufgestellt wurde.[990] Während die Prälatenorden die Lehrerstellen besetzen durften, musste die Finanzierung des Schul- und Studienwesens von allen bayerischen Klöstern und Orden erbracht werden. Papst Pius VI. sprach bei seinem Besuch in München gegenüber den Vertretern der Prälaten am 1. Mai 1782: „Ihr habt gut daran getan, daß ihr die Schulen übernommen habt, so habt ihr wenigstens noch auf einige Zeit euren Fortstand gesichert."[991] Das bedeutendste Gymnasium mit Lyzeum in München erhielten die Augustiner-Chorherren.[992] Die Übergabe des Schulhauses erfolgte am 8. Oktober 1781 durch den scheidenden Rektor Joseph Danzer an den Vertreter des Ordens, Gerhoh Steigenberger, der 1781 das Amt eines Hofbibliothekars erhielt. Für die neuen Professoren aus den Klöstern der Prälatenorden wurde in der Herzogspitalstraße das so genannte Paulanerhaus als Wohnung bestimmt. Dieser Hausgemeinschaft aus Professoren stand Anselm Greinwald aus Rottenbuch, Sekretär des Generalstudiendirektoriums, als Rektor bzw. Superior vor.[993] Als neuer Rektor des Kurfürstlichen Gymnasiums wurde D. Frigdian Greinwald aus Polling ernannt, dem zugleich das Inspektorat der Domus Gregoriana übertragen wurde. Im Rektorat folgte von 1784 bis 1786 sein Mitbruder D. Eusebius Obermiller, während Greinwald bis 1792 Inspektor des Seminars blieb.[994]

---

[989] Über die weitere personelle Ausstattung vgl. MÜLLER, Akademische Ausbildung zwischen Staat und Kirche, Teil 1, 81f.
[990] Zur personellen Besetzung des Generalstudiendirektoriums von 1782 bis 1800, dessen bedeutendstes Mitglied von 1781-1798 Propst Franz Töpsl von Polling war, vgl. MÜLLER, Akademische Ausbildung zwischen Staat und Kirche, Teil 1, 83.
[991] Zitat nach MÜLLER, Akademische Ausbildung zwischen Staat und Kirche, Teil 1, 73. – Der Chronist des Papstbesuches gab an, dass Pius VI. am Sonntag, den 28. April 1782 den Vertretern der Landschaft vor dem Haus der Landschaftlichen Vertretung einen Besuch abstattete. Als Vertreter des Prälatenstandes wurden Propst Franz von Polling und Propst Albert von St. Mang genannt; vgl. Papst Pius VI. in München, 29f.
[992] Zur Aufteilung der bayerischen Schulhäuser unter den Prälatenorden vgl. MÜLLER, Akademische Ausbildung zwischen Staat und Kirche, Teil 1, 73f.
[993] Das Essen erhielten die Professoren aus dem Kurfürstlichen Seminar, das direkt mit dem Haus verbunden war. 1781 wurde zu diesem Zweck eine Winde gebaut, um die Speisen mühelos aus der Seminarküche ins Professorenhaus bringen zu können; vgl. BayHStA, GL Fasz. 2831/1443. – Über sein Rektorat bzw. Superiorat im Professorenhaus, das nicht ohne Spannungen blieb, berichtete Anselm Greinwald in seinem Münchener Tagebuch. Besonders machte ihm Professor Albert Kirchmair aus Weyarn zu schaffen, der sich unter anderem nicht an die Sperrzeiten des Hauses hielt; vgl. PÖRNBACHER, Rottenbuch, 269-271.
[994] Von 1786 bis 1790 war D. Franz Krum aus Dießen Rektor, gefolgt von D. Franz Xaver Weinzierl aus Polling (Rektor 1790-1791). Letzter Rektor aus den Reihen der Augustiner-Chorherren wurde D. Albert Kirchmair aus Weyarn (1791-1794); vgl. LEITSCHUH, Die Leiter des Gymnasiums, 42.

Am 30. August 1782 wurde eine neue Schulordnung eingeführt, die neuhumanistische Ideen enthielt, über die Fürnrohr urteilt: „Kein Zweifel, dieser Studien- und Bücherplan von 1782 stellt eine bemerkenswerte geistige Leistung dar, und die Gymnasien scheinen in den Händen der Prälatenorden auch durchaus ihre Aufgabe erfüllt zu haben."[995] Die Gymnasien und Lyzeen Landsberg und Mindelheim mussten in der Folge geschlossen werden. Die Realschulen wurden seit dem Schuljahr 1782/1783 dem deutschen Schuldirektorium unterstellt und ab 1784 vom deutschen Schulfonds unterhalten. Damit waren sie von den Gymnasien endgültig getrennt.[996]

Bei der Neuordnung des Schulwesens im Jahre 1794 wurde das bedeutende Münchener Schulhaus den Benediktinern übertragen und im Zuge dessen P. Placidus Scharl aus Andechs von 1794 bis 1796 als Rektor und neuer Sekretär des Generalstudiendirektoriums berufen.[997]

Das Jahr 1799 brachte weitere Veränderungen im bayerischen Bildungswesen. Die Schulkuratel als oberste Aufsichtsbehörde des Staates wurde bereits am 6. April 1799 durch die Schuldeputation des Geistlichen Rates abgelöst, wobei „diese Schuldeputation nicht mehr dem Geistlichen Rat unterstand, sondern dem „Geheimen Ministerial-Departement", dem die Oberaufsicht über Belange des Kultus, der Künste und Wissenschaften sowie des Schul- und Studienwesens zugewiesen war".[998] Am 24. September 1799 wurde schließlich ein neuer Schulplan erlassen.[999]

---

[995] FÜRNROHR, Gesamtdarstellung, in: Handbuch der Geschichte des bayerischen Bildungswesens, Bd. 1, 633-656, hier 651. – Die Schulordnung vom 30. August 1782 ist abgedruckt in: LURZ, Mittelschulgeschichtliche Dokumente Altbayerns, Bd. 2, 270-284. – Der philosophische und theologische Lehrplan findet sich abgedruckt in: MÜLLER, Akademische Ausbildung zwischen Staat und Kirche, Teil 2, 438-442. – Am 26. Oktober 1782 erließ das Generalschuldirektorium noch ergänzend: „Verordnungen betr. Ordnung des Schuljahres, Ferien, Notenkataloge u.a."; abgedruckt in: LURZ, Mittelschulgeschichtliche Dokumente Altbayerns, Bd. 2, 267-270.
[996] Vgl. LURZ, Mittelschulgeschichtliche Dokumente Altbayerns, Bd. 2, 270f.
[997] Zu den Hintergründen vgl. MÜLLER, Akademische Ausbildung zwischen Staat und Kirche, Teil 1, 84f. – P. Benno Ortmann war von 1796 bis 1799 Rektor des Gymnasiums; vgl. LEITSCHUH, Die Leiter des Gymnasiums, 42.
[998] MÜLLER, Akademische Ausbildung zwischen Staat und Kirche, Teil 1, 91. – Die einstigen Mitglieder der Geheimen Schulkuratel von Lippert, von Hertling, Eyb und Vacchiery wurden bei der Umstrukturierung ihrer Ämter enthoben. In das Gremium der neu eingerichteten „Geistlichen Rates-Schul-Deputation" wurden die Mitglieder Lorenz Westenrieder, Prentner, Johann Michael Steiner und Ludwig Fronhofer berufen. Das Geheime Ministerial-Departement war in Folge der Verwaltungsreform vom 25. Februar 1799 unter Montgelas als „eine Art Vorläufer des späteren Innenministeriums für Kirchen- und Schulangelegenheiten" (MÜLLER, Akademische Ausbildung zwischen Staat und Kirche, Teil 1, 91) eingerichtet worden. Zum Vorsitzenden des Geheimen Ministerialdepartements wurde Johann Theodor Graf Topor von Morawitzky ernannt. Schon im Jahre 1802 wurde die Schuldeputa-

Der Wirkungskreis der Orden wurde durch den Staat im Zuge der Reformen von Montgelas stark beschnitten und P. Benno Ortmann vom Rektorat enthoben, der darauf schrieb: „Hätte ich allein aus zeitlichen Motiven so viele Mühe [...] bestanden, müßte ich tief gekränkt seyn. Aber so kann ich ein undankbares München leicht vergessen, wo man Mönche geringer als Erdbirne achtet."[1000] Zum Rektor ernannte die Schulbehörde den Weltpriester Michael Lechner.[1001] Die Schulverordnung von 1799 hatte weitreichende Folgen für das bayerische Bildungswesen. Zum einen wurden die Gymnasien in Burghausen, Landsberg und Ingolstadt aufgehoben, daher gab es im Kurfürstentum Bayern nur noch die fünf Gymnasien in Amberg, Landshut, München, Neuburg an der Donau und Straubing. Zugleich wurden die Lyzeen in Landshut, Neuburg und Straubing aufgehoben. So waren an Hochschulen in Bayern neben der Landesuniversität Ingolstadt lediglich die Lyzeen in Amberg und München vorhanden. Zum anderen mussten alle Klosterschulen und Seminarien der Prälatenorden geschlossen werden, an deren Stelle Realschulen errichtet werden sollten.[1002]

Im Jahr 1802 wurde schließlich das Münchener Gymnasium aus dem ehemaligen Jesuitenkolleg in das aufgehobene Kloster der Karmeliten versetzt.[1003] Das Generalstudiendirektorium wurde 1802 im Zuge der Aufhebung des Geistlichen Rates personell völlig neu besetzt. Vorstand wurde Johann Nepomuk von Fraunberg, weitere Direktoren waren Johann Michael Steiner, Joachim Schuh-

---

tion mit der Aufhebung des Geistlichen Rates wieder aufgelöst; vgl. MÜLLER, Akademische Ausbildung zwischen Staat und Kirche, Teil 1, 91f.
[999] Die Schulordnung vom 24. September 1799 ist abgedruckt in: LURZ, Mittelschulgeschichtliche Dokumente Altbayerns, Bd. 2, 285-291; MÜLLER, Akademische Ausbildung zwischen Staat und Kirche, Teil 2, 448-454.
[1000] Zitat nach 400 Jahre Wilhelmsgymnasium, 78.
[1001] Michael Nikolaus Lechner (1756-1813), der 1772 selbst Absolvent des Münchener Gymnasiums gewesen war, versah das Rektorat von 1799 bis 1808; vgl. KRAUS, Gymnasium der Jesuiten, 572, 640; LEITSCHUH, Die Leiter des Gymnasiums, 42; LEITSCHUH, Matrikeln III, 137.
[1002] Vgl. LURZ, Mittelschulgeschichtliche Dokumente Altbayerns, Bd. 2, 286f.; MÜLLER, Akademische Ausbildung zwischen Staat und Kirche, Teil 1, 89; SEPP, Die Gestaltung der pfarrlichen und schulischen Verhältnisse in Bayern nach 1803, dargestellt am Beispiel der Augustiner-Chorherrenstifte der Diözese Freising, in: MÜLLER (Hg.), Reform – Sequestration – Säkularisation, 221-264, hier 256f.
[1003] Bereits am 17. Dezember 1801 hatte Kurfürst Maximilian IV. Joseph ein Dekret erlassen, nach dem die Karmeliten ihr Kloster zu räumen hatten. Am 25. Januar 1802 erfolgte die Aufhebung aller Mendikantenklöster im Kurfürstentum Bayern; vgl. SCHEGLMANN, Säkularisation I/2, 246-263; STAHLEDER, Chronik der Stadt München, Bd. 3, 455, 496. – Zur Aufhebung der Mendikantenklöster vgl. ARNDT-BAEREND, Die Aufhebung der nichtständischen Klöster in München, in: KIRMEIER, TREML (Hg.), Glanz und Ende der alten Klöster, 43-50; ARNDT-BAEREND, Die Klostersäkularisation in München 1802/03.

bauer und der Weltgeistliche und spätere Direktor des Königlichen Erziehungsinstituts für Studierende, Wolfgang Hobmann.[1004]

Die Orden verloren durch die formelle Aufhebung der Klöster vom 16. Februar 1803 endgültig ihre Funktion, doch waren sie faktisch schon vorher ausgeschaltet worden.[1005] In der Folge wurde schließlich am 27. August 1804 der von Joseph Wismayr und Kajetan Weiller verfasste „Lehr-Plan für alle kurpfalz-bayerischen Mittel-Schulen" erlassen.[1006]

Unterrichtssprache blieb, wie schon zu Zeiten der Gesellschaft Jesu, die lateinische Sprache. Am 15. September 1792 schärfte die Schulkuratel ein: „so ist den Professorn in allen Schulhäusern einzuschärfen, daß selbe mit ihren Schülern, bei was immer für einer Gelegenheit in dem Schulhaus, ausgenommen in den auswärtigen Sprachen- und Zeichnungs-Schulen, jederzeit Latein sprechen, auch die Schüler unter sich, ernstlich dazu anhalten sollen"[1007].

Was disziplinarische Maßnahmen betraf, forderte ein Kommissionsgutachten vom 25. August 1792 größere Schärfe von den Professoren[1008]: „In Bezug auf leztere müssen wir bemerken, daß man bei der neuen Einrichtung der Schulen und derselben Übernahme von dem General Studien-Directorio der Prelaten der Meinung war: Es wäre der aufgeklärtern Erziehung angemeßener, wenn das imerwährende Büssen und Schlagen der Schüler in ehren-reizendere Strafen abgeändert, die Schüler höflich und artig behandelt, die öfters verdiente größere Strafen gemildert, und manchmal gar nachgesehen wurden." Die zehnjährige Erfahrung des Autors würde beweisen, dass diese allzu große Güte und Nachsicht von den Schülern missbraucht worden sei und üble Folgen nach sich ziehen würde. Die Kommission empfahl daher die Wiedereinführung von größerer Schärfe im Schulhaus. Was konkrete Strafmaßnahmen betraf, schlug das Gutachten vor: „Zugleich könnte bei Lezteren nebst dem schon vorhanden Strafen

---

[1004] Vgl. MÜLLER, Akademische Ausbildung zwischen Staat und Kirche, Teil 1, 101.

[1005] Vgl. MÜLLER, Akademische Ausbildung zwischen Staat und Kirche, Teil 1, 81.

[1006] Diese Verordnung wird in der Literatur verkürzt als der „Wismayrsche Lehrplan" bezeichnet. Die Mitwirkung von Weiller ist aber unbestritten; vgl. MÜLLER, Akademische Ausbildung zwischen Staat und Kirche, Teil 1, 104. – Der Lehrplan ist abgedruckt in: LURZ, Mittelschulgeschichtliche Dokumente Altbayerns, Bd. 2, 522-556; MÜLLER, Akademische Ausbildung zwischen Staat und Kirche, Teil 2, 456-474. – Ein „Nachtrag zum Lehrplane für die churpfalzbaierischen Mittelschulen" vom 12. November 1805 ist abgedruckt in: LURZ, Mittelschulgeschichtliche Dokumente Altbayerns, Bd. 2, 556-560.

[1007] BayHStA, GL Fasz. 2832/1450.

[1008] Der Kommission gehörten an: von Hertling, von Lippert, von Vacchiery und Bottschar; vgl. BayHStA, GL Fasz. 2832/1451.

nemlich Bodensizen, oder knien, Erscheinung in der Frühmesse, besondere Strafe, Composition, bei höhern Verbrechen arrest in einem besondern Zimmer und Dimmission oder Exclusion, auch die ehemals gewöhnlich gewesene Strafe der Ruthen, und einer öffentlichen Züchtigung wieder eingeführt [...] werden." In den oberen Klassen wären keine anderen Strafen als der Verweis, die Keuche[1009] und die Exklusion gewöhnlich. Die Kommission stellte den Antrag, die früher üblich gewesenen Geldstrafen wieder einzuführen, und zwar: „Für die Nichterscheinung bei einem Hochamt wären 4 Kreuzer, einer Predigt 2, einer Messe 2, einer Vesper 4, einer Congregation 4, einer Communion 15, einer öffentlichen Prozession 45, einer Lection 2 beim Rectorat zu bezahlen; als nächster Grad: öffentliche Ermahnung, dann Keuchen-Arrest und letzter Grad: Exclusio." Die Strafgelder könnten dazu verwendet werden, um das Einkommen des Pedells aufzubessern, der dafür angehalten werden sollte, dass er „in verbottenen Wirths- und Coffee-Schenken die liederlichen Studenten aufsuchen und anzeigen"[1010] könnte.

Am 15. September 1792 folgte ein Erlass der Schulkuratel weitgehend den Forderungen der Kommission vom 25. August 1792. Unter Punkt 5 wurde nach dem Willen des Kurfürsten bestimmt, „daß nebst den schon vorgeschriebenen Schulstrafen bei den Inferioristen die ehemals gewöhnlich gewesene Ruthen-Strafe, welche nöthigen Falls auch öffentlich zu geben ist, wieder eingeführt werde"[1011]. Der sechste Punkt behandelte die disziplinarischen Maßnahmen gegenüber Superioristen. „Haben Sr. Chl. Drtl. die üble Aufführung, Nachläßigkeit im Besuch des Gottesdiensts, der Congregation, und der Lectionen, dann den Ungehorsam gegen die Schulgeseze und besondere höchste Schulverordnungen von den Superioristen mißfällig vernommen, und Befehlen daher die Wiedereinführung der ehemal gewöhnlich gewesenen Geldstrafen."[1012] Sollten die Geldstrafen, die bis zu dreimal wiederholt werden durften, nicht den gewünschten Erfolg hervorbringen, „so ist der weitere Grad die öffentliche Ermahnung,

---

[1009] Mit „Keuche" wurde vorwiegend im bayerischen Sprachraum der Karzer bezeichnet; vgl. GRIMM, Art. Keiche, Keuche, in: DIES., Deutsches Wörterbuch, Bd. 5, 434.
[1010] BayHStA, GL Fasz. 2832/1451.
[1011] Weiter wurde diesbezüglich bestimmt: „Diese Züchtigungen sollen nebst oben berührten Schulstrafen mit Vorwissen des Rectors nach dem Verbrechen stuffenweis angewendet, dabei aber auf den moralischen Caracter des Fehlenden Rücksicht genommen, und die gehörige Mäßigung nie aus den Augen gelassen werden"; BayHStA, GL Fasz. 2832/1450.
[1012] Hierbei folgte die Schulkuratel den oben genannten Vorschlägen der Kommission, ergänzte aber die Geldstrafe: „für das Wegbleiben einer Beicht 15 Kreuzer"; BayHStA, GL Fasz. 2832/1450.

dann der Keuchen-Arrest, und endlich Dimissio oder gestalten Umständen Exclusio et Affixio ad Valvas publicas"[1013]. Der dritte oder halbe Teil der eingehenden Strafgelder sollte, wie es die Kommission bereits vorgeschlagen hatte, für den Pedell „und andere Kundschafter" verwendet werden, um Studenten in verbotenen Wirts- und Kaffeehäusern aufzuspüren. „Das Ueberbleibende aber hat der Rector pflichtmäßig und specificirendermassen für die fleißige, gehorsame und tugendhafte Studenten zu verwenden."[1014]

Im Seminar erhielten die Gymnasialschüler in den Studierzeiten, von denen nach der Tagesordnung drei vorgesehen waren, besondere Förderung.[1015] Bereits der Fundationsbrief von 1654 sprach davon, dass die Seminaristen „auf der öffentlichen Preisbühne [...] alljährlich sehr viele Preise erhalten"[1016] hätten. Die Ergebnisse der Studienförderung zeigten sich am Schuljahresende, wo die erreichten Preise verteilt und öffentlich bekannt gemacht wurden. Am Montag, den 7. September 1789 verteilten Lorenz von Westenrieder und Hofrat Joseph Gregor Engel[1017] im Rathaus Prämien an die Schulkinder, wobei Westenrieder bemerkte: „Ach ich las auf den Gesichtern vieler Kinder, dass der Augenblick, wo sie nach den[!] Prämium langten, der höchst vergnügte Augenblick ihres Lebens und die einzige Freude, die ihrem Leben beschert war, sey."[1018]

Die Preisverteilung vom 2. September 1799 fand im lateinischen Kongregationssaal des Gymnasiums statt. Hierbei hielt Rektor P. Benno Ortmann eine Rede über das Thema „Moralität gründete von jeher der Staaten Glück. Verdient sie nicht im öffentlichen Unterrichtssysteme einen vorzüglichen Rang? Warum, und wie soll sie erzielet werden?"[1019]

[1013] „Bey den übrigen Fehlern und Verbrechen aber hat es bei diesen eben angeführten stuffenweisen Strafen noch ferners wie bisher sein Verbleiben, jedoch wird von der Menschen-Kentnis des Rectors und sämtlicher Professorn erwartet, daß sie weder die gehörige Mäßigung und Bescheidenheit jemals aus den Augen verlieren, noch in nöthigen Fällen die Schärfe der Nachsicht aus was immer für einen Nebengrund irgendwo nachsetzen, und besonders den Umgang mit dem andern Geschlechte so viel möglich bei den Studenten verhindern werden"; BayHStA, GL Fasz. 2832/1450.
[1014] BayHStA, GL Fasz. 2832/1450.
[1015] Vgl. PUTZ, Domus Gregoriana, 122-127.
[1016] Zitat nach STUBENVOLL, Geschichte des Königl. Erziehungs-Institutes, 24.
[1017] Zu Joseph Gregor Engel (Engl) (1740-1816), der 1757 das Jesuitengymnasium in München absolvierte, vgl. BAUER, Der kurfürstliche geistliche Rat, 172, Anm. 23; KRAUS, Gymnasium der Jesuiten, 94; LEITSCHUH, Matrikeln III, 67.
[1018] Zitat nach STAHLEDER, Chronik der Stadt München, Bd. 3, 395.
[1019] Die Rede wurde gedruckt; vgl. Benno ORTMANN, Moralität gründete von jeher der Staaten Glück. Verdient sie nicht im öffentlichen Unterrichtssyseme einen vorzüglichen Rang? Warum, und wie soll sie erzielet werden? Einige Reflexionen abgelesen bey der festlichen Preiseverteilung auf dem lateinischen Congregationssaale den 2ten September 1799, München 1799.

Den Erfolg der Studienförderung in der Domus Gregoriana gibt folgende Auswertung der Preisträger von 1773/1774 bis 1801/1802 wieder[1020]:

Schuljahr	Preisträger insgesamt	Davon Seminaristen	Anteil in %
1773/1774	76	23	30,3 %
1774/1775	86	16[1021]	18,6 %
1775/1776	103	36	34,95 %
1776/1777[1022]	-	-	-
1777/1778	57	25[1023]	43,9 %
1778/1779	112	38[1024]	33,9 %
1779/1780	132	32[1025]	24,2 %
1780/1781	131	35[1026]	26,7 %
1781/1782	134	37	27,6 %
1782/1783	116	29	25 %
1783/1784	123	26	21,1 %
1784/1785	140	25[1027]	17,9 %
1785/1786	140	39[1028]	27,9 %

[1020] Als Grundlage dienten die veröffentlichen Schülerkataloge des genannten Zeitraums. Im Katalog des Schuljahres 1801/1802 wurden zum letzten Mal Preisträger genannt, daher endet die Tabelle mit diesem Schuljahr. Im Archiv des Studienseminars Albertinum findet sich der Band 22/2, der die „Praemiferi" und die „Accessores" von 1644 bis 1793 aufführt. Die Angaben von 1774-1793 weichen allerdings zum Teil von den Ergebnissen ab, die sich aus den Schülerkatalogen ermitteln lassen. Stubenvoll gibt die Liste der „Praemiferi" von 1644 bis 1793 wieder, die nicht immer mit dem Band der Preisträger übereinstimmt; vgl. StAM, Albertinum B 22/2; STUBENVOLL, Geschichte des Königl. Erziehungs-Institutes, 155-157.
[1021] Nach B 22/2 gab es 1774/1775 19 Preisträger, was einem Anteil von 22,1 % entsprechen würde; vgl. StAM, Albertinum B 22/2; STUBENVOLL, Geschichte des Königl. Erziehungs-Institutes, 157.
[1022] Für das Schuljahr 1776/1777 liegt leider kein gedruckter Schülerkatalog vor. Nach B 22/2 gab es in diesem Schuljahr 47 „Praemiferi" und 368 „Accessores"; vgl. StAM, Albertinum B 22/2.
[1023] In B 22/2 werden für dieses Schuljahr 32 Preisträger angegeben. Dies ergäbe einen Anteil von 56,1 %; vgl. StAM, Albertinum B 22/2; STUBENVOLL, Geschichte des Königl. Erziehungs-Institutes, 157.
[1024] Nach B 22/2 gab es 43 Preisträger, was einen Anteil von 38,4 % ausmachen würde; vgl. StAM, Albertinum B 22/2; STUBENVOLL, Geschichte des Königl. Erziehungs-Institutes, 157.
[1025] B 22/2 nannte im Schuljahr 1779/1780 33 Preisträger. Dies entspräche einem Anteil von 25 %; vgl. StAM, Albertinum B 22/2; STUBENVOLL, Geschichte des Königl. Erziehungs-Institutes, 157.
[1026] Die Liste in B 22/2 gab 36 Preisträger für das Schuljahr 1780/1781 an, was einen Anteil von 27,5 % betragen würde; StAM, Albertinum B 22/2; STUBENVOLL, Geschichte des Königl. Erziehungs-Institutes, 157.
[1027] B 22/2 gab für das Schuljahr 1784/1785 insgesamt 27 Seminaristen als Preisträger an, was einen Anteil von 19,3 % entspräche. Der Band nannte zusätzlich die Zahl von 91 Seminaristen, die das Gymnasium besuchten; vgl. StAM, Albertinum B 22/2; STUBENVOLL, Geschichte des Königl. Erziehungs-Institutes, 157.

1786/1787	143	42[1029]	29,4 %
1787/1788	141	35	24,8 %
1788/1789	139	50[1030]	35,97 %
1789/1790	149	42[1031]	28,2 %
1790/1791	147	53[1032]	36,1 %
1791/1792	163	40[1033]	24,5 %
1792/1793	171	46[1034]	26,9 %
1793/1794	150	39	26 %
1794/1795	151	41	27,2 %
1795/1796	149	24	16,1 %
1796/1797	149	22	14,8 %
1797/1798	153	46	30,1 %
1798/1799	153	47	30,7 %
1799/1800	160	20	12,5 %
1800/1801	160	15	9,4 %
1801/1802	172	14	8,1 %

Die Ergebnisse belegen, dass die Domus Gregoriana neben der musikalischen Ausbildung auch der wissenschaftlichen Förderung große Aufmerksamkeit schenkte. Im Durchschnitt wurden etwa ein Viertel (25,5 %) der verteilten Preise von Seminaristen erreicht. Herausragendstes Schuljahr war 1777/1778, indem die Gregorianer einen Anteil von 43,9 % erreichten. Die schwächsten Jahrgänge waren 1800/1801 (9,4 %) und 1801/1802 (8,1 %) mit einem Anteil von unter 10 %.

[1028] Während B 22/2 ebenso die Zahl von 39 Preisträgern angab, nennt Stubenvoll abweichend die Zahl von 37 Seminaristen; vgl. StAM, Albertinum B 22/2; STUBENVOLL, Geschichte des Königl. Erziehungs-Institutes, 157.

[1029] Auch B 22/2 nannte unter den Seminaristen 42 Preisträger, dagegen listet Stubenvoll die Zahl von 36 Preisträgern auf; vgl. StAM, Albertinum B 22/2; STUBENVOLL, Geschichte des Königl. Erziehungs-Institutes, 157.

[1030] B 22/2 bestätigte die Zahl von 50 Preisträgern, wohingegen Stubenvoll mit der Angabe von 42 Preisträgern abweicht; vgl. StAM, Albertinum B 22/2; STUBENVOLL, Geschichte des Königl. Erziehungs-Institutes, 157.

[1031] In B 22/2 wurden 41 Preisträger aufgelistet, was einem Anteil von 27,5 % entsprechen würde. Stubenvoll gibt die Zahl von 50 Preisträgern unter den Seminaristen an; vgl. StAM, Albertinum B 22/2; STUBENVOLL, Geschichte des Königl. Erziehungs-Institutes, 157.

[1032] In B 22/2 fehlt für das Schuljahr 1790/1791 eine Angabe der Preisträger. Stubenvoll gibt 41 Preisträger an; vgl. StAM, Albertinum B 22/2; STUBENVOLL, Geschichte des Königl. Erziehungs-Institutes, 157.

[1033] Auch für das Schuljahr 1791/1792 fehlt eine Nennung der Preisträger in B 22/2. Nach Stubenvoll gab es in diesem Schuljahr ebenfalls 40 Preisträger; vgl. StAM, Albertinum B 22/2; STUBENVOLL, Geschichte des Königl. Erziehungs-Institutes, 157.

[1034] B 22/2 gab die Zahl von 47 Preisträgern an. Dies würde einen Anteil von 27,5 % ausmachen; vgl. StAM, Albertinum B 22/2; STUBENVOLL, Geschichte des Königl. Erziehungs-Institutes, 157.

Die öffentlichen Preisverteilungen waren von den Jesuiten eingeführt worden und hatten zum Zweck, den Wetteifer unter den Schülern zu fördern. Ignatius hatte öfter von der „sancta aemulatio", vom „heiligen Wetteifer" gesprochen. Die Preisträger wurden durch schriftliche Arbeiten festgestellt.[1035] Nachdem die Preisträger öffentlich bekannt gegeben waren, wurden noch diejenigen genannt, die den Preisträgern am nächsten gekommen waren. Sie konnten ebenfalls kleine Preise erhalten. Die Namen der geehrten Schüler wurden am Ende des Schuljahres in einem gedruckten Verzeichnis veröffentlicht, so konnte sich ein breites Publikum von den Leistungen einzelner Schüler überzeugen.[1036] Die Schwächeren wurden dagegen nicht bekannt gemacht. Breitschuh nennt das von den Jesuiten verfolgte Prinzip: „Der Gute sollte öffentlich belohnt und herausgestellt werden; der Schwache auf diese Weise zwar angespornt, aber selbst keineswegs beschämt werden."[1037]

An die Preisträger wurden in der Regel Buchgeschenke verteilt. Im Schuljahr 1792/1793 sollte nach dem Willen des kurfürstlichen Generalstudiendirektoriums „von dem in unsern verdorbenen Zeiten so gemeinnüzig – und wahrhaft aufklärenden, durch den Herrn geistl. Rath Benedikt Stattler unter dem Titl: allgemeine katholisch-christlich-theoretische Religionslehre für die Nicht-Theologen unter den Studierenden etc. verfaßten Lehrbuch einige Praemien ausgetheilt werden"[1038]. Im folgenden Schuljahr 1793/1794 bestimmte das Generalstudiendirektorium das Werk des Professors Benedikt Poiger „De ingeniorum moderatione rebus philosophicis" unter den Preisträgern zu vergeben.[1039] Scheinbar gab es am Münchener Gymnasium bei den Preisverteilungen Unstimmigkeiten, da die besagte Schulbehörde „in Betref der Anzale der zu München vertheilenden

---

[1035] Die Ratio studiorum regelte in 13 „Leges Praemiorum" die Preisverteilung; vgl. BREITSCHUH, Benotung und Zeugnis, in: Handbuch der Geschichte des bayerischen Bildungswesens, Bd. 1, 504-515, hier 512; DUHR, Studienordnung der Gesellschaft Jesu, 232-234.

[1036] Vgl. Nomina literatorum (…), 1767-1773; Nomina eorum (…), 1774; Testimonium publicum (…), 1775-1778, 1782-1783; Verzeichniß derjenigen Studierenden (…), 1779-1781; Verzeichniß der Studenten (…), 1784-1793; Verzeichniß der Studi(e)renden (…), 1794-1802; Verzeichniß aller Studierenden (…), 1807.

[1037] BREITSCHUH, Benotung und Zeugnis, in: Handbuch der Geschichte des bayerischen Bildungswesens, Bd. 1, 504-515, hier 513f.

[1038] AEM, Nachlass Clemens Braun 90. – Das zweiteilige Werk des Exjesuiten Benedikt Stattlers erschien 1793 in München unter dem Titel „Auszug aus der Allgemeinen katholisch-christlichen theoretischen Religionslehre für die untern drey Schulen der pfalzbayerischen Gymnasien".

[1039] Das Schreiben vom 11. März 1794 in: AEM, Nachlass Clemens Braun 90. – Der vollständige Titel des Preisbuches lautet: Benedikt POIGER, De ingeniorum moderatione in rebus philosophicis. Theoremata ac problemata ex logica, metaphysica, philosophia religionis ac morum, nec non ex mathesi, München 1793. – Zur Person Poigers konnten keine biographischen Daten gefunden werden.

Prämien Stüken für iezt, und bis weiteres" verfügte, „daß a) in der ersten Grammatik 22 Prämien Stüke, in jeder der anderen 4 Klassen hingegen 24 Stüke vertheilt werden können; b) dem welschen Sprachlehrer werden für 2 Abtheilungen 4 Prämien Stüke – dem französischen Sprachlehrer für iede die 3 Abtheilungen 2 Stüke, sohin in allen 6 Stüke – dem englischen Sprachlehrer 1 Stük – dem Zeichnungslehrer für iede der 3 Abtheilungen 2 Stüke, in allen sechs – bewilligt"[1040].

Als Beispiel soll kurz auf das „Verzeichniß der Studenten, welche sich in dem churfürstlichen Schulhause zu München durch Talente, und Fleiß ausgezeichnet, und Preise erhalten haben, im Jahr 1791 den 1ten September" eingegangen werden.[1041] Zunächst wurden die Preisträger des mit dem Gymnasium verbindenden Lyzeums genannt. In der Theologie wurde ein Preis im Fach „Deutsches Staatskirchenrecht" an Georg Prößl verliehen. Anschließend fanden die fünfzehn nächststehenden Lyzeisten Aufzählung.

Weitere Preise wurden im Privatkirchenrecht, Dogmatik, Moral- und Pastoraltheologie, Kirchengeschichte und in der „Geistlichen Beredsamkeit" vergeben. In der Philosophie wurden Preise in den Fächern Physik, ökonomische Wissenschaften, höhere Mathematik, Naturgeschichte, Logik und Metaphysik, praktische Philosophie, Mathematik und noch einmal Naturgeschichte verteilt.[1042]

Dann folgten die Preisträger des Kurfürstlichen Gymnasiums, die klassenweise aufgezählt wurden. In der zweiten Rhetorikklasse wurden im jährlichen Fortgang drei Preise an fünf Schüler vergeben. Der erste Preis erging an Josef von Spekner (Speckner) und an den Seminaristen Jakob Biersak (Biersack). Den zweiten Preis teilten sich Nikolaus Seiz und der Seminarist Georg Wenig. Maximilian von Plank wurde mit dem dritten Preis geehrt. Es folgen in der Rangfolge die nächsten 22 Schüler.

In der Religion und Sittenlehre wurden zwei Preise vergeben, die zwei Seminaristen erlangen konnten. Der erste Preis erging an Georg Wenig, der zweite an Theodor Fremd. Dann wurden 26 weitere Schüler aufgelistet. Weiterhin folgten die Preisträger „Aus der Beredsamkeit in teutscher Sprache", „Aus der Beredsamkeit in der lateinischen Sprache", „Aus der epischen Dichtkunst in teutscher

---

[1040] Das Schreiben vom 14. März 1794 in: AEM, Nachlass Clemens Braun 90.
[1041] Die gedruckten Verzeichnisse der Preisträger sind eine wertvolle Quelle zur Ermittlung der Seminaristen. Wenn sie einen Preis erhalten hatten, oder in der weiteren Rangfolge als Schüler aufgeführt wurden, setzte man ihren Namen die Abkürzung und Bezeichnung „Sem." („sem.") bei. Lediglich schwache Seminaristen, die nie aufgezählt wurden, konnten nicht ermittelt werden.
[1042] Der Philosophiekurs erstreckte sich über zwei Jahre; vgl. Verordnung vom 30. August 1782, in: LURZ, Mittelschulgeschichtliche Dokumente Altbayerns, Bd. 2, 281.

Sprache", „Aus der epischen Dichtkunst in lateinischer Sprache", „Aus der dramatischen Dichtkunst", „Aus den schriftlichen Uebungen in griechischer Sprache", „Aus der Erdebeschreibung und Geschichte" und „Aus den mathematischen Gegenständen". Unter den insgesamt 25 vergebenen Preisen befanden sich immerhin 13 Seminaristen, was 52 % ergibt.

In der ersten Rhetorikklasse wurden vier Preise aus dem jährlichen Fortgang verliehen. Hier konnte der Seminarist Karl von Fischheim den vierten Preis erreichen. Aus der Klasse wurden dann die nächsten 23 Schüler aufgezählt, worunter sich sechs Seminaristen befanden (26,1 %). Bei den Seminaristen Lorenz Bergmayr und Franz Xaver Hueber findet sich noch jeweils die Anmerkung „Ward wegen anhaltender Krankheit verhindert".

Weitere Preise wurden in der Glaubens- und Sittenlehre, lateinische Gedichte, deutsche Gedichte, lateinischer Vortrag, deutscher Vortrag, griechische Übersetzung, Mathematik, Vaterlandsgeschichte, Weltgeschichte und Erdbeschreibung vergeben. Von 25 verteilten Preisen konnte nur Karl von Fischheim als Seminarist einen Preis erlangen (4 %).

Als nächstes folgten die Preisträger der dritten Grammatikklasse. Im jährlichen Fortgang wurden vier Preise an fünf Schüler verteilt. Der zweite Preis ging an den Seminaristen Augustin Ladurner.[1043] Unter den nächst folgenden 30 Schülern befanden sich 14 Seminaristen (46,7 %).[1044] „Aus der Religion und Sittenlehre", „Aus der teutschen Uebersetzung in das Lateinische", „Aus der lateinischen Uebersetzung in das Teutsche", „Aus der griechischen Uebersetzung", „Aus den lateinischen Versen", „Aus den deutschen Versen", „Aus dem lateinischen Briefe", „Aus der Erdebeschreibung und allgemeinen Weltgeschichte" und „Aus der Baierischen Geschichte, und den Anfangsgründen der Mathes" sind die weiteren Fächer, in denen insgesamt 27 Preisträger genannt werden, worunter sich 15 Seminaristen befanden (55,6 %).

Drei Preise im jährlichen Fortgang konnten fünf Schüler der zweiten Grammatikklasse erreichen. Den zweiten Preis teilten sich die Seminaristen Stefan Schwarz und Josef Weinzierl.[1045] In der Rangfolge der nächsten 24 Schüler befanden sich 14 Seminaristen (58,3 %). Weitere 26 Preisträger gab es in den Fä-

---

[1043] Den vierten Preis mussten sich der Seminarist Ignaz Hönig und Josef von Häfelin teilen.
[1044] Den 22. Platz teilten sich Josef Vögler und der Seminarist Johann Baptist Jaud. Bei Johann Baptist Schmid, der den 16. Rang einnahm, hieß es, dass er durch schwere und langwierige Krankheit in seinem Fortkommen gehindert worden sei.
[1045] Den dritten Preis teilten sich ebenfalls zwei Schüler, nämlich Andreas Riederauer und Josef Ham.

chern christliche Glaubenslehre, Sittenlehre, Übersetzung ins Lateinische, Übersetzung aus dem Lateinischen, griechische Sprache, allgemeine Weltgeschichte, vaterländische Geschichte, Erdbeschreibung und Rechenkunst. Hier waren neun Seminaristen erfolgreich vertreten (34,6 %).

In der ersten Grammatikklasse gab es im Jahresfortgang drei Preise für vier Schüler.[1046] Den ersten Preis errang der Seminarist Siegmund Baumgartner. Der dritte Preis ging an den Seminaristen Valentin Mair. In der Rangfolge der nächsten 30 Plätze ließen sich 14 Seminaristen ermitteln (46,7 %). Von 26 vergebenen Preisen wurden 50 % an Gregorianer verliehen.

Schließlich gab es Preise in den Fächern Italienisch, Französisch, Englisch und in der Zeichnungskunst. Hier waren die Seminaristen insgesamt eher selten vertreten. Es scheint, dass es sich um Wahlfächer handelte, die nicht zwingend besucht werden mussten. Unter 18 Preisträgern fanden sich lediglich zwei Seminaristen (11,1 %).[1047]

Der Erfolg der Studienförderung zeigte sich im Schuljahr 1790/1791 darin, dass sich unter 147 Preisträgern 53 Gregorianer befanden, was einen Anteil von 36,1 % ausmacht.

6.3. Die musikalische Ausbildung und Leistung von kirchenmusikalischen Diensten bis 1811

„His ipsis pauperibus haud multo post serenissimus Guilielmus V. utriusque Bavariae dux, singulis annis 40 florenos suo nomine numerari iussit. Postea vero, ubi fructum vidit, et hanc eleemosynam bene collocatam esse advertit, desiderans hac ratione acquirere copiam bonorum et eruditorum sacerdotum et laicorum, atque eadem opera maiestatem ac decorem templi Sancti Michaelis per eosdem cantando, et inserviendo ad aram, augere, et in perpetuum conservare, ultra pecuniam pro templi conservatione fundatam, quae intra amplam musicam suffectura non esset, patrum societatis Iesu supplicationibus impulsus initium dedit, horum pauperum adolescentum seminario [...]."[1048]

[1046] Mit dem zweiten Platz mussten sich die zwei Schüler Michael Gatterbauer und Anton Milberger begnügen.
[1047] Augustin Ladurner erhielt in Italienisch den ersten Preis und Andreas Hochmayr den zweiten Preis.
[1048] Zitat nach PUTZ, Domus Gregoriana, 332; vgl. auch STUBENVOLL, Geschichte des Königl. Erziehungs-Institutes, 21.

Die Stiftung Domus Gregoriana sollte also nicht nur tüchtige und gebildete Priester und Laien hervorbringen, sondern wurde auch mit dem Kirchenmusik- und Ministrantendienst in St. Michael verbunden.[1049] Dies war allgemein auch bei den Klosterseminaren der Fall, wo mit dem meist kostenfreien Besuch des Internats und der Klosterschule der kirchenmusikalische Dienst in der Stiftskirche verbunden war.[1050] Sepp schreibt in seiner Arbeit über das Augustiner-Chorherrenstift Weyarn, das für seine Musikpflege besonders bekannt war: „Die Grundvoraussetzung für die Entfaltung der klösterlichen Musikkultur war die enge Verbindung von Musik und Schulwesen. Musik war nicht nur in Weyarn, sondern auch an anderen Klosterseminaren und den jesuitischen Gymnasien ein Bestandteil der Bildungskonzeption und auch wesentliches Element der Elitenförderung."[1051]

Obwohl von Ignatius abgelehnt, der sich gegen feierliches Chorgebet und Gottesdienste mit Instrumentalmusik ausgesprochen hatte, wurde die Verbindung

---

[1049] Vgl. HÖRNER, SCHMID, SCHAEFER, HILEY, GOTTWALD, Art. München, in: MGG², Bd. 6, 582-613, hier 588-590; MÜNSTER, Das Wirken der Jesuiten für die Musik in München – Ein Überblick, in: RIEDEL (Hg.), Kirchenmusik zwischen Säkularisation und Restauration, 91-100; PUTZ, Domus Gregoriana, 135-137; [SCHAFHÄUTL], Eine topographisch-historisch-musikalische Erinnerung aus der Neuhausergasse vom Jahre 1574 bis 1884, in: Bayerischer Kurier, 28. Jg., Nr. 190, 1-3, Nr. 191, 1-3; SCHULZ, Die St. Michaels-Hofkirche in München, 70-80; STUBENVOLL, Geschichte des Königl. Erziehungs-Institutes, 171-208; URSPRUNG, Münchens musikalische Vergangenheit, 52-54, 100-112.

[1050] Bei den Prälatenorden wurden feierliches Chorgebet und musikalisch umrahmte Gottesdienste besonders gepflegt. Als ein Beispiel sei das Reichsstift der Prämonstratenser-Chorherren in Roggenburg genannt. Hier war mit der unentgeltlichen Aufnahme ins Klosterseminar der Chor- und Musikdienst in der Klosterkirche verpflichtend; vgl. die Bestimmungen der Schulordnung „Viertes Hauptstück. Von denjenigen, die die Musick erlernen", in: LEINSLE, Diurnus. Das Tagesordnungsbuch und die Schulordnung der Reichsabtei Roggenburg 1785 bis 1801, 195f. – Der Musikhistoriker Robert Münster weist darauf hin, dass „in den Klöstern zumeist vier bis sechs Knaben üblich waren, die den Sopran- und Altstimmen in den Vokalwerken zu übernehmen hatten". In der Prämonstratenserabtei Steingaden wurden dagegen acht Singknaben unterhalten; vgl. MÜNSTER, Verwehte Spuren des Musiklebens im Kloster Steingaden, in: Der Welf 1996/97, 292-298, hier 293. – Zur Kirchenmusik in ausgewählten bayerischen Klöstern vgl. MÜNSTER, Aus dem Rottenbucher Musikleben im 17. und 18. Jahrhundert, in: PÖRNBACHER (Hg.), 900 Jahre Rottenbuch, 128-144; DERS., Fragmente zu einer Musikgeschichte der Benediktinerabtei Tegernsee, in: StMBO 79 (1968), 66-91; DERS., Die Musik im Augustinerchorherrenstift Beuerberg von 1768 bis 1803 und der thematische Katalog des Chorherrn Alipius Seitz, in: Kirchenmusikalisches Jahrbuch 1970, 47-76; DERS., Musik im Kloster Andechs bis 1803, in: KLEMENZ (Hg.), Kloster Andechs, 71f.; DERS., Musik im Kloster Kaisheim/Kaisersheim, in: SCHIEDERMAIR, Kaisheim. Markt und Kloster, 172-185; DERS., P. Benno Grueber (1759-1796) und die Musik im Kloster Weltenburg in den letzten Jahrzehnten des 18. Jahrhunderts. – Zur Kirchenmusik bei den Augustiner-Chorherren vgl. MÜNSTER, Die Musikpflege in den Bayerischen Augustiner-Chorherrenstiften zur Barockzeit.

[1051] SEPP, Weyarn, 377. – Zur Musikpflege in Weyarn vgl. MÜNSTER, Art. Weyarn, in: MGG², Bd. 9, 2001-2003; SEPP, Die Musikpflege im Augustiner-Chorherrenstift Weyarn, in: ZBLG 65 (2002), 447-502.

von Erziehung und musikalischer Ausbildung zum Kennzeichen des jesuitischen Bildungswesens.[1052] Die Musik wurde als apostolisches Medium gedeutet und eingesetzt und der schichtenneutralen Elitenförderung untergeordnet. „Die Hinwendung des Ordens zum geistlichen Lied und Kirchenlied in der Volkssprache erfolgte dann aber derart intensiv, daß eine ganze Epoche des katholischen Kirchenliedes von Jesuitengesangbüchern geprägt wurde."[1053]

Zu nennen sind auch die jesuitischen Schuldramen, die einen wichtigen Bestandteil der Erziehungsarbeit darstellten und die nicht nur einfach mit Musik umrahmt wurden, sondern in denen „Musik klar und deutlich als apostolisches Medium erscheint"[1054]. So komponierten unter anderen Orlando di Lasso (um 1532-1594)[1055], Johann Kaspar Kerll (1627-1693)[1056] und Ercole Bernabei (1620/22-1687)[1057] die Musik zum Münchener Jesuitentheater.[1058]

[1052] Ignatius schrieb hierzu: „Wenn ich meinem Geschmack und der Neigung meines Herzens folgen würde, würde ich Chorgebet und Gesang in der Gesellschaft einführen; ich werde es aber nicht tun, weil ich erkenne, daß dies nicht der Wille Gottes ist [...]." Nach den Konstitutionen „ist das Ziel dieser Gesellschaft, sich nicht nur mit der göttlichen Gnade dem Heil und der Vollkommenheit der eigenen Seelen zu widmen, sondern sich mit derselben Gnade aus aller Kraft zu bemühen, zum Heil und zur Vollkommenheit der Seelen der Nächsten zu helfen"; beide Zitate in: DOPF, Musik und Kirchenlied in der Pastoral der Jesuiten, 369. – Nach dem apostolischen Schreiben vom 27. September 1540 sollte bei den Jesuiten „ein jeder privat und einzeln, nicht aber gemeinsam das Offizium nach dem Ritus der Kirche beten"; Satzungen der Gesellschaft Jesu und ergänzende Normen, 33. – Zur ursprünglichen Ablehung der Jesuiten gegenüber der Musik im Allgemeinen vgl. HUEBNER, HÜSCHEN, Art. Jesuiten, in: MGG², Bd. 4, 1460-1475, hier 1462; KOCH, Art. Chordienst, in: DERS., Jesuiten-Lexikon, 334-336.

[1053] DOPF, Musik und Kirchenlied in der Pastoral der Jesuiten, 370. – Dopf nennt hier einige Beispiele von Kirchengesangbüchern der Jesuiten wie das 1588 in Ingolstadt gedruckte, erste eigentliche Gesangbuch „Catholische Kirchengesang für die Jugend [...] besonders bei dem Catechismo etc.", oder „Cathol. Kirchengesänge vor und nach dem Katechismo" von 1596; vgl. DOPF, Musik und Kirchenlied in der Pastoral der Jesuiten, 370-376, hier 372; KOCH, Art. Kirchenlied, in: DERS., Jesuiten-Lexikon, 980-982; KOCH, Art. Musik u. Gesang, in: DERS., Jesuiten-Lexikon, 1257-1261. – Eine Übersicht der von den Jesuiten herausgegebenen Gesangbüchern in: HUEBNER, HÜSCHEN, Art. Jesuiten, in: MGG², Bd. 4, 1460-1475, hier 1470-1472.

[1054] DOPF, Musik und Kirchenlied in der Pastoral der Jesuiten, 381. – Bei den Jesuitendramen „sollte nicht nur ein Spektakel geboten werden, in dem die Schüler zeigen konnten, daß sie »gehen, reden, stehen« gelernt hätten, sondern nicht zuletzt war geistliche Erbauung, ja Erschütterung das Ziel der Darbietung. Sünde und Erlösung, Lohn und Strafe, Kampf zwischen Gut und Böse, Tugend und Laster – kurz, die Grundthemen der christlichen Lebensführung wurden in lebendiger Dramatik dargestellt"; DOPF, Musik und Kirchenlied in der Pastoral der Jesuiten, 380. – Zum jesuitischen Schultheater allgemein vgl. DUHR, Geschichte der Jesuiten, Bd. 1, 325-356; DUHR, Die Studienordnung der Gesellschaft Jesu, 136-148; KOCH, Art. Theater, in: DERS., Jesuiten-Lexikon, 1734-1744; KRAMMER, Bildungswesen und Gegenreformation, 196-224; MÜLLER, Das Jesuitendrama in den Ländern deutscher Zunge; SZAROTA, Das Jesuitendrama im deutschen Sprachgebiet, 4 Bde.; WIMMER, Jesuitentheater. Didaktik und Fest.

[1055] Zum großen Münchener Hofkapellmeister Orlando di Lasso (1532-1594) vgl. ADB, Bd. 18, 1-9; BOETTICHER, Orlando di Lasso. Studien zur Musikgeschichte Münchens im Zeitalter der Spätrenaissance, in: ZBLG 19 (1956), 459-533; BOSL, Bayerische Biographie, 466; BOSSUYT, SCHMID, Art. Lassus, Orlande de, in: MGG² P, Bd. 10, 1244-1306; DANLER, Orlando di Lasso oder der Aufstieg

Überhaupt waren musikalische Kenntnisse mitunter eine der Voraussetzungen eines Kandidaten zum Eintritt in ein Kloster.[1059] Die Domus Gregoriana wurde somit zu einer bedeutenden Ausbildungsstätte für den geistlichen Nachwuchs. Putz hat für die Zeit bis 1773 ermittelt, dass 61,6 % der Absolventen den geistlichen Stand wählten, wobei sich die Hälfte davon für den Eintritt in einen der vier Prälatenorden entschied.[1060] So zieht Putz die Folgerung: „Die Domus Gregoriana kann zu Recht als eine Vorbereitungsschule für diese Klöster [der Prälatenorden] gelten."[1061]

Abt Gilbert Michl[1062] von Steingaden schlug in seinem Gutachten zur Neustrukturierung des Prämonstratenserordens in Bayern von 1802 bezüglich der Aufnahme von Kandidaten in Klöstern vor: „Die erste Frage an den Kandidaten war immer, ob er eine Musik und was für eine er gelernt hätte. Der beste Student

---

Münchens zur europäischen Musikmetropole; GrBBE, Bd. 2, 1142; LEUCHTMANN, Art. Lasso, Orlando di, in: NDB, Bd. 13, 676-678; LEUCHTMANN, Orlando di Lassos Biographie – Rätsel und Fragen, in: ZBLG 37/1 (1974), 207-219; Orlando di Lasso. Musik der Renaissance am Münchner Fürstenhof. Ausstellung zum 450. Geburtstag; SANDBERG, Beiträge zur Geschichte der bayerischen Hofkapelle unter Orlando di Lasso, 3 Bde. – Das Studienseminar Albertinum ist sich der Tradition zu Orlando di Lasso bewusst. So trägt heute die ehemalige Seminarkapelle, die bei der Umwandlung des Internats in ein Tagesheim 1994 profaniert wurde und als Proberaum der Münchener Domsingschule dient, den Namen: „Orlando-di-Lasso-Saal". – Zur Verbindung Lassos und der Domus Gregoriana vgl. STUBENVOLL, Geschichte des Königl. Erziehungs-Institutes, 179f.

[1056] Über den Hofkapellmeister Kerll vgl. ADB, Bd. 15, 628f.; BOSL, Bayerische Biographie, 412f.; GrBBE, Bd. 2, 1006; RAMPE, ROCKSTROH, Art. Kerll, Kerl, Kherl, Kerle, Cherl, Gherl, Johann Caspar, Hanß Caspar, in: MGG² P, Bd. 10, 29-44.

[1057] Ercole Bernabei war seit 1674 als Hofkapellmeister in bayerischen Diensten; vgl. BOLLERT, Art. Bernabei, Ercole, in: NDB, Bd. 2, 101; BOSL, Bayerische Biographie, 63; GrBBE, Bd. 1, 153; HEINZEL, Art. Bernabei, Ercole, in: MGG² P, Bd. 2, 1359-1361.

[1058] Vgl. DOPF, Musik und Kirchenlied in der Pastoral der Jesuiten, 380f.; HUEBNER, HÜSCHEN, Art. Jesuiten, in: MGG², Bd. 4, 1460-1475, hier 1463-1466; der Artikel nennt zahlreiche Literaturhinweise zur Theatergeschichte bei den Jesuiten; vgl. ebda., 1474f.

[1059] Vgl. SEPP, Weyarn, 378.

[1060] Vgl. PUTZ, Domus Gregoriana, 160-204, hier 199.

[1061] PUTZ, Domus Gregoriana, 203.

[1062] Der Steingadener Prälat Gilbert Michl (1750-1828), der selbst komponierte, befand sich nach Robert Münster im Jahr 1764 am Jesuitengymnasium in München in der vorletzten Klasse (Humanitas B) unter seinem Taufnamen Franz Benno Michl. Robert Münster vermutet, dass sich Michl als Seminarist in der Domus Gregoriana befand, wo „dürfte der junge Michl eine gründliche Ausbildung in der Musik erhalten haben". Da Michl das Münchener Gymnasium nicht absolvierte, fehlt er bei Leitschuh und Putz. Wo er seine Schullaufbahn beendete, ist nicht bekannt. Michl trat 1772 als Novize in Steingaden ein, wo er den Namen Gilbert erhielt. 1786 wurde er zum letzten Abt Steingadens gewählt; vgl. BACKMUND, Professbücher oberbayerischer Prämonstratenserklöster. 2. Steingaden, 169; BÖSL, Gilbert Michl (1750-1828), der letzte Abt von Steingaden, in: DERS. (Hg.), Sankt Barbara Abensberg, 39-68; MÜLLER, Im Vorfeld der Säkularisation, 348; MÜNSTER, Verwehte Spuren des Musiklebens im Kloster Steingaden, in: Der Welf 1996/97, 292-298, hier 296-298; SCHEGLMANN, Säkularisation III/2, 393f.; STANGL, Der Musiker Gilbert Michl aus Abensberg, in: BÖSL (Hg.), Sankt Barbara Abensberg, 69-81.

ohne Musik mußte bisher dem besten Geiger ohne alle wissenschaftliche Kenntnis weichen. Künftig muß das Ding just umgekehrt gehen. Es ist besser, daß alle Musik aus dem Kloster verdammt werde und daß man dafür die Wissenschaft kultiviere, als daß man bei der göttlichsten Musik gestehen muß: Alle Köpfe wären übrigens sehr leer."[1063]

Musikunterricht wurde schon im 1552 von Ignatius in Rom gegründeten Collegium Germanicum, das zum Vorbild der jesuitischen Seminarien wurde, erteilt. Auch das Konzil von Trient wünschte im 18. Kapitel des Reformdekrets der 23. Sitzung vom 15. Juli 1563, dass die Seminaristen neben Grammatik, der kirchlichen Zeitrechnung und anderen Disziplinen der Schönen Künste auch den Gesang erlernen sollten.[1064] Daher war auch in der herzoglichen Stiftung Domus Gregoriana als „kleines Seminar", das den Jesuiten anvertraut wurde, die musikalische Ausbildung selbstverständlich.[1065] Der Fundationsbrief von 1654 schrieb für die Seminaristen unter Punkt 5 der „Leges alumnorum" vor: „Discant omnes non tantum musicam instrumentalem, et vocalem [...]."[1066]

Während bei der Weihe der St. Michaelskirche in München von 1591 Orlando di Lasso als Hofkapellmeister (1563-1594) auftrat und spätere Auftritte der Hofmusikkapelle folgten, so „ging Anfang des 17. Jahrhunderts der Einfluss der Hofmusikkapelle ständig zurück; die Aufgaben wurden nun mehr und mehr von der Domus Gregoriana übernommen."[1067]

Der berühmte englische Musikwissenschaftler Charles Burney (1726-1814) besuchte kurz vor der Aufhebung der Jesuiten im August 1772 die Stadt München. Seine Reiseerlebnisse veröffentlichte er in einem Tagebuch, das 1773 ins Deut-

---

[1063] Zitat nach MÜNSTER, Verwehte Spuren des Musiklebens im Kloster Steingaden, in: Der Welf 1996/97, 292-298, hier 297.

[1064] „Ut vero in eadem disciplina ecclesiastica commodius instituantur, tonsura statim atque habitu clericali semper utentur, grammatices, cantus, computi ecclesiastici aliarumque bonarum artium disciplinam discent [...]"; Conciciorum Oecumenicorum Decreta in: Dekrete der ökumenischen Konzilien, Bd. 3, 751.

[1065] So zählen von Huebner und Hüschen das „Collegium Gregorianum" in München zu den hervorragendsten Musikpflegestätten der Jesuiten; vgl. HUEBNER, HÜSCHEN, Art. Jesuiten, in: MGG², Bd. 4, 1460-1475, hier 1465. – Im genannten Artikel wird das falsche Gründungsjahr 1572 für die Domus Gregoriana genannt.

[1066] Zitat nach PUTZ, Domus Gregoriana, 334; vgl. auch STUBENVOLL, Geschichte des Königl. Erziehungs-Institutes, 30.

[1067] PUTZ, Domus Gregoriana, 136. – Die Hofkapelle trat nur noch zu besonderen Anlässen auf, doch „fand über die ganze Zeit hinweg allerdings ein Austausch von Musikern zwischen St. Michael und dem Hof statt"; ebda.

sche übersetzt wurde.[1068] Burney schrieb über seinen Aufenthalt in München: „Auf meiner Reise durch Deutschland hatte ich zum öftern in den Kirchen und auf den Gassen Sänger gefunden, die man immer als „arme Schüler" nannte, und ich konnte niemals ausfindig machen, wie und von wem solche in der Musik unterwiesen würden, bis ich hierher kam. Herr de Visme, welcher nicht aus der Acht ließ, wovon er glaubte, es könne zu meinem Zwecke irgendetwas beitragen, sagte mir, daß man im Jesuitencollegio eine Musikschule hätte. Dieses erregte meine Neugierde und ließ mich vermuten, daß es eine Art von Conservatorio sei; und nach genauerer Erkundigung ward ich gewahr, daß die „armen Schüler", die ich an vielen Orten Deutschlands hatte singen gehört, allemal da, wo die römisch-katholische Religion herrschte, ihren Unterricht im Jesuitencollegio empfingen, und ferner erfuhr ich, daß durchs ganze Reich in den Städten, wo die Jesuiten eine Kirche oder ein Collegium besitzen, junge Kinder auf Instrumenten und im Singen unterwiesen werden. Hier hat mancher Musikus den ersten Grund zu dem Ruhme gelegt, den er sich nachher erworben. Dies mag gewissermaßen die Menge von Musicis erklären, die man in Deutschland findet, und auch den Nationalgeschmack an der Musik und die starke Lust zu derselben."[1069] Ein Jesuit versprach ihm, einen Bericht von dieser Stiftung zu geben, den Burney einen Tag später erhielt.[1070]

Nach einem Opernbesuch gaben die Seminaristen ihm zu Ehren auf der Straße vor seiner Unterkunft noch ein Konzert. Am nächsten Tag „des Abends hörte ich abermals die „armen Schüler" in den Gassen verschiedene vollstimmige Stücke recht gut spielen. Sie hatten Violinen, Oboen, Waldhörner, ein Violoncell und ein Basson. Ich erfuhr, daß sie oft auf diese Art in den Gassen spielen müßten, um dem Publikum, auf dessen Kosten sie unterhalten werden, von ihrem Fleiße im Lernen Beweise zu geben."[1071]

Die Fundationsurkunde von 1654 gab bezüglich des Musikunterrichts in der Domus Gregoriana an: „Ut musicam discant, ultra eos qui ex alumnis sunt peritiores, et alios docere debent, constituti sunt pro salario, duo vel tres qui doceant

---

[1068] Charles BURNEY, Tagebuch einer musikalischen Reise durch Frankreich und Italien, durch Flandern, die Niederlande und am Rhein bis Wien, durch Böhmen, Sachsen, Brandenburg, Hamburg und Holland 1770-1772, 3 Bde. – Zu Burney (1726-1814) vgl. MAINKA, Art. Burney, Charles, in: MGG² P, Bd. 3, 1319-1326.
[1069] BURNEY, Tagebuch einer musikalischen Reise, 246.
[1070] Vielleicht könnte es sich bei dem Jesuiten um Inspektor Johann Evangelist Hueber (1767-1777) gehandelt haben.
[1071] BURNEY, Tagebuch einer musikalischen Reise, 248.

organum, unus qui doceat cornetti, flauti et fagotti, unus qui doceat tubas ductiles, unus vel duo qui doceant chelyn; ac denique qui instruat testudine unus."[1072] Der Musikunterricht wurde nicht nur von älteren Seminaristen, sondern zum Teil auch von Mitgliedern der Hofkapelle erteilt. So nannte Beda Stubenvoll für das letzte Drittel des 18. Jahrhunderts zum Beispiel die hervorragenden Namen Christian Cannabich[1073], Karl August Cannabich[1074], Josef Grätz[1075], Peter Lindpaintner[1076], Josef Schlett[1077] und Peter von Winter[1078], die mit dem Kurfürstlichen Seminar in Verbindung standen.[1079]

Namentlich fanden noch bis 1811 folgende Gesang- und Musiklehrer Erwähnung: der Hofmusiker Hafeneder (genannt 1802 bis 1814)[1080], Instruktor Koller (genannt 1802)[1081], der Hofkammersänger Johann Baptist Lasser (genannt 1801 bis 1805)[1082], der Singmeister Anton Joseph Lori (genannt 1776 bis 1797)[1083],

---

[1072] Zitat nach PUTZ, Domus Gregoriana, 335; vgl. auch STUBENVOLL, Geschichte des Königl. Erziehungs-Institutes, 35.

[1073] Zu Christian Cannabich (1731-1798) vgl. ADB, Bd. 3, 759f.; BOSL, Bayerische Biographie, 108; GrBBE, Bd. 1, 278f.; HÖRNER, Art. Cannabich, 2. (Johann) Christian (Innozenz Bonaventura), in: MGG² P, Bd. 4, 87-94; KOMMA, Art. Cannabich, Johann Christian Innocenz Bonaventura, in: NDB, Bd. 3, 125f.; LIPOWSKY, Baierisches Musik-Lexikon, 46f.

[1074] Zu Karl August Cannabich (1771-1806) vgl. ADB, Bd. 3, 760; BOSL, Bayerische Biographie, 108; GrBBE, Bd. 1, 278; HÖRNER, Art. Cannabich, 3. Carl August (Konrad), in: MGG² P, Bd. 4, 94-96; LIPOWSKY, Baierisches Musik-Lexikon, 47f.

[1075] Zum Hofklaviermeister Joseph Grätz (1760-1826) vgl. ADB, Bd. 9, 602f.; GMEINWIESER, Art. Graetz, Grätz, Gratz, Joseph, in: MGG² P, Bd. 7, 1457f.; GrBBE, Bd. 1, 676; LIPOWSKY, Baierisches Musik-Lexikon, 98f.

[1076] Zu Peter Joseph von Lindpaintner (1791-1856) vgl. ADB, Bd. 18, 706-708; BAUR, Art. Lindpaintner, Peter Joseph (von), in: MGG² P, Bd. 11, 163-166; BOSL, Bayerische Biographie, 482; GrBBE, Bd. 2, 1188; MILLER, Art. Lindpaintner, Peter Joseph v., in: NDB, Bd. 14, 614-616.

[1077] Zum Sprach- und Orgellehrer Joseph Schlett (Schlött) (1763-1836), der von 1792-1794 als Musiklehrer genannt wurde, vgl. BayHStA, GL Fasz. 2698/484; StAM, Albertinum B 50; BOSL, Bayerische Biographie (Ergänzungsband), 147; GrBBE, Bd. 3, 1730; LIPOWSKY, Baierisches Musik-Lexikon, 309f.

[1078] Zu Peter von Winter (1754-1825), der von 1798-1825 Kapellmeister der Hofkapelle war, vgl. ADB, Bd. 43, 470-474; HUFNAGEL, Berühmte Tote, 46; WÜRZ, Art. Winter, Peter (von), in: MGG¹, Bd. 14, 714-720.

[1079] Stubenvoll bleibt allerdings die Belege schuldig; vgl. STUBENVOLL, Geschichte des Königl. Erziehungs-Institutes, 206.

[1080] Hofmusiker Hafeneder unterrichtete in Klavier- und Orgelspiel; vgl. BayHStA, GL Fasz. 2835/1483; STUBENVOLL, Geschichte des Königl. Erziehungs-Institutes, 418.

[1081] Vgl. BayHStA, GL Fasz. 2835/1483.

[1082] Lasser veröffentliche 1798 das Werk „Vollständige Anleitung zur Singkunst". – Zu Johann Baptist Lasser (1751-1805), der Singunterricht gab und hierzu von höchster Stelle beauftragt war, vgl. BayHStA, GL Fasz. 2835/1483; ADB, Bd. 17, 790; BOISITS, Art. Lasser, Johann Baptist, in: MGG² P, Bd. 10, 1240-1242; BOSL, Bayerische Biographie, 466; GrBBE, Bd. 2, 1141; STUBENVOLL, Geschichte des Königl. Erziehungs-Institutes, 418.

[1083] Zu Anton Joseph Lori (Lory) (* 1748), der 1765 Absolvent des Münchener Jesuitengymnasiums war, vgl. BayHStA, GL Fasz. 2698/484; StAM, Albertinum B 50; LEITSCHUH, Matrikeln III, 106.

der Hofsänger Benedikt Emmanuel Schack (genannt 1806 bis 1807)[1084], der Advokat Dr. Philipp Jakob Sengel (genannt 1802 bis 1823)[1085], der Bassist Strobl (genannt 1780/1781)[1086], der Stadtmusiker Taubmann (genannt 1802)[1087], der Hofmusiker Tresseli (genannt 1801 bis 1812)[1088], der Hoftenorsänger Augustin Unhoch (genannt 1805 bis 1812)[1089] und der Hofsänger Johann Evangelist Valesi[1090]. In einem Verzeichnis aus der Zeit um 1800 wurden neben den bereits erwähnten Herren Koller, Lory, Schlett und Tresseli noch die Namen Polz, Hirschvogl und Zoller als Musikinstruktoren aufgeführt.[1091]

Was die Besoldung der Musikinstruktoren betraf, erhielten nach der Ausgabensliste vom Rechnungsjahr 1781/1782 drei Instruktoren ein Jahresgehalt von je 24 fl. und der Lehrmeister 60 fl.[1092] Im Jahre 1804 wurden neben dem Singmeister Johann Baptist Lasser fünf Musiklehrer zu je 24 fl. Gehalt unterhalten.[1093]

Hofsänger Johann Baptist Lasser, der um 1800 bis zu seinem Tod im Jahr 1805 die Singmeisterstelle im Seminar besetzt hatte, erhielt eine Gehaltszulage von jährlich 300 fl. Von ihm wurde berichtet, dass er „die Zöglinge in der Singkunst mit restlosem Eifer und der pünktlichen Ordnungsliebe unterrichtet hat". Nach seinem Tod wurde ein Nachfolger aus der Hofkapelle gesucht, der sowohl in musikalischer als auch sittlicher Hinsicht eine bewährte Person sein sollte. Zudem sollte er „auch die bei den Opern dienenden Seminaristen jedes Mal unter

---

[1084] Zu Benedikt Schack (1758-1826), der dem Ruf des Hofmusik- und Theaterintendanten Joseph Graf von Seeau nach München gefolgt war und 1796 am Hoftheater angestellt wurde, vgl. BayHStA, GL Fasz. 2697/477; 2700/494; StAM, RA Fasz. 755/13062; ADB, Bd. 30, 486-489; BRANSCOMBE, Art. Schack, Benedikt, in: MGG² P, Bd. 14, 1155-1157; GrBBE, Bd. 3, 1692; LIPOWSKY, Baierisches Musik-Lexikon, 297-302.
[1085] Zu Sengel vgl. BayHStA, GL Fasz. 2835/1483; STUBENVOLL, Geschichte des Königl. Erziehungs-Institutes, 418.
[1086] Vgl. BayHStA, GL Fasz. 2831/1443.
[1087] Stadtmusiker Daubmann (Taubmann) unterrichtete abwechselnd in Violine und Oboe; vgl. BayHStA, GL Fasz. 2835/1483.
[1088] Tresseli (Dreseely, Tresselli) gab Unterricht in Waldhorn und Violon; vgl. BayHStA, GL Fasz. 2835/1483; StAM, Albertinum B 50; STUBENVOLL, Geschichte des Königl. Erziehungs-Institutes, 418.
[1089] Zu Augustin Unhoch vgl. StAM, RA Fasz. 755/13062; STUBENVOLL, Geschichte des Königl. Erziehungs-Institutes, 418.
[1090] Eigentlich Johann Evangelist Walleshauser (Wallishauser) (1735-1816). – Zu seiner Person vgl. GrBBE, Bd. 3, 2000; KÜHNER, Art. Valesi (eigentlich Wallishauser), Johann Evangelist, in: MGG¹, Bd. 13, 1237; LIPOWSKY, Baierisches Musik-Lexikon, 367-372.
[1091] Vgl. StAM, Albertinum B 50.
[1092] Vgl. BayHStA, GL Fasz. 2696/476.
[1093] Vgl. BayHStA, GL Fasz. 2697/477.

seine persönliche Aufsicht nehmen und so manchen der Moralität der Jugend nachtheiligen Unfug verhüten [...]"[1094].

Die Musikdirektion des Kurfürstlichen Seminars übernahmen in der Regel die Präfekten. Von diesen waren namentlich Franz von Paula Ehrenhofer (Präfekt 1779-1797) und Johann Baptist Schmid (1797-1804) zugleich für die Kirchenmusik in St. Michael verantwortlich.

Der Bassist Anton Joseph Lori (Lory) hatte für seine Dienste als Musikinstruktor über mehrere Jahre hinweg eine jährliche Vergütung von 50 fl. erhalten. 1776 berichtete Inspektor Hueber, dass „er aber bereits von 3 Jahren her nicht anders als um 60 f. und täglich Trunk diese Instruction auf sich nehmen wollte, und kein anderer tauglicher Instructor konnte aufgebracht werden, mußte man sich von Seite des Seminarium gleichwohl gefallen lassen, demselben zuzusagen, was er verlangte". Nun verlangte Lori täglich zusätzlich eine zweite Maß Bier. „Ich durfte es nicht abschlagen, aus Furcht, er möchte etwan die Instruction nicht fleissig versehen, oder gar aufgeben; obwohl ich glaubte, es wäre gar zu viel, und übertrieben."[1095] Die Fundationsgüterdeputation untersagte allerdings die Abgabe der zweiten Maß Bier am 1. März 1776.[1096]

Im Jahre 1792 stellte Inspektor D. Anton Acher den Antrag, das Gehalt des Instruktors Anton Joseph Lori zu kürzen. Acher berechnete, dass das Haus jährlich 86 Gulden für ihn aufbringen müsste, und zwar 60 fl. für seinen Instruktionsdienst, 20 fl. für die tägliche Maß Bier und 6 fl. für ein tägliches Stück Weißbrot. Der Inspektor hielt diese Summe für zu hoch, da Lori im ganzen Jahr von den vorgesehenen 100 Dienststunden kaum mehr als 86 Stunden instruierte und so die Stunde auf einen Gulden käme, „daß nicht leicht ein Instructor in was immer für einer Wissenschaft erhält"[1097]. Die anderen Instruktoren erhielten lediglich ein Gehalt von 24 fl.[1098] Acher sei durch die enge finanzielle Lage des Seminars gezwungen, harte Einsparungen vorzunehmen. Er würde einen anderen Konzertsänger kennen, der sich bereit erklärt hätte, die Seminaristen im Ge-

---

[1094] BayHStA, GL Fasz. 2697/477; Schreiben vom 7. November 1805.
[1095] Das Schreiben vom 22. Februar 1776 in: BayHStA, GL Fasz. 2698/484.
[1096] Vgl. BayHStA, GL Fasz. 2698/484.
[1097] BayHStA, GL Fasz. 2698/484. – So gab Anton Acher an, dass Lori z. B. die Stunden an den abgeschafften Feiertagen ausfallen liese. Dazu fielen auch an den Tagen, an denen er vormittags einen kirchenmusikalischen Dienst geleistet hatte, die Stunden aus; vgl. ebda.
[1098] Warum Lori bisher ein so hohes Gehalt erhalten hatte, sah Acher im Ansehen seiner Person begründet: „Sein Nahm Lory hat ihm in ehemaligen Zeiten geholfen so ein großes Gehalt zu erhalten, ohne diesem Nahme würde Er es nie erhalten haben"; BayHStA, GL Fasz. 2698/484.

sang zu unterrichten. Dieser verlangte für die Stunde 30 kr., was im Jahr etwa 48 fl. ausmachen würde. Acher schlug vor, Lori das Angebot zu machen, dass, wenn er noch weiter als Instruktor tätig sein wollte, für jede Stunde 30 kr. erhalten sollte. Dies wäre zugleich ein Ansporn, zu den vorgesehenen Musikstunden zu kommen.[1099] Die Schulkuratel verfügte am 29. Dezember 1792, dass Acher mit Lori einen schriftlichen Kontrakt schließen sollte, „welches in Zukunft bei allem dergleichen Musik-Instruktoren zu beobachten ist", wonach er für jede Instruktionsstunde 30 Kreuzer erhalten sollte. „Wann titl. Lori mit diesem Gehalt zufrieden ist: so soll es dabei verbleiben – im entgegengesetzten Fall aber hat der Inspector einen andern tauglichen Unterweiser um den nemlichen Sold aufzunehmen, sofort sich hiernach in ein oder andern gehörig zu achten."[1100]
Am 28. Februar 1793 berichtete Acher an die Schulkuratel, dass Lori auf das Angebot hin seinen Dienst aufgeben wollte. Er hätte aber nun zu Schulrektor D. Albert Kirchmayr gesagt, dass „er zum Instruieren bis zu Ausgange des Proceßes kommen werde". So wäre er auch die letzten drei Tage zum Unterricht ins Seminar gekommen. „Aber geweigert hat Er sich gestern, der gnädigsten Weisung gemäß vom 29 Decbr. 1792 zu unterschreiben, das Er um diesen Gehalt instruieren wölle. Also hat Er Process im Kopfe, oder Schleichweege zu seinem alten Gehalte zu gelangen." Acher sprach sich dafür aus, es bei dem Angebot von 30 kr. die Stunde zu belassen und fügte zum Ende noch hinzu, dass Lori von Seiten der Schulkuratel für sein Fehlverhalten gemaßregelt werden sollte, nämlich: „Er solle in der Kirche seyn lassen das fürlesen der Zeitungen, und das Diskutieren hierüber mit den Studenten, Er solle wenigst bey der Wandlung in der Messe ein Zeichen der Religion von sich geben, und Gott anbethen. Denn wie kann mein Ermahnen bey den Studenten fruchten, da immer andere mit bösen Beyspielen sie verführen."[1101] Anton Joseph Lori willigte schließlich ein, sich weiter mit 30 kr. pro Stunde Musikunterricht zufrieden zu geben.[1102]
Im Lauf der Zeit wurden die kirchenmusikalischen Auftritte erweitert durch die Dienste in der Herzogspitalkirche St. Elisabeth[1103], im Bürgersaal[1104] und in der

---

[1099] Vgl. BayHStA, GL Fasz. 2698/484.
[1100] BayHStA, GL Fasz. 2698/484.
[1101] BayHStA, GL Fasz. 2698/484. – Die Schulkuratel sandte am 16. März 1793 eine entsprechende Weisung an Propst Welfinger (Wölfinger) von der Malteserordenskirche, „damit selber zu Hebung dießes Unfugs die nöthigen Maaßregeln nehmen möge"; ebda.
[1102] Vgl. BayHStA, GL Fasz. 2696/475; Schreiben vom 6. April 1793.
[1103] Nach Stubenvoll hatte die Domus Gregoriana seit Mitte des 17. Jahrhunderts Musikdienste in der Herzogspitalkirche St. Elisabeth übernommen; vgl. STUBENVOLL, Geschichte des Königl. Erziehungs-

Damenstiftskirche[1105]. Später kamen musikalische Dienste, die vor allem durch die Hofkapellknaben geleistet wurden, in der Hofkapelle und im Hoftheater hinzu.[1106]

Inspektor D. Frigdian Greinwald regelte in seiner Amtszeit die kirchenmusikalischen Verpflichtungen zum Teil neu. Am 12. Januar 1787 wurde zwischen dem hohen Damenstift und dem Kurfürstlichen Seminar die Vereinbarung getroffen, dass das Seminar in der Damenstiftskirche St. Anna an allen Sonn- und Feiertagen „den Chor beym gewöhnlichen Hochamte um Zehen Uhr mit der Orgl und dem deutschen Messgesange, auch zehen bis zwölf male, den ungefähr vier Lytaneyen des Jahrs mit Instrumentalmusik nicht nur von einem zahlreichen Musikpersonal versehen zu lassen, sondern auch die Instrumente, Musikalien und Saiten, ohne Damenstiftlichem Entgelt, bloß gegen eine auf Sechzig Gulden für jedes Jahr bestimmte Belohnung selbst beyzuschaffen"[1107]. Sollte aber eine fei-

---

Institutes, 191. – Zur Geschichte des Herzogspitals und seiner Kirche vgl. FORSTER, Das gottselige München, 619-652; MAYER, WESTERMAYER, Statistische Beschreibung, Bd. 2, 322-334; NOCK, Geschichte und Andachten der Königlichen Herzogspital-Hofkirche in München; SCHWAIGER, München – eine geistliche Stadt, in: DERS. (Hg.), Monachium sacrum, Bd. 1, 1-289, hier 162f. (Abbildung Nr. 47), 175-178; STEINER, Altmünchner Gnadenstätten, 30-34; WALTER, Herzogspitalkirche München.

[1104] In der 1709/1710 nach Plänen von Giovanni Antonio Viscardi (1645-1713) erbauten Bürgersaalkirche war die im Jahre 1610 gegründete deutsche Marianische Kongregation der Herren und Bürger, die sich den Namen „Mariä Verkündigung" gab, ansässig. Seit wann das Kurfürstliche Seminar hier Musikdienste zu leisten hatte, ist nicht bekannt; vgl. BRAUN, Die Kirchenbauten der deutschen Jesuiten, Teil 2, 372-376; FORSTER, Das gottselige München, 119-143; MAYER, WESTERMAYER, Statistische Beschreibung, Bd. 2, 227-235;

[1105] Zur Damenstiftskirche St. Anna und zum kirchenmusikalischen Dienst des Kurfürstlichen Seminars in dieser siehe weiter unten.

[1106] Zu diesen Musikdiensten siehe weiter unten.

[1107] BayHStA, GL Fasz. 2698/484; StAM, Albertinum A 75. – Das Münchener Damenstift St. Anna wurde von der Witwe des Kurfürsten Max III. Joseph, Maria Anna Sophia von Sachsen (1728-1797), laut Urkunde vom 16. Dezember 1783 mit einem Kapital von 220000 fl. dotiert. Das Damenstift und der gestiftete St.-Anna-Orden sollten zur Versorgung des unverheirateten weiblichen Adels dienen. Daher wurden die Salesianerinnen, die seit 1667 in München ansässig waren, in das durch päpstliches Breve vom 27. Dezember 1783 aufgehobene Augustiner-Chorherrenstift Indersdorf 1784 versetzt. Die Kurfürstin Henriette Adelaide von Savoyen (1636-1676), die Gemahlin des Kurfürsten Ferdinand Maria, hatte mit der Bulle des Papstes Alexander VII. vom 24. März 1667 die Erlaubnis erhalten, Salesianerinnen von Norditalien nach Bayern zu holen, um sich der Erziehung junger Mädchen zu widmen. München war damit die erste Niederlassung des Ordens in Deutschland. Die Salesianerinnen überstanden die Säkularisation aufgrund ihrer hervorragenden Musterschule für Mädchen. Die protestantische Kurfürstin und spätere Königin von Bayern, Caroline Friederike Wilhelmine von Baden (1776-1841), versicherte gegenüber den Salesinanerinnen in einem Schreiben vom 6. März 1802 den Verbleib in Indersdorf. 1831 siedelte der Orden schließlich nach Dietramszell über. Zur weiteren Dotation des Damenstiftes sollte das ebenfalls 1783 aufgehobene Prämonstratenserkloster Osterhofen dienen. Die feierliche Eröffnung des Damenstiftes erfolgte vom 13. bis 16. Januar 1785 mit der Aufnahme von zehn Stiftsdamen. Am 18. Februar 1802 wurde das gemeinsame Leben im Damenstift St. Anna aufgehoben; vgl. BACKMUND, Chorherrenorden, 95, 178f.; [BRENTANO], Kurze Geschichte des

erlichere Musik mit Trompeten und Pauken gewünscht werden, so verlangte das Seminar für jedes Hochamt oder Litanei eine Aufwandsentschädigung von zwei Gulden. Dabei wurde noch einmal festgehalten, „daß sonderheitlich der gemeine Gottesdienst mit dem deutschen Kirchengesange allzeit wohl besezt seyn, und dabey getrachtet werden soll, nach und nach das Volk zum Mitsingen zu bewegen, damit zu noch größerer Erbauung das Lobgottes nicht nur auf dem Chor, sondern auch unten in der Kirche aus allen Kehlen ertöne"[1108]. Der Kurfürst Karl Theodor erteilte hierzu am 9. Februar 1787 seine Genehmigung und erlaubte „den Gebrauch der Trompeten und Pauken in obiger Damenstiftskirche gleich anderen"[1109].

Ordens von der Heimsuchung Mariä – genannt Salesianerinnen – in Bayern, von seiner ersten Niederlassung bis heute; FORSTER, Das gottselige München, 578-594; HEHBERGER (Hg.), Kloster Dietramszell. Schwestern von der Heimsuchung Mariä (Visitation), 71-79; HEIM, Ferdinand Maria. Die italienische Hochzeit, in: SCHMID, WEIGAND (Hg.), Die Herrscher Bayerns, 218-230; Kleine Geschichte und kurze Beschreibung der St. Anna-Damenstiftskirche in München anläßlich der Restaurierung im Jahre 1903; KNUSSERT, Orden. Ehren- und Verdienst-Zeichen. Denk- und Dienstalters-Zeichen in Bayern, 181-217; MAYER, WESTERMAYER, Statistische Beschreibung, Bd. 2, 339-346; SCHWAIGER, München – eine geistliche Stadt, in: DERS. (Hg.), Monachium sacrum, Bd. 1, 1-289, hier 144f.; STADL, Der Orden in Bayern: München 1667-1784. – Zum Orden der Salesianerinnen, der auch Orden von der Heimsuchung Marias oder Visitantinnen (Ordo de Visitatione BMV) genannt wird, vgl. BAUERREIß, Kirchengeschichte Bayerns, Bd. 7, 27-29; DENZLER, ANDRESEN, Art. Salesianerinnen, in: DIES., dtv-Wörterbuch der Kirchengeschichte, 534; FRANK, Art. Salesinarinnen, in: LThK³, Bd. 8, 14; HEHBERGER (Hg.), Kloster Dietramszell. Schwestern von der Heimsuchung Mariä (Visitation); HEIM, Art. Salesianerinnen, in: DERS., Kleines Lexikon der Kirchengeschichte, 396; [BRENTANO], Kurze Geschichte des Ordens von der Heimsuchung Mariä genannt Salesianerinnen in Bayern, von seiner ersten Niederlassung in München bis heute; SCHWAIGER, Salesianerinnen, in: DERS. (Hg.), Mönchtum, Orden, Klöster, 403; STADL, Die Kunsttätigkeit der Salesianerinnen im deutschsprachigen Raum; STADL, Der Orden in Bayern. München 1667-1784, in: HEHBERGER (Hg.), Kloster Dietramszell. Schwestern von der Heimsuchung Mariä (Visitation), 47-64. – Zur Ordensgründerin Jeanne-Françoise de Chantal (1572-1641) vgl. HENZE, Art. Chantal, Jeanne-Françoise Frémy[i]ot de, in: LThK³, Bd. 2, 1005f.; STÜBINGER, Art. Chantal, Jeanne-Françoise de, in: HEIM (Hg.), Theologen, Ketzer, Heilige, 88f. – Allgemein zur Geschichte der adligen Damenstifte vgl. ANDERMANN, Geistliches Leben und standesgemäßes Auskommen. Adlige Damenstifte in Vergangenheit und Gegenwart.
[1108] BayHStA, GL Fasz. 2698/484; StAM, Albertinum A 75. – Der Vertrag sah vor, den kirchenmusikalischen Dienst auch an abgewürdigten Feiertagen zu halten. Kurfürst Maximilian III. Joseph hatte mit päpstlicher Erlaubnis 1772 zwanzig kirchliche Feiertage aufgehoben; vgl. BRITTINGER, Die bayerische Verwaltung und das volksfromme Brauchtum im Zeitalter der Aufklärung, 49-66; STAHLEDER, Chronik der Stadt München, Bd. 3, 301f. – Für das Damenstift unterschrieb Joseph Ignaz Freiherr von Leyden als Oberanwalt. – Zu seiner Person vgl. GIGL, Zentralbehörden, 74f.
[1109] BayHStA, GL Fasz. 2698/484. – Zu bemerken ist, dass durch die Enzyklika „Annus qui" des Papstes Benedikt XIV. (1740-1758) vom 19. Februar 1749, die nach Fellerer „der Kirchenmusik bis zur Klassik die liturgische Grundlage gegeben hat", der Gebrauch von Pauken und Trompeten in der Liturgie verboten war; vgl. FELLERER, Die Enzyklika „Annus qui" des Papstes Benedikt XIV., in: DERS. (Hg.), Geschichte der katholischen Kirchenmusik, Bd. 2, 149-152. – Zu Papst Benedikt XIV. vgl. SCHWAIGER, Art. Benedikt XIV., in: LThK³, Bd. 2, 209; SCHWAIGER, Art. Benedikt XIV., in: TRE, Bd. 5, 531-533; SCHWAIGER, Art. Benedikt XIV. in: HEIM (Hg.), Theologen, Ketzer, Heilige, 55f.;

Der Kontrakt ist ein Beispiel für das Mitwirken der Domus Gregoriana bei der Einführung des deutschen Messgesangs in der Zeit der Katholischen Aufklärung in München.[1110] Bereits im Jahre 1777 veröffentlichte Johann Franz Seraph Kohlbrenner[1111] das so genannte „Landshuter Gesangbuch" unter dem Titel „Der heilige Gesang zum Gottesdienste", zu dem der Augustiner-Chorherr Norbert Hauner (1743-1827)[1112] von Herrenchiemsee zahlreiche Melodien komponierte.[1113] Durch landesherrliche Verordnung vom 20. Juni 1782 war der deutsche Kirchengesang offiziell durch den Kurfürsten erlaubt worden.[1114]

SCHWAIGER, HEIM, Art. Benedikt XIV., in: DIES., Kleines Lexikon der Päpste, 32f.; SEPPELT, SCHWAIGER, Geschichte der Päpste, 355-359.

[1110] Zur Geschichte der Kirchenmusik im Zeitalter der Katholischen Aufklärung bzw. des 18. Jahrhunderts allgemein vgl. AURBACHER, Zur Geschichte des deutschen katholischen Kirchenliedes, in: Katholische Literaturzeitung 19 (1828), 345-360; BAUERREIß, Kirchengeschichte Bayerns, Bd. 7, 337-343; BECK, Die Musik des liturgischen Gottesdienstes im 18. Jahrhundert (Messe, Offizium), in: FELLERER (Hg.), Geschichte der katholischen Kirchenmusik, Bd. 2, 180-189; BÜCKEN, Die Musik des Rokokos und der Klassik; DAHLHAUS, FINSCHER, Die Musik des 18. Jahrhunderts; DAMMANN, Der Musikbegriff im deutschen Barock; FELLERER, Die Enzyklika „Annus qui" des Papstes Benedikt XIV., in: DERS. (Hg.), Geschichte der katholischen Kirchenmusik, Bd. 2, 149-152; FELLERER, Kirchenmusik und Aufklärung, in: DERS. (Hg.), Geschichte der katholischen Kirchenmusik, Bd. 2, 198-201; HABERL, Repräsentations- und Gebetsgottesdienst im 18. Jahrhundert, in: FELLERER (Hg.), Geschichte der katholischen Kirchenmusik, Bd. 2, 153-165; HÄRTING, Das Kirchenlied unter dem Einfluß der kirchlichen Aufklärung, in: FELLERER (Hg.), Geschichte der katholischen Kirchenmusik, Bd. 2, 173-175; UNVERRICHT, Die orchesterbegleitete Kirchenmusik von den Neapolitanern bis Schubert, in: FELLERER (Hg.), Geschichte der katholischen Kirchenmusik, Bd. 2, 157-172; URSPRUNG, Die katholische Kirchenmusik, 255-261; WAGNER, Der Reform-Choral im 18. Jahrhundert, in: FELLERER (Hg.), Geschichte der katholischen Kirchenmusik, Bd. 2, 176-179.

[1111] Zur Person Kohlbrenners (1728-1783) vgl. ADB, Bd. 16, 431f.; Bayerische Bibliothek, Bd. 3, 1226f.; BOSL, Bayerische Biographie, 437; WESTENRIEDER, Leben des Johann Franz Seraph edlen von Kohlbrenner, kurfürstl. wirkl. Hofkammer-, Mauth- & Commercienraths in Baiern.

[1112] Zu Hauner vgl. BAUERREIß, Kirchengeschichte Bayerns, Bd. 7, 343; GUGGENBERGER, Nekrologium, 74; KREN, Die Säkularisation der Chiemseeklöster, in: Das bayerische Inn-Oberland 34 (1966), 5-183, hier 52-54; SCHEGLMANN, Säkularisation III/2, 574f.

[1113] Als erstes offizielles Diözesangesangbuch gilt allerdings das 1778 in Fulda herausgegebene Gesangbuch „Der nach dem Sinn der katholischen Kirche singende Christ" des Fuldaer Benediktiners Augustin Erthel (1714-1796); vgl. KÜPPERS, Diözesan-Gesang- und Gebetbücher, 6; RÖDER, Karl von Piesport, 96. – Die Singmesse „Hier liegt vor deiner Majestät" aus dem Landshuter Gesangbuch brachte „den durchschlagenden Erfolg für die neue Gattung" des deutschen Messgesangs in der Epoche der Katholischen Aufklärung; FELLERER, Geschichte der katholischen Kirchenmusik, Bd. 2, 174. – Zum Landshuter Gesangbuch „Der heilige Gesang zum Gottesdienste in der römisch-katholischen Kirche" von Franz Seraph Kohlbrenner vgl. BAUERREIß, Kirchengeschichte Bayerns, Bd. 7, 343; BRENNINGER, Das Landshuter Kirchengesangbuch von 1777 – ein Bestseller der Aufklärungszeit, in: BECKER, KACZYNSKI (Hg.), Liturgie und Dichtung, 811-820; KOHLSCHEIN, Diözesane Gesang- und Gebetbücher in der katholischen Aufklärung (ca. 1770-1840). Eine Einführung, in: DERS., KÜPPERS (Hg.), „Der große Sänger David – euer Muster". Studien zu den ersten diözesanen Gesang- und Gebetbüchern der katholischen Aufklärung, 1-14; ÜHLEIN-SARI, „Der heilige Gesang zum Gottesdienste in der römisch-katholischen Kirche." Der erste Band des Landshuter Gebet- und Gesangbuches (Landshut 1777), in: KOHLSCHEIN, KÜPPERS (Hg.), „Der große Sänger David – euer Muster". Studien zu den ersten diözesanen Gesang- und Gebetbüchern der katholischen Aufklärung, 282-321. – Allgemein zur

Am 17. April 1787 wurde ein neuer Kontrakt zwischen D. Frigdian Greinwald und dem kurfürstlichen Hofrat Maximilian von Belval als Kirchenrektor der Hof- und Herzogspitalkirche St. Elisabeth geschlossen.[1115] Hierin verpflichtete sich das Kurfürstliche Seminar die Kirchenmusik an bestimmten Tagen zu übernehmen, die in einem beigefügten Verzeichnis aufgelistet waren. Dafür sollte die Domus Gregoriana jährlich 180 fl. erhalten.[1116] Das „Verzeichnüß der Musikalischen Dienste in der Churfrtl.en St. Elisabeth Hof- und Herzog-Spital-Kirche" gibt ein schönes Beispiel über die Kirchenmusikdienste der Domus Gregoriana und soll hier im Wortlaut folgen:

Festa fixa

Tag	Monat	Fest	Dienste	Stunde
1.	Jänner	Neue Jahrstag	Tantum[1117], Hochamt[1118], Genitori[1119]	8 Uhr

---

Geschichte des Gesangbuches vgl. EBENBAUER, Art. Gesangbuch, in: LThK³, Bd. 4, 548-552; KOHLSCHEIN, KÜPPERS (Hg.), „Der große Sänger David – euer Muster". Studien zu den ersten diözesanen Gesang- und Gebetbüchern der katholischen Aufklärung; KÜPPERS, Diözesan-, Gesang- und Gebetbücher des deutschen Sprachgebietes im 19. und 20. Jahrhundert; RÖSSLER, Art. Gesangbuch, in: MGG², Bd. 3, 1289-1323; VÖLKER, Art. Gesangbuch, in: TRE, Bd. 12, 547-565.

[1114] Vgl. STAHLEDER, Chronik der Stadt München, Bd. 3, 355.

[1115] Zu Maximilian von Belval (Beelvall) (* 1725), der 1741 das Münchener Jesuitengymnasium absolvierte, vgl. GIGL, Zentralbehörden, 311, 328; LEITSCHUH, Matrikeln III, 1.

[1116] Die Ratifikation erfolgte erst am 25. April 1788, nachdem sie Inspektor Greinwald am 10. März 1788 von der Schulkuratel erbeten hatte; vgl. BayHStA, GL Fasz. 2698/484; StAM, Albertinum A 75.

[1117] Bei dem Liedtext „Tantum ergo" handelt es sich um die 5. Strophe des lateinischen Hymnus „Pange, lingua, gloriosi corporis mysterium" von Thomas von Aquin. Die Liedstrophe wurde zur Aussetzung des Allerheiligsten in der Monstranz gesungen. Im süddeutschen Raum feierte man gerne vor ausgesetztem Allerheiligsten die Messe als so genannte „Segensmesse"; vgl. PRASSL, Art. Tantum ergo, in: LThK³, Bd. 9, 1257. – Der lateinische und deutsche Text der Strophe in: ADAM, Te Deum laudamus, 68f.

[1118] Im Hochamt wurden bestimmte liturgische Texte des nach dem Konzil von Trient 1570 neu eingeführten Missales gesungen vorgetragen. Während als Liturgiesprache Latein vorgeschrieben war, hielt in der Katholischen Aufklärung der deutsche Messgesang Einzug in die Liturgie, weshalb man auch in der Kirchenmusik vom „Deutschen Hochamt" spricht; vgl. FISCHER, Art. Hochamt, in: LThK³, Bd. 5, 174; HAUNERLAND, Art. Liturgiesprache, in: LThK³, Bd. 6, 988f.; HEIM, Art. Hochamt, in: DERS., Kleines Lexikon der Kirchengeschichte, 195; JASCHINSKI, Art. Deutsche Singmesse, in: LThK³, Bd. 3, 127f.; PERSCH, Art. Deutsches Hochamt, in: LThK³, Bd. 3, 135f.

[1119] Die 6. Strophe des oben genannten Fronleichnam-Hymnes von Thomas von Aquin (1224/25-1274), Genitori Genitoque, wurde vor dem eucharistischen Segen gesungen; vgl. PRASSL, Art. Tantum ergo, in: LThK³, Bd. 9, 1257. – Der lateinische und deutsche Text dieser Strophe in: ADAM, Te Deum laudamus, 68-71. – Zum großen scholastischen Philosoph und Theologen Thomas von Aquin vgl. KLUXEN, Art. Thomas v. Aquin, in: LThK³, Bd. 9, 1509-1517; PESCH, Art. Thomas von Aquino

21.		Augenwendung[1120]	Tantum, Hochamt, Genitori	10 Uhr
			Lytaney[1121], Tantum, Genitori	5 ½
1.	Februar[1122]		Lytaney, Tantum, Genitori	5
2.		Maria Lichtmeß[1123]	Tantum, Hochamt, Genitori	10
			Lytaney[1124], Tantum, Genitori	5
24.	März		Lytaney, Tantum, Genitori	5
25.		Maria Verkündigung[1125]	Tantum, Hochamt, Genitori	8
			Lytaney, Tantum, Genitori	5

(1224-1274)/Thomismus/Neuthomismus, in: TRE, Bd. 33, 433-474; SCHLOSSER, Art. Thomas von Aquin, in: HEIM (Hg.), Theologen, Ketzer, Heilige, 381f.

[1120] Das Wunder der Augenwendung hatte sich am 21. Januar 1690 ereignet. Forster beschreibt es folgendermaßen: „Während nämlich die lauretanische Litanei gebetet wurde, wendete das Gnadenbild die Augen bald über sich, gegen den gekreuzigten Christus, bald unter sich gegen den Boden, bald auf beide Seiten und nach dem in der Nähe stehenden Krippchen. Diese Erscheinung gewahrte zuerst ein frommes, 10jähriges Mädchen, namens Maria Franziska Johanna Schott, welche den wunderbaren Vorfall nur seinen Eltern erzählte. Derselbe wiederholte sich aber noch öfter und wurde nun von verschiedenen Personen beobachtet." (FORSTER, Das gottselige München, 628). Nach sorgfältiger Prüfung durch das bischöfliche Ordinariat in Freising wurde das Wunder am 6. April 1692 durch Bischof Josef Clemens approbiert. Die „Münchnerische Andachts-Ordnung für das Jahr 1773" gab für den 21. Januar an: „Herzogspital, die ewige Anbetung, wird auch die jährliche Gedächtniß der wundervollen Augenwendung der schmerzhaften Mutter Gottes Bildniß begangen, um 9. Uhr die Predig, darauf das Hochamt, Abends um 5. Uhr nach dem täglichen Rosenkranz eine kurze Predig, und gesungene Litaney, welcher der Churfürstl. Hof beywohnet"; vgl. auch FORSTER, Das gottselige München, 628-630; GEBHARD, Die Herzogspital-Muttergottes in München; NOCK, Geschichte und Andachten der Königlichen Herzogspital-Hofkirche, 31-38.

[1121] Zum Begriff der „Litanei", wobei es sich um ein Flehgebet handelt, vgl. HEIM, Art. Litanei, in: DERS., Kleines Lexikon der Kirchengeschichte, 290; PRASSL, Art. Litanei, in: LThK[3], Bd. 6, 954-956; SCHLAGER, ANTANARIČIUS, Art. Litanei, in: MGG[2], Bd. 5, 1364-1381.

[1122] An diesem Tag wird nach Mayer und Westermayer in der Herzogspitalkirche die Ewige Anbetung gehalten; vgl. MAYER, WESTERMAYER, Statistische Beschreibung, Bd. 2, 324.

[1123] Das Fest hieß liturgisch richtig „Reinigung Mariens" und wurde nach dem Zweiten Vatikanischen Konzil in „Darstellung des Herrn" umbenannt, um deutlicher zu machen, dass es sich hier um ein Herrenfest handelt. Bei der Reduktion der Feiertage im Kurfürstentum Bayern 1772 blieb dieser bestehen; vgl. BRITTINGER, Die bayerische Verwaltung und das volksfromme Brauchtum im Zeitalter der Aufklärung, 52; Der Römische Kalender, 138, 174; HEIM, Art. Lichtmeß, in: DERS., Kleines Lexikon der Kirchengeschichte, 289; MAAS-EWERD, Art. Darstellung des Herrn, in: LThK[3], Bd. 3, 27f.; MAAS-EWERD, Art. Marienfeste, in: LThK[3], Bd. 6, 1370-1374.

[1124] Am 31. Dezember 1694 stiftete die Gräfin Maria Sabina von der Waal 14 Litaneien mit einer Dotation von 2200 fl., die an den fünf Marienfesten Mariä Empfängnis, Geburt, Verkündigung, Lichtmess und Himmelfahrt und an deren Vorabenden gehalten werden sollten. Ferner war eine Litanei am schmerzhaften Freitag am Siebenschmerzenfest im September und an den Vorabenden zu halten. Am Siebenschmerzenfest war zudem ein Stabat mater zu singen; vgl. StAM, Albertinum A 13; MAYER, WESTERMAYER, Statistische Beschreibung, Bd. 2, 325; NOCK, Geschichte und Andachten der Königlichen Herzogspital-Hofkirche, 56f.; STUBENVOLL, Geschichte des Königl. Erziehungs-Institutes, 191f. – Stubenvoll gibt falsch an, dass die von der Gräfin von der Waal gestifteten Litaneien seit der Mitte des 18. Jahrhunderts nicht mehr gesungen worden seien; vgl. ebda.

[1125] Bei der Abschaffung von Feiertagen 1772 blieb dieser Feiertag im Kurfürstentum Bayern erhalten. Das Fest „Mariä Verkündigung" wurde nach dem Zweiten Vatikanischen Konzil in „Verkündigung des Herrn" umbenannt; vgl. BRITTINGER, Die bayerische Verwaltung und das volksfromme Brauchtum im Zeitalter der Aufklärung, 52; Der Römische Kalender, 142, 178.

26.	May	S. Philippi Ner.[i][1126]	Tantum, Hochamt, Genitori	10 Uhr
1.	July		Lytaney, Tantum, Genitori	5
2.		Maria Heimsuchung[1127]	Tantum, Hochamt, Genitori Te Deum Laudamus[1128] Lytaney	10 2 5
3.			Requiem[1129], Libera	10
14.	August		Lytaney	5
15.		Maria Himmelfahrt[1130]	Tantum, Hochamt, Genitori Lytaney	10 5 ½
16.			Tantum[1131], Hochamt, Genitori Lytaney	10 5 ½

[1126] In der Kirche befand sich ein Altar des hl. Philipp Neri (1515-1595), der den Orden der Oratorianer gegründet hatte, am 26. Mai 1595 in Rom starb und 1622 heilig gesprochen wurde. Die Oratorianer waren an der Herzogspitalkirche von 1705-1775 ansässig; vgl. BAUERREIß, Kirchengeschichte Bayerns, Bd. 7, 47-54; Der Römische Kalender, 146; FORSTER, Das gottselige München, 622-626; HEIM, Art. Oratorianer, in: DERS., Kleines Lexikon der Kirchengeschichte, 329; MAYER, WESTERMAYER, Statistische Beschreibung, Bd. 2, 327; SCHWAIGER, München – eine geistliche Stadt, in: DERS. (Hg.), Monachium sacrum, Bd. 1, 1-289, hier 151-154; SCHWAIGER, Art. Oratorianer, in: DERS. (Hg.), Mönchtum, Orden, Klöster, 336f.; vgl. auch Münchnerische Andachts-Ordnung für das Jahr 1773. – Zum Ordensgründer Philipp Neri vgl. BITTER, Art. Neri, Filippo, in: LThK³, Bd. 7, 740f.; PRODI, Art. Neri, Filippo, in: TRE, Bd. 24, 259-264; Der Römische Kalender, 146; ROTZSCHE, Art. Neri, Philipp, in: HEIM (Hg.), Theologen, Ketzer, Heilige, 286f.; SCHÜTZ, Art. Philippus Neri, in: LCI, Bd. 8, 207f.

[1127] Mit der Feiertagsreduktion 1772 fiel dieser Feiertag im Kurfürstentum Bayern weg. Das Fest der Heimsuchung Marias wurde seit 1969 vom 2. Juli auf den 31. Mai verlegt; vgl. BRITTINGER, Die bayerische Verwaltung und das volksfromme Brauchtum im Zeitalter der Aufklärung, 52; Der Römische Kalender, 190.

[1128] Zum feierlichen lateinischen Hymnus „Te Deum laudamus" vgl. GERHARDS, LURZ, Art. Te Deum laudamus, in: LThK³, Bd. 9, 1306-1308; HEIM, Art. Tedeum, in: DERS., Kleines Lexikon der Kirchengeschichte, 422. – Der lateinische und deutsche Text des Liedes in: ADAM, Te Deum laudamus, 16-19.

[1129] Der Begriff „Requiem" für eine Messe mit Totengedenken leitet sich vom lateinischen Eröffnungsvers „Requiem aeternam" ab; vgl. HEIM, Art. Requiem, in: DERS., Kleines Lexikon der Kirchengeschichte, 383; POSCHMANN, Art. Requiem. I. Liturgisch, in: LThK³, Bd. 8, 1116f.; SCHMID, Art. Requiem. II. Musikalisch, in: LThK³, Bd. 8, 1117f. – Die „Münchnerische Andachts-Ordnung für das Jahr 1773" nannte an diesem Tag kein Requiem in der Herzogspitalkirche. Dagegen wurden an diesem Tag in der Karmelitenkirche „um 7. Uhr für die Abgestorbene aus der Verbindniß Maria Heimsuchung 8. heil. Messen gelesen"; ebda.

[1130] Dieser Feiertag blieb bei der Feiertagsreduktion 1772 im Kurfürstentum Bayern erhalten. Er wird bis heute in katholischen Landesteilen Bayerns als Feiertag begangen. In der „Münchnerischen Andachts-Ordnung für das Jahr 1773" hieß es für den 15. August: „Churfürstl. St. Elisabeth Hofspital, wird das 40. stündige Gebeth gehalten, so heut um 5. Uhr den Anfang nimmt, um 10. Uhr das Hochamt, Abends um halbe 6. Uhr der Rosenkranz, Predig und Litaney. Es kann auch an diesem und folgenden zwey Tagen vollk. Ablaß gewohnet[!] werden"; vgl. BRITTINGER, Die bayerische Verwaltung und das volksfromme Brauchtum im Zeitalter der Aufklärung, 52.

[1131] Nach der genannten Andachtsordnung wurde am 16. August „der zweyte Tag des 40. stündigen Gebeths" gehalten; Münchnerische Andachts-Ordnung für das Jahr 1773.

17.			Tantum[1132], Hochamt, Genitori	10 Uhr
			Lytaney, Processio	4 ½
			NB. Bey unfreundlicher Witterung Te Deum	
7.	September		Lytaney	5
8.		Maria Geburt[1133]	Tantum, Hochamt, Genitori	8
			Lytaney	5
18.	November		Vesper[1134]	4
19.		Kirchweyh[1135]	Tantum, Hochamt, Genitori	10
			Vesper	4
20.			Lytaney	5
21.		Maria Opferung[1136]	Tantum, Hochamt, Genitori	10
			Lytaney	5
7.	Dezember		Lytaney	5
8.		Maria Empfangniß[1137]	Tantum, Hochamt, Genitori	10
			Lytaney	5
25.		Hl. Christtag	Tantum, Hochamt, Genitori	8

[1132] „Churfürstl. Hofspital, Nachmittag um halbe 4. Uhr der Beschluß des 40. stündigen Gebeths mit dem Rosenkranz, Sermon [Psalm], Litaney und öffentlicher Proceßion"; Münchnerische Andachts-Ordnung für das Jahr 1773.

[1133] Bei der Abschaffung von Feiertagen 1772 im Kurfürstentum Bayern blieb dieser Feiertag erhalten; vgl. BRITTINGER, Die bayerische Verwaltung und das volksfromme Brauchtum im Zeitalter der Aufklärung, 52.

[1134] Bei der „Vesper" handelt es sich um das offizielle Abendgebet der Kirche. Nach dem römischen Brevier von 1568 wurden in der Vesper fünf Psalmen, das Canticum und das Magnificat gebetet bzw. gesungen; vgl. BERGER, Art. Vesper. I. Liturgisch, in: LThK³, Bd. 10, 751f.; BRETSCHNEIDER, Art. Vesper. II. Kirchenmusikalisch, in: LThK³, Bd. 10, 752f.; HEIM, Art. Vesper, in: DERS., Kleines Lexikon der Kirchengeschichte, 445; MARX-WEBER, Art. Vesper, in: MGG², Bd. 9, 1464-1472; URSPRUNG, Die katholische Kirchenmusik, 300; vgl. auch die „Münchnerische Andachts-Ordnung für das Jahr 1773".

[1135] Die Konsekration der St. Elisabeth-Herzogspitalkirche fand am 19. November 1572 statt. Die Andachtsordnung von 1773 legte am Gedenktag der hl. Elisabeth von Thüringen fest: „Churfl. St. Elisabeth Hofspital, das Kirchwey- u. Titularfest, so mit dem 10stündigen Gebeth begangen wird. Um 6. Uhr wird das höchste Gut ausgesetzet, um 9. Uhr die Predig, alsdenn das Amt. Nachmittag um 4. Uhr die Vesper und Beschluß mit dem heil. Segen. Vollk. Ablaß"; Münchnerische Andachts-Ordnung für das Jahr 1773; vgl. auch MAYER, WESTERMAYER, Statistische Beschreibung, Bd. 2, 322.

[1136] Das Fest wurde auch „Fest der Darstellung Marias" genannt. 1772 wurde dieser Feiertag im Kurfürstentum Bayern abgeschafft. Heute feiert die katholische Kirche am 21. November den Gedenktag Unserer Lieben Frau zu Jerusalem; vgl. BRITTINGER, Die bayerische Verwaltung und das volksfromme Brauchtum im Zeitalter der Aufklärung, 52; Der Römische Kalender, 165; MAAS-ERWERD, Art. Marienfeste, in: LThK³, Bd. 6, 1370-1374.

[1137] Dieser Feiertag blieb bei der Reduktion der Feiertage im Kurfürstentum Bayern erhalten; vgl. BRITTINGER, Die bayerische Verwaltung und das volksfromme Brauchtum im Zeitalter der Aufklärung, 52.

Festa Mobilia

Tage	Dienste	Stunde
Alle Freytage in der Fasten	Stabat Mater[1138]	5 Uhr
Vorabend der 7 Schmerzen[1139]	Lytaney	5
Fest selbsten	Tantum, Hochamt, Genitori Lytaney, Stabat, Tantum, Genitori	10 5
Chor Freytag[1140]	Processio publica, ohne Posaunen	4 ½

[1138] Beim „Stabat mater dolorosa" handelt es sich um ein Reimgebet, das die Leiden Marias unter dem Kreuz ihres Sohnes betrachtet; vgl. HEIM, Art. Stabat Mater, in: DERS., Kleines Lexikon der Kirchengeschichte, 411; PRASSL, Art. Stabat mater dolorosa. I. Liturgisch, in: LThK³, Bd. 9, 908; MARX-WEBER, Art. Stabat mater dolorosa. II. Musikalisch, in: LThK³, Bd. 9, 909. – Der lateinische und deutsche Text des Liedes in: ADAM, Te Deum laudamus, 168-171.

[1139] Im Jahr 1773 war der Vorabend des „Sieben-Schmerzen-Festes" der 1. April. Nach der Andachtsordnung wurde „um halbe 5. Uhr der gewöhnliche alltägliche Rosenkranz gebethet, und gleich darauf die von der gräflich-Wallischen Familie gestiftete Litaney" gesungen (Münchnerische Andachts-Ordnung für das Jahr 1773). Das „Fest der sieben Schmerzen der seligen Jungfrau Maria", das seine Wurzeln in der Verehrung Marias als Mater dolorosa seit dem 12./13. Jahrhundert hatte, wurde von Papst Benedikt XIII. 1724 auf die ganze lateinische Kirche ausgedehnt. Es wurde am Freitag vor Palmsonntag, dem so genannten „Schmerzensfreitag", begangen. Am 2. April 1773 wurde in der St. Elisabeth-Herzogspitalkirche „um 8. Uhr mit Aussetzung des höchsten Guts der Anfang des 10. stündigen Gebeths gemacht. Abends um 5. Uhr der Rosenkranz, nach diesem in Gegenwart der Durchl. Herrschaften der Beschluß mit der lauretanischen Litaney und Stabat Mater. Ist vollk. Ablaß zu gewinnen." (Münchnerische Andachts-Ordnung für das Jahr 1773). Im Serviten-Orden wurde dieses Fest seit 1667 zusätzlich noch am 3. Sonntag im September gefeiert. 1969 wurde das Gedächtnis der Schmerzen Marias als gebotener Gedenktag auf den 15. September gelegt und die Feier am Freitag vor dem Palmsonntag wegen der Doppelung des Festes getilgt. Seit 1715 war ein weiblicher Zweig des Ordens in München bei der Herzogspitalkirche ansässig. Außerdem gab es noch die „Bruderschaft von den sieben Schmerzen Mariens", die am 21. Mai 1698 kirchlich bestätigt wurde. „Der vorzüglichste Zweck der Bruderschaft besteht darin, die sieben Geheimnisse und Schmerzen Mariä stets im Andenken zu behalten, mit inniger Liebe und Theilnahme zu betrachten, und so Maria als Königin der Martyrer zu verehren und ihre Fürbitte zu erflehen, daß sie um ihrer und ihres Sohnes Schmerzen willen ihre Mutterliebe uns erzeige, und uns wahre Reue, Vergebung der Sünden, Erbarmen und Gnade zu einem frommen, gottgefälligen Leben von ihrem gekreuzigten Sohne, dem wir so großen Dank schulden, erflehen wolle"; FORSTER, Das gottselige München, 632. – Zur Bruderschaft vgl. auch MAYER, WESTERMAYER, Statistische Beschreibung, Bd. 2, 525f.; NOCK, Geschichte und Andachten der Königlichen Herzogspital-Hofkirche, 81-88. – Zum Orden der Serviten/Servitinnen vgl. FRANK, Art. Serviten, Servitinnen, in: LThK³, Bd. 9, 493f.; HEIM, Art. Serviten, in: DERS., Kleines Lexikon der Kirchengeschichte, 405; NOCK, Geschichte und Andachten der Königlichen Herzogspital-Hofkirche, 23-30; SCHWAIGER, Art. Serviten, in: DERS. (Hg.), Mönchtum, Orden, Klöster, 411; WALTER, Herzogspitalkirche München, 6-8. – Im Jahr 1773 wurde das Fest am Sonntag, den 19. September begangen. In der „Münchnerischen Andachts-Ordnung für das Jahr 1773" hieß es: „Fr. Fr. Servitinnen im Herzogspital, wird das Titularfest des Ordens und der Bruderschaft der schwarzen Scapuliers mit dem 10. stündigen Gebeth begangen, um 7. Uhr früh wird ausgesetzt, um 9. Uhr Predig und Amt, Abends um halbe 5. Uhr die Litaney." – Zum Fest der Sieben Schmerzen Mariens vgl. BAUERREIß, Kirchengeschichte Bayerns, Bd. 7, 302, 307; Der Römische Kalender, 158, 202.

Chor Samstag[1141]	Auferstehung	4 ½ Uhr
Oster-Sonntag	Tantum, Hochamt, Genitori	9
Pfingst-Sonntag	Tantum, Hochamt, Genitori	10
Vorabend des Fronleichnam Fest	Lytaney	5
Fest selbsten	Processio publica[1142]	8
Alle Tage in der Fronleichnams Octav	Lytaney	5
Sonntag vor Maria Himmelfahrt, Festum Reliquorum	Hochamt	10
Tag in der Seelen Octav, am welchem Festum Semiduplex fällt	Requiem, Libera	10

Das Gnadenbild der schmerzhaften Mutter Gottes in der Herzogspitalkirche, das 1651 von dem Münchener Bildhauer Tobias Bader[1143] zusammen mit Christus

---

[1140] Kurfürst Maximilian III. Joseph verbot durch ein Generalmandat vom 31. März 1770 das Herumtragen von „Passions Tragödien" am Karfreitag. Die Karfreitagsprozession sollte „in Zukunft nur in einem andächtigen Umgang ohne Sprüche, Herumreißungen u. dgl. Unförmlichkeiten" begangen werden. Dieses Verbot wurde 1788, 1792 und 1793 erneuert; vgl. BRITTINGER, Die bayerische Verwaltung und das volksfromme Brauchtum im Zeitalter der Aufklärung, 41-47. – Im Jahre 1773 wurde die Karfreitagsprozession am 9. April um 4 Uhr gehalten. – Zur Münchener Karfreitagsprozession vgl. BAUERREIß, Kirchengeschichte Bayerns, Bd. 7, 290-292; Münchnerische Andachts-Ordnung für das Jahr 1773.

[1141] Am Karsamstag, der im Jahre 1773 der 10. April war, gab die Andachtsordnung den Hinweis: „Churfürstl. Herzogspital, Abends um 5. Uhr wohnen die hochadelichen Selavinnen der Urständ [Auferstehung] bey, und nach selber wird Ihnen die wunderthätige Mutter Gottes Bildniß zu küssen gegeben. Es bleibt auch alsdenn gedachte wunderthätige Bildniß bis 10. Uhr Abends zu küssen ausgestellt"; Münchnerische Andachts-Ordnung für das Jahr 1773.

[1142] 1773 wurde das Fronleichnamsfest am Donnerstag, den 10. Juni begangen. Die Andachtsordnung gibt an: „St. Peters-Pfarrkirche, heuer geht die Proceßion von St. Peters-Pfarrkirche aus, fruh um 7. Uhr wird das Amt von dem hiesigen Titl. Hr. Probsten gehalten, welchem Se. Churfürstl. Durchl. mit dem ganzen Hofe beywohnen, und alsdenn begleiten Höchstdieselben bey der Proceßion das Venerabile durch die Stadt und äussern Zwinger"; Münchnerische Andachts-Ordnung für das Jahr 1773. – Zur großen Fronleichnamsprozession in München vgl. BRITTINGER, Die bayerische Verwaltung und das volksfromme Brauchtum im Zeitalter der Aufklärung, 67-76; Dei veri ecclesia triumphans. Beschreibung der Fronleichnamsprozession; MITTERWIESER, Geschichte der Fronleichnamsprozession in Bayern; MUFFAT, Beschreibung der prachtvollen Fronleichnams-Prozession; SCHWAIGER, München – eine geistliche Stadt, in: DERS. (Hg.), Monachium sacrum, Bd. 1, 1-289, hier 63-65.

[1143] Auch Baader und Pader. – Zu seiner Person vgl. ADB, Bd. 1, 726; Allgemeines Künstler-Lexikon, Bd. 6, 203; LIPOWSKY, Baierisches Künstler-Lexikon, Teil 1, 16; THIEME-BECKER, Bd. 2, 298. – Eine Abbildung der Mater Dolorosa in: GEBHARD, Die Herzogspital-Muttergottes in München, Abb. 72; LECHNER, Art. Maria, Marienbild, in: LCI, Bd. 3, 154-210, hier 200 (Abb. 26); STEINER, Altmünchner Gnadenstätten, 30-34. – Eine Abbildung des barocken Gnadenaltars von Johann Baptist Straub mit den Schnitzwerken Baders, der im Zweiten Weltkrieg zerstört wurde, in: WALTER, Herzogspitalkirche München, 7. – Zu Johann Baptist Straub (1704-1784) vgl. BOSL, Bayerische Biographie, 759;

am Kreuz geschaffen wurde, fand große Verehrung nicht nur beim einfachen Volk, sondern selbst im kurfürstlichen Haus. So ist belegt, dass Kurfürst Maximilian III. Joseph, wenn es ihm nur möglich war, alle Samstage der hl. Messe im Herzogspital beiwohnte.[1144] Nach dem österreichischen Erbfolgekrieg, der durch den Frieden von Füssen am 22. April 1745 beendet wurde, zog der Kurfürst am 24. April feierlich in München ein. „Beim Neuhauserthore stieg er vom Pferde und begab sich zu Fuß in die Herzogspitalkirche, um dort vor dem Bilde der schmerzhaften Mutter Gottes seinen Dank auszudrücken."[1145] Bei seinem nahenden Tode am 30. Dezember 1777 wünschte er auf seinem Sterbebett noch einmal das Gnadenbild zu sehen. „Es wurde um 11 Uhr Vormittags in feierlicher Prozession in die Residenz getragen. Als man das Gnadenbild in das Zimmer des Kurfürsten gebracht, richtete sich dieser auf, küsste es andächtig, faltete die Hände und betete das Salve Regina. Da der gute Fürst durch diese Anstrengung etwas schwach geworden, so fand man es räthlich, sich mit dem Gnadenbilde wieder zu entfernen. In demselben Augenblicke aber, als man es in der Herzogspitalkirche wieder an seinen Platz stellte, starb in der Residenz Max III. [Joseph]."[1146]

Im Jahre 1797 erhielt die Seminarkirche ein Legat von 200 fl. von der verstorbenen Frau Maria Eva von Krenninger „unter dem Bedingniße, alle Freitage in der Fasten das deutsche Stabat Mater absingen zu lassen", wozu der Inspektor die Ratifikation erbat. Nach P. Stefan Widmann sei dies leicht zu bewerkstelligen, da freitags in der Fastenzeit ohnehin um halb sieben Uhr eine Messe gesungen werde, „als kann unter derselben das teutsche Stabat Mater ohne allen der Kirche zugehenden Aufwand, und Unkösten abgesungen, sohin der Intention der Hochseligen Stifterin gemäß satisfacirt werden"[1147].

SCHERL, Johann Baptist Straub, in: SCHINDLER (Hg.), Bayerns goldenes Zeitalter, 197-212; STEINER, Johann Baptist Straub; THIEME-BECKER, Bd. 32, 162-167.
[1144] Die „Münchnerische Andachts-Ordnung für das Jahr 1773" gab für samstags an: „Herzogspital, um halbe 12. Uhr pflegt der Hof una heil. Messe beyzuwohnen."
[1145] FORSTER, Das gottselige München, 633.
[1146] FORSTER, Das gottselige München 633f. – Ein Holzstich von Alexander Straehuber aus dem Jahre 1852 zeigt den sterbenden Kurfürsten in seinem Bett; veröffentlicht in: SCHWAIGER, München – eine geistliche Stadt, in: DERS. (Hg.), Monachium sacrum, Bd. 1, 1-289, hier 176 (Abb. 54). – Auch Kurfürst Karl Theodor wohnte jeden Samstag der Messe in der Herzogspitalkirche andächtig bei, sofern es ihm nur möglich war; vgl. SCHWAIGER, München – eine geistliche Stadt, in: DERS. (Hg.), Monachium sacrum, Bd. 1, 1-289, hier 176f.
[1147] BayHStA, GL Fasz. 2696/475; StAM, Albertinum A 106; vgl. auch STUBENVOLL, Geschichte des Königl. Erziehungs-Institutes, 63. – Die Genehmigung wurde am 24. Mai 1797 durch die Schulkuratel erteilt; vgl. ebda.

Was das Musikpersonal betraf, das der Domus Gregoriana für ihre zahlreichen kirchenmusikalischen Dienste zur Verfügung stand, so lässt sich eine Aussage aus einigen Seminaristenlisten machen, in denen bei den Namen der Seminaristen das jeweilige Musikinstrument oder die Singstimme angegeben wurde. Als drei Beispiele folgt das Personal der Seminaristen mit ihren Musikinstrumenten bzw. ihrer Singstimme in den Schuljahren 1775/1776[1148], 1792/1793[1149] und 1803/1804[1150].

Stimme/Instrument	Anzahl der Seminaristen 1775/1776	Anzahl der Seminaristen 1792/1793	Anzahl der Seminaristen 1803/1804
Sopran	15	23	15
Alt	10	19	10
Tenor	9	6	2
Bass	4	7	2
Diskant	2	0	0
Violine	20	34	24
Flauto traverso	5	4	3
Violoncello	4	1	2
Oboe	2	7	2
Fagott	2	0	1
Klarinette	0	11	7
Waldhorn (Corno)	4	7	4
Viola	2	3	2
Trompete	7	0	0
Orgel	3	6	10
Tympanum	1	2	1
Clarino	0	0	1
Piccolo	0	0	1

[1148] Im Schuljahr 1775/1776 wohnten 100 Seminaristen im Haus: 66 Alumnen, 22 Halbalumnen und 12 Kostgänger, wobei die Kostgänger von Musikdiensten befreit waren. Demnach standen der Domus Gregoriana 88 Seminaristen als Kirchenmusiker zur Verfügung; vgl. BayHStA, GL Fasz. 2697/477.

[1149] Im Schuljahr 1792/1793 lebten 78 Seminaristen in der Domus Gregoriana (72 Alumnen und 6 Halbalumnen), wozu noch 13 Exspektanten zu rechnen sind, die keinen Musikdienst ausübten; vgl. BayHStA, GL Fasz. 2697/477.

[1150] Im Schuljahr 1803/1804 befanden sich nur noch 52 Seminaristen im Kurfürstlichen Seminar; vgl. BayHStA, GL Fasz. 2697/477.

Dabei spielten zahlreiche Seminaristen zwei Instrumente oder beherrschten neben ihrer Singstimme auch ein Musikinstrument. Zum Vergleich soll das Musikpersonal der Schuljahre 1792/1793 und 1803/1804 dienen:

Anzahl der Instrumente/Singstimme	1792/1793	Anteil in %	1803/1804	Anteil in %
Eine Singstimme	20	25,6 %	4	7,7 %
Ein Instrument	5	6,4 %	7	13,5 %
Zwei Instrumente	17	21,8 %	4	7,7 %
Eine Singstimme und ein Instrument	31	39,7 %	20	38,5 %
Eine Singstimme und zwei Instrumente	4	5,1 %	6	11,5 %
Drei Instrumente	0	0 %	2	3,8 %
Vier Instrumente	0	0 %	1	1,9 %

Scheinbar waren Seminaristen auch auf privaten Veranstaltungen aufgetreten, was das Generalstudiendirektorium am 24. November 1787 dazu veranlasste, ein Verbot auszusprechen.[1151] Die Behörde hatte „in Erfahrung gebracht, daß die dem hiesigen Seminaro zugehörige musikalische Instrumenten öfter zu fremden Gebrauch ausgeliehen, und auch jeweilen die Seminaristen in privat Häuser zu Aufführung einer Musik gerufen werden". Da beides der Hausökonomie und der Disziplin widersprechen würde, durfte der Inspektor keine Musikinstrumente mehr ausleihen. Im widrigen Fall hätte er für die Reparaturkosten selbst aufzukommen. „Weiters soll den Studenten niemals, außer der schon hergebrachten Gewohnheit, gestattet werden bey Musiken in Privat-Häusern zu erscheinen."[1152]

[1151] Vgl. StAM, Albertinum A 76; vgl. auch STUBENVOLL, Geschichte des Königl. Erziehungs-Institutes, 199-206.
[1152] Die Verordnung vom 24. November 1797 in: StAM, Albertinum A 76. – Schon 1776 war der Auftrag an das Inspektorat erteilt worden, „daß er [Inspektor Johann Evangelist Hueber] künftighin an Musicalien und Instrumenten nichts mehr, es seye an wen es immer wolle, und zwar bey Vermeidung schwerer Ahndung ausleihen, noch von seinen Untergebenen ausleihen lassen solle"; BayHStA, GL Fasz. 2698/484; Schreiben vom 24. Januar 1776.

Eine Besonderheit stellten die Hofsingknaben der Domus Gregoriana dar, die es bis zum Jahre 1811 gab.[1153] Auf sie soll hier näher eingegangen werden. In den „Anmerkungen über die Knaben, welche zur Hofmusik von dem Seminario müssen abgeschickt werden"[1154] von Inspektor Johann Evangelist Hueber von 1774 heißt es über die Geschichte der Hofsingknaben: „Zu Krieges Zeiten[1155], da kein Hof, noch Hofmusik hier war, wurden aus Gefälligkeit 2 Seminaristen zur Hofkapell eine zeitlang abgeschickt, damit doch der Gottesdienst anständig konnte gehalten werden. Aus dieser Höflichkeit ist nachgehends eine Schuldigkeit geworden, und haben auch nach dem Krieg fort und fort 2 Seminaristen in die Hofkapell geschickt werden müssen"[1156]. Später seien vier Singknaben gefordert worden[1157], die dann um 1760 noch auf zehn ausgeweitet wurden.[1158] Für Hueber ist diese Verpflichtung der guten Ordnung im Seminar eher hinderlich, da die Gottesdienste in der Hofkapelle zu anderen Zeiten als in St. Michael stattfinden würden. Außerdem würden die Hofkapellknaben „in dem Studieren sowohl, als in der Musik sehr verhindert; weil sie öfters aus der Schule gehen, oder von derselben ausbleiben müssen; und gar selten bey der Unterweisung in der Musik können gegenwärtig seyn. Sie sind auch nicht geringer Gefahr ausgesezet in den Sitten verderbt zu werden; weil man nicht genugsam auf sie Acht haben kann; wie dann schon öfters geschehen ist." Zwar wären schon vor 15 Jahren dem Seminar 300 fl. als finanzielle Entschädigung versprochen worden, „allein es ist bishero noch immer bey dem Versprechen geblieben"[1159]. Nach Michael Holzinger erhielt die Domus Gregoriana erstmals 1774 für die Ausbildung der

---

[1153] Vgl. PUTZ, Domus Gregoriana, 138f.; STUBENVOLL, Geschichte des Königl. Erziehungs-Institutes, 189f., 217-219.
[1154] StAM, Albertinum A 75. – Ergänzende Angaben brachte Inspektor Michael Holzinger in seiner am 22. November 1780 verfassten kurzen Geschichte der Hofkapellknaben in: BayHStA, GL Fasz. 2696/476.
[1155] Gemeint ist wohl der Dreißigjährige Krieg.
[1156] StAM, Albertinum A 75. – Inspektor Hueber betonte, dass „in der Stüftung des Seminarium von dieser Schuldigkeit ganz und gar nichts gemeldet" wäre; ebda.
[1157] Bereits in der Stiftungsurkunde vom 10. Mai 1654 war von vier Hofkapellknaben die Rede, die eine bessere Kost erhalten sollten: „Quatuor aulicis musicis cum suo paedagogo dantur in prandio et in coena, panis albus, ordinarie 4. aut 5. fercula, saepe 6 maioribus festis et dominicis ex gallinis, pullis, anseribus, et similibus melioribus cibis. In reliquis habentur ut alumni, quoad disciplinam"; Zitat nach PUTZ, Domus Gregoriana, 335; vgl. auch STUBENVOLL, Geschichte des Königl. Erziehungs-Institutes, 36f.
[1158] Nach Inspektor Holzinger wurden im Jahr 1764 zehn Hofkapellknaben gefordert, wofür dem Kurfürstlichen Seminar eine Entschädigung von 300 fl. versprochen worden war; vgl. BayHStA, GL Fasz. 2696/476; Schreiben Holzingers vom 22. November 1780.
[1159] StAM, Albertinum A 75.

Hofkapellknaben einen jährlichen Betrag von 200 fl. abzüglich der Konditionssteuer von 10 fl. vom Hofzahlamt ausgehändigt.[1160]

Die Seminaristen, die zur Hofkapelle gingen, erhielten jährlich ein Geschenk von 7 bis 8 Gulden und alle zwei Jahre wurden vier von ihnen neu eingekleidet.[1161] Holzinger gab den Grund an: „Damit nun diese 4 Knaben theils aufgemuntert wurden, die zur Recreation bestimmte Zeit darauf zu verwenden, daß sie die durch ihre außerordentliche Dienste versäumte Zeiten zu ersetzten befließen, theils aber auch einen Ersatz der Kleider, so sie in Regen- und Schneewetter abnutzen müssen, bekamen, wurde jeder ie nach 2 Jahren vom Hofe vollkommen gekleidet, so gar auch mit einem silber portierten Hute versehen."[1162] Inspektor Hueber erinnerte 1774 daran, dass bereits seit vier Jahren kein Singknabe mehr eingekleidet worden sei. Anfang des Jahres 1777 richteten die Hofkapellknaben wieder ein Schreiben an den Kurfürsten, dass sie seit fünf Jahren nichts mehr erhalten hätten.[1163] Sie hatten Erfolg. Am 27. Januar erging ein Befehl an die Hofschneiderei „die sonst gewöhnliche – und Reglement mässige Kleidung ausfolgen zu lassen". Die Verwaltung der Hofschneiderei äußerte sich darauf, dass für die Kleidung von vier Knaben alle zwei Jahre 136 fl. ausgeworfen wurden, nun aber müssten Mäntel und Kleidung für zehn Chorknaben gefertigt werden.[1164] Es wurde daher beschlossen, anstatt der ganzen Kleidung für vier Knaben nur noch zehn Mäntel bei der Hofschneiderei zu bestellen, da sie leichter von einem anderen Knaben getragen werden könnten.[1165]

1778 erhielten die zehn Hofkapellknaben erstmals alle einen neuen Mantel. Inspektor Holzinger bat im März 1778, „daß besagte zehn Knaben nach zween Jahren entweders ganz wiederum gekleidet, oder wenigst, damit sie vor seiner Churfrstl. Durchlaucht unserem Gnädigst Herrn geziemend erscheinen können,

---

[1160] Vgl. BayHStA, GL Fasz. 2696/476. – Erst 1778 wurde die Zahlung der versprochenen Summe von 300 fl. angeordnet, wovon allerdings 15 fl. Konditionssteuer abgezogen wurden; vgl. ebda.
[1161] Die Abgabe von neuen Kleidern und Mänteln war im Jahre 1750 für vier Hofkapellknaben festgesetzt worden; vgl. BayHStA, GL Fasz. 2696/474.
[1162] StAM, Albertinum A 75.
[1163] Das Schreiben vom 24. Januar 1777 in: BayHStA, GL Fasz. 2696/474.
[1164] Angefügt ist ein Verzeichnis der kurfürstlichen Hofkapellknaben von 1777: Johann Dausch, Johann Reitter, Korbinian Badhauser, Klemens Röckseisen, Johann Pessenbacher, Karl Waltl, Wilhelm Stocher, Georg Wörner, Franz Daxberger und Josef Mosmayr; vgl. BayHStA, GL Fasz. 2696/474.
[1165] Intendant Joseph Anton von Seeau erläuterte das Problem, dass „einige Knaben wegen geänderter Stimme, andere wegen übler Aufführung und durch andere Fälle von dem ferneren Besuche des Hofkapelle ausgeschlossen wurden; die an ihre Stelle kommenden konten wegen Verschiedenheit der Grösse und des Wuchses die Kleider der Ausgemerzten nicht anziehen, sie kamen also in ihren gewöhnlichen"; BayHStA, GL Fasz. 2696/474.

mit Hute, Mantel, S. V. Schuhe, und Strumfe[!] versehen, und das Haus mit den versprochenen 300 fl. entschädigt werde [...]"[1166].

Die Auswahl der Hofkapellknaben lag in der Kompetenz des Intendanten der kurfürstlichen Hofmusik. Intendant Joseph Anton Graf von Seeau[1167] erinnerte 1774 in einem „Pro memoria", dass gemäß der höchsten Willensmeinung zum Schuljahresanfang aus dem Seminar zehn Knaben für die Hofkapelle ausgewählt würden, wofür die Domus Gregoriana jährlich 200 fl. erhalten sollte. Der Inspektor sollte daher einen Termin mit der Hofintendanz zur Auswahl geeigneter Kandidaten absprechen.[1168] 1779 hieß es in einem Eintrag: „der praefectus theatri (churfürstl. Theaterintendant) Graf von Seau habe eine Ausscheidung der besten Sänger unter den Seminaristen für den Operndienst vorgenommen und das Resultat sei für ihn erfreulich gewesen, indem er 8 gute Sopranisten, ebenso viele Altisten und Tenoristen, sowie 5 kräftige Bassisten zusammengebracht habe."[1169]

Kurfürst Max III. Joseph hatte entschieden, „daß alle vom Hofe bezalte Choralisten nach und nach (welches eine Ersparung von einigen 1000 f. ausmacht) absterben, und deren Stelle die Knaben des Seminariums versehen sollen"[1170]. Intendant Graf von Seeau war der Meinung, dass das Seminar neben den zehn Mäntel noch jährlich 300 fl. erhalten sollte.[1171] Die Bewilligung des Antrags stand noch aus, da der Kurfürst inzwischen verstorben war.[1172] So richtete Inspektor Holzinger wie gesagt am 21. März 1778 die Bitte an Intendant von Seeau, die versprochenen 300 fl. zu bewilligen. Das Haus musste, um den Bedarf von den seit 15 Jahren verlangten zehn Hofkapellknaben decken zu können,

---

[1166] StAM, Albertinum A 75.
[1167] Joseph Anton Graf von Seeau (1713-1799) wurde 1753 als Hofmusik- und Hoftheaterintendant ernannt und blieb es bis zu seinem Tod im Jahre 1799. – Zu seiner Person vgl. BOSL, Bayerische Biographie, 715; GIGL, Zentralbehörden, 85; GrBBE, Bd. 3, 1811.
[1168] Das Schreiben vom 4. Dezember 1774 in: BayHStA, GL Fasz. 2698/484.
[1169] Zitat nach STUBENVOLL, Geschichte des Königl. Erziehungs-Institutes, 217.
[1170] BayHStA, GL Fasz. 2696/474.
[1171] Seit 1774 erhielt das Seminar bereits 200 fl., nachdem der Choralist Aigenspurger verstorben war und dessen Besoldung von jährlich 200 fl. gemäß Befehl vom 13. Juli 1774 dem Seminar zugewiesen wurde. Die anderen 100 fl. könnten aus der Besoldung des entlassenen Tenorsängers Johann Josef Valentin Adamberger genommen werden, wie Intendant Graf von Seeau vorschlug; vgl. BayHStA, GL Fasz. 2696/474; 2696/476. – Zum Tenorsänger Adamberger (1740-1804), der nach Trautmann von 1752 bis 1755 Seminarist der Domus Gregoriana gewesen sein soll, vgl. GrBBE, Bd. 1, 11; SEEDORF, Art. Adamberger, Ademberger, Adamberg, Ademberg, Adamonte, Adamonti, Johann Valentin, Valentino, in: MGG² P, Bd. 1, 130f.; TRAUTMANN, Kulturbilder aus Alt-München, Bd. 1, 166-170. – Stubenvoll gibt für ihn eine Seminaristenzeit von 1752-1759 und die Lebenszeit von 1742-1803 an; vgl. STUBENVOLL, Geschichte des Königl. Erziehungs-Institutes, 171.
[1172] Kurfürst Maximilian III. Joseph starb am 30. Dezember 1777 im Alter von 50 Jahren an den Pocken; vgl. NÖHBAUER, Die Wittelsbacher, 228.

mehr Seminaristen aufnehmen, um noch der stiftungsmäßigen Kirchenmusik in St. Michael gerecht zu werden. Hinzu käme, dass die Hofkapelle die besten Sänger forderte, die mit großem finanziellem Aufwand ausgebildet wurden. Schließlich würden die Chorknaben „wegen übertriebenen Geschrey" frühzeitig ihre Stimme verlieren und könnten nicht mehr zur Hofkapelle abgeschickt werden. Sie würden dann dem Seminar zur Last fallen, „aus welchem man sie doch nicht verstossen kann, weil sie in Churfrstl. Diensten sich unbrauchbar gemacht"[1173]. Der neue Kurfürst Karl Theodor ordnete am 30. März 1778 an, dass statt 200 fl. künftig 300 fl. aus dem Hofzahlamt ausbezahlt werden sollten.[1174]
Unter Inspektor P. Virgil Neuner hatten sich die Dienste der Hofkapellknaben derart ausgeweitet, dass er eine Eingabe machte. Es müssten nämlich 14 Seminaristen unterhalten werden, „indem neben den gewöhnlichen 10 noch 4 andere stets bereit sein müssen, damit, wenn einige von den obigen mitten unter dem Jahre ihre Stimme verlieren, sogleich ihr Plaz wieder besezt ist"[1175]. Die geringe Summe von 300 fl. würde in keinem Verhältnis zu den eigentlichen Unterhaltskosten der Sänger stehen, die Neuner mit 1000 fl. angab.
Im April des Jahres 1793 stellte der Musik- und Theaterintendant Graf von Seeau den Antrag an Inspekter D. Anton Acher, dass er zusätzlich 200 Gulden jährlich geben wollte, „wenn das Seminar zum Theater die Vokalisten für die Chöre bey allen Schauspielen herstelle". Die Musikproben könnten an den Rekreationstagen der Seminaristen gehalten werden, und Graf von Seeau fügte noch hinzu: „Die Knaben könnten dabey an gutem Geschmacke von der Musik vom Theater profitieren." Acher wollte auf diese Mehreinnahme lieber verzichten, da dadurch den betreffenden Seminaristen viel Studierzeit verloren ginge und „wegen dem oftmaligen Herumschweifen außer dem Hause, und allem den damit verbundenen bedenklichen Folgen, wegen der im Hause dadurch entstehende Unordnung"[1176] und überließ die Entscheidung der Schulkuratel. Am 27. April 1793 entschied die Schulkuratel, dass Inspektor Acher dem Intendanten zu eröffnen habe, dass „sich dessen Ansuchen zu verbitten hat", da „die hieraus fol-

---

[1173] BayHStA, GL Fasz. 2696/474.
[1174] Von den bewilligten 300 fl. waren allerdings noch 15 fl. „Conditions-Steur" abzuziehen; vgl. BayHStA, GL Fasz. 2696/474; StAM, Albertinum A 75. – Am 16. Mai 1778 bedankte sich Inspektor Holzinger im Namen aller Seminaristen für die jährliche Zulage von 100 fl.; vgl. StAM, Albertinum A 75.
[1175] BayHStA, GL Fasz. 2696/474.
[1176] Das Schreiben vom 11. April 1793 in: BayHStA, GL Fasz. 2698/484.

gen könnende Unordnungen, Seitengänge, Schwärmereien, und besonders der Zeitverlust in Bezug auf das Studieren solches keineswegs erlauben"[1177].

Der Dienst an der Oper sorgte 1799 für Beschwerden bei der Schuldeputation des Geistlichen Rates. Im vergangenen Jahr wären bei der Aufführung der deutschen Oper „Die Zauberflöte" von Wolfgang Amadeus Mozart im Hoftheater drei Seminaristen als Sänger eingesetzt worden. P. Virgil Neuner fragte an, „ob sich höchst dero Gesinnung auch auf eine jede Probe eines anderen Operetts, oder Hofmusik, als oft es nämlich einem Herrn Kapellmeister, oder anderen Hofsänger beliebt, unter der Schulzeit, und ohne einen zeitlichen Vorstand des Seminars deßwegen zu befragen, erstrecke"[1178]. In der Antwort der staatlichen Behörde wurde bestimmt, dass in Zukunft der Kommissar des Nationaltheaters Joseph Marius von Babo[1179] einen schriftlichen Antrag bezüglich der benötigten Seminaristen an das Inspektorat zu richten hätte. Der Inspektor sollte diese dann an die lateinische Schul- und Seminarkommission weiterleiten und weitere Verfügungen abwarten. Ein ähnliches Schreiben erging an Kommissar von Babo mit dem Hinweis: „Wir wählten hiezu um so lieber eure Person, als uns eure Bescheidenheit und Klugheit als selbst Studien Director hinlänglich bürget, daß unter eurer Leitung hierin gewiß alles übermaß in Abrufung der Seminaristen werde vermieden werden, - besonders iezt, wo das Ende des Schuljahres ohnehin schon mit starken Schritten nahet."[1180]

Die Seminaristen wurden auch zu Aushilfen in der Stiftskirche zu Unserer Lieben Frau bestellt. Am 17. Mai 1800 erging an das Inspektorat die Weisung, für den Gottesdienst an Christi Himmelfahrt alle Seminaristen mit dem Präfekten

---

[1177] BayHStA, GL Fasz. 2698/484.
[1178] BayHStA, GL Fasz. 2698/484. – Mozarts Oper „Die Zauberflöte" wurde am 11. Juli 1793 im Cuvilliés-Theater in München uraufgeführt; vgl. BOLONGARO-CREVENNA, L'Arpa Festante, 251; HOFMANN, MEINEL, Dokumentation der Premieren, 270; SCHIEDERMAIR, Deutsche Oper in München, 35f.; ZENGER, Geschichte der Münchener Oper, 66. – Zu Mozart (1756-1791) vgl. BAUERREIß, Kirchengeschichte Bayerns, Bd. 7, 341f.; HENZE-DÖHRING, Art. Mozart, Wolfgang Amadeus, in: NDB, Bd. 18, 240-246; KONRAD, Art. Mozart, (Joannes Chrysostomus) Wolfgang, Wolfgangus, Theophilus, Amadeus, in: MGG² P, Bd. 12, 591-758 ; MÜNSTER, »ich würde München gewis Ehre machen« Mozart und der Kurfürstliche Hof zu München; SCHMID, Art. Mozart, Wolfgang Amadeus, in: LThK³, Bd. 7, 512f.
[1179] Zu Joseph Marius von Babo (1756-1822) vgl. ADB, Bd. 1, 726f.; Bayerische Bibliothek, Bd. 3, 1202; BOSL, Bayerische Biographie, 37; GrBBE, Bd. 1, 83; HUFNAGEL, Berühmte Tote, 207f.; NIESSEN, Art. Babo, Joseph Marius (Franz) v., in: NDB, Bd. 1, 481; STOERMER, Verzeichnis der Mitglieder, 28.
[1180] BayHStA, GL Fasz. 2698/484; vgl. auch STUBENVOLL, Geschichte des Königl. Erziehungs-Institutes, 218.

zur Probe zu schicken.[1181] Ebenso sollten nach einer Aufforderung vom 24. Mai 1800 alle musikkundigen Seminaristen „am Pfingsttage um 12 Uhr den Gesang mitsingen helfen, und den Donnerstag zu vor den 29ten dieß um 2 Uhr der Probe in der Frauen Stiftskirche beywohnen"[1182], um den deutschen Pfingstfeiergesang aufführen zu können.

Ein besonderer Auftritt fand am Montag, den 13. Juli 1801 im Schloss Nymphenburg statt. Zur Aufführung der Kantate „Das Alexanderfest" sollten auf höchsten Befehl des Hofmusikintendanten Clemens Graf von Törring-Seefeld[1183] vom 5. Juli 1801 so viele Seminaristen zu den vorherigen zwei Proben abgeschickt werden, wie der Hofmusiker Johann Baptist Lasser benötigte.[1184]

Unterricht in Musik erhielten stiftungsgemäß nur Seminaristen der Domus Gregoriana. Im Jahr 1797 bat dagegen die Witwe des Organisten Stadler, der die Stelle eines Hof- und Stiftsorganisten besessen hatte, dass ihr Sohn am Orgelunterricht im Kurfürstlichen Seminar teilnehmen dürfe. Die Schulkuratel erteilte hierzu am 2. Dezember 1797 ihre Genehmigung, sofern das Seminar keine Einwände habe.[1185]

Im Schuljahr 1801/1802 fehlte ein Organist bei den Studentengottesdiensten. So erging ein Befehl an das Seminar, „einen im besagten Orgelschlagen wohl geübten Seminaristen zur Abhaltung der, für die Studenten zu haltenden, Gottesdienste abzuordnen"[1186].

Inspektor Neuner beklagte sich am 10. August 1801 über die weiter bestehenden musikalischen Verpflichtungen an den abgeschafften Feiertagen in St. Michael.[1187] „Das erste Fundationsgesetz, und Absicht der Durchlauchtigsten Stif-

---

[1181] Die Gesangprobe sollte am Dienstag vor Christi Himmelfahrt um 2 Uhr in der Stiftskirche Zu Unserer Lieben Frau stattfinden. Der im Schreiben genannte „Auffahrts-Gesang" und die entsprechende Melodie, die als beiliegend bezeichnet wurden, sind in der Akte nicht enthalten; vgl. StAM, Albertinum A 75.
[1182] StAM, Albertinum A 75.
[1183] Zu Clemens Anton von Törring-Seefeld (1725-1812) vgl. BOSL, Bayerische Biographie, 783; GIGL, Zentralbehörden, 85f.; GrBBE, Bd. 3, 1963; STOERMER, Verzeichnis der Mitglieder, 145.
[1184] Vgl. StAM, Albertinum A 75. – Bei dem hier als Kantate bezeichneten Stück „Das Alexanderfest" könnte es sich um die gleichnamige Ode in zwei Teilen von Georg Friedrich Händel (1685-1759) handeln, die er 1736 unter dem englischen Titel „Alexander's Feast or The Power of Musick" komponierte. – Zu seiner Person vgl. MARX, Art. Händel, Georg Friedrich, in: LThK³, Bd. 4, 1174; MARX, Art. Händel, Hendel, Handel, Georg Friedrich, in: MGG² P, Bd. 8, 509-638; REDLICH, Art. Händel, Georg Friedrich, in: NDB, Bd. 7, 438-441.
[1185] Vgl. BayHStA, GL Fasz. 2698/484; StAM, Albertinum A 76.
[1186] StAM, Albertinum A 75.
[1187] Kurfürst Maximilian III. Joseph hatte bei Papst Clemens XIV. (1769-1774) das Breve vom 16. Mai 1772 bewirkt, wonach zwanzig kirchliche Feiertage aufgehoben werden sollten, nämlich acht Apostelfeste, die Festtage für die Heiligen: Georg (23. April), Magdalena (22. Juli), Anna (26. Juli),

ter des hiesigen Churfürstl. Seminariums ist, daß sich die armen Studenten, und Alumni desselben besonders in den Wissenschaften vervollkommnen, und durch ihre erworbene Kenntnisse in denselben zu nützbare, und patriotische Männer bilden, von denen meist das Vaterland jene Dienste fodern kann, auf welche es schon izt durch den guten Unterricht derselben den gerechtesten Anspruch zu machen hofft." Neuner vergaß hierbei wohl, dass die aufgetragene Kirchenmusik in der St. Michaelskirche ebenso im Fundationsbrief von 1654 festgehalten wurde.[1188] Die an den ehemaligen Feiertagen nach wie vor zu leistenden kirchenmusikalische Dienste würden „ein nicht geringes Hinderniß des wissenschaftlichen Fortganges der Seminaristen ausmachen". P. Virgil Neuner bat, „eine Abänderung in soweit zu treffen [...], daß doch die Seminaristen an solchen Tägen sowohl vormittags als Nachmittags sich den gehörigen Schulstunden ungehindert widmen können"[1189]. Am 3. September 1801 berichtete Neuner über die 424 Kirchenmusikdienste, zu welchen die Domus Gregoriana in der St. Michaelskirche zu halten verpflichtet war, wofür das Haus jährlich 200 fl. erhielt.[1190] Wenn er diese Summe durch die Anzahl der eingesetzten Seminaristen teilte, die er mit 36 angab, käme auf jeden einzelnen nicht einmal ein Kreuzerstück als Verdienst. Aufgrund der von staatlicher Seite vorgenommenen Reduktion kirchlicher Feiertage, bat Neuner die an diesen Tagen zu haltenden Dienste – 73 an der Zahl – streichen zu dürfen.[1191] „Was die Miserere in der Fasten[-Zeit],

---

Laurentius (10. August), Michael (29. September), Martin (11. November), Katharina (25. November), Nikolaus (6. Dezember), Johann Evangelist (27. Dezember), Unschuldige Kinder (28. Dezember), sowie der Oster- und Pfingstdienstag. Zuvor hatte es 52 Sonntage, 53 übliche und 19 gebotene Feiertage (insgesamt 124 Sonn- und Feiertage) gegeben; vgl. BRITTINGER, Die bayerische Verwaltung und das volksfromme Brauchtum im Zeitalter der Aufklärung, 49-66; STAHLEDER, Chronik der Stadt München, Bd. 3, 301f.

[1188] Vgl. PUTZ, Domus Gregoriana, 331-338, hier 332; STUBENVOLL, Geschichte des Königl. Erziehungs-Institutes, 18-40, hier 21f.

[1189] Das Schreiben vom 10. August 1801 in: BayHStA, GL Fasz. 2835/1483; StAM, Albertinum A 75.

[1190] Was ein schriftliches Regulativ der Gottesdienste und der zu leistenden Kirchenmusik betraf, „welches zwischen S. T. Herrn von Flachsland, und Frigdian Greinwald Inspector, und Kirchenprobst zu St. Michael sollte verfasst worden seyn; kann ich [P. Virgil Neuner] zur Nachricht dienen, daß keine Regulativ vorhanden, sondern daß das ganze Regulativ zu dortigen Zeiten nur mündlich und wörtlich verabhandelt worden ist"; BayHStA, GL Fasz. 2835/1483.

[1191] Neuner listete die „Reduction der Feyertage und Kirchendienste" nach Monaten auf: Im Januar: „heil. Sebastiantag" (21.1.): 2 Dienste; im Februar: „Fest der 3 Japponeser" (5.2.): 2 Dienste, „Mathias-Fest" (24.2.): 3 Dienste; im März: „Anmerkung: in der Fasten wird allen Sonntag, Mitwoche, Freytagen ein Miserere gehalten. Nota: das Votiv Amt zu Ehren des heil. Xavers soll an einem Vakanztag oder vor der Schul gehalten werden"; im April: Osterdienstag: 2 Dienste, „Georgii Tag": 2 Dienste; im Mai: „Philippi und Jakobi" (1.5.): 3 Dienste, „heil. Kreutz Erfindung" (3.5.): 1 Dienst, „Michael Erscheinung" (8.5.): 1 Dienst, Johann von Nepomuk (16.5.): 1 Dienst; im Juni: Pfingstdienstag: 2 Dienste, „Nota. In der Fronleichnams Octav wird täglich früh um 7 Uhr ein Hochamt ge-

und überhaupt allen Gottesdienste anbelanget, habe ich nur noch zu erinnern, daß bey jedem Dienste, die Hochämter allein ausgenommen, jederzeit gemäß der Stiftung 40 Armen Bether gegen Bezahlung zu erscheinen haben, welche dann freylich auch des Allmosens dürftig werden."[1192] Schon Inspektor D. Frigdian Greinwald hätte über eine Reduzierung der Kirchenmusikdienste als damaliger Kirchenpropst und Offiziator bei St. Michael nachgedacht, doch hätten ihn davon die so genannten „Armen Beter", die von einer Stiftung unterhalten wurden, abgehalten.[1193]

In einem internen Gutachten vom 12. September 1801 zeigte sich Prentner erstaunt über die zahlreichen kirchenmusikalischen Dienste, die das Kurfürstliche Seminar allein in der St. Michaels-Hofkirche zu leisten hatte.[1194] Was die von Inspektor Neuner vorgeschlagene Streichnung von 73 Diensten betraf, war Prentner der Meinung: „Allein! Wir finden dieß noch für viel zu wenig: denn wozu die Lytaneyen und Oktaven von den Heiligen eines Ordens, der nicht mehr existirt? Oder die nachmittägigen Miserere, da selbe ohnehin in allen Pfarrkirchen gehalten werden?"[1195] Prentner setzte sich dafür ein, dass eine wei-

---

halten", Franz Regis (17.6.): 2 Dienste, „Nota. Am Vorabend von der Octav des heil. Fronleichnams die Vesper; so auch in Die Octava Corporis Xsti [= Christi] – Hochamt und um 3 Uhr Vesper", Herz Jesu Fest (20.6.): 1 Dienst, „fällt ein die Octav vom heil. Aloys; und am Vorfest um 3 Uhr Vesper, um ½ 8 Uhr die ganze Octav vom heil. Lytaney"; im Juli: Mariä Heimsuchung (2.7.): 3 Dienste, Maria Magdalena (22.7.): 3 Dienste, Jakobi Fest (25.7.): 3 Dienste, „Ignatzi Fest [30.7.]: am Vorfest Vesper, um 7 Uhr Lytaney, und die ganze Octav. Am Tag selbst Hochammt und Vesper"; im August: Maria Schnee (5.8.): 1 Dienst, Bartholomäus Fest (24.8.): 3 Dienste; im September: Matthäus Fest (21.9.): 3 Dienste, Cosmas und Damian (27.9.): 3 Dienste; im Oktober: Franz Borgias (16.10.): 3 Dienste, Simon und Judas Thaddäus (28.10.): 3 Dienste; im November: Martini Fest (11.11.): 3 Dienste, Stanislaus Kostka (13.11.): 3 Dienste, Mariä Opferung (22.11.): 3 Dienste, Katharina (25.11.): 3 Dienste, Andreas (30.11.): 3 Dienste; im Dezember: „Nota. Den 2ten fängt sich die Octav des heil. Franz Xaver mit Vesper, dann am Tage selbst Hochammt, Vesper, und um 4 Uhr achttägigen Lytaneyen an", Nikolaus (6.12.): 3 Dienste, Thomas (21.12.): 3 Dienste, Apostel Johannes (27.12.): 3 Dienste, Fest der Unschuldigen Kinder (28.12.): 2 Dienste; vgl. BayHStA, GL Fasz. 2835/1483.

[1192] BayHStA, GL Fasz. 2835/1483.

[1193] Vgl. BayHStA, GL Fasz. 2835/1483.

[1194] „Es ist wirklich zum Erstaunen, wenn man das gedruckte Verzeichniß der vielen Gottesdienste in der Ch. Hofkirche zum heil. Michael liest; denn es erläuft sich auf die enorme Summe von 424 Diensten, wo doch das ganze Jahr nicht mehr, als 365 Täge hat, und man sollte glauben, daß die jungen Leuthe sonst gar keine andern Geschäfte hätten, als sich immer nur auf ihre vielen Dienste zu exerzieren, und doch ist die wissenschaftliche Bildung vielmehr jene Grund Bedingung, warum der Staat Seminarien oder Pflanzschulen in ihrer Existenz erhalten wissen will"; BayHStA, GL Fasz. 2835/1483.

[1195] Was die Oktaven betraf, sei lediglich die Oktav zu Ehren des hl. Aloysius von Herzog Clemens gestiftet worden, wofür die Seminaristen 5 fl. und für das Votivamt 4 fl. erhielten; „für die Xaverische und Ignatz Noven wird zwar das nemliche bezalt, aber sie sind keine eigentlichen Stiftungen"; BayHStA, GL Fasz. 2835/1483.

tere Reduzierung der kirchenmusikalischen Dienste nötig wären, überhaupt „soll doch für alle Dienste als Hauptcanon festgesetzt werden, daß die Zeit in den nemlichen Augenblicke abgeändert werden müßte, als dieselbe der Frequentirung der öffentlichen Schulen entgegen stehet"[1196]. Nach Ansicht des Referenten Prentner wäre „Musik überhaupt ganz gewiß ein Theil der höhern Bildung, aber man rechne ja hiezu nicht die lateinischen Chormessen; in Burghausen bestund gewiß ein gut organisirtes Seminar, und gerade dieses hatte die Chor Musick nicht zu versehen; und warum sollte denn der deutsche Kirchengesang nicht die nemliche, oder noch beßre Dienste leisten?"[1197]

Da bis zum Schuljahresanfang 1801/1802 noch keine Anweisung ins Inspektorat eingegangen war, wie sich das Seminar in Bezug auf den Kirchendienst in St. Michael an den abgeschafften Feiertagen verhalten sollte, wandte sich P. Virgil Neuner erneut am 3. November 1801 an die Schulen-Deputation des Geistlichen Rates.[1198] Prentner wies in seinem Konzept „ad Intimum" darauf hin, dass die fünf abgewürdigten Feiertage 15 Kirchendienste ausmachen würden, nämlich jeweils am Vorabend eine Vesper und am Tag selbst ein Amt und Vesper. „Welcher Entgang von den öffentlichen Schulen? Und zugleich welche Unordnung, da für die übrigen Stadt-Studenten doch Schule gehalten wird."[1199]

Im Dezember 1801 beantragte Neuner noch einmal bei der Schulendeputation des Geistlichen Rates die Verminderung der kirchenmusikalischen Verpflichtungen, da er noch immer keine höchste Verhaltensregel empfangen hatte, und erhielt am 19. Dezember endlich zur Antwort, dass im künftigen Jahr eine allgemeine Verordnung bezüglich der aufgehobenen Feiertagen erlassen und somit dem Wunsch entsprochen werde.[1200] Kurfürst Maximilian IV. Joseph beschloss gleichzeitig im beigefügten Reskript vom 19. Dezember 1801, dass erstens alle Gottesdienste, die bisher während der Schulzeit gefeiert wurden, auf eine andere Zeit verlegt werden sollten. Zweitens wurde die von Neuner vorgeschlagene Reduktion von 73 Kirchendiensten genehmigt, ebenso eine weitere Reduzierung,

---

[1196] So sollte das Monatsamt der Bruderschaft vom guten Tod an jedem ersten Freitag, das um 9 Uhr gestiftet war, auf 7 Uhr verlegt werden, damit die Seminaristen den öffentlichen Unterricht von 8 bis 10 Uhr ungehindert besuchen konnten; vgl. BayHStA, GL Fasz. 2835/1483.
[1197] BayHStA, GL Fasz. 2835/1483.
[1198] Es betraf dies fünf abgeschaffte kirchliche Feiertage im November: Martin, Stanislaus, Mariä Opferung, Katharina und Andreas; vgl. BayHStA, GL Fasz. 2835/1483.
[1199] BayHStA, GL Fasz. 2835/1483; Schreiben vom 7. November 1801.
[1200] Vgl. BayHStA, GL Fasz. 2835/1483; StAM, Albertinum A 75. – Kurfürst Maximilian IV. Joseph erließ am 4. Dezember 1801 einen Erlass bezüglich der Feiertagsreduktion; vgl. BRITTINGER, Die bayerische Verwaltung und das volksfromme Brauchtum im Zeitalter der Aufklärung, 58.

welche die Schuldeputation gewünscht hatte, sofern sie sich nicht auf eine besondere Stiftung zurückführen ließen. Dem Provinzialkapitel des Johanniterordens wurde drittens aufgetragen, dass es „den armen Seminaristen dem ohnehin zu den gegenwärtigen Zeiten in keinem Verhältnisse stehenden Betrage von 200 fl. wegen dieser Reduktion, welche vielmehr zu desselben eignen Vortheil gereicht, etwas entziehen werde". Ein letzter Punkt gab der Schuldeputation den Auftrag, „Vorschläge, wie der Musik-Unterricht in den Seminarien überhaupt in eine zweckmäßigere Form gebracht und den Musik-Chören derselben eine ihrem Hauptzwecke mehr entsprechende Einrichtung in Zukunft gegeben werden könne"[1201] einzureichen.

Bereits am 20. Februar 1802 reichte Prentner seine Vorschläge bezüglich der Verbesserung des Musikunterrichts in den kurfürstlichen Seminaren und der Kirchenmusik ein, nachdem er zuvor Inspektor P. Virgil Neuner um seine Meinung gefragt hatte.[1202] Was den Singmeister im Münchener Seminar betraf, sei in der Person des Hofmusikers Johann Baptist Lasser ein guter Musiklehrer vorhanden. „Wenn Musik ein Vehikel zur höhern Kultur des Geschmackes seyn soll, so müssen vorzüglich gute Musikmuster gewählet werden; und hier wär leicht zuhelfen, wenn an die hiesige Musik Intendence der gnädige Auftrag ergienge, dem Titl. Hofmusicus Lasser der ohnehin im hiesigen Seminar Unterricht im Singen giebt, von den Hofmusikstücken von Zeit zu Zeit einige zum Exerciren zu übergeben, wo lezteren zu gleicher Zeit auch in die Pflicht genommen werden könnte damit nichts copirt oder abgeschrieben oder sonst verzogen werde und folglich der höchste Hof stets Alleinbesitzer, wie billig, sey und bleibe."[1203] Was die Musikchöre betraf, schlug Prentner vor, dass immer mehr und mehr der deutsche Kirchengesang eingeführt werden sollte.[1204] „Um die lästige Einförmigkeit zu hindern, könten auf die verschiedenen Feyerlichkeiten verschiedene eigens komponirte Gesänge gewählet werden. Wir haben daran keinen Mangel; die Vortheile hieraus wären mancherley: a) die Würde des Gottesdienstes würde erhöhet, b) die oft mehr tanzmässigen Theatralstücke, wo statt den Verliebten oft nur der unschiklichste Kirchentext untergestellt wird, würden

---

[1201] BayHStA, GL Fasz. 2835/1483; Reskript vom 19. Dezember 1801.
[1202] Das Schreiben Neuners vom 12. Februar 1802 in: BayHStA, GL Fasz. 2835/1483.
[1203] Dieser Vorschlag kam von Inspektor Neuner; vgl. BayHStA, GL Fasz. 2835/1483.
[1204] Bereits Neuner hatte die Einführung des deutschen Kirchengesangs gefordert; vgl. ebda.

verdränget[1205], c) in kleinen Provincialstädten und Marktfleken die Musik elend bestellet ist, giebt es ohnehin kein anderes Mittel, Ordnung und Anstand herzustellen als den deutschen Kirchengesang; d) allein eben so richtig ist es auch, daß mit der Zeit der Unterricht im Singen eben ein so nothwendiger Theil des Schulunterrichts auch auf dem Lande werden müsse, wie das Rechnen und Schreiben."[1206]

Die Vorschläge Prentners wurden am 18. März 1802 durch Kurfürst Maximilian IV. Joseph genehmigt. Erstens wurde festgestellt, dass im Münchener Seminar „zwar durch sehr geschikte Lehrer in allen Theilen der Musik ein wohlgeordneter Unterricht ertheilet werde", doch fehlten neuere Musikstücke. Der Kurfürst erließ eine Weisung an den Intendanten der Hofmusik Graf von Törring-Seefeld, „daß das Seminar nach dem Vorschlag unsers geistlichen Rathes mit guten Musikstüken aus unserer Hofkapelle von Zeit zu Zeit unterstüzt oder im Falle erhebliche Bedenken dagegen vorhanden wären, ein anderer zweckmässigerer Vorschlag zu diesem Ende von selbem übergeben werden soll". Zweitens wurde bemängelt, dass in anderen Seminaren fähige Musiklehrer fehlen würden. Oft würden die finanziellen Mittel hierzu fehlen. Zur Verbesserung der Mängel sollten Vorschläge unterbreitet werden, aber „einsweil wenigst der deutsche Kirchengesang in jenen äußern Seminarien eingeführt werden". Drittens genehmigte der Kurfürst zur Verbesserung der Musikchöre, „daß zur Vermeidung lästiger Einförmigkeit für die verschiedenen gottesdienstlichen Feierlichkeiten verschiedene Kirchengesänge eigens komponirt werden sollen". Dem Geistlichen Rat wurde empfohlen, auf die Reinheit und Würde der Texte und auf Einfachheit und leichte Aufführbarkeit der Kompositionen zu achten. Es sollten nur solche Musikkünstler bestellt werden, deren musikalischen Kenntnisse bekannt seien

---

[1205] P. Virgil Neuner schrieb hierzu: „[...] man wählet ja oft auf manchen Musik-Chören Stüke, die einem deutschen Tanze ganz ähnlich sind, und vielmals einige von Theater-Stüken ausgewählt, mit einem lateinischen Meß- oder Lytaney Text unterschrieben in den Kirchen-Chören producirt werden; - ja, was noch mehr ist, so wagt man sich manchmals an solche Musik-Stüke, derer gute Ausführung über ihre Kräfte ist, so daß dem zur Andacht versammelten Volke nicht selten halblautes Gelächter abgenöthiget wird, oder Verwirrung, und Zerstreuung die unvermeidliche Folge ist"; BayHStA, GL Fasz. 2835/1483.

[1206] BayHStA, GL Fasz. 2835/1483; Schreiben vom 20. Februar 1802. – Neuner hatte vorgeschlagen, dass zunächst die Schullehrer selbst gründlichen Musikunterricht erhalten sollten, „damit sie dann erst ihre Zöglinge beyderley Geschlechts, nebst der Lese, und Schreibkunst auch in der Singkunst, nach einer vollständigen leicht faßlichen Anleitung zur Singkunst unterrichten könnten". Hierzu schlug er die Veröffentlichung des Hofsängers Johann Baptist Lasser, „Vollständige Anleitung zur Singkunst", aus dem Jahre 1798 vor, die von Musikexperten empfohlen wurde; ebda., Schreiben vom 12. Februar 1802.

und die den Beifall von Musiksachverständigen fänden. Die vierte Bestimmung betraf die Kirchenmusik in kleineren Provinzstädten und Marktflecken, „wo die Kirchenmusik ohnehin meistens unvollständig und elend bestellt ist". Hier war es die höchste Absicht, die Instrumentalmusik durch den deutschen Kirchengesang zu ersetzen. Schließlich traf der Kurfürst fünftens die Verfügung, „daß der Unterricht im Singen sowohl in den zu errichtenden Schullehrerseminarien eingeführt, als überhaupt zu einem wesentlichen Theile des allgemeinen Schulunterrichts erhoben werde"[1207].

Am 26. März 1802 erhielt Intendant von Törring-Seefeld die Anweisung, „daß die Kapellmeister jedes Mal am Schluße ihrer Wochen die zum Unterrichte der Kapellknaben nöthigen Stimmen aller jener Musikstüke, die sie in ihrer nächst kommenden Dienstwoche auflegen werden, dem Singmeister einhändigen, eben so die partes der Konzertsänger auf Ersuchen unverweigerlich sollen ausfolgen lassen" und dass er Musikstücke aus der Hofkapelle an den Singmeister des Seminars, den Hofmusiker Johann Baptist Lasser, gegen Bescheinigung ausleihen sollte. „Zugleich ist sowohl dem Hofsänger Lasser, als dem Inspektor des Seminars der geschärfte Auftrag zu machen, und das Handgelübd von ihnen abzufodern, daß von den ausgefolgten Hofmusikalien hievon nichts kopiert, verdorben, oder zu einem andern Gebrauch angewendet werde." Dazu wurde noch die Weisung angehängt, „daß die Singknaben in prima vista-lesen vorzüglich geübt werden sollen, damit gegenwärtige Verfügung keinen Anlaß gebe, daß sie hierin zurückbleiben"[1208].

Dem auf P. Virgil Neuner nachfolgenden Inspektor Anton Zistelsberger schien die Reduzierung der Kirchendienste in St. Michael noch nicht genug gewesen zu sein, denn am 31. Januar 1803 schrieb dieser mit äußerst nüchternen Worten an das Generalschul- und Studiendirektorium: „Die zahllose Menge der Vespern in der hohen Maltheser-Ritterordens-Kirche, die samsttägigen Lytaneyen in eben dieser – und der Seminar-Kirche, wie viele Stunden rauben sie nicht dem studierenden Jüngling, deren großen Werth und nützliche Verwendung man ihm im-

---

[1207] StAM, Albertinum A 76. – Eine erste Lehrerbildungsanstalt wurde am 24. Februar 1803 in München eröffnet; vgl. VIERLING-IHRIG, Schule der Vernunft, 40. – Zur Geschichte des Lehrerseminars vgl. HÜTTNER, Von der Normalschule zum Lehrerseminar. Die Entstehung der seminaristischen Lehrerbildung in Bayern (1770-1825).

[1208] BayHStA, GL Fasz. 2835/1483; StAM, Albertinum A 76. – Am 3. April 1802 erging von der Geistlichen Rat Schulendeputation an Präfekt Johann Baptist Schmid die Aufforderung, „daß er sich zur Ablegung des Handgelübdes bei dem churfürstl. Hofmusikintendanten Titl Graf von Törring-Seefeld zu stellen habe"; ebda.

mer ans Herz zu legen so sehr sich bemüht. So großen Nachtheil diese zwecklosen Kirchenverrichtungen, bey denen Höchstens die stupideste Menschenklaße und allenfalls auch der gedungene Lohnbetter sich einfindet, den Studien bringen; gewiß einen nicht minder beherzigungswerthen können sie auch für die Gesundheit der Zöglinge haben. Um 4 Uhr tretten sie aus dem Schulhause, um sogleich in die Maltheser Kirche zu eilen. Von da gehts in die Seminar Kirche und zuletzt ins Herzog-Spital. Dürfte da das Physische nicht auch zugleich mit dem Geiste leiden, durch angestrengtes Singen, durch ermüdendes Blasen?"[1209] Zistelsberger bat daher, dass die Litaneien an Samstagen in der St. Michaels- wie in der Seminarkirche ganz abgeschafft und die Vesperdienste in der Malteserordenskirche bis auf 34 weiter reduziert werden dürften.

Der Administration der Malteserkirche kam die Abschaffung von liturgischen Diensten nur gelegen, da Administrator von Schneid am 6. Juli 1803 schrieb: „Die unzweckmässigen Andächteleien, wie Vespern in Menge, und Litaneyen ohne Zahl, Geburten der Lojalitischen Gesellschaft, waren ihrem Plane zweckmässig, und dem damaligen Zeit-Geiste, der von ihr ausging, angemessen, als heilige Mittel zur Glückseligkeit des Volks erkläret, um aber durch den progressiven Aufschwung der Vernunft von dem größern Theil der Gemeinde für unnöthig erkannt, werden diese Andachten nur von wenigen alten Mütterchen, und von denen gedungenen Lohnbettern (eine wahre Satire auf die Andacht der Kristen) besucht, folglich wird ihre Verminderung bis auf die eigentlich gestifteten Lytaneien, leiden; wenn diese Stiftung keine wohlthätigere Umwandlung erhalten kann, der Reinheit der Religion, und der Wesenheit des Gottesdienstes unnachtheilig seyn."[1210] Ob mit der Abschaffung liturgischer Dienste aber auch alle anderen Kapitelsmitglieder einverstanden wären, darüber wollte von Schneid nicht urteilen. Am 4. August 1803 erklärte Statthalter Morawitzky, dass das Großpriorat „mit großem Vergnügen" der Verminderung von Andachten zustimmen werde. Die Genehmigung hierzu erteilte das Generalstudiendirektorium am 9. August 1803. „Dem zu Folge hören in oben erwähnter Kirche, von dem Ende des gegenwärtigen Schuljahres angefangen, sämmtlich samstägige Lyta-

---

[1209] BayHStA, GL Fasz. 2835/1483.
[1210] BayHStA, GL Fasz. 2835/1483. – Die jährliche Gratifikation in Höhe von 200 fl. für die geleisteten kirchenmusikalischen Dienste in der St. Michaelskirche sollte dem Kurfürstlichen Seminar weiter gewährt werden, da „bei dessen Bestimmung weder die zweckmässige, noch zwecklose Zahl der Kirchen-Andachten genau in Berechnung wäre gezogen worden" seien; ebda.

neien gänzlich auf [...]"[1211]. Von den bisher bestandenen Vespern an Vorabenden und an Festtagen selbst sollten nur diejenigen erhalten bleiben, die Inpektor Anton Zistelsberger in einer Bittschrift benannt hatte. Von 424 kirchenmusikalischen Diensten blieben in St. Michael noch 251 übrig. Somit war ein erster großer Schritt zur Beendigung der über zweihundert Jahre lang geleisteten Kirchenmusikdienste durch die Domus Gregoriana getan. Bis zur gänzlichen Abschaffung unter Direktor Benedikt von Holland 1811 war es nicht mehr weit.

1805 hatte sich der Mangel an musiktauglichen Kandidaten derart bemerkbar gemacht, dass sich Inspektor Zistelsberger an das Generalschul- und Studiendirektorium wandte. „Wenn das Churfürstliche Studenten Seminar nach dessen Bestimmung auch jene Jünglinge noch unter den Zöglingen zählen soll, welche die Hofkapelle und andere öffentliche Zeremoniendienste nebst dem Churfürstlichen Hoftheater, mit Gesang versehen, so ist gerade itzt der Zeitpunkt, wo dieses Bedürfniß einer Hemmung ausgesetzt zu werden scheint." So befänden sich viele Singknaben gerade im Stimmbruch und die übrigen reichten nicht aus, die Musikdienste zu verrichten. Für das kommende Schuljahr hätten sich bislang erst drei taugliche Kandidaten zur Aufnahme ins Seminar gemeldet. Anton Zistelsberger erbat vom Generalschul- und Studiendirektorium eine Entschließung, „wie groß die Anzahl der Zöglinge für die Zukunft seyn soll, ob, und welche von den schon vorhandenen Zöglingen, oder bey zubehalten, oder zu entlassen wären, indem die Umstände des Seminars allerdings eine Abänderung in dieser Hinsicht heischen"[1212] würden.

Ende Juli 1805 beantragte das Generalschul- und Studiendirektorium beim Administrationsrat der Kirchen und milden Stiftungen eine gemeinsame Konferenz zur Behebung des Mangels an Singknaben. Vorab unterbreitete die Behörde bereits ihre Vorschläge. Zu allererst wurde, was das Fehlen brauchbarer Singknaben betraf, festgestellt, dass „dieser nun allgemein eintrettende Mangel sehr wahrscheinlich eine Folge der allgemeinen Kloster-Seminarien-Aufhebung sein mag". In den noch vorhandenen Studentenseminaren, in denen bereits ein Gesanglehrer bestellt worden war, sollte „vorzüglich denjenigen Knaben, welche sich in den Elementar- und untersten Gymnasialklassen bei dem daselbst eingeführten Schul- und Kirchen-Gesange nach dem Urtheile der aufgestellten Musiklehrer durch besonders reine Stimmen und gutes Kunstgehör auszeichnen, ein

---

[1211] Vgl. BayHStA, GL Fasz.
[1212] Das Schreiben vom 26. Juli 1805 in: BayHStA, GL Fasz. 2700/494.

ganz unentgeldlicher Zutritt gestattet werden. Zusätzlich könnte diese Bestimmung, die eigentlich nicht neu war, öffentlich bekannt gemacht werden. In einem zweiten Punkt sollte beim Kurfürsten selbst oder bei der Hofmusikintendanz ein Ersatz für die 1804 eingezogenen Gratialien beantragt werden, um die Ausbildung der Hofkapellsingknaben, die auch im Hoftheater eingesetzt wurden, finanzieren zu können. Drittens war die staatliche Stelle der Meinung, dass für die Singknaben, die in den Stimmbruch kämen, „noch ferner menschenfreundlich gesorgt" werden sollte.

Was nun die Verminderung der Seminaristen betraf, um das Defizit in der Jahresrechnung der Domus Gregoriana von 4645 fl. 55 kr. zu beseitigen, sollten am Ende des Schuljahres die acht Zöglinge entlassen werden, die durch den Kurfürsten zur unentgeltlichen Aufnahme bestimmt worden waren. Die Entlassung sollte solange dauern, „bis Seine kurfürstliche Durchlaucht entweder einen hinlänglichen Ersatz für die eingezogenen Gratialien, wovon allein ehedem die von den Durchlauchtigsten Landesfürsten in das Seminar eingewiesenen Zöglinge verpflegt worden sind, gnädigst zu bewilligen, oder für jedes dieser Individuen das volle Kost- und Bettgeld zu bezahlen gnädigst geruhen werden". Für jeden Zögling sollten 131 fl. gezahlt werden.[1213] Es wurde noch der Vorschlag unterbreitet, von den Konviktoren ein erhöhtes Kostgeld zu verlangen, da sie den Privatunterricht im Seminar unentgeltlich erhalten würden. Dadurch sollte „noch ferner mancher Hoffnungsvoller armer Jüngling nebenher zur Ertheilung jenes Unterrichts, zugleich aber auch zur rühmlichen Fortsetzung seiner Studien unentgeldlich daselbst verpflegt werden, weil sonst auch die talentreichsten Söhne armer Aeltern von jeder Theilnahme an diesen vaterländischen Unterrichts- und Erziehungs-Instituten gänzlich entfernt bleiben dürften"[1214].

Nach 1800 trat schließlich ein Wandel des Stellenwertes der Musik ein. Von der Königlichen Bayerischen Landesdirektion wurde am 7. August 1806 die Anweisung an den neuen Inspektor Lambert Knittelmayr[1215] erlassen, dass nach höchstem Reskript vom 25. Juni 1806 verordnet wurde, „daß die Vaterländischen Studenten-Seminare künftig wieder ihrem ursprünglichen Hauptzwecke gemäß als Erziehungs-Häuser dürftiger Kandidaten des gelehrten Standes behandelt, und

---

[1213] Die Summe von 131 fl. setzte sich zusammen aus 125 fl. Kostgeld und 6 fl. Bettgeld; vgl. BayHStA, GL Fasz. 2700/494.
[1214] Das Schreiben vom 31. Juli 1805 in: BayHStA, GL Fasz. 2700/494.
[1215] Knittelmair war Anfang des Jahres 1806 zum Inspektor ernannt worden; vgl. BayHStA, GL Fasz. 2699/489.

wenn bei irgend einem dieser Institute durch erlittene Einziehung oder Verminderung seines Stiftungsfonds ein Defizit bestünde, für diesem Entgang ein Postulat bei dem künftig zuerhöhenden Etat der lateinischen Schulen zum Surrogate angesetzt werden dürfte"[1216]. Weiter hieß es, dass nach „allerhöchsten Rescript §§ 9 und 10 der Music-Unterricht nur als Untergeordneter Zweck dieser Anstalten betrachtet, und jede Kollision zwischen dem untergeordneten und dem Hauptzwecke beseitiget [...]"[1217] werden sollte.

In einem Schreiben an die Königliche Hofmusik-Intendanz vom 28. Januar 1807 wurde der neue Grundsatz als Bildungsziel ausgesprochen, „daß Musick, und derselben Unterricht nur als ein untergeordneter Zweck des hiesigen Studenten Seminars betrachtet werden könne"[1218]. Da seit drei Jahren die Gratialien ausgefallen wären, könnte das Königliche Erziehungsinstitut die Ausbildung der Sänger unmöglich auf Kosten des Seminarfonds leisten. Es stünde an, eine Vergütung im Verhältnis zum Aufwand auszumitteln. Erstens würde das Haus zusätzlich zehn Seminaristen unterhalten, die zur Hofkapelle, zur Kammermusik und zum Theater abgeschickt werden müssten. Zweitens müssten schon vollkommen ausgebildete Musiker abgegeben werden. „Da nun wie ehehin nicht sogleich taugliche Knaben mehr zu bekommen sind, so müssen wenigst immer 2 überzählige unterhalten werden, die einsweilen den zum Nachrücken nöthigen Unterricht erhalten." Drittens gehe der Seminarökonomie ein nicht geringer Schaden zu, da die Knaben bald zur k. Kammermusik, bald zum k. Theater geschickt würden und ihnen daher sehr oft nachts um halb zehn oder auch zehn Uhr das Essen gerichtet werden müsste. Schließlich würde viertens das Seminar solche Sänger „zu einiger Belohnung und quasi Pensionierung" auch nach dem Stimmbruch weiter versorgen. Aus all dem würde sich ergeben, dass für die Musikdienste bei der Hofkapelle, die allein schon 238 Dienste pro Jahr ausmachten,

---

[1216] StAM, Albertinum A 66. – Die Einschränkung auf bedürftige „Kandidaten des gelehrten Standes" setzte eine soziale Schranke, die im Fundationsbrief von 1654 nicht vorgesehen war, wo es allgemein hieß, dass vor allem Söhne armer bayerischer Untertanen aufgenommen werden sollten; vgl. PUTZ, Domus Gregoriana, 333; STUBENVOLL, Geschichte des Königl. Erziehungs-Institutes, 27.
[1217] StAM, Albertinum A 66.
[1218] BayHStA, GL Fasz. 2700/494. – Der neue Stellenwert der Musik wurde in einem weiteren Reskript vom 29. Dezember 1806 wiederholt; vgl. BayHStA, GL Fasz. 2700/494. – Inspektor Knittelmair wurde daher vom Administrationsrat der Kirchen und milden Stiftungen am 16. Januar 1807 aufgefordert, ein Verzeichnis der Musikdienste, die von den Seminaristen in der Hofkapelle, in der Malteser- und in der Herzogspitalkirche geleistet werden mussten, einzusenden; vgl. BayHStA, GL Fasz. 2700/494.

ein Entgeld von 1200 fl. angemessen wäre.[1219] Bei der Kammermusik waren im Jahr wenigstens zwölf Konzerte mit Proben und beim Theater, wo die Zahl der Produktionen und Proben sich wenigstens auf sechzig pro Jahr beliefen, zu leisten. Allein bei der jüngst aufgeführten Oper „Iphigenie in Aulis" von Christoph Willibald von Gluck[1220] hätten schon vierzehn Proben stattgefunden, von der jede an die vier Stunden gedauert hätte. So kämen insgesamt 308 Musikdienste zustande, für die statt der jährlich 285 fl. mit dem neuen Etatjahr 1806/1807 wenigstens 1200 fl. verlangt werden sollten, zumal die Unterhaltung von nur fünf Zöglingen allein schon 1050 fl. betragen würde.[1221]

Im Antwortschreiben meinte Intendant Clemens Graf von Törring-Seefeld, dass die Hofmusik-Intendanz neben der Vergütung von 285 fl. an das Seminar noch jährlich 300 fl. für den Singmeister Benedikt Schack[1222] ausgeben müsste. Außerdem würden die Singknaben alle zwei Jahre neue Mäntel erhalten, was jedes Mal 200 fl. kosten würde. Er wollte die Entscheidung über eine höhere Vergütung dem König überlassen.[1223] Der Administrationsrat entgegnete am 13. Februar 1807, dass er von der Forderung der 1200 fl. nicht abstehen könnte. Dagegen wollte man auf die alle zwei Jahre abgegebenen blau tüchernen Mäntel verzichten und keine weiteren Forderungen für Konzerte und Theaterdienste stellen. Clemens Graf von Törring-Seefeld versicherte am 18. Februar, dass die Hofintendanz außer Stande sei, den jährlichen Betrag von 1200 fl. zu leisten. Was die Dienste bei den deutschen Singspielen und italienischen Opern betref-

---

[1219] Nach der Spezifikation der Hofdienste von Knittelmair vom 23. Januar 1807 ergaben sich die 238 Kirchendienste in der Hofkapelle aus „75 Hochämter, 2 Requiem, 56 Vespern, 50 Lytanien, 16 Miserere, 6 Stabat Mater, 1 Te Deum, 1 Auferstehungs-Musik und 31 Anniversaria cum Requiem"; BayHStA, GL Fasz. 2700/494. – Als Quelle nannte Knittelmair das „Dienstverzeichnis der königl. Hofkapelle"; ebda.

[1220] Zu dieser Oper, die zum Namenstag der Königin Karoline am 27. Januar 1807 aufgeführt wurde, vgl. BOLONGARO-CREVENNA, L'Arpa Festante, 257; MENGER, Art. Iphigenie in Aulis, in: Das große Lexikon der Musik, Bd. 4, 200f. – Zu Gluck (1714-1787) vgl. BOSL, Bayerische Biographie, 259; CROLL, BRANDENBURG, RICHTER, Art. Gluck, Christoph Willibald, Wilibald, in: MGG² P, Bd. 7, 1100-1160; SANDBERGER, Christoph Willibald Ritter Gluck und die Wittelsbacher, in: ZBLG 12 (1939 u. 1940), 209-243; SCHMID, Art. Gluck, Christoph Willibald Ritter v., in: NDB, Bd. 6, 466-469.

[1221] Das Schreiben des Kirchenadministrationsrates vom 28. Januar 1807 in: BayHStA, GL Fasz. 2700/494. – Inspektor Knittelmair hatte zuvor in seinem Brief vom 24. Januar 1807 den Vorschlag unterbreitet, künftig 1000 bis 1200 fl. für die Musikdienste zu verlangen; vgl. ebda.

[1222] Benedikt Schack (1758-1826) folgte dem Ruf des Hofmusik- und Theaterintendanten Joseph Graf von Seeau nach München, wo er 1796 am Hoftheater angestellt wurde. Später wurde er noch als Hofsänger eingesetzt. – Zu seiner Person vgl. StAM, RA Fasz. 755/13062; BRANSCOMBE, Art. Schack, Benedikt (Emanuel), in: MGG² P, Bd. 14, 1155-1157; GrBBE, Bd. 3, 1692; LIPOWSKY, Baierisches Musik-Lexikon, 297-302.

[1223] Das Schreiben vom 7. Februar 1807 in: BayHStA, GL Fasz. 2700/494.

fen würden, so sollte sich der Administrationsrat direkt an die Hoftheaterkasse wenden.[1224]

Inspektor Knittelmair stellte am 18. November 1807 an die Königliche Landesdirektion von Bayern den Antrag, einen zweiten Gesanglehrer gegen ein monatliches Honorar von 6 fl. anstellen zu dürfen.[1225] Die Genehmigung hierzu erhielt das Königliche Erziehungsinstitut für Studierende am 24. November 1807.[1226] Knittelmair ging in einem weiteren Schreiben vom 19. Februar 1807 auf die Theaterdienste einiger Seminaristen ein. Jeder Singknabe hätte für eine Probe 15 kr. und für die Aufführung des Stückes selbst 30 kr. erhalten. „Von diesem Verdienste kammen 4 fünftheile dem Sänger selbst zu gute; das übrige fünftheil floß in die, von der Seminarkassa getrennte, so genannte Musikkassa, welche bisher der Seminar-Präfekt unter sich hatte, und woraus verschiedene Musikbedürfnisse, besonders Musikalien bestritten, und beygeschaft wurden"[1227]. Knittelmair gab zu bedenken, wie nachteilig der Theaterdienst für die Seminaristen wäre, da sie oft vier bis sechs Stunden am Tag vom Studieren und sogar vom Schulbesuch abgehalten werden würden. Er bat daher auch, dass die Singknaben wenigstens nicht während der Schulzeit zu Theaterdiensten abgerufen werden dürften.[1228]

Am 28. Januar 1807 verfasste der Kirchenadministrationsrat auch einen Brief an das Malteserordens-Provinzialkapitel mit ähnlichem Inhalt, „daß die Zöglinge in dem Studenten Seminar nicht für das Personalbedürfnüß der mit dem Erziehungs Institute in gar keinen Verband stehenden Malteser Kirchen Musik auf Kosten des Seminarfonds gebildet werden können"[1229]. Nach einem Verzeichnis müssten das Jahr hindurch 146 kirchenmusikalische Dienste geleistet werden, wozu wenigstens 27 Seminaristen nötig wären.[1230] Inspektor Knittelmair schlug

---

[1224] Vgl. BayHStA, GL Fasz. 2700/494.
[1225] Bereits am 28. April 1807 teilte Knittelmair der Königlichen Landesdirektion von Bayern mit, dass Singmeister Benedikt Schack, der täglich eine Stunde Singunterricht zu halten hatte, im Durchschnitt nur vier Mal zum Unterricht erscheinen würde; vgl. StAM, RA Fasz. 755/13062.
[1226] Vgl. StAM, RA Fasz. 755/13062.
[1227] BayHStA, GL Fasz. 2700/494.
[1228] Das Schreiben vom 19. Februar 1807 in: BayHStA, GL Fasz. 2700/494.
[1229] BayHStA, GL Fasz. 2700/494.
[1230] Nach einer Aufstellung des Chorpräfekten Johann Baptist Schmid vom 21. Januar 1807 wären in der Malteser-Hofkirche 27 Sänger und Musiker nötig: 5 Sopranisten, 5 Altisten, 3 Tenöre, 3 Bassisten, 6 Violinspieler, 2 Altviolspieler, 1 Violonspieler und 2 Cornuspieler. An besonderen Ordensfesten würden noch zusätzlich benötigt: 1 Oboe, 2 Flauto traverso, 1 Clarino und 1 Pauke, zusammen also 32 Seminaristen. Er merkte noch an: „Noch vor 4 und 3 Jahren war das Musick Personale von den Seminaristen, meistens 44 und 50 Köpfe stark, und den jetzigen Abstand erkennt jeder gleich beym Eintritte an der Schwäche der Musick"; BayHStA, GL Fasz. 2700/494. – Inspektor Knittelmair schlug da-

für diese 146 Dienste vor, statt der bisher bezahlten 200 fl. künftig die angemessenere Summe von 1048 fl. zu verlangen.[1231] In der Anmerkung berichtete er noch von 12 so genannten „Forstenrieder-Aemter" und von den Gesängen „Pangelinqua"[1232] bei der Guten-Tod-Andacht, welche aber die genannte Bruderchaft bestreiten sollte.[1233]

Da das Malteserordens-Provinzialkapitel „bis zur Stunde noch keine Erklärung anher abgegeben hat"[1234], wurde am 13. Februar 1807 ein Termin von drei Tagen gesetzt, um eine Antwort abzugeben. Am 14. Februar 1807 schrieb der Statthalter des bayerischen Provinzialkapitels des hohen Malteser- oder Johanniterordens, Graf Morawitzky, dass für die Vermögensverwaltung der Kirche die Administration über die herzoglich bayerischen Großprioratsgüter zuständig wäre. Ferner hätte das Provinzialkapitel mit Ausnahme des feierlichen Hochamtes am Ordensfest des hl. Johannes als einem ohnehin gebotenen Feiertag alle besonderen Feierlichkeiten jedes Mal bezahlt.[1235]

Der Protest des Administrators der herzoglichen Großprioratsgüter von Schneid[1236] blieb nicht aus. Die Summe von jährlich 1048 fl. könnte unmöglich aus Kirchenmittel aufgebracht werden. Zugleich erlaubte sich von Schneid mit Recht „einen Rückblick in die Vergangenheit zurückzuwerfen", woraus sehr wohl die Verbindlichkeit des Kurfürstlichen Seminars zu seinen kirchenmusikalischen Diensten in der St. Michaelskirche deutlich werden würde. „Die Durchlauchtigsten Regenten Baierns, Herzog Wilhelm [V.], und Maximilian der Erste, welche durch Erbauung dieses erhabenen Monuments ihres Eifers für die reinste Gottes-Anbetung zugleich auch auf die Verherrlichung des öffentlichen Gottesdienstes ihre Vorliebe darlegen: und verewigen wollten, überliessen damals den

---

gegen die Zahl von 24 Seminaristen vor, die in Zukunft den kirchenmusikalischen Dienst in der Malteserkirche St. Michael leisten sollten; vgl. ebda.

[1231] Auf die vorgeschlagene Summe von 1048 fl. für 146 Musikdienste kam Knittelmair wie folgt: das Seminar sollte für die wenigstens 24 angenommenen Seminaristen für 79 Hochämter (pro Kopf 20 kr. angeschlagen) 632 fl., für 38 Vespern (pro Kopf 15 kr.) 228 fl., für 19 Litaneien (pro Kopf 15 kr.) 114 fl., für 3 Requien (pro Kopf 20 kr.) 24 fl., für 3 Vigilien (pro Kopf 15 kr.) 18 fl., für 3 Metten in der Karwoche (pro Kopf 20 kr.) 24 fl. und für eine Grab- und Auferstehungsmusik (pro Kopf 20 kr.) 8 fl. erhalten; vgl. BayHStA, GL Fasz. 2700/494.

[1232] Eigentlich „Pange, lingua". – Der lateinische und deutsche Text des Liedes in: ADAM, Te Deum laudamus, 68-71.

[1233] Vgl. BayHStA, GL Fasz. 2700/494. – Zur Bruderschaft mit dem Namen „Das hl. Kreuzverbündnis um einen guten Tod" vgl. FORSTER, Das gottselige München, 263f.

[1234] BayHStA, GL Fasz. 2700/494.

[1235] Vgl. BayHStA, GL Fasz. 2700/494.

[1236] Zu Desiderius von Schneid vgl. GIGL, Zentralbehörden, 150f.

Vätern der Loyolitischen Sozietät die Errichtung des Seminars, worinn nebst der Bildung der Tugend, auch die Verrichtung des Musik-Dienstes in diesem herrlichen Tempel der seltensten Bauschönheit ein Mitzweck der Stiftung war." Die Herzöge hätten sogar dem Seminarmusikdienst vor der eigenen Hofmusik den Vorzug gegeben. „So wurde seit länger, denn einem Jahrhundert bei allen feierlichen Gottesdiensten, die freilich der Geist des andächtigen Zeitalters unnöthig, oft schädlich vermehrte, der Musikdienst in dieser Kirche von dem Seminar, als ein demselben schon ursprünglich aufgelegte Dienstobliegenheit versehen, und so wurde der Gottesdienst in dieser Kirche durch die Zunahme der Stadt-Bevölkerung immer wesentlicheres Bedürfniß, da die Pfarrkirchen der Stadt, die Zahl der Andächtigen nicht mehr fassen konnten." Vor einigen Jahren wären schon mehrere überzählige Vespern und Litaneien mit Erlaubnis des Schuldirektoriums gestrichen, und so um die Zahl von 100 Kirchenmusikdiensten erleichtert worden. „Noch könnten Lytaneien und Vespern als zum Gottesdienst uneigentlich, und dem Publikum entbehrlich, theils ganz ausgestrichen, theils noch mehr gemindert werden." Und weiter hieß es: „Wenn das Publikum zu zahlreich, um dem feierlichen Gottesdienst an Sonn- und Fest-Tagen in denen zwo Stadtpfarrkirchen beiwohnen zu können, nicht zum Theil genöthiget: größtentheils aber durch die Herrlichkeit des Gotteshauses, und durch die ununterbrochene Fortsetzung der feierlichen Gottesdienste hierinn nicht angewöhnt wäre, so würde es dem Großpriorate gleichgiltig seyn können, ob das Seminar dem zweiten Zweck seiner Existenz getreu bleiben wolle, oder nicht, weil des Herrn Großpriors königliche Hoheit nur das Ordensfest hierinn zu halten – zu einem weitern aber, wohin das Stiftungs-Vermögen nicht zureichend, nicht verbunden sind, auch nicht verbunden werden können." Da die Einkünfte der Kirche bei jährlich etwa 4700 fl. und die Ausgaben bei 4300 fl. lägen, würde sich die Unmöglichkeit der Forderung von 1048 fl. von selbst ergeben. Sollte es nun Wunsch seiner königlichen Majestät sein, die Verbindlichkeit der Kirchenmusikdienste zu beenden, so erbat Administrator von Schneid, „der Kirche den Seminar-Musik-Dienst noch für dieses Studienjahr zu belassen, um mittler Weile eine andere dem Publikum nicht so auffallende – und die Großpriorats-Kirche nicht so schnell herabwürdigende Verfügung einschlagen zu können"[1237]. Dafür sollte das Kurfürstliche Seminar immerhin den doppelten Betrag der bisher geleisteten Vergütung erhalten.

[1237] BayHStA, GL Fasz. 2700/494.

Vom Herzogspital wünschte man für 48 musikalische Dienste in der St. Elisabeth-Kirche statt 180 fl. jährlich 260 fl. zu bekommen.[1238] Die Kirchenmusikdienste setzten sich zusammen aus 13 Hochämtern an den acht Frauentagen, an Neujahr, an den Oster- und Pfingstsonntagen, an Weihnachten und am Patroziniumstag. Ferner waren 26 Litaneien an den acht Frauentagen und ihren Vorabenden, an allen Tagen der Fronleichnamsoktav und am Vorabend und Tag des Patroziniums zu singen. Ein Requiem wurde einen Tag nach dem Titularfest aufgeführt. An jedem Freitag der Fastenzeit waren insgesamt sechs Stabat mater zu singen. Dann wurden noch ein Auferstehungslied mit einem Regina coeli[1239] und ein Te Deum[1240] mit Nachmittagsmusik am Titularfest genannt. Zu diesen Diensten wurden 20 Musiker benötigt: 3 Sopranisten, 3 Altisten, 2 Tenoristen, 2 Bassisten, 4 Violingeiger, 1 Altviol- und 1 Flötenspieler, 2 Waldhornisten, 1 Organist und 1 Violongeiger.[1241]

Am 11. Februar 1807 lieferte Inspektor Knittelmair noch ein Verzeichnis der musikalischen Dienste im Bürgersaal nach. Insgesamt wären 22 Dienste pro Jahr von neun Musikern zu leisten, wofür das Seminar lediglich 34 fl. erhalte.[1242] Seiner Meinung nach könnte man in Zukunft durchaus 50 fl. verlangen. Zwei Tage später wurde das entsprechende Schreiben des Administrationsrates an die bürgerliche Kongregation der Stadt München mit der Forderung von jährlich 50 fl. gestellt, die sich am 17. Februar zur Zahlung des genannten Betrags bereit erklärte.[1243]

[1238] Auf die Summe von 260 fl. kam man für die Dienste von 20 Musikern, und zwar für 13 Hochämter (20 kr. pro Kopf) 86 fl. 40 kr., 26 Litaneien (20 kr. pro Kopf) 130 fl., 1 Requiem (20 kr. pro Kopf) 6 fl. 40 kr., 6 Stabat mater (15 kr. pro Kopf) 25 fl. 30 kr., 1 Auferstehungslied mit Regina coeli (15 kr. pro Kopf) 5 fl. und 1 Te Deum mit einer Nachmittagsmusik (15 kr. pro Kopf) 5 fl. Hieraus ergab sich die Summe von 258 fl. 50 kr., die auf 260 fl. gerundet wurde; vgl. BayHStA, GL Fasz. 2700/494.
[1239] Der lateinische und deutsche Text des marianischen Osterliedes in: ADAM, Te Deum laudamus, 172f.
[1240] Der lateinische und deutsche Liedtext in: ADAM, Te Deum laudamus, 16-19.
[1241] Knittelmair führte noch an, dass die Samstags-Litaneien bisher aus eigener Andacht unentgeltlich verrichtet worden sein; vgl. BayHStA, GL Fasz. 2700/494. – Siehe auch die Vereinbarung über die Kirchenmusikdienste des Kurfürstlichen Seminars in der Herzogspitalkirche vom 17. April 1787 in: BayHStA, GL Fasz. 2698/484; StAM, Albertinum A 75.
[1242] Die 22 Musikdienste setzten sich zusammen aus: 7 Hochämter, 13 Litaneien, ein Hymnus am Titularfest und eine „Urstand-Musik" [Auferstehungsmusik]. An benötigten Musikern zählte Knittelmair auf: 2 Sopranisten, 2 Altisten, 1 Tenorist, 1 Bassist, 2 Violingeiger und 1 Altviolgeiger; vgl. BayHStA, GL Fasz. 2700/494.
[1243] Vgl. BayHStA, GL Fasz. 2700/494.

Im April 1807 zeigte sich ein erneuter Mangel an Sängern, da einige Sopranisten in den Stimmbruch gekommen waren. Inspektor Knittelmair stellte daher einen Antrag an die Königliche Landesdirektion von Bayern, öffentlich bekannt zu machen, dass sich Knaben mit musikalischen Kenntnissen um Aufnahme in das Erziehungsinstitut bewerben sollten.[1244]

Im November 1807 beantragte Lambert Knittelmair beim Generallandeskommissariat für Stiftungs- und Kommunalvermögen, dass denjenigen Seminaristen, die am Hoftheater Singdienste leisteten, wieder eine Vergütung zukommen dürfte, da „solche Singknaben, bey gleichem Anspruche auf alle Vortheile des Institutes, und sonst gleichen Leistungen mit den übrigen Stiftlingen, einerseits durch die häufigen Theaterdienste in ihrer Zeit sehr verkürzt, und dadurch in ihren Studien zurükgehalten werden; anderseits aber, da sie meistentheils dürftig sind, einer so nöthigen Unterstützung, und Schadloshaltung beraubt werden, und daher zu wenig Aufmunterung erhalten, um sich zur vollkommnern Leistung solcher Dienste fortzubilden"[1245]. Er schlug daher vor, dass sie ein Drittel des Einkommens erhalten sollten. Am 5. Dezember 1807 genehmigte das Generallandeskommissariat, dass den Singknaben diese Vergütung zukommen sollte, jedoch sollte das Geld „nicht jedem zur willkürlichen Verwendung sogleich auf die Hand gereicht, sondern von ermeldtem Inspektorate ad Depositum genommen, und denselben hievon nothwendige Kleidungsstücke, nützliche Lese-, Hilfs- und Lehrbücher, Arzeneien, Musikinstrumente oder dergleichen beigeschafft und nur der hievon überbleibende Rest am Ende jedes Schuljahres in die Herbstferien baar mitgegeben werden". Außerdem wurde dem Inspektorat aufgetragen, „daß oben erwähnte Hoftheater-Singknaben auf ihrem Hin- und Hergängen zu und von den Singspielen jedes Mal besonders bei finsteren Winterabenden und zur Nachtszeit, von einem zuverläßigen Aufseher begleitet, auch während Aufführung der Opern und in der Hoftheater-Kleiderkammer unter gehöriger Aufsicht gehalten werden"[1246].

Unter Direktor Benedikt von Holland (Direktor von 1810 bis 1824) wurden im Schuljahr 1810/1811 alle musikalischen Verpflichtungen des Königlichen Erzie-

---

[1244] Der Antrag vom 28. April 1807 in: StAM, RA Fasz. 755/13062. – Joachim Schuhbauer verfügte eine öffentliche Kundmachung am 16. Mai 1807 im k. b. Regierungsblatt.
[1245] Bis zur Resolution des Kirchenadministrationsrates vom 13. Februar 1807, die eine Auszahlung an Seminaristen verbot, hatten diese Singknaben von der gewährten Vergütung vier Fünftel erhalten; der fünfte Teil floss in die allgemeine Musikkasse; vgl. BayHStA, GL Fasz. 2698/484; Schreiben vom 28. November 1807.
[1246] BayHStA, GL Fasz. 2698/484.

hungsinstitutes für Studierende aufgehoben. In der Biographie über Holland schrieb Professor Thaddäus Siber: „Zu den ersprießlichen Schritten zur Erhebung der Anstalt darf man die Aufhebung der Musikdienste auf dem Theater und auf den Chören der Kirchen rechnen. Holland erreichte diesen Zweck ohne Beistimmung einer höhern Behörde mit größter Gefahr persönlicher Verantwortung, als er selbst vermuthete. Aber das Gelingen gab dem Unternehmen den Schein einer gesetzlichen Handlung."[1247] Damit endete eine über 200jährige Tradition der einstigen Domus Gregoriana, die ursprünglich mit ein Motiv ihrer Stiftung gewesen war.

[1247] BSB, cgm 6415. – Zum Exbenediktiner von Scheyern, Thaddäus Siber (1774-1854), vgl. StAM, WG 557; ADB, Bd. 34, 134; Bayerische Bibliothek, Bd. 3, 1259; BOSL, Bayerische Biographie, 725; HUFNAGEL, Berühmte Tote, 244; STOERMER, Verzeichnis der Mitglieder, 135.

7. Das Leben im Seminar und dessen Einrichtung im letzten Drittel des 18. Jahrhunderts

7.1. Die Jugenderinnerungen der Seminaristen Josef von Hazzi und Ludwig Aurbacher

Einen Einblick über das alltägliche Leben der Seminaristen in der Domus Gregoriana geben zwei Jugenderinnerungen aus dem letzten Drittel des 18. Jahrhunderts. Zum einen handelt es sich um die Jugenderinnerungen Josef von Hazzis (1768-1845) und zum anderen um die Ludwig Aurbachers (1784-1847).[1248] Beide bewerteten das Erziehungswesen im Kurfürstlichen Seminar zu München recht unterschiedlich. Während Hazzi sich als bekennender Aufklärer mehr mit den negativen Seiten des Internatslebens kritisch auseinandersetzte, fand der Romantiker Ludwig Aurbacher durchaus Lob und Anerkennung für das Münchener Seminar.

7.1.1. Die Jugenderinnerungen des Josef von Hazzi

Josef Hazzi, der später einen persönlichen Adelstitel verliehen bekam, wurde am 12. Februar 1768 in Abensberg als Sohn des Maurermeisters Josef Adam Hazzi geboren.[1249] Seine erste Schulbildung erhielt Hazzi von 1777 bis 1779 im nahegelegenen Augustiner-Chorherrenstift Rohr.[1250] Hazzi berichtete zumeist kritisch

---

[1248] GREIPL, HEYDENREUTER, Die Jugenderinnerung des Joseph von Hazzi, in: ACKERMANN, SCHMID, VOLKERT (Hg.), Bayern vom Stamm zum Staat, Bd. 2, 143-203; KOSCH, Ludwig Aurbacher der bayrisch-schwäbische Volksschriftsteller. Seine Jugenderinnerungen (1784-1808); vgl. auch KOLB, Ludwig Aurbacher und Ottobeuren, in: StMBO 73 (1962), 119-135.
[1249] Die Familie wohnte im Haus Nr. 102 der heutigen Hazzistraße in Abensberg; vgl. GREIPL, HEYDENREUTER, Jugenderinnerung, 145. – Zu Josef von Hazzi vgl. BELL, Joseph Hazzi. I. Teil: 1768-1806; BOSL, Bayerische Biographie, 314; FRÖHLICH, Leben und Werk Joseph Hazzis; GrBBE, Bd. 2, 781; HAUSHOFER, Art. Joseph Ritter von Hazzi, in: NDB, Bd. 8, 158f.; KRAUS, Schule im Umbruch, 369; LEITSCHUH, Matrikeln III, 173; NDB, Bd. 8, 158f.; PLEDL, Joseph Ritter von Hazzi, in: Schönere Heimat 76 (1987), 147-154. – Über seine Tätigkeit im Landwirtschaftlichen Verein in Bayern vgl. HARRECKER, Der Landwirtschaftliche Verein in Bayern 1810-1870/71, hier besonders 66-70. – Ein Portrait Josef von Hazzis in: GLASER (Hg.), Krone und Verfassung III/1, 344, Tafel 44. – Siehe auch die Abbildung Nr. 19.
[1250] In den „Statistischen Aufschlüssen über das Herzogthum Baiern" schrieb Josef von Hazzi kritisch über das Klosterleben der Augustiner-Chorherren in Rohr: „Diese Klosterbewohner werden alt. Die Ursachen sind wohl die jährlich zu gewissen Zeiten allgemeinen Aderlässe und Purganzen, wo sich Jeder aus Gewohnheit zur Ader lässt und zuvor Medizin nimmt. Dabei ist denn allzeit ein Hauptschmaus angeordnet; so wie von Zeit zu Zeit große Gastmahle gehalten werden, wo man sich zu wohl

über seine Lehrer und ihre pädagogischen Methoden. Das Schlagen mit dem Rohrstock war allgemein üblich. Einzig zum Chorregenten und späteren Propst Andreas Auracher (1736-1792) entwickelte Hazzi eine vertrauensvolle Beziehung.[1251] Nach Greipl und Heydenreuter „haben ganz offensichtlich diese Ereignisse in Rohr Einfluss auf den ausgeprägten Gerechtigkeitssinn Hazzis und auf seine Entscheidung gehabt, Jura zu studieren"[1252].

Nach dem er zwei Jahre als Singknabe seine Ausbildung in Rohr erhalten hatte, wurde Hazzi durch seinen Förderer D. Andreas Auracher, der selbst Seminarist in der Domus Gregoriana gewesen war, 1779 nach München ins Seminar empfohlen. Hazzi schrieb: „Bisher kam der Singknabe meist nur nach Regensburg, keiner jemals nach München. H.[err] Andreas erklärte mir, daß die Studien anderswo nicht viel taugen, am wenigsten in Regensburg, wo man höchstens etwas Latein lerne, um einen dummen Mönch oder groben Pfarrer abgeben zu können."[1253] D. Andreas reiste mit Josef Hazzi nach München, um ihn im Seminar Domus Gregoriana zur Musikprobe vorzustellen. „So kamen wir nach München und stiegen beym Pollingerbräuer[1254] ab, weil der zunächst dem Seminar war. Noch Nachmittag ward ich dahin geführt, auch sogleich die Probe gehalten, wobei ich sehr gut bestand. Ich sang meine Arie richtig und ohne Furcht, auch eine andere die man mir vorlegte. Ich bemerkte auch sogleich an der zufriedenen Miene des H. Inspectors [Michael Holzinger] und H. Präfekten [Franz von Paula Ehrenhofer], daß meiner Aufnahme keine Schwierigkeiten unterliegen werde."[1255]

---

seyn lässt und darauf an Indigestionen leidet. Das Podagra ist in diesem Kloster, wie in den meisten, eine Hauptkrankheit. Wahrscheinlich sind geheime Laster, und zu viel Zorn, worin diese Mönche [richtig: Chorherren] unter sich über Kleinigkeiten gerathen, Schuld daran"; HAZZI, Statistische Aufschlüsse, Bd. 4/2 (1807), 292. – Zum Augustiner-Chorherrenstift Rohr vgl. BACKMUND, Chorherrenorden, 125-127; HARTIG, Die niederbayerischen Stifte, 210-222; MAI (Hg.), Die Augustinerchorherren in Bayern, 130; SCHEGLMANN, Säkularisation III/2, 641-661; ZESCHICK, Kloster in Rohr. Geschichte und Gegenwart; ZESCHICK, Art. Rohr in Niederbayern, in: LThK³, Bd. 8, 1239.

[1251] Andreas Auracher war 1754 Absolvent der Domus Gregoriana, trat anschließend in das Augustiner-Chorherrenstift Rohr ein und wurde 1787 zum Propst gewählt; vgl. KRAUS, Gymnasium der Jesuiten, 425, 441; LEITSCHUH, Matrikeln III, 53; LINDNER, Monasticon Metropolis Salzburgensis antiquae, 390; PUTZ, Domus Gregoriana, 223; ZESCHICK, Die Rohrer Chorherren, in: DERS., Kloster in Rohr, 75-123, hier 106.

[1252] GREIPL, HEYDENREUTER, Jugenderinnerung, 149.

[1253] GREIPL, HEYDENREUTER, Jugenderinnerung, 168.

[1254] Das Brauhaus hieß eigentlich „Oberpollingerbräu" und befand sich an der Neuhauser Straße Nr. 44 an der Stelle des heutigen Kaufhauses Oberpollinger; vgl. GREIPL, HEYDENREUTER, Jugenderinnerung, 169, Anm. 107; Häuserbuch der Stadt München, Bd. 2, 158f.; SEDLMAYR, GROHSMANN, Die »prewen« Münchens, 248.

[1255] GREIPL, HEYDENREUTER, Jugenderinnerung, 169. – Hazzi war von 1779-1786 als Seminarist in der Domus Gregoriana; vgl. StAM, WG 113-120; LEITSCHUH, Matrikeln III, 173.

Nach bestandener Aufnahmeprüfung besuchte D. Andreas noch alte Freunde in der Stadt und Josef Hazzi bekam durch einen von ihnen die Landeshauptstadt gezeigt. Am nächsten Tag gingen sie erneut in das Kurfürstliche Seminar und erhielten das Versprechen, dass bezüglich der Aufnahme ein Schreiben nach Rohr gesandt werde. Nach sechs Wochen kam endlich der erwartete Brief aus München, der die Aufnahme Hazzis genehmigte. Er sollte sich zur Vesper am Vorabend des hl. Michael im Seminar einfinden. So zog der junge Josef am 28. September 1779 ins Internat ein. „In dieser Vesper kamen alle Seminaristen, über Hundert, zusammen. Die Vakanzzeit wurde immer in 2 Hälften geteilt, damit die Kirchenmusik nicht leiden konnte. Die eine Hälfte ging von Mariageburt[1256] bis Michaeli[1257], die andere von Michaeli bis 1. November in die Vakanz.[1258] Also am Michaelitag als dem Patron der hauptstadtischen Jesuitenkirche kamen alle zusammen. Ich nahm meinen Platz ein unter den Diskantisten, die schon 20 an der Zahl waren. Da wurde dann eine Vesper herabgeschrien und geblasen, daß das ungeheure Gewölbe hätte zusammenstürzen mögen. Bis ersten November hatten wir nichts zu tun, als spazieren zu gehen und die Kirchenmusik zu besorgen. Diese Lebensart machte mir bald lange Weile."[1259]

Hazzi sehnte den 1. November herbei, wo endlich die Schule beginnen sollte. An diesem Tag fand die Einstufung statt. „Da hatte ich einen großen Schrecken auszustehen. Man fand mich zu jung und zu klein für die 2. Realschule. Man wollte mich in die erste verweisen. Ich konnte doch noch so viele Worte hervorbringen, die die H. Professoren bewogen, mich einstweilen in der 2. Realschule zu lassen. Bald sah ich aber, daß die Professoren Recht hatten: Denn wenn ich schon bei anderen Gegenständen, z. B. der lateinischen Sprache, Geographie, gleichen Schritt mit den anderen gehen konnte, war ich doch in einem Hauptteile ganz zurück, nämlich im Deutschen, Schreiben und Orthographie. Da kam ich leider immer unter die Letzten, was mich nicht wenig ärgerte." Er konnte sich aber in der Klasse halten, was Hazzi besonders seinem Instruktor im Se-

---

[1256] Das Fest Maria Geburt fällt auf den 8. September; vgl. Der Römische Kalender, 158, 201.
[1257] Michaeli wurde am 29. September gefeiert. Mit der Reform des römischen Kalenders nach dem Zweiten Vatikanischen Konzil wurden dem Fest am 29. September die Erzengel Gabriel und Raphael hinzugefügt; vgl. Der Römische Kalender, 160, 205.
[1258] Vgl. auch STUBENVOLL, Geschichte des Königl. Erziehungs-Institutes, 237f.
[1259] GREIPL, HEYDENREUTER, Jugenderinnerung, 171.

minar verdankte. „An diesen schrieb mein ehemaliger Lehrer H. Andre von Zeit zu Zeit und schickte ihm Geld, wie auch mir."[1260]
Über den Tagesablauf in der Domus Gregoriana berichtete Hazzi: „Die Tagesordnung im Seminar kam mir nicht viel sonderbar vor, da sie mit der im Kloster [Rohr] viel Ähnlichkeit hatte. Wir lagen im großen Schlafsaal zu 20-30 Bettstellen, Dormitorium genannt. Im Sommer um fünf Uhr, im Winter um halb sechs Uhr wurde durch eine Ratsche geweckt. Während dem Anziehen stimmte der Vorstand des Dormitorii ein Gebet an, das alle nachbeten mussten. Wenn er fertig war, ging jeder hinab in das Refectorium (Speisesaal), um sich zu waschen. Dazu sprangen da mehrere Wäßer, wovon jeder seinen Theil nahm. Das that ich auch gern. Schrecklich kam mir aber das Handtuch zum Abtrocknen vor. Acht Tage lang hingen nur zwei Handtücher da, und daran sollten sich jeden Tag 100 Gesichter und Hände abtrocknen. Ich nehm da lieber mein Schnupftuch oder gar nichts. Jetzt musste jeder hinauf in das Museum (Studiersaal). Davon waren zwei vorhanden. In einem oder anderm hatte da jeder sein verschlossenes Schreibpult, sowie an einem anderen Ort einen Kleiderschrank. Hier wurde meditiert, der Monitor, Vorstand des Museums, las aus einem geistlichen Buche vor. Dann ward das Morgengebet und darauf die Messe gehalten. Nun saß jeder an seinem Pult; mit einer kleinen Glocke gab der Monitor das Zeichen zum Silentium. Um halb 8 Uhr ertönte die kleine Glocke wieder und alles ward lebendig. Jeder musste das Gelernte seinem Instruktor für die Schule vorsagen. Um ¾ läutete die Glocke wieder und man lief hinab ins Refektorium zur Wassersuppe. Nun mußte man wieder in die Kirche, den heiligen Schutzengel anrufen, daß er seinen Beistand für die Schule leiste. Wir gingen dann ins Gymnasium. Es dauerte so bis 10 Uhr. Wie man nach Hause kam, fing die Musikstunde an. Um 11 Uhr saß man zu Tisch bis gegen 12 Uhr. Die Kost war sehr schlecht, Suppe, Kraut und Fleisch, Wasser und Brot. Dienstag, Donnerstag, Sonntag gab es zu Mittag noch eine Zuspeise (Voressen) und abends Braten, eigentlich gebackenes Kalbfleisch. Von 12 Uhr bis 1 Uhr war teils Musik, teils Recreation, Ballspiel, Ballonspiel etc. Von 1 Uhr bis ¾ auf 2 Uhr Silentium zum Studieren. Um ¾ auf 2 Uhr bis 2 Uhr Ausfragzeit. Wieder mußte man in die Kirche zum Gebet, dann in die Schule bis 4 Uhr. Wie man nach Hause kam, erhielt jeder ein Stück schwarzes Brot. Man musizierte bis halb 5 Uhr, dann Silentium bis halb 6 Uhr.

[1260] GREIPL, HEYDENREUTER, Jugenderinnerung, 171. – Den Namen seines Instruktors, dem er soviel zu verdanken hatte, gab Hazzi nicht an.

Um halb 6 Uhr war Instruktion. Jeder mußte dem Instruktor das Verfertigte vorzeigen. Um 6 Uhr ging es zu Tisch bis ¾ vor 7 Uhr. Immer zur Tischzeit, außer Dienstag, Donnerstag und Sonntag war Silentium und Vorlesung aus einem geistlichen Buche oder Geschichte. Bis 8 Uhr wurde musiziert, Damen gezogen, Schach gespielt etc [...]. Um 8 Uhr war Abendgebet und jeder ging nachher in sein Dormitorium. Während dem Ausziehen wurde wieder laut gebetet und so eingeschlafen."[1261]

Sein erstes Jahr ging schnell vorbei. Sein alter Lehrer aus Rohr, D. Andreas Auracher, spornte ihn in seinen Briefen immer wieder zum Studium an. Hazzi gefiel dagegen mehr die Musik und meinte im Nachhinein, dass die zahlreichen Kirchendienste in der Tat ein Hindernis im Fortgang der Schule gewesen seien. Er gewann die Gunst seines Instruktors und bei den Vorständen des Seminars, von denen er Peter Wolf als Monitor namentlich erwähnte.[1262]

„Es war Sitte, bei Festtagen das Herz, an einer Torte gemacht, demjenigen zu schenken, den man auszeichnen wollte. Da bekam ich immer alle Herzen. Selbst der H. Inspector, ein Exjesuit [Michael Holzinger], nahm mich öfter beim Kopf und küßte mich. Das verschaffte mir wohl ein emsiges Leben. Ich ward nie gestraft, überall freundlich behandelt."[1263]

Es ärgerte Josef Hazzi, dass er vom so genannten „Königsschmaus" im Seminargarten ausgeschlossen war, da er in der Schule zunächst nicht zu den Erfolgreichsten zählte. „In jeder Klasse wurden diejenigen, die am öftersten unter den ersten 20 in der Schule gesetzt wurden, die ersten Besten genannt, und am Ende des Jahres bei der Preisverteilung neben den Preisempfängern öffentlich als solche verlesen. Ein Monat vorher geschah dieses schon für die Seminaristen und diesen 20igsten in jeder Klasse im Seminargarten vor der Stadt und wurde ein

---

[1261] GREIPL, HEYDENREUTER, Jugenderinnerung, 171f.
[1262] Hazzi zählte als Vorstände des Seminars auf: Vizepräfekt, Subpräfekt und zwei Monitoren; vgl. GREIPL, HEYDENREUTER, Jugenderinnerung, 172. – Bei dem genannten Peter Wolf handelte es sich um den bekannten Peter Philipp (auch Philipp Jakob genannt) Wolf (1761-1808), der von 1774-1780 im Seminar wohnte und 1779 das Kurfürstliche Gymnasium absolvierte. – Zu seiner Person vgl. StAM, WG 106, 109, 111, 112; Albertinum B 26; ADB, Bd. 43, 781-785; Bayerische Bibliothek, Bd. 3, 1273; BOSL, Bayerische Biographie, 859; GRAßL, Peter Philipp Wolf. Ein bayerischer Revolutionär, in: SCHINDLER (Hg.), Bayern für Liebhaber. Barock und Aufklärung, 184-195; GREIPL, HEYDENREUTER, Jugenderinnerung, 172, Anm. 112; KRAUS, Schule im Umbruch, 365f., Anm. 66; LEITSCHUH, Matrikeln III, 163; STOERMER, Verzeichnis der Mitglieder, 157.
[1263] GREIPL, HEYDENREUTER, Jugenderinnerung, 172.

großes Mahl gegeben, Königsschmaus genannt. Welch ein Jammer, ich war mit vielen anderen davon ausgeschlossen."[1264]

Im nächsten Schuljahr 1780/1781 kam Josef Hazzi in die erste Grammatikklasse.[1265] Im Seminar wurde dem Zögling ein neuer Instruktor zugewiesen, der ihm „schon beim ersten Anblick lächerlich in die Augen fiel"[1266]. Da der Instruktor bei dem kleinsten Vorfall Hazzi zur körperlichen Züchtigung an den Haaren zog, fühlte sich dieser in seinem Gerechtigkeitssinn und in seiner Ehre verletzt. „Ich stellte mich anfangs gütlich vor, mich nicht so hart zu behandeln, daß mir dieses bisher nie im Seminar geschehen sei, und ich mich sonst beklagen müßte." Doch schon nach zwei Tagen zog er ihn wieder an den Haaren. „Da stieg das Feuer mir in das Gesicht, mich nicht lang besinnend, ergriff ich ihn bei seinem schwarzen Haarzopf, rufend: *Eine Ehre ist die andere wert*. Da kam das ganze Museum, gewiß von 60 Menschen bevölkert, in Alarm und unterbrach das Silentium. Alle Kleinen, so hieß man die Studenten der ersten drei Klassen, nämlich bis zur Humanität oder Poesie, lachten aus vollem Halse und freuten sich über die Züchtigung des groben Instruktors, aber die Großen, von der Humanität bis zur Theologie, glaubten durch diese schreckliche Insubordination das ganze Corps beleidigt, die ganze Ehre und Ordnung des Seminars über und über gekehrt."[1267] Sie verlangten beim Inspektor und Präfekten eine Bestrafung Hazzis, zum Beispiel einen Generalschilling[1268] oder sogar die Exklusion aus dem Haus. Darauf wurde er verhört, wobei sich Inspektor Holzinger eher auf die Seite Hazzis stellte. Dennoch musste er eine Bestrafung erhalten, die im Verhängen des sogenannten Pultkreuzes auf ein halbes Jahr ausfiel. „Das Pultkreuz bestand darin, daß man mir ein schwarzes hölzernes Kreuz ober das Pult nagelte, zum Zeichen, daß ich, solang ich dieses Kreuz habe, von allen Rekreationsstunden ausgeschlossen und ans Pult geheftet sei."[1269] Seine Kameraden besuchten

---

[1264] GREIPL, HEYDENREUTER, Jugenderinnerung, 172f. – Zum Königsschmaus vgl. auch StAM, Albertinum B 50; STUBENVOLL, Geschichte des Königl. Erziehungs-Institutes, 234.
[1265] Obwohl viele ihn zur freiwilligen Wiederholung der Vorbereitungsklasse überredet hätten, entschied sich Hazzi in die nächst höhere Klasse vorzugehen; vgl. GREIPL, HEYDENREUTER, Jugenderinnerung, 173.
[1266] Weiter urteilte Hazzi über seinen Instruktor: „Er war ein Trompeter. Dies bezeichnete ihn nach dem Sprichwort im Seminar als einen rohen Menschen, Säufer etc. Dies war er auch"; GREIPL, HEYDENREUTER, Jugenderinnerung, 173.
[1267] GREIPL, HEYDENREUTER, Jugenderinnerung, 173.
[1268] Unter dem „Schilling" waren Rutenstreiche auf das Hinterteil gemeint; vgl. GRIMM, Art. Schilling, in: DIES., Deutsches Wörterbuch, Bd. 15, 149-153.
[1269] GREIPL, HEYDENREUTER, Jugenderinnerung, 174.

ihn abwechselnd im Museum, da er sonst allein gewesen wäre. Nach einiger Zeit ordnete der Instruktor [richtig: Inspektor] wieder an, das Pultkreuz vorzeitig entfernen zu lassen.[1270]

Kritisch äußerte sich Hazzi als Anhänger der radikalen Aufklärung und Gegner der Klöster über den Werdegang der Seminaristen: „Alle Jahre zahlte das Seminar gleichsam den Tribut an alle Klöster des Landes, es lieferte 20 bis 30 aus den Rhetoren, Logikern, Physikern und Theologen. Dies waren die älteren reiferen Jünglinge aus den letzten Klassen. Man erzählte das ganze Jahr durch, wie es in diesem oder jenem Kloster zugehe, wo man besser esse, trinke, auch Wein bekomme, wo man auf mehr Ausgänge oder Pfarreien Rechnung machen könne. Früher Hineingetretene schrieben an ihre Bekannten zurück ins Seminar, machten also Mut, ihnen zu folgen. Um Pfingsten hatte nun jeder von den obigen Klassen seinen Plan gemacht, in welchem Kloster er den Versuch zur Aufnahme machen wollte. Er ging dann dahin mit einem gelernten Solo im Singen oder mit einem Instrument. Im August erschienen dann die Aufnahmen. Das sind die Schreiben von Prälaten und Capitl, daß dieser oder jener im Kloster aufgenommen sey. Derselbe steckte dann wie ein Hochzeiter ein Favor (gemachtes Bouquett)[1271] an den Arm und ging in seine Heimat, um sich vor der Abreise in das Kloster, das erst im Spätherbste geschehen durfte, recht gütlich zu tun, das ist, das Weltleben noch im Übermaße zu genießen. Einige kamen oft das andere Jahr wieder ins Seminar mit geschorenen Köpfen zurück, weil sie das Noviziat nicht aushalten konnten. Dies schreckte sie denn nicht ab, ein anderes Jahr darauf den Versuch in einem anderen Kloster zu machen. Beinahe alle Seminaristen, nur sehr wenige ausgenommen, wurden so in den Klöstern begraben."[1272]

Als Josef Hazzi diesmal aus den Ferien zum neuen Schuljahr 1781/1782 ins Seminar zurückkam, hatte sich viel verändert. „Die neu errichteten Maltheser haben alle Jesuitengüter überkommen, und die Klöster alle Schulen übernommen. Die Jesuiten verloren also alle ihre Stellen. Canonici regulares, meist aus den

---

[1270] Von nun an wurde er von seinem Instruktor bevorzugt behandelt. In den nächsten Ferien ging dieser ins Kloster Dießen, wo er eine Stelle als Sakristan erhielt. Hazzi traf ihn einige Jahre später dort an und erfuhr von einem Gesellen, dass er immer noch ein Säufer geblieben sei; vgl. GREIPL, HEYDENREUTER, Jugenderinnerung, 174.

[1271] Greipl und Heydenreuter geben folgende Erklärung: „Künstlicher Strauß aus Gold und Silberdraht, Stoff und falschen Steinen. Er wird getragen, sobald männliche oder weibliche Kandidaten in ein Kloster aufgenommen worden waren, aber die weltliche Kleidung noch nicht abgelegt hatten"; GREIPL, HEYDENREUTER, Jugenderinnerung, 157, Anm. 74.

[1272] GREIPL, HEYDENREUTER, Jugenderinnerung, 174

Klöstern Polling und Rottenbuch, hatten das Gymnasium und Lyzeum, dann Seminarium von München in Besitz. Der Instructor [richtig: Inspektor] Greinwald war ein sehr alter[1273], die übrigen Professoren meist muntere Männer in den zwanziger Jahren: Sie trieben sich herum, wie aus dem Käfig entsprungen und brachten gar nichts von den Klosterregeln mit sich. Sie bezogen alle gemeinschaftlich das nächste Haus neben dem Seminar. Von da aus ward auch ihre Küche besorgt."[1274]

Schnell gewann Hazzi die Gunst der Professoren, die ihn mit der neuesten deutschen Literatur vertraut machten. Da er sie nur während der Rekreationsstunden im Museum lesen durfte, kam ihm die Idee, sie nachts auf der Toilette zu lesen, da sie die ganze Nacht mit einer brennenden Öllampe ausgestattet war. „Hier verweilte ich halbe Nächte, meine Bücher zu lesen. Da ward in mir vieles Licht und immer mehr mein Glaube gestärkt, daß gewiße Klassen Menschen die Usurpatoren der Rechte der übrigen, die Unterdrücker der Bürger und Bauern vorstellen, die einen durch Betrug, die anderen durch Gewalt."[1275]

Hazzi kam auch in die Gunst des neuen Inspektors Frigdian Greinwald, der ihn zu seinem Ministranten, Vogelfütterer und Besteller seiner Geschäfte machte. Am Schuljahresende kam er in der Rangliste der Klassenbesten auf den achtzehnten Platz. In einigen Fächern schaffte er es sogar unter die ersten acht.[1276]

Im Schuljahr 1782/1783 kam Josef Hazzi in die erste Rhetorikklasse. „Wie ich wieder in mein Seminar kam, ward ich schon ein Großer, nicht mehr per Du, sondern per Er behandelt, hatte keinen Instruktor mehr und größere Freiheiten." Sein Pult hatte er in der Nähe des Zimmers des Herrn Inspektors erhalten und wurde, was bei den Humanisten selten vorkam, bereits zum Instruktor ernannt. „Mein Fortgang in der Schule blieb doch beinahe immer gleich. Etwas mißtrauisch wurden wir gemeinen Bairn auch dadurch gemacht, daß wir bei den Professoren eine gewiße Politik bemerkten. Sie wollten sich am Hofe und bei den Herrschaften Freunde machen, daher, wer Pfälzer oder *Herr von* war, wurde

---

[1273] Inspektor D. Frigdian Greinwald (1730-1808) war gerade einmal 51 Jahre alt!

[1274] GREIPL, HEYDENREUTER, Jugenderinnerung, 175. – Die Professoren wohnten im so genannten Professorenhaus in der Herzogspitalstraße, das an das Seminar angrenzte. Von der Seminarküche wurde 1781 eigens zur Versorgung der Professoren eine Winde ins Wohnhaus gebaut; vgl. BayHStA, GL Fasz. 2831/1443.

[1275] GREIPL, HEYDENREUTER, Jugenderinnerung, 175.

[1276] Vgl. GREIPL, HEYDENREUTER, Jugenderinnerung, 175f. – Nach dem veröffentlichen Preiskatalog der Studenten für das Schuljahr 1781/1782 belegte Hazzi „ex Doctrina Fidei et Morum" den dritten Rang, „ex Graeco" den sechsten Platz und „ex Historia" in der Rangfolge den dritten Platz; vgl. Testimonium publicum [1781/1782].

in die Augen springend begünstigt, mit Prämien zu Ende des Jahres gleichsam überworfen."[1277] Hazzi erhielt erstmals den zweiten Preis aus der Universalgeschichte.

Im Schuljahr 1783/1784 wurde Josef Hazzi zum Hofmeister des zwölfjährigen Nikolaus Maillot de la Treille ernannt, der zur Erziehung ins Kurfürstliche Seminar gegeben wurde.[1278] So erhielt Hazzi öfter die Gelegenheit, zum Mittagstisch der Familie Maillot de la Treille und zu Bischof Kasimir von Haeffelin eingeladen zu werden.[1279]

Als Klassenlehrer der zweiten Rhetorikklasse bekam Hazzi den Augustiner-Chorherren Albert Kirchmair aus Weyarn, der zugleich sein Beichtvater war. „Der Gewohnheit nach mußte ich einst mit ihm deliberieren, das ist erforschen,

---

[1277] GREIPL, HEYDENREUTER, Jugenderinnerung, 176. – Mit dem Wechsel des Kurfürsten Karl Theodors von Mannheim nach München 1777 kamen auch zahlreiche Pfälzer in die bayerische Residenzstadt. Im gedruckten Studentenkatalog des Schuljahres 1782/1783 finden sich unter den Preisträgern tatsächlich viele adelige Söhne und Pfälzer, wie Johann Adam Josef Freiherr von Aretin (1769-1822), Christoph Freiherr von Aretin (1772-1824), Desiderius Reichsgraf von Larosee, Wenzeslaus von Krempon, Franz Seraf von Stock (* 1769), Karl von Widder, Heinrich von Widder, beide aus Mannheim, Josef von Zech (* 1764) und Paul Josef Baumiller (1768-1832) aus Mannheim. Inwieweit sie nun die Preise objektiv erhalten hatten oder nicht, lässt sich nicht ermessen; vgl. Testimonium publicum [1782/1783]. – Zu Johann Adam Josef von Aretin, der das Gymnasium 1783 absolvierte, vgl. ADB, Bd. 1, 517f.; ARETIN, Art. Aretin, Johann Adam Freiherr v., in: NDB, Bd. 1, 347f.; BOSL, Bayerische Biographie, 24; GrBBE, Bd. 1, 58; KRAUS, Schule im Umbruch, 364; LEITSCHUH, Matrikeln III, 170. – Zu Johann Christoph von Aretin (1772-1824), der seine gymnasialen Studien 1786 in München beendete, vgl. ADB, Bd. 1, 518f.; ARETIN, Art. Aretin, Johann Christoph Freiherr v., in: NDB, Bd. 1, 348; Bayerische Bibliothek, Bd. 3, 1200f.; BOSL, Bayerische Biographie, 25; GrBBE, Bd. 1, 58f.; HUFNAGEL, Berühmte Tote, 37; KRAUS, Schule im Umbruch, 364, Anm. 60; LEITSCHUH, Matrikeln III, 179; STOERMER, Verzeichnis der Mitglieder, 26. – Zu Wenzeslaus von Krempon, der 1783 das Absolvium erhielt, vgl. LEITSCHUH, Matrikeln III, 170. – Zu Franz Seraf von Stock, der 1785 das Gymnasium beendete, vgl. LEITSCHUH, Matrikeln III, 178. – Zu Heinrich von Widder, der die gymnasialen Studien 1787 vollendete, vgl. LEITSCHUH, Matrikeln III, 183. – Zu Josef von Zech (Zeech), der 1780 das Gymnasium verließ, vgl. LEITSCHUH, Matrikeln III, 165. – Zu Paul Josef Bau-miller, der 1784 das Absolvium erhielt, vgl. KRAUS, Schule im Umbruch, 369; LEITSCHUH, Matrikeln III, 172.

[1278] Er war der Neffe des Komturs der bayerischen Zunge des Malteserordens, Nicolas Maillot de la Treille (1725-1794). – Zum Komtur Maillot de la Treille vgl. FUCHS, Art. Maillot de la Treille, Nicolas, in: NDB, Bd. 15, 708f. – Zu Nikolaus von Maillot de la Treille (1774-1834), der von 1783 bis 1784 Seminarist der Domus Gregoriana war und 1822 bayerischer Staatsminister der Armee wurde, vgl. StAM, Albertinum B 26; BOSL, Bayerische Biographie, 502; GrBBE, Bd. 2, 1241; GREIPL, HEYDENREUTER, Jugenderinnerung, 176, Anm. 118; GIGL, Zentralbehörden, 122; GRUNER, Die bayerischen Kriegsminister 1805-1885, in: ZBLG 34/1 (1971), 238-315, hier 255-258; SCHÄRL, Beamtenschaft, 240.

[1279] Zu Johann Kasimir Freiherr von Haeffelin, dessen Bedeutung vor allem in der Vorbereitung des Bayerischen Konkordats von 1817 liegt, vgl. GIGL, Zentralbehörden, 125-127; GREIPL, HEYDENREUTER, Jugenderinnerung, 177, Anm. 119. – Zum Bayerischen Konkordat von 1817 vgl. AMMERICH, Das Bayerische Konkordat 1817, MÜLLER, Zwischen Säkularisation und Konkordat. Die Neuordnung des Verhältnisses von Staat und Kirche 1803-1821, in: HBKG, Bd. 3, 85-129, hier 114-129; SCHWAIGER, München – eine geistliche Stadt, in: DERS. (Hg.), Monachium sacrum, Bd. 1, 1-289, hier 227-229.

zu welchem Stande ich Neigung habe und den ich also antreten müsste. So aufrichtig ich sonst war, so sehr spielte ich in diesem Fache die Politik. Natürlich, hätte ich gesagt, daß mir der geistliche Stand zu öde, da wären aus meinen Freunden Feinde geworden. Das Resultat war daher immer, daß ich ein sehr nützlicher Mensch, ich dachte selbst oft auf einen Christus, politischen Erlöser der Welt werden wolle, und daher mich über den Orden, oder Weltpriesterstand nicht verengen könnte. H. Professor riet mir daher, ein Bartholomäer[1280] zu werden, weil ich da zugleich Ordensgeistlicher und Weltpriester in einer Person wäre. Ich ließ aber alles unentschieden. Im Herzen hatte ich aber schon den Juristen, das ich niemand entdeckte."[1281] Am Ende seiner Gymnasialstudien 1784 erhielt er den ersten Preis in der Geographie.[1282]

Inspektor Greinwald schlug Hazzi vor, die Ferien zusammen mit seinem Schüler Nikolaus Maillot de la Treille in Polling und Rottenbuch zu verbringen, der sich nicht traute, das Angebot auszuschlagen.[1283] „In einem Staatswagen mit 4 Pferden bespannt fuhren wir nach Polling. Wie die erste Herrschaft wurden wir behandelt. Man konnte nichts zuvorkommenderes sehen als all die Geistlichen. Ich fand da viele Bekannte, die ehedem im Seminar waren, die mir nicht selten ihre volle Not, ihr glänzendes Elend klagten, mir ganz den Schleier über das herrliche Klosterleben, dem Kerker aller Leidenschaften, wegrissen, wie er jetzt vor mir lag.[1284] Die Älteren erhoben mir aber desto mehr das glückliche Leben, eröffneten mir Aussichten zu einer baldigen Professur etc. Ich ließ mir immer recht viel erzählen, prächtig bedienen, las viel und suchte auf Spaziergängen

---

[1280] Zum Orden der Bartholomäer, der nach seinem Gründer Bartholomäus Holzhauser (1613-1658) benannt wurde, vgl. BAUERREIß, Kirchengeschichte Bayerns, Bd. 7, 40-47; GIRSTENBRÄU, Das Institut der Bartholomäer und ihr Seminar in Dillingen; HEIM, Art. Bartholomäer, in: DERS., Kleines Lexikon der Kirchengeschichte, 48; HUBENSTEINER, Vom Geist des Barock, 173-187, 269-271; SCHWAIGER, Art. Bartholomäer, in: DERS. (Hg.), Mönchtum, Orden, Klöster, 80; WEITLAUFF, Art. Bartholomäer, in: LThK^3, Bd. 2, 37f. – Zum Ordensgründer Bartholomäus Holzhauser vgl. FRANK, Art. Holzhauser, Bartholomäus, in: LThK^3, Bd. 5, 242; STÜBINGER, Art. Holzhauser, Bartholomäus, in: HEIM (Hg.), Theologen, Ketzer, Heilige, 177; ZOEPFL, Art. Holzhauser, Bartholomäus, in: NDB, Bd. 9, 574f.
[1281] GREIPL, HEYDENREUTER, Jugenderinnerung, 177.
[1282] Diesen Preis musste sich allerdings Josef Hazzi mit Gottfried Fischer aus München teilen; vgl. Verzeichniß der Studenten [1783/1784], 12.
[1283] Hazzi unterstellte Inspektor Greinwald, dass er ihn für das Kloster Polling gewinnen wollte; vgl. GREIPL, HEYDENREUTER, Jugenderinnerung, 178.
[1284] An ehemaligen Seminaristen, die Josef Hazzi während seiner Seminarzeit kennen gelernt haben könnte, kommen zumindest in Frage: im Kloster Polling Benedikt Bartl (Seminarist von 1777-1782), der 1782 dort eintrat und den Namen Gerald erhielt, und im Kloster Rottenbuch Alois Karner (1775-1781), der 1781 in das Stift aufgenommen wurde und den Ordensnamen Gelasius bekam.

meinem Kleinen einige Blicke in die wirkliche Welt zu machen, suchte ihn von mancher irrigen Ansicht zu heilen. Wenn ein Fürst gekommen wäre, hätte man uns nicht auszeichnender ehren können. Wir machten von da aus allerlei kleine Spazierreisen, als nach dem Peißenberg[1285]. Wir kehrten wieder nach Polling, und dann nach München zurück."[1286]

Hazzi begann 1784 das Philosophiestudium am Kurfürstlichen Lyzeum in München und blieb weiter im Seminar wohnen. Inspektor Greinwald ernannte ihn schon vor der Zeit zum Vizepräfekten. „Da stand alles unter mir. Ich benutzte diese Erhebung, mehr Freiheit im Seminar einzuführen, das zu Klösterliche zu entfernen. Statt asketischer Vorlesungen führte ich Unterhaltung aus schönen Schriftstellern ein. Wo ich Gebete, Kirchgesänge ändern konnte, tat ich es. Ich selbst habe mich des Beichtens und Kommunizierens längst heimlich entzogen, schützte eine andere Kirche vor, wo ich diese Andacht verrichtet habe, während ich wo in einem Buche las, oder in ein Caffeehaus ging."[1287] Als Vizepräfekt dirigierte er sogar das Orchester und sollte nun zu jeder Mahlzeit eine halbe Maß Bier erhalten, was Hazzi aber ablehnte. Er ließ sich lieber das Geld auszahlen und sparte es. Das Studium der Logik und Mathematik lag ihm, und so war Josef Hazzi als Repetitor bald gefragt. „Man lief zu mir ins Seminar wie zu einer Wallfahrt. Das gefiel meinem H. Inspektor und vorigen H. Professor ungemein, besonders da sie sahen, daß ihre Weissagungen in Wirklichkeit übergingen."[1288]

Schwer gekränkt musste er am Schuljahresende erfahren, dass er bei der Prämienverteilung nicht den ersten Preis erreicht hatte. „Ich eilte noch selben Abend zu H. Professor Hupfauer[1289], machte ihm die derbsten Vorwürfe und be-

---

[1285] Auf dem Hohenpeißenberg unterhielt das Augustiner-Chorherrenkloster Rottenbuch ein meteorologisches Observatorium. Hier wirkten die ehemaligen Seminaristen der Domus Gregoriana Herkulan Schwaiger (Seminarist von 1773-1774), Albin Schwaiger (1772-1776) und Gelasius Karner (1775-1781) als Observatoren; vgl. PÖRNBACHER, Das Kloster Rottenbuch, 252-262.
[1286] GREIPL, HEYDENREUTER, Jugenderinnerung, 178.
[1287] GREIPL, HEYDENREUTER, Jugenderinnerung, 178. – Der Besuch von Wirts- und Kaffeehäusern war nach der Schulordnung von 1774 streng verboten; vgl. LURZ, Mittelschulgeschichtliche Dokumente Altbayerns, Bd. 2, 233f.
[1288] GREIPL, HEYDENREUTER, Jugenderinnerung, 178f.
[1289] Der Augustiner-Chorherr Paul Hupfauer (1747-1808) aus Beuerberg, der 1766 das Münchener Jesuitengymnasium als Seminarist der Domus Gregoriana absolviert hatte, war von 1781-1791 als Professor für Philosophie und Mathematik am Lyzeum in München tätig. – Zu seiner Person vgl. BOSL, Bayerische Biographie, 380; GrBBE, Bd. 2, 930; HARNISCH, Der Augustiner-Chorherr Paul Hupfauer und seine Ordenskritik am Vorabend der Säkularisation, in: MÜLLER, SMOLKA, ZEDELMAIER (Hg.), Universität und Bildung, 247-261; HARNISCH, Art. Hupfauer, Paul, in: Biographisches Lexikon der Ludwig-Maximilians-Universität München, Teil 1, 198; KRAUS, Gymnasium der Jesuiten, 453, 560;

rief mich auf alle Mitschüler und eine Untersuchung oder ordentliche Prüfung. Er kam dadurch in größte Verlegenheit, bat mich um Verzeihung und äußerte mir, daß er sich nicht getraute, die bisher in allen vorigen Klassen bestandenen ersten Besten zurückzusetzen, weil dieses auch bei Hof zu sehr auffallen könnte. Ich sagte ihm noch allerlei harte Worte und verließ ihn. Alle nahmen übrigens Anteil an dieser Mißhandlung, welches mir einstweilen genügte."[1290]

In den Ferien vertraute Hazzi seinem Freund D. Andreas Auracher in Rohr an, dass er nicht Geistlicher werden, sondern Jura studieren wollte, was dieser aber gut aufnahm. Doch nicht überall fand er wohlwollende Ohren. „Dieses Vorurteil war noch so groß, daß man bei so einer Metamorphose, wo man allgemein glaubte, mich schon bald die erste Messe lesen zu sehen, daß ich aus einem Kind des Himmels ein Kind des Teufels geworden bin."[1291] Einziges Problem bei seinem Plan, Jurist zu werden, war die Finanzierung des Studiums in Ingolstadt. Herr Andreas vermittelte Hazzi einen Kontakt zu Pfarrer Plab in Hofendorf, der ihn zu Graf von Morawitzky führte, der zusammen mit Haeffelin und von Vacchiery in der Studienkuratel Stipendien vergab. Morawitzky zeigte sich mit den vorgelegten Zeugnissen zufrieden und versprach, das ihm Mögliche für ihn zu tun.[1292]

Im Studienjahr 1785/1786 kam Hazzi in die zweite Philosophieklasse und wohnte weiter im Seminar, wo von seinem Vorhaben, künftig Jura zu studieren, nichts bekannt wurde. Da Hazzi noch immer den Diskant singen konnte, eröffnete sich ihm bei Gelegenheit der Aufführung einer Operette, die von Seminaristen im sogenannten Waltersgarten gesungen wurde, eine neue Perspektive.[1293]

Eine Zuhörerin, die Gräfin Haimhausen, gab ihm das Angebot mit ihr als Sänger nach Paris zu reisen. Dabei sollte er lebenslangen Unterhalt bekommen. Hazzi bat sich Bedenkzeit. Obwohl ihm die Reise verlockend schien, überredete er einen Kameraden seinen Platz einzunehmen, der ihn auch tatsächlich erhielt.[1294]

LEITSCHUH, Matrikeln III, 110; PUTZ, Domus Gregoriana, 260; SCHEGLMANN, Säkularisation III/2, 503-507.
[1290] GREIPL, HEYDENREUTER, Jugenderinnerung, 179.
[1291] GREIPL, HEYDENREUTER, Jugenderinnerung, 179.
[1292] Vgl. GREIPL, HEYDENREUTER, Jugenderinnerung, 179f.
[1293] Das Stück, dessen Titel nicht genannt wurde, stammte von Franz Karl von Eckartshausen (1752-1803). – Zu seiner Person vgl. Bayerische Bibliothek, Bd. 3, 1213; BOSL, Bayerische Biographie, 164; GRAßL, Aufbruch zur Romantik, 319-335; GRAßL, MERZBACHER, Art. Eckartshausen, Franz Karl v., in: NDB, Bd. 4, 284f.; GrBBE, Bd. 1, 417f.
[1294] Hazzis Kamerad hieß Loderer, der sich aber als Absolvent in den veröffentlichten Matrikel des Wilhelmsgymnasiums von Leitschuh nicht finden ließ.

Als das Studienjahr dem Ende entgegen ging, meldete sich Josef Hazzi bei Graf von Morawitzky bezüglich des in Aussicht gestellten Stipendiums. „Wie erschrak ich aber, als dieser hier in der Stadt keine so freundliche Miene mehr machte wie auf dem Lande, mir von einem vorliegenden Churfrtl. Rescripte sprach, daß die Stipendien nur an Beamten- und Offizierssöhne zu verteilen wären. Nun fühlte ich wieder recht tief, wie meinem Stande alle Tore verschlossen wären, sich daraus empor zu schwingen, und wie ungerecht man mit mir verfährt."[1295] Hazzis Stimmung sank gegen Null. Er träumte von einem Lottogewinn und verspielte dabei fast sein ganzes erspartes Geld. In seiner Not wandte sich Josef Hazzi an Inspektor Greinwald, der ihm freundschaftlich gesonnen war, und erzählte ihm von seinem Wunsch, das Jurastudium aufzunehmen. „H. Inspector sah mich anfangs freilich mit großen Augen an, doch sah ich ihn bald wieder beruhigt. Nun bat ich ihn, bei Bischof Haeffelin, der mir sonst so viele Versprechungen machte, mir in bedürfendem Falle zu helfen, ein Wort zu meinen Gunsten zu sprechen, um eine Ausnahme für mich wegen den Stipendien zu bewirken."[1296] Greinwald vermittelte den Kontakt zu Haeffelin, der Hazzi zu sich rufen ließ. Die Sache hatte Erfolg, denn ihm wurde ein Stipendium von jährlich 120 fl. auf drei Jahre gewährt. „Ich vollendete nun getrost mit vollstem Eifer mein Studium. Der erste Platz ward mir in allen Fächern zuerkannt. Ich meldete dies noch mal H. Bischof und H. Grafen von Morawitzki, die auch ihre Zusagen wiederholten, nahm im Seminar vollen Abschied, wo der geistl. Praefect [Franz von Paula Ehrenhofer] froh war, von mir loszukommen, um wieder die alte Ordnung, wie er sich öfter ausdrückte, die durch mich ganz aus den Fugen gerissen worden, wieder einzuführen, und kam nach Rohr."[1297]
Im Herbst 1786 immatrikulierte sich Hazzi an der Landesuniversität Ingolstadt und studierte drei Jahre Jura.[1298] Er wurde Vorstand der Landbaukommission und schließlich zum Staatsrat ernannt. Im Jahre 1816 wurde Josef Hazzi persönlich geadelt. Hazzi starb am 20. Mai 1845 in Elkofen bei Grafing.[1299]

[1295] GREIPL, HEYDENREUTER, Jugenderinnerung, 181.
[1296] GREIPL, HEYDENREUTER, Jugenderinnerung, 182.
[1297] GREIPL, HEYDENREUTER, Jugenderinnerung, 182.
[1298] Vgl. PÖLNITZ, Matrikel Ingolstadt, 215.
[1299] Vgl. BOSL, Bayerische Biographie, 314; FRÖHLICH, Leben und Werk Joseph von Hazzis; GrBBE, Bd. 2, 781; HAUSHOFER, Art. Hazzi, Joseph Ritter v., in: NDB, Bd. 8, 158f.

7.1.2. Die Jugenderinnerungen des Ludwig Aurbacher

Der am 26. August 1784 im schwäbischen Türkheim geborene Ludwig Aurbacher, Sohn eines Nagelschmieds, wurde 1793 als Singknabe in das Kloster Dießen aufgenommen.[1300] Nach drei Jahren wurde Aurbacher für das Weiterstudium in München und als Seminarist der Domus Gregoriana empfohlen. Seine Aufnahme wurde bewilligt, doch hatte der Vater im ersten Jahr noch ein Drittel des Kostgeldes zu zahlen. „Ich trat ein in der zweiten Hälfte der Vakanz unter sehr unerfreulichen An- und Aussichten (1796). Das Gebäude war noch soeben als Kaserne benutzt worden, daher alles voll Unordnung und Unreinlichkeit; in dem weitläufigen Gebäude nur wir wenige Singknaben ohne Beschäftigung; in dem wildfremden Orte ohne Bekanntschaft außer der meines Oheims, der sich aber wegen seiner vielen Geschäfte des Knaben nicht annehmen konnte."[1301] Den jungen Ludwig überfiel ein unendliches Heimweh nach seinem schwäbischen Elternhaus. Als das Schuljahr endlich begann, füllte sich das Haus und Ordnung und Leben zogen ein. „Aber damit trat ein anderer böser Geist gegen mich auf, der Neckgeist der Kameraden, der den jungen Ankömmling, zumal einen Schwaben von Geburt, überall hin verfolgte und bis aufs Blut quälte. Im Gymnasium, bei einer überfüllten Klasse – sie zählte 120 Schüler – war der Fortschritt auch nicht ermunternd; denn aus einer Privatlehranstalt hervortretend, konnte ich mich in die Methode und den Vortrag nicht finden, so daß mein Platz immer unter den letzten, in der sogenannten Hölle war, was mir wiederum Verachtung und Neckerei von allen Seiten zuzog."[1302] Ludwig Aurbacher fasste darauf hin den Entschluss, heimlich das Seminar zu verlassen. Der Besuch seines Bruders, der in Dachau einer Arbeit nachging, verstärkte sein Heimweh nur

---

[1300] Zur Person Ludwig Aurbacher vgl. auch Bayerische Bibliothek, Bd. 4, 1061f.; Deutsches Literatur-Lexikon, Bd. 1, 190; DOLLINGER, Münchner Straßennamen, 32; EPPLE, Ludwig Aurbacher (1784-1847) und das katholische Kirchenlied, in: Jahrbuch des Vereins für Augsburger Bistumsgeschichte 40 (2006), 403-415; EPPLE, Der schwäbische Volksschriftsteller Ludwig Aurbacher, in: Literatur in Bayern 73 (2003), 52-64; EPPLE, Die Volks- und das Jugendbüchlein von Ludwig Aurbacher, in: Märchenspiegel 16, Heft 2 (2005), 10-17; GrBBE, Bd. 1, 77f.; HUFNAGEL, Berühmte Tote, 199f.; NDB, Bd. 1, 456; KOLB, Ludwig Aurbacher und Ottobeuren, in: StMBO 73 (1962), 119-135; LINDNER, Schriftsteller, Bd. 2, 112f. u. Nachträge, 53; SARREITER, Ludwig Aurbacher (1784-1847). Ein Beitrag zur deutschen Literaturgeschichte; STEMPLINGER, Art. Aurbacher, Ludwig, in: NDB, Bd. 1, 456; WEICHSLGARTNER, Schreiber und Poeten, 25-27. – Zum Augustiner-Chorherrenkloster Dießen vgl. BACKMUND, Chorherrenorden, 71-73; HARTIG, Die Oberbayerischen Stifte, 188-196; MAI (Hg.), Die Augustinerchorherren in Bayern, 117; SCHEGLMANN, Säkularisation III/2, 516-532.
[1301] KOSCH, Ludwig Aurbacher, 51. – Allem Anschein nach war Inspektor P. Stefan Widmann (1795-1798) mit Ludwig Aurbacher verwandt.
[1302] KOSCH, Ludwig Aurbacher, 51f.

noch mehr. Auch erinnerte er sich an die Worte seines Vaters, dass er ruhig heimkommen sollte, wenn es ihm in München nicht gefallen würde.[1303] „Ich rannte daher blindlings und spornstreichs der Heimat zu. Wie fiel es mir aber mit einem Male aufs Herz, als ich den Turm des Vaterortes erblickte. Der Gedanke an das große Herzenleid, welches ich der Mutter machte, die Scham, die Schande eines Flüchtigen, die Vorwürfe, die meiner warteten von seiten meiner Wohltäter: alles vergegenwärtigte sich meinem Geiste und drückte das Gemüt, daß ich mich schier der Verzweiflung hingab." Erst gegen Abend traute er sich ins Dorf zu gehen und hoffte zuerst seinen Vater im Haus anzutreffen. „Meine jüngere Schwester erblickte mich zuerst; ein Schrei des Schreckens durchfuhr das Haus; denn man vermutete gleich das Schlimmste; die Mutter geriet bei meinem Anblick in unbändigen Zorn; bald aber trat ein tiefer herzzerschneidender Schmerz ein, dessen Vorwürfe und Tränen wie ein glühendes Erz in meine Brust fielen." Man holte den Vater aus dem Wirtshaus, der sich sichtbar über die Rückkehr seines Sohnes freute. „Doch die treffliche Frau erholte sich bald von ihrem ersten Schrecken und verfolgte nun ihren Plan, mich den Studien wieder zu geben, desto nachdrucksamer, da sie den Vater selbst im Komplott mit dem Sohne sah."[1304] Fortan begann sie, den Aufenthalt im Elternhaus unerträglich zu machen, in dem sie ihn wie einen Lehrjungen behandelte. Den Schwestern verbot sie jedes vertrauliche Gespräch mit ihrem Bruder Ludwig. Das Essen musste er am letzten Platz beim Gesellen einnehmen. Auch der Vater nahm ihn bald mit in die Werkstatt und ließ ihn „die gemeinsten Verrichtungen" arbeiten. Die elterliche Kur zeigte Wirkung. Aurbacher sehnte sich zu den Studien zurück, „die mir trotz allen Unannehmlichkeiten doch mehr zusagten als die Entbehrung und Plackerei des Handwerkes bei schmaler Kost und bösem Gewissen"[1305].
Ende November 1796 brachte Vater Aurbacher den jungen Ludwig wieder nach München ins Seminar zurück. „Der Empfang war bedrohlich genug; doch da mein Oheim bemerkte, daß nur die Quälerei meiner Kameraden mich zu dem verzweiflungsvollen Entschlusse gebracht, so erließ man mir nicht nur jede Strafe, sondern es ward auch allen ernstlich und unter strenger Ahndung verboten, mich zu necken und zu stören. So hatte ich denn Ruhe auf immer; und da mich

---

[1303] Sein Vater hätte lieber gesehen, dass der Sohn das Handwerk des Nagelschmieds erlernte; vgl. KOSCH, Ludwig Aurbacher, 52.
[1304] KOSCH, Ludwig Aurbacher, 52.
[1305] KOSCH, Ludwig Aurbacher, 53. – Das schlechte Gewissen kam ihm durch den Unmut der Mutter wie ein fressender Wurm vor, „um dieser Qual los zu werden, wäre ich ins Feuer gesprungen"; ebda., 53.

bald auch die Kameraden, mit denen ich an einem Pulte studierte, als einen stillen Knaben lieb gewannen, so bildeten sie nicht nur eine Phalanx um mich gegen fernere Unbilden, sondern führten mich auch in den geselligen Kreis der übrigen, mit denen ich mich von Tag zu Tag besser setzte."[1306] Obwohl Aurbacher sich nun ihm Haus wohlfühlte, kam er mit dem Stoff des Gymnasiums nicht ganz mit und so drohte die Versetzung in die untere Lateinschule, was seine Entlassung aus dem Seminar bedeutet hätte. „Dieser letztere Umstand war aber gerade noch meine Rettung; zudem die Mühe, die sich mein Privatinstruktor, ein Rhetor namens Högl[1307], mit dem etwas vernachlässigten, aber nicht talent- und fleißlosen Knaben gab. Es bestand nämlich im Seminario die gute Einrichtung, daß die ältesten Seminaristen zum Dienste für die im Institute genossenen Wohltaten die jüngern, je zehn an der Zahl, in täglichen festgesetzten Stunden zu unterrichten, vielmehr mit ihnen zu repetieren hatten. Es war dies eine um so größere Wohltat, da der öffentliche Lehrer bei einer unmäßig starken Klasse auf die einzelnen, ihre Schwächen und Bedürfnisse, nicht besonderes Augenmerk werfen konnte."[1308]

Als Lehrer nannte Aurbacher Professor P. Beda Losbichl aus Wessobrunn; „er besaß eine gute gründliche Methode, unterzog sich seinem mühsamen Berufe mit vielem Fleiß und hielt auch sonst strenge Zucht und Ordnung in der Schule"[1309]. Da der Lehrer aufgrund der großen Klasse auf die schwächsten Schüler nicht eingehen konnte, dankte Ludwig Aurbacher besonders seinem Repetitor Georg Högl, der selbst ein guter Student war und den jüngeren Seminaristen mit viel Geschick weiterhalf.[1310] Das Bemühen zeigte bald Erfolg. Nach dem ersten Semester hatte er sich schon in die Mitte vorgearbeitet und am Schuljahresende 1796/1797 nahm er unter 100 Schülern den siebenunddreißigsten Platz ein. „In den zehn Prüfungsgegenständen ward ich überall ehrenvoll erwähnt."[1311]

[1306] KOSCH, Ludwig Aurbacher, 53.
[1307] Vgl. KOSCH, Ludwig Aurbacher, 53. – Gemeint ist Georg Högl (1776-1814), der von 1790-1797 Seminarist in der Domus Gregoriana war; vgl. StAM, WG 125-133; LEITSCHUH, Matrikeln III, 204; PÖLNITZ, Matrikel Ingolstadt, 270.
[1308] KOSCH, Ludwig Aurbacher, 53.
[1309] KOSCH, Ludwig Aurbacher, 53. – Zu P. Beda Losbichl (1764-1830) vgl. ANDRIAN-WERBURG, Benediktinerabtei Wessobrunn, 530; KNAB, Nekrologium, 300; LINDNER, Wessobrunn, 61; SCHEGLMANN, Säkularisation III/1, 928; WINHARD, Die Benediktinerabtei Wessobrunn im 18. Jahrhundert, 142.
[1310] KOSCH, Ludwig Aurbacher, 53f.
[1311] KOSCH, Ludwig Aurbacher, 54. – Nach dem „Verzeichniß der Studirenden, welche sich in dem churfürstlichen Schulhause zu München durch Talente und Fleiß ausgezeichnet, und Preise erhalten haben, im Jahre 1797 den 4ten Septemb." findet sich allerdings Ludwig Aurbacher in der Rangliste

Über seinen einjährigen Aufenthalt im Münchener Seminar schrieb Aurbacher weiter: „Wir Seminaristen waren streng in unserem Verlaß gehalten, und außer den Schul- und Kirchengängen hatten wir sonst keine Zeit und Erlaubnis, in der vielbewegten Stadt umher zu schweifen. So sah ich denn nicht einmal, wonach ich mich so sehr sehnte, das Theater; und von Prachtaufzügen erinnere ich mich nur noch der Fronleichnamsprozession und des Begräbnisses der verwitweten Kurfürstin Marianne [...]."[1312]

Ludwig Aurbacher ging auch auf die musikalische Ausbildung und Kirchendienste ein. „Der Hauptchor war der bei St. Michael, in der ehemaligen Jesuitenkirche, der beinahe ausschließlich von Seminaristen voll und ganz besetzt war. Auch in die Residenzkapelle ging jeden Sonn- und Feiertag eine Abteilung Sopranisten und Altisten ab, um das Tutti zu verstärken, denn die Solopartien wurden damals noch von Kastraten gesungen. So fehlte es uns nicht an vielfacher und gründlicher Ausbildung in der Musik, zumal da wir auch einen trefflichen Lehrer an einem gewissen Lori besaßen, der eine gute Schule hatte."[1313]

Über das Leben im Haus berichtete Ludwig Aurbacher: „Wenn die Kirche und die Schule uns nicht beschäftigten, so wurden wir in Ordnung und Zucht zu Hause gehalten. Wir 80-90 Zöglinge studierten, speisten und schliefen gemeinsam in drei geräumigen Sälen, wodurch die Auffsicht sehr erleichtert wurde. Die Senioren, die unter den Pulten, Tischen und Schlafstellen verteilt waren, hatten für Ruhe und Ordnung zu wachen. Dem Institute stand ein Inspektor, der das Polizeiliche und Oekonomische zu besorgen hatte, und zwei Präfekten vor, von denen der eine die Studien, der andere die Musik zu leiten hatte."[1314]

Über den Besuch des Gymnasiums im Schuljahr 1796/1797 urteilte Aurbacher: „Die Schulen waren im ganzen in einem trefflichen Zustande. Indem, wie billig,

---

des jährlichen Fortgangs auf Platz 28. Ansonsten wurde sein Name unter den lobenswerten Schülern in der Tat in allen Fächern erwähnt; vgl. ebda.

[1312] KOSCH, Ludwig Aurbacher, 54. – Nach Stahleder starb die Gemahlin Kurfürsts Max III. Joseph, Maria Anna Sophia (1728-1797), am 17. Februar 1797 im Alter von 68 Jahren und wurde in der Theatinerkirche bestattet; vgl. STAHLEDER, Chronik der Stadt München, Bd. 3, 453. – Zu ihrer Musiksammlung vgl. HABERKAMP, MÜNSTER, Die ehemaligen Musikhandschriften der Königlichen Hofkapelle und der Kurfürstin Maria Anna in München.

[1313] KOSCH, Ludwig Aurbacher, 54. – Gemeint war Anton Josef Lori, der zwischen 1776-1797 als Musiklehrer der Domus Gregoriana nachweisbar ist.

[1314] KOSCH, Ludwig Aurbacher, 54. – Inspektor war zu dieser Zeit P. Stefan Widmann (Inspektor von 1795-1798). Das Präfektenamt besetzte Franz von Paula Ehrenhofer (1779-1797), der die Aufsicht über das Studienwesen übernahm; Vizepräfekt war von 1795-1797 Johann Baptist Schmid, der bereits als Vizepräfekt die Musikdirektion von Ehrenhofer übernommen hatte und schließlich von 1797-1804 zum Präfekten des Kurfürstlichen Seminars ernannt wurde.

das Latein als Hauptgegenstand galt, das uns in mannigfaltigen Uebungen, in sogenannten Argumenten und Versionen eingelehrt wurde, vernachlässigte man auch nicht vollends das Griechische, das wir freilich in dem ersten Jahre nur bis einschließlich des verbum auxiliare erlernten und in leichten Sätzen einübten. Nebst den beiden gelehrten Sprachen, der Religion und der Arithmetik wurden wir auch in der vaterländischen Geographie und Geschichte unterrichtet und somit unser Talent vielfach angeregt und unsere Kenntnis erweitert.

Um unsern Fleiß zu prüfen und zu ermuntern, wurden während des Schuljahres häufige schriftliche Probearbeiten gemacht, aus denen nach der Fehler Anzahl jederzeit der Rang und auch der Platz in der Schule bestimmt wurde, was denn jederzeit eine große Aufregung und Aneiferung in der Klasse machte. Und um uns ja die Wichtigkeit unserer Studien recht anschaulich zu machen, veranstaltete man am Ende des Jahrs aus den einzelnen Gegenständen mehrtägige Skriptionen pro praemiis, wobei wir in dem Klassenzimmer abgesperrt sitzen und schwitzen mußten, bis die Aufgabe von uns gelöset und eingeliefert worden war. Zum Ueberflusse kam noch eine feierliche öffentliche mündliche Prüfung dazu, in Gegenwart der kurfürstlichen Schulkommission, welche Mann für Mann unter das Gewehr rief und das Exerzitium vormachen ließ. Das eigentliche jüngste Gericht stand uns aber erst noch bevor, als endlich jeder von uns vor das Zensurkollegium gefordert wurde, wo man uns unser Sündenregister vorhielt und unser Begnadigungs- oder Verdammungsurteil aussprach. Ich wurde noch so ziemlich gut angelassen und zu mehr Fleiß und Ruhe vermahnt."[1315]

Ludwig Aurbacher konnte beruhigt und zufrieden in die Ferien gehen. Um so erstaunlicher war die Nachricht aus dem Inspektorat, dass sein Vater auch für das kommende Schuljahr 1797/1798 ein Drittel des Kostgeldes tragen sollte, obwohl er bei seinem Eintritt 1796 die Zusage des freien Tisches erhalten hatte, wenn sich sein Sohn wohl verhalten und gute Dienste in der Musik leisten würde. Vater Aurbacher sah sich daher nach einem anderen Studienort um, wo er kein Kostgeld bezahlen brauchte, und fand diesen im schwäbischen Reichsstift Ottobeuren, wo Ludwig die Aufnahmeprüfung ohne Schwierigkeiten meisterte.[1316]

[1315] KOSCH, Ludwig Aurbacher, 55.
[1316] Zum Benediktiner-Reichsstift Ottobeuren vgl. FAUST, Das Kloster Ottobeuren, in: SCHIEDERMAIR (Hg.), Klosterland Bayerisch Schwaben, 246-248; FAUST, Art. Ottobeuren, in: LThK³, Bd. 7, 1226; FAUST, Ottobeuren vor und nach der Säkularisation, in: Jahrbuch des Vereins für Augsburger Bistumsgeschichte 40 (2006), 365-378; HEMMERLE, Benediktinerklöster in Bayern, 209-220; KOLB, Ottobeuren. Schicksal einer schwäbischen Reichsabtei; MAYER, Der Konvent des säkularisierten Reichsstiftes Ottobeuren in den Jahren 1805-1823. Darstellung im Spiegel der Tagebücher des Kon-

So zog er im November 1797 in das Ottobeurer Klosterseminar ein, um hier seine Gymnasialstudien 1799 zu beenden. Anschließend studierte Aurbacher am Lyzeum in Ottobeuren Philosophie und fand am 18. Oktober 1801 Aufnahme im dortigen Noviziat.

Zur Ablegung der Ewigen Profess kam Aurbacher nicht mehr, denn zwei Monate zuvor wurde dem schwäbischen Reichsstift am 29. August 1802 durch den kurbayerischen Kommissar Wilhelm Hubert Franz Freiherr von Hertling die Säkularisation verkündet und das Kloster am 1. Dezember 1802 vom Kurfürstentum Bayern in Besitz genommen. Die drei letzten Novizen Ludwig Aurbacher, Gottfried Ackermann und Franz Xaver Eger wurden suspendiert.[1317] Da noch das vorderösterreichische Kloster Wiblingen bei Ulm bestand, bat Aurbacher und sein Mitnovize Gottfried Ackermann 1803 um Aufnahme ins dortige Kloster, die ihnen gewährt wurde.[1318] Schließlich beantragte Aurbacher im Jahre 1804 die Entlassung aus dem Kloster, da er es nicht mehr in Wiblingen aushielt. Zunächst fand er eine Anstellung als Hofmeister und später als Professor am Kadettenkorps in München. Ludwig Aurbacher wurde durch zahlreiche Veröffentlichungen als Schriftsteller berühmt, wie zum Beispiel „Die Abenteuer der sieben Schwaben" oder das „Volksbüchlein"[1319]. Er starb am 25. Mai 1847 in München.[1320]

---

ventualen Pater Basilius Miller, in: StMBO 108 (1997), 423-482; SCHEGLMANN, Säkularisation III/1, 611-654; WEIGELE, Das Ringen des Abtes Paulus Alt um das benediktinische Leben in Ottobeuren nach der Säkularisation (1802-1807), in: Fides und Flora, 147-205.

[1317] „Wir armen Novizen waren nun so recht, wie man sagt, in suspenso; Abt und Konvent, vermöge der ihnen noch zustehenden Machtvollkommenheit, erlaubten uns die Profeß; ob Bayern dagegen diesen Akt anerkennen und unser Recht honorieren werde, stand sehr im Zweifel; jedenfalls aber – und diese Gewissensansicht entschied – wäre es durchaus unangemessen gewesen, sich für ein Institut zu verpflichten, dessen Auflösung wahrscheinlich schon beschlossen war. Wir wurden daher, nach unserem Wunsch, zur Ablegung der vota simplicia zugelassen, vermöge deren man sich von beiden Seiten im Falle, daß das Kloster fortbestehen sollte, zum Behalten und Verbleiben anheischig machte. So waren wir denn noch bis zum nächsten Frühjahr [1803] in Ungewißheit hingehalten: als eines Morgens der Abt uns zu sich beschied und einen fürstlichen Befehl uns vorwies, daß wir gegen Remuneration von 150 fl. Reisegeld zu entlassen seien"; KOSCH, Ludwig Aurbacher, 70; vgl. auch FAUST, Ottobeuren vor und nach der Säkularisation, 374.

[1318] Vgl. KOSCH, Ludwig Aurbacher, 70-75. – Zum Benediktinerkloster Wiblingen, das noch bis zum Jahre 1806 bestand, vgl. EBERL, Art. Wiblingen, in: Germania Benedictina, Bd. 5, 652-667; SCHWENGER, Abtei Wiblingen; SPECKER, Art. Wiblingen, in: ZIMMERMANN, PRIESCHING (Hg.), Württembergisches Klosterbuch, 509-512.

[1319] AURBACHER, Die Abenteuer der sieben Schwaben, Memmingen ²1989; DERS., Ein Volksbüchlein, München 1827.

[1320] EPPLE, Aurbacher und das katholische Kirchenlied, 403-415.

7.2. Ein Gang durch die Domus Gregoriana: Leben der Seminaristen und Einrichtung des Kurfürstlichen Seminars

In der Plansammlung des Bayerischen Hauptstaatsarchivs sind vier Pläne des Kurfürstlichen Seminars Domus Gregoriana erhalten geblieben.[1321] Sie zeigen die Grundrisse des Erdgeschosses[1322], des ersten Obergeschosses[1323], des zweiten Obergeschosses[1324] und einen Plan mit der Aufteilung der zum Verkauf gedachten acht Parzellen[1325]. Diese Pläne wurden von Stadtmaurermeister Matthias Widmann aller Wahrscheinlichkeit nach um 1804/1805 gezeichnet.[1326] Zudem fertigte der Priester Johann Paul Stimmelmayr (1747-1826)[1327] Zeichnungen der Häuser und Gassen der Stadt München um 1800 an, von denen zwei das Kurfürstliche Seminar zeigen: Auf einem Blatt zeichnete er die „Obere Neuhauser-Gasse gegen Süd", auf dem die Domus Gregoriana, die Seminarkirche und die Mietshäuser zu sehen sind, ein anderes Blatt zcigt das Seminargebäude in der „Herzog Spital Gasse gegen Nord".[1328] Anhand dieser Pläne und Zeichnungen und mit Hilfe von zwei Inventaren aus den Jahren 1803 und 1804[1329] sowie

---

[1321] BayHStA, Plansammlung 8483; 8484; 8485; 8486.
[1322] „Grund Plan zu ebner Erde. Von den Churfürstlichen Semminary mit allen dazugehörigen Häuser"; BayHStA, Plansammlung 8483. – Siehe Abbildung Nr. 4.
[1323] „Grund Plan über ein Stiege. Von den Churfürstlichen Semminary mit alle zugehörige Häuser"; BayHStA, Plansammlung 8484. – Siehe Abbildung Nr. 5.
[1324] „Grund Plan über zwey Stiege. Von den Churfürstlichen Semminary mit alle zugehörige Häuser"; BayHStA, Plansammlung 8485. – Siehe Abbildung Nr. 6.
[1325] „Erklärung Auf welche Art das alte Studien Seminarium nebst dem dazu gehörigen Gebäuden in der Neuhauser Gasse abtheilungsweise zum Verkaufe feil Stehet"; dieser Plan könnte auch von Stadtoberbaudirektor Nikolaus Schedel von Greifenstein angefertigt worden sein; BayHStA, Plansammlung 8486. – Siehe Abbildung Nr. 7.
[1326] Hannelore Putz dadiert die Pläne auf das Jahr 1800; vgl. PUTZ, Domus Gregoriana, 62, Anm. 288. – Zu Matthias Widmann (1749-1825) vgl. BOSL, Bayerische Biographie, 844; LIEB, Barockbaumeister, 205; LUTZ, Ein Münchner Architekturmaler und Mäzen: Anton Höchl (1818-1897), Ehrenmitglied des Historischen Vereins von Oberbayern, in: OA 112 (1988), 87-180, hier 90, Anm. 7; THIEME-BECKER, Bd. 35, 520.
[1327] Zu Johann Paul Stimmelmayr vgl. DISCHINGER, BAUER (Hg.), München um 1800. Die Häuser und Gassen der Stadt. Gezeichnet und beschrieben vom Johann Paul Stimmelmayr, IX-XVIII; GUGGENBERGER, Nekrologium, 107; NÖHBAUER, München. Eine Geschichte der Stadt und ihrer Bürger, Bd. 1, 241-248.
[1328] Vgl. DISCHINGER, BAUER (Hg.), München um 1800. Die Häuser und Gassen der Stadt. Gezeichnet und beschrieben von Johann Paul Stimmelmayr, 51, 63, Abbildungen Nr. 68 und 78. – Siehe Abbildungen Nr. 2 und 3 im Anhang.
[1329] „Inventarium über samtlich beweglich- und unbewegliches Vermögen des Churfürstlichen Seminarii St. Gregorii Magni zu München verfasst 1803", das vom 24. bis 28. Januar 1803 erstellt wurde, und „Inventarium über sammtliches bewegliches und unbewegliches Vermögen des Churfürstlichen Seminars Sct. Gregorii Magni zu München", das vom 13. bis 15. Mai 1804 verfasst wurde, nachdem

einzelnen Akten soll hier auf das Leben und die Einrichtung der wesentlichen Räumlichkeiten des Kurfürstlichen Seminars eingegangen werden.[1330]
Im Ganzen gesehen zeigt sich die Anlage der Domus Gregoriana als ein langgezogenes Rechteck mit einem großzügigen Innenhof.[1331] Im Eingangsbereich an der Neuhauser Straße befanden sich die Seminarkirche, der Haupteingang des Kurfürstlichen Seminars mit der Pförtnerwohnung und drei Mietshäuser: das Melberhaus stand links von der Seminarkirche, das Bäckenhaus und das Salzstößlerhaus schlossen sich rechts an die Hauptpforte an. Im rückwärtigen Teil der Domus Gregoriana an der Herzogspitalstraße waren die Seminarküche[1332] mit den nötigen Vorratsräumen wie die „Handspeis"[1333], „grosses Speisgewölb"[1334] und die Mehlkammer[1335], einer Backstube[1336] und einem Wasch-

---

vom 5. bis 7. April 1804 auf höchsten Befehl ein beträchtlicher Teil der Innenausstattung bereits öffentlich versteigert worden war; beide Inventare in: BayHStA, GL Fasz. 2699/489.
[1330] Vgl. auch Häuserbuch der Stadt München, Bd. 3, 179-182, 347-354; ZUBER (Hg.), Bürger schreiben für Bürger, Bd. 1. Das Hackenviertel, 65-80.
[1331] Der endgültige Umfang des Gebäudekomplexes war seit dem Jahre 1739 abgeschlossen; vgl. PUTZ, Domus Gregoriana, 61f.
[1332] In der Küche befanden sich neben zahlreichen Gerätschaften aus Blech, Eisen, Holz und Ton an Zinngeschirr: „12 Suppenschüßln von größerer Gattung, 18 detto kleinere, 19 Herrn Teller, 81 Studenten Teller, 8 Waßerbecher einer a 1 Maß, 32 derley zu einer ½ Maaß, 35 detto zu einen Quartl". An Kupfergeschirr wurden „14 Häfen" aufgelistet; an Messing war eine „Tischglocken" in der Küche vorhanden. Schließlich fanden noch zwölf Weingläser Erwähnung. Von der Küche ging es zum Krautkeller, wo „4 große Krautbrenten mit eisernen Reifen" standen, zum Fleischkeller, in dem „2 Marmorsteinerne Fleischgrand", zum Bierkeller mit „11 Eimerfäßln", wobei ein Eimer Bier 64 l fasste und zum „Käßkeller", in dem sich nichts befand. Neben der Küche hatte der Seminarhaushälterin ihre Wohnung. Schließlich wurde noch die so genannte „Ehehalten Stube" genannt. In ihr waren an Einrichtungsgegenständen vorhanden: „1 hl. Ignatius von Holz, 1 Crucifix mit der hl. Mutter Gottes, 1 Maria Bild von Erde [Ton?], 1 gefaßtes Bild in einem kleinen Gestell, 23 Stück irdene Milchweidling, 1 Milchkasten mit einer Thür und 5 Fächern, 1 Bettlade mit einem Deckl samt einem ganzen Bett". Im Treppenhaus von der Wohnung der Haushälterin zur Wohnung des Inspektors waren noch „3 illuminirte Kupferstich" aufgehängt; vgl. BayHStA, GL Fasz. 2699/489; Inventar vom 24.-28. Januar 1803.
[1333] In der „Handspeis", die im Inventar von 1803 als „Gewölb zwischen der Speis und der Küche" bezeichnet wurde, waren unter anderem vorhanden: „1 großer kupferner Fleischkeßl mit 3 Fuß" und „70 Boutellien meistens zu einer Maß"; BayHStA, GL Fasz. 2699/489; Inventar vom 24.-28. Januar 1803.
[1334] An Gegenständen, die im Vorratsgewölbe aufbewahrt wurden, listete das Inventar vom 24.-28. Januar 1803 neben zahlreichem töpferischen und hölzernen Geschirr an Zinngeschirr auf: „6 große Schüßeln, 24 Schüsseln von mitterer Gattung, 18 detto von kleinerer Gattung, 3 Suppen Podollien mit Deckln, 18 große- und mittern Suppenschüßln, 103 Schüßln von kleiner Art, 53 Teller, 26 Maß-Kannen, 11 Leichter, 10 halbe Maß Becher, 43 detto zu einen Quartl, 112 detto zum Wein". An Kupfergeschirr wurden unter anderem genannt: „1 Maschine zu Brantweinbrennen, 5 Modl zum Mehlspeisen, 1 Modl zu Schnecken mit einem Deckl, 5 kleine Muschlmodl, 6 kleine Krapfen-Modl [...]." An Blechgeschirr wurden aufbewahrt: „25 runde Modl zum Backwerk, 12 Muschl-Modl, 4 Strauben-Modl von verschiedener Gattung, 15 Pultleichter für die Studenten". Vom großen Vorratsgewölbe ging es noch zum „kleinen Gewölb neben der Speis". Hier wurde eine Brotwaage auf vier Rädern aufbewahrt. Es wurde im Inventar die Anmerkung beigefügt: „NB. Alle in diesen Speisgewölb bisher be-

323

haus[1337] untergebracht. In Küchennähe ist in der Zeichnung Matthias Widmanns noch ein Brunnen zu sehen. Schließlich ist noch der geräumige Speisesaal zu nennen.

Zwischen der vorderen Seminarseite an der Neuhauser Straße und dem hinteren Seminarteil an der Herzogspitalstraße befanden sich die beiden schlauchförmigen Gebäudeteile, in denen im Erdgeschossbereich Funktionsräume untergebracht waren, wie eine Toilettenanlage[1338], Stallungen für Schweine, Kühe und Pferde[1339], Dunggruben, das Schlachthaus, die Brotkammer, der „Wagenschupfe"[1340] und eine Holz- und Heuremise[1341]. Zu ebener Erde war auch die „Kamstube" eingerichtet.[1342]

Die Seminaristen betraten das Seminargebäude durch das große Tor, das sich mitten in der Häuserfront und rechts neben der Seminarkirche in der Neuhauser Straße befand. Durch einen langen Gang, der auch als Durchfahrt in den Innenhof diente, gelangten sie in den rechteckigen und großzügigen Innenhof, der auch zu Rekreationszwecken diente. Bei diesem Durchgang hatte der Pförtner seine Zimmer, der über die ein- und ausgehenden Personen zu wachen hatte.[1343]

---

schriebene Geschiere sind blos Vorrath, was aber zum täglichen Gebrauch gehört, wird weiter unten beschrieben werden"; BayHStA, GL Fasz. 2699/489; Inventar vom 24.-28. Januar 1803.

[1335] In der Mehlkammer wurden 30 Mehlsäcke aufbewahrt; vgl. BayHStA, GL Fasz. 2699/489.

[1336] In der Backstube befanden sich neben einem großen Backofen „1 kupferner Grand mit 2 messingen Pipen" und „1 großer Backtrog mit Kupfer gefüttert auf einer Schragen"; BayHStA, GL Fasz. 2699/489.

[1337] In diesem Raum gab es unter anderem drei große Waschwannen mit eisernen Reifen und ein großer Waschkessel aus Kupfer. Hier wurden auch „2 feichtene Räder zum Kerzen tauchen" aufbewahrt; BayHStA, GL Fasz. 2699/489.

[1338] Nach dem Plan von Widmann konnten sechs Seminaristen gleichzeitig das stille Örtchen, das Widmann mit „loca" bezeichnete, aufsuchen, das mit einer Dunggrube verbunden war; vgl. BayHStA, Plansammlung 8483.

[1339] In der Zeichnung Widmanns wurden insgesamt zwei Kuhställe, drei Pferdeställe und ein Schweinestall eingetragen; vgl. BayHStA, Plansammlung 8483.

[1340] Im „Wagenschupfe", der im Plan von Widmann vermutlich mit „Remise" bezeichnet wurde, standen „2 Holzkärne mit Räder, 2 Schubkärne, 1 Korb auf Wägen, 1 Dungfaß mit zugehörigen Aufsatz". Ferner gab es nach dem Inventar von 1803 noch einen zweiten Wagenschuppen, dessen Standort nicht bestimmt werden kann. In diesem Raum standen unter anderem „1 Wagen mit 4 niederen Räder zum Bier führen", „3 Dachleitern" und „1 Schleifstein"; vgl. BayHStA, GL Fasz. 2699/489.

[1341] In einer nicht näher beschriebenen Holzlege waren „2 Bierwagln mit 2 Räder, 1 Leiter, 1 Hobelbank" aufbewahrt; vgl. BayHStA, GL Fasz. 2699/489.

[1342] In dieser Stube, in der die Seminaristen von Parasiten befreit wurden, waren vorhanden: „1 hölzerne Bettlade, 1 hölzernes Canape, 2 hölzerne Ratschen zum aufwecken"; BayHStA, GL Fasz. 2699/489; Inventar vom 24.-28. Januar 1803.

[1343] In der Pförtnerwohnung befanden sich nach dem Inventar von 1803 unter anderem: „1 Kruzifix von Metall", „1 Bettlade mit Deckl", „1 Schreibpult auf einen Tisch", „1 Tisch mit einer Schublade", „1 Kasten mit einer Uhr", „1 Schneidertisch", „5 Stühle", „1 Kupferstich von Früchten", „1 Bettstatt samt ganz aufgerichteten Bett". In einem Nebenzimmer standen: „1 Stockuhr mit einem Wecker, 1 höl-

1789 wurde die Seminarpforte für 48 fl. erneuert.[1344] Das Tor besaß wohl zwei Schlösser, da Inspektor D. Anton Acher 1793 berichtete, dass er „die zween Schlüssel zum Seminarium, den französischen, und den deutschen"[1345] an die Schulkuratel übersendet hatte. Scheinbar besaßen mehrere Leute Seminarschlüssel, so dass die Schulkuratel am 29. Dezember 1792 verfügte, dass niemand freien Zugang zum Seminar haben sollte mit Ausnahme des Prälaten von Polling, Franz Töpsl, und des Superiors D. Anselm Greinwald als Sekretär des Generalstudiendirektoriums. Dagegen sollten alle anderen Personen, die bisher einen Schlüssel besessen hatten, ihn abgeben.[1346] Gräfin von Piosasque hatte zwar auch den Seminarschlüssel abzugeben, ihr sollte aber der Durchgang durch das Seminar weiter gewährt werden.

Propst Franz Töpsl von Polling berichtete in einem Schreiben an die Schulkuratel vom 7. August 1788 über die Seminarpforte: „Bey den Jesuiten Zeiten, und nach Aufhebung der Gesellschaft Jesu war die Thür den ganzen Tag hindurch, nur die Tischzeiten zu Mittag und Abends ausgenommen, ungeschlossen, weil dieß der Aus- und Eingang verschiedener Personen in nothwendigen Geschäften so erheischte. Damit aber denen Seminaristen der Aus- und Eingang nicht eben frey, und nach Belieben seyn möchte, halte sich in einem Zimmer nächst der Thür ein ordentlicher Portner auf, der die Aus- und Eingehende Seminaristen beobachtete, und die [richtig: der] sogar die Zeit des Aus- und Eingehens in einem eigens zu dem Ende gewidmeten Einschreibbuch aufzeichnete, das Buch abends vor dem Schlafengehen dem H. Praefecten zu lesen bringen mußte, damit derselbe bemessen könnte, ob einige ohne Erlaubniß ausgetretten, oder andere sich über die erlaubte Zeit nicht ausser dem Hause aufgehalten haben. Die Uebertretter mußten theils Ahndung, theils Straffen leiden. Im Winter wurde die Porte um 8, im Sommer um halb 9 Uhr geschlossen. Diese Ordnung wurde bey denen Jesuiten niemals getadelt: sie wird aber ebenso auch jetzt beobachtet, die Ueber-

---

zerne Bettlade, 1 Kleiderkasten mit doppelter Thür, 1 Bettstatt samt ganz aufgerichteten Bett"; BayHStA, GL Fasz. 2699/489.

[1344] Der Kostenvoranschlag des Kistlers Franz Beer zur Reparatur des alten Seminartors, das 11 Schuh 6 Zoll hoch und 8 Schuh breit und mit zwei Flügeln versehen war, betrug 34 fl. Die Schlosserarbeiten schlug Meister Martin Weinhart mit 14 fl. an. Die Ratifikation erteilte hierzu die Schulkuratel am 8. August 1789; vgl. BayHStA, GL Fasz. 2700/493.

[1345] BayHStA, GL Fasz. 2696/475; Schreiben vom 6. April 1793.

[1346] Folgende Personen wurden aufgelistet, die im Besitz eines Seminarschlüssels waren: Exjesuit Barth, der entlassene Inspektor Frigdian Greinwald, der Beichtvater der Servitinnen aus dem Karmelitenkloster, eine Frau von Lespillez(?), der Seminararzt Dr. Pachauer, der Badergeselle Thaddäus Kurz und der Mesner der Herzogspitalkirche; vgl. BayHStA, GL Fasz. 2698/478.

tretter werden gestraft, obschon man bey aller Aufsicht einzelner Uebertrettungen ebenso wenig verhindern kann, als es die Jesuiten konnten."[1347]
Die Schulkuratel ordnete am 5. Dezember 1794 an, dass Studenten im Winter nach 8 Uhr und im Sommer nach 9 Uhr sich nicht mehr außerhalb aufhalten durften. „Sollten selbe nach dieser Zeit in einem Wirths- oder Koffeehaus gefunden werden: so sind sie von den Patrouillen zu arretiren, und nach den vorhandenen Schul- und Polizeygesäzen zu behandeln."[1348] Im Innenhof wurde noch ein „Keglplatz" genannt.[1349]

7.2.1. Der Tagesablauf

Sicher dürfte im Haus an einem schwarzen Brett der Tagesablauf ausgehängt gewesen sein.[1350] Die Seminaristen hätten dort vielleicht folgende Tagesordnung lesen können:

5.00 Uhr	Wecken
5.15 Uhr	Geistliche Lesung im Museum, anschließend das Morgengebet
5.30 Uhr	Hl. Messe in der Seminarkirche
6.00 Uhr	Studierzeit
7.30 Uhr	Repetitionszeit

[1347] BayHStA, GL Fasz. 2697/477.
[1348] BayHStA, GL Fasz. 2832/1450.
[1349] Dieser Kegelplatz bestand aus „1 Keglspiel mit Kugln"; vgl. BayHStA, GL Fasz. 2699/489.
[1350] Über den Tagesablauf in der Domus Gregoriana vor 1773 vgl. PUTZ, Domus Gregoriana, 149-151; STUBENVOLL, Geschichte des Königl. Erziehungs-Institutes, 146-150. – Für die Zeit nach 1773 ist kein eigener Tagesablauf überliefert. Die um 1750 verfasste Tagesordnung aus dem Archiv des Studienseminars Albertinum dürfte mit geringen Veränderungen für das ganze 18. Jahrhundert Gültigkeit besessen haben. Einige Hinweise zum Tagesablauf lieferte zudem Josef von Hazzi in seiner Jugenderinnerung. Aus dem Jahre 1732 ist noch eine Tagesordnung bekannt, die für alle Schüler des Gymnasiums als Richtschnur dienen sollte; vgl. StAM, Albertinum B 5; GREIPL, HEYDENREUTER, Die Jugenderinnerung des Joseph von Hazzi. – Die „Tag-Ordnung sambt deroselben weitläuffigeren Erclärung, woraus ein frommer und fleißiger Student zu genügen ersehen kann, wie es nit allein Täglich von Stund zu stundt zu thuen, sondern auch wie und auff was weiß er alle seine Geschäfft Gottselig und Nützlich zu verrichten hab" aus dem Jahre 1732 ist veröffentlicht in: SCHÖTTL, Johann Michael Sailer am Jesuiten-Gymnasium in München 1762-1770, in: ZIEGLER (Hg.), Monachium, 165-179. – Vgl. auch die „Zeitordnung vor die Musikanten Jugend anno 1717" des Klosterseminars Tegernsee, in: MÜNSTER, Fragmente zu einer Musikgeschichte der Benediktinerabtei Tegernsee, in: StMBO 79 (1968), 66-91, hier 79-82. – Vgl. auch den Tagesablauf in Tegernsee Ende des 18. Jahrhunderts, der von Johann Kaspar Aiblinger (1779-1867) überliefert wurde, der von 1790 bis 1794 Singknabe in Tegernsee und von 1794 bis 1798 Seminarist der Domus Gregoriana war, in: MÜNSTER, Zwei Liederbücher der Tegernseer Singknaben Caspar Aiblinger und Marcus Seitz, in: LAMPL (Hg.), Musik und Orgelwerke des Klosters Tegernsee, 144-153, hier 144.

7.45 Uhr	Morgensuppe
7.55 Uhr	Kurzes Gebet in der Seminarkirche, gemeinsamer Gang zur Schule
8.00 Uhr	Unterricht am Kurfürstlichen Gymnasium (bis 10.00 Uhr)
10.05 Uhr	Musikunterricht
11.00 Uhr	Mittagessen
12.00 Uhr	Musikunterricht/Rekreation
13.00 Uhr	Studierzeit
13.45 Uhr	Repetitionszeit
13.55 Uhr	Sammlung in der Seminarkirche, gemeinsamer Gang zur Schule
14.00 Uhr	Unterricht am Kurfürstlichen Gymnasium (bis 16.00 Uhr)
16.05 Uhr	Brotzeit, anschließend Zeit für Exercitium privatum
16.30 Uhr	Studierzeit
17.30 Uhr	Instruktionszeit
18.00 Uhr	Abendessen
18.45 Uhr	Zeit für Exercitium privatum/Rekreation
20.00 Uhr	Nachtgebet, anschließend Anbetung des Allerheiligsten und Bettruhe

Im Vergleich zum Tagesablauf vor 1773 ergaben sich einige kleine Veränderungen. So konnten die Seminaristen morgens immerhin eine Viertel Stunde länger schlafen, denn es wurde erst um 5 Uhr geweckt.[1351] Während sich die Zöglinge anzogen, sprachen sie ein Gebet. Nach dem Waschen ging es um 5.15 Uhr zur geistlichen Lesung in den Studiersaal und anschließend wurde das Morgengebet gesprochen.[1352] Um 5.30 Uhr hatten sich die Seminaristen in der Seminarkirche

---

[1351] Josef von Hazzi, der 1779 ins Kurfürstliche Seminar in München aufgenommen worden war, berichtete über den Tagesablauf: „Im Sommer um fünf Uhr, im Winter um halb sechs Uhr wurde durch eine Ratsche geweckt. Während dem Anziehen stimmte der Vorstand des Dormitorii ein Gebet an, das alle nachbeten mußten. Wenn er fertig war, ging jeder hinab in das Refectorium (Speisesaal), um sich zu waschen [...]. Jetzt mußte jeder hinauf in das Museum (Studiersaal) [...]. Hier wurde meditiert, der Monitor, der Vorstand des Museums, las aus einem geistlichen Buche vor. Dann ward das Morgengebet und darauf die Messe gehalten"; GREIPL, HEYDENREUTER, Jugenderinnerung, 171. – Nach der Tagesordnung um 1750 wurde schon um 4.45 Uhr geweckt, um 5 Uhr im Studiersaal die Meditation gehalten und um 5.15 Uhr das Morgengebet verrichtet; vgl. StAM, Albertinum B 5. – Im Tegernseer Seminar wurden um 1790 die Zöglinge um 4.45 Uhr geweckt; vgl. MÜNSTER, Zwei Liederbücher der Tegernseer Singknaben Caspar Aiblinger und Marcus Seitz, in: LAMPL (Hg.), Musik und Orgelwerke des Klosters Tegernsee, 144-153, hier 144. – Zum Wecken waren in der „Kamstube" zwei hölzerne Ratschen vorhanden; vgl. BayHStA, GL Fasz. 2699/489; Inventar vom 24.-28. Januar 1803.
[1352] Im Seminar des Klosters Tegernsee wurde Ende des 18. Jahrhunderts ebenso um 5.15 Uhr das Morgengebet gesprochen. Anschließend war eine Zeit zum Studieren vorgesehen, die bis zur Hl. Messe um 7 Uhr dauerte; vgl. MÜNSTER, Zwei Liederbücher der Tegernseer Singknaben Caspar Aiblinger und Marcus Seitz, in: LAMPL (Hg.), Musik und Orgelwerke des Klosters Tegernsee, 144-153, hier 144.

zur hl. Messe zu versammeln[1353], worauf von 6 bis 7 Uhr die erste Studierzeit folgte.[1354] Eigens war eine viertelstündige Repetitionszeit um 7.30 Uhr vorgesehen[1355], nach der es zur Morgensuppe in das Refektorium ging.[1356] Zum Essen blieb allerdings nicht viel Zeit, denn bereits um 7.55 Uhr mussten sich die Zöglinge wieder in der Kirche zu einem kurzen Gebet eintreffen.[1357] Anschließend ging es in einem geordneten Zug über die Straße zum ehemaligen Jesuitenkolleg, in dem sich das Kurfürstliche Gymnasium befand, bis die Schule im Jahre 1802 in das aufgehobene Karmelitenkloster verlegt wurde. Propst Franz Töpsl berichtete über den Zug der Seminaristen: „Zu den Zeiten der Jesuiten giengen die Seminaristen in Ordnung paarweis aus dem Seminario in die Michaels Kirche, und so wieder zurück: auch in der nemlichen Ordnung in die Schule: wenn sie aber aus verschiedenen Schulen zum Chor sich verfügen mußten, konnte diese Ordnung nicht beobachtet werden, eben so wenig, als wann sie aus den Schulen nach Hause zurückkerten. Auch heut zu Tag gehen die Seminaristen von dem Seminario in der nemlichen Ordnung zum Michaels Kor, aber nicht ebenso in die Schulen, oder vom Kor nach Hause zurück, und so seit mehrern Jahren her, wo Frigdian Greinwald noch nicht Inspector ware: der aber auch in beed lezteren Fällen das nemliche einzuführen auf anbefehlen des Directorii keinen Anstand nehmen will."[1358] Nach der vormittäglichen Unterrichtszeit, die von 8 bis 10 Uhr dauerte[1359], kamen die Zöglinge zur Musikstunde, die kurz nach 10 Uhr begann, zurück ins Seminar.[1360]

[1353] Nach der „Münchnerischen Andachts-Ordnung für das Jahr 1773" wurde die hl. Messe werktags um 5.30 Uhr, an Vakanz- und Freitagen um 6.30 Uhr gelesen. Um 1750 wurde die hl. Messe für die Seminaristen ebenso um 5.30 Uhr in der Seminarkirche gefeiert; vgl. StAM, Albertinum B 5. – Die tägliche Schulmesse für die Schüler des Kurfürstlichen Gymnasiums fand nach der Schulordnung von 1774 vor dem Unterricht um 7.30 Uhr statt. Im Jahre 1732 hatte die hl. Messe noch um 7 Uhr und der Schulunterricht um 7.30 Uhr begonnen; vgl. LURZ, Mittelschulgeschichtliche Dokumente Altbayerns, Bd. 2, 218; SCHÖTTL, Johann Michael Sailer am Jesuiten-Gymnasium in München 1762-1770, in: ZIEGLER (Hg.), Monachium, 165-179, hier 177.
[1354] Hazzi schrieb über die Studierzeit: „Nun saß jeder an seinem Pult; mit einer kleinen Glocke gab der Monitor das Zeichen zum Silentium"; GREIPL, HEYDENREUTER, Jugenderinnerung, 171.
[1355] „Um halb 8 Uhr ertönte die kleine Glocke wieder und alles ward lebendig. Jeder mußte das Gelernte seinem Instruktor für die Schule vorsagen"; GREIPL, HEYDENREUTER, Jugenderinnerung, 171.
[1356] „Um ¾ [8 Uhr] läutete die Glocke wieder und man lief hinab ins Refektorium zur Wassersuppe"; GREIPL, HEYDENREUTER, Jugenderinnerung, 171f.
[1357] Nach eingenommener Morgensuppe „musste man wieder in die Kirche, den heiligen Schutzengel anrufen, daß er seinen Beistand für die Schule leiste. Wir gingen dann ins Gymnasium. Es dauerte so bis 10 Uhr"; GREIPL, HEYDENREUTER, Jugenderinnerung, 172.
[1358] Töpsl an Schulkuratel vom 7. August 1788 in: BayHStA, GL Fasz. 2697/477.
[1359] Die Schulordnung vom 8. Oktober 1774 sah den Unterricht im Kurfürstlichen Gymnasium vormittags von 8 bis 10 Uhr und nachmittags von 14 bis 16 Uhr vor; vgl. LURZ, Mittelschulgeschichtliche

Bereits um 11 Uhr läutete die Hausglocke zum Mittagstisch[1361], der bis 12 Uhr ging. Das Mittagessen war demnach von 10 auf 11 Uhr verlegt worden.[1362] Wahlweise stand ab 12 Uhr eine Stunde zu Musikübungen oder zur Rekreation zur Verfügung.[1363] Um 13 Uhr begann die zweite Studierzeit, in der jeder Seminarist an seinem Pult zu sitzen hatte.[1364] Darauf folgte um 13.45 Uhr eine zweite Repetitionszeit von 10 Minuten, in der das Gelernte aufgesagt wurde.[1365] Nach einer kurzen Versammlung in der Kirche ging es wieder in geordnetem Gang zum Nachmittagsunterricht von 2 bis 4 Uhr ins Gymnasium.[1366] Von der Schule zurückgekehrt gab es im Seminar ein Stück Schwarzbrot und etwas zum Trinken.[1367] Anschließend wurde den Seminaristen bis 16.30 Uhr Freizeit zugestanden.[1368] Um halb fünf begann die dritte Studierzeit, die bis 17.30 Uhr dauerte. Von halb sechs bis 18 Uhr war Instruktionszeit vorgesehen, in der die Gregoria-

---

Dokumente Altbayerns, Bd. 2, 218. – Die Unterrichtszeiten im Tegernseer Klosterseminar deckten sich um 1790 mit denen in München; vgl. MÜNSTER, Zwei Liederbücher der Tegernseer Singknaben Caspar Aiblinger und Marcus Seitz, in: LAMPL (Hg.), Musik und Orgelwerke des Klosters Tegernsee, 144-153, hier 144.

[1360] „Wie man nach Hause kam, fing die Musikstunde an"; GREIPL, HEYDENREUTER, Jugenderinnerung, 172. – Ein Schreiben vom 27. Juli 1806 bestätigte die Unterrichtszeit im Singen von 10 bis 11 Uhr; vgl. BayHStA, GL Fasz. 2698/481. – Auch im Tegernseer Seminar fand von 10 bis 11 Uhr eine Stunde Musikunterricht statt; vgl. MÜNSTER, Zwei Liederbücher der Tegernseer Singknaben Caspar Aiblinger und Marcus Seitz, in: LAMPL (Hg.), Musik und Orgelwerke des Klosters Tegernsee, 144-153, hier 144.

[1361] „Um 11 Uhr saß man zu Tisch bis gegen 12 Uhr"; GREIPL, HEYDENREUTER, Jugenderinnerung, 172. – Die Tagesordnung um 1750 sah das Mittagessen bereits um 10 Uhr vor; vgl. StAM, Albertinum B 5. – Um 1790 war auch im Tegernseer Klosterseminar von 11 bis 12 Uhr Tischzeit; vgl. MÜNSTER, Zwei Liederbücher der Tegernseer Singknaben Caspar Aiblinger und Marcus Seitz, in: LAMPL (Hg.), Musik und Orgelwerke des Klosters Tegernsee, 144-153, hier 144.

[1362] Vgl. PUTZ, Domus Gregoriana, 149.

[1363] „Von 12 Uhr bis 1 Uhr war teils Musik, teils Recreation, Ballspiel, Ballonspiel etc."; GREIPL, HEYDENREUTER, Jugenderinnerung, 172. – Nach der Tagesordnung um 1750 wurde „um 12. Uhr das Angelus Domini und die lytaney gebettet"; StAM, Albertinum B 5. – Der Tagesablauf des Seminars in Tegernsee sah nach dem Mittagessen eine halbe Stunde Erholungszeit und von 12.30 Uhr bis 13.30 Uhr eine Stunde wahlweise für Musik oder Studium vor; vgl. MÜNSTER, Zwei Liederbücher der Tegernseer Singknaben Caspar Aiblinger und Marcus Seitz, in: LAMPL (Hg.), Musik und Orgelwerke des Klosters Tegernsee, 144-153, hier 144.

[1364] „Von 1 Uhr bis ¾ auf 2 Uhr Silentium zum Studieren"; GREIPL, HEYDENREUTER, Jugenderinnerung, 172.

[1365] „Um ¾ auf 2 Uhr bis 2 Uhr Ausfragzeit"; GREIPL, HEYDENREUTER, Jugenderinnerung, 172.

[1366] „Wieder mußte man in die Kirche zum Gebet, dann in die Schule bis 4 Uhr"; GREIPL, HEYDENREUTER, Jugenderinnerung, 172.

[1367] „Wie man nach Hause kam, erhielt jeder ein Stück schwarzes Brot. Man musizierte bis halb 5 Uhr, dann Silentium bis halb 6 Uhr"; GREIPL, HEYDENREUTER, Jugenderinnerung, 172.

[1368] Im Tegernseer Klosterseminar wurde von 16.00 Uhr bis 17.00 Uhr Musikunterricht erteilt; vgl. MÜNSTER, Zwei Liederbücher der Tegernseer Singknaben Caspar Aiblinger und Marcus Seitz, in: LAMPL (Hg.), Musik und Orgelwerke des Klosters Tegernsee, 144-153, hier 144.

ner ihre Hausaufgaben den Instruktoren vorzuzeigen hatten.[1369] Um 18 Uhr läutete wieder die Glocke zum Abendbrot.[1370] Anschließend hatten die Zöglinge Zeit zur freien Verfügung.[1371] Nach dem Abendgebet um 20 Uhr begaben sich die Seminaristen in die Schlafsäle.[1372]

Es zeigt sich in der Tagesordnung deutlich, wie sehr die drei Bereiche Religion, Schule und Musik für das Seminarleben maßgeblich waren. Auffallend ist auch die Anlehnung an den Tagesablauf in Klöstern. 1788 wurde erwähnt, dass alle Stunden wie in einem Kloster pünktlich durch ein Glockenzeichen angezeigt wurden.[1373] Durch diese Erziehung wurden die Seminaristen schon früh an einen monastischen Lebensweg gewöhnt.[1374]

An Sonn- und Feiertagen war die Tagesordnung etwas anders eingeteilt. So wurde zum Beispiel am Sonnabend um 18.30 Uhr eine Litanei in der Seminarkirche gesungen.[1375] Nicht zu vergessen sind die zahlreichen musikalischen Dienste in den verschiedenen Kirchen der Stadt, die besonders an Sonn- und Feiertagen von den Semaristen zu leisten waren.

Bei Verstößen gegen die Hausordnung gab es verschiedene pädagogische Maßnahmen, die auch körperliche Züchtigung nicht ausschloss.[1376] 1794 berichtete

---

[1369] „Um halb 6 Uhr war Instruktion. Jeder mußte dem Instruktor das Verfertigte vorzeigen"; GREIPL, HEYDENREUTER, Jugenderinnerung, 172.

[1370] „Um 6 Uhr ging es zu Tisch bis ¾ vor 7 Uhr"; GREIPL, HEYDENREUTER, Jugenderinnerung, 172. – Im Unterschied dazu wurde um 1790 im Tegernseer Klosterseminar von 17.00 bis 18.00 Uhr zu Abend gegessen; vgl. MÜNSTER, Zwei Liederbücher der Tegernseer Singknaben Caspar Aiblinger und Marcus Seitz, in: LAMPL (Hg.), Musik und Orgelwerke des Klosters Tegernsee, 144-153, hier 144.

[1371] „Bis 8 Uhr wurde musiziert, Damen gezogen, Schach gespielt etc."; GREIPL, HEYDENREUTER, Jugenderinnerung, 172. – Die Tegernseer Tagesordnung sah um 1790 nach dem Abendessen eine halbe Stunde Erholungszeit vor. „Dann wurde von ½ 7 Uhr bis zum Angelusläuten studiert oder musiziert, anschließend war Freizeit bis zur Bettruhe um 9 Uhr." MÜNSTER, Zwei Liederbücher der Tegernseer Singknaben Caspar Aiblinger und Marcus Seitz, in: LAMPL (Hg.), Musik und Orgelwerke des Klosters Tegernsee, 144-153, hier 144.

[1372] „Um 8 Uhr war Abendgebet und jeder ging nachher in sein Dormitorium. Während dem Ausziehen wurde wieder laut gebetet und so eingeschlafen"; GREIPL, HEYDENREUTER, Jugenderinnerung, 172.

[1373] BayHStA, GL Fasz. 2697/477.

[1374] Vgl. z. B. den Tagesablauf im Augustiner-Chorherrenstift Weyarn in: SEPP, Weyarn, 280. – Der Tagesablauf eines Seminaristen im Reichsstift Roggenburg ist abgedruckt in: LEINSLE, Diurnus, 193f. – Der 1794 von Johann Kaspar Aiblinger verfasste Tagesablauf, der von 1794 bis 1798 Seminarist der Domus Gregoriana war, im Benediktinerkloster Tegernsee siehe in: HAUK, Johann Caspar Aiblinger, 22f.

[1375] Vgl. Münchnerische Andachtsordnung für das Jahr 1773.

[1376] Die disziplinarische Gewalt übte nach dem Fundationsbrief von 1654 zunächst der Präfekt aus, da der Inspektor bis zur Aufhebung des Jesuitenordens 1773 im Kolleg wohnte. Es hieß dort über den Präfekten: „Habet facultatem dandi moderatas poenas discolis, etiam virgarum"; Zitat nach PUTZ, Do-

Inspektor D. Anton Acher von einem Verstoß mehrerer Seminaristen an Schulkurator von Vacchiery. Da während der Schulzeit in St. Michael um 8.00 Uhr ein Amt gewesen sei, hätte der Inspektor den Musikern aufgetragen, gleich nach dem Dienst in die Schule zu gehen. Die unteren drei Klassen wären dieser Anordnung auch gefolgt, dagegen aber nicht die Seminaristen der ersten und zweiten Rhetorikklasse. Als Präfekt Ehrenhofer dies bemerkt hatte, wiederholte er ihnen die Weisung des Inspektors und schickte sie in die Schule. Da sich aber niemand in Bewegung setzte, sagte er zum zweiten Mal: „In die Schule gehen Sie, sage ich. Ist dieß nicht deutsch genug geredet?" Hierauf erwiderte der Seminarist Ignaz Deldegano[1377] höhnisch, dass sie kein Deutsch, sondern nur Lateinisch verstehen würden. Darauf blieben alle im Studiersaal sitzen. Inspektor Acher erbat sich für disziplinarische Maßnahmen die Erlaubnis, dass er die fünf Schuldigen bei Nichterfüllung auch entlassen dürfte. Er legte dem Schreiben fünf Bußzettel bei und bat von Vacchiery, sie zu unterschreiben, „damit durch diese Unterschrift die Korrection allen Nachdruck zur Bezähmung der Unbändigen erhalte"[1378].

Der Seminarist Alois Lindmair hatte im Sommer des Jahres 1800 von französischen Soldaten, die im Kurfürstlichen Seminar einquartiert waren, einige Kleidungsstücke entwendet und sie anschließend für 3 fl. 58 kr. verkauft. Da der Vorfall aufflog, wurde Lindmair zur Rechenschaft gezogen. Im Vernehmungsprotokoll gab er an, dass er das Geld „auf Naschereyen, Schulden abzahlen, Bücherkauf"[1379] verwendet hätte. Am 17. Juli 1800 erfolgte der Entschluss durch Prentner, Lindmair aus dem Kurfürstlichen Seminar und vom Gymnasium auszuschließen.[1380]

Für das Leben der Seminaristen waren im Erdgeschossbereich vor allem zwei Räume wichtig: die Seminarkirche an der Neuhauser Straße und der Speisesaal, der im hinteren Gebäude an der Herzogspitalstraße lag.

---

mus Gregoriana, 335; vgl. auch STUBENVOLL, Geschichte des Königl. Erziehungs-Institutes, 34. – Zu den disziplinarischen Maßnahmen im Seminar vgl. auch PUTZ, Domus Gregoriana, 156-160.
[1377] Ignaz Deldegano war von 1789-1794 Seminarist der Domus Gregoriana. – Zu seiner Person vgl. StAM, WG 124-133; LEITSCHUH, Matrikeln III, 197; PÖLNITZ, Matrikel Ingolstadt, 265.
[1378] BayHStA, GL Fasz. 2832/1451. – Worin die Bußen bestehen sollten, ist nicht überliefert, da die genannten Bußzettel nicht mehr vorliegen.
[1379] BayHStA, GL Fasz. 2832/1451. – Der Maurersohn Alois Lindmair (Lindmayr) war von 1797 bis 1800 Seminarist der Domus Gregoriana; vgl. StAM, WG 132-134.
[1380] Vgl. BayHStA, GL Fasz. 2832/1451.

7.2.2. Die Seminarkirche

Vornehmster Ort und religiöser Mittelpunkt war die in den Jahren 1645 bis 1646 erbaute Seminarkirche.[1381] Das Portal lag zur Neuhauser Straße und war aus Marmor gehauen.[1382] Über dem Eingang stand die Inschrift: „S. Gregorio M. Papæ pauperum Patri MDCXLVI."[1383] In einer Nische über dem Portal befand sich eine vergoldete Madonna.[1384] Die Konsekration der Kapelle zu Ehren des hl. Gregorius und der seligsten Jungfrau Maria erfolgte am 5. August 1646

[1381] Am 28. September 1645 hatte der Freisinger Fürstbischof Veit Adam von Gepeckh (1584-1651) die Genehmigung zum Bau einer neuen Kapelle erteilt; vgl. StAM, Albertinum U 56. – Zur Person Gepeckhs vgl. GrBBE, Bd. 1, 631; GREIPL, Art. Gepeckh, Veit Adam von, in: GATZ (Hg.), Die Bischöfe des Heiligen Römischen Reiches 1648 bis 1803, 150-152; KRAUS, Gymnasium der Jesuiten, 364f.; NAUDERER, Veit Adam von Gepeckh. Ein Fürstbischof in der Zeit des Dreißigjährigen Krieges, in: DIES., Lebensbilder aus zehn Jahrhunderten, 84-90; WEBER, Im Zeitalter der Katholischen Reform und des Dreißigjährigen Krieges, in: SCHWAIGER (Hg.), Das Bistum Freising in der Neuzeit, 212-288, hier 248-288; WEBER, Veit Adam von Gepeckh. Fürstbischof von Freising 1618-1651; WEBER, Veit Adam von Gepeckh, Fürstbischof von Freising (1618-1651), in: SCHWAIGER (Hg.), Christenleben im Wandel der Zeit, Bd. 1, 143-170. – Im Fundationsbrief von 1654 fand die neue Seminarkapelle bereits Erwähnung: „In quem usum domus anterior pars, inquilinis antehac pro exigua pensione elocata, ante octo annos in habitationem alumnorum conversa est, addito sacello, ut pro suo maiore solatio Beatissimam Virginem suam singularem patronam commodius colere et laudare possint litaniis hebdomadatim, aliisque divinis officiis suo tempore sine studiorum iactura cantandis"; Zitat nach PUTZ, Domus Gregoriana, 333; vgl. auch STUBENVOLL, Geschichte des Königl. Erziehungs-Institutes, 25f. – Zur Seminarkirche, die eine Länge von 31 m und eine Breite von 9,6 m besaß, vgl. PUTZ, Domus Gregoriana, 63f. (mit einer Abbildung der Neuhauser Straße, welche auch die Seminarkirche zeigt; ebda, 76, Abbildung 1); CRAMMER, Gründlicher Bericht, 128f.; DEUTINGER, Die älteren Matrikeln, Bd. 1, 378; FORSTER, Das gottselige München, 355-365 (mit einer vereinfachten Zeichnung der Fassade; ebda., 360); GEIß, Geschichte der Stadtpfarrei St. Peter in München, 364f.; MAYER, Domkirche, 233f. (mit einer Zeichnung der Fassade; ebda, 233); MAYER, WESTERMAYER, Statistische Beschreibung, Bd. 2, 226f.; STUBENVOLL, Geschichte des Königl. Erziehungs-Institutes, 91-110; SCHWAIGER, München – eine geistliche Stadt, in: DERS. (Hg.), Monachium sacrum, Bd. 1, 1-289, hier 174f.; WESTENRIEDER, Beschreibung der Haupt- und Residenzstadt München, 173f. – Die Baurechnung von 1645 bis 1646 siehe in: STUBENVOLL, Geschichte des Königl. Erziehungs-Institutes, 93-96. – Johann Paul Stimmelmayr (1747-1826) hat in seiner Zeichnung „Obere Neuhauser Gasse gegen Süd" die Frontseite der Seminarkirche um 1800 abgebildet. Die Zeichnungen Stimmelmayrs sollten im Archiv der Erzdiözese München und Freising aufbewahrt sein. Eine diesbezügliche Anfrage verlief negativ, da sie seit einem Umzug verschollen sind. So ist auf die Veröffentlichung von Gabriele Dischinger und Richard Bauer zu verweisen; vgl. DISCHINGER, BAUER (Hg.), München um 1800. Die Häuser und Gassen der Stadt. Gezeichnet und beschrieben von Johann Paul Stimmelmayr, Abbildung Nr. 68. – Siehe auch die Abbildung Nr. 2 im Anhang.

[1382] Nach Stubenvoll wurde der Marmor zum Portal vom Rektor des Kollegs aus Klostermonumenten in Ebersberg gestiftet; vgl. STUBENVOLL, Geschichte des Königl. Erziehungs-Institutes, 94, 96.

[1383] CRAMMER, Gründlicher Bericht, 129; FORSTER, Das gottselige München, 363. – Nach Papst Gregor dem Großen, nach dem sich das Seminar benannte, wurde das Gotteshaus auch „Gregoriuskirche" (FORSTER, Das gottselige München, 361), „Kirche des heil. Gregorii M." (Münchnerische Andachts-Ordnung für das Jahr 1773) oder „Gotteshaus des heiligen Gregorii" (CRAMMER, Gründlicher Bericht, 128) bezeichnet.

[1384] Für die Vergoldung der Madonna wurden 25 fl. 30 kr. in Rechnung gestellt; vgl. STUBENVOLL, Geschichte des Königl. Erziehungs-Institutes, 96.

durch den Freisinger Weihbischof Johannes Fiernhammer. Das Kirchweihfest wurde auf den Sonntag nach Maria ad nives (Maria Schnee) gelegt.[1385]
Im Jahre 1745 erhielt die Seminarkapelle durch Fürstbischof Johann Theodor von Freising das Recht, das Allerheiligste im Tabernakel aufzubewahren. Seit dieser Zeit brannte das Ewige Licht in der nun zu bezeichnenden Seminarkirche.[1386] Die Kosten des Baumöls von jährlich etwa 30 fl. wurden zunächst von den Einkünften des Seminars gedeckt. Inspektor Anton Acher sah 1793 den Grund nicht mehr ein, warum das Haus die Kosten allein bestreiten sollte. Er berichtete gegenüber der Schulkuratel: „Einen Nutzen von dem in der Kirche beygesezten Altars Geheimnüß haben – die Kirche, welche deswegen häufiger besuchet wird, und so mehrer opfer im Stocke empfängt, – das Haus, oder Seminar selbst, dessen Einwohner oder Alumnen ihre Kommunion in ihrer eigenen

---

[1385] Zur Person des Freisinger Weihbischofs Johann Fiernhammer (1586-1663) vgl. BÖGL, Die Weihbischöfe des Bistums Freising, in: Frigisinga 5 (1928), 438-457, hier 449; GREIPL, Art. Fiernhammer, Johannes, in: GATZ (Hg.), Die Bischöfe des Heiligen Römischen Reiches 1648 bis 1803, 111. – Zur Einweihung des Gotteshauses vgl. FORSTER, Das gottselige München, 361; PUTZ, Domus Gregoriana, 63; STUBENVOLL, Geschichte des Königl. Erziehungs-Institutes, 97f. – Das Kirchweihfest wurde am folgenden Sonntag nach dem Fest Maria Schnee gefeiert. Im Jahre 1773 wurde es am Sonntag, den 8. August begangen. Um 6 Uhr wurde ein Amt zelebriert und abends um halb sechs Uhr die Litanei gesungen; vgl. Münchnerische Andachts-Ordnung für das Jahr 1773.

[1386] Vgl. StAM, Albertinum U 89 (12. Juli 1745). – Das Allerheiligste wurde dazu aus der Pfarrkirche St. Peter in die Seminarkirche übertragen, wozu ein Seminarist die Verse dichtete: „Plaudite de tanto nunc Hospite, plaudite Alumni. Hospes hic assiduus vester alumnus erit." Crammer übersetzte sie in den Reim: „Erfreu dich liebes Haus an diesem großen Gast. Der dich ernährt, den du in deiner Wohnung hast"; vgl. CRAMMER, Gründlicher Bericht, 129. – In der Urkunde hieß es: „Notum hisce facimus, quod Seminario Sti. Gregorii Magni, sub Directione Societatis Jesu Monachii existenti, ac propter oblatas quot annis Preces, aliaque pia opera, de Nobis optime merito, Authoritate Nostra Episcopali, Sequentia Privilegia concedamus. 1. Ut in Ecclesia sua ritu Pontificio consecrata constanter, in Tabernaculo rite ornato, et coram ardente semper lumine Sanctissimi de Altaris Sacramentum asservare, atque Christi fidelibus sacram inde Communionem, non tamen per modum viatici, quovis tempore distribuere valeat. 2. Ut Deum Eucharisticum in Hierotheca maiore, vulgo Monstrantia exponere possit die Parasceves, et Sabbatho Sancto in sepulchro, item per totam octavam Paschatis sub Lytaniis Solennibus vesperi cartari solitis in memoriam: Reginae Caeli etc. a Sto. Gregorio magno instituti, ac denique, quandocunque Collegii Monacensis Rector cam pro populi Devotione, aut concursi ibidem exponendam iudicaverit. 3. In Hierotheca vero minore, ut Deum Eucharisticum exponere liceat singulis diebus festis B. V. Mariae, S. Barbarae, S. Magdalenae, S. Josephi, et sub quibusdam aliis Lytaniis consuetis, vel ex iudicio praefati Rectoris ad maiorem populi, Ecclesiam hanc frequentantis devotionem, cantandis. Et quia ob eximios fructus, in Juventutem promantes Domum hanc, a Domo Nostra Bavarica fundatam, plurimum aestimamus, ei quoque continuatam semper prosperitatem precamur, atque etiam hunc in fine Episcopalem Nostram Benedictionem impertimus"; StAM, Albertinum U 89. – Zu Fürstbischof Johann Theodor (1703-1763) vgl. BAUERREIß, Kirchengeschichte Bayerns, Bd. 7, 369; GREIPL, Art. Johann Theodor, Herzog von Bayern, in: GATZ (Hg.), Die Bischöfe des Heiligen Römischen Reiches 1648 bis 1803, 205-208; WEITLAUFF, Im Zeitalter des Barocks, in: SCHWAIGER (Hg.), Das Bistum Freising in der Neuzeit, 289-468, hier 401-469; WEITLAUFF, Kardinal Johann Theodor von Bayern, Fürstbischof von Regensburg, Freising (1727-1763) und Lüttich, in: SCHWAIGER (Hg.), Christenleben im Wandel der Zeit, Bd. 1, 272-296.

Kirche empfangen, auch sonst ihrer Andacht nach Belieben pflegen können, – endlich die Congregation der ledigen Gesellen, welche in ihren Versammlungen jederzeit das Hochwürdigste zur Anbethung aussetzet."[1387] Er war daher der Ansicht, dass alle drei die Kosten des Ewigen Lichts bestreiten sollten.[1388] Das „Inventarium über samtliche Ornaten und ander Kirchengeräthschaften so sich bey der Kirche des Seminarii St. Gregorii Magni zu München befinden" vom 28. Januar 1803 gab genauere Beschreibungen der Innenausstattung.[1389] An Ölgemälden wurden aufgezählt: Auf dem Hochaltar ein Altarblatt von Joachim von Sandrart[1390], das „die allerseligste Muttergottes mit dem Kindlein Jesu auf ihren Armen vorstellet"[1391]. Im Jahr 1799 war das Gemälde derart beschädigt, dass Inspektor Virgil Neuner eine Restauration in Höhe von 12 fl. beantragte, die am 28. September 1799 von staatlicher Seite genehmigt wurde.[1392]

[1387] BayHStA, GL Fasz. 2698/480; Schreiben vom 9. Oktober 1793.
[1388] Am 16. Februar 1794 konnte D. Anton Acher berichten, dass die Kongregation zur Mitfinanzierung des Ewigen Lichts bereit sei, „bey jeder Versammlung eine Büchse ausstellen, und einmal im Jahre eine allgemeine Samlung unter den Mitgliedern anstellen, und das Eingelegte, und Ersammelte der Kirche überlassen" wollte; BayHStA, GL Fasz. 2698/480.
[1389] Vgl. BayHStA, GL Fasz. 2699/489.
[1390] Zum Maler Joachim von Sandrart d. Ä. (1606-1688) vgl. ADB, Bd. 30, 358f.; BOSL, Bayerische Biographie, 660; LIPOWSKY, Baierisches Künstler-Lexikon, Teil 2, 60-65; KLEMM, Joachim von Sandrart; KLEMM, Art. Sandrart, Joachim v., in: NDB, Bd. 22, 425-427; THIEME-BECKER, Bd. 29, 397f.
[1391] BayHStA, GL Fasz. 2699/489. – Der Titel des Hochaltares lautete: „Altare majus est dedicatum honoribus Bmæ. Virg. immaculatæ"; vgl. DEUTINGER, Die älteren Matrikeln, Bd. 1, 387. – Der berühmte Jesuitendichter Jakob Balde (1604-1668) schrieb 1648 eine Ode über das Gemälde; vgl. KLEMM, Joachim von Sandrat, 147-149. – Zu Balde vgl. ADB, Bd. 2, 1-3; BOSL, Bayerische Biographie, 40; BURKARD (Hg.), Jacob Balde im kulturellen Kontext seiner Epoche; HARMS, Art. Balde, Jakob, in: LThK³, Bd. 1, 1365; HUBENSTEINER, Jakob Balde (4. Januar 1604 – 9. August 1668), in: SCHWAIGER (Hg.), Bavaria Sancta, Bd. 3, 327-340; KOCH, Art. Balde, Jakob, in: DERS., Jesuiten-Lexikon, 148f.; STÜBINGER, Art. Balde, Jacob, in: HEIM (Hg.), Theologen, Ketzer, Heilige, 49f.; WELZ, Einiges über Jakob Balde, in: Festschrift zur Vierhundert-Jahr-Feier des Wilhelms-Gymnasiums 1559-1959, 44-54; WENTZLAFF-EGGEBERT, Art. Balde, Jacob, in: NDB, Bd. 1, 549.
[1392] Der Schaden wurde von P. Virgil Neuner am 18. September 1799 so beschrieben, „daß das Hoch Altar Blatt, die Mutter Gottes mit dem Jesus Kind auf dem Arme stehend, von dem vortreflichen Meister Sandrart gemalen von der Mitte hinab durch und durch zerlöchert sey, und selbst im Kopfe der Mutter Gottes, und im Arme des Jesu Kinds einige Oefnungen sich zeigen". Die Löcher und Risse wären vermutlich durch sorgloses Aufrichten des Baldachins entstanden. Neuner beantragte, „gedachtes Bild mit frischer Leinwand unterlegen, und die Beschädigungen, so viel als möglich, ergänzen zu dörfen, ohne daß doch dem Meister Pinsel die geringste Verunstaltung, oder Einmischung eines fremden Pinsels bevorsticht". Maler Gaill erhielt den Auftrag, wobei es sich um den Aiblinger Maler und späteren Münchner Galerieinspektor Franz von Paula Gaill (Gail) (1754-1810), Sohn des Malers Johann Georg Gaill (1721-1793), handeln könnte; vgl. BayHStA, GL Fasz. 2698/480. – Zu Franz von Paula Gaill vgl. Allgemeines Künstler-Lexikon, Bd. 47, 287; LIPOWSKY, Baierisches Künstler-Lexikon, Teil 1, 84; THIEME-BECKER, Bd. 13, 75.

Über diesem Altarblatt gab es noch ein kleines und kreisförmiges Ölbild mit einer Darstellung des Seminarpatrons, des hl. Papstes Gregor I. der Große, des Beschützers der armen studierenden Jugend und des Patrons der Kirchenmusik.[1393] Zur weiteren Ausstattung des Hochaltares nannte das Inventar von 1803 noch: Antependien, Altarleuchter und zahlreiches Zierwerk, unter anderem „1 großes Crucifix von Elfenbein mit Silber beschlagen", „1 kleines Bildniß von Elfenbein, den heil. Sebastian vorstellend", „2 schwarz gebeizt Altärlein mit Reliquien", „2 Kronen von Silber und vergold", „2 Altärchen mit päpstlichen Wachs und Reliquien", „1 Paar Pyramiden mit Blumen", „1 gelb Taffeter Paltachin zum Hochaltar mit Leonischen Zotten und Borten samt Stolln und Tücher" und „1 Tabernackel-Paltachin von reichen Zeug mit 2 Flügeln"[1394].

Das Altarblatt des Seitenaltars auf der Evangelienseite „stellt vor die 3. heiligste Personen Jesus, Maria und Joseph"[1395]. Auf der Epistelseite zeigte das Altarblatt den hl. Stanislaus Kostka und die hl. Barbara.[1396]

Besondere Verehrung wurde aber durch die Münchener Bevölkerung einer Herz-Jesu-Darstellung, dem so genannten „Seminarikindl", geschenkt.[1397] Aufgrund der großen Herz-Jesu-Verehrung wurde die Seminarkirche im Volksmund

---

[1393] Das Gemälde ist auch von Anton Crammer belegt; vgl. CRAMMER, Gründlicher Bericht, 129.

[1394] BayHStA, GL Fasz. 2699/489.

[1395] In der Baurechnung von 1645 bis 1646, die Stubenvoll veröffentlicht hat, werden unter anderem Ausgaben für den Seitenaltar zu Ehren des Hl. Josef genannt: „dem Maler zu Wien Umb St. Josefsblatt 66 fl.; St. Josefsaltar zu fassen dem Maler 105 fl."; STUBENVOLL, Geschichte des Königl. Erziehungs-Institutes, 96.

[1396] Stubenvoll listet in der Baurechnung von 1645-1646 an Ausgaben für den Seitenaltar zu Ehren der Hl. Barbara auf: „dem Maler [Constantin] Wegen S. Barbara blatt, so herzog Albrecht mahlen lassen Verehrt 22 fl.; St. Barbara altar zu fassen dem Maler 105 fl."; STUBENVOLL, Geschichte des Königl. Erziehungs-Institutes, 96. – Die so genannte Schmidtische Matrikel des Bistums Freising von 1738-1740, die Deutinger veröffentlicht hat, nennt im Unterschied zur Inventarbeschreibung die beiden Seitenaltäre zu Ehren der hl. Barbara zur einen und zu Ehren des hl. Stanislaus Kostka zur anderen Seite; vgl. DEUTINGER, Die älteren Matrikeln, Bd. 1, 378. – Das Fest der Hl. Barbara am 4. Dezember wurde im Seminar feierlich begangen. Morgens um 6 Uhr wurde das Amt gefeiert und abends um halb fünf eine Litanei gesungen; vgl. Münchnerische Andachts-Ordnung für das Jahr 1773.

[1397] Stubenvoll, Forster, Gebhard und Woeckel vermuten, dass Jacopo Amigoni (1682-1752) das Herz-Jesu-Bild um 1720 gefertigt haben soll. Dieser stand seit 1717 in Bayern in kurfürstlichen Diensten und arbeitete zunächst im Schloss Nymphenburg, seit 1719 im Schloss Schleißheim; vgl. STUBENVOLL, Geschichte des Königl. Erziehungs-Institutes, 98; FORSTER, Das gottselige München, 363; GEBHARD, Das Münchener Seminarikindl, 123; WOECKEL, Pietas Bavarica, 134. – Zum Seminarikindl vgl. auch HARTIG, Die Pflege des Eucharistischen Lebens in der Erzdiözese München und Freising, in: Festgabe zum Münchener Eucharistischen Weltkongreß 1960, 150-159, hier 152f.; ROTHEMUND, PUCKETT, Gnadenreiche Jesulein. Jesuskindwallfahrtsorte. Entstehung – Geschichte – Brauchtum, 117f.; SCHWAIGER, München – eine geistliche Stadt, in: DERS. (Hg.), Monachium sacrum, Bd. 1, 1-289, hier 174f.; STEINER, Altmünchner Gnadenstätten, 27 (mit einer Abbildung); TRAUTMANN, Kulturbilder aus Altmünchen, Bd. 1, 158. – Zu Amigoni vgl. Allgemeines Künstler-Lexikon, Bd. 3, 216-220; LIPOWSKY, Baierisches Künstler-Lexikon, Teil 1, 5f.; THIEME-BECKER, Bd. 1, 407f.

auch als „Herz-Jesu-Kirche" bezeichnet.[1398] Im Inventar von 1803 hieß es: „In der Mitte des vor benannten [Hoch-]Altares wird das Herz Jesu in einer gut vergoldten Rame verehrt."[1399] Die Verehrung zeigte sich auch in „10 gemalne Bildnissen, welche auf das Herz Jesu anspielen", die an den Seitenwänden der Kirche angebracht waren. Die ungewöhnliche Darstellung zeigte das Jesuskind in sitzender Haltung, das mit Blumen umgeben war und mit seiner rechten Hand auf das brennende und mit einer Wunde versehene Herz auf Brusthöhe zeigt.[1400] Der Kunsthistoriker Gerhard P. Woeckel hebt die Bedeutung des Seminarikindls hervor: „Die ikonographische Verbindung von Christkind und Herz-Jesu-Darstellung ist einzigartig."[1401]

[1398] Vgl. FORSTER, Das gottselige München, 363; STUBENVOLL, Geschichte des Königl. Erziehungs-Institutes, 98; WOECKEL, Pietas Bavarica, 134. – Zur Geschichte der Herz-Jesu-Verehrung vgl. CORETH, Geschichte der Herz-Jesu-Verehrung in Österreich im 18. Jahrhundert; HARMENING, Art. Herz Jesu, Herz-Jesu-Verehrung. IV. Ikonographie, in: LThK³, Bd. 5, 54f.; LIMBURG, Art. Herz Jesu, Herz-Jesu-Verehrung, in: LThK³, Bd. 5, 51-53; MOORE, Herz-Jesu-Verehrung in Deutschland. Religiöse, soziale und politische Aspekte einer Frömmigkeitsform; RICHTSTÄTTER, Die Herz-Jesu-Verehrung des christlichen Mittelalters, 2 Bde.

[1399] BayHStA, GL Fasz. 2699/489. – Das Original des Herz-Jesu-Bildes galt bisher als verschollen. Pfarrer Georg Westermayer berichtet in seiner „Statistischen Beschreibung des Erzbisthums München-Freising", Regensburg 1880: „Das „Seminari-Kindl" (ein liebliches Herz Jesu Bild) befindet sich noch jetzt im Besitze des Verfassers [Anton Mayer]"; MAYER, WESTERMAYER, Statistische Beschreibung, Bd. 2, 227, Anm. *. – Ebenso berichtet Stubenvoll 1874: „Verfasser dieses Buches [Beda Stubenvoll] sah dieß wirklich schöne Bild in der Wohnung des durch seine Geschichtsarbeiten rühmlichst bekannten Herrn Beneficiaten Anton Mayer, dessen Eigenthum es geworden"; STUBENVOLL, Geschichte des Königl. Erziehungs-Institutes, 98f., Anm. 1. – Anton Mayer starb am 11. Februar 1877; vgl. GUGGENBERGER, Nekrologium, 16. – Vor kurzem ist das Originalbild des Münchener Seminarikindls im Kunsthandel aufgetaucht. Es befindet sich derzeit im Besitz von Siegfried Kuhnke in Pähl am Ammersee. – Es existieren noch einige Stiche des Münchener Seminarikindls, z. B. ein Stich vom Augsburger Kupferstecher Franz Josef Gleich aus der Zeit um 1770, das mit der Bildunterschrift „Ignem veni, mittere in terram. Luc. 12, 49." versehen ist (veröffentlicht in: GEBHARD, Das Münchener Seminarikindl, Abb. 18. – Zu seiner Person vgl. THIEME-BECKER, Bd. 14, 248), ein Stich von Franz Xaver Andreas Jungwirth (Jungwierth) (1720-1790), Kupferstecher in München (vgl. GEBHARD, Das Münchener Seminarikindl, 121. – Zu seiner Person vgl. GrBBE, Bd. 2, 968; LIPOWSKY, Baierisches Künstler-Lexikon, Teil 1, 136f.; THIEME-BECKER, Bd. 19, 332), und ein Stich des Münchener Kupferstechers Johann Michael Söckler (Säckler) (1744-1781), ein Schüler Jungwirths, das die Inschrift trägt: „Das JESUS Kindlein im Seminar S. J. zu München" und mit dem Vers „Ich bin gekommen, ein Feuer auf die Welt zu senden. Luc. 12,49." versehen ist (veröffentlicht in: WOECKEL, Pietas Bavarica, 134, Abb. 83. – Zu seiner Person vgl. GrBBE, Bd. 3, 1847; LIPOWSKY, Baierisches Künstler-Lexikon, Teil 2, 113; THIEME-BECKER, Bd. 31, 202. – Ein Exemplar dieses Kupferstiches (146 x 90 mm) wird im Münchner Stadtmuseum, Inventar-Nr. „Soeckler J Jesuskind GR 36-2669", aufbewahrt).

[1400] Siehe die Abbildung Nr. 1 im Anhang (Kupferstich von Johann Michael Söckler (1744-1781) mit der Unterschrift „Das JESUS Kindlein im Seminar S. J. zu München" und dem Bibelzitat „Ich bin gekommen, ein Feuer auf die Welt zu senden. Luc. 12,49."). – Eine Kopie des Münchener Seminarikindls befindet sich in der Pfarrkirche von Bayrischzell; vgl. MORSAK, St. Margareth Bayrischzell am Wendelstein, 22; eine Abbildung ebda., 13.

[1401] WOECKEL, Pietas Bavarica, 134.

Die Frömmigkeitsform der Herz-Jesu-Verehrung hat ihre Usprünge bei den deutschen Mystikern des Hochmittelalters; so ist vor allem der Prämonstratenser-Chorherr Hermann Josef von Steinfeld († 1241) zu nennen, der den ersten Herz-Jesu-Hymnus schrieb.[1402] Erst mit der Salesianerin Marguerite-Marie Alacoque (1647-1690), der Jesus in Visionen der Jahre 1673 und 1675 die Geheimnisse seines Herzens offenbart hatte, gelangte die Herz-Jesu-Verehrung zum Durchbruch.[1403] Ihrem Beichtvater, dem Jesuitenpater Claudius de la Colombière, vertraute sie an, dass ihr Jesus mitgeteilt hätte, dass die Gesellschaft Jesu die Andacht zum göttlichen Herzen verbreiten sollte.[1404]

In München wurde die Herz-Jesu-Frömmigkeit von den Jesuiten und den Salesianerinnen, die seit 1667 in der bayerischen Haupt- und Residenzstadt ansässig waren, gefördert. Von Bedeutung für die Ausbreitung der neuen Verehrungsform war eine Predigt des Jesuitenpaters Bernhard Sonnenberg (1643-1702)[1405], die er 1695 in der St. Anna-Kirche hielt und den Titel trug „Newe vom Himmel gesandte Andacht gegen dem Göttlichen Hertzen Jesu Christi"[1406]. Darin zitierte P. Sonnenberg den Brief der Margaretha Maria Alacoque mit dem göttlichen Auftrag an P. Colombière: „Ich beschwöre euch mein Ehrwürdiger Vatter, unterlasset nichts anzuwenden, welches da ersprießlich seyn mag, diese Andacht in die gantze Welt einzuführen. Jesus Christus hat mir zuverstehen gegeben, daß er vornemblich durch das Zuthun der Vätter seiner Gesellschafft wollte die bewärte Andacht in allen Orthen befestigen, und durch selbe ihm ein unzahlbare vile treuer Diener, vollkommener Freunden, und vollkommentlich danckbarer Kin-

---

[1402] Der Hymnus trägt den Titel „Summi regis cor aveto". – Zu Hermann Josef von Steinfeld vgl. BANGERT, Art. Hermann Joseph, in: LThK³, Bd. 4, 1446f.; DE CLERCK, Hagiologion, 116-118; HUBER, Art. Hermann Joseph von Steinfeld, in: NDB, Bd. 8, 651f.; KUGLER, Hermann Josef von Steinfeld (um 1160-1241) im Kontext christlicher Mystik; LECHNER, Art. Hermann Josef von Steinfeld (von Köln), in: LCI, Bd. 6, 504-507.

[1403] Marguerite-Marie Alacoque trat in das Salesinarinnenkloster Paray-le-Monial ein, das zu einem Zentrum der Herz-Jesu-Verehrung wurde. – Zu ihrer Person vgl. LE BRUN, Art. Alacoque, Marguerite-Marie, in: LThK³, Bd. 1, 313; SCHLOSSER, Art. Alacoque, Marguerite-Marie, in: HEIM (Hg.), Theologen, Ketzer, Heilige, 25; SCHÜTZ, Art. Margareta Maria Alacoque, in: LCI, Bd. 7, 505.

[1404] Vgl. KOCH, Art. Herz-Jesu-Verehrung, in: DERS., Jesuiten-Lexikon, 793-799. – Zu P. Claudius de la Colombière vgl. KOCH, Art. Colombière, Claudius de la, in: DERS., Jesuiten-Lexikon, 351f.

[1405] Zu P. Sonnenberg vgl. Catalogus generalis, 381; FAUßNER, LARSSON-FOLGER, Art. Sonnenberg (Soneberg), Jost Bernhard von, in: Biographisches Lexikon der Ludwig-Maximilians-Universität München, Teil 1, 402.

[1406] Der vollständige Titel lautet: „Newe vom Himmel gesandte Andacht gegen dem Göttlichen Hertzen Jesu Christi, an dem ersten Freytag nach dem Octav deß H. Fronleichnambs als zu seinem verordneten Festtag in der Kirchen der Wol-Ehrwürdigen Closter-Frawen von der Heimbsuchung Mariae zu München Anno 1695 in einer Predig vorgetragen und auff derselben Anhalten mit einem Zusatz hervor gegeben".

der gewinnen."[1407] Die Predigt hatte für die Einführung der Herz-Jesu-Frömmigkeit in München Initialwirkung. Als besonderer Tag der Verehrung sollte der Freitag nach der Fronleichnamsoktav begangen werden, wie es bereits der Titel der veröffentlichten Predigt kundtat.[1408] P. Sonnenberg schrieb in der Predigt weiter: „Die Bildnuß deß heiligen Hertzen Jesu wurde von einigen gemahlet, von anderen getrucket, unnd häuffig außgetheilet: diese richteten ihm zu Ehren Altär auff, jene gantze Capellen: alle rechtmeynende lobeten diese Andacht."[1409]

Wohl um 1720 wurde durch den Einfluss der Jesuiten für die Seminarkirche ein Herz-Jesu-Bild beschaffen und vor dem Hochaltar aufgestellt, das vermutlich von Jacopo Amigoni stammt. Schon bald entwickelte sich dadurch bei der Münchener Bevölkerung eine Herz-Jesu-Andacht, deren Mittelpunkt die Darstellung des Seminarikindls war. Das Herz-Jesu-Fest wurde dementsprechend feierlich von den Seminaristen begangen. Die „Münchnerische Andachts-Ordnung" vom Jahr 1773 zählte an liturgischen Feiern am Freitag, den 18. Juni in der Seminarkirche auf: „In diesem Gottshause wird das Fest des Herz Jesu mit dem 12. stündigen Gebeth begangen, früh um 6. Uhr das Hochamt, und Abends um halbe 6. Uhr die Litaney, und können alle vollkommenen Ablaß erlangen."[1410] Inspektor D. Frigdian Greinwald ließ 1782 das Herz-Jesu-Bild vom Hofkupferstecher Ge-

---

[1407] SONNENBERG, Newe vom Himmel gesandte Andacht, 110f.
[1408] Die kirchliche Anerkennung des Herz-Jesu-Festes für die gesamte lateinische Kirche erfolgte erst 1856 durch Papst Pius IX. (1846-1878), doch erkannte bereits Papst Clemens XIII. (1758-1769) das Herz-Jesu-Fest als Partikularfest für Polen und für die römische Erzbruderschaft vom hl. Herzen Jesu an. Papst Leo XIII. (1878-1903) erhob das Fest schließlich in den Rang eines Hochfestes; vgl. LIMBURG, Art. Herz Jesu, Herz-Jesu-Verehrung, in: LThK³, Bd. 5, 51-53. – Zu Papst Pius IX. vgl. AUBERT, Art. Pius IX., in: LThK³, Bd. 8, 330-333; AUBERT, Art. Pius IX., in: TRE, Bd. 26, 661-666; KOCH, Art. Pius IX., in: DERS., Jesuiten-Lexikon, 1433-1435; SCHATZ, Pius IX., in: GRESCHAT (Hg.), Das Papsttum, Bd. 2, 184-202; SCHWAIGER, Art. Pius IX., in: HEIM (Hg.), Theologen, Ketzer, Heilige, 324f.; SCHWAIGER, HEIM, Art. Pius IX., in: DIES., Kleines Lexikon der Päpste, 105f.; SEPPELT, SCHWAIGER, Geschichte der Päpste, 404-431. – Zu Papst Leo XIII. vgl. AUBERT, Art. Leo XIII., in: TRE, Bd. 20, 748-753; KÖHLER, Art. Leo XIII., in: LThK³, Bd. 6, 828-830; SCHWAIGER, Art. Leo XIII., in: HEIM (Hg.), Theologen, Ketzer, Heilige, 239f.; SCHWAIGER, HEIM, Art. Leo XIII., in: DIES., Kleines Lexikon der Päpste, 89; SEPPELT, SCHWAIGER, Geschichte der Päpste, 431-447.
[1409] SONNENBERG, Newe vom Himmel gesandte Andacht, 48. – Sonnenberg erwähnt bezüglich der kirchlichen Anerkennung der neuen Andachtsform, dass Papst Innozenz XII. (1691-1700) die Andacht gelobt und einen vollkommenen Ablass für alle, welche am Freitag nach der Fronleichnamsoktav die Andacht verrichteten, gewährt habe; vgl. ebda., 49f.
[1410] Münchnerische Andachts-Ordnung für das Jahr 1773. – Bereits am Vorabend wurde um 18.00 Uhr eine Litanei zum Herz-Jesu-Fest gesungen; vgl. ebda.

org Michael Weissenhahn stechen und 3000 Abzüge anfertigen, die vermutlich als Andachtsbilder in der Seminarkirche ausgelegt wurden.[1411]

Die Seminarhaushälterin Franziska Mayr vermachte am 25. Februar 1782 ein Kapital von 350 fl., das zur Kirchenzierde verwendet werden sollte. Außerdem vermachte sie der Kirche nach ihrem Tod einige Kleider, die Greinwald zu Paramenten umschaffen ließ.[1412] Weiter wurden „10 Rothe Ministranten Röcke, mit Schürzeln, Krägeln, und Haarbändern, Roth- und gelbe Stell Tücher von Wollzeug zum Hochaltar, 1 blau seidenes, und 1 Roth geblumtes Baldachin zum Herz Jesu"[1413] angeschafft.

An Holzstatuen waren nach dem Inventar vom 28. Januar 1803 in der Seminarkirche vorhanden: „1 Christus in Gestalt eines Gärtners außer den Kirchen Gütter" und gegenüber die hl. Magdalena mit Kranz und Schweißtuch, die in zwei Seitenkapellen aufgestellt waren[1414]; ferner eine Muttergottesstatue mit silberner Krone und Zepter, die Heiligen Aloysius und Stanislaus Kostka, ein Kruzifix mit einem vergoldeten Schein und „die Auferstehung Christi mit Arm- und Kopfkranz und Fahne nebst Handblume". Zur weiteren Ausstattung fanden sich

---

[1411] Nach der Quittung Weissenhahns vom 13. März 1782 betrugen die Kosten 24 fl. und 30 kr., und zwar „[...] das jesus Kindlein neu gestochen, wofür 15 f; dann 3000 abdruck davon geliefert, mit beyschafung des papir a 9 f 30 xr."; vgl. BayHStA, GL Fasz. 2696/475. – Zum Hofkupferstecher Georg Michael Weissenhahn (Weißenhahn) vgl. LIPOWSKY, Baierisches Künstler-Lexikon, Teil 2, 164, 275; THIEME-BECKER, Bd. 35, 340.

[1412] Kurz darauf, am 25. März 1782, verstarb sie. Die Seminarkirche erhielt aus ihrem Nachlass insgesamt 499 fl. 45 kr., nämlich: „Jungfr. M. Franziska Mayrinn seel. legirt 350 fl., mehr 25 fl., aus gebranntes Silber 92 fl. 15 kr., verkaufte Perlen 14 fl., Altes Silber 14 fl. 30 kr. Karsetl der verstorbenen Jungfr. 4 fl."; BayHStA, GL Fasz. 2696/475. – Greinwald ließ insgesamt 25 Messgewänder von der „Ornat-Macherin" Rosina Noll in Ammergau herstellen, nämlich 6 weiße, 7 rote, 3 grüne, 3 violette und 4 schwarze für die Seminarkirche, und zwei Messgewänder für die Krankenkapelle, deren Anfertigung 390 fl. und 6 kr. kosteten. Die große Anzahl von Paramenten war nötig geworden, da das Professorenkollegium, das seit 1781 im benachbarten Professorenhaus untergebracht war, täglich in der Seminarkirche zelebrierte. 1794 brachten die Anschaffungen des Jahres 1782 aus dem Nachlass der Haushälterin Franziska Mayr dem ehemaligen Inspektor Frigdian Greinwald Ärger ein, da er von der Schulkuratel zur Verantwortung gezogen wurde, so dass er am 31. Juli 1794 schrieb: „Wenn ich vor 12 Jahren über dieß so, wie jetzt, belehrt worden wäre, und vorgesehen hätte, da mir dieses heimliche Schankungsgeschäft hienach noch so vieles zu schaffen geben sollte, würde ich gewiß die gottseelige Gutthäterinn dahin zu bereden getrachtet haben, daß sie ja nicht entgegen seyn möchte, allem dem, was da gnädigst vorgeschrieben wird, buchstäblich nachleben zu dürfen"; BayHStA, GL Fasz. 2696/475; vgl. auch StAM, Albertinum A 106; STUBENVOLL, Geschichte des Königl. Erziehungs-Institutes, 64.

[1413] BayHStA, GL Fasz. 2696/475. – Zwei ältere gelbe Baldachine zum Choraltar ließ Greinwald ausbessern und die schwarzen Antependien ergänzen; vgl. ebda.

[1414] Über die Magdalenengruft fand sich in der Baurechnung von August 1646 der Hinweis „die grufft S. Magdalenae Zu mahlen 38 fl."; Zitat nach STUBENVOLL, Geschichte des Königl. Erziehungs-Institutes, 95.

„4 versilberte Brustbilder der heil. Petrus, Johannes Baptist, Paulus, und Lukas vorstellend; alt Testamentalische Geschichten in Schwarz gebeitzten Ramen mit vergoldter Arbeit"[1415].
Schließlich war in der Seminarkirche noch eine Orgel mit acht Registern und drei Blasebälgen aufgestellt.[1416]
Für die Karwoche war ein aufwendiges Heiliges Grab vorhanden, das Inspektor Greinwald im Jahr 1783 durch den Maler Johann Nepomuk Reis für 115 fl. 21 kr. neu hat machen lassen.[1417] Das Heilige Grab bestand aus einem den ganzen Chor verhüllenden und bemalten Vorhang und einem schwarzen Baldachin, worunter das Allerheiligste aufgestellt wurde. Dazu gab es zwei auf Holz gemalte Darstellungen der Krönung und Geißelung Christi, ferner „1 auf Papier gemalne, und mit Oel getränkte Vorstellung die heil. 5 Wunden Christi"[1418]. Eine in Holz geschnitzte Figur Christi im Grab und zwei dazugehörige auf Holz gemalte Wächter und vier kleine Engel. Schließlich gehörten noch 18 Grabkugeln von unterschiedlicher Größe und 36 Ampeln und ein Paar Lüster aus Messing zum Heiligen Grab. Am 16. März 1801 fragte Inspektor Virgil Neuner bei der „Geistlichen Rats Schulendeputation" an, ob er das Heilige Grab in der Karwoche errichten sollte, da die einzige Monstranz des Seminars am 20. November 1800 zur kurfürstlichen Münze abgegeben werden musste. Er erhielt am 21. März die Antwort, dass er versuchen sollte, eine Monstranz auszuleihen; „in Falle aber,

---

[1415] BayHStA, GL Fasz. 2699/489.
[1416] Die Orgel hatte laut der Baurechnung von 1645-1646 einen Anschaffungswert von 200 fl. Im Jahre 1722 wurde sie durch den Orgelbauer Fuchs von Donauwörth für 300 fl. repariert; vgl. STUBENVOLL, Geschichte des Königl. Erziehungs-Institutes, 95, 104.
[1417] Vgl. BayHStA, GL Fasz. 2696/475. – Hier könnte es sich um den Maler Johann Baptist Reis (1753-1825) handeln, der in Nymphenburg tätig war. – Zu Reis vgl. LIPOWSKY, Baierisches Künstler-Lexikon, Teil 2, 34; THIEME-BECKER, Bd. 28, 138. – Fast zeitgleich (1784) wurde in der St. Michaels-Hofkirche, die seit 1782 als Malteser-Ritterordenskirche diente, ein neues Heiliges Grab angeschafft. Anton Crammer berichtete in seiner „Dritten und verbesserten Auflage des teutschen Roms. Das ist: Gründlicher Bericht von den Gotteshäusern [...] der Chur-baierischen Hauptstadt" von 1784 über das Heilige Grab in St. Michael: „dieses bestehet aus grossen, breiten, schwarzen Tüchern, die mit breiten goldenen Borden eingefaßet und schön gezieret sind. Auf dem Deckel des Grabs siehet man die grossen von goldenen Borden hinaufgesetzte Buchstaben I.N.R.I. das ist: zu Ehren Jesu von Nazareth etc. in der Mitte das hochwürdigste Gut mit brennenden Kerzen beleuchtet [...]"; CRAMMER, Gründlicher Bericht, 102. – Das Jahr über wurden die Utensilien des Heiligen Grabes in einem „Verschlag neben der Reuche" aufbewahrt; vgl. BayHStA, GL Fasz. 2699/489; Inventar vom 24.-28. Januar 1803. – Zur Geschichte des Heiligen Grabes vgl. BAUERREIß, Kirchengeschichte Bayerns, Bd. 7, 293f.; HEIM, Art. Heiliges Grab, in: DERS., Kleines Lexikon der Kirchengeschichte, 188; HEIMANN-SCHWARZWEBER, Art. Grab, Heiliges, in: LCI, Bd. 2, 182-191; RÜDIGER, Art. Heiliges Grab. II. Nachbildungen. 1. In der Kunst, in: LThK^3, Bd. 4, 1322.
[1418] Vgl. BayHStA, GL Fasz. 2699/489.

daß gar keine zu bekommen wäre, die Kirche an dem Charfreytag und Charsamstag ganz sperren lassen sollet."[1419]

In der Sakristei, die sich rechts neben der Kirche befand, war an Innenausstattung vorhanden:

„Die Bildnißen: St. Ignatii, St. Franc. Xav., Christi Flagellati, Christi Crucifixi, Schweißtuch Christi auf Atlas in schwarz gebeitzter Rame" und „1 Sakristeykasten mit 7 Kelchkasteln"[1420].

Im Dachreiter der Seminarkirche, der 1716 erneuert wurde, hingen zwei Glocken, „mit denen das Zeichen zum alltäglichen Gottesdienst, bey Abhaltung einiger Lytanien das Jahr hindurch gegeben wird auch immer beym Vorübergang einer Procession geläutet wird"[1421]. Inspektor Neuner bat am 25. Juli 1800 um Erlaubnis, dass in Zukunft „nur mit einigen gar nicht lange anhaltenden Glocken Zügen das Zeichen zum abzuhaltenden Gottesdienst dürfte gegeben werden"[1422]. Ob auch noch wie bisher üblich zum dreimaligen Ave Maria geläutet werden könnte, wollte er dem Kurfürsten überlassen. Im Jahre 1798 war der Turm der Seminarkirche durch Regen und Schnee derart reparaturbedürftig, dass er für 37 fl. 13 kr. saniert werden musste.[1423]

Zum Unterhalt der Seminarkirche waren zwei Kapitalien angelegt, nämlich 4150 fl. bei der Landschaft und 1400 fl. beim Hochstift Freising, die einen jährlichen Zins von etwa 222 fl. abwarfen. Weitere Einnahmen kamen aus dem Opfergeld und sonstigen Spenden, die der Kirche vermacht wurden.[1424] Über den Haushalt hatte der jeweilige Inspektor als Rektor der Kirche eine Kirchenrechnung über Einnahmen und Ausgaben zu erstellen. Da das Kirchenvermögen kaum ausreichte, die laufenden Ausgaben innerhalb eines Jahres zu decken, reichte Inspektor D. Anton Acher im Jahre 1794 den „Entwurf einer nothwendig scheinen-

---

[1419] BayHStA, GL Fasz. 2700/493.
[1420] BayHStA, GL Fasz. 2699/489.
[1421] StAM, Albertinum A 107. – Das Turmkreuz mit Knopf wurde am 5. Mai 1646 auf dem Dachreiter angebracht; vgl. STUBENVOLL, Geschichte des Königl. Erziehungs-Institutes, 97, 104.
[1422] StAM, Albertinum A 107. – Zu Läuteregelungen im Kurfürstentum Bayern vgl. BRITTINGER, Die bayerische Verwaltung und das volksfromme Brauchtum im Zeitalter der Aufklärung, 13-23. – Laut Baurechnung von 1645 bis 1646 waren für zwei Glocken berechnet worden: „umb die grössere gloggen 3 Centener 20 Pfund 120 fl." und „umb die Kleine glogg 75 fl."; STUBENVOLL, Geschichte des Königl. Erziehungs-Institutes, 95f. – Auch nach der Schmidtischen Matrikel von 1738 bis 1740 waren zwei Glocken vorhanden; DEUTINGER, Die älteren Matrikel, Bd. 1, 378.
[1423] Die Genehmigung hierzu wurde am 14. November 1798 durch die Schulkuratel erteilt; vgl. BayHStA, GL Fasz. 2698/480; StAM, Albertinum A 107.
[1424] Im Jahr 1779 betrugen die Zinseinnahmen des Kapitals von 4150 fl. noch 263 fl. 30 kr., wofür 407 gestiftete Messen zu lesen waren; vgl. BayHStA, GL Fasz. 2696/475; StAM, Albertinum A 1.

den neuen Einrichtung der Kirchenrechnung" ein. Im Rechnungsjahr 1794 betrugen die Einnahmen insgesamt 317 fl. 10 kr. Demgegenüber standen Ausgaben in Höhe von 298 fl. 42 kr., die sich auf folgende Posten verteilten: „auf gestiftete Messen 188 fl. 30 kr., auf Beleichtung und Unterhaltung der Gottesdienste 68 fl. 2 kr."[1425], auf Kirchendiener 12 fl. 42 kr., auf Gebäude und Reparaturen 11 fl. 18 kr., auf Ornat und Kirchenwäsche 13 fl. 39 kr., gemeine und sonderbare Ausgaben 4 fl. 41 kr."[1426] Acher schlug zur Vermehrung der ständigen Einnahmen vor, freiwillig auf 40 fl. seines Inspektorengehaltes jährlich zu verzichten, um sie der Seminarkirche zu stiften.[1427]

Bei der Seminarkirche befand sich noch ein Oratorium, indem nach dem Inventar vom 4. bis 28. Januar 1803 vorhanden waren: „14 Stations Tafeln zum Kreutzweg, 9 Apostl Tafeln, 1 Kirchen Uhr."[1428]

Die Kirche wurde seit dem Jahre 1796 mehrmals zweckentfremdet. So verfügte die kurfürstliche Kriegsdeputation am 6. September 1796, dass zur Lagerung einer großen Menge Brot, „das vom Lande zur Befriedigung der Requisitionen für fremde Armeen anher gebracht wird"[1429], die Seminarkirche auf der Stelle geräumt werde, um darin ein Brotmagazin einzurichten. Im Oktober 1796 klagte Inspektor Stefan Widmann gegenüber der Schulkuratel: „Es sind beynahe 2 Monathe verflossen, daß die mir gnäd. anvertraute Seminar Kapelle D. Gregorii M. zu München in ein Militair. Brod und Mehl Magazin umgeschaffen: sohin

---

[1425] Bei diesem Posten gab P. Anton Acher die Anmerkung: „Nota: für 36 Pfund Baumöl zur Unterhaltung des ewigen Lichtes hat die Kirche nichts bezahlet, sondern das Baumöl war allzeit gratis von dem Hause hergegeben worden"; StAM, Albertinum A 109.
[1426] StAM, Albertinum A 109.
[1427] Beigefügt war ein Verzeichnis mit dem „Verhältniß der Einnahme, und Ausgabe bey der Seminariums Kirche durch eine Reyhe von zehn Jahren", in denen die Kirchenrechnung ein Defizit auswies, nämlich im Rechnungsjahr 1774: Einnahmen: 280 fl. – Ausgaben: 300 fl. 34 kr. (Defizit: 20 fl. 34 kr.); 1778: Einnahmen: 282 fl. 37 kr. 3 d. – Ausgaben: 284 fl. 49 kr. (Defizit: 2 fl. 11 kr. 1 d.); 1779: Einnahmen: 284 fl. 52 kr. – Ausgaben: 288 fl. 49 kr. (Defizit: 4 fl. 3 kr.); 1780: Einnahmen: 242 fl. 33 kr. – Ausgaben: 306 fl. 25 kr. (Defizit: 63 fl. 52 kr.); 1781: Einnahmen: 242 fl. 14 kr. 3 d. – Ausgaben: 328 fl. 25 kr. (Defizit: 85 fl. 10 kr. 1 d.); 1782: Einnahmen: 269 fl. 6 kr. 1 d. – Ausgaben: 288 fl. 32 kr. (Defizit: 19 fl. 25 kr. 3 d.); 1789: Einnahmen: 259 fl. 51 kr. – Ausgaben: 287 fl. 1 kr. (Defizit: 27 fl. 10 kr.); 1790: Einnahmen: 259 fl. 25 kr. 2 d. – Ausgaben: 268 fl. 44 kr. (Defizit: 9 fl. 18 kr. 2 d.); 1791: Einnahmen: 266 fl. 30 kr. – Ausgaben: 278 fl. 30 kr. (Defizit: 12 fl.); 1792: Einnahmen: 243 fl. 28 kr. – Ausgaben: 298 fl. 36 kr. (Defizit: 55 fl. 8 kr.) und 1793: Einnahmen: 281 fl. 38 kr. 3 d. – Ausgaben: 298 fl. 42 kr. (Defizit: 17 fl. 3 kr. 1 d.). Vor allem die staatlich angeordnete Zinsminderung im Jahre 1780 von 5 % auf 4 % hatten die ständigen Einnahmen beträchtlich sinken lassen; vgl. StAM, Albertinum A 109.
[1428] BayHStA, GL Fasz. 2699/489. – Im zweiten Inventar vom 13. bis 15. Mai 1804 wurde lediglich noch die Kirchenuhr als Einrichtungsgegenstand aufgezählt; vgl. ebda.
[1429] BayHStA, GL Fasz. 2832/1451.

die täglichen Gottesdienste unterlassen worden [...]." Da Ende des Monats das Haus mit hundert Seminaristen besetzt werden würde und der tägliche Gottesdienst laut des Stiftungsbriefes im Seminar gehalten werden sollte, bat er, die Kirche räumen zu lassen „als ohnehin wenige und meist leer Mehl Fäßer darin gegenwärtig aufbehalten, und diese gar leicht anderswärtig untergebracht werden können"[1430]. Die Schulkuratel hatte zwar den Antrag beim Hofkriegsrat zur Räumung der Seminarkirche gestellt, doch am 31. Oktober 1796 berichtete Widmann, dass inzwischen das Seminar von der Einquartierung befreit worden sei. Allerdings befand sich in der Seminarkirche noch immer das Mehlmagazin und er hoffte, „daß selbe dieser Tage noch werde geräumt werden"[1431], wie ihm Kanzler von Hertling versichert hätte. Am 17. November 1796 wandte sich P. Stefan Widmann direkt an die Kriegsdeputation. Obwohl der Kurfürst die Räumung aller als Militärmagazin verwendeten Kirchen angeordnet hatte, befänden sich noch immer leere Mehlfässer in der Seminarkirche. Er bat den Kurfürsten, „dem Proviantamt dahier gdgst. Weisung zur Räumung zu geben, vom Staube behörig zu reinigen, und den allenfalls dieser notorisch ärmsten Kirche verursachten Schaden unmaßgebigst zu ersezen"[1432]. Die Eingabe hatte Erfolg, denn die Kriegsdeputation erhielt den kurfürstlichen Auftrag, die Kirche zu räumen „und zwar auf der Stelle"[1433].

Im Jahr 1800 erging die Anordnung an Inspektor P. Virgil Neuner „alles zum Gottesdienste nicht unentbehrlich nothwendige Kirchen Silber euers gdgst. anvertrauten Gotteshauses beschreiben, und schäzen zu lassen, und solches sodann unverzüglich zur Einschmelzung, und Vermünzung an besagt Unser Münzamt abzugeben". Die bekannten Kriegsumstände würden Kurfürst Maximilian IV. Joseph dazu zwingen, zur Bestreitung der enormen Kriegskosten außerordentliche Mittel und Wege zu suchen. „Das zur Schonung Unserer Unterthanen geschickteste Mittel bleibt immer die Verwendung des entbehrlichen Kirchen Silbers [...]." Es wurde dem Inspektor noch die wage Hoffnung gegeben: „Auch ertheilen wir euch die gdgste. Versicherung, daß euren Gotteshause die erzeugte Summe seiner Zeit nach Art der Verwendung entweder von Unserer Haupt Cas-

---

[1430] StAM, Albertinum A 110.
[1431] BayHStA, GL Fasz. 2699/489.
[1432] StAM, Albertinum A 110.
[1433] Der Befehl vom 17. November 1796 in: StAM, Albertinum A 110.

sa, oder durch Parification wieder vergütet werden solle."[1434] Dies sollte sich später als eine leere Versprechung erweisen.

Am 31. Juli 1800 lieferte Inspektor P. Virgil Neuner schließlich folgende Silberstücke ab: „1stens. 4 silberne Brust-stüke, als: der hl. Johann Bapt., der hl. Joseph, die hl. Barbara, und Katharina sammt dem Silber-Zierrathen an [...] derselben, 2tens. 2 silberne kleine Leuchter, 3tens. Ein silberner vergoldeter Kelch sammt Paten, 4tens. 2 Paar silberne Opfer-Kandeln sammt 2 silbernen Tassen, 5tens. Ein silberner vergoldeter Scepter, 6tens. 2 silberne, und vergoldete Kronen, wo von die eine größer als die andere, 7tens. Ein silberner Speiskelch."[1435] Die Kurfürstliche Hauptkasse bestätigte am 4. August 1800, dass von dem eingelieferten Kirchensilber 770 fl. 54 kr. erlöst wurden. Scheinbar nicht genug, denn am 30. November 1800 mussten noch einmal eine kupferne Monstranz mit silbernem Laubwerk, ein vergoldeter Kelch aus Silber mit Patene, ein silbernes Rauchfass mit Schiffchen und zwei silberne Messkännchen mit Teller an das Kurfürstliche Münzamt eingeliefert werden.[1436]

Das Jahr 1803 brachte schließlich das Ende der Seminarkirche. Bemerkenswert ist hierbei, dass die Initiative zur Profanisierung nicht vom Staat ausging, sondern durch Inspektor Anton Zistelsberger selbst angeregt wurde. Zistelsberger berichtete nämlich am 20. Oktober 1803 an den Kurfürstlichen Administrationsrat der Kirchen und milden Stiftungen auf die höchste Entschließung, wonach in Folge der Säkularisation alle entbehrlichen Kirchen als kostspielige Gebäude entweder zu Schulhäusern oder zu anderen staatsnotwendigen Einrichtungen verwendet werden sollten, dass seiner Ansicht nach „die hiesige Seminar Kirche allerdings unter die Zahl dieser zwecklosen Steinmassen gezählt werden kann"[1437]. Auch ökonomische Gründe würden dafür sprechen, da die Kirchenrechnung von 1802/1803 erneut ein Defizit von 15 fl. 54 kr. 3 d. erbracht hätte.[1438]

[1434] Die Verfügung vom 28. Juli 1800 in: StAM, Albertinum A 111.

[1435] Durchgestrichen ist: „8tens. Ein silberner Crucifixus." Insgesamt ging Silber im Wert von 38 Silbermark im Kurfürstlichen Münzamt ein; vgl. StAM, Albertinum A 111; vgl. auch STUBENVOLL, Geschichte des Königl. Erziehungs-Institutes, 106f.

[1436] Vgl. StAM, Albertinum A 111; STUBENVOLL, Geschichte des Königl. Erziehungs-Institutes, 107.

[1437] BayHStA, GL Fasz. 2837/1496.

[1438] Schon im Jahre 1794 hatte Inspektor D. Anton Acher darauf hingewiesen, dass die Kirchenrechnungen von zehn unterschiedlichen Jahren Defizite erbracht hatten; vgl. StAM, Albertinum A 109. – Nach dem „Entwurf der sämmtlichen bestimmten und zufälligen Einnahmen und Ausgaben bey der Seminar Kirche in München" vom 20. Oktober 1803 standen den Einnahmen in Höhe von 257 fl. 10 kr. 5 d., die sich aus festen Zinserträgen von 222 fl. und aus dem Opferstock von 35 fl. 10 kr. 5 d. ergeben hatten, folgende Ausgaben gegenüber: für 375 gestiftete Messen 188 fl. 30 kr., für den Unterhalt der Gottesdienste, des Kirchendieners, Ornat, Wäsche und kleine Reparaturen 85 fl. 35 kr., was

Würde nun „diese unnütze Kirche aufgehoben werden, so würde von dem bestimmten Interessen Ertrag pr. 222 f. nach abgezogener Ausgabe für die zu lesenden 375 Messen 188 f. 30 kr. dem Seminar als Rest verbleiben: 34 f. 30 kr."[1439] Hinzu käme, dass die Seminaristen seit dem Jahre 1802 die tägliche Schulmesse in der Studienkirche im ehemaligen Karmelitenkloster zu besuchen hätten.[1440]

Das Generalschul- und Studiendirektorium zog daher am 10. Dezember 1803 in Erwägung, die Seminarkirche aufzuheben, wodurch dem Seminarfonds eine jährliche Zulage von 34 fl. 30 kr. zu Gute käme. Die Schulbehörde zog sogar schon den Verkauf oder Abriss der Kirche in Erwägung. Aus dem Erlös der zu verkaufenden Paramenten, Kirchengeräte, Altäre und dem Verkauf der Baumaterialien und des Platzes könnte ein sehr wünschenswerter Beitrag zur Ausbesserung der übrigen Gebäude erzielt werden. Es wurde daher der Antrag gestellt: „Da ferner bey der gegenwärtigen Einrichtung auch die Seminaristen den gewöhnlichen Studenten-Gottesdiensten beywohnen, die Nachbarschaft rings umher noch hinlänglich mit Kirchen versehen ist, und auch die Handwerksgesellen mit ihrer Kongregation in diesem Falle in die nächstgelegene Damenstiftskirche zu ziehen gedenken, so ist man hier der unmaaßgebigsten Meinung, daß Eingangs erwähnte Kirche allerdings den entbehrlichen beygezählt, und auf den Verkauf derselben zum Besten des Seminariums-Fondes bei der Höchsten Stelle angetragen werden könnte."[1441]

Hinzu kam, dass der Stadtmaurermeister Matthias Widmann und der Zimmermeister Simon Kern nach der Überprüfung der Kirche Schäden auf dem Dach entdeckt hatten, wodurch Wasser auf den Chor und ins Mauerwerk eingedrungen war. Der Kostenvoranschlag für die nötigen Reparaturen belief sich auf 200 fl.[1442]

---

eine Summe von 274 fl. 5 kr. ergab. Daher hatte sich der Verlust von 15 fl. 54 kr. 3 d. ergeben; vgl. BayHStA, GL Fasz. 2837/1496.
[1439] BayHStA, GL Fasz. 2837/1496. – Die Zinserträge in Höhe von 222 fl. wurden zum einen von 4150 fl. Kapital erhoben, das bei der Landschaft angelegt war und zum anderen von 1400 fl., die beim Hochstift Freising auflagen. 1779 waren noch 407 gestiftete Messen zu lesen; vgl. BayHStA, GL Fasz. 2696/475; StAM, Albertinum A 1.
[1440] Vgl. BayHStA, GL Fasz. 2698/480.
[1441] BayHStA, GL Fasz. 2698/481; 2837/1496. – Im Unterschied zur Gütersäkularisation der Klöster von 1802/1803, wo sich der Staat die Güter und Einnahmen aus Verkäufen kirchlichen Eigentums unrechtmäßig einverleibt hatte, sollten hier die Einnahmen aus den Verkäufen immerhin der Stiftung zu Gute kommen.
[1442] Vgl. BayHStA, GL Fasz. 2837/1496.

So ging am 21. Dezember 1803 der Antrag zur Schließung an das Ministerialdepartement in Geistlichen Sachen ein, wobei betont wurde, dass der Inspektor sich entschieden für die wirkliche Entbehrlichkeit dieser kleinen Kirche geäußert hätte. Die Seminarkirche sollte sogleich geschlossen werden und die Paramente und sonstigen Einrichtungsgegenstände zur nächsten Marktzeit öffentlich versteigert werden.[1443] Der Erlös sollte dem Seminarfonds zugeführt werden. Die 375 gestifteten Messen sollten in die neue Studienkirche am lateinischen Schulhaus transferiert werden, wobei allein der Inspektor und der Präfekt Anspruch auf die Stipendien haben sollten.[1444] Schließlich sollte die Kongregation der ledigen Gesellen in die St. Anna-Damenstiftskirche verlegt werden, die seit dem Jahre 1678 in der Seminarkapelle beheimatet war.[1445] Die „Kongregation der ledigen Mannspersonen" wurde unter dem Titel „Mariä, Königin der Engel" am 10. Januar 1643 kirchlich bestätigt. Sie hatte sich aus der Marianischen deutschen Kongregation abgespalten. Mit der Heirat und dem Erwerb des Bürgerrechts trat der Sodale in die deutsche Kongregation über.[1446] Seit der Transferierung der Kongregation in die Seminarkirche am 13. Februar 1678 trug sie den Titel „Mariä unbefleckte Empfängnis".[1447] In der „Münchnerischen Andachts-Ordnung für das Jahr 1773" hieß es, dass „an allen Sonntagen Nachmittag um 1. Uhr eine Exhortation für die ledige Gesellen" in der Seminarkirche ge-

---

[1443] Lediglich die nötigen Paramente und liturgischen Geräte für den Gottesdienst in der Krankenkapelle und die Orgel sollten nicht versteigert werden; vgl. BayHStA, GL Fasz. 2837/1496.
[1444] Zur Studienkirche am lateinischen Schulhaus, die dem Hl. Nikolaus geweiht war, und bis 1802 als Klosterkirche der Karmeliten gedient hatte, vgl. FORSTER, Das gottselige München, 266-286; MAYER, WESTERMAYER, Statistische Beschreibung, Bd. 2, 235-241; SCHWAIGER, München – eine geistliche Stadt, in: DERS. (Hg.), Monachium sacrum, Bd. 1, 1-289, hier 109-112, 203f. (eine Abbildung des ehemaligen Hochaltarbildes der Karmelitenkirche von Karl Pfleger, in: ebda., 111, Abbildung Nr. 30); STEINER, Altmünchner Gnadenstätten, 38f.; STUBENVOLL, Geschichtliche Skizze über das ehemalige Karmelitenkloster und Karmelitengotteshaus (nunmehrige Studienkirche) in München, in: OA 35 (1875/1876), 88-111. – Siehe auch die Abbildung Nr. 8 im Anhang.
[1445] Vgl. CRAMMER, Gründlicher Bericht, 129. – Der Präses der Kongregation, Andreas Außerstorfer (1775-1832), hatte bereits am 23. Dezember 1803 gebeten, die „Congregation der ledigen Mannspersonen" in die Damenstiftskirche verlegen zu dürfen. Bei den Versammlungen der Kongregation würde „nur ächts Christentum, Reinheit der Sitten und Vervollkommnung des Menschen gepredigt, aller Irrthum und Aberglaube vertilgt werden"; BayHStA, GL Fasz. 2698/480. – Zu Außertstorfer, der 1793 das Kurfürstliche Gymnasium in München absolviert hatte, vgl. GUGGENBERGER, Nekrologium, 85; LEITSCHUH, Matrikeln III, 195. – Zu dieser Kongregation vgl. FORSTER, Das gottselige München, 204; MAYER, WESTERMAYER, Statistische Beschreibung, Bd. 2, 340f.; PICHLER, Marianische Kongregation, 23f.; STUBENVOLL, Geschichte des Königl. Erziehungs-Institutes, 102f.
[1446] Vgl. PICHLER, Marianische deutsche Kongregation, 23f.
[1447] Die Kongregation hatte bisher ihre Versammlungen im großen Saal der Lateinischen Marianischen Kongregation im Jesuitenkolleg abgehalten; vgl. STUBENVOLL, Geschichte des Königl. Erziehungs-Institutes, 102f.

halten wurde.[1448] Nach Vertrag vom 29. Januar 1798 hielt der Inspektor oder ein anderer Priester an den Hauptfesttagen der Gottesmutter, also an Mariä Lichtmess, Mariä Verkündigung, Mariä Himmelfahrt, Mariä Geburt, Mariä Opferung und Mariä Heimsuchung „jedes Mal die Heilige Messe unter Aussetzung des Hochwürdigsten Guts, und zweimaligen Segen mit dem Ciborium"[1449] um 9 Uhr eine hl. Messe. Hierfür sollte der Inspektor oder sein Vertreter für jede Messe 36 kr. und die Kirche zur Entschädigung jährlich eine Maß Wein bekommen. Auch sollten die Kosten für die Altarkerzen aus den Mitteln der Kongregation der ledigen Gesellen bestritten werden.[1450]

Was nun den Verkauf der Kirche betraf, so sei die höchste Entschließung abzuwarten, die dann am 4. Januar 1804 erfolgte. Kurfürst Maximilian IV. Joseph entschied gemäß dem Antrag des Kirchenadministrationsrates. Das Ende der Seminarkirche war besiegelt.[1451] Am 9. Januar 1804 erging durch den Kirchenadministrationsrat der Auftrag an Inspektor Zistelsberger, „daß dieses befragliche kleine Gotteshaus sogleich nach Empfange dieß in aller Stille geschlossen werden solle"[1452].

Nach der Schließung diente das Gotteshaus vorübergehend als Bibliothekslager. Hofbibliothekar Johann Christoph Freiherr von Aretin hatte in den Jahren nach der Säkularisation alle Hände voll zu tun, denn durch die Aufhebung auch der landsässigen Klöster in Bayern 1803 kamen enorme Bestände nach München, für die zunächst Raum geschaffen werden musste.[1453] Im aufgehobenen Augus-

---

[1448] Münchnerische Andachts-Ordnung für das Jahr 1773; vgl. auch CRAMMER, Gründlicher Bericht, 129.
[1449] StAM, Albertinum A 108.
[1450] Vgl. StAM, Albertinum A 108. – Stubenvoll gibt unkorrekt an, dass die Seminarkirche bereits im Jahre 1803 gesperrt worden sein soll; vgl. STUBENVOLL, Geschichte des Königl. Erziehungs-Institutes, 105f.
[1451] Zu dieser Zeit wurde bereits die Versetzung des Seminars in den so genannten Augustinerstock in der Neuhauser Straße des 1802 aufgehobenen Klosters der Augustiner-Eremiten in Erwägung gezogen; vgl. BayHStA, GL Fasz. 2698/480; 2837/1496.
[1452] BayHStA, GL Fasz. 2837/1496; vgl. auch BayHStA, GL Fasz. 2698/480; 2698/481. – Wie das gläubige Volk auf die Schließung der Seminarkirche reagierte, dass vor allem das „Seminarikindl" verehrte, ist nicht bekannt.
[1453] Johann Christoph Freiherr von Aretin (1772-1824), der 1786 seine Studien am Kurfürstlichen Gymnasium in München beendet hatte, schrieb in einem Brief aus dem ehemaligen Prämonstratenserkloster Schäftlarn am 1. April 1803 die bedeutungsschweren Worte, wie sie nur ein überzeugter Anhänger einer radikalen Aufklärung formulieren konnte: „Zwischen gestern und heute stand eine Kluft von tausend Jahren: Heute ist der Riesenschritt über diese unermeßliche Kluft gewagt. Von heute an datiert sich eine Epoche der bayerischen Geschichte, so wichtig, als in derselben bisher noch keine zu finden war. Von heute an wird die sittliche, geistige und physische Kultur des Landes eine ganz veränderte Gestalt gewinnen. Nach tausend Jahren noch wird man die Folgen dieses Schrittes empfinden. Die philosophischen Geschichtsschreiber werden von Auflösung der Klöster, wie sie es von der Auf-

tiner-Eremitenkloster wurde ein großer Teil zwischengelagert. Da dort 1804 das Hofgericht einziehen sollte, musste Freiherr von Aretin kurzfristig neue Lagerungsmöglichkeiten ausmitteln und schlug hierzu die geschlossene Seminarkirche und noch andere Räumlichkeiten des Seminars vor. Am 12. März 1804 wurde dies durch Kurfürst Maximilian IV. Joseph genehmigt.[1454] Bevor die ersten Bücher eingelagert werden konnten, erging durch den Kirchenadministrationsrat am 16. März 1804 an den Pfarrer der Frauenkirche, Joseph Darchinger, als bischöflicher Kommissar der Auftrag, die Exsekration der Kirche baldmöglichst vorzunehmen.[1455]

Am gleichen Tag wurde der Direktor der Kurfürstlichen Bildergalerie Johann Christian von Mannlich[1456] beauftragt, die drei Altarblätter „dem innern Werth und Kunst nach" zu untersuchen. Wenn sie von guter Qualität wären, so könnte er sie gegen Erlegung des geschätzten Wertes in die Bildergalerie aufnehmen.[1457] Galeriedirektor von Mannlich schrieb am 23. März 1804, dass er den Vize-Direktor Johann Jakob Dorner zur Untersuchung der in Frage kommenden Altarblätter abgeordnet hätte, „der zu folge die Gemälde von keinem besondern Werth befunden"[1458]. So wurde auch das Schicksal der Altarbilder besiegelt.[1459]

---

hebung des Faustrechts taten, eine neue Zeitrechnung anfangen, und man wird sich dann den Ruinen der Abteien ungefähr mit eben dem gemischten Gefühl nähern, mit welchem wir jetzt die Trümmer der alten Raubschlösser betrachten"; Zitat nach WEIS, Montgelas, Bd. 2, 199f. – Vgl. zu diesem Thema auch JAHN, KUDORFER (Hg.), Lebendiges Büchererbe. Säkularisation, Mediatisierung und die Bayerische Staatsbibliothek; RUF, Die Bayerische Staatsbibliothek und die Säkularisation, in: HACKER (Hg.), Beiträge zur Geschichte der Bayerischen Staatsbibliothek, 119-125; RUF, Säkularisation und Bayerische Staatsbibliothek, Bd. 1. Die Bibliotheken der Mendikanten und Theatiner (1799-1802).

[1454] Vgl. BayHStA, GL Fasz. 2837/1496.
[1455] Vgl. BayHStA, GL Fasz. 2837/1496. – Zu Darchinger vgl. PFISTER, Kollegiatstift Zu Unserer Lieben Frau, in: SCHWAIGER (Hg.), Monachium sacrum, Bd. 1, 291-473, hier 370.
[1456] Zu Galerieinspektor von Mannlich (1740-1822) vgl. ADB, Bd. 20, 207-209; BOSL, Bayerische Biographie, 504; GrBBE, Bd. 2, 1251; HUFNAGEL, Berühmte Tote, 71; LIPOWSKY, Baierisches Künstler-Lexikon, Teil 1, 194f.; ROLAND, Johann Christian von Mannlich und die Kunstsammlungen des Hauses Wittelsbach, in: GLASER (Hg.), Wittelsbach und Bayern III/1, 356-365; ROLAND, Art. Mannlich, Johann Christian v., in: NDB, Bd. 16, 74f.; SICHEL, Der Hofkünstler Johann Christian von Mannlich; THIEME-BECKER, Bd. 24, 24f.
[1457] Kirchenadministrationsrat Kittreiber betonte, dass das Gotteshaus keineswegs von der Art sei, welche den Staatsdomänen gleich den säkularisierten Klöstern einverleibt werden könnte. Es würde vielmehr einer causae piae gehören, die äußerst bedürftig sei und der durch die bevorstehende Versteigerung aufgeholfen werden sollte; vgl. StAM, Albertinum A 5.
[1458] BayHStA, GL Fasz. 2837/1496. – Zu Johann Jakob Dorner d. J. (1775-1852) vgl. ADB, Bd. 5, 354; Allgemeines Künstler-Lexikon, Bd. 29, 94f.; BOSL, Bayerische Biographie, 152; GrBBE, Bd. 1, 387; HUFNAGEL, Berühmte Tote, 199; LIPOWSKY, Baierisches Künstler-Lexikon, Teil 1, 54-56; THIEME-BECKER, Bd. 9, 482-484.
[1459] Über den Verbleib oder Erhalt der drei Altarblätter der Seminarkirche ist nichts bekannt.

Die öffentliche Versteigerung der Einrichtungsgegenstände der Seminarkirche wurde durch den Kirchenadministrationsrat für den 5. April 1804 vormittags zwischen 9 bis 12 Uhr und nachmittags von 2 bis 6 Uhr festgelegt.[1460]
Nicht versteigert werden sollte, was zum weiteren liturgischen Gebrauch in der Krankenkapelle noch benötigt wurde, nämlich „a) der am Werthe geringere Kelch und Paten, b) 3 Meßkleider samt Zugehör von verschiedenen Farben, c) das Herz Jesu Bildniß, d) die Orgl, und endlich e) samentliche Kirche Wasche, die ihrer Güte nach noch zum Hausgebrauch verwendet werden kann"[1461].
Die Versteigerung fand nach dem Protokoll vom 5. bis 7. April 1804 statt, wobei nicht nur Gegenstände der Seminarkirche, sondern, wie es angeordnet worden war, auch die nicht mehr benötigten Hausgerätschaften versteigert wurden.[1462] Unter anderem wurde ein silberner Kelch mit Patene und Löffelchen angeboten, der 89 fl. 3 kr. erbrachte. Ein Ziborium mit Deckel aus Silber wurde für 50 fl. 13 kr. versteigert. Die kupferne und vergoldete Monstranz brachte 37 fl. 3 kr. ein. Die Ewiglichtampel wurde für 116 fl. 30 kr. ersteigert. Das schwarze Kreuz mit einem Christuscorpus von Elfenbein ging für 80 fl. 1 kr. an einen Herrn Siegl. Eine mit Brillianten besetzte Lanula erbrachte sogar 388 fl. 59 kr.[1463]

[1460] Eine öffentliche Anzeige sollte daher in die Staatszeitung eingerückt werden. Bei der Versteigerung sollten zugleich die entbehrlichen Haus- und Küchengerätschaften verkauft werden; vgl. BayHStA, GL Fasz. 2837/1496.
[1461] BayHStA, GL Fasz. 2837/1496; StAM, Albertinum A 111; vgl. auch STUBENVOLL, Geschichte des Königl. Erziehungs-Institutes, 107. – Laut „Inventarium der noch vorhandenen Paramenten und Kirchengeräthschaften, der ehemaligen Seminarkirche" vom 15. Mai 1804 gab es nach der Versteigerung: „1 silberner und vergoldeter Kelch mit Paten, 1 rothes Meßgewand mit weißner Streif und falschen Goldborten, 1 dito weißes mit rothen Streif und auch mit falschen Goldborten, 1 dito schwarzes mit gelben Streif und falschen Silberborten, die dazu gehörigen Kelchtüchlein, Bursen etc., 4 ganz alte unbrauchbare roth blüschene Levitenröcke mit falschen Borten, 6 Purificatoren, 4 Korporali, 2 Meßbücher, 3 Canontafeln, 6 Maybüsche, 4 Alben, 6 Chorröcke" (BayHStA, GL Fasz. 2699/489). Schließlich erging am 28. Februar 1806 die Weisung an die Königliche Seminarinspektion, „die noch vorhandenen Kirchen Geräthschaften [...], sobald das neue Gebäude bezogen wird, nebst den übrigen entbehrlichen Hausgeräthschaften öffentlich zu versteigern, wozu jedoch eine eigene dißseitige Commission erscheinen wird. Die 4 Alben und 6 Chorröcke sind zu Ausbesserung der Hauswäsche zu verwenden"; BayHStA, GL Fasz. 2699/489. – So befinden sich heute lediglich zwei Standleuchter aus dem 17. Jahrhundert im Besitz des Studienseminars Albertinum; vgl. PUTZ, Domus Gregoriana, 64, Anm. 304.
[1462] Das Protokoll der Versteigerungskommission, die durch Administrationsrat Ertl und Aktuar Hausmann vertreten war, enthält insgesamt 206 Nummern mit einigen Nachträgen; vgl. BayHStA, GL Fasz. 2699/489. – Stubenvoll gibt irrtümlich den 27. März 1804 als Versteigerungstermin an; vgl. STUBENVOLL, Geschichte des Königl. Erziehungs-Institutes, 107.
[1463] Sie war von Maria Adelheid Gräfin von Piosasque am 29. Mai 1796 „auß inerlicher tragenter besonderer Andacht zu dem Allerheiligsten Herzen Jeßu zur hies. Kirchen des Löbl. Seminari" gestiftet worden. Nach einer Spezifikation des Schmuckhändlers Matthäus Knilling vom 7. Mai 1796 bestand die Lanula aus 12 Dukaten Feingold à 4 ½ fl., die mit 37 in Silber gefassten 5 ¼ Karat-Brillianten besetzt war. Er schätzte den Wert der Lanula auf 114 fl. 48 kr.; vgl. StAM, Albertinum A 106.

Die größere Glocke ging für 77 fl. 3 kr. und die kleinere für 52 fl. 2 kr. an einen neuen Besitzer. Obwohl die Kirchenorgel eigentlich nicht veräußert werden sollte, wechselte sie für 205 fl. den Besitzer. Die Versteigerung erbrachte insgesamt eine Summe von 2720 fl. 37 kr., die dem Seminarfonds zugeführt wurde.[1464]

7.2.3. Der Speisesaal

Der Speisesaal bzw. das Refektorium befand sich neben der Küche zur Herzogspitalgasse hin und hatte als Zierde „11 verschiedene alte Gemälde worunter der Gutthäter des Hauses". An Inneneinrichtung standen im Raum: „2 Kästen für die Tischzeuge der Studenten, 6 alte Tische, 10 hölzerne Seßl ohne Überzug, 4 derley Bänke". Außerdem gab es „1 Marmor steinerner Waßergrand mit 3 Meßingen Pipen"[1465].

Interessant ist, dass im Refektorium nicht nur die Speisen eingenommen wurden, sondern, wie Josef von Hazzi in seiner Jugenderinnerung berichtete, dass sich hier nach dem Aufstehen die Seminaristen auch wuschen. Nach dem Anziehen „ging jeder hinab in das Refectorium (Speisesaal), um sich zu waschen. Dazu sprangen da mehrere Wässer, wovon jeder seinen Theil nahm."[1466]

Bevor es zum Essen in den Raum hineinging, sollten sich die Seminaristen vor der Tür des Speisesaals versammeln und das Kommen des Präfekten abwarten. Propst Franz Töpsl von Polling berichtete hierüber im Jahre 1788 in einem Brief an die Schulkuratel: „bey Jesuiten Zeiten war es allzeit üblich, daß die Seminaristen einige Minuten neben der Thür des Refectorii unter der Aufsicht der Subpraefectorn und Monitorn die Ankunft des Praefecten erwarten mußten, theils weil der Präfekt jeweil in Geschäften verhindert war, auf den Glockenstreich zu erscheinen, theils weil die Seminaristen selbst nicht in einem, und dem neml. Augenblick alle zusammenkommen konnten, theils weil der Präfekt sehr oft vor dem Tisch allen Versammelten einige zufällige Verordnungen die Musick-Chöre, Haus-Disciplin, und so anders betrefend, ankünden mußte, welches eben da am füglichsten, ohne sie zur andern Zeit zusammen beruf- und von ihren Ge-

---

[1464] Vgl. BayHStA, GL Fasz. 2699/489; STUBENVOLL, Geschichte des Königl. Erziehungs-Institutes, 107.
[1465] Inventar vom 24.-28. Januar 1803; BayHStA, GL Fasz. 2699/489. – Neben dem Refektorium befand sich in einem verschlossenen Kasten „ein kupfernes Waßerrath zum Brater zu treiben"; ebda.
[1466] GREIPL, HEYDENREUTER, Jugenderinnerung, 171.

schäften abrufen zu müssen, geschehen konnte: auch dieß geschieht aus nemlichen Ursachen auch jetzt, so wie es bey Jesuiten Zeiten untadelhaft geschahe."[1467]
Das tägliche Brot, dessen Verbrauch bei einer durchschnittlichen Belegung von 100 Seminaristen enorm war, bezog das Internat in der Regel vom hauseigenen Bäcker, der an der Neuhauser Straße sein Geschäft betrieb. So stellte der Bäcker Matthias Wöhrl am 31. Oktober 1778 eine Rechnung in Höhe von 41 fl. 56 kr. aus, und zwar für 2516 Laiben Brot, den Laib zu einem Kreuzer, und Lohn für 135 Arbeitstage, wobei der Tageslohn 6 kr. betrug.[1468] Die Seminarbäckerin und Witwe Kreszenzia Hierl beantragte am 18. Dezember 1799 den Laib Brot um zwei Pfennig auf sechs Pfennig aufgrund der anhaltenden Teuerung des Brennholzes erhöhen zu dürfen. In seinem Gutachten vom 16. Januar 1800 sprach sich Inspektor P. Virgil Neuner gegen eine Erhöhung um 2 d. pro Laib Brot aus, da es für die Bäckerin bei einem jährlichen Verbrauch von etwa 3030 Laiben Brot eine Lohnerhöhung von 25 fl. 15 kr. bedeuten würde, was für Neuner entschieden zu hoch sei. Er vermutete den Grund des Antrags auf Erhöhung des Brotpreises auch viel weniger im erhöhten Holzpreis als vielmehr in der Erhöhung der Hausmiete um 16 fl. pro Jahr. Außerdem würde die Bäckerin einen geräumigen Pferdestall und den „S. V. Dung von den Seminaristen Abtritten" kostenlos erhalten. Überhaupt wäre das Kurfürstliche Seminar nicht daran gebunden, das Brot von ihr zu beziehen, sondern „dem Seminar steht es frei, Brod backen zu lassen, wo es will". Neuner befürwortete letztlich eine Erhöhung um 1 d. pro Laib, was immerhin einen jährlichen Lohnzuwachs in Höhe von 12 fl. 37 kr. 2 d. ausmachen würde. Am 1. Februar 1800 genehmigte Kurfürst Maximilian IV. Jo-

---

[1467] BayHStA, GL Fasz. 2697/477; Schreiben Töpsls an Schulkuratel vom 7. August 1788. – Erste Anweisungen zur Tischordnung geben zwei erhaltene Tischregeln aus dem 17. Jahrhundert in: StAM, Albertinum B1, B5; vgl. auch PUTZ, Domus Gregoriana, 153-156; STUBENVOLL, Geschichte des Königl. Erziehungs-Institutes, 240-249. – Zudem enthielt die Bestätigungsurkunde von 1654 Anordnungen, die das Refektorium betrafen: „In mensa tractantur, uti in honestis familiis solet, tria semper habent fercula, in prandio et coena, quotidie bis carnem; saepe assaturam, singulis septimanis semel vel iterum placentas. Quatuor aulicis musicis cum suo paedagogo dantur in prandio et in coena, panis albus, ordinarie 4. aut 5. fercula, saepe 6 maioribus festis et dominicis ex gallinis, pullis, anseribus, et similibus melioribus cibis. In reliquis habentur ut alumni, quoad disciplinam. Multis per annum diebus, qui fere ad 30 ascendunt, dantur ipsis 4. 5. vel 6 fercula, cerevisiae autem haustus dominicis tantum diebus, et magnis festis in prandio; pro magno media mensura, pro parvo quarta pars. In defectum panis, qui ex aula datur, et pro tot alumnis ac familia 95 personarum, non sufficit, emitur frumentum, et pinsitur panis in collegio, ex quo etiam singulis mensibus panis illis datur eleemosynae loco; et per aestatem acetaria, et similia multa"; Zitat nach PUTZ, Domus Gregoriana, 335; vgl. auch STUBENVOLL, Geschichte des Königl. Erziehungs-Institutes, 36-38.
[1468] Vgl. StAM, Albertinum A 49/3.

seph die Preiserhöhung um einen Pfennig pro Laib Brot, allerdings schränkte er diese Erhöhung solange ein, wie die Holzteuerung anhalte.[1469]
Das Bier, das an bestimmten Tagen des Jahres den Seminaristen zum Trunk gereicht wurde, bezog die Domus Gregoriana bis 1773 aus dem Wilhelminischen Brauhaus der Jesuiten.[1470] Nach der Aufhebung der Gesellschaft Jesu betrieb die Fundationsgüterdeputation das Brauhaus weiter, bis es 1781 mit der Errichtung des Malteserordens dem geistlichen Ritterorden zugesprochen wurde, womit auch eine Preiserhöhung des Bieres verbunden war. Am 25. Januar 1783 schrieb Inspektor D. Frigdian Greinwald an die „Hohe Ritter Ordens Repraesentation", dass das Kurfürstliche Seminar „von undenklichen Zeiten her" das Bier aus dem Brauhaus „sowohl bey noch existirender Societät, als nach dero Erlöschung, bey der Churfrstl. Hochlöbl. Fundations-Güter Deputation, wie im Winter, so auch im Sommer, den Eimer um 3 f. erhalten"[1471] habe. Sobald das Seminar 60 Eimer bezogen und bar bezahlt hätte, habe die Domus Gregoriana stets 2 Eimer gratis dazu erhalten. „Auch ist bey jedesmaliger Bierabholung dem gregorianischen Hausknechte 1 M[aß] Bier gnädig vergonnet worden." Seit das Brauhaus dem Malteserritterorden zugesprochen worden sei, würden diese Vergünstigungen nicht mehr gewährt werden. Hinzu kam, dass das Haus jetzt für den Eimer Sommerbier 3 fl. 45 kr. zahlen müsse. „Auch die 2 Emmer die ehehin nach 60 abgeholt – und bezahlten Emmern gratis darein gegangen, demselben vorenthalten, und dem Hausknechtl nur dann und wann ein Trunk Bier vergonnt worden [...]". So bat Greinwald wieder um die Gewährung der Vergünstigungen mit der Bemerkung: „In zuversichtlicher Anhoffnung einer hoch gnädigen Bittserhör wird sich das supplicirende Haus aufs kräftigste beflissen, sich noch in Zukunft, wie bishero, in der des hohen Ritterordens St. Michaelis Hauptkirche durch die treflichste Musik, und durch einen ganz besonderen Studienfleiße, dieser und noch

---

[1469] Vgl. BayHStA, GL Fasz. 2699/489; StAM, Albertinum A 74.
[1470] Bereits der Fundationsbrief von 1654 regelte den Ausschank von Bier an die Seminaristen zu den Mahlzeiten im Refektorium. Danach sollte Bier an Sonn- und Feiertagen gereicht werden mit der Maßgabe, dass die älteren Seminaristen eine Halbe und die jüngeren eine Quart Bier ausgeschenkt bekommen sollten; vgl. PUTZ, Domus Gregoriana, 335; STUBENVOLL, Geschichte des Königl. Erziehungs-Institutes, 36-38. – Die Abgabe von Bier an Kinder und Jugendliche, das allerdings weniger Alkohol besaß, war in früheren Zeiten nichts ungewöhnliches. Erst die Aufklärungspädagogik bevorzugte Wasser als angemessenes Getränk für junge Leute. Noch im Schuljahr 1870/1871 ist der Ausschank von Bier an Zöglinge des Königlichen Erziehungsinstituts für Studierende zu belegen. Damals wurde die Gabe von Freibier abgeschafft und Bier nur noch gegen Bezahlung ausgeschenkt; vgl. StAM, Albertinum A 69; A 73; vgl. auch PUTZ, Domus Gregoriana, 156; STUBENVOLL, Geschichte des Königl. Erziehungs-Institutes, 245.
[1471] Ein Eimer Bier entsprach 64 l Bier; vgl. StAM, Albertinum A 10.

weitere hohen Hulds und Gnaden würdig zu machen."[1472] Im Schuljahr 1780/1781 betrug der Bierverbrauch im Seminar immerhin 295 Eimer, was 18880 Liter entsprach.[1473]
Anhand der Handschrift „Verzeichniß An welchen Tagen den Seminaristen was mehrers an Speis und Trunk mag gereicht werden"[1474], das von Inspektor Frigdian Greinwald 1786 erstellt worden war, lässt sich recht gut ein Bild vom Speiseplan der Seminaristen ablesen.[1475]
Grundsätzlich war der Speiseplan nach dem liturgischen Kalender ausgerichtet. Die einfachen Tage waren in zwei Abteilungen eingestuft. Die erste Zeit begann am Schuljahresanfang und ging bis Ostern, die zweite von Ostern bis zu den Sommerferien. Weitere Unterscheidungen sahen die geprägten Zeiten Advent und die Fastenzeit vor. An einem gewöhnlichen Sonntag gab es zu Mittag Brotsuppe, ein Voressen, Fleisch und Gemüse. Beim Anrichten der Speisen in der Küche sollte die Haushälterin überwachen, dass die Portionen gleich groß ausfielen. So sollten für fünf Studenten zwei Pfund Fleisch herausgegeben werden.[1476] An den Wochentagen von Montag bis Freitag war wieder Brotsuppe, am Samstag eine Linsensuppe mit Brotschnitzeln vorgesehen. Montag bis Donnerstag kam eine Fleischspeise mit Kraut auf den Tisch.[1477] Am Dienstag gab es zusätzlich ein Voressen. Am Freitag als Fasttag wurde die Brotsuppe aus Erbsen zubereitet. Als Hauptgang diente eine „kleine Mehlspeis mit Kraut". Samstags sollte es eine „grosse Mehlspeis" geben, wobei Inspektor Greinwald hinzufügte, dass jeder drei Stück erhalten sollte. Dazu gab es etwas Gesottenes.

[1472] StAM, Albertinum A 10.
[1473] Vgl. BayHStA, GL Fasz. 2831/1443.
[1474] StAM, Albertinum B 50. – Vgl. zum Essen und Trinken im Münchener Seminar auch PUTZ, Domus Gregoriana, 153-156; STUBENVOLL, Geschichte des Königl. Erziehungs-Institutes, 240-249. – Josef von Hazzi urteilte in seiner Jugenderinnerung über das Essen im Kurfürstlichen Seminar: „Die Kost war sehr schlecht, Suppe, Kraut und Fleisch, Wasser und Brot. Dienstag, Donnerstag, Sonntag gab es zu Mittag noch eine Zuspeise (Voressen) und abends Braten, eigentlich gebackenes Kalbfleisch"; GREIPL, HEYDENREUTER, Jugenderinnerung, 172.
[1475] Gegenüber den Seminaristen, die frei unterhalten wurden, hatten die Konviktoren für die Kost 1 fl. und 30 kr. pro Woche zu zahlen, was im Schuljahr 65 fl. ausmachte. Der Trunk wurde extra berechnet. Wer täglich eine Maß Bier wünschte, hatte die Woche 24 kr. und 2 d. oder für das ganze Schuljahr 20 fl. zu leisten. Die halbe Maß Bier kostete dementsprechend die Hälfte, nämlich die Woche 12 kr. und 1 d. oder im Schuljahr 10 fl.; vgl. StAM, Albertinum B 50.
[1476] Vgl. die entsprechende Anweisung in der Dienstbotenverordnung Nr. 11 in: StAM, Albertinum B 9.
[1477] Aufgrund des häufigen Reichens von Kraut zu den Mahlzeiten wurde die Domus Gregoriana im Volksmund auch „Krauthaus" und die Seminaristen „Krauthäusler" genannt; vgl. MAYER, Domkirche, 233f.; STUBENVOLL, Geschichte des Königl. Erziehungs-Institutes, 244.

Zum Abendessen nannte das Verzeichnis für die gewöhnlichen Sonntage „Gerstensupp, Braten, Salat". Von Montag bis Samstag waren diverse Suppen wie Gries-, Reis- oder eine Wassersuppe vorgesehen. Dann wurden eingemachtes Fleisch mit Gemüse, Braten mit Salat und Nudeln mit Gemüse genannt. Freitags sollte es „Preu und Zwetschgen" und samstags Käse geben.[1478]

Diese Speiseordnung änderte sich ein wenig in der Advents- und Fastenzeit, die auch an den Mittwochen fleischlose Kost vorsah.[1479] So sollte es in der Adventszeit mittags „Brodsupp von Erbsen, Reis oder Gries, kleine Mehlspeiß, Kraut" geben. Zum Abendessen wurde Wassersuppe, Eier- oder Salzbrezeln oder Kastanien aufgetischt. Mittwochs in der Fastenzeit gab es zum Mittagessen Brotsuppe von Erbsen, Gries oder Reis, Rohrnudeln oder Knödel. Abends werden Salz- oder Eierbrezeln, Suppe, Äpfel oder Kastanien aufgelistet.

In der Zeit nach Ostern bis zur Vakanz gab es nur zwei Veränderungen, die das Abendessen betrafen. So sollte es mittwochs „Prensuppe, Knödl, Gemüß" und freitags „Prensuppe, harte Eyer auf dem Salat (jeder 1 paar)" geben.

Das Frühstück findet hier keine Erwähnung, gewöhnlich wurde aber eine Morgensuppe gereicht. An besonderen Tagen gab es statt dieser eine Milchsuppe oder eine Eiersuppe.[1480]

Abweichend von dieser Jahresordnung fanden noch „besondere Traktamente und Abendjausen" statt, die meistens an kirchlichen Feiertagen gereicht wurden. An erster Stelle wird der Namenstag des Inspektors genannt, der sich ein besonderes Essen für den Herrentisch bestellen konnte. Die Seminaristen sollten zum Mittagessen als Vorspeise eine Suppe mit Würstchen und weißes Hausbrot erhalten.[1481] Zum Hauptgang gab es Fleisch mit Gemüse, Braten und Salat. Als Nachspeise wurden „Herzeln oder Pastetteln" gereicht. Zudem erhielt jeder eine halbe Maß Bier. Abends standen zusätzlich zur gewöhnlichen Kost „Knödel-

---

[1478] Bezüglich des Käses, der im Seminar verzehrt wurde, liegt eine Rechnung des Tiroler Käsehändlers Kaspar Hochprintner vom 24. Oktober 1777 vor. Dieser hatte 805 ½ Pfund „Jochberger Käs" für 100 fl. 41 kr. ins Kurfürstliche Seminar nach München geliefert; StAM, Albertinum A 49/3.

[1479] Vgl. auch STUBENVOLL, Geschichte des Königl. Erziehungs-Institutes, 230.

[1480] Die Milchsuppe gab es z. B. am Donnerstag vor Fasching und eine Eiersuppe wurde z. B. an Fronleichnam gegeben; vgl. StAM, Albertinum B 50. – Joseph von Hazzi, der von 1779 bis 1786 als Seminarist im Kurfürstlichen Seminar lebte, berichtete in seiner Jugenderinnerung, dass es morgens um 7.45 Uhr im Refektorium eine Wassersuppe gab; vgl. GREIPL, HEYDENREUTER, Jugenderinnerung, 171f.

[1481] Das Verzeichnis Greinwalds von 1786 gab noch die Anmerkung bezüglich der Gabe von Weißbrot: „So oft in diesem Verzeichniße weißes Hausbrod vorkömmt; ist solches nur von dem ersten Brodaufsatze zu verstehen. Wird von den Studenten über dieß währender Mahlzeit gleichwol noch Brod verlangt, so wird ihnen nur ein Gemeines gereicht"; StAM, Albertinum B 50.

pätzeln oder geriebene Gerste" auf dem Speiseplan. Als Trunk gab es eine Quartel Bier.[1482]

Eine willkommene Abwechselung im Jahresverlauf der Zöglinge war auch der so genannte „Königsschmaus", der im Garten des Seminars in der Falkenau eingenommen wurde.[1483] Das Essen auf dem Herrentisch konnte der Inspektor nach Belieben wählen. Bei den Studenten wurde unterschieden zwischen „Vortischern" und „Nachtischern". Die Seminaristen, die am Vortisch aßen, erhielten neben dem gewöhnlichen Essen zusätzlich ein Quartel Bier. Die Nachesser bekamen „Weißes Hausbrod. Suppe mit Würsteln. Voressen. Fleisch mit Gemüß. Bratten mit Salat. Herzeln oder Pastetteln. Jedem eine halbe Maaß Bier."[1484]

Ansonsten gab es im Jahresablauf den so genannten „Praemienschmaus", bei dem nur die Prämienträger eine besondere Kost und Trunk erhielten.[1485] Ein kulinarischer Höhepunkt wurde auch am „Kirchweyh-Schmause" geboten.[1486] Neben einer Suppe mit Würstchen und weißem Hausbrot gab es als weitere Vorspeise Fleisch mit Gemüse und zum Hauptgang für jeden Seminaristen „ein

---

[1482] Am Namenstag des Präfekten gab es die nämliche Vorschrift wie am Namenstag des Herrn Inspektors. Es bestand allerdings die folgende Abweichung: „Wird dieses Traktament im Garten gegeben, so wird daselbst den Studenten zur Morgensuppe eine Milchsuppe angerichtet"; StAM, Albertinum B 50.

[1483] Zur Morgensuppe wurde an diesem Tag eine Milchsuppe gereicht; vgl. StAM, Albertinum B 50. – Über den Königsschmaus schrieb Josef von Hazzi: „Nie vergoß ich das Jahr durch Tränen, die doch in Rohr so häufig floßen, als im Königsschmaus. In jeder Klasse wurden diejenigen, die am öftersten unter den ersten 20 in der Schule gesetzt wurden, die ersten Besten genannt, und am Ende des Jahres bei der Preisverteilung neben den Preisempfängern öffentlich als solche verlesen. Ein Monat vorher geschah dieses schon für die Seminaristen und diesen 20igsten in jeder Klasse im Seminargarten vor der Stadt und wurde ein großes Mahl gegeben, Königsschmaus genannt"; GREIPL, HEYDENREUTER, Jugenderinnerung, 172f.; vgl. zum Königsschmaus auch STUBENVOLL, Geschichte des Königl. Erziehungs-Institutes, 234, 246.

[1484] StAM, Albertinum B 50. – Zum Abendessen erhielten die Studenten „Knödelpatzeln, oder geriebene Gerste. Übriges Ordinari: außer auf den Salat jedem eine halbe geselchte Wurst. Dann jedem 1. Quartl Bier"; ebda.

[1485] Inspektor Greinwald fügte die Anmerkung bei: „Unter den Prämiferis werden auch Jene verstanden, welche 5 mal seynd nachgelesen worden." Die Preisträger erhielten zum Mittagessen weißes Hausbrot, eine Suppe mit Würstchen, als Vorspeise Fleisch mit Gemüse und als Hauptspeise einen Braten mit Salat. Dazu erhielt jeder Preisträger noch eine halbe Maß Bier. Alle anderen Seminaristen bekamen zum gewöhnlichen Essen ein Quartel Bier ausgeschenkt; StAM, Albertinum B 50; vgl. auch STUBENVOLL, Geschichte des Königl. Erziehungs-Institutes, 246. – An dem Tag, an dem die Prüfungen geschrieben wurden – nach Stubenvoll am 10. August –, erhielten die Seminaristen zur Stärkung statt der gewöhnlichen Wassersuppe eine Eiersuppe; vgl. StAM, Albertinum B 50; STUBENVOLL, Geschichte des Königl. Erziehungs-Institutes, 232f.

[1486] Üblicherweise wurde dieses Essen auch im Seminargarten gegeben. Das Kirchweihfest wurde am Sonntag nach Maria Schnee (5. August) gefeiert. Am Morgen erhielten die Studenten auch statt der Wasser- eine Milchsuppe; vgl. StAM, Albertinum B 50; STUBENVOLL, Geschichte des Königl. Erziehungs-Institutes, 232.

Viertl von gebrattener Aendten mit Salat". Zum Nachtisch sollte es „Herzeln oder Pastetteln" geben. Dazu gab es eine halbe Maß Bier. Außerdem wurde jedem Studenten eine „Kirchweyh-Nudel" geschenkt.[1487] Abends sollte neben der gewöhnlichen Kost Salat „mit einer Bratt- oder geselchten Wurst" und eine Quartel Bier gereicht werden.

Das Verzeichnis von Inspektor Greinwald erwähnte noch die besonderen „Abendjausen für die Officialen und Instructoren".[1488] Hierzu sollte es „kälberner Schlögl, geselchter Schunke[1489] mit Salat, jedem 1 paar Brattwürst" geben, wozu noch jedem Schüler eine Maß Bier ausgeschenkt wurde. Außerdem erhielten sie dann „dreyen mit einander 1 Maaß Wein" und weißes Hausbrot.[1490] Bei der Abendjause für die Ministranten gab es das nämliche Essen, mit der Ausnahme, dass jeder Seminarist nur eine halbe Maß Bier erhielt. Der Ministrantenpräfekt bekam dagegen eine halbe Maß Wein und weißes Hausbrot.[1491]

Weitere Erwähnung fand das Essen für die so genannten „Purganten". Sie erhielten an einem Fleischtage zum Mittagessen „Semmeln. Geschnittene Nudelsuppe. Lunge Voressen. Eingemachtes Kälbernes oder Lämmernes, mit Spinat. 1. Quartl Bier."[1492] Fiel das Essen auf einen Fasttag, so gab es zu Mittag „Sem-

---

[1487] Bezüglich der „Kirchweyh-Nudel" gab es die besondere Anmerkung: „Auf dem Herrentische für jede Personn Eine. Jedem Studenten, Dienstboth und Gärtner ein paar." Am Samstag vor dem Fest der Kirchweihe wurde in der Domus Gregoriana die Tradition gepflegt, Kirchweih-Nudeln zu verteilen. Und zwar „jedem besoldeten Herrn Instruktor (deren heur Ao. 1786 sieben sind) ein paar. Dem Herrn Doktor ein paar. Dem Hopfenknecht ein paar. Dem Lanthüter ein paar. Dem Altenmetzger ein paar. Dem JungMetzger ein paar. Und wem sonst vom Herrn Inspektor, oder vom Herrn Praefekten damit eine Verehrung gemacht wird: als dem P. Michael Holzinger, Herrn Inspektors Vorfahrern, ein paar. Dem Herrn Vater des Herrn Praefekten, ein paar. Dem Herrn Landschaftpfleger, ein paar. [durchgestrichen]. Dem Herrn Weinwirth Streicher, ein paar. Dem Pedell Zechetmajr, ein paar. Dem Rechnungsjustifikanten Zoller, ein paar. Ins Pollinger Pfleghaus, ein paar. Dem Gaertner, welcher auch auf ostern was geweyhtes erhält"; StAM, Albertinum B 50.
[1488] Nach „Obligenheiten der Officialen des Churfürstlichen Seminarii S. Greg. M. in München" zählte Inspektor D. Frigdian Greinwald zu den Offizialen des Seminars: ein Subpräfekt, zwei Monitoren, zwei Manuduktoren, mehrere Tischpräfekte, ein Tischdienerpräfekt, ein Ministrantenpräfekt, ein Fenster- und Lichtkurator und ein „Curator Rei pectinariae"; vgl. StAM, Albertinum B 6.
[1489] Nach den Brüdern Grimm war mit „Schunke" Schinken gemeint; vgl. GRIMM, Art. Schunke, in: DIES., Deutsches Wörterbuch, Bd. 15, 2003f.
[1490] StAM, Albertinum B 50.
[1491] Beide Abendjausen wurden im Seminargarten in der Falkenau veranstaltet; vgl. StAM, Albertinum B 50.
[1492] StAM, Albertinum B 50. – Das Abendessen bestand aus „Semmeln. Geriebene Gerste. 1. Paar lindgesottene Eyer. Brättl. 1. Quartl Bier"; ebda.

meln. Weiße Biersuppe. Eyerspeis. Pfrillen in der Brühe. Strauben[1493] mit Zwetschken. 1. Quartl Bier."[1494]

Eine weitere Besonderheit war das Essen für die Seminaristen, die zur Ader gelassen wurden.[1495] Den „Aderläßern" wurde am ersten Tag zu Mittag gereicht: „Semmeln. Suppe mit Semmelschnitteln. 1 paar lindgesottene Eyer. Lunge Voressen. Eingemachtes Kälbernes oder Lämmernes mit Spinat. Herzeln. Eine halbe Maaß Bier."[1496] Erwähnung findet auch der Namenstag des Kurfürsten Karl Theodor. An diesem Tag gab es für jeden Seminaristen zum Mittagessen eine halbe Maß Bier.[1497]

Ein herausragender Tag im Leben der Seminaristen war auch der Neujahrstag.[1498] An diesem Tag erhielten sie neben einer besonderen Speise und einem Trunk zudem die so genannte „Neujahrs-Verehrung", wobei es sich um ein Geldgeschenk handelte, das ebenso an das Hauspersonal und einige andere Personen als ein Neujahrstrinkgeld austeilet wurde.[1499]

[1493] Bei „Strauben" handelte es sich um eine Gebäckart; vgl. GRIMM, Art. Strauben, in: DIES., Deutsches Wörterbuch, Bd. 19, 941.

[1494] StAM, Albertinum B 50. – Zum Abendessen wurde gereicht: „Semmeln. Traspsuppe. 1. paar lindgesottene Eyer. Schmarn mit Zwetschken. 1. Quartl Bier"; ebda.

[1495] Josef von Hazzi äußerte sich sehr kritisch über die im 18. Jahrhundert übliche Praxis des Aderlasses am Beispiel des Augustiner-Chorherrenstifts Rohr. Die Aderlässe wären unter anderem Schuld daran, dass die Klosterbewohner nicht alt werden würden. Zum Aderlass nahmen die Rohrer Chorherren Medizin ein und gönnten sich anschließend einen sogenannten Hauptschmaus; vgl. HAZZI, Statistische Aufschlüsse, Bd. 4/2, 292; vgl. auch die Angaben Hazzis in seiner Jugenderinnerung, in: GREIPL, HEYDENREUTER, Jugenderinnerung, 164f.

[1496] StAM, Albertinum B 50. – Zum Abendessen erhielten sie wieder Semmeln, Geriebene Gerste, ein paar weich gekochte Eier, „kälberne Karbinadl", dazu eine halbe Maß Bier. Am zweiten Tag bekamen die Seminaristen, die zur Ader gelassen wurden, zum Mittagessen: „Semmeln. Geschnittene Nudlsuppe. Lindes Voressen. Ochsenfleisch mit Gartengemüß. Brättl. Eine halbe Maaß Bier." Das Abendessen bestand aus Semmeln und einer Suppe. Dann gab es eingemachtes Fleisch, einen gefüllten Braten und eine halbe Maß Bier dazu; ebda.

[1497] Die Anweisung „Jedem Exspektanten 1. Quartl Bier" wurde später durchgestrichen; vgl. StAM, Albertinum B 50.

[1498] Am Neujahrstag wurden erstmals die Exspektanten genannt. Sie sollten an diesem Tag ein Quartel Bier bekommen. Dagegen erhielten alle anderen Seminaristen eine halbe Maß Bier. Das Mittagessen bestand aus einer Suppe mit Würstchen, wozu weißes Hausbrot gereicht wurde. Als Vorspeise gab es Fleisch mit Gemüse und zum Hauptgang Braten mit Salat. Fiel Neujahr auf einen Fasttag, so gab es stattdessen: „Weißes Hausbrod. Linssuppe. Gebackenes mit Zwetschken. Jedem 1 halber Häring, mit Kraut und Stockfisch. Bier, wie vorsteht"; StAM, Albertinum B 50. – Der Oktavtag von Weihnachten trug liturgisch den Titel „In circumcisione Domini" (Beschneidung des Herrn). Seit der Kalenderreform von 1969 wird am Neujahrstag das Hochfest der heiligen Gottesmutter Maria gefeiert; vgl. Der Römische Kalender, 135; 170; HEINZ, Art. Neujahr. III. Liturgisch, in: LThK^3, Bd. 7, 762f.

[1499] Im Anhang des 1786 gefertigten Verzeichnisses von Inspektor Greinwald fand sich unter dem Stichwort „Neues Jahr" eine Liste mit Geldgeschenken, und zwar: „den PP. Paulanern für das Ausrauchen im Gartenhause: 36 kr., dem Oberknecht im churf. Brauhause: Neues Jahr: 1 fl. 12 kr. [der Betrag von 2 fl. 24 kr. ist durchgestrichen], den Bäckerknechten: Neues Jahr: 45 kr., dem Laboranten

An Neujahr übersandte die Domus Gregoriana auch dem kurfürstlichen Hof die so genannten „Xenia" oder „Preces". „Dieselben bestanden in einem Verzeichnisse der Gebete und guten Werke, welche die Zöglinge das Jahr über verrichteten und gleichsam als eine Gegenleistung darbrachten für die vielen und großen Wohltaten, die sie vom Hofe genossen."[1500] Nach Stubenvoll begannen „diese Xenia schon mit dem Jahre 1600 und dauerten bis zur Aufhebung der Gesellschaft Jesu"[1501]. Im Archiv des Studienseminars Albertinum ließen sich dagegen für die Zeit von 1778-1784 noch weitere Xenia finden.[1502] Als Beispiel sei das Jahr 1784 angeführt: „In Xenium Pro Anno Salutis MDCCLXXXIV Offerunt: Sacra audienda: 1000, Confessiones Sacramentales: 550, SS. Communiones: 550, Coronas Marianas: 1000, Officia Majore B.V.M.: 400, Officia varia: 1000, Lytanias varias: 1710, Jejunia: 820, Actus virtutum: 2900."[1503] Seit Kurfürst Maximilian I. wurden diese Xenia mit der so genannten „Neujahrschankung" in Höhe von 200 fl. belohnt.[1504]

An weiteren Festen, an denen eine besondere Kost und ein Trunk gereicht wurden, führte das Verzeichnis auf[1505]: Dreikönig (6. Januar)[1506], St. Sebastian (20.

---

in der Apotheke: 30 kr., dem Kaminfeger: Neues Jahr: 30 kr., dem Feurwachter bey U. L. Frau: 30 kr., dem Feurwachter bey St. Peter: 24 kr., den Nachtwächtern: 24 kr., den Laternanzündern: 15 kr., dem Almosen-Überbringer: 30 kr., dem Hofstallpfleger: 24 kr. [der Betrag „2 fl." ist durchgestrichen], dem Hofkasten-Gegenschreiber: 2 fl., den 4. Hofkasten-Knechten: 2 fl., In die Pfister[ei]: 1 fl."; StAM, Albertinum B 50. – Das Geldgeschenk am Neujahrstag war bereits im Fundationsbrief von 1654 belegt; vgl. PUTZ, Domus Gregoriana, 335; STUBENVOLL, Geschichte des Königl. Erziehungs-Institutes, 35f. – Im Jahre 1784 wurden immerhin 265 fl. 22 kr. „Auf Ehrungen und Neue Jahres-Schankungen" ausgegeben; StAM, RA Fasz. 942/14745. – Die Ausgaben der „Neujahrs-Verehrungen" waren beträchtlich. Sie betrugen z. B. von 1781 bis 1792: 1781: 261 fl. 45 kr., 1782: 348 fl. 6 kr., 1783: 350 fl. 5 kr., 1784: 328 fl. 6 kr., 1785: 335 fl. 11 kr., 1786: 337 fl. 27 kr., 1787: 369 fl. 23 kr., 1788: 339 fl. 33 kr., 1789: 370 fl. 51 kr., 1790: 372 fl. 13 kr., 1791: 339 fl. 24 kr. und 1792: 353 fl. 38 kr.; vgl. BayHStA, GL Fasz. 2698/478; 2831/1443; vgl. zu den Neujahrstrinkgeldern auch STUBENVOLL, Geschichte des Königl. Erziehungs-Institutes, 225f.

[1500] STUBENVOLL, Geschichte des Königl. Erziehungs-Institutes, 224.
[1501] STUBENVOLL, Geschichte des Königl. Erziehungs-Institutes, 224.
[1502] Im Einzelnen liegen so genannte Xenia für die Jahre 1778, 1779, 1783 und 1784 vor; vgl. StAM, Albertinum A 7.
[1503] StAM, Albertinum A 7.
[1504] Die Neujahrsschankung fand bereits im Fundationsbrief von 1654 Erwähnung; vgl. PUTZ, Domus Gregoriana, 332; STUBENVOLL, Geschichte des Königl. Erziehungs-Institutes, 22, 225.
[1505] Voran stellte Inspektor Greinwald die Bemerkung, dass die Subpräfekten an den folgenden Festtagen, an denen den gewöhnlichen Seminaristen kein Trunk gereicht wurde, zu Mittag und zu Abend jeder 1 ½ Quartel Bier erhalten sollte. Die Monitoren bekamen dagegen an besagten Festtagen zu beiden Mahlzeiten ein Quartel Bier eingeschenkt. Der Leuchterpräfekt erhielt nur zum Mittagessen ein Quartel Bier. Der Tischleser schließlich durfte zu jeder Mahlzeit, wo er den Dienst der Tischlesung versah, ein Quartel Bier trinken; vgl. StAM, Albertinum B 50.
[1506] An diesem Tag sollte jeder Seminarist eine halbe Maß Bier erhalten; vgl. StAM, Albertinum B 50. – Der Dreikönigstag am 6. Januar wird liturgisch als Hochfest gefeiert und als Erscheinung des Herrn

Januar)[1507], Mariä Lichtmess (2. Februar)[1508], Faschingstage[1509], St. Gregorius (12. März)[1510], St. Josef (19. März)[1511], Mariä Verkündigung (25. März)[1512], Lae-

---

oder Epiphanie bezeichnet; vgl. ADAM, Das Kirchenjahr mitfeiern, 122-125; Der Römische Kalender, 86; HEIM, Art. Epiphanie, in: DERS., Kleines Lexikon der Kirchengeschichte, 131; HUTTER, SÖDING, NIKOLASCH, Art. Epiphanie, in: LThK³, Bd. 3, 719-722; KAUT, BRÜCKNER, Art. Drei Könige, in: LThK³, Bd. 3, 364-366; MANN, SCHMIDT-LAUBER, Art. Epiphaniefest, in: TRE, Bd. 9, 762-770; SCHULTEN, Art. Drei Könige, in: TRE, Bd. 9, 166-169.

[1507] Am Gedenktag des hl. Sebastian (20. Januar) wurde zusätzlich eine Vorspeise gereicht. An einem Fasttag sollten die Seminaristen statt der Vorspeise eine Milchspeise erhalten. Eine Besonderheit war das Ausschenken des „St. Sebastiani Weins". Die Subpräfekten und jeder Monitor sollten ein Quartel „St. Sebastiani Wein", alle anderen Studenten ein halbes Quartel ausgeschenkt bekommen. An diesem Tag erhielt auch das Dienstpersonal („Hausbütlen") ein halbes Quartel Wein. Zum Abendessen bekam jeder Seminarist ein Quartel Bier gereicht; vgl. StAM, Albertinum B 50; STUBENVOLL, Geschichte des Königl. Erziehungs-Institutes, 245. – Zum hl. Sebastian vgl. ASSION, Art. Sebastian, in: LCI, Bd. 8, 318-324; SEELIGER, Art. Sebastian, in: LThK³, Bd. 9, 360f.

[1508] „Auf die Nacht: jedem 1. Quartl Bier"; StAM, Albertinum B 50. – Das Fest Darstellung des Herrn am 2. Februar wird heute noch volkstümlich als „Mariä Lichtmess" bezeichnet; vgl. ADAM, Das Kirchenjahr mitfeiern, 126-128; HEIM, Art. Lichtmeß, in: DERS., Kleines Lexikon der Kirchengeschichte, 289; MAAS-EWERD, Art. Darstellung des Herrn, in: LThK³, Bd. 3, 27f.

[1509] Ein herausragendes Ereignis war für die Seminaristen auch die Faschingszeit. Der Faschingssonntag zeichnete sich dadurch aus, dass es morgens bereits eine Suppe mit Würstchen gab. Zum Abendbrot wurde jedem eine halbe Maß Bier gegeben. Am Rosenmontag und am Faschingsdienstag erhielten die zehn Ministranten zum Frühstück „an einem besonderen Tische Suppe mit Würsteln". Eine spätere Hand merkte hierzu an: „Nicht mehr gewöhnlich." Abends war jedem Seminaristen eine halbe Maß Bier zugeteilt; StAM, Albertinum B 50; STUBENVOLL, Geschichte des Königl. Erziehungs-Institutes, 227; vgl. auch HARTINGER, Art. Fastnacht, in: LThK³, Bd. 3, 1195; HEIM, Art. Fastnacht, in: DERS., Kleines Lexikon der Kirchengeschichte, 147.

[1510] Das Verzeichnis gab für diesen besonderen Tag an: „Zu Mittag: an einem Fleischtage: Weißes Hausbrod. Suppe ohne Würsteln. Voressen Fleisch mit Gemüß. Bratten mit Salat. Pastetteln oder Herzeln. Jedem eine halbe Maaß Bier. An einem Fasttage: Weißes Hausbrod. Linssuppe. Milch- oder Eyerspeis. Schnecken mit Kraut. Fisch. Jedem eine halbe Maaß Bier." Ein Nachtrag vermerkte: „Herzl, oder anstatt den Herzeln gebackene Mehlspeis." Abends sollte jeder ein Quartel Bier als Tischtrunk erhalten. An einem Fasttag sollte es zum Abendessen geben: „jedem 1 paar Eyer. Gebackenes mit Zwetschken. Jedem 1. Quartl Bier"; StAM, Albertinum B 50; vgl. auch STUBENVOLL, Geschichte des Königl. Erziehungs-Institutes, 230f. – Der Gedenktag des Seminarpatrons Gregor des Großen wurde ursprünglich an seinem Sterbetag, am 12. März, gefeiert. Bei der Kalenderreform des Zweiten Vatikanischen Konzils wurde der Gedenktag auf den 3. September verlegt; vgl. Der Römische Kalender, 178; GESSEL, Art. Gregor I., in: LThK³, Bd. 4, 1010-1013.

[1511] Am Josefsfest sollte jeder Seminarist zum Abendessen ein Quartel Bier erhalten; vgl. StAM, Albertinum B 50. – Die Verehrung des hl. Josef wurde besonders von den Jesuiten gefördert. Der hl. Josef ist u. a. Patron der Erzieher, der Kinder und der Waisen; vgl. ADAM, Das Kirchenjahr mitfeiern, 189-191; ERNST, NOPPER, NITZ, FRANK, Art. Josef, Mann Marias, in: LThK³, Bd. 5, 999-1003; KASTNER, Art. Joseph von Nazareth, in: LCI, Bd. 7, 210-221; MÜHLEISEN, Hans PÖRNBACHER, Karl PÖRNBACHER (Hg.), Der heilige Josef. Theologie – Kunst – Volksfrömmigkeit; PLUMACHER, Art. Joseph, in: TRE, Bd. 17, 245f.

[1512] Als besondere Zutat erhielten die Seminaristen abends eine halbe Maß Bier; vgl. StAM, Albertinum B 50. – Das Hochfest „Mariä Verkündigung", das am 25. März begangen wird, wurde bei der Reform des Römischen Kalenders in „Verkündigung des Herrn" umbenannt; vgl. ADAM, Das Kirchenjahr mitfeiern, 129f.; Der Römische Kalender, 178; GÖSSMANN, KÜGLER, BAUMGARTNER, MAAS-EWERD, GREISELMAYER, FRANK, Art. Verkündigung des Herrn, in: LThK³, Bd. 10, 684-690.

tare-Sonntag[1513], Palmsonntag[1514], Gründonnerstag[1515], Ostersonntag[1516], Christi Himmelfahrt[1517], Pfingstsonntag[1518], Dreifaltigkeitssonntag[1519], Herz-Jesu-Frei-

---

[1513] Hierbei handelt es sich um den vierten Sonntag in der Fastenzeit. Der Name kommt vom lateinischen Anfangswort des Eröffnungsverses. Der Laetare-Sonntag steht in der Mitte der Vorbereitungszeit auf Ostern und stellt einen ersten Höhepunkt dar, parallel wie der Gaudete-Sonntag in der Adventszeit. An diesem Tag steht das Fasten nicht so sehr im Vordergrund, sondern die Freude, die sich auch in der liturgischen Farbe rosa ausdrückt. Als Tischtrunk war für jeden Seminaristen zum Abendbrot ein Quartel Bier vorgesehen; vgl. StAM, Albertinum B 50. – Zum Laetare-Sonntag vgl. ADAM, Das Kirchenjahr mitfeiern, 91f.; HEINZ, Art. Laetare, in: LThK^3, Bd. 6, 586.

[1514] Am Palmsonntag gab es zum Mittagessen: „Suppe. Stockfisch in Milch. Gebackene Mehlspeis mit Zwetschken. Auf die Nacht: Suppe. Jedem 1. paar Eyer. Schmarn. Jedem 1. Quartl Bier." Inspektor D. Anton Acher fügte hinzu: „Weil mir gesaget ist worden, daß schon mehrere Jahre her in der Charwoche an jedem Tage am abende den Seminaristen 1 Quartl Bier sey gegeben worden, habe ich es auch gethan"; StAM, Albertinum B 50; vgl. auch STUBENVOLL, Geschichte des Königl. Erziehungs-Institutes, 231. – Zum Palmsonntag allgemein vgl. ADAM, Das Kirchenjahr mitfeiern, 95-99; HEIM, Art. Palmsonntag, in: DERS., Kleines Lexikon der Kirchengeschichte, 336. – Zur Karwoche allgemein vgl. KLÖCKENER, KUNZLER, HARTINGER, Art. Karwoche, in: LThK^3, Bd. 5, 1276-1281.

[1515] Das Mittagessen bestand an diesem Tag aus einer Milchspeise, einer gebackenen Mehlspeise und der Hauptgang aus Backfisch mit Kraut. Dazu wurde weißes Hausbrot und jedem eine halbe Maß Bier gereicht. Die Exspektanten sollten lediglich ein Quartel Bier bekommen. „Auf die Nacht: Suppe. Trisonel(?) [vielleicht ist „Tresenei" gemeint: ein grobes, würziges Pulver als Leckerei und Medikament; vgl. GRIMM, Deutsches Wörterbuch, Bd. 22, 166-169]. jedem ein kleines Schüssel mit Eyerbretzen, Ziwöben [= Ziweben bzw. Zibeben: Rosinen; vgl. GRIMM, Deutsches Wörterbuch, Bd. 31, 875], und Feigen. Jedem 1. Quartl Bier"; StAM, Albertinum B 50. – Zu diesem Tag vgl. auch HEIM, Art. Gründonnerstag, in: DERS., Kleines Lexikon der Kirchengeschichte, 180.

[1516] Am höchsten Fest der Christenheit war als Mittagessen vorgesehen: „Weißes Hausbrod. Suppe mit Würsteln. Voressen Fleisch mit Gemüß. Jedem ein Schüßelein mit 1 paar Oster Eyer, mit einem Stück von Eyerfladen, vom Osterlamm, von Kreen, vom Geselchten und Bratten. Jedem Seminaristen eine halbe Maaß Bier. Jedem Exspektanten 1. Quartl Bier." Zum Abendessen wurde jedem Seminaristen ein Quartel Bier eingeschenkt. Eine spätere Hand merkte an: „Ostermontag: Mittag: weißes Hausbrod, das übrige wie sonst"; StAM, Albertinum B 50. – Zu diesem Fest vgl. auch HEIM, Art. Ostern, in: DERS., Kleines Lexikon der Kirchengeschichte, 333; SCHWANKL, KLÖCKENER, HARTINGER, Art. Ostern, Osterfeier, Ostertriduum, in: LThK^3, Bd. 7, 1176-1182; VISONÀ, SCHROETER, MASER, Art. Ostern, Osterfest, Osterpredigt, in: TRE, Bd. 25, 517-537.

[1517] Das Hochfest Christi Himmelfahrt zeichnete sich im Speiseplan der Seminaristen dadurch aus, dass sie zum Mittagessen eine halbe Maß Bier und die Exspektanten ein Quartel Bier bekamen. Die Seminaristen erhielten noch zusätzlich Buttermilch. Zum Abendbrot wurde jedem ein Quartel Bier gegeben; vgl. StAM, Albertinum B 50. – Zu Christi Himmelfahrt vgl. auch NÜTZEL, KEHL, FRANZ, STORK, Art. Himmelfahrt Christi, in: LThK^3, Bd. 5, 122-125; SCHMIDT-LAUBER, Art. Himmelfahrtsfest, in: TRE, Bd. 15, 341-344; WEISER, PÖHLMANN, Art. Himmelfahrt Christi, in: TRE, Bd. 15, 330-341.

[1518] Am Pfingstsonntag sollte es im Refektorium „zu Mittag: weißes Hausbrod. Suppe ohne Würsteln. Voressen Fleisch mit Gemüß. Bratten mit Salat" geben. Dazu erhielt jeder Seminarist eine halbe Maß Bier und jeder Exspektant ein Quartel Bier. Abends wurde an alle ein Quartel Bier verteilt; vgl. StAM, Albertinum B 50. – Zum Pfingstfest vgl. auch HEIM, Art. Pfingsten, in: DERS., Kleines Lexikon der Kirchengeschichte, 348; STEMBERGER, WEISER, ADAM, HARTINGER, Art. Pfingsten, in: LThK^3, Bd. 8, 187-190.

[1519] Zum Abendessen sollte jeder Seminarist ein Quartel Bier erhalten; vgl. StAM, Albertinum B 50. – Das Hochfest wird am ersten Sonntag nach Pfingsten gefeiert; vgl. Der Römische Kalender, 107; HEINZ, Art. Goldene Sonntage, in: LThK^3, Bd. 4, 823.

tag[1520], Fronleichnam[1521], St. Johannes Baptist (24. Juni)[1522], St. Peter und Paul (29. Juni)[1523], „St. Michael-Kirchweyhe"[1524], „Seminary Jahrtage"[1525], Mariä Himmelfahrt (15. August)[1526], Mariä Geburt (8. September)[1527], St. Cosmas und

---

[1520] Am Herz-Jesu-Freitag sah der Speiseplan vor: „Zu Mittag: weißes Hausbrod. Suppe. Milch- oder Eyerspeis. Gebackene Mehlspeis mit Zwetschken. Fische. Jedem Seminaristen eine halbe Maaß Bier. Jedem Exspektanten 1. Quartl"; StAM, Albertinum B 50. – Das Hochfest Herz Jesu, das am Freitag nach dem zweiten Sonntag nach Pfingsten begangen wird, wurde erst unter Papst Pius IX. (1846-1878) im Jahr 1856 offiziell in den liturgischen Kalender der römisch-katholischen Kirche aufgenommen. Das so genannte „Seminarikindl", eine Jesuskinddarstellung, das auf der Brust ein Herzen zeigte, erfreute sich großer Verehrung; vgl. GEBHARD, Das Münchener Seminarikindl. – Vgl. auch allgemein ADAM, Das Kirchenjahr mitfeiern, 144-146; HARMENNIG, Art. Herz Jesu, Herz-Jesu-Verehrung. IV. Ikonographie, in: LThK³, Bd. 5, 54f.; LIMBURG, Art. Herz Jesu, Herz-Jesu-Verehrung. I. Geschichte, in: LThK³, Bd. 5, 51-53; WALZER, Art. Herz Jesu, in: LCI, Bd. 2, 250-254.

[1521] Am Fronleichnamstag wurde die feierliche Prozession durch die Stadt geführt, an der auch die Seminaristen der Domus Gregoriana geschlossen teilnahmen. Morgens war eine Eiersuppe vorgesehen und „zu Mittag: In der Suppe Würsteln. Buttermilch. Jedem Seminaristen eine halbe Maaß Bier. Jedem Exspektanten 1. Quartl Bier"; StAM, Albertinum B 50; STUBENVOLL, Geschichte des Königl. Erziehungs-Institutes, 232. – Zu Fronleichnam vgl. auch ADAM, Das Kirchenjahr mitfeiern, 140-144; HEIM, Art. Fronleichnam, in: DERS., Kleines Lexikon der Kirchengeschichte, 158; HEINZ, FRANK, Art. Fronleichnam, in: LThK³, Bd. 4, 172-174.

[1522] An diesem Festtag gab es mittags eine Suppe und weißes Hausbrot. Das Voressen bestand aus Fleisch mit Gemüse und zum Hauptgang gab es Braten mit Salat. Dazu erhielt jeder Seminarist eine halbe Maß Bier und jeder Exspektant ein Quartel Bier; vgl. StAM, Albertinum B 50; STUBENVOLL, Geschichte des Königl. Erziehungs-Institutes, 232. – Johannes der Täufer war auch vorübergehend Patron der Kirchenmusik; vgl. ADAM, Das Kirchenjahr mitfeiern, 191-193; ERNST, DÜCKERS, HOLLERWEGER, KREMS, FRANK, Art. Johannes der Täufer, in: LThK³, Bd. 5, 871-877; WEIS, Art. Johannes der Täufers, in: LCI, Bd. 7, 164-190.

[1523] An Peter und Paul wurde jedem Seminaristen zum Abendbrot ein Quartel Bier eingeschenkt; vgl. StAM, Albertinum B 50. – Zu diesem Fest vgl. ADAM, Das Kirchenjahr mitfeiern, 193-195.

[1524] Nach der Münchnerischen Andachtsordnung von 1773 feierten die Jesuiten am 25. Juli, dem Fest des Apostels Jakobus, „in der heil. Kreutzkapelle die Kirchweyhe". Den Seminaristen sollte an diesem Tag zu Mittag eine halbe Maß Bier und den Exspektanten ein Quartel Bier gereicht werden. Abends sollte jeder ein Quartel Bier erhalten; vgl. StAM, Albertinum B 50; Münchnerische Andachts-Ordnung für das Jahr 1773.

[1525] Mit dem „Seminar-Jahrtag" könnte einerseits das Fest Maria Schnee gemeint sein, da am 5. August 1646 die Seminarkapelle eingeweiht und das Fest vor dem 15. August eingereiht wurde. Nach der „Münchnerischen Andachts-Ordnung für das Jahr 1773" wurde in der Seminarkirche an diesem Tag um 6 Uhr das Amt gefeiert und um 17.30 Uhr die Litanei gesungen. Andererseits sah die Stiftungsurkunde von 1654 vor, einmal jährlich einen feierlichen Jahrtag für die lebenden und verstorbenen Wohltäter zu begehen. Die Andachtsordnung von 1773 nannte einen solchen Jahresgedächtnistag am Mittwoch, den 25. August: „Seminarium, um 8. Uhr des Seelenamts für alle Gutthäter des Hauses"; Münchnerische Andachts-Ordnung für das Jahr 1773. – Am Mittagstisch bekam jeder Zögling eine halbe Maß Bier und jeder Exspektant ein Quartel Bier gereicht; vgl. StAM, Albertinum B 50; STUBENVOLL, Geschichte des Königl. Erziehungs-Institutes, 234f. – Das Kirchweihfest der Seminarkirche wurde dagegen am Sonntag nach Maria Schnee gefeiert; vgl. PUTZ, Domus Gregoriana, 63.

[1526] An Mariä Himmelfahrt bekam jeder Zögling ein Quartel Bier zum Abendbrot; vgl. StAM, Albertinum B 50. – Zu diesem Tag vgl. ADAM, Das Kirchenjahr mitfeiern, 175-177; COURTH, NITZ, FRANK, Art. Aufnahme Marias in den Himmel, in: LThK³, Bd. 1, 1216-1221.

[1527] „Auf die Nacht: jedem eine halbe Maaß Bier"; StAM, Albertinum B 50. – Zu Mariä Geburt vgl. ADAM, Das Kirchenjahr mitfeiern, 177f.

Damian (27. September)[1528], St. Michael (29. September)[1529], Allerheiligen (1. November)[1530], Allerseelen (2. November)[1531], St. Martin (11. November)[1532], St. Cäcilia (22. November)[1533], St. Nikolaus (6. Dezember)[1534], Mariä Empfängnis

---

[1528] Der Gedenktag der Heiligen Kosmas und Damian wurde bei der Kalenderreform auf den 26. September vorverlegt. Die beiden Heiligen gelten u. a. als Patrone des Jesuitenordens. Zum Abendessen wurde jedem Seminaristen eine halbe Maß Bier eingeschenkt; vgl. StAM, Albertinum B 50; STUBENVOLL, Geschichte des Königl. Erziehungs-Institutes, 246; vgl. auch ARTELT, Art. Kosmas und Damian, in: LCI, Bd. 7, 344-352; Der Römische Kalender, 159, 205; SEELIGER, Art. Kosmas u. Damianos, in: LThK^3, Bd. 6, 395f.

[1529] Am St. Michaelstag erhielten die Seminaristen zu Mittag eine Suppe mit Würstchen und weißes Hausbrot. Zum Voressen gab es Fleisch mit Gemüse und zum Hauptessen Braten mit Salat. Als Trunk erhielt jeder Zögling eine halbe Maß Bier, die ihm auch zum Abendbrot gewährt wurde. Fiel das Fest auf einen Fasttag, so gab es als Mittagessen: „weißes Hausbrod. Ganze Erbsen Suppe. Eyerspeis. Gebackene Mehlspeis mit Zwetschken"; StAM, Albertinum B 50. – Mit der Reform des Römischen Kalenders 1969 wurde der Gedenktag des Erzengels Michael mit den beiden anderen Erzengeln Gabriel und Raphael verbunden; vgl. ADAM, Das Kirchenjahr mitfeiern, 204f.; BRÜCKNER, Art. Michael. III. Verehrung, in: LThK^3, Bd. 7, 229f.; Der Römische Kalender, 160, 205; HOLL, Art. Michael, Erzengel, in: LCI, Bd. 3, 255-265; KUNZLER, Art. Michael. II. Liturgisch, in: LThK^3, Bd. 7, 228f.; STORK, Art. Michael. IV. Ikonographie, in: LThK^3, Bd. 7, 230.

[1530] An Allerheiligen sollte jeder Seminarist zum Abendessen eine halbe Maß Bier genießen dürfen. Ausdrücklich sollte auch denen, die eine mindere Kost erhielten, also den Exspektanten, eine halbe Maß Bier gegeben werden; vgl. StAM, Albertinum B 50. – Zu diesem Tag vgl. ADAM, Das Kirchenjahr mitfeiern, 188f.; FISCHER, Art. Allerheiligen, in: LThK^3, Bd. 1, 405f.

[1531] Zum Allerseelentag war auf dem Mittagstisch ein Voressen angeordnet. Fiel der Tag auf einen Freitag oder Samstag, so sollte es eine Milchspeise als Vorspeise geben. Zum Tischtrunk gab es ein Quartel Bier. Als eine Besonderheit erhielt jeder Seminarist einen so genannten „Seelenwecken", der anstatt des Brotes gegeben wurde; vgl. StAM, Albertinum B 50; STUBENVOLL, Geschichte des Königl. Erziehungs-Institutes, 222, 246. – Vgl. auch ADAM, Das Kirchenjahr mitfeiern, 195-198; FISCHER, Art. Allerseelen. I. Liturgiegeschichte, in: LThK^3, Bd. 1, 407f.; HARTINGER, Art. Allerseelen. II. Frömmigkeit u. Brauchtum, in: LThK^3, Bd. 1, 408; HEIM, Art. Allerseelen, in: DERS., Kleines Lexikon der Kirchengeschichte, 19; KRAUSS, Art. Gebildbrote, in: LThK^3, Bd. 4, 325f.

[1532] Am Martinstag erhielten die Seminaristen zum Mittagstisch eine halbe Maß Bier und die Exspektanten ein Quartel Bier als Trunk eingeschenkt. Eine Besonderheit gab es zum Abendessen: „jedem ein Viertl von gebrattener Gans, anstatt des Bratten, und 1. Quartl Bier". Fiel dieser Festtag auf einen Freitag oder Samstag, so sollte das genannte Essen am folgenden Sonntag gegeben werden; vgl. StAM, Albertinum B 50; STUBENVOLL, Geschichte des Königl. Erziehungs-Institutes, 222, 246. – Zum Hl. Martin und dem Martinstag vgl. Der Römische Kalender, 164; FONTAINE, Art. Martin von Tours, in: LThK^3, Bd. 6, 1427f.; HEIM, Art. Martin von Tours, in: DERS. (Hg.), Theologen, Ketzer, Heilige, 264f.; KIMPEL, Art. Martin von Tours, in: LCI, Bd. 7, 572-579; LECHNER, Art. Martinstag, in: LThK^3, Bd. 6, 1428f.; PIETRI, Art. Martin von Tours, in: TRE, Bd. 22, 194-196.

[1533] Die Hl. Cäcilia ist seit dem späten Mittelalter Patronin der Kirchenmusik, der Musiker und der Instrumentenbauer. An ihrem Gedenktag sollte zum Mittagessen an einem Fleischtage ein Voressen und Braten mit Salat geben. An einem Fasttag wurden eine Milchspeise und Gebackenes aufgetischt. Der Tischtrunk wurde vom Präfekten gegeben; vgl. StAM, Albertinum B 50; STUBENVOLL, Geschichte des Königl. Erziehungs-Institutes, 222. – Vgl. auch STRITZKY, Art. Caecilia, in: LThK^3, Bd. 2, 873f.; STÜBINGER, Art. Caecilia, in: HEIM (Hg.), Theologen, Ketzer, Heilige, 80; WERNER, Art. Caecilia von Rom, in: LCI, Bd. 5, 457-463.

[1534] Der Hl. Nikolaus von Myra ist u. a. Patron der Kinder und Schüler. Der Tag galt früher in der katholischen Bevölkerung als Bescherungstag. Bereits der Fundationsbrief von 1654 erwähnte ihn als besonderer Tag der Bescherung. So wurde den Seminaristen zusätzlich zum Mittagessen die so ge-

(8. Dezember)[1535], „Ritter-Feste den 10ten December"[1536], Heiligabend (24. Dezember)[1537], Weihnachtstag (25. Dezember)[1538] und St. Johannes Evangelist

---

nannten „Nikolausäpfel" ausgeteilt. Zum Abendbrot sollte jeder Zögling ein Quartel Bier erhalten; vgl. StAM, Albertinum B 50; PUTZ, Domus Gregoriana, 335; STUBENVOLL, Geschichte des Königl. Erziehungs-Institutes, 35f., 222f. – Zu diesem Heiligen vgl. auch BRÜCKNER, Art. Nikolaus von Myra, in: TRE, Bd. 24, 566-568; MEZGER, Art. Nikolaus v. Myra, Nikolaustag, in: LThK³, Bd. 7, 859f.; PETZOLDT, Art. Nikolaus von Myra, in: LCI, Bd. 8, 45-58; VODERHOLZER, Art. Nikolaus von Myra, in: HEIM (Hg.), Theologen, Ketzer, Heilige, 291f.

[1535] An diesem Tag bekamen alle ein Quartel Bier zum Abendtisch; vgl. StAM, Albertinum B 50. – Das Fest der Empfängnis Mariens wird seit 1854 als Fest der Unbefleckten Empfängnis bezeichnet; vgl. Der Römische Kalender, 167; ADAM, Das Kirchenjahr mitfeiern, 172-174.

[1536] Vermutlich handelte es sich hier um ein Ordensfest der Malteserritter. Für diesen Tag war angeordnet: „Zu Mittag: an einem Monntage: Voressen. An einem Fasttage: Milchspeis und Gebackenes. Auf die Nacht: jedem eine halbe Maaß Bier"; StAM, Albertinum B 50.

[1537] In der „Hl. Christ-Nacht" gab es vor der Christmette eine Eiersuppe; vgl. StAM, Albertinum B 50; STUBENVOLL, Geschichte des Königl. Erziehungs-Institutes, 223f. – Als kulinarische Besonderheit wurden die so genannten „Metten-Würste" erwähnt. „Solche mit etwas Schweinfleisch werden Tags vor dem Heiligen Christtage, durch die Dienstbothen und Hausknechte ausgeschickt, als: zum Hrn. Hof-Oberrichter, zum Hrn. Landschafts Kassier v. Reichel, zum Hrn. Landschaftl. Zahlamtsschreiber, zum Hrn. Triftholzschreiber, zum Hrn. Hofstallpfleger [ergänzt wurde: Hofkastenpfleger], zum Hrn. Hofkammer Sekretär v. Suttner, zum Hrn. Malteser Verwalter, das Malteser Bräuhaus, zum Lanthüter, in Garten, zum Hrn. Doktor, und zu wem es sonst vom Hrn. Inspektor angeschafft wird, als z. B. zum Pedell Zehetmajr (H. Zehetmayr hat auf ostern einem Pueg[?], zum Rechnungsjustifikanten Zoller, zum Obersakristan bey St. Michael, ins Pollinger Haus." Ein eingelegtes Blatt mit einer anderen Handschrift, vermutlich aus der Zeit um 1800, listete 31 Personen auf, die wohl „Metten-Würste" erhielten: „1. Herrn Lory, 2. H. Schlött, 3. H. Polz, 4. H. Hirschvogl, 5. H. Tresselli, 6. H. Zoller, 7. H. Koller, 8. Zapfenknecht, 9. Altmezger, 10. Jungmezger, 11. H. Pedell Zehetmayr, 12. H. Landthüter, 13. Titl H. Rechnungs Justificanten Saidl, 14. H. Augustin Ober Sakristan bey St. Michael, 15. Titl H. Dr. Bachauer, 16. H. Bräu Mr.[= Bräumeister] in chrftl. Bräuhaus, 17. H. Philipp Landschafts Bothe, 18. Bäckin, 19. Titl. Frau Gräfin v. Piosasque, 20. Titl H. Bürger Praeses u. Officiator H. Schmidt, 21. Titl H. P. Wölfinger, 22. Frau Salzstösslerin, 23. Frau Ehrnhoferin, 24. H. Dürnberger, 25.Titl H. Kriegs Rath von Sartory, 26. Titl H. Advocat Corbinian Scharl, 27. Priegl Bräu, 28. Brandweiner, 29. Hofkammer Secretaire Suttner, 30. Hofrath Pfleger, 31. H. Priester Scherer". Ein weiteres lose eingelegtes Blatt aus der Handschrift Greinwalds listete die unterschiedliche Abgabe von Fleisch, „Schwaiß", „Brattwürste" und „Lewerwürste" an bestimmte Personen auf, die mit dem Seminar in Verbindung standen. Da die Abgabe von Schweiß, womit Tierblut gemeint war, genannt wurde, könnte es sich um eine Gabe handeln, die beim Schlachten gereicht wurde. Genannt wurden folgende Personen: „Landschafts Kassier, Landschaft Pfleger, Landsch. Zahlamtsschreiber, Landschaftl. Both, v. Suttner Hofkam. Sekret., Hofkastengegenschreiber, Hofstallpfleger, Triftholzschreiber, Trifthüter, Landhüter, Bräumeister, Rechnungs Justificant, Pedel Zehetmayr, Doktor Amerlander, Bachauer, Zapfenknecht, Gartner, Stritzl, wenn Er im Paukenschlagen unterrichtet, Heberlein, d. Praeses der Bürger, H. Präfektus-Mutter". Insgesamt wurden 48 Pfund Fleisch, 20 „Schwaiß" (eine Maßeinheit fehlt), 98 Paar Bratwürste und 21 Leberwürste ausgegeben; StAM, Albertinum B 50. – Beim Hofkammersekretär von Suttner könnte es sich um den späteren Staatsrat Georg Karl von Sutner (Suttner) (1763-1837) handeln, der 1779 das Münchener Gymnasium absolviert hatte. – Zu seiner Person vgl. KRAUS, Schule im Umbruch, 359, Anm. 30; LEITSCHUH, Matrikeln III, 162; STOERMER, Verzeichnis der Mitglieder, 143.

[1538] Am Weihnachtstag sollte es in der Frühe eine Morgensuppe mit Würstchen geben. „Zu Mittag: weißes Hausbrod. Nudlsuppe mit Brattwürsten oder Lewer-Würste. Fleisch mit Gemüß. Bratten mit Salat. Jedem Seminaristen eine halbe Maaß Bier. Jedem Exspektanten 1. Quartl Bier"; StAM, Albertinum B 50. – Zu diesem Festtag vgl. HEIM, Art. Weihnachten, in: DERS., Kleines Lexikon der Kirchen-

(27. Dezember)[1539]. Fiel ein Festtag auf einen Samstag, „so soll die samstägliche Collation auf die Nacht am Freytage zuvor – der am Freitage aber gewöhnliche Brei mit Zwetschken, oder Eyer mit Salat, am Samstage gegeben werden"[1540]. Für die Vakanzzeit wurde bezüglich des Speiseplans bestimmt: „Vom 8ten September bis 26ten Oktober wird den Studenten an Speisen die Ordinari gegeben; Nur soll (weil die Zahl der Studenten gering ist) an Fleischtagen auf die Nacht der Bratten, an Fasttagen zu Mittag die Mehlspeis, von etwas besserer Gattung seyn. An Sonn-, Dienst- und Donnerstagen jedem zu Mittag und auf die Nacht 1. Quartl Bier."[1541]

Im Jahre 1776 beantragte der Seminarist Johann Nepomuk Kapp aufgrund seiner Verdienste in der Musik bei der Fundationsgüterdeputation einen täglichen Trunk zu erhalten, da er erfahren hatte, dass andere einen solchen bekommen hätten, obwohl sie seiner Meinung nach nicht so eifrig Dienste leisten würden.[1542] Er hätte „biß dato noch immer mit dem trockenen Disch ohne Trunk müßen vorlieb nehmen"[1543]. Inspektor Johann Evangelist Hueber, der zur Stellungnahme gebeten wurde, war der Ansicht, dass es ein altes Recht sei, wenn die Seminaristen, die als Subpräfekten, Monitoren usw. Dienste übernehmen würden, einen täglichen Tischtrunk erhielten. Ansonsten gab es keinen Extratrunk an einzelne Seminaristen. „Es hielt sich auch über dieses niemand auf; denn es galt einem, wie dem andern, es war alles gleich." Da aber gemäß gnädigstem

---

geschichte, 453f.; ROLL, HARTINGER, LIPP, LOOS, MASSENKEIL, Art. Weihnachten, in: LThK³, Bd. 10, 1017-1023; ROLL, STUHLMANN, Art. Weihnachten, Weihnachtsfest, Weihnachtspredigt, in: TRE, Bd. 35, 453-471.

[1539] Für den Gedenktag des Evangelisten Johannes sollte es zum Mittagessen an einem Montag oder Mittwoch ein Voressen geben und an einem Fasttag eine Milchspeise. Als besonderen Tischtrunk gab es Wein: „Von dem St. Johanes Seegen Wein wird den Subpraefekten und jedem Monitor 1. Quartl, den Studenten und Hausleuthen jedem ein halbes Quartl gereicht." Zum Abendbrot gab es für jeden ein Quartel Bier; vgl. StAM, Albertinum B 50; STUBENVOLL, Geschichte des Königl. Erziehungs-Institutes, 245. – Zu diesem Tag vgl. ADAM, Das Kirchenjahr mitfeiern, 120; BEUTLER, VON ARX, KREMS, SCHÄFERDIEK, Art. Johannes, biblische Personen. 1) Johannes, Apostel u. Evangelist, in: LThK³, Bd. 5, 866-870.

[1540] StAM, Albertinum B 50.

[1541] StAM, Albertinum B 50.

[1542] Urban Hörmann erhielt als Subpräfekt täglich eine halbe Maß Bier und auch Josef Alois Gabelsberger hatte zum täglichen Tischtrunk eine halbe Maß Bier durch die Fundationsgüterdeputation angeordnet bekommen, da er nach den Worten seines Vaters Thomas von Aquin Gabelsberger, Physikus in Mindelheim, „von solch klaberner Natur ist, daß dessen gesundheits Umstände außer demselben gefahr laufeten"; BayHStA, GL Fasz. 2697/477; Gesuch Gabelsbergers vom Februar 1776. – Schließlich war am 18. November 1776 Josef Hörmann ein täglicher Trunk von zwei Quartel Bier verordnet worden; vgl. ebda.

[1543] BayHStA, GL Fasz. 2697/477.

Befehl einem Seminaristen ein täglicher Trunk angeschafft wurde, der dem Haus keinen Dienst leiste, sei es kein Wunder, dass sich andere auch um diese Gunst bewerben würden. „Es scheinet fürwahr hart zu seyn, wenn dem unbrauchbaren Schüler bey dem Tisch Bier aufgesetzt wird; der gute Dienste machende Instructor aber mit Wasser sollte Vorlieb nehmen."[1544] P. Hueber plädierte dafür, die vorher übliche gewesene Gewohnheit wieder herzustellen. Die Bitte des Supplikanten wurde von Seiten der Fundationsgüterdeputation laut Beschluss vom 3. Januar 1777 abgelehnt.[1545]

Nach der Seminarrechnung des Jahres 1781/1782 hatte das Haus für Lebensmittel folgende Ausgaben zu leisten: für Fleisch und Geflügel: 3624 fl. 23 kr. 3 d., für Getreide, Brot und Mehl: 1735 fl. 49 kr., für Schmalz, Butter, Milch, Eier und Essig: 1120 fl. 51 kr. 1 d., für Bier und Wein: 1647 fl. 27 kr., für Salz, Gewürze, Stockfisch und Öl: 448 fl. 5 kr. und für „Kräutelwerk" und Rüben: 88 fl. 14 kr.[1546]

Die Hausleitung, die zusammen mit den Seminaristen im Refektorium speiste, blieb wohl gerne noch etwas länger am Mittagstisch sitzen, was von der Schulkuratel bemängelt wurde. Propst Franz Töpsl erklärte dazu am 7. August 1788: „Der Inspector und Praefect, oder einer von beyden bleiben zwar etwas längers als die andern Seminaristen bey Tisch sizen; dieß aber will die Nothwendigkeit erheischen, weil zur nemlichen Zeit für die Seminaristen und den Inspector Tisch, an dem der Präfekt und einige Convictores essen, die Speisen nicht können angerichtet werden. Da nun bey dieser Beschafenheit die Speisen für den Inspector Tisch späters als für die Seminaristen aufgetragen werden, so glaubt der Inspector nicht gehalten zu seyn, die Speisen in aller Eile zum Schaden der Gesundheit hineinwerfen zu müssen, sondern ist der Meinung, daß es auch ihm erlaubt seyn werde, dieselben so, wie andere Menschen gemählich genüssen zu dörfen."[1547]

Über zwei Treppenhäuser, von denen sich das erste hinter dem „Bäckenhaus" und das zweite neben dem Speisesaal an der Herzogspitalstraße befand, gelang-

---

[1544] BayHStA, GL Fasz. 2697/477.
[1545] Die Fundationsgüterdeputation bestätigte hingegen den täglichen Trunk von einer halben Maß Bier für Josef Hörmann, der ihm bereits am 18. November 1776 zugesprochen worden war; vgl. BayHStA, GL Fasz. 2697/477.
[1546] Die Seminarrechnung 1782/1783 nannte zusätzlich bei einigen Posten Mengenangaben. So wurden 14794 Pfund „Altfleisch" für 246 fl. 34 kr. und 15489 Pfund „Jungfleisch" für 179 fl. 4 kr. 2 d. ins Seminar geliefert. Für 21 Zentner Schmalz wurden 105 fl. bezahlt; vgl. BayHStA, GL Fasz. 2696/476.
[1547] BayHStA, GL Fasz. 2697/477; Töpsl an Schulkuratel vom 7. August 1788.

ten die Seminaristen in das erste Geschoss, in dem sich die beiden Studiersäle und die Musikaliensammlung befanden.

7.2.4. Der kleine Studiersaal

Der kleine Studiersaal, der auch als „kleines Museum" bezeichnet wurde, lag über dem Speisesaal an der Herzogspitalstraße. An Inventargegenständen wurden genannt: ein großes Kruzifix und ein Altar mit einem Betschemel. An der Wand hingen die Bilder der Heiligen Norbert, Franz Xaver, Johannes von Nepomuk, Angelus, Gregor, Bernhard, Bruno, Dominikus sowie ein Marienbild mit dem Christuskind.[1548] Nach dem Inventarium vom 13. bis 15. Mai 1804 standen darin noch zwei Schreibtische mit vier Bänken. In diesem Raum waren außerdem vier hölzerne Abteilungen eingebaut, die jeweils mit einem Bett, einem Kleiderkasten, einem Tisch mit Pult, zwei Sesseln und einem Wandkasten ausgestattet waren.[1549]

7.2.5. Das „Armarium musicum"

Über einen schmalen Gang, in dem „1 Kasten mit doppelter Thüre, worin die Namen der Alumnorum stecken" angebracht war[1550], gelangten die Seminaristen vom kleinen Studiersaal zum „Instrumentenzimmer" oder „Armarium musicum", in dem die Musikalien und Instrumente des Kurfürstlichen Seminars aufbewahrt wurden. Nach dem Inventar von 1803 waren an Musikinstrumenten und weiteren Utensilien im Originalwortlaut vorhanden[1551]:

[1548] Vgl. BayHStA, GL Fasz. 2699/489; Inventar vom 24.-28. Januar 1803.
[1549] Vgl. BayHStA, GL Fasz. 2699/489; Inventar vom 13.-15. Mai 1804.
[1550] In diesem Gang waren noch ein kleines Kreuz und Bilder der Heiligen „Thomas Cantuarius, Stanislaus, Aloysius" und ein „Maria Bild mit dem Christus" aufgehängt. In einem kleinen Nebenzimmer stand „1 Speitrüchel". Schließlich wurden „in den kleinen Gewölb welches hier angebracht nächst diesen Gang" die Kerzen zum täglichen Gebrauch aufbewahrt; BayHStA, GL Fasz. 2699/489; Inventar vom 24.-28. Januar 1803.
[1551] BayHStA, GL Fasz. 2699/489; Inventar vom 24.-28. Januar 1803. – Zum Vergleich listete das Inventar vom 13. bis 15. Mai 1804 folgende Musikinstrumente auf: „22 Violin con 24 archi, 4 Viola, 2 Contra Bassi, 1 Violon Cello, 1 Violon Celleto, 3 Fagotti, 2 ditto in F, 2 Corni Bassetti, 1 Serpentl, 2 Triangoli, 2 Corni di Convenzione con gli archi, d'ogn(?), tuono c con sordini, 2 Corni, 6 Pari di Trombette con 3 sordini, 4 ditto Piccole, 2 ditto antique, 2 Pari di Corni in Calto(?), 2 Timpani, 1 Tamburo e Tamburino, 3 Glarinetti in B et A, 3 ditto in dis et D, 2 ditto in C, 2 Timpani all uso di scolari, 1 Clavincembalo, 2 Clavi Cordii, 4 Flauti, 3 Flautini, 6 Oboi." Es waren insgesamt nur noch

18 besonders gute Violin
51 mittelmeßige Violin
42 Alt Violen
17 viol d'amour
8 Violons oder Contra Pass wovon 1 auf den Seminari – 2 auf den St. Michaels und einer auf den Herzogspital Chor sich befinden
12 Viollon cello
2 Trompette Marina
4 Violini Piccoli
8 Bretter-Geigen
8 Fagotte wovon nur 2 brauchbar
2 detto sehr alte
1 doppelte Flaute
43 Pass- und ordinari Flauten
3 Schallmayen
6 kleine Flötten, wovon 5 von Elfenbeyn sind, eine davon aber gebrochen ist
2 Passet Horn
17 Clarinets, wovon nur 2 paar brauchbar sind
6 paar Oboen, wovon nur 1 paar brauchbar
24 alte detto
18 douces Oboen
22 Flaut autravere wovon 2 paar brauchbar
1 alte Pass detto
meistens unbrauchbar:
10 Thalien
3 Pompart
4 hölzerne Trompeten
1 Erdenes Horn
12 Zinken
3 Feld-Oboen
1 Serpent
1 Dudlsack, welcher zerrissen ist

---

45 Instrumente vorhanden, da ein beträchtlicher Teil bereits versteigert worden war; BayHStA, GL Fasz. 2699/489; Inventar vom 13.-15. Mai 1804.

1 Kuhehorn von Bein
blasende Instrumente von Messing:
3 paar einstimige brauchbar Horn
8 paar unbrauchbare Horn
14 Clarini wovon 10 brauchbar
2 Trompeten in Gestalt eines Bechers
4 C Horn
3 alte Posaunen
1 Zitter
1 paar Pauken
1 paar dazu gehörige eiserne Fuß
1 Pauken stimmer
1 paar Pauken Stühle mit Leder gefüttert
1 Hackbrett
1 Cimbal
2 gute und einige unbrauchbare
5 gar alte detto
1 Windpositiv
1 Orglpositiv in kleinen Museo
2 Leyeren, wovon eine unbrauchbar
3 hölzerne Gelächter
1 gelächter von Stahl
1 Orgltrücherl
3 Spineteln
11 Gallichon
3 Tineba
4 Harpfen
3 welche leyern
Instrumenten welche zur türkischen Musik gehören:
1 große Tromel mit den darzugehörigen Schlegl
3 kleine ordinari detto mit den Schlegln
2 Hand Tromeln
4 Piccoli Flauten
2 Triangeln
1 Roßschweif mit Glocken und Rollen

1 Glockenspiel
2 alte Schinelen(?) oder Deckln von Messing, sehr ruiniert
33 Schwebl-Pfeifen
Zur Bertholsgadner Musik:
Kinder Trompeten Chaldäscher
Fagott von Holz – 2 kleine detto von schwarzen bein
Horn-, Tromeln-Gugu(?), meistens in einer Schachtl beysam Nebst den dazu passenden Noten
2 Violin Bögen von Sendlholz
dann 30 neue, und
16 alte ordinari violin Bögen
14 Bass-Bögen
20 Bögen zu Trompeten
30 Trompeten Stiften
5 Trompeten Sordin(?)
16 Hornbögen, wovon 2 unbrauchbar sind
36 Hornsteften
2 alte Horn-Mundstücke
1 zerbrochener eiserner Harfen stimmer
4 eiserne Clavier stimmer
10 Pulter von Leder mit dazu gehörigen Schirmleichtern
3 Clarinet-Säcke
1 Oboe Sack von gelben Leder
1 Flaut au Travere Sack von gelben Leder
2 Paucken Überzug von gelben Leder
1 altes Gallichon Futteral
4 Geigen und
1 Violin Futteral
2 Rasterier-Linial(?)[1552]

An der Wand waren sechs Schränke angebracht, in denen „sich ein Vorrath von Musicalien jeder Art befindet, welche aber grösten Theils von der Malteserordens-Kirche beygeschaft, und von dem Seminario blos das Papier dazu gegeben worden ist". An der Seite standen außerdem noch in zwei Reihen zehn aneinan-

---

[1552] BayHStA, GL Fasz. 2699/489; Inventar vom 24.-28. Januar 1803.

der gestellte Kästen, „welche ebenfalls einen grossen Vorrath von alten Musikalien enthalten"[1553]. In diesen Kästen, in denen sich zum Teil auch alte Noten befanden, muss wohl Kaspar Ett, der von 1799-1807 Seminarist der Domus Gregoriana war und als Begründer des Cäcilianismus in München angesehen wird, fündig geworden sein, wenn Elmar Schloter berichtet: „Welche Stunde unvergleichlicher Entdeckerfreuden mag er durchlebt haben, als er in einem Kasten des Seminars, das sich aus der Zeit Lassos trotz 30jährigem Krieg herübergerettet hatte und dessen Zögling er war, unter aufgestapelten Musikalien herumstöberte und ihm reichste Schätze in die Hände fielen. Er stieß zunächst auf Okeghems Missa cujus vis toni, deren Entzifferung ihm gelang, dann auf ein achtstimmiges Magnificat von Orlando di Lasso. In dem Institutsvorstand und Chordirektor von St. Michael Hofkaplan Johann Baptist Schmid [...], den er als ersten ins Vertrauen zog, fand er alsbald einen verständnisvollen Mitarbeiter."[1554]

Da einige Musikinstrumente vermutlich aufgehängt waren oder in höher gelegenen Kästen lagen, fand noch eine Stellage mit drei Stufen Erwähnung, um sie herab nehmen zu können. Ebenso zu diesem Zweck waren zwei Stangen mit Haken vorhanden.[1555]

Der scheidende Inspektor P. Cölestin Engl bot vor seiner Abreise 1795 seinem Nachfolger P. Stefan Widmann zwei neue Blashörner, die aus allen Tönen spielten, für 52 fl. an. Widmann stellte erst am 9. April 1796 einen Antrag um Ankauf der Instrumente bei der Schulkuratel mit dem Hinweis, dass sie sehr benötigt würden.[1556]

Am 3. August 1802 beantragte Inspektor P. Virgil Neuner bei der Schuldeputation des Geistlichen Rates, zwei neue Waldhörner für 33 fl. anschaffen zu dürfen, da die alten kaum noch einen Ton von sich gäben. Neuner wollte die Waldhörner, „die aus allen Tönen stimmen", vom Instrumentenbauer Eschen-

---

[1553] BayHStA, GL Fasz. 2699/489; Inventar vom 24.-28. Januar 1803.
[1554] SCHLOTER, Die Kirchenmusik in St. Michael, in: WAGNER, KELLER (Hg.), St. Michael in München, 215-219, hier 216; vgl. auch BIERLING, Caspar Ett; STUBENVOLL, Geschichte des Königl. Erziehungs-Institutes, 207f. – Zu Johannes Ockeghem (ca. 1405-1497) vgl. FALLOWS, Art. Ockeghem, de Okeghem, Johannes, in: MGG² P, Bd. 12, 1280-1301; LÜTTEKEN, Art. Ockeghem, Johannes, in: LThK³, Bd. 7, 970.
[1555] Vgl. BayHStA, GL Fasz. 2699/489; Inventar vom 24.-28. Januar 1803.
[1556] Die Genehmigung ließ lange auf sich warten. Erst am 22. August 1796 wurde sie von der Schulkuratel gegeben; vgl. BayHStA, GL Fasz. 2698/484; StAM, Albertinum A 76.

bach aus Sachsen beziehen, „der sich eben in der Jakobi Dult hier befindet, und mir schon ein Paar wahrhaftig taugliche zur Probe übergeben hat"[1557].
Die Ausgaben für Musikalien und Instrumente waren beträchtlich. Nach den Jahresrechnungen von 1782 bis 1792 wurden unter Inspektor Greinwald beispielsweise jährlich aufgewandt[1558]:

1782: 391 fl. 38 kr.
1783: 383 fl. 8 kr.
1784: 399 fl. 4 kr.
1785: 336 fl. 11 kr.
1786: 339 fl. 47 kr.
1787: 380 fl. 50 kr.
1788: 449 fl. 54 kr.
1789: 478 fl. 56 kr.
1790: 468 fl. 35 kr. 2 d.
1791: 378 fl. 26 kr.
1792: 508 fl. 25 kr.

Im Durchschnitt beliefen sich die Kosten für Musikalien und Instrumente auf etwa 410 fl. pro Jahr, wogegen die durchschnittlichen Ausgaben für die Seminarbibliothek im gleichen Zeitraum etwa 59 fl. betrugen. Die Zahlen belegen den hohen Stellenwert, den die musikalische Ausbildung in der Domus Gregoriana einnahm.
Es ist dabei jedoch zu beachten, dass hierin auch die Ausgaben für Instruktoren und Lehrmeister enthalten waren. Nach der Jahresrechnung 1781/1782, beginnend am 1. November 1781 bis 31. Oktober 1782, erhielten vier Musikinstruktoren je 24 fl. und der Musikmeister 60 fl.; allein die Personalkosten ergaben demnach zusammen gerechnet schon die Summe von 132 fl.[1559]
Im Gang neben dem Armarium musicum zum großen Studiersaal hin standen 22 Kästen mit je 3 Fächern für die Studenten. Außerdem hingen an der Wand Ku-

---

[1557] Am 7. August 1802 erteilte die „Geistliche Rats Schulendeputation" ihre Genehmigung zum Ankauf der zwei Waldhörner; vgl. BayHStA, GL Fasz. 2698/484; StAM, Albertinum A 76.
[1558] Vgl. BayHStA, GL Fasz. 2698/478. – Ergänzend können noch die Ausgaben für 1781 genannt werden; sie betrugen 401 fl. 3 kr.; vgl. BayHStA, GL Fasz. 2831/1443.
[1559] Auf Musikalien und Instrumente wurden demnach 259 fl. 38 kr. ausgegeben; vgl. BayHStA, GL Fasz. 2696/476.

pferstiche der Städte Paris, Dresden, Wien, Lüttich(?), Köln, Bamberg, Rom, Ingolstadt und Trient, die „aber ganz zerrissen" waren und „1 hl. Magdalena".[1560]

7.2.6. Der große Studiersaal

Schließlich gelangte man in das große Museum, das zu beiden Seiten Fenster hatte.[1561] Dieser großzügige Raum war mit zehn großen Schreibtischen mit je sechs Schubläden und insgesamt zwanzig Bänken ausgestattet. Dazu wurden zwei kleinere Tische mit Schreibpulten aufgelistet. Inspektor Greinwald hatte 1788 auf das Ansuchen der Seminaristen, neue Kleiderkästen und Tischpulte „mit französischen Riegeln und Schlüßeln" fertigen lassen. Für den Gebrauch der neuen Pulte war zum Ende des Schuljahres eine Gebühr von 1 fl. 30 kr. zu bezahlen.[1562] An der Wand hing ein großes Kruzifix, worunter ein Altar und ein Betschemel standen. Außerdem war eine große Hängestockuhr mit Viertelstundenschlag vorhanden. Ferner wurden „1 großer Kasten zu Instrumenten mit einer doppelten Thür" und „2 niedere Kästen mit doppelten Thüren, wo Dinte, und ander Sachen aufbewahrt werden"[1563], genannt.
Inspektor D. Frigdian Greinwald gab in einer Liste von 1782 bis 1792 folgende Ausgaben des Hauses für Schreibmaterialien an[1564]:

1782: 85 fl. 14 kr.
1783: 62 fl. 1 kr.
1784: 133 fl. 4 kr.
1785: 78 fl. 34 kr.
1786: 56 fl. 2 kr.
1787: 65 fl. 36 kr.
1788: 64 fl. 11 kr.
1789: 50 fl. 18 kr.
1790: 65 fl. 44 kr.

[1560] Vgl. BayHStA, GL Fasz. 2699/489; Inventar vom 24.-28. Januar 1803.
[1561] Der große Studiersaal wurde von Stadtmauermeister Matthias Widmann in seiner Planzeichnung mit „Schulzimmer" bezeichnet; vgl. BayHStA, Plansammlung 8484. – Siehe Abbildung Nr. 5 im Anhang.
[1562] Die Anschaffung der Kästen und Pulte hatte die stolze Summe von 2000 fl. ergeben; vgl. BayHStA, GL Fasz. 2699/492; StAM, Albertinum A 50.
[1563] BayHStA, GL Fasz. 2699/489.
[1564] Vgl. BayHStA, GL Fasz. 2698/478. – Ergänzend können die Ausgaben für Schreibmaterialien für das Jahr 1781 in Höhe von 50 fl. 55 kr. genannt werden; vgl. BayHStA, GL Fasz. 2831/1443.

1791: 60 fl. 30 kr.
1792: 76 fl. 41 kr.

Im Vorzimmer des großen Museums standen sechs Kleiderkästen mit je drei Fächern und „1 Commun-Kasten zum Mäntel aufheben". Neben diesem Vorzimmer befanden sich sechs Toiletten für die Seminaristen. Auf dem Gang, der zum so bezeichneten „Steinernen Saal" führte, standen 14 weitere „Studenten Kästen, jeder mit 3 Fächern". An der Wand hingen die Kupferstiche der Städte Riga, Straßburg, Eger, Prag und Verona, die aber „sehr zerissen sind". Im Steinernen Saal, der sich über der Durchfahrt von der Neuhauser Straße in den Innenhof der Domus Gregoriana lag, waren noch einmal 58 Kästen mit je drei Fächern aufgestellt.[1565] Hier konnten bei größeren Anlässen Theaterstücke und Konzerte aufgeführt werden.

7.2.7. Die Wohnungen des Inspektors und des Präfekten

Im ersten Stockwerk lagen über der Küche die Wohnung des Inspektors mit sechs Zimmern und die Wohnung des Präfekten, dem lediglich zwei Zimmer zur Verfügung standen.
Im Vorzimmer des Inspektors hing ein Portrait der Wohltäterin Maria Barbara Büchlin, die 1739 ein Kapital in Höhe von 4000 Gulden gestiftet hatte.[1566] Außerdem hing hier auch ein Gemälde mit der Darstellung der Heiligen Familie.
Im mittleren Zimmer waren zwei Stockuhren aufgestellt, wovon eine mit einem Wecker versehen war, sowie vier kleinere Portraits, „welche den höchstseel. Churfürst Maximilian-Joseph und die Frau Churfürstin dann den Herzog Klement und die Frau Herzogin höchstseel. vorstellen". In diesem Raum wurden die Siegel des Hauses aufbewahrt, nämlich „1 mitteres und ein größeres Signet des Seminars welche die Anfangsbuchstaben von Domus Gregoriana in einen länglichen Feld neben zween Zweigen unter einer Krone vorstelt auf Messing gestochen". Daneben gab es noch ein altes Siegel, das den Hl. Gregor den Großen zeigte und die Umschrift trug: „Domus pauperum St. Gregorii Monachii"[1567]. Im dritten Zimmer war das Schlafzimmer des Seminarinspektors eingerichtet, in

---

[1565] Vgl. BayHStA, GL Fasz. 2699/489.
[1566] Vgl. STUBENVOLL, Geschichte des Königl. Erziehungs-Institutes, 63, 110.
[1567] Nach dem zweiten Inventar vom 13. bis 15. Mai 1804 lautete die Umschrift des Siegels: „Domus pauperum Sct. Gregorii magni"; vgl. BayHStA, GL Fasz. 2699/489.

dem eine Bettstatt aus Fichtenholz mit eisernen Stangen und weißen Vorhängen stand. Das Schlafzimmer war auch der Aufbewahrungsort für die Hauskasse. Der Geldkasten trug die Aufschrift „Aerarium Domus Sancti Gregorii". Das vierte Zimmer wurde auch „Altarzimmer" genannt, da dort ein Altar mit einer Muttergottes mit dem Christuskind hinter Glas aufgestellt war. In diesem Raum hingen außerdem zwei Portraits von Maximilian I. und seiner Gemahlin Maria Anna von Österreich und zwei Gemälde, die auf die Flucht der Hl. Familie nach Ägypten Bezug nahmen. Das fünfte Zimmer diente dem Inspektor als Waschraum. In ihm stand auf einem Kredenztisch ein zinnernes Waschbecken. Das Schreibzimmer war im sechsten Raum eingerichtet. An der Wand war ein Depotkasten der Studenten mit 60 Schubläden angebracht.

In der Wohnung des Inspektors befand sich außerdem die Registratur des Kurfürstlichen Seminars. Diese hatte D. Anton Acher nach einer Anweisung von 1793 geordnet und ein Verzeichnis aller Akten in doppelter Ausführung erstellt.[1568] Dem Präfekten standen lediglich zwei Zimmer als Dienstwohnung zur Verfügung. Im ersten Zimmer war ein Marienbild aufgestellt. Es scheint, dass der Präfekt für die Herstellung der Hostien zuständig war, da vier eiserne Oblatenstecher Erwähnung fanden.[1569]

7.2.8. Die Krankenkapelle und die Krankenzimmer

Im Fundationsbrief von 1654 hieß es bezüglich von Krankheitsfällen bei den Seminaristen: „Quando indiget medicinis, ex consilio medici, datur quidquid necesse est, habentque valetudinarium separatum: si longa sit infirmitas, cum in domo sine studiorum detrimento alii aegris vacare non possint, procuratur illis locus in hospitali serenissimi electoris."[1570] Dementsprechend standen der Domus Gregoriana im zweiten Obergeschoss über der Wohnung des Inspektors eine Krankenkapelle und zwei Krankenzimmer zur Verfügung.[1571] Das Altarblatt der Kapelle zeigte die „hl. Mutter Gottes der schönen Liebe"[1572]. Zur wie-

---

[1568] Die beiden Aktenverzeichnisse sind nicht überliefert; vgl. BayHStA, GL Fasz. 2698/488.
[1569] Vgl. BayHStA, GL Fasz. 2699/489.
[1570] Zitat nach PUTZ, Domus Gregoriana, 335; vgl. auch STUBENVOLL, Geschichte des Königl. Erziehungs-Institutes, 35f.
[1571] Vgl. auch STUBENVOLL, Geschichte des Königl. Erziehungs-Institutes, 249-252.
[1572] Nach einem Protokoll vom 24. Januar 1793 gehörte der Altar in der Krankenkapelle nicht dem Seminar, sondern war Eigentum der Kleinen Marianischen Kongregation; vgl. BayHStA, GL Fasz. 2698/478.

teren Ausstattung gehörten: „1 Crucifix von Elfenbein von mitterer Größe auf schwarz gebeitzten Holz, 1 Jesuskindl von Wachs, Die Windlkleid von grünen Sammt und mit guten Gold gestickt, auf einen Bett mit Spitzen in einen gut vergoldten glaßkasten auf dessen Rame der Werkzeig des Leiden Christi angebracht ist, 1 Jesus Kind von Wachs in einen unvergoldten Kasten worin auch ein Grottenwerk ist, 1 detto kleineres auf einem Bett in einem geflochtenen Korb, 1 großes stehendes Jesus Kind auf einen Postament, 1 ganz kleines detto, 1 hl. Katharina von Wachs in einem langlichten Kapsel, 2 Maybüsch, 4 versilberte Maykörbe, 6 Maykörb von alterer Art, 2 gegossene Altarleichter von Messing"[1573]. Genannt werden darüber hinaus drei Kanontafeln und ein Messbuch.[1574]

Vor der Hauskapelle lagen zwei Krankenzimmer. Zur Ausstattung des ersten Zimmers gehörten 1804 noch: „1 wollene Bodendecke, 6 Sesseln mit gelben Tuch überzogen, 1 viereckichter Tisch von Buchenholz, 5 Speitrücherln"[1575].

Zur Ausstattung des zweiten Krankenzimmers zählte 1803: „1 Crucifix von Holz, 1 kleines detto auf einem Postament, 1 Marienbild in einer alten vergolden Rame, 1 hl. Antonius, 2 Landschaften Seestücke, 7 Bettladen wo von 3 auch hölzerne Deckl haben, 1 Ofenschirn von grüner Leinwand, 1 Schlafrock, 1 Waschtischgestell"[1576]. In einem Nebenzimmer befanden sich unter anderem „1 großer Kleiderkasten mit 3 Fächer und einer Schublade und 2 Thürn, hierin werden die Theaterkleider des Seminariums s. a. aufbewahrt", „1 etwas niederer Kasten mit doppelter Thüre, worinn das Geschirr für das Krankenzimmer aufbewahrt wird", „der hl. Judas Thadäus in Gemälde", „1 kl. Crucifix" und „1 Bettladen mit Deckl und alten grünen Vorhang worinnen ein ganz aufgerichtes Bett für die Krankenwärterin ist". Schließlich wurden hier noch „29 lederne Feuerkuebl" aufbewahrt.[1577]

[1573] Im Raum neben der Krankenkapelle wurde die Seminarwäsche aufbewahrt; vgl. BayHStA, GL Fasz. 2699/489.

[1574] In einem eigenen Raum neben der Krankenkapelle standen noch vier große schwarze Truhen, die mit Eisen beschlagen waren, „zum Zwetschgen und Klezen Vorrath", „1 Stafley mit 3 Stufen" und „4 vorrätige blaue Hofmäntel" für die Hofkapellknaben; BayHStA, GL Fasz. 2699/489; Inventar vom 24.-28. Januar 1803.

[1575] BayHStA, GL Fasz. 2699/489; Inventar vom 13.-15. Mai 1804.

[1576] Im ersten Krankenzimmer befanden sich unter anderem neben einer hölzernen Bettlade „5 Speitrüchln"; BayHStA, GL Fasz. 2699/489; Inventar vom 24.-28. Januar 1803.

[1577] BayHStA, GL Fasz. 2699/489; Inventar vom 24.-28. Januar 1803.

Apotheker Josef Zeitler von der Wilhelminischen Apotheke stellte am 17. September 1774 der Domus Gregoriana eine Rechnung für gelieferte Medikamente in Höhe von 50 fl. aus.[1578]
Im Jahr 1784 betrugen die Ausgaben „auf Medicamenten für die Armen Studenten, dann Baader und Krankenwarterin" 60 fl. An Ärzten, die in der Domus Gregoriana von 1773 bis zum Schuljahr 1805/1806 tätig waren, fanden Dr. Johann Benno Amerlander[1579] (genannt 1773/1774), Dr. Franz Anton Pachauer[1580] (genannt 1799) und Dr. Johann Baptist Pachauer[1581] (genannt 1803 bis 1809) Erwähnung, die für ihre Dienste ein jährliches Honorar von 30 fl. erhielten.[1582]
Die Ausgaben für Medizin von 1782 bis 1792 waren folgende[1583]:

1782: 172 fl. 38 kr.
1783: 154 fl. 5 kr.
1784: 133 fl. 4 kr.
1785: 170 fl. 25 kr.
1786: 147 fl. 13 kr.
1787: 112 fl. 39 kr.
1788: 154 fl. 34 kr.
1789: 146 fl. 27 kr.
1790: 111 fl. 27 kr.
1791: 145 fl. 4 kr.
1792: 218 fl. 58 kr.

[1578] Josef Zeitler (1724-1789) war Exjesuit; vgl. Catalogus generalis, 496. – Der „Medicamenten-Schein pr. 50 f. 1774" in: StAM, Albertinum A 49/3.
[1579] Im Schuljahr 1773/1774 erhielt Hofmedikus Dr. Amerlander 20 fl. vom Kurfürstlichen Seminar „vor meine 40ig mahl gemachte gäng, währenden Kranckheiten, einiger Seminaristen, und zwar vor ieder gang 30 xr."; StAM, Albertinum A 49/3. – Zu Amerlander, der 1739 das Münchener Jesuitengymnasium absolvierte und 1765 an der Universität zu Ingolstadt promoviert wurde, vgl. BayHStA, GL Fasz. 2698/478; StAM, Albertinum A 49/3; KRAUS, Gymnasium der Jesuiten, 658; LEITSCHUH, Matrikeln II, 302; RESCH, BUZAS, Verzeichnis der Doktoren, Bd. 2, 41.
[1580] Franz Anton Pachauer wurde 1763 an der Universität zu Ingolstadt promoviert. – Zu seiner Person vgl. BayHStA, GL Fasz. 2700/494; RESCH, BUZAS, Verzeichnis der Doktoren, Bd. 2, 41.
[1581] Johann Baptist Pachauer war Sohn von Dr. Franz Anton Pachauer. Er absolvierte 1784 das Kurfürstliche Gymnasium in München und immatrikulierte sich 1786 an der Universität Ingolstadt in Medizin. 1789 wurde er zum Dr. med. promoviert. – Zu seiner Person vgl. PÖLNITZ, Matrikel Ingolstadt, 213; RESCH, BUZAS, Verzeichnis der Doktoren, Bd. 2, 48. – Leitschuh ordnet Johann Baptist Pachauer falsch als Augustiner-Chorherr in Weyarn ein; vgl. LEITSCHUH, Matrikeln III, 172; SEPP, Weyarn, 466, 573.
[1582] Vgl. BayHStA, GL Fasz. 2697/477.
[1583] Vgl. BayHStA, GL Fasz. 2698/478. – Im Jahr 1781 betrugen die Ausgaben für Medizin 64 fl. 28 kr.; vgl. BayHStA, GL Fasz. 2831/1443.

So lässt sich in den Jahren 1782 bis 1792 eine durchschnittliche Ausgabe von etwa 151 fl. errechnen.

Im Jahre 1799 richtete der Student der zweiten Rhetorik, Johann Baptist Mayr, ein Gesuch an den Geistlichen Rat um Bezahlung von Medikamenten und Arztkosten. „Sechs Wochen warf mich heuer der Himmel mit einer Lungen-Entzündung auf das Krankenlager hin, wo die vielen und anhaltenden Schmerzen viele und immer abwechselnde Arzneyen erforderten, welche erstere endlich durch den unermüdeten Fleiß unsers Herrn Doktors Tit. [Franz Anton] Pachauer gehoben worden [...]."[1584] Die Ausgaben für die Medizin betrugen 24 fl. 45 kr. Für elf Aderlässe und sonstige chirurgische Behandlungen wurden vom kurfürstlichen Kriminalchirurgen Georg Waltenmeyer 4 fl. 48 kr. in Rechnung gestellt.[1585] Inspektor Virgil Neuner hatte noch Ausstände in Höhe von 9 fl. 15 kr. für Mayr offen, darunter 1 fl. 12 kr. für die Krankenwärterin. Kurfürst Maximilian IV. Joseph entschied am 31. August 1799, dass die Apothekenkosten durch das Seminar beglichen werden sollten. Außerdem schlug er vor, „ob es gedachtem Seminar nicht vortheilhaft wäre, wenn zu einiger Entschädigung wegen den Singknaben die Apotheke von der höchsten Stelle gratis verschaft würde"[1586].

Nicht immer wurde ein kranker Gregorianer wieder gesund, sondern starb während seiner Internatszeit.[1587] Es lassen sich zumindest sechs Todesfälle nennen: Jakob Hiebler († 1774), Ignaz Neumayr († 1802), Ignaz Raffler († 1793), Johann Nepomuk Streicher († 1800), Thomas Ziegler († 1776) und Michael Zinth († 1811).[1588]

7.2.9. Das Theater- und Rekreationszimmer

Der Raum über dem kleinen Museum diente als Theater- und Rekreationszimmer, wobei es hieß: „Das Theater gehört ganz zum Seminarium, die Decoratio-

---

[1584] BayHStA, GL Fasz. 2700/494.
[1585] In der Quittung des Chirurgen Waltenmeyer wurden folgende Behandlungen aufgelistet: „Den 11ten Jänner zur Ader gelassen 18 kr., detto vom 27ten May bis zu Ende Juni 11 Aderlässen à 18 kr. macht 3 fl. 18 kr."; BayHStA, GL Fasz. 2700/494.
[1586] BayHStA, GL Fasz. 2700/494.
[1587] Vgl. STUBENVOLL, Geschichte des Königl. Erziehungs-Institutes, 251f.
[1588] Georg Walleshauser (1792-1793), Sohn des Hofmusikers Johannes Evangelist Walleshauser, genannt Giovanni Valesi, starb fünf Tage nach seinem unerlaubten Austritt aus der Domus Gregoriana; vgl. BayHStA, GL Fasz. 2697/477; StAM, Albertinum A 66.

nen aber lassen die Studenten bey einem jeden Vorfall wenn es nöthig ist vor ihr eigenes Geld machen."[1589]

In Hinsicht der Rekreationszeiten bestimmte bereits der Fundationsbrief von 1654: „Non permittitur alumnis, ut diebus recreationis solitarii evagentur per civitatem, vel domos, sed simul cum suis moderatoribus exire debent omnes in campos, sicuti etiam simul omnes ad scholas et templum. Non permittitur illis compotatio, non lusus chartarum extra bachanalia, nec tesserarum, sed pilae, trudiculorum in tabula, schaia et similes."[1590]

Die Jesuiten pflegten in ihren Gymnasien und Erziehungshäusern von Anfang an Theater- und Singspiele, die besonders in der Faschingszeit und zum Ende des Schuljahres als so genannte „Jahresendskomödie" aufgeführt wurden.[1591] Seit 1781 musste vor einer Aufführung der Text bei der Schulkuratel eingereicht werden, die prüfte, dass „in keinem was anstössig oder satyrisches"[1592] sei.

Dies war allerdings für das am 18. Februar 1789 gespielte Stück „Der Chargen Verkauf, und ein Nachspiel Zigeuner Bande" nicht geschehen. Die Schulkuratel, bei der keine Genehmigung eingeholt worden war, hatte von dieser Aufführung zufällig durch Hörensagen in der Stadt erfahren und fragte daher bei Inspektor Frigdian Greinwald an, wo er die Erlaubnis eingeholt habe und wer für die Unkosten aufkommen würde, da doch die finanzielle Situation des Hauses bekanntlich nicht die beste sei. Überhaupt wäre allen Schulhäusern die eigenmächtige Aufführung von Schauspielen verboten und bei der letzten Jahresendskomödie

---

[1589] BayHStA, GL Fasz. 2699/489; Inventar vom 24.-28. Januar 1803. – Vgl. auch STUBENVOLL, Geschichte des Königl. Erziehungs-Institutes, 238-240.

[1590] Zitat nach PUTZ, Domus Gregoriana, 335; vgl. auch STUBENVOLL, Geschichte des Königl. Erziehungs-Institutes, 35-37.

[1591] Die Theaterspiele sollten vor allem der sittlichen Unterweisung und zur Festigung der Rhetorik dienen. – Zum Theaterwesen der Jesuiten vgl. DUHR, Die Studienordnung der Gesellschaft Jesu, 77f., 136-148; KRAMMER, Bildungswesen und Gegenreformation, 196-224; MÜLLER, Das Jesuitendrama in den Ländern deutscher Zunge vom Anfang (1555) bis zum Hochbarock (1665), 2 Bde.; PÖRNBACHER, Jesuitentheater und Jesuitendichtung in München, in: WAGNER, KELLER (Hg.), St. Michael in München, 200-214; REINHARDSTÖTTNER, Zur Geschichte des Jesuitendramas in München, in: Jahrbuch für Münchener Geschichte 3 (1889), 53-176; SZAROTA, Das Jesuitendrama im deutschen Sprachgebiet. Eine Periochen-Edition, 4 Bde.; WIMMER, Jesuitentheater. Didaktik und Fest. Das Exemplum des ägyptischen Joseph auf den deutschen Bühnen der Gesellschaft Jesu; vgl. auch STUBENVOLL, Geschichte des Königl. Erziehungs-Institutes, 208-219, 228f. – Auch die Prälatenorden pflegten in ihren Schulen und Seminaren das Theaterspiel; für das Beispiel der Benediktiner vgl. KLEMM, Benediktinisches Barocktheater in Südbayern, insbesondere des Reichsstiftes Ottobeuren, in: StMBO 54 (1936), 95-184, 397-432; DERS., Benediktinisches Barocktheater in Südbayern. Liste der Aufführungen, in: StMBO 57 (1937), 274-304; DERS., Benediktinisches Barocktheater im bayerischen Donautal, in: StMBO 58 (1940), 228-258; 59 (1941/1942), 151-158.

[1592] BayHStA, GL Fasz. 2698/487.

hätte man den mündlichen Konsens einholen müssen. Der Inspektor wurde zur Verantwortung gezogen, dass er ohne Genehmigung eine Aufführung geplant habe. „Es ist also wegen Eille dem Inspector gleich die inhibition durch den Pedell mündlich machen zu lassen; an das General Directorium aber die Befelch zu erlassen, das selbes den Inspector dies sein eigenmächtig und subordinationswidriges unternehmen verwiesen, und zu mehrerer Untertänigkeit, und Respect, dan allemall zu erhollung des hohen Curatell Consens angewiesen werden."[1593] Inspektor Greinwald äußerte sich gegenüber der Schulkuratel, „das nicht er, sondern die Studenten unter sich die Spille aufführen, und ihme zur Ehre und auslöschung der aderlässe geben"[1594].

Zu P. Benno Gruebers, Seminarist der Domus Gregoriana von 1771 bis 1777 und Benediktiner aus Weltenburg, Stück „Die guten Untertanen", zu dem Abt Rupert Kornmann aus Prüfening den Text verfasst hatte und das 1791 im Seminar gespielt wurde, war auch Kurfürst Karl Theodor anwesend.[1595]

Anfang des Jahres 1796 wurde ordnungsgemäß die Erlaubnis zur Aufführung des Singspiels „Zauberei und Wirklichkeit" „als eine nützliche und zur Bildung der Jugend abzielende Unterhaltung" beantragt. Inspektor P. Stefan Widmann gab an, dass dieses Singspiel schon öfter aufgeführt worden sei und größten Beifall gefunden habe. Auch die Unkosten würden sich in Grenzen halten. Außer dem Licht seien nur ein paar Reparationen am vorhandenen Theater nötig. Er werde darüber wachen, dass „weder den gewöhnlichen Studierstunden noch der wohl eingeführten Tagesordnung des Hauses den mindesten Eintrag"[1596] gemacht werde.

[1593] BayHStA, GL Fasz. 2698/487.
[1594] BayHStA, GL Fasz. 2698/487.
[1595] Vgl. RIESS, Die Abtei Weltenburg, 355. – Der volle Titel des Stücks lautet: „Die guten Unterthanen, ein ländliches Sittengemälde mit Liedern und Chören in fünf Aufzügen"; vgl. KLEMM, Benediktinisches Barocktheater im bayerischen Donautal, in: StMBO 58 (1940), 228-258, hier 253. – Zu P. Benno Grueber (1759-1796) vgl. MÜNSTER, Art. Grueber, Benno, in: MGG² P, Bd. 8, 115f.; MÜNSTER, P. Benno Grueber (1759-1796) und die Musik im Kloster Weltenburg in den letzten Jahrzehnten des 18. Jahrhunderts. – Zu Abt Rupert Kornmann (1757-1817) und das Theater vgl. KNEDLIK, „... zum besten der Sitten und der Staaten". Patriotische Aufklärung in den Schuldramen des Prüfeninger Abtes Rupert Kornmann, in: Beiträge zur Geschichte des Bistums Regensburg 39 (2005), 439-449; LANG, Der Historiker als Prophet. Leben und Schriften des Abtes Rupert Kornmann (1757-1817).
[1596] BayHStA, GL Fasz. 2698/487. – Die Genehmigung erteilte die Schulkuratel am 5. Januar 1796; vgl. ebda.

Als weitere Beispiele an Singspielen lassen sich aufzählen: „Die Versteigerung"[1597] und „Die Masquerade"[1598] zur Aufführung im Fasching 1798 genehmigt, worum Vizepräfekt Georg Högl die Schulkuratel gebeten hatte.[1599] Ein Jahr darauf wurden „Der Rekrute"[1600] und „Der gute Fischer"[1601], welches ebenfalls der Prälat von Prüfening, Rupert Kornmann, geschrieben hatte, gespielt.[1602] Am 7. Februar 1799 konnte Inspektor Koller seinem Abt in Benediktbeuern voller Stolz berichten: „Von Neuigkeiten soviel: Die Fr. Fr. Kurfürstin beehrte unser aufgeführtes Schauspiel auch einmal mit dero höchsten Gegenwart."[1603] Im Fasching des Jahres 1800 wurde die Operette „Die guten Untertanen", die bereits 1791 gezeigt worden war, noch einmal aufgeführt. Inspektor Neuner schrieb am 27. Februar 1800 dem Präses der Bayerischen Benediktinerkongregation: „Das Operett der guten Unterthanen, welches die Seminaristen dieß Fassnacht durch aufgeführt, hat allen Beyfall erhalten. Wir hatten unter der Menge Auditoren auch den geheimen Referendär von Branka zu verehren, der vollkommen zufrieden vom Spiele nach Hause gieng, und dem Seminar alles Lob sprach."[1604]

[1597] Der volle Titel des Stücks, das Rupert Kornmann verfasst hatte, lautet: „Die Versteigerung, oder: Keiner will sie haben und Alle wollen sie haben. Eine Operette in zween Aufzügen"; vgl. KLEMM, Benediktinisches Barocktheater im bayerischen Donautal, in: StMBO 58 (1940), 228-258, hier 253.

[1598] Das Lustspiel „Die Maskerade oder Die dreifache Heirath" nach einem Stück von Philippe Destouches („Le triple mariage") wurde am 7. März 1780 auf der Nationalschaubühne in München uraufgeführt. Die Musik dazu hatte Friedrich Wilhelm Gotter (1746-1797) komponiert, der öfter Lust- und Singspiele aus dem Französischen übertrug; vgl. GRANDAUR, Chronik des königlichen Hof- und National-Theaters, 223; LEGBAND, Münchener Bühne, 431f. – Abt Rupert Kornmann hat dieses Stück wohl umgeschrieben und ihm den Titel „Die Masquerade. Melodrama joco-serium" gegeben; vgl. KLEMM, Benediktinisches Barocktheater im bayerischen Donautal, in: StMBO 58 (1940), 228-258, hier 253.

[1599] Die Schulkuratel wies im Genehmigungsschreiben vom 18. Januar 1798 allerdings darauf hin, dass durch den Druck des musikalischen Textes dem Seminar keine Unkosten entstehen dürften, sondern diese aus den Einnahmen zu decken seien; vgl. BayHStA, GL Fasz. 2698/487; StAM, Albertinum A 76.

[1600] Das Stück stammte von einem Konventualen aus dem Kloster Heiligkreuz in Donauwörth, der nicht mit Namen genannt wurde; vgl. BayHStA, GL Fasz. 2698/487.

[1601] Der volle Titel des Stücks lautet: „Der gute Fischer oder Das Regiment der Bedienten. Eine sittliche Unterhaltung auf dem Theater"; vgl. KLEMM, Benediktinisches Barocktheater im bayerischen Donautal, in: StMBO 58 (1940), 228-258, hier 252.

[1602] Die Genehmigung zu den beiden Stücken erteilte die Schulkuratel am 2. Januar 1799, wieder mit dem Hinweis, dass die Unkosten von den Einnahmen bestritten werden sollten; vgl. BayHStA, GL Fasz. 2698/487; StAM, Albertinum A 76.

[1603] BayHStA, GL Fasz. 2699/489.

[1604] BayHStA, GL Fasz. 2699/489.

1802 wurde ein deutsches Singspiel in zwei Aufzügen mit dem Titel „Der Eremit auf Formentera" gezeigt.[1605]

Das im Fasching 1804 aufgeführte Singspiel „Menschenpflicht und Bürgersinn" sorgte bei der Generalschulen- und Studiendirektion für Aufregung, denn auf dem veröffentlichten Textheft hatte man die Aufschrift „Mit Erlaubniß des General-Schul- und Studien-Direktoriums" drucken lassen, ohne zuvor das Manuskript zur Genehmigung vorgelegt zu haben. Inspektor Anton Zistelsberger erhielt die Weisung „sich also künftig dergleichen nicht mehr zu erlauben, sondern, was immer unter oben erwähnter Firma im öffentlichen Drucke erscheinen soll, wie dieß bisher von dem gesammten Personale des vaterländischen Unterrichts- und Erziehungs-Wesens stäts pünktlich beobachtet worden ist, jedes Mal ehevor zur unterzeichneten Stelle gehorsamst einzusenden, und sodann das Wietere zu erwarten". Außerdem sollte von allen Exemplaren der oben erwähnte Satz von Hand ausgestrichen werden, und das um so mehr, „als das Churfürstliche General Schul und Studien Direktorium Stücke von einem solchen Gehalte seine Genehmigung gewiß nicht ertheilet hätte"[1606]. Trotz dieses vernichtenden Urteils wagte der Hofsänger Johann Baptist Lasser als Musikinstruktor und Singmeister des Seminars zu beantragen, das während der Faschingszeit aufgeführte Singspiel „Menschenpflicht und Bürgersinn" mit der Pantomime „Der Zauberbaum" auch einmal auf dem Redouten-Saal zeigen zu dürfen. Das Generalschulen- und Studiendirektorium sprach sich in dem Schreiben vom 1. März 1804 an das Ministerial-Departement in Schul- und Studien-Sachen gegen eine solche Aufführung entschieden aus und begründete die Ablehnung mit folgenden Worten: „Wenn gleich, besonders in der Pantomine, die Geschicklichkeit sonst ungeübter Jünglinge auch die höchsten Zufriedenheit Euer Ch. Durchl., und den Beifall des feinern Publikums erhalten dürfte, so hat doch die Handlung des

---

[1605] Inspektor Virgil Neuner legte den Text zur Genehmigung am 2. Februar 1802 der Behörde vor; vgl. BayHStA, GL Fasz. 2698/487; StAM, Albertinum A 76. – Verfasser des Textes zu diesem Schauspiel war August von Kotzebue (1761-1819). Die Musik hatte Peter Ritter (1763-1846) komponiert. Die Uraufführung in München fand im Juni 1790 auf der Nationalschaubühne statt; vgl. GRANDAUR, Chronik des königlichen Hof- und National-Theaters, 217; LEGBAND, Münchner Bühne, 463. – Zu Kotzebue vgl. HÄNTZSCHEL, Art. Kotzebue, August, in: NDB, Bd. 12, 624f. – Zu Ritter vgl. PELKER, Art. Ritter, (Johann) Peter, in: MGG² P, Bd. 14, 198-200.
[1606] BayHStA, GL Fasz. 2698/487.

Singspieles, und ihre partische Ausarbeitung so gar keinen sittlich und ästhetischen Werth an sich [...]."[1607]

Zum Inventar des Theaters gehörten im Jahre 1803: „8 blaue Hutfedern, 4 spitzige Hüte von Pappendeckl, 5 Baure Joppen von rothen Zeug samt, 6 dazu gehörigen Wamsen, 1 alter meßinger Degen samt lederner Kugel, 20 Lampen von Blech, 18 detto ältere, 15 Lampenschirme von gelben Blech länglichten Form, 8 runde Lampenschirme von gelben Blech, 16 Steckleichter von Eisen"[1608].

Im „Vorsaal außer den Theater" standen noch: „1 Zigetspiel, 1 kleines hölzernes Köglspiel auf 4 Füßen, 1 großer Kasten mit doppelten Thüren, 1 langer eichener Tisch samt Gestell, 4 doppelte Schreibpulter nebst 2 Bänken, 1 stehendes Pult, 2 von Schneitarbeit[?] metalisirte Postumenter zu Flambo"[1609].

Josef von Hazzi erzählte in seiner Jugenderinnerung, dass in den Rekreationsstunden neben Ball- und Ballonspielen noch „Damen gezogen" und Schach gespielt werden konnte.[1610]

7.2.10. Die Schlafsäle

Im zweiten Stockwerk befanden sich des Weiteren die vier Dormitorien A bis D, die alle auf der rechten Längsseite des Seminars lagen, wenn man die Domus Gregoriana von der Pforte in der Neuhauser Straße aus betrat. Der Fundationsbrief von 1654 hielt fest: „In cubiculis quisque suum habet lectulum separatum, et cortina tectum, vel assere: quisque suum armarium pro vestibus, suum pluteum pro libris."[1611] Ein eigenes Bett zu haben, dürfte nicht jeder Seminarist von zu Hause her gewohnt gewesen sein, da sich Kinder in ärmeren Familien oft ein Bett teilen mussten.

[1607] BayHStA, GL Fasz. 2698/487. – Das Generalstudiendirektorium erinnerte auch daran, dass das Kurfürstliche Seminar, ohne zuvor eine Erlaubnis eingeholt zu haben, auf das Titelblatt des Musiktextes drucken ließ: „Mit Bewilligung des General-Schul- und Studien-Direktoriums"; ebda.

[1608] BayHStA, GL Fasz. 2699/489; Inventar vom 24.-28. Januar 1803. – Im Archiv des Studienseminars Albertinum lässt sich noch eine Quittung über 5 fl. 30 kr. der Witwe Maria Anna Pögl finden, die folgende Posten aufzählt: „Ein Weltkugl gemacht zu der Comedi, zwey staffley gemacht, trey Sizgrucken(?) gemacht für die 3 Spiller zu der Comedi, Ein Hanßwursten brüschen gemacht, ein clausur gemacht, das Schiff auf Rädl gemacht, daß theatrum hin und wider zugericht und fest gemacht, daß Amphitheatrum aufgemacht"; StAM, Albertinum A 49/3. – Ein älteres Inventar der Theaterrequisiten der Domus Gregoriana in: STUBENVOLL, Geschichte des Königl. Erziehungs-Institutes, 214-216.

[1609] Vgl. BayHStA, GL Fasz. 2699/489; Inventar vom 24.-28. Januar 1803.

[1610] Vgl. GREIPL, HEYDENREUTER, Jugenderinnerung, 171f.

[1611] Zitat nach PUTZ, Domus Gregoriana, 335; vgl. auch STUBENVOLL, Geschichte des Königl. Erziehungs-Institutes, 35-37.

Da die Dormitorien nicht beheizt wurden, standen in ihnen Bettladen mit Vorhängen, um die Seminaristen vor großer Kälte zu schützen. Am 22. März 1778 stellte Inspektor Michael Holzinger bei der Fundationsgüterdeputation den Antrag, Fensterreparaturen im Haus durchführen lassen zu dürfen, „sonderbar in den Schlafzimmern, welche aus Abgang der Öfen, nothwendig durch gute Fenster vor übermäßiger Kälte des Winters müssen beschützet werden [...]"[1612].
Im Schlafsaal A standen 1803 „21 ganz hölzerne Bettladen jede mit einer ofnen Seite", „21 eiserne Stangen zu den Vorhängen" und „1 blechenes Nachtlicht mit einen derley Untersatz" zur Verfügung.[1613] Dagegen befand sich im „Dormitorio B" nichts mehr. Im nahen Verschlag waren zwei Bettläden aufgestellt. Schlafsaal C bot 13 Seminaristen Platz.[1614] Einer der größeren Schlafsäle war „Dormitorium D", das Platz für 28 Bettladen hatte. Zur weiteren Inneneinrichtung gehörten: „2 große gemalte Tafeln Ordensheilige vorstellend", „1 blechenes Nachtlicht" und „1 Zinnener Weihbrunnkeßl"[1615].
Schließlich befand sich im dritten Obergeschoss noch der größte Schlafsaal E mit 30 Bettläden. In diesem Dormitorium hing „1 gemalnes Crucifix mit einer geschnitzten hölzernen Rame".[1616] Im dritten Stock fand sich zudem die „Bettvorrathkammer". In ihr wurden aufbewahrt: „32 ganz aufeinander gehörige und zu dem dermaligen Gebrauch in denen Bettläden befindliche Better bestehend, jedes mit einem Kiß, Polster, ein Ober- und Unterbett, Strohsack und ein derley Polster"[1617].
Üblicherweise hatten ein Schüler sein Bett mit in die Domus Gregoriana zu bringen. Konnte er kein eigenes Bett mitnehmen, so war ein jährliches Bettgeld von 6 fl. zu entrichten.

[1612] BayHStA, GL Fasz. 2698/478 a. – Die Bewilligung wurde von der Fundationsgüterdeputation am 27. März 1778 erteilt; vgl. ebda.
[1613] Laut Inventar vom 13. bis 15. Mai 1804 standen nur noch 12 Bettläden in diesem Dormitorium; vgl. BayHStA, GL Fasz. 2699/489.
[1614] Ein Jahr später befanden sich 10 Bettläden im Dormitorium C; vgl. BayHStA, GL Fasz. 2699/489; Inventar vom 13.-15. Mai 1804.
[1615] BayHStA, GL Fasz. 2699/489; Inventar vom 24.-28. Januar 1803. – Nach dem Inventar vom Jahre 1804 waren 18 Bettläden aufgestellt; vgl. ebda.
[1616] Ein Situationsplan des dritten Obergeschosses fehlt leider bei Matthias Widmann. Die Lage dieses Schlafsaals kann daher nicht näher angegeben werden. Im Inventar vom 13.-15. Mai 1804 waren lediglich noch 18 Bettläden aufgeschrieben und die Anmerkung angefügt worden: „Sind dermal 16 [Bettläden] in das Militair Spital auf Landesdirections Anbefehlung abgegeben worden"; BayHStA, GL Fasz. 2699/489.
[1617] BayHStA, GL Fasz. 2699/489; Inventar vom 13.-15. Mai 1804.

Die Seminaristen brauchten nicht selbst ihr Bett zu machen. Nach den „Satzungen für das dienende Personal" waren zwei Mägde für das Richten der Betten zuständig. Gelegentlich sollten sie die Strohsäcke umdrehen und, wenn etwas zerrissen war, dies der Näherin anzeigen. Lag etwas auf dem Boden, so hatten sie es aufzuheben. Während dieser Arbeit hatten sie die Fenster des jeweiligen Schlafsaales zum Lüften zu öffnen. Nach dem Bettenmachen sollte der Schlafsaal wieder geschlossen werden.[1618]

Die Nacht hindurch brannte in jedem Schlafsaal und in den Toiletten, die es ebenso auf dem zweiten Stockwerk gab, eine Öllampe. Über die Nachtaufsicht berichtete Propst Franz Töpsl im Jahre 1788: „Im Dormitorio wird sicher visitirt, und ist keine Stunde in der Nacht, in der nicht vom jezigen Praefect [Franz von Paula Ehrenhofer] Visitationen vorgenommen worden sind, und noch vorgenommen werden."[1619]

Aus dem Schuljahr 1780/1781 ist ein Belegplan der Betten vorhanden, der anschaulich zeigt, wie die Aufteilung der Schüler und Studenten in den Dormitorien aussah.[1620] Dieser Verteilungsplan geht ebenfalls von fünf Schlafsälen aus, in denen insgesamt 97 Seminaristen schliefen, wovon 81 das Kurfürstliche Gymnasium und 16 das Lyzeum besuchten. Im ersten Obergeschoss scheint zu dieser Zeit noch ein weiterer Schlafsaal bestanden zu haben, in dem 15 Schlafgelegenheiten vorhanden waren. Hier führten zwei Lyzeumsstudenten über 13 jüngere Seminaristen die Aufsicht. Im kleineren Schlafsaal mit dem Namen „B.[eatae] V.[irginis]" gab es elf Schlafstätten, in denen acht Gymnasiasten und drei Lyzeumsstudenten ihre Betten hatten. In einem Nebenraum standen noch vier Betten, wo zwei Schüler und zwei Studenten des Lyzeums Quartier nahmen. Im Schlafsaal, der unter der Aufsicht des Präfekten stand, schliefen 26 Seminaristen, wovon 24 Gymnasiasten und 2 Lyzeisten waren.[1621] Der Vizepräfekt hatte in seinem Schlafsaal 19 Seminaristen zu beaufsichtigen, wovon drei bereits am Lyzeum studierten. Der letzte Schlafsaal trug den Namen „S. Joannis" und bot insgesamt 22 Personen Platz. Hier führten vier ältere Studenten des Lyzeums die Aufsicht über 18 Seminaristen.

[1618] Vgl. StAM, Albertinum B 9.
[1619] BayHStA, GL Fasz. 2697/477; Töpsl an Schulkuratel vom 7. August 1788.
[1620] StAM, Albertinum B 26.
[1621] Vgl. StAM, Albertinum B 26.

7.2.11. Das Studentenoratorium

Bei den Schlafsälen gab es noch ein Oratorium mit einem Altar, dessen Blatt den hl. Johannes Nepomuk zeigte. Die weitere Ausstattung wird wie folgt beschrieben: „1 hölzernes Crucifix, 1 paar Altartafeln von Pappendeckl in schwarzen Rammen, 1 paar detto langlichte mit päbstlichen Wachs, 4 schwarz hölzerne Leichter, 4 Maybusch und Körbe von verschiedener Grösse, 1 Tabernackel mit geschnitzten und vergoldeten Holzwerk, 1 blechene Monstranze von Gürtler Arbeit, 8 Betschämel"[1622]. In einem Seitenzimmer des Oratoriums standen unter anderem noch „2 Kästen mit vergütterten doppelten Thüren", „1 Bücherstelle mit 8 Fächer" und „2 weiß und blau angestrichene feichtene Kästen worin sich alte Musicalien befinden"[1623].

7.2.12. Die Seminarbibliothek

„Habent ex domo omnis generis libros, necessarios et utiles."[1624] Die dazu erforderliche Bibliothek befand sich über dem Steinernen Saal im zweiten Obergeschoss an der Neuhauser Straße.[1625] Nach der Aufhebung der Gesellschaft Jesu erging an den Sekretär und Registrator Andreas Zaupser der Auftrag, die Bücher der Seminarbiliothek mit dem kurfürstlichen Siegel zu versehen.[1626]
Während des Inspektorats D. Frigdian Greinwalds betrugen die Ausgaben für die Bibliothek in dem Zeitraum von 1782-1792[1627]:

[1622] BayHStA, GL Fasz. 2699/489; Inventar vom 24.-28. Januar 1803. – Im Plan des Stadtmaurermeisters Matthias Widmann ist zwar ein Studentenoratorium vorhanden, aber als solches nicht gekennzeichnet worden. Widmann hat dafür den Standort des Altares eingezeichnet und mit einem Kreuz versehen; vgl. BayHStA, Plansammlung 8485. – Siehe Abbildung Nr. 6 im Anhang.
[1623] BayHStA, GL Fasz. 2699/489; Inventar vom 24.-28. Januar 1803.
[1624] Zitat nach PUTZ, Domus Gregoriana, 335; vgl. auch STUBENVOLL, Geschichte des Königl. Erziehungs-Institutes, 34f.
[1625] Zuvor war die Bibliothek im ersten Stock neben der Hauskapelle eingerichtet; vgl. PUTZ, Domus Gregoriana, 124-126. – Eine Abbildung des Exlibris in: PUTZ, Domus Gregoriana, 126; vgl. auch GUGGENBERGER, Das Exlibris des kurfürstlichen Seminariums für Studenten in München, in: Bayerland 23 (1912), 829f.
[1626] Zugleich erging an Zauber (Zaupser) der Auftrag, auch die Bücher der ehemaligen Wilhelminischen Bibliothek im Jesuitenkolleg zu obsignieren; vgl. StAM, Albertinum A 10; Fundationsgüterdeputation an Inspektor Hueber am 7. Oktober 1774. – Zu Andreas Zaubser (1746-1795), der 1763 das Münchener Jesuitengymnasium absolvierte, vgl. KRAUS, Gymnasium der Jesuiten, 633, 644.
[1627] Vgl. BayHStA, GL Fasz. 2698/478. – Im Jahr 1781 gab Inspektor Michael Holzinger die Ausgaben für die Bibliothek lediglich mit 10 fl. 35 kr. an; vgl. BayHStA, GL Fasz. 2831/1443.

1782: 107 fl. 58 kr.
1783: 73 fl. 26 kr.
1784: 60 fl. 22 kr.
1785: 34 fl. 25 kr.
1786: 45 fl. 37 kr.
1787: 12 fl. 26 kr.
1788: 62 fl. 25 kr.
1789: 125 fl. 49 kr.
1790: 69 fl. 29 kr.
1791: 17 fl. 46 kr.
1792: 41 fl. 36 kr.

So beliefen sich die durchschnittlichen Ausgaben in den genannten elf Jahren auf ca. 59 fl.

Im Rahmen der Extradition und Inventarisierung im Januar des Jahres 1803 hatte „sich eine voluminose Bibliothek vorhanden zu seyn bezeigt"[1628], wovon aber ein Katalog fehlte. Schon bei der Anstellung D. Anton Achers 1792 war das Fehlen eines Bibliothekskatalogs bemängelt worden und an Inspektor Acher der Auftrag ergangen, die Bibliothek in Ordnung zu bringen und alle Bücher in einem Katalog aufzulisten. Acher schrieb am 20. Juni 1794 an die Schulkuratel, dass er bereits seit vergangenem Jahr an dieser Arbeit sitze, „aber je länger ich mit diesem Geschäfte umgehe, und dem Selben nachdenke; desto deutlicher sehe ich ein, das ich in gegenwärtigen Umständen vergeblich arbeite [...]. Denn in der nemlichen Bibliothek stehen neben und unter den Büchern, die immer an ihrem Orte bleiben können, auch solche Schulbücher für alle untern fünf Klassen, die täglich den Studenten zum Gebrauche müßen herausgegeben werden, und Ihnen überlassen, mit der natürlichen Folge, daß solche Bücher endlich durch den Gebrauch von Kindern zerrissen werden, und zugrunde gehen."[1629]
Die Schulkuratel antwortete am 28. Juni 1794, dass der Inspektor die Ordnung der Bibliothek „nach Zeit und Umständen" vollbringen könnte, wozu es allerdings nicht mehr kam, denn der Augustiner-Chorherr Anton Acher verlor noch im Sommer 1794 seine Anstellung bei der Übergabe des Münchener Gymnasiums und Seminars an die Benediktiner.[1630]

[1628] BayHStA, GL Fasz. 2698/488.
[1629] BayHStA, GL Fasz. 2698/488.
[1630] Vgl. BayHStA, GL Fasz. 2698/488.

Der Präsident des kurfürstlichen Administrationsrates der Kirchen und milden Stiftungen, Graf von Seinsheim, schlug am 28. März 1803 vor, aus der Bibliothek unbrauchbare und unnötige Bücher zu entfernen, einen neuen Katalog anfertigen und diese Arbeit durch einige ältere Studenten erledigen zu lassen. Bereits einen Monat später konnte Inspektor Anton Zistelsberger am 25. April 1803 das fertige „Verzeichniß der brauchbaren Bücher in der Seminar Bibliothek" vorlegen, das zwei Studenten verfasst hatten.[1631] Demnach umfasste die Bibliothek insgesamt 594 Bücher. Da es sich eher um eine Handbibliothek zum alltäglichen Gebrauch der Seminaristen handelte, überwogen vor allem griechische und lateinische Sprachbücher, die jeweils in mehreren Exemplaren vorlagen. Genannt wurden unter anderem „Senekas Tragedien" mit 35 Exemplaren, „Ciceros Reden und Briefe" mit 50 Exemplaren, „Cäsar" mit 13 Exemplaren, aber auch deutsche Werke wie „Lessings Fabeln" mit 70 Exemplaren und historische Werke wie „Geschichte von Frankreich" in 24 Bänden, „Bergkastels Kirchengeschichte" in 24 Bänden und eine „Weltgeschichte für Kinder". Aufgelistet wurden ferner Kommentare, Grammatiken und Lexikas.[1632] Für die Mathematik war das „Rechnungsbüchlein von Barth" mit 25 Exemplaren vorhanden. Für den Deutschunterricht konnte die „Deutsche Schaubühne" mit 35 Exemplaren verwendet werden.

An bayerischen Geschichtsbüchern wurden „Bilder der baierischen Helden", „Beschreibung von Baiern", „Bairische Annalen" und „Monumenta boica" genannt. Zudem lag das Werk „Philosophische Abhandlungen der Akademie in München" in 8 Bänden vor.[1633]

Der Administrationsrat der Kirchen und milden Stiftungen zeigte sich zufrieden und beauftragte die Seminarinspektion am 1. Juni 1803, „ohngesäumt die Anzeige anhero zu machen, welche Gattung Bücher sich über die bereits ausgewählten noch weitters vorfinden, mit dem beyzulegenden Gutachten, wie solche ferners benutzt, vielmehr zum Besten des Fonds verwehrt werden können, vorzüglich mit Rüksichtnahme der jetzt schlechterdings nicht mehr gangbaren Aßzetischen Werke, so anderer"[1634].

[1631] Die beiden Studenten, die nicht mit Namen genannt werden, erhielten als Anerkennung für ihre Arbeit jeder 2 fl. 24 kr.; vgl. BayHStA, GL Fasz. 2698/488.
[1632] So wurden aufgezählt: „1 Deutschlat. Lexicon", „2 gute griechische Lexika", „1 Griechische lat. Sprachlehre" und „Neuhausers griech. Grammatik"; vgl. BayHStA, GL Fasz. 2698/488.
[1633] Vgl. BayHStA, GL Fasz. 2698/488.
[1634] BayHStA, GL Fasz. 2698/488.

An Einrichtungsgegenständen und Instrumentarien, die in der Seminarbibliothek aufgestellt waren, listete das Inventarium von 1803 noch „6 verschiedene Globi, 2 Palester wovon einer von Eisen, 2 große Canonen, 2 detto kleinere, 1 gemalene Tafl den heil. Aloysius vorstellend"[1635] auf.

Im Jahre 1805 wurde zwischenzeitlich ein zoologisches Kabinett des Geheimrats Freiherr von Moll im Bibliothekssaal auf Anordnung des Kirchenadministrationsrates aufgestellt, über dessen weitere Verwendung eine spätere Verfügung erlassen werden sollte.[1636]

7.3. Die Mietswohnungen

Das Kurfürstliche Seminar besaß auch drei Wohnhäuser in der Neuhauser Straße, die an fremde Personen vermietet wurden. Über die Vergabe einer Wohnung entschied seit der Aufhebung des Jesuitenordens die 1773 errichtete Fundationsgüterdeputation. So bewarb sich im April 1777 der Kanzlist Anton Schmid bei der Fundationsgüterdeputation um eine Wohnung, die bislang an Dr. Johann Baptist Klemm vergeben war. Schmid hatte erfahren, dass angeblich „gemeldter Doctor Klem schon einige Mal angestanden haben mit harter Mühe den Zinns zusammen zu bringen, auch übrigens wegen Menge seiner Familie kein all zu sauberes Hauswesen geführt werden, wodurch doch nach und nach der Wohnung Schaden zugeht [...]". Und forsch fügte Schmid hinzu, dass es einem Hausherrn allezeit frei stehe, auch ohne hinlängliche Ursachen einem Mieter nach Willkür die Wohnung zu kündigen. Über sein Gutachten von der Fundationsgüterdeputation am 28. April 1777 befragt, war Inspektor Hueber der Ansicht, dass „keine wichtige Ursach vorhanden, dem Doctor Klem den Zins aufzukünden; massen er sowohl den Zins richtig bezahlet, als auch sonst so sich verhält, wie es einem Inwohner zustehet". Ungeachtet dessen erhielt Hueber von der Fundationsgüterdeputation noch am gleichen Tag den Auftrag, die Wohnung des Herrn Dr. Klemm im „Melber Häußl" zu kündigen und sie dem Kanzlisten Anton Schmid zu vergeben.[1637] Auf die Kündigung schrieb Dr. Klemm mit derben Worten einen Brief an die staatliche Behörde, in dem er sich über deren Anordnung beschwerte, dass er „diesem jungen Leker bis künftige Michaelis

---

[1635] BayHStA, GL Fasz. 2699/489; Inventar vom 24.-28. Januar 1803.
[1636] Vgl. BayHStA, GL Fasz. 2698/488; Schreiben vom 18. und 25. November 1805.
[1637] Vgl. BayHStA, GL Fasz. 2696/475; StAM, Albertinum A 54.

meine Wohnung ohne mindeste Einrede räumen solle". Er würde mit seiner Familie schon seit acht Jahren im Haus wohnen und hätte bisher nie versäumt, die Miete in Höhe von jährlich 24 fl. pünktlich zu zahlen. Was den Vorwurf der Unordentlichkeit beträfe, brachte er an, dass die Haushälterin des Seminars öfter in die Wohnung gekommen sei, die bezeugen könne, „in meiner Wohnung jemalen ein unsauberes Haußweesen gesehen oder angetroffen zu haben [...]". Von daher „sehe ich nicht, aus wessen Ursach dieser junge bartlose Leker mich als einen meritirten Mann, mit Weib, und Kindern so unverschuldeter Dinge, aus meiner Wohnung zu vertreiben berechtiget seye". Hinzu käme, dass „dieses Federmaul annoch leedigen Standes und anbey bedienstet, ich hingegen mit Weib und Kindern im 8ten Jahr dienst- und brodlose [...]" wäre. Im Antwortschreiben der Fundationsgüterdeputation an Dr. Klemm vom 5. Mai 1777 hieß es, „daß selber mit dessen unstatthaften Gesuch diesorts ein für allemal abgewiesen seye, weil es in der freyen Willkühr eines jeden Hausherrn stehet, seinem Innmann zu gehöriger Zeit, wie es bereits geschehen, aufsagen zu können"[1638].

Nach der „Personal-Beschreibung der Seminary-Häuser"[1639] vom 23. Dezember 1789 lassen sich die Anzahl der vermieteten Wohnungen und die Namen der Mieter ersehen. Eine „Beschreibung der zum Churfürstl. Seminar in München gehörigen Häuser" vom 13. April 1803 liefert weitere Einzelheiten.[1640]

In der Neuhauser Straße stand links neben der Seminarkirche das so genannte „Melberhaus".[1641] Die Wohnung im Erdgeschoss war 1789 an den bürgerlichen Melber Simon Steber vergeben, der hier mit seiner Gattin Maria Anna, den beiden Kindern Franz Xaver und Elisabeth und der Magd Anna Maria Eberl lebte.[1642] Ihnen standen ein Zimmer, eine Küche, zwei kleine Kammern und eine Mehlkammer zur Verfügung. Zur Wohnung gehörten noch Kellerräume, zwei Ställe für 16 Pferde und ein Schweinestall. Im Flur wurden Viktualien verkauft. 1803 zahlte der Melber Franz Xaver Steber 65 fl. Jahresmiete, nach dem sie

---

[1638] BayHStA, GL Fasz. 2696/475.
[1639] StAM, Albertinum A 44.
[1640] Vgl. BayHStA, GL Fasz. 2699/492.
[1641] In den Jahren 1789 und 1797 besaß das Melberhaus die Hausnummer 292; 1799 war die Hausnummer 279. 1962 trug das Haus noch die Anschrift und Nr. „Neuhauser Str. 20". Heute lautet die Hausnummer 31. An der Hausfront findet sich die Aufschrift „Spielwarenhaus Wilh. Schmidt". Im Erdgeschoss befindet sich die Firma „Bonita"; vgl. Häuserbuch der Stadt München, Bd. 3, 347-349; ZUBER (Hg.), Bürger schreiben für Bürger, Bd. 1. Das Hackenviertel, 77f.
[1642] Vgl. StAM, Albertinum A 44. – Siehe auch die Abbildung Nr. 4 im Anhang.

1799 um 15 fl. erhöht worden war.[1643] Zu ebener Erde wohnte noch der Maurerpolier Johann Schild, der beim Hofmaurermeister auf dem Land angestellt war.[1644]
Im ersten Stock befanden sich 1789 zwei Wohnungen. Die vordere Wohnung zur Straße hin war an den Geistlichen Josef Weingartner, Kurat in St. Michael, vergeben, der zusammen mit seinem Bruder Karl Weingartner, Hofkammer-, Straßen- und Hauptkassenbote, der Hauserin Ursula Erlacher und der Magd Barbara Hueber in der Wohnung lebte. Die hintere Wohnung war an Josef Fent, Leibkutscher der Herzogin, vermietet.[1645] 1803 lebte hier der Hoftrabant Josef Luidl für 30 fl. Miete, dem ein Zimmer, eine Küche und eine Schlafkammer zur Verfügung standen.[1646]
Im zweiten Stock wohnte 1789 Dr. med. Johann Nepomuk Heininger.[1647] Nachdem Dr. Heininger am 13. Mai 1797 verstorben war, meldeten sich zahlreiche Bewerber auf diese Wohnung, von denen Inspektor Widmann und Mitinspektor Ortmann drei auswählten, nämlich der Hauptmautamts-Packknecht Georg Schwimmer, der Leibgarde-Trabant Josef Devillier und die Witwe eines Landschaftsoffizianten, Frau Arnet. Die Schulkuratel entschied, die Wohnung an Devillier zu vergeben. Zugleich genehmigte sie eine Mieterhöhung um den vierten Teil.[1648]
Die Wohnung war im Jahre 1803 geteilt. Vorne heraus bewohnte noch immer Hoftrabant Josef Devillier ein Zimmer mit Küche und zwei Kammern für 40 fl.[1649] Die hintere Wohnung mit einem Zimmer, einer Küche und zwei Kammern war an den Hoftrompeter Kajetan Knechtl für 25 fl. vergeben.[1650]

[1643] Vgl. BayHStA, GL Fasz. 2699/492; StAM, Albertinum A 54.
[1644] Vgl. StAM, Albertinum A 44.
[1645] Josef Fent lebte mit seiner Gemahlin Anna und seinem Sohn Josef in der Wohnung. Des Weiteren wohnten hier noch der Klaviermeister Kajetan Knechtl mit seiner Frau Maria Anna und der Tochter Maria Anna; vgl. StAM, Albertinum A 44. – Siehe auch die Abbildung Nr. 5 im Anhang.
[1646] Luidl hatte die Wohnung im Jahre 1800 erhalten; vgl. BayHStA, GL Fasz. 2699/492; 2700/493.
[1647] Dr. Heininger lebte mit seiner Gemahlin Viktoria, der Tochter Viktoria und der Magd Anna Eschenauer in der Wohnung. Genannt wurde ferner noch die Tochter eines Kammerportiers, Antonia Fröhlich, die hier lebte; vgl. StAM, Albertinum A 44. – Siehe auch die Abbildung Nr. 6 im Anhang.
[1648] 1799 wurde die Miete noch einmal um 12 fl. gesteigert; vgl. BayHStA, GL Fasz. 2700/493; StAM, Albertinum A 54.
[1649] Der Hoftrabant Josef Devillier, dem 1799 die Miete um 10 fl. erhöht worden war, hatte 1802 einen Mietnachlass auf 30 fl. beantragt, da er größere Plagen „mit Auf und Abtrag des Wassers" als der Bewohner im ersten Stock hätte; dies wurde ihm nicht gewährt; BayHStA, GL Fasz. 2699/492; 2700/493; StAM, Albertinum A 54.
[1650] Die Wohnungsmiete wurde bei Knechtl 1799 um 5 fl. erhöht; StAM, Albertinum A 54.

Es folgte in der Neuhauser Straße die Seminarkirche und das Kurfürstliche Seminargebäude.[1651]

Das Haus rechts neben dem Seminareingang wurde als „Bäckenhaus" bezeichnet, da es eine Bäckerei beherbergte.[1652] Zu ebener Erde wohnte 1789 der Bäcker Simon Hörl mit seiner Frau Anna Maria und dem drei Jahre alten Sohn Ignaz. Außerdem wohnten im Erdgeschoss die Bäckerknechte Georg Schweiger und Matthias Schweigl und die Magd Ursula Theurl.[1653] Schließlich wohnte hier noch der Maurergeselle Franz Daxa, der beim Stadtmaurermeister Matthias Widmann beschäftigt war.[1654] 1803 wurde die Wohnung, bestehend aus einer Stube, Küche, einem Backofen, einer finsteren Nebenkammer, einer Brotkammer und zwei hellen Kammern beschrieben. Dazu zählten noch jeweils eine Kammer für Mägde und eine für Knechte, Kellerräume, ein Schweinestall und ein Stall für insgesamt 16 Pferde. Auf dem Dachboden befand sich eine Mehlkammer. Der Bäcker Franz Rohrmoser zahlte für alles zusammen eine Jahresmiete in Höhe von 80 fl.[1655]

Im Erdgeschoss befand sich 1803 noch ein kleines Lädchen, das an den Seilermeister Josef Fischer für 12 fl. vergeben war.[1656]

Im ersten Obergeschoss lebte 1789 die Witwe eines Hauptmanns, Gertrud Herzog, mit ihrer Tochter Johanna und der Magd Ursula Ostermann.[1657] Für die

---

[1651] In den Jahren 1789 und 1797 besaß das Kurfürstliche Seminar die Hausnummer 293 und 1799 dann die Nr. 280. Im Jahre 1962 lautete die Anschrift „Neuhauser Straße 21". Beim Verkauf der Seminargebäude wurde die Seminarkirche vom eigentlichen Seminargebäude getrennt verkauft und abgerissen. Das auf diesem Grundstück erbaute Haus trug die Hausnummer 22, die später mit dem Neubau des Cafés „Fürstenhof" 1912 auf dem Grundstück von Kirche und Seminar wegfiel. Heute heißt die offizielle Anschrift „Neuhauser Straße Nr. 33". Im Erdgeschoss befindet sich das Schuhgeschäft „Tack" und im ersten Stock das „Caffé Testa Rossa"; vgl. Häuserbuch der Stadt München, Bd. 3, 349-351; ZUBER (Hg.), Bürger schreiben für Bürger, Bd. 1. Das Hackenviertel, 79f.
[1652] 1789 bzw. 1797 trug das Haus die Nr. 294 und 1799 dann die Nr. 281. Im Jahre 1962 besaß das Haus in der Neuhauser Straße die Nr. 23. Heute lautet die Anschrift des Hauses „Neuhauser Str. 35". Im Erdgeschoss betreiben die „Juweliere und Uhrmacher Christ" einen Laden. An der Wand ist eine Bronzetafel angebracht mit der Aufschrift und einem Portrait: „Hier wohnte 1840 der Schweizer Dichter Gottfried Keller". – Zu Keller (1819-1890) vgl. GrBBE, Bd. 2, 998f.; ROTHENBERG, Art. Keller, Gottfried, in: NDB, Bd. 11, 437-455. – Zum Bäckenhaus vgl. Häuserbuch der Stadt München, Bd. 3, 351f.; ZUBER (Hg.), Bürger schreiben für Bürger, Bd. 1. Das Hackenviertel, 80. – Siehe auch die Abbildung Nr. 4.
[1653] 1799 wurde dem Bäcker Simon Hörl die Miete um 16 fl. erhöht; vgl. StAM, Albertinum A 44; A 54.
[1654] Vgl. StAM, Albertinum A 44.
[1655] Vgl. BayHStA, GL Fasz. 2699/492.
[1656] 1799 war die Miete des Seilers Josef Fischer, der im Haus ein „Lädlein" betrieb, um 4 fl. erhöht worden; vgl. BayHStA, GL Fasz. 2699/492; StAM, Albertinum A 54.
[1657] Vgl. StAM, Albertinum A 44. – Siehe auch die Abbildung Nr. 5 im Anhang.

Wohnung mit einer Stube, Küche und Kammer zahlte 1803 die Witwe Maria Theresia Zaubser 30 fl.[1658]

Die Wohnung im zweiten Stock war 1789 an den Buchbinder Maximilian Führschild vergeben. Mit ihm wohnten seine Gattin Elisabeth, die beiden Töchter Maria Anna und Elisabeth, der Geselle Josef Wagner und der Lehrjunge Franz Xaver Grueber.[1659] 1803 war die Wohnung immer noch an einen Buchbinder für 32 fl. vermietet. Zu ihr gehörten eine Stube, eine Küche, eine Schlafkammer und zwei kleinere Kammern.[1660]

Es folgte noch in der Neuhauser Straße das „Salzstößlerhaus", in dem 1789 im Erdgeschoss der Salzstößler Michael Sendner zusammen mit seiner Ehefrau Maria Anna, den drei Kindern Jakob, Josef und Magdalena und der Magd Maria Anna Starch wohnte.[1661]

Im Jahr 1800 stellte der Handlungsdiener Franz Xaver Waldherr den Antrag auf Vermietung eines Gewölbes und einer Wohnung im Salzstößler-Haus. Er wolle sich selbständig machen und benötige hierzu einen Laden „und weil in dieser Strase [Neuhauser Straße] kein Handelsman mit sollchen Waaren ist, die ich mir beyzulegen gedenke; allso auch dem Publicum manche Bequemlichkeit dadurch zufließt, dann ich in dem Stande gesetzt werde ein fleißiges, und gutes Mittglied des Staats zu werden"[1662]. Auf das geforderte Gutachten der Schuldeputation antwortete Inspektor Virgil Neuner am 6. Februar 1800, dass der Salzstößler Josef Sentner und seine Familie die Salzstößler-Gerechtigkeit schon seit undenkbaren Zeiten im Erdgeschoss des Hauses ausüben würden. Er hätte sich auch gutwillig mit der Mieterhöhung um 40 fl. für das heurige Jahr einverstanden erklärt. „Zu dem ist Herr Sentner ein Mann, der sich mit der ganzen Nachbarschaft, und dem Seminar immer sehr friedfertig und gefällig betragen hat." Durch die Kündigung der Wohnung könnte sich das Seminar seine Feindschaft „als vielleicht auch der ganzen Nachbarschaft über den Hals ziehen, und sich

---

[1658] Die Miete der Hauptmannswitwe Maria Theresia Zaubser (Zaubzer) war 1799 auf 30 fl. gesteigert worden; vgl. BayHStA, GL Fasz. 2699/492; StAM, Albertinum A 54.

[1659] 1799 wurde die Miete der Buchbinderwitwe Führschild (Fürnschild) um 8 fl. erhöht; vgl. StAM, Albertinum A 44; A 54. – Siehe auch die Abbildung Nr. 6 im Anhang.

[1660] Vgl. BayHStA, GL Fasz. 2699/492.

[1661] Dieses Haus besaß in den Jahren 1789 und 1797 die Hausnummer 295. Zwei Jahre später lautete die Nummer des Hauses 282. 1962 hieß die Anschrift noch „Neuhauser Straße 24" und heute „Neuhauser Straße 37". Im Erdgeschoss betreibt die Firma „Swarovski" ein Geschäft; vgl. Häuserbuch der Stadt München, Bd. 3, 352-354; ZUBER (Hg.), Bürger schreiben für Bürger, Bd. 1. Das Hackenviertel, 80. – Siehe auch die Abbildung Nr. 4 im Anhang.

[1662] BayHStA, GL Fasz. 2700/493.

vielen unbeliebigen Vorfällen aussetzen"[1663]. Waldherr erhielt nach dieser Vorstellung Neuners den Laden und die Wohnung nicht.
Josef Sentner, Salzstößler, zahlte 1803 an Miete 70 fl. für eine Stube, eine Salzkammer, eine Küche und eine Schlafkammer.[1664]
Im ersten Stockwerk befanden sich drei Wohnungen. Eine Wohnung war 1789 vermietet an die Witwe eines Trabanten, Barbara Dirtl, die mit ihren zwei Töchtern, Theresia und Magdalena, zusammenlebte. Eine zweite Wohnung war an die Haubenmacherin Barbara Huss vergeben. Schließlich wohnte noch der Hofratskanzlist Bernhard Selis im ersten Stock. Selis wohnte schon längere Zeit im Haus.[1665] 1793 lebte auch eine Mutter mit ihren beiden ledigen Töchtern darin, wovon der Hofratskanzlist die ältere von beiden Schwestern heiraten wollte. Als die Mutter verstarb, entstand „ein übles Gerede in der Nachbarschaft über das vertrauliche Beysamleben dieser ledigen Personen, daß zu zeiten eine größere Gesellschaft in der nemlichen Wohnung auf die Nacht zusamkomme, und sich miteinander unterhalte – daß deswegen die Hausthüre manchesmal tief in die Nacht offen bleibe, welches schon zu liederlichkeiten gelegenheit gegeben hat"[1666]. Inspektor Acher schien die Sache sehr bedenklich zu sein, und so bat er die Schulkuratel um eine Verhaltensanordnung, da er eine Heirat oder die Trennung des Paares nicht bestimmen könne. Acher erhielt als Antwort, dass er sich als Hausadministrator mit den „Weibsleuten" bereden solle. Was Selis betraf, hätte die Schulkuratel einen Antrag beim Hofratskanzleramt gestellt, dass dem Kanzlisten der Auftrag erteilt werde, dem üblen Ruf des Hauses vorzubeugen.[1667]
1803 bewohnte der Sekretär Selis allein die Wohnung für 34 fl., die aus einer Stube, einer Küche und einer Schlafkammer bestand.[1668]
Im zweiten Obergeschoss lebte 1789 die Bilddruckerin Apollonia Pichler mit ihrer Magd Maria Poschenrieder und in einer zweiten Wohnung die Bräumeisterwitwe Maria Theresia Eg, die den vierzehnjährigen Sohn ihrer Schwester, Josef Kastner, bei sich wohnen hatte.[1669] Im Jahr 1803 war der zweite Stock als ei-

---

[1663] BayHStA, GL Fasz. 2700/493.
[1664] Vgl. BayHStA, GL Fasz. 2699/492.
[1665] Auch Sellis genannt; vgl. StAM, Albertinum A 44. – Siehe auch die Abbildung Nr. 5 im Anhang.
[1666] BayHStA, GL Fasz. 2700/493.
[1667] Vgl. BayHStA, GL Fasz. 2700/493.
[1668] Bernhard Selis wurde die Miete der Wohnung 1799 um 10 fl. erhöht; vgl. BayHStA, GL Fasz. 2699/492; StAM, Albertinum A 54.
[1669] Vgl. StAM, Albertinum A 44. – Siehe auch die Abbildung Nr. 6 im Anhang.

ne Wohnung mit einem Zimmer, Küche und einer Kammer an Georg Schwimmer für 40 fl. vermietet.[1670]

Schließlich gab es noch eine Wohnung an der Herzogspitalstraße, die erst unter Inspektor Johann Evangelist Hueber eingerichtet worden war. Nach der Personalbeschreibung vom 23. Dezember 1789 lebten „in der Wohnung gegen das Herzogspital" der pensionierte Trabant und Witwer Johann Zängerle mit seiner Tochter Elisabeth, der Magd Johanna Liberseler und Theresia Fischer.[1671] Am 5. Februar 1790 beantragte Inspektor D. Frigdian Greinwald eine eigene Hausnummer für eine neue Wohnung zur Herzogspitalstraße hin, „da doch diese Wohnung unter anderen Zimmeren und Hausdache des Seminarii sich findet, und erst vor wenigen Jahren aus einer eigenen Seminarii Baadstube zu einer kleinen Wohnung für ein- oder zwo Personen umgeschaffen worden"[1672].

Im Jahre 1799 wurden die Mieten erhöht, um die Einnahmen des Hauses zu steigern. Der Inspektor hatte hierzu vom Geistlichen Rat am 28. September 1799 die Genehmigung erhalten.[1673]

1803 betrug die Summe aller Mieterträge 448 Gulden, was eine bedeutende Einnahme des Seminars ausmachte.[1674]

1785 vermietete Greinwald an den Weingastgeber Ignaz Streicher den größeren Keller des Seminars auf zehn Jahre für jährlich 36 fl.[1675] Weinwirt Streicher wollte 1794 zusätzlich noch einen Schuppen mieten, um zwei Wägen hineinstellen zu können und dafür jährlich 15 fl. zahlen, was ihm von der Schulkuratel am 6. Oktober 1794 erlaubt wurde.[1676]

[1670] Vgl. BayHStA, GL Fasz. 2699/492.
[1671] Vgl. StAM, Albertinum A 44. – Die Wohnung befand sich im Seminargebäude an der Herzogspitalstraße mit der heutigen Hausnummer 12; vgl. Häuserbuch der Stadt München, Bd. 3, 179 (1962 lautete die Anschrift: „Herzogspitalstraße Nr. 18"); ZUBER (Hg.), Bürger schreiben für Bürger, Bd. 1. Das Hackenviertel, 74-77.
[1672] StAM, Albertinum A 53. – Im Jahre 1773 hieß es in einer Rechnung: „Aus dem Baad und der Heuen-Stube(?) eine Wohnung errichtet, dem Maurermeister nach seinem Überschlag bezahlt 56 f. 20 x."; StAM, Albertinum A 49/3.
[1673] Vgl. StAM, Albertinum A 54.
[1674] Vgl. BayHStA, GL Fasz. 2699/492.
[1675] Die Genehmigung des Vertrages vom 20. Januar 1785 wurde durch das Generalstudiendirektorium erst am 21. März 1788 von der Schulkuratel erbeten, die diese am 25. April 1788 erteilte. Ignaz Streicher und dessen Stiefsohn und Nachfolger Franz Xaver Boeck (Böck) betrieben in der Kaufinger Gasse eine Weinstube. Der Mietvertrag lief bis zum Jahre 1805; vgl. BayHStA, GL Fasz. 2700/493; StAM, Albertinum A 55.
[1676] Vgl. BayHStA, GL Fasz. 2700/493; StAM, Albertinum A 55.

Schließlich wurde 1798 an den Weingastgeber Franz Xaver Böck ein 14 Schuh langer und 12 Schuh breiter Platz unter der überdachten Holzlege im Seminarhof zur Lagerung leerer Weinfässer für jährlich 12 fl. vergeben.[1677]
Inspektor Koller vermietete noch 1799 einen Teil des Seminardachbodens an Gelasius Sondermair, so genannter „Pröbstlbeck" in der Neuhauser Straße, für jährlich 18 fl., damit dieser dort 100 Scheffel Getreide lagern konnte.[1678]
An den Hofkaplan Metzger wurde 1803 ein Stall und die Remise für monatlich 4 fl. 30 kr. vergeben, so dass dieser zwei Pferde und eine Kutsche unterstellen konnte.[1679]

7.4. Der Seminargarten

In der Falkenau besaß das Kurfürstliche Seminar einen Garten, der zur Ökonomie, zum Anbau von Gemüse und Kräutern und zur Erholung der Studenten diente. 1773 wurde für 159 fl. ein neuer Stall gebaut.[1680] Inspektor D. Frigdian Greinwald hatte 1787 einen Wiesengrund für 2000 fl. hinzugekauft, um insgesamt sechs Milchkühe halten zu können.[1681] Im Jahre 1797 sorgte dieses Grundstück für eine Eingabe bei der Schulkuratel. Inspektor Widmann erstattete Bericht, wonach der Verwalter zu Haidhausen einem Wirt und Metzger in der Au einen mit Sträuchern bewachsenen und zwischen dem so genannten „Aa- oder Aenten-Bachl" und dem Seminaranger gelegenen Grund zur Kultivierung überlassen hätte. Widmann vermutete nun, dass dieses Grundstück zu dem 1787 gekauften Wiesengrund gehörte, der „rechter Hand gegen der Isaar und nach längs derselben aufwerths" liege. Auch im Kaufbrief von 1787 stünde, dass der Anger in gerader Linie bis gegen die Isar hinauslaufe. „Die Isar ist freilich dermal gegen 300 Schritte und in einigen Orten noch weiter von dem quaestionirten Anger entfernt, doch ist zu bemerken, daß dieser reissende Strom sich in seiner

---

[1677] Die Schulkuratel hatte hierzu am 18. Mai 1798 ihre Genehmigung erteilt; vgl. BayHStA, GL Fasz. 2700/493; StAM, Albertinum A 55.
[1678] Die Bewilligung durch die Schulkuratel erfolgte am 30. März 1799; vgl. BayHStA, GL Fasz. 2700/493; StAM Albertinum A 55.
[1679] Vgl. BayHStA, GL Fasz. 2700/493.
[1680] Vgl. die Rechnung des Stadtmaurermeisters Balthasar Trisperger vom 1. September 1773 in: StAM, Albertinum A 49/3.
[1681] Nach dem Kaufvertrag vom 23. Oktober 1787 war der Tafernwirt Josef Paul von Haidhausen Eigentümer des Grundstücks gewesen. Der Kauf war ohne Genehmigung der Schulkuratel vorgenommen worden, was in einem Schreiben vom 27. August 1788 geahndet wurde; vgl. BayHStA, GL Fasz. 2699/492.

Laufbahn seit 50 Jahren sehr geändert, wie dann die im Jahre 1724 aufgenommenen, oder in Plan gelegte, und von Titl. Verwalter zu Haidhausen auf mein höfliches Ersuchen vorgezeigte Falkenau deutlich aufzuklären scheinet, daß die Isaar damal noch an dem Orte, wo jetzt das nahe am Seminary Anger gelegene Aentenbachl fließt, ihren Lauf gehabt habe, und erst seit etlich 30 Jahren ihr Bett allmählich verlassen habe." P. Stefan Widmann bat nun die Schulkuratel, dass dem Wirt in der Au die Bebauung verboten werde, „als durch weitere Ausreuthung der Gesträuche das in der Isar öfters anschwellende Gewässer unaufhaltbar in den Seminary Anger vordringen, sohin diesen manigfaltigen Uiberschwemmungen aussetzen würde"[1682]. Dem Inspektor wurde die Erlaubis erteilt, sich diesbezüglich persönlich an den kurfürstlichen Hofrat wenden zu dürfen.[1683] Im Jahr 1800 zog Inspektor P. Virgil Neuner den Verkauf eines Teilstücks zu 2 ½ Tagwerken für 500 fl. in Erwägung. Neuner begründete seinen Antrag damit, dass der übrige Grund noch für sechs Kühe ausreichend Futter geben würde. Das Grundstück müsse jährlich neu mit Stangen eingezäunt werden, „theils weil sehr viele Stangen entwendet worden, theils weil die Einfangung um die Zeit Michaeli ohnehin mußte abgebrochen werden, damit das Akerl für das Vieh der Giesinger und Auer Gemeinde, die da zu bis Georgi das Jus pascendi praetendiren, zur gemeiner Viehweide offen stünde; wo dann die Einzäunung jedes Mal am Frühjahre mit nicht geringen Kosten auf ein neues mußte vorgenommen werden". Dazu seien benachbarte Pferde und Kühe „sehr oft in das noch stehende Gras getrieben, ja selbst das schon abgemähte Gras oder Heu geflissentlich nächtlicher Weile in nicht geringer Quantität entfremdet worden"[1684]. Der Ertrag von nur zwei Fudern Heu und einem Fuder Grummet sei gegenüber dem Aufwand doch sehr gering. Schließlich werde das Grundstück fast jedes Jahr von der Isar überschwemmt. Kurfürst Maximilian IV. Joseph fand am 22. November 1800 den Verkauf „in gegenwärtigen Umständen für die causa pia nicht vortheilhaft"[1685] und untersagte ihn.

Schließlich wurde am 7. Oktober 1803 der Garten in der Falkenau wegen der großen Entfernung zum Seminargebäude in der Stadt und der Nähe zur Isar, die immer wieder für Überschwemmungen sorgte, für 8500 fl. verkauft. Bereits am 8. Oktober 1803 ersteigerte das Seminar den so bezeichneten Augustinergarten

---

[1682] BayHStA, GL Fasz. 2699/492.
[1683] Vgl. BayHStA, GL Fasz. 2699/492.
[1684] BayHStA, GL Fasz. 2699/492.
[1685] BayHStA, GL Fasz. 2699/492.

vor dem Schwabinger Tor am Türkengraben für 9625 fl., der näher zur Stadt lag.[1686] Am 30. Januar 1804 erfolgte die Extradition durch den kurfürstlichen Kommissar von Oggel, der Inspektor Zistelsberger den Garten samt den Gebäuden und älteren Kaufbriefen übergab.[1687] 1806 erfolgte der Neubau eines Viehstalls.[1688] 1810 legte Hofgarten-Intendant Friedrich Ludwig von Skell[1689] einen Plan zur Neugestaltung des Gartens vor. Nach sieben Monaten wartete Direktor Benedikt von Holland immer noch auf die höchste Genehmigung.[1690] Was den Besuch des Seminargartens betraf, erließ das Generalstudiendirektorium am 5. Juni 1805 die Anordnung, „daß künftig in den zum eben genannten Institute gehörige Gärten außer den Zöglingen keine fremden Personen, am allerwenigsten von weiblichen Geschlechte mehr eingelassen werden"[1691] durften.

7.5. Der Verkauf der Seminargebäude 1806

Im Jahr 1803 befanden sich die Gebäude und Häuser des Kurfürstlichen Seminars zum Teil in schlechtem baulichem Zustand, deren Reparatur immense Kosten verursacht hätten.[1692] Inspektor Anton Zistelsberger schlug gegenüber dem Administrationsrat der Kirchen und milden Stiftungen bereits am 13. April 1803 den Verkauf der drei Häuser vor. Bereits am 10. August 1803 wurde eine Schätzung des Wertes der Seminargebäude und Mietshäuser durchgeführt, die einen Gesamtwert von 53320 fl. ergab.[1693] Mit dem Neubau des Königlichen Erzie-

---

[1686] Vgl. BayHStA, GL Fasz. 2700/494; StAM, Albertinum A 62. – Siehe die Abbildung Nr. 9 im Anhang.
[1687] Vgl. StAM, Albertinum A 62.
[1688] Zur Erbauung des neuen Kuhstalls hatte zuvor der Kirchenadministrationsrat am 7. März 1806 den Verkauf des „Seminarstadls" genehmigt; vgl. BayHStA, GL Fasz. 2698/481; StAM, Albertinum A 62; A 66.
[1689] Zu Friedrich Ludwig von Skell (Sckell) (1750-1823) vgl. ADB, Bd. 34, 444-446; BOSL, Bayerische Biographie, 713; GrBBE, Bd. 3, 1807f.; HUFNAGEL, Berühmte Tote, 110; LIPOWSKY, Baierisches Künstler-Lexikon, Teil 2, 92-103; STOERMER, Verzeichnis der Mitglieder, 134.
[1690] Direktor Holland ließ bereits im Herbst 1810 erste Arbeiten in Höhe von 899 fl. 56 kr. ausführen; vgl. StAM, Albertinum A 62; Schreiben Hollands vom 22. März 1811.
[1691] BayHStA, GL Fasz. 2697/477.
[1692] Nach einem Kostenvoranschlag Matthias Widmanns und Simon Kerns vom 17. Dezember 1803 hätten für die Sanierung des Seminargebäudes 6273 fl., für die Kirche 200 fl. und für die drei Miethäuser 7000 fl., insgesamt also 13473 fl. aufgebracht werden müssen; vgl. BayHStA, GL Fasz. 2699/492.
[1693] Nach dem „Protocoll so bey Beaugenscheinigung sämtlich hies. Seminarien Gebäude, dann der zweyen obern Eingängen des Augustiner Miethstockes abgehalten den 10 August 1803" waren bei der Schätzung anwesend: Generallandesdirektionsrat von Planck, Kirchenadministrationsrat Ertl, Aktuar Waßel, Zimmermeister Martin Heilmayer und Maurermeister Josef Diegelmayer. Die Gesamtsumme von 53320 fl. ergab sich aus den Schätzungen des Seminars mit der Kirche mit 44720 fl., das Wohn-

hungsinstituts für Studierende 1805 am ehemaligen Karmelitenkloster und dem Einzug in dasselbe im Sommer 1806, konnte der Gesamtverkauf stattfinden. Nach einem Reskript vom 2. Januar 1805 sollte der Verkauf durch öffentliche Versteigerung vorgenommen werden. Mit dem Erlös sollten die Kosten des Neubaus gedeckt werden.[1694]
Die Verkaufsbedingungen wurden am 13. Mai 1805 festgelegt. Denkbar waren sowohl der gesamte als auch der teilweise Verkauf. Im Detail wurde bestimmt: Erstens sollte die Hälfte des Kaufschillings bar erlegt weden; die andere Hälfte konnte zweitens als Ewiggeld zu 4 % gegen jährlichen Abtrag der Kapitalsteuern liegen bleiben. Drittens sollte die Summe des gesamten oder teilweisen Verkaufes, die als Ewiggeld liegen blieb, der Brandversicherungs-Gesellschaft einverleibt werden, und bei ihr solange verbleiben, bis die gesamte Summe rückbezahlt worden war. Schließlich wurden viertens die Käufer verpflichtet, die auf den Immobilien haftenden landesherrlichen, landschaftlichen und bürgerlichen Steuern zu entrichten, „wie solches der Stadt München Recht und Gewohnheit ist"[1695].
Die Versteigerung war für Sommer 1805 vorgesehen und sollte durch öffentliche Anzeige bekannt gegeben werden.[1696] Da aber der Umzug ins neue Institutsgebäude im Jahr 1805 noch nicht stattfinden konnte, stellte sich die Frage, ob mit dem Verkauf der Gebäude noch gewartet werden sollte. Proponent Ertl war der Meinung, dass die öffentliche Versteigerung im August vorgenommen und dem Käufer die Verpflichtung gegeben werden sollte, dass die Seminaristen gegen eine Mietzahlung bis Ostern 1806 im Gebäude wohnen bleiben dürften.[1697]
Das allerhöchste Reskript vom 5. August 1805 genehmigte die Versteigerung.[1698] Stadtoberbaudirektor Nikolaus Schedel von Greifenstein hatte einen Plan zum Verkauf von acht Abteilungen entworfen, deren Schätzung der Mau-

---

haus Nr. 279 („Melberhaus") mit 3000 fl., das Wohnhaus Nr. 281 („Bäckenhaus") mit 3000 fl. und das Wohnhaus Nr. 282 („Salzstößlerhaus") mit 2600 fl. Insgesamt wurde festgehalten, „daß das Hauptgebäude des Seminariums in etwas baufälligen Zustande, und die Dachstühle meistens schlecht unterzohen sich befinden. Auch ist bey dem Seminari Gebäude rückwärts ausser der Einfahrt, und dem großen Speisesall nichts gewölbet, an dem vorderen Theil ist der Einfahrts Bogen, dann was rechts, und links neben demselben steht, wie auch die darauf stehende erste Etage gewölbet. Die 3 darneben stehenden Wohnhäußer sind als ganz baufällig, und die Dachstühle gänzlich verfault befunden worden"; BayHStA, GL Fasz. 2837/1496.
[1694] Vgl. BayHStA, GL Fasz. 2699/492.
[1695] BayHStA, GL Fasz. 2699/492.
[1696] Vgl. StAM, Albertinum A 52.
[1697] Vgl. BayHStA, GL Fasz. 2699/492; Schreiben vom 26. Juli 1805.
[1698] Vgl. BayHStA, GL Fasz. 2837/1496.

rermeister Josef Höchl und der Zimmermeister Simon Kern vornahmen.[1699] Die erste Abteilung, welche aus dem „Melberhaus", das sich in mittelmässigem Zustand befand, bestand, wurde auf 3500 fl. geschätzt. Die Seminarkirche war als zweite Abteilung vorgesehen, wozu noch ein Stück Innenhof kam. Die Sachverständigen beurteilten, „daß die Hauptmaur nicht nur allein hoch, sondern auf das beste gemaurt, gegen der Gasse ein aus Marmor gehauenes Portal vorhanden, jedoch der Dachstuhl etwas versessen"[1700] sei. Ihr Wert sollte 4000 fl. betragen.

Die dritte Abteilung sah das eigentliche Seminargebäude vor, „welches zu ebener Erde mit einer gut gewölbten Durchfahrt, dann mit mehre gewölbten Behältnissen, desgleichen auch über 1 Stiege alles gewölbt". Mit einem Stück Hofraum wurde der Wert mit 5500 fl. veranschlagt.

Das „Bäckenhaus" als vierte Abteilung wurde in seiner Bausubstanz als mittelmässig bis schlecht beurteilt und auf 3800 fl. geschätzt. Die fünfte Abteilung sollte das „Salzstößlerhaus" sein und 3500 fl. erbringen. Das lange und bis zur Herzogspitalstraße reichende Seminargebäude war als sechste Abteilung vorgesehen. Die Haupt- und Mittelmauern wurden in einem festen und soliden Zustand befunden; das Gebäude insgesamt war aber „teils mittelmäsig, teils alt und abgenutzt"[1701] und wurde daher auf 18000 fl. geschätzt.

Die siebte Abteilung sollte aus dem Gebäude bestehen, in dem der Speisesaal lag. Dieser Teil wurde mit 7000 fl. bewertet. Der achte und letzte Gebäudeteil an der Herzogspitalstraße wurde auf 10000 fl. geschätzt.

Die Schätzsumme belief sich auf insgesamt 55300 Gulden und lag damit um 1980 fl. höher als die Schätzung vom 10. August 1803.[1702]

Aus der Versteigerung wurde zunächst nichts, denn am 17. August 1805 erging ein kurfürstliches Schreiben an den Kirchenadministrationsrat, dass derzeit geprüft werde, ob die Gebäude des Seminars in Zukunft für das Kadettenkorps

---

[1699] Im Bayerischen Hauptstaatsarchiv liegt die Planzeichnung mit den acht Abteilungen vor: „Erklärung Auf welche Art das alte Studien Seminarium nebst dem[!] dazu gehörigen Gebäuden in der Neuhauser Gasse abtheilungsweise zum Verkaufe feil stehet"; BayHStA, Plansammlung 8486. – Siehe Abbildung Nr. 7 im Anhang. – Zum Münchener Stadtbaumeister Josef Höchl (1777-1838) vgl. LUTZ, Ein Münchner Architekturmaler und Mäzen: Anton Höchl (1818-1897), Ehrenmitglied des Historischen Vereins von Oberbayern, in: OA 112 (1988), 87-180, hier 89-93.
[1700] BayHStA, GL Fasz. 2699/492.
[1701] BayHStA, GL Fasz. 2699/492.
[1702] Vgl. BayHStA, GL Fasz. 2699/492; 2837/1496. – Am 13. August 1805 erhöhten Höchl und Kern die Schätzsumme der Seminargebäude und Häuser „samt den darin befindlichen laufenden Wasser" auf 60000 fl.; vgl. BayHStA, GL Fasz. 2699/492.

Verwendung finden könnten. Kurfürst Maximilian IV. Joseph hatte daher angeordnet, die für den 19. August vorgesehene öffentliche Versteigerung „einstweilen suspendiren zu lassen"[1703]. Der Administrationsrat der Kirchen und milden Stiftungen ordnete an, in der Presse die Aufschiebung der Versteigerung veröffentlichen zu lassen.[1704]

Im Herbst des Jahres 1805 bat Präfekt Erembert Grießer in Abwesenheit des Inspektors Anton Zistelsberger den Administrationsrat der Kirchen und milden Stiftungen „bey dem Drange der gegenwärtigen Umstände", dass der Rat dafür Sorge leiste, dass das Seminar mit keinem neuen Quartier belegt werde, da ohnehin sich im Gebäude schon ein militärisches Magazin befinden würde. Da die traurige finanzielle Lage des Hauses bekannt sei, sollte dafür bei der Munizipalität der Antrag gestellt werden, „daß von derselben für die Wachen, die für das Magazin aufgestellt sind, das nöthige Brennholz herbey geschaft, und allen Forderungen von Viktualien, die sie Abends gerne auch ohne alle Anweisung zu machen pflegen, kräftiger Einhalt gethan werde"[1705]. Die Bitte sollte vergebens sein, denn es kam alles anders. Auf höchsten Befehl vom 16. Februar 1806 musste das von Feldjägern bewohnte Herzogspital geräumt und ein anderer Ort zur Einquartierung gefunden werden. Major Freiherr von Ow stellte am 17. Februar bei der Königlich-bayerischen Kommandantschaft den Antrag, den Saal im Seminargarten und drei Säle im Seminargebäude selbst zu erhalten und im Hof eine Soldatenküche aufstellen zu lassen. Ansonsten müssten die Feldjäger bei den Münchener Bürgern einquartiert werden. Die Genehmigung zur Einquartierung im alten Seminar erteilte König Maximilian I. Joseph am 28. Februar 1806.[1706]

[1703] BayHStA, GL Fasz. 2699/492. – Auf dem Umschlag des Antrags findet sich die Anmerkung „pressirt".

[1704] Nach dem Konzept „Zum Einrücken in die hies. Staats-Zeitung" sollte folgender Text veröffentlicht werden: „Auf Sr. Ch. Durchl. besondern höchsten Befehle wird hiemit eröfnet, daß die auf den 19ten dieß und die nach folgende Tage angesetzte öffentliche Versteigerung der bisherigen Studenten Seminar Gebäude allhier einsweil suspendirt wird. München 17ten August 1805. Ch. Administrations Rath der Kirchen und milden Stiftungen. Graf von Lodron, Präsident"; BayHStA, GL Fasz. 2699/492.

[1705] BayHStA, GL Fasz. 2699/491. – Proponent Westermayer fügte am 6. November 1805 die Anmerkung bei, dass er bereits die entsprechenden Verfügungen getroffen hätte und so das Seminar von aller Quartierung befreit bleiben sollte; vgl. ebda.

[1706] Vgl. BayHStA, GL Fasz. 2699/491. – Am 21. Februar 1806 berichtete von Ertl an das Königlich Geistige Geheime Ministerialdepartement, dass zwischenzeitlich der Antrag bestanden hätte, die freiwilligen Fußjäger vom Herzogspital in das neu erbaute Seminargebäude am ehemaligen Karmelitenkloster, das noch nicht von den Seminaristen bezogen war, zu verlegen. Um dies zu verhüten, ließ Staatsminister von Morawitzky am 17. Februar den Proponenten zu sich rufen. Von Ertl sollte mit Major von Ow im alten Seminar einen entbehrlichen Platz ausmitteln. Hierzu wurde auch Stadtbau-

Bevor die ersten Feldjäger im Seminar Quartier nahmen, schrieb Proponent Ertl am 24. Februar 1806 an das Königlich Geistliche Geheime Ministerialdepartement, dass die militärische Belegung mit Soldaten, „das Hetherogen in moralischer Hinsicht abgerechnet, in ökonomischen Betracht gewis nicht vortheilhaft ist, denn es ist bekannt, wie sehr die Gebäude durch große Einquartirungen ruinirt werden, wenigst haben wir schon einmal die leidige Erfahrung bei dem ehevor unter unser Administration gestandenen Paulaner Kloster Gebäude gemacht"[1707].

Tatsächlich ereignete sich schon am 1. März 1806 im oberen Schlafsaal, in dem sich die Feldjäger einquartiert hatten, ein Brand, so dass das Seminar „mit einer gefährlichen Feuersbrunst bedroht ward, die besonders bei dem damaligen starken Westwinde sehr leicht ein grosses Unglück über unsere Stadt hätte verbreitten können"[1708]. Inspektor Lambert Knittelmair bat den Administrationsrat, sich für die baldige Entfernung der Feldjäger einzusetzen. Am 5. März stellte von Ertl beim Königlich Geistlichen Geheimen Ministerialdepartement den entsprechenden Antrag auf Verlegung der Soldaten. Am 17. März erließ König Maximilian I. Joseph „zu einiger Beruhigung eurer [...] Besorgnißen"[1709] die Mitteilung, dass er die Kommandantschaft angewiesen hätte, weitere Schäden zu verhüten und erinnerte daran, dass die Offiziere dieses Korps für alles verantwortlich bleiben würden.

Kirchenadministrationsrat von Ertl erinnerte daran, dass bald eine Entscheidung bezüglich des Verkaufs der Gebäude durch den König gefällt werde.[1710]

Anfang März waren zwar die Fußjäger aus dem Seminar ausquartiert worden, doch zog schon am 20. März wieder eine Kompagnie vom Regiment des Kronprinzen Ludwig ins Gebäude ein.[1711]

---

direktor von Schedel berufen, der dem Stadtkommandanten die denkbare Rechnung eröffnete, „daß die Kassernirung dieser befraglichen Feldjäger im neuen Seminar-Gebäude auch nur auf kurze Zeit wenigst einen Schaden von 2000 bis 3000 f. verursachen wird". Es wurde vereinbart, die Feldjäger im alten Seminar einzuquartieren. 36 Mann sollten in den beheizbaren Gartensaal in der Falkenau verlegt werden. In den abzutretenden drei Sälen sollten auf Kosten des Kasernenverwaltungsamtes fünf Öfen aufgestellt werden. „Den Kochherd im Hofe ließ der v. Schedel aus dem vorhandenen alten Bau Materiale herstellen, so daß es dem Seminar Fond keinen Kreutzer kostete, und doch dabei der Zweck mit Verschonung des neuen Gebäudes erreicht wurde"; BayHStA, GL Fasz. 2699/491.

[1707] BayHStA, GL Fasz. 2699/492.
[1708] BayHStA, GL Fasz. 2699/491.
[1709] BayHStA, GL Fasz. 2699/491.
[1710] Ertl wiederholte den Antrag noch sieben Mal, und zwar am 18. und 31. März, am 11. und 30. April, am 14. Mai, am 2. und 23. Juni 1806; vgl. BayHStA, GL Fasz. 2699/492.
[1711] Vgl. BayHStA, GL Fasz. 2699/491.

Am 27. Mai 1806 wurde Inspektor Knittelmair durch den Quartiermeister des Königlichen Leibregiments eröffnet, dass auf allerhöchsten Befehl wieder Militär auf einige Zeit ins Seminar verlegt werden müsste, was auch bereits am folgenden Tag geschah. Knittelmair bat daher den Administrationsrat, die Versetzung ins neue Seminargebäude voranzubringen.[1712]

Am 28. Juni 1806 erlies König Maximilian I. Joseph das lang erwartete Reskript: „Da Wir das alte Studenten Seminar Gebäude dahier für Unser Kadetten Korps nicht mehr zu übernehmen gedenken, so befehlen Wir euch nunmehr, daß wegen dessen weiterer Versteigerung nach Unserer Entschliessung vom 2ten Jäner v. J. unverzüglich die nöthigen Anstalten getroffen werden sollen."[1713]

Ein zweites Mal wurden die Auktionstermine in den Zeitungen gedruckt.[1714] Die öffentliche Versteigerung sollte nun vom 21. bis 30. August 1806 stattfinden, wobei der teilweise Verkauf vom 21. bis 28. August vorgesehen war. „Was dagegen den Gesammtverkauf dieses hier in München in seiner Art einzigen Anwesens betrifft, indem solches auf einem der vortheilhaftesten Plätze unweit dem Neuhauser- vielmehr Karlsthore entlegen, und seiner Größe wegen vorzüglich für einen Fabrikanten, Gastgeber, oder spekulativen Unternehmer vollkommen geeignet ist; so wird schon vom 21. Aug. an das Versteigerungs Protokoll eröffnet, und binnen den übrigen Licitationstagen auch hiezu offen bleiben, dann am Samstage den 30. Aug., als dem eigentlichen letzten Licitationstage des Verkaufes im Ganzen, Mittags 12 Uhr nach geschehener Umfrage geschlossen, und dann eines oder das andere zur allerhöchsten Stelle pro Ratificatione begutachtet werden."[1715]

Die Versteigerungsprotokolle vom 21. bis 30. August 1806 nennen alle Anbieter und ihre Angebote.[1716] Anwesend waren dabei Kirchenadministrationsrat von Ertl, Aktuar Hausmann und Inspektor Lambert Knittelmair.

Der Melber Franz Xaver Steber versuchte das von ihm bewohnte „Melberhaus" am 21. August zu ersteigern und bot 7700 fl. Da er aber die Hälfte der Kaufsumme nicht bar erlegen konnte, musste er von seinem Angebot abstehen. So

---

[1712] Vgl. BayHStA, GL Fasz. 2699/491.
[1713] BayHStA, GL Fasz. 2699/492. – Sollte sich noch Militär in den Gebäuden befinden, so war dessen Verlegung bei der Kommandantschaft zu beantragen. Dies geschah am 4. Juli 1806 durch den Administrationsrat der Kirchen und milden Stiftungen; vgl. BayHStA, GL Fasz. 2699/491.
[1714] Zum Beispiel im „Königlich-Baierischen Anzeiger von München, 30. Stück, Mittwoch, den 23. July 1806".
[1715] BayHStA, GL Fasz. 2699/492.
[1716] Vgl. BayHStA, GL Fasz. 2699/492.

erklärte sich der Gastwirt Lorenz Bogner als Nächstbietender bereit, die Summe von 7700 fl. zu geben.[1717]

Der Fabrikant Josef Sommer wollte für Kirche und das Seminargebäude in der Neuhauser Straße am 22. August 15100 fl. geben.[1718]

Für das „Bäckenhaus" interessierte sich am 23. August der Bäcker Georg Schettl. Er legte die Angebotssumme von 4950 fl. vor.[1719]

Am 25. August bot Franz Xaver Kurz, Nudelbäcker am Anger, für das „Salzstößler-Haus" 7200 fl.[1720]

Der Rat und Hofgerichtsadvokat Ludwig Jakob bot am 26. August bei der Versteigerung des Seminargebäudes in der Herzogspitalstraße 21500 fl.[1721]

Beim Angebot des mittleren Seminargebäudeteils an der Herzogspitalstraße legte Stadtfischer Johann Georg Gröber am 27. August ein Gebot von 13100 fl. vor.[1722]

Schließlich fand noch am 28. die Versteigerung des letzten Teils statt, wo der Handelsmann und Magistratsrat Matthias Scheichenpflug ein Angebot von 15000 fl. vorlegte.[1723]

[1717] Vgl. BayHStA, GL Fasz. 2699/492; Häuserbuch der Stadt München, Bd. 3, 347-349. – Siehe auch die Abbildung Nr. 7 im Anhang („Nro. 1").

[1718] Sommer ließ die Kirche bereits im Jahre 1807 abreisen und ein Wohnhaus errichten. Im Häuserbuch der Stadt München wird die falsche Kaufsumme von 15000 fl. genannt, da Sommer für beide Teile (Kirchen- und Seminargebäude) zusammen 15100 fl. bot. Auf den Grundflächen von Kirche und Seminar entstand 1912 das Café „Fürstenhof" mit der Hausnummer 21; vgl. BayHStA, GL Fasz. 2699/492; Häuserbuch der Stadt München, Bd. 3, 349-351. – Siehe auch die Abbildung Nr. 7 im Anhang („Nro. 2" und „Nro. 3").

[1719] Vgl. BayHStA, GL Fasz. 2699/492; Häuserbuch der Stadt München, Bd. 3, 351f. – Siehe auch die Abbildung Nr. 7 im Anhang („Nro. 4").

[1720] Vgl. BayHStA, GL Fasz. 2699/492; Häuserbuch der Stadt München, Bd. 3, 352-354. – Siehe auch die Abbildung Nr. 7 im Anhang („Nro. 5").

[1721] Im Häuserbuch wird die falsche Kaufsumme von 18000 fl. angegeben. Seit 1882 ist das Gebäude im Besitz des bayerischen Staates. Noch 1962 trug das Haus die Nr. 18. Heute lautet die Anschrift „Herzogspitalstraße Nr. 12". Es befindet sich derzeit die Gemeinsame IT-Stelle der Bayerischen Justiz des Oberlandesgerichts München im Gebäude. An der Wand ist eine Bronzetafel angebracht, die folgende Inschrift trägt: „In diesem Haus hat in den Jahren 1822-1837 und 1839-1844 der hervorragende russische Dichter und Diplomat Fjodor Iwanowitsch Tjutschew gearbeitet". Ferner findet sich eine Tafel zur Münchener Stadtgeschichte mit der Aufschrift: „Ehemaliges Gregorianisches Seminar 1694-1805 – Gregorianisches Seminar – um 1808 Neubau"; vgl. BayHStA, GL Fasz. 2699/492; Häuserbuch der Stadt München, Bd. 3, 179; ZUBER (Hg.), Bürger schreiben für Bürger, Bd. 1. Das Hackenviertel, 74-76. – Siehe auch die Abbildung Nr. 7 im Anhang („Nro. 6").

[1722] Gröber ließ das Gebäude später abreißen und durch einen Neubau ersetzen. Heute trägt das Anwesen die Hausnummer 10. Seit 1888 ist das Anwesen im Besitz der Weinhandlung Neuner. Auf der Fassade steht die Aufschrift „Weingroßhandlung Neuner". Im Erdgeschoss betreiben links die Frisöre Freiraum ihr Geschäft und im rechten Teil befindet sich das Modegeschäft „seasons"; vgl. Häuserbuch der Stadt München, Bd. 3, 179-181; ZUBER (Hg.), Bürger schreiben für Bürger, Bd. 1. Das Hackenviertel, 74. – Siehe auch die Abbildung Nr. 7 im Anhang („Nro. 7").

Für den Gesamtkauf am 30. August fand sich niemand bereit. Insgesamt wurde die Summe von 84550 fl. aufgebracht, so lag der Erlös um 29250 fl. höher als die Schätzungssumme von 55300 fl.[1724]

Am 16. September 1806 genehmigte König Maximilian I. Joseph die vorgelegten Angebote, so dass der Verkauf durchgeführt werden konnte. Ausdrücklich wurde gegenüber der Versteigerungs-Kommission bemerkt: „Wir bezeugen euch übrigens Unsere allerhöchste Zufriedenheit über die geschickte und vortheilhafte Leitung dieses Geschäftes, wodurch für das Seminar nach gänzlicher Bezahlung aller auf den neuen Bau, und die neuen Moeublirungs-Stücke erlaufenden Ausgaben ein neues Kapital von 22000 f. und eine reine jährliche Rente von 880 f. genommen wird."[1725]

Hofgerichtsadvokat Jakob ließ den erworbenen Gebäudeteil – heute Herzogspitalstraße Nr. 12 – abreißen und im Jahre 1807 durch einen Neubau ersetzen. Dieses Gebäude vermietete er an den russischen Gesandten am Bayerischen Hof, Graf Woronzow, der den Umbau des Hauses als Gesandtschaftspalais vornehmen ließ.[1726] Hier verbrachte König Maximilian I. Joseph den letzten Abend seines Lebens an seinem Namenstag, den 12. Oktober 1825. „Um sieben Uhr abends besuchte er mit der Königin Karoline, der Königin von Schweden und den Prinzessinnen und Prinzen, den Festball beim Grafen Woronzow, dessen Gesandtschaftspalais an der Herzogspitalgasse schon von außen in einem Lichtermeere erstrahlte."[1727] Ein Zeitgenosse berichtet weiter: „Der Saal war, so wie die dahin führenden Gänge und Treppen, mit 1500 Blumentöpfen und mehr als 1100 Lichtern geziert, und Seine Majestät, Welche übrigens sehr heiterer Laune zu seyn schienen, geruhten, nachdem Sie die Huldigungen der Anwesenden empfangen hatten, Sich in ein besonderes Gemach führen zu lassen. In dem Neben-

---

[1723] In diesem Gebäude mit der Hausnummer 8 (die alte Anschrift lautete „Herzogspitalstraße Nr. 20") befindet sich heute das Weinhaus Neuner; nebenan am Haus mit der Nummer 6 (ehemals Herzogspitalstraße Nr. 21) steht auf der Fassade „Zum alten Augustiner"; vgl. Häuserbuch der Stadt München, Bd. 3, 181; ZUBER (Hg.), Bürger schreiben für Bürger, Bd. 1. Das Hackenviertel, 71. – Siehe auch die Abbildung Nr. 7 im Anhang („Nro. 8").

[1724] Vgl. BayHStA, GL Fasz. 2699/492. – Ein Aquarell von Heinrich Adam aus dem Jahre 1829 zeigt die Neuhauser Straße mit Michaelskirche und Karlstor im Hintergrund. Auf der linken Bildseite sieht man die baulich veränderte Situation des einstigen Kurfürstlichen Seminars. Die Seminarkirche ist nicht mehr zu sehen; vgl. die Abbildung in: München im Wandel der Jahrhunderte, 69.

[1725] BayHStA, GL Fasz. 2699/492.

[1726] Vgl. ZUBER (Hg.), Bürger schreiben für Bürger, Bd. 1. Das Hackenviertel, 74.

[1727] TRAUTMANN, Kulturbilder aus Alt-München, Bd. 1, 175. – Königin Friederike von Schweden aus dem Haus Baden (1781-1826) war eine jüngere Schwester der Königin von Bayern, Karoline Friederike (1776-1841); vgl. SCHAD, Bayerns Königinnen, 16.

zimmer unterhielten Sich Se. Königl. Majestät mit dem Russischen Gesandten recht angenehm, und haben unter andern ein besonderes Wohlgefallen an den fröhlich tanzenden Kindern bezeugt, welche Sie in einem Zimmer des gerade gegenüber befindlichen Hauses bemerkt hatten. Der König entfernte sich nach neun Uhr schon, ohne auf dem Ball etwas genossen zu haben, befahl dem Kutscher, den nächsten Weg nach Nymphenburg einzuschlagen [...]." Im Schloss angekommen sprach der leutselige Monarch zu seinem Personal: „O jetzt erst ist mir wieder wohl! Laßt mich morgen eine Viertelstunde länger schlafen, meine lieben Leute, und dann wecket mich!"'[1728] König Maximilian I. Joseph schloss in dieser Nacht für immer seine Augen.[1729]

[1728] Zitat nach TRAUTMANN, Kulturbilder aus Alt-München, Bd. 1, 175f.; vgl. auch STUBENVOLL, Geschichte des Königl. Erziehungs-Institutes, 87.
[1729] Vgl. NÖHBAUER, Die Wittelsbacher, 266.

TEIL II – Zur sozialen Herkunft der Seminaristen, zum Einzugsbereich und zur Aufenthaltsdauer im Kurfürstlichen Seminar von 1773/1774 bis 1805/1806

1. Die soziale Herkunft der Seminaristen

Zunächst einige Vorbemerkungen zur ausgewerteten Datenbasis. Als Grundlage der Untersuchung dienten die ermittelten Daten von 1174 Seminaristen, die vom Schuljahr 1773/1774 bis zum Ende des Schuljahres 1805/1806 im Kurfürstlichen Seminar gelebt haben.[1730] Damit unterscheidet sich die zu Grunde gelegte Datenbasis für den gut dreißigjährigen Untersuchungszeitraum grundsätzlich von der von Hannelore Putz vorgelegten Untersuchung, die sich allein auf die Absolventen der Domus Gregoriana bezog, was für die Vergleichbarkeit der Ergebnisse stets beachtet werden muss.[1731]
Putz weiß um die Unvollständigkeit ihrer Absolventenliste, da die Quellenlage recht dürftig ist. Dennoch „[...] konnte eine große Menge, nämlich mehr als 50 % aller möglichen Gregorianer-Absolventen, ermittelt werden. Hieraus ergibt sich doch ein hohes Maß an Auswertungssicherheit."[1732] Aufgrund der stichprobenweise durchgeführten Auswertung der Schülerlisten kommt Hannelore Putz zu dem Resultat, „daß nur etwa 60 % der Zöglinge ihren schulischen Abschluß machten. Etwa 40 % verließen vorzeitig das Internat und damit auch in der Regel das Münchner Jesuitengymnasium."[1733] Sie spricht daher von „erfolglosen"

[1730] Es wurde versucht, eine möglichst vollständige Liste aller Seminaristen zu erstellen, die sich mindestens seit dem Schuljahr 1773/1774 im Kurfürstlichen Seminar befanden und danach bis zum Schuljahr 1805/1806 eingetreten sind. Es kommen daher einige Überschneidungen mit der Absolventenliste von Hannelore Putz vor, wenn Zöglinge in den Schuljahren 1770/1771, 1771/1772 und 1772/1773 ihren gymnasialen Abschluss erworben hatten und anschließend am Kurfürstlichen Lyzeum in München weiter als Seminaristen studierten, wie z. B. Josef Grässl, der 1772/1773 das Gymnasium beendet hatte und bis 1774 als Philosophiestudent Seminarist der Domus Gregoriana blieb.
[1731] Die Liste der insgesamt 1546 ermittelten Absolventen der Domus Gregoriana beginnt bei Hannelore Putz allerdings erst im 17. Jahrhundert. Hannelore Putz bediente sich zur Erstellung der Datenbank zweier Hauptquellen: Die Basis ihrer Untersuchung bildete die veröffentliche Absolventenmatrikel des Wilhelmsgymnasiums von Maximilian Leitschuh. Daneben standen ihr lückenhaft Schülerverzeichnisse der Domus Gregoriana zur Verfügung. Immerhin konnte Putz durch die vorhandenen Archivalien des Studienseminars Albertinum die Absolventenliste der Domus Gregoriana um 288 Personen gegenüber Leitschuh ergänzen; vgl. PUTZ, Domus Gregoriana, 13f.
[1732] PUTZ, Domus Gregoriana, 74.
[1733] PUTZ, Domus Gregoriana, 14f.

Seminaristen, die wegen der schwierigen quellenmäßigen Überlieferungslage nicht weiter berücksichtigt wurden.[1734]

Für die Zeit nach 1773 stellt sich die Quellenlage günstiger dar. Was die Absolventen des Kurfürstlichen Seminars betrifft, diente mir Maximilian Leitschuh mit seiner veröffentlichten Matrikel des Wilhelmsgymnasiums ebenso als Basis, die aber bei allem Verdienst nicht unkritisch übernommen werden darf.[1735] Leitschuhs Angaben wurden überprüft, und zwar durch die seit 1773 im Staatsarchiv München vorliegenden Notenbücher und anhand der gedruckten Preiskataloge des Münchener Gymnasiums, in denen die Zöglinge der Domus Gregoriana klassenweise mit „sem." bzw. „Sem." gekennzeichnet wurden.[1736] Auch liegen für einige Schuljahre handschriftliche Seminaristenlisten sowie zahlreiche Geschäftsakten der staatlichen Behörden, die Aufnahmen, Entlassungen und Kostgeldnachlässe von Seminaristen betreffen, vor.[1737]

Da die Notenbücher für alle Gymnasialklassen und seit 1774 auch für die Realschulklassen vorliegen, und die veröffentlichten Preislisten ebenso alle Schulklassen berücksichtigen, konnten eine annähernd vollständige Seminaristenliste und zudem die Zeit ihres Aufenthalts im Kurfürstlichen Seminar ermittelt werden.[1738]

[1734] Hannelore Putz wendet daher das Verfahren der deskriptiven Analyse an und beschreibt das empirisch gewonnene Datenmaterial mit dem Hinweis: „Für den Wert der Untersuchung ist die Frage nach der Vollständigkeit des biographischen Materials kein entscheidendes Kriterium; eine ‚Stichprobe' von über 50 % genügt, einen konstruktiven Beitrag zur weiteren Forschung zu liefern"; PUTZ, Domus Gregoriana, 15.

[1735] Vgl. LEITSCHUH, Die Matrikeln der Oberklassen des Wilhelmsgymnasiums in München, Bd. 3, 131-146. – Auf Fehler in der veröffentlichten Matrikel von Leitschuh hat bereits Florian Sepp hingewiesen; vgl. SEPP, Weyarn, 465f.

[1736] Lediglich für das Schuljahr 1776/1777 konnte kein gedruckter Preiskatalog gefunden werden. Was die handschriftlichen Notenbücher betrifft, ist darauf hinzuweisen, dass nicht alle Gymnasialprofessoren die Seminaristen der Domus Gregoriana gekennzeichnet haben. Es ist also mit Verlusten zu rechnen. Dies dürfte auch die Erklärung dafür sein, dass bei Maximilian Leitschuh etwa die Hälfte der Absolventen des Kurfürstlichen Seminars nicht identifiziert wurde. Die untersuchten Notenbücher des Wilhelmsgymnasiums für die Schuljahre 1773/1774 bis 1814/1815 siehe in: StAM, WG 100-156.

[1737] Vgl. BayHStA, GL Fasz. 2697/477; 2700/494.

[1738] Mit Verlusten ist in den Fällen zu rechnen, wenn ein Seminarist niemals einen Preis erlangt hatte und demzufolge keine Erwähnung in den gedruckten Katalogen fand. Des Weiteren kennzeichneten nicht alle Klassenlehrer in den Notenbüchern die Seminaristen der Domus Gregoriana als solche. So wird auch gelegentlich die Aufenthaltszeit von Seminaristen nicht exakt zutreffen, wenn besagte Fälle vor oder nach den angegebene Zöglingsjahren eintraten. Auf ein anderes Problem soll hier noch hingewiesen werden. Seminaristen, die mehrere Vornamen trugen, sind nicht immer mit beiden Vornamen angegeben. Da die Vornamen auch unterschiedlich auftauchen, kann es sich in Einzelfällen entweder um ein und dieselbe Person oder um Brüder oder Zwillingsbrüder handeln.

In das Verzeichnis der Seminaristen wurden folgende Daten – soweit sie vorlagen – aufgenommen: Name und Vorname(n), Lebensdaten, Beruf des Vaters, Zöglingsjahre und Lebensweg bzw. Austrittsmotiv.[1739]
Von den 1174 Seminaristen der Domus Gregoriana erwarben 484 das Absolutorium des Kurfürstlichen Gymnasiums, was etwa 41,2 % entspricht. Von diesen Absolventen wurden lediglich 229 Personen von Maximilian Leitschuh in der Matrikel des Wilhelmsgymnasiums als Seminaristen identifiziert (47,3 %). Mehr als die Hälfte der Absolventen, nämlich 255 Personen, konnte ergänzend zu den Angaben von Leitschuh als Seminaristen ermittelt werden (52,7 %). Im Unterschied zu dem von Hannelore Putz untersuchten Zeitraum ergibt sich für die Zeit von 1773 bis 1806 fast das umgekehrte Bild, dass der weitaus größere Teil der Seminaristen vorzeitig die Domus Gregoriana verließ, nämlich 690 Personen (58,8 %).[1740] Von diesen ausgetretenen Seminaristen erwarben später 138 Schüler das Absolutorium am Münchener Gymnasium (11,8 %).[1741]
Was die geographische und soziale Herkunft und das Alter der Seminaristen betrifft, so fehlen von 112 Personen die Angabe des Geburts- bzw. Herkunftsortes, was etwa 9,5 % ausmacht. Von einer sehr großen Mehrheit kann also eine Aussage zur geographischen Herkunft gegeben werden (ca. 90,5 %).[1742] Bei 168 Seminaristen fehlt die Angabe des Berufes des Vaters (ca. 14,3 %), demnach kann von etwa 85,7 % oder 1006 Zöglingen eine Aussage zur sozialen Herkunft getroffen werden.[1743] Bezüglich des Geburtsjahres der Seminaristen ist anzumerken, dass lediglich von 45 Personen eine Altersangabe fehlt (ca. 3,8 %).[1744]
Ein wesentlicher Gründungsgedanke der Domus Gregoriana – neben der Beauftragung zum Kirchenmusikdienst in St. Michael – war, armen Knaben die höhe-

---

[1739] Hinzu kommt die Angabe eines verliehenen Stipendiums, wenn es bei einem Seminaristen bekannt war.
[1740] Nach der stichprobenartigen Auswertung von Hannelore Putz erwarben etwa 60 % der Seminaristen das Absolutorium und etwa 40 % traten vorzeitig aus der Domus Gregoriana aus; vgl. PUTZ, Domus Gregoriana, 14f.
[1741] So lässt sich die Aussage von Putz relativieren, dass mit dem Austritt vom Jesuiteninternat in der Regel der Austritt vom Gymnasium verbunden war; vgl. PUTZ, Domus Gregoriana, 14f.
[1742] Bei den von Hannelore Putz untersuchten 1546 Absolventen konnten von 1509 Seminaristen die Herkunftsorte ermittelt werden, was fast 97,6 % entspricht; vgl. PUTZ, Domus Gregoriana, 75.
[1743] Putz lag von 1333 Absolventen die Angabe des Berufes des Vaters vor, und damit von ca. 86,2 %; vgl. PUTZ, Domus Gregoriana, 75.
[1744] Allerdings konnte in vielen Fällen nicht das exakte Geburtsdatum ermittelt werden, da in den Notenbüchern wenn überhaupt lediglich das Alter der Schüler in Jahren und nicht das Geburtsdatum angegeben wurde. Anfragen an einzelne Pfarrämter konnten aus Zeitgründen nicht vorgenommen werden. Zudem konnte bei den meisten Seminaristen kein Sterbedatum ermittelt werden, da entsprechende Nachschlagewerke fehlen. So konnten nur von 360 Seminaristen Sterbedaten angegeben werden, was etwa 30,7 % entspricht.

re Schulbildung zu ermöglichen, was sich besonders im Namen des Seminars „domus pauperum studiosorum Sancti Gregorii Magni" zeigte.[1745] Der Fundationsbrief von 1654 formulierte als Aufnahmebedingungen zum Erhalt eines Freiplatzes: „In admittendis pauperibus scholasticis, in illorum numerum, qui serenissmi principis, aliorumque liberalitate utcunque sustentantur, magnus habebitur tum spei, tum exspectationis ratio et delectus. [...] In hanc domum non admittentur indifferenter cuiusvis nationis, aut provinciae iuvenes; sed ante omnes locum habebunt filii pauperum civium Monacensium, deinde aliorum subditorum Bavariae, post hos, qui externae nationis sunt, si vel musicae sint periti, vel ingenii singularis (ad quae etiam attendendum in filiis civium et subditorum Bavariae.) propter quae possent etiam aliis praeferri: ita tamen, ut ii, quos serenissimus elector idoneos praesentaverit, prae omnibus suscipiantur aliis."[1746]

Die Gesellschaft Jesu verfolgte demnach das Ziel, möglichst vielen Knaben die höhere Schulbildung zu ermöglichen, um den Glauben im Geist der Katholischen Reform zu festigen. Die soziale Herkunft war hierbei von keiner Bedeutung. Da der Besuch des Gymnasiums kostenfrei war, konnten auch arme Familien ihre begabten Söhne auf das Gymnasium schicken. Bis zur Aufhebung des Ordens 1773 hielten die Jesuiten am Prinzip der schichtenneutralen Elitenbildung fest. Durch zahlreiche Stipendien und Freiplätze in den Jesuitenseminaren war es möglich, auch sozial benachteiligte Kinder vom Land an der höheren Schulbildung teilhaben zu lassen, wofür die Domus Gregoriana ein herausragendes Beispiel darstellt.[1747]

Obwohl die Aufklärung einen Bildungsoptimismus vertrat, suchte der absolutistisch geführte Staat nach der Aufhebung der Jesuiten den Zugang zur höheren Bildung einzuschränken, um dem Nährstand nicht zu viele Hände zu entziehen.[1748] Der bayerische Schulreformer Heinrich Braun sah bei den Studenten einen zu hohen Anteil unterer Sozialschichten vertreten, der verringert werden sollte, „denn da ein Stand nur dann am besten eingerichtet ist, wenn alle Stände

---

[1745] Vgl. PUTZ, Domus Gregoriana, 333.

[1746] Zitat nach PUTZ, Domus Gregoriana, 333; vgl. auch STUBENVOLL, Geschichte des Königl. Erziehungs-Institutes, 26-28.

[1747] Vgl. DUHR, Die Studienordnung der Gesellschaft Jesu, 46-50.

[1748] Der Schwerpunkt der aufgeklärten Bildungspolitik wurde auf den Bereich der Realschulen und der Elementar- oder Trivialschulen gelegt; vgl. MÜLLER, Bildungspolitische Auswirkungen der Aufhebung des Jesuitenordens, in: Handbuch der Geschichte des bayerischen Bildungswesens, Bd. 1, 711-726, hier 715f.; SEPP, Die Gestaltung der pfarrlichen und schulischen Verhältnisse in Bayern nach 1803, dargestellt am Beispiel der Augustiner-Chorherrenstifte der Diözese Freising, in: MÜLLER (Hg.), Reform – Sequestration – Säkularisation, 221-264, hier 256f.

wohl ausgetheilt und besetzt sind, und jeder da ist, wo er seyn soll, so wird durch die überwiegende Anzahl der Studierenden der Nährstand (ein Hauptstand im Staate) nur geschwächt, und weil man immer nur die besten Köpfe zum Studieren auswählt, so entzieht man dem Nährstand den Saft aus dem Körper, und das Mark aus den Beinen, wodurch dann die natürliche Folge fließt, daß der Körper selbst zum Schaden des Staates immer mehr entkräftet wird"[1749]. Diese Ansicht führte im Kurfürstentum Bayern zur Verringerung der Gymnasien und Lyzeen. Gefördert werden sollte dafür die Einführung von Realschulen. Gab es bei der Aufhebung der Jesuiten 1773 Gymnasien – teilweise mit angeschlossenen Lyzeen – in Amberg, Burghausen, Ingolstadt, Landsberg, Landshut, Mindelheim, München, Neuburg an der Donau und Straubing, so wurden bereits 1781 in Landsberg das Lyzeum und in Mindelheim das Gymnasium und das Lyzeum geschlossen. Die Schulordnung von 1799 sah schließlich zwei Lyzeen in München und Amberg vor. Gymnasien sollte es künftig nur noch in Amberg, Landshut, München, Neuburg an der Donau und Straubing geben.[1750]

Um die Zahl der Studenten zu verkleinern, sollte nach der Schulordnung von 1774 kein Schüler mehr ins Gymnasium aufgenommen werden, „der nicht entweder von distinquirten Ältern, oder großen Vermögen ist, oder in Ermangelung deßen ausnehmende Talente spüren läßt"[1751]. Die Schulkommissionen, Rektoren und Professoren wurden angemahnt, hierauf beim Eintritt der Schüler besonders zu achten, „indem das Übel kaum zu übersehen ist, welches dem Staat durch die Menge der Studierenden zuwachset [...]"[1752]. Jährlich sollten zweimal die untauglichen Schüler ausgemustert werden und von jedem weiteren Besuch einer anderen Schule ausgeschlossen sein. Ein Wechsel auf ein anderes Gymnasium aufgrund schwacher Leistungen war damit ausgeschlossen. Die Schulordnung von 1777 formulierte diesbezüglich: „Nachdem die Zahl der Studirenden ehemal ohnehin zu sehr angewachsen ist, so ist die gnädigste Willensmeynung, daß bey der literarischen Erziehung das Hauptaugenmerk auf gute Talente und gut gesittete Schüler geworfen werden soll, wenn es auch wenigere sind, und Leute, von welchen sich der gelehrte Staat keine Hoffnung machen kann, frühezeitig von

---

[1749] Zitat nach MÜLLER, Sozialstatus und Studienchance in Bayern, in: HJb 95 (1975), 120-141, hier 133.
[1750] Vgl. LURZ, Mittelschulgeschichtliche Dokumente Altbayerns, Bd. 2, 286f.
[1751] LURZ, Mittelschulgeschichtliche Dokumente Altbayerns, Bd. 2, 221.
[1752] LURZ, Mittelschulgeschichtliche Dokumente Altbayerns, Bd. 2, 221.

den Gymnasien ab- und entweder zu einer bürgerlichen Hauptschule, oder zu einem Handwerke angewiesen werden."[1753]

Hier soll der Frage nachgegangen werden, wie sich die rigiden Zulassungsbeschränkungen auf das Gymnasium bei den Seminaristen der Domus Gregoriana ausgewirkt haben.

Die Auswertung der Berufe von 1006 Vätern und damit von 85,7 % aller Väter erbrachte folgendes Bild:

Berufsgruppe	Personenanzahl	Anteil in Prozent
Handwerksberufe	302	30 %
Landwirtschaftlicher Bereich	108	10,7 %
Gastwirte, Branntweiner und Brauer	84	8,3 %
Verwaltungsbeamte	83	8,3 %
Untere Berufsschichten	77	7,7 %
Schullehrer	76	7,6 %
Kaufmännischer Bereich	65	6,5 %
Justizbeamte	40	4 %
Gesundheitswesen	36	3,6 %
Militärwesen	27	2,7 %
Musikalischer Bereich	26	2,6 %
Forst- und Jagdwesen	24	2,4 %
Mesner	16	1,6 %
Zollwesen	15	1,5 %
Künstler	9	0,9 %
Postwesen	7	0,7 %
Hohe Regierungsbeamte	6	0,6 %
Professoren	4	0,4 %
Bürgermeister	1	0,1 %

Ein Vergleich der Zahlen mit den Ergebnissen von Andreas Kraus und Hannelore Putz für die Zeit bis 1773 ist schwierig durchzuführen, da sich beide Auswertungen allein auf die Absolventen des Jesuitengymnasiums bzw. der Domus Gregoriana beziehen.[1754] Dies gilt auch für den Aufsatz von Andreas Kraus, der

---

[1753] LURZ, Mittelschulgeschichtliche Dokumente Altbayerns, Bd. 2, 242.
[1754] Vgl. KRAUS, Das Gymnasium der Jesuiten zu München, 17-20; PUTZ, Domus Gregoriana, 83-90.

die Zeit von 1773 bis 1803 behandelt.[1755] In dieser Untersuchung wurde dagegen auf eine annähernde Vollständigkeit der Seminaristen Wert gelegt.

Die größte Gruppe bildeten 302 Söhne, deren Väter ein Handwerk ausübten, mit 30 %.[1756] Nach Putz kamen 381 Absolventen der Domus Gregoriana bis 1773 aus Handwerkerfamilien, was 28,6 % und damit einem vergleichbar hohen Anteil entspricht.[1757] Von 1777-1803 ermittelte Kraus bei den Vätern der Absolventen einen Anteil der Handwerker von 32,8 % und damit einen Anstieg um 11,8 % jener Gruppe, „die [Rektor Anton von] Bucher und andere Reformer aus dem Gymnasium verbannt wissen wollten"[1758]. Als nächstes folgte die Gruppe der 108 Seminaristen aus Familien mit einem landwirtschaftlichen Beruf mit 10,7 %.[1759] Dem gegenüber stehen die Zahlen von Kraus und Putz: Nach Kraus stammten von 1601 bis 1776 8,3 % aller Absolventen des Münchener Gymnasiums aus bäuerlichen Verhältnissen.[1760] Für die Absolventen der Domus Gregoriana bis 1773 konnte Putz 227 Väter ermitteln, was den weitaus höheren Anteil

---

[1755] So nimmt Kraus bei den Vätern der Abiturienten von 1777-1803 eine andere Einteilung vor, in dem er zum Beispiel unter die Sammelbezeichnung „Bürger" folgende Gruppen zusammenfasst: Wirte, Lehrer, Hofbedienstete, Ärzte und Apotheker, Musiker bzw. Hofmusiker, Maler und Bildhauer, Juristen und Kaufleute; vgl. KRAUS, Schule im Umbruch, in: ACKERMANN, SCHMID (Hg.), Staat und Verwaltung in Bayern, 349-371, hier 349-352 und 352 Anm. 10. – In dieser Untersuchung wurde der Versuch unternommen, eine größere Differenzierung vorzunehmen.

[1756] Innerhalb der Handwerksberufe lagen zum Teil erhebliche Sozialunterschiede vor, die hier nicht berücksichtigt werden konnten. An Berufe aus dem Handwerk wurden angegeben: Bäcker, Buchbinder, Büchsenmacher, Drechsler, Färber, Feilenhauer, Fischer, Fleischhacker, Floßmeister, Gärtner, Gipsmacher, Glaser, Glockengießer, Goldschmied, Hafner, Handschuhmacher, Instrumentenbauer, Kistler, Knopfmacher, Koch, Kürschner, Lebzelter, Lederer, Löffelmacher, Maler, Maurer, Melber, Metzger, Müller, Nagelschmied, Ölschläger, Papiermacher, Perückenmacher, Pflasterer, Riemer, Rosenkranzmacher, Rotgerber, Säckler, Samtmacher, Sattler, Schäffler, Scheibenmacher, Schlosser, Schmied, Schnallenmacher, Schneider, Schornsteinfeger, Schreiner, Seidenwäscher, Seifensieder, Seiler, Strumpfstricker, Tischler, Tuchmacher, Tuchscherer, Uhrmacher, Waffenschmied, Wagner, Wasserbaumeister, Weber, Weißgerber, Werkmeister, Ziegelmeister und Zimmermeister.

[1757] Vgl. PUTZ, Domus Gregoriana, 85. – Kraus ermittelte einen prozentualen Anteil von Handwerkersöhnen aller Absolventen des Wilhelmgymnasiums von 1601 bis 1776 von 21 %; vgl. KRAUS, Gymnasium der Jesuiten, 18.

[1758] KRAUS, Schule im Umbruch, in: ACKERMANN, SCHMID (Hg.), Staat und Verwaltung in Bayern, 349-371, hier 352.

[1759] Unter diesem Sektor sind die Erwerbsbezeichnungen Bauer, Landwirt, Schwaiger, Hofwirt, Söldner und Lehenrössler zusammengefasst, wobei die wirtschaftliche Situation der einzelnen Familien sehr unterschiedlich sein konnte. Auf die Problematik der Berufsbezeichnung „Bauer" hat bereits Hannelore Putz hingewiesen; vgl. PUTZ, Domus Gregoriana, 75f.; PUTZ, Die Säkularisation als Einschnitt. Zur Gruppenbiographie bayerischer Augustiner-Chorherrenkonvente, in: MÜLLER (Hg.), Reform – Sequestration – Säkularisation, 207-220, hier 218; zu diesem Thema vgl. auch STUTZER, Unterbäuerliche gemischte Sozialgruppen Bayerns um 1800 und ihre Arbeits- und Sozialverhältnisse im Spiegel der Statistik, in: GLASER (Hg.), Krone und Verfassung. König Max I. Joseph und der neue Staat. Beiträge zur Bayerischen Geschichte und Kunst 1799-1825, 290-299.

[1760] Vgl. KRAUS, Gymnasium der Jesuiten, 18.

von 17 % ausmacht.[1761] Von 1777 bis 1803 betrug der Anteil der Bauernsöhne bei den Gymnasial-Absolventen 9,8 % und nahm damit um 1,5 % zu.[1762] Eine nicht zu gering zu schätzende Gruppe stellen die Söhne von Gastwirten und Bierbrauern mit 8,3 % dar.[1763] Der Anteil der Väter von Absolventen des Münchener Jesuitenseminars bis 1773 lag allerdings höher, nämlich bei 11,6 % oder 154 Personen.[1764]

Einen relativ hohen Prozentsatz machten die 77 Söhne aus unteren Sozialschichten mit 7,7 % aus.[1765] Damit bot das Kurfürstliche Seminar im letzten Drittel des 18. Jahrhunderts tatsächlich noch zahlreichen Knaben aus sozial schwachen Familien die Chance zum Erwerb des Gymnasialabschlusses und damit eines Sozialaufstiegs. Nach Kraus stieg die Anzahl von Söhnen aus unteren Erwerbsschichten, die das Gymnasium absolvierten, von 1601 bis 1700 mit 5,2 % von 1701 bis 1776 auf 10 % an, was einen Gesamtanteil von 7,4 % ausmacht.[1766] Von 1776 bis 1803 stieg der Anteil der unteren Sozialschicht bei den Absolventen des Gymnasiums um 0,7 % auf 8,1 %.[1767]

Fast den gleichen Anteil ergab die Gruppe von 76 Lehrersöhnen mit 7,6 %. Nach Kraus stammten von 1777 bis 1803 63 Absolventen des Gymnasiums von Lehrern ab, was einem Anteil von 4,2 % entspricht.[1768] Sehr oft übten die Schullehrer als Pfarrschullehrer zugleich den Dienst des Mesners aus. Zählt man die 16 Mesnersöhne hinzu, so ergibt sich ein Anteil von etwa 9,1 %.[1769] Hinzu kamen noch vier Väter aus dem höheren Schulwesen, wobei nicht zwischen Gymnasial- und Universitätsprofessoren unterschieden wurde (0,4 %). Nimmt

---

[1761] Vgl. PUTZ, Domus Gregoriana, 85.
[1762] Vgl. KRAUS, Schule im Umbruch, in: ACKERMANN, SCHMID (Hg.), Staat und Verwaltung in Bayern, 349-371, hier 352.
[1763] Auf die soziale Bedeutung der Wirts- bzw. Brauerfamilien vgl. KRAUSEN, Zur gesellschaftsgeschichtlichen Bedeutung des Brauerstandes. Brauersöhne als Äbte und Pröpste bayerischer Klöster und Stifte, in: Jahrbuch der Gesellschaft für die Geschichte und Bibliographie des Brauwesens 1965, 160-168.
[1764] Vgl. PUTZ, Domus Gregoriana, 85. – Zum Vergleich betrug der Anteil der Wirtssöhne bei den Absolventen des Jesuitengymnasiums 5,2 %; vgl. KRAUS, Gymnasium der Jesuiten, 19.
[1765] Es sind hier die Söhne von Knechten, Taglöhnern, Dienstboten und Lakaien zusammengefasst.
[1766] Vgl. KRAUS, Gymnasium der Jesuiten, 18.
[1767] Vgl. KRAUS, Schule im Umbruch, in: ACKERMANN, SCHMID (Hg.), Staat und Verwaltung in Bayern, 349-371, hier 352.
[1768] Vgl. KRAUS, Schule im Umbruch, in: ACKERMANN, SCHMID (Hg.), Staat und Verwaltung in Bayern, 349-371, hier 352, Anm. 10.
[1769] Bereits Hannelore Putz hat in ihrer Untersuchung die Berufsgruppe der Lehrer und Mesner zusammengenommen und mit 99 Personen angegeben, was einen Anteil von 7,4 % ergibt; vgl. PUTZ, Domus Gregoriana, 85.

man Lehrer und Professoren zusammen, ergibt sich ein Anteil von 8 %. Werden die Mesner noch hinzugerechnet, macht diese Berufssparte einen Anteil von 9,5 % aus, was einen leichten Anstieg bedeuten würde. Tatsächlich wurde im letzten Drittel des 18. Jahrhunderts im Zug der aufgeklärten Bildungspolitik das niedere Schulwesen auf dem Land ausgebaut und neue Lehrerstellen geschaffen.

Aus kaufmännischen Familien stammten 65 Seminaristen oder 6,5 %, was einen leichten Anstieg gegenüber dem Ergebnis von Putz mit 70 Personen oder 5,3 % bedeutet.[1770] Für die Zeit von 1777 bis 1803 waren nach Kraus 72 Väter Kaufleute und damit 4,7 % der Absolventen.[1771]

Auffallend zurückgegangen ist für die Zeit von 1773 bis 1805 die Herkunft der Seminaristen aus Künstlerfamilien mit 9 Personen oder 0,9 %. Nach Kraus kamen von 1777 bis 1803 lediglich 8 Absolventen oder 0,5 % aus Maler- und Bildhauerfamilien.[1772] Als herausragender Künstler ist der Münchener Hofbildhauer Roman Anton Boos (1733-1810) zu nennen, der seinen Sohn Franz Anton von 1793 bis 1798 dem Kurfürstlichen Seminar anvertraute.[1773]

Eigens wurde die Berufsgruppe der Musiker aufgeführt, die sich aus 26 Personen zusammensetzte, was einen Anteil von 2,6 % ausmacht. Nach Andreas Kraus stammten 23 Absolventen des Münchener Gymnasiums von 1777 bis 1803 und damit lediglich 1,5 % aus Musikerfamilien.[1774] So befand sich der Sohn des Hofmusikers und Tenorsängers Johannes Evangelist Walleshauser (1735-1816), der sich den Künstlernamen Giovanni Vallesi gab, in der Domus Gregoriana.[1775] Der Seminarist Klemens Holzbogen, der allerdings nur wenige Monate im Haus wohnte, war Sohn des Hofkomponisten Johann Georg Holzbo-

---

[1770] Vgl. PUTZ, Domus Gregoriana, 85.
[1771] Vgl. KRAUS, Schule im Umbruch, in: ACKERMANN, SCHMID (Hg.), Staat und Verwaltung in Bayern, 349-371, hier 352, Anm. 10.
[1772] Vgl. KRAUS, Schule im Umbruch, in: ACKERMANN, SCHMID (Hg.), Staat und Verwaltung in Bayern, 349-371, hier 352.
[1773] Kraus hebt den Bildhauer Roman Anton Boos als einen der wenigen berühmten Väter der Abiturienten von 1777 bis 1803 hervor; vgl. KRAUS, Schule im Umbruch, in: ACKERMANN, SCHMID (Hg.), Staat und Verwaltung in Bayern, 349-371, hier 354. – Zu seiner Person vgl. ADB, Bd. 3, 139; Allgemeines Künstler-Lexikon, Bd. 12, 641f.; BOSL, Bayerische Biographie, 84; GrBBE, Bd. 1, 207; LIPOWSKY, Baierisches Künstler-Lexikon, Teil 1, 32f.; THIEME-BECKER, Bd. 4, 333; WOECKEL, Art. Boos, Roman Anton, in: NDB, Bd. 2, 452f.
[1774] Vgl. KRAUS, Schule im Umbruch, in: ACKERMANN, SCHMID (Hg.), Staat und Verwaltung in Bayern, 349-371, hier 352.
[1775] Zum Hofmusiker Johannes Evangelist Walleshauser, genannt Giovanni Vallesi (Walesi, Valesi) vgl. Großes Sängerlexikon, Bd. 5, 3562; LIPOWSKY, Baierisches Musik-Lexikon, 367-372.

gen (1727-1775).[1776] Kapellmusikdirektor Kumpf von Altötting schickte gleich drei Söhne und Kapelldirektor von Schelf einen Sohn ins Kurfürstliche Seminar nach München.[1777] Fasst man Künstler und Musiker zusammen, ergibt sich ein Anteil von ca. 3,5 %.[1778] Dem gegenüber gehörten bis 1773 81 Väter von Absolventen der Domus Gregoriana der Künstlergruppe mit 6,1 % an. Der Anteil sank fast um die Hälfte.

Dagegen stieg der Anteil der Väter aus dem Militärwesen auf 2,7 %, wobei 9 Seminaristen den Beruf des Vaters aus dem unteren Militärbereich mit Soldat, Trabant, Hartschier, Stadtschütze, Reiter und Torwächter angaben (0,9 %). 18 Seminaristen hatten einen Hauptmann, Offizier oder Oberstleutnant zum Vater (1,8 %). Nach Kraus hatten von 1777 bis 1803 20 Absolventen des Gymnasiums einen Offizier zum Vater (1,3 %).[1779] Von 1611 bis 1773 gehörten lediglich 20 Väter von Absolventen des Jesuitenseminars dem Militär an (1,5 %).[1780]

Überaus deutlich, nämlich um das mehr als Dreifache, stieg auch die Zahl der Väter aus dem Gesundheitswesen, was wohl durch den Ausbau der ärztlichen Versorgung im Geist der Aufklärung zu deuten ist. 36 Seminaristen gaben als Beruf des Vaters Arzt, Chirurg, Bader oder Apotheker an, was einen Anteil von 3,6 % ausmacht. Kraus gibt für die Zeit von 1777 bis 1803 lediglich für 24 Absolventen den Beruf des Vaters als Arzt oder Apotheker an (1,6 %).[1781] Bis zum Schuljahr 1772/1773 kamen nur 13 Absolventen (1 %) aus Familien mit Gesundheitsberufen.[1782]

Die Gruppe der Beamten wurde in dieser Untersuchung ausdifferenziert in hohe Regierungsbeamte, Verwaltungsbeamte, Justizbeamte, Beamte des Forst- und Jagdwesens und Beamte des Zollwesens. Sechs Väter sind dem höheren Beamtenwesen zuzurechnen, was 0,6 % entspricht.[1783] Den größten Anteil mit 8,3 % stellen die 83 Beamten aus dem Verwaltungswesen dar.[1784] Dem juristi-

---

[1776] Zu dem Hofkomponisten Johann Georg Holzbogen vgl. BOSL, Bayerische Biographie, 368; MÜNSTER, Art. Holzbogen, Johann Georg, in: MGG² P, Bd. 9, 275f.
[1777] Über beide Personen konnten keine näheren biographischen Daten gefunden werden.
[1778] Nach Kraus wären das für die Zeit von 1777 bis 1803 31 Absolventen oder etwa 2 %.
[1779] Vgl. KRAUS, Schule im Umbruch, in: ACKERMANN, SCHMID (Hg.), Staat und Verwaltung in Bayern, 349-371, hier 352, Anm. 10.
[1780] Vgl. PUTZ, Domus Gregoriana, 85.
[1781] Vgl. KRAUS, Schule im Umbruch, in: ACKERMANN, SCHMID (Hg.), Staat und Verwaltung in Bayern, 349-371, hier 352, Anm. 10.
[1782] Vgl. PUTZ, Domus Gregoriana, 85.
[1783] Hierzu wurden Hofräte, Hofkammerräte und Regierungsräte gezählt.
[1784] Zu diesem Sektor wurden auch Schreiber und Verwalter gefasst, die nicht immer eindeutig als Beamte zu unterscheiden waren. Folgende Berufsbezeichnungen wurden angegeben: Hofschreiber, Stadt-

schen Bereich sind 40 Väter zuzurechnen, immerhin mit einem relativ hohen Anteil von ca. 4 %.[1785] 24 Seminaristen stammten aus Familien des Forst- und Jagdwesens (2,4 %) und 15 Seminaristen waren Söhne von Vätern mit Berufen des Zollwesens (1,5 %).[1786] Fasst man diese Beamtenberufe zusammen, so ergibt sich die Zahl von 168 Personen oder der prozentuale Anteil von 16,7 %. Zählt man zu dieser Gruppe die Anteile der sieben Väter aus dem Postwesen (0,7 %) und den eines Bürgermeisters (0,1 %) hinzu, kommt man auf etwa 17,5 %. Kraus, der eine andere Einteilung der Beamtenberufe vornahm, kommt von 1777 bis 1803 bei den Absolventen aus Beamtenfamilien insgesamt auf einen Anteil von 18,2 %, was dem Ergebnis für die Seminaristen der Zeit von 1773 bis 1805 nahe kommt.[1787] Nach Putz stammten 220 Absolventen oder 16,5 % von Vätern aus dem Verwaltungsbereich.[1788]

Bemerkenswert ist für die Zeit von 1773 bis 1805/1806 das Auftreten einer neuen sozialen Schicht, die das Kurfürstliche Seminar als Erziehungsstätte für ihre Söhne entdeckte. Fehlte bisher der Adel fast völlig, so waren seit Aufhebung der Jesuiten bis zum Ende des Kurfürstentums Bayern 37 Seminaristen der Domus Gregoriana adeliger Herkunft, was einem Anteil von 3,2 % entspricht.[1789] Allerdings handelte es sich in der Mehrzahl um Söhne von persönlich geadelten Angehörigen des Militärs oder des Verwaltungswesens, von geadelten Leibärzten oder Räten, dem so genannten Beamtenadel. Aber es finden sich auch die Namen von Berville, von Eckher, von Fischheim, von Haeffelin, von Hellersberg, Janson de la Stock, von Magerl, Maillot de la Treille, von Mehlem, von

---

schreiber, Marktschreiber, Schreiber, Gerichtsschreiber, Sekretär, Kanzlist, Verwalter, Münzverwalter, Schlossverwalter, Kasernenverwalter, Kellermeister, Brauereiverwalter, Ökonomieverwalter, Güterdirektor, Beamter, Rentbeamter, Amtmann und Salzbeamter.

[1785] Hierbei wurden die Berufe Richter, Gerichtsverwalter, Klosterpräfekt, Prokurator, Verweser, Pfleger, Advokat, Agent, Pflegkommissar und Administrator zusammengefasst.

[1786] Für den Forst- und Jagdbereich wurden die Bezeichnungen Förster, Jäger, Forstverweser, Forstmeister, Jägermeister und Oberjäger verwendet. Als Berufsbezeichnungen des Zollwesens tauchen auf: Zöllner, Mautner, Warenbeschauer, Mautamtsbeamter, Aufschläger und Steuereinnehmer auf.

[1787] Der Anteil der Absolventen von Beamtensöhnen betrug für die Zeit von 1600 bis 1776 13,2 % und stieg daher um 5 %; vgl. KRAUS, Schule im Umbruch, in: ACKERMANN, SCHMID (Hg.), Staat und Verwaltung in Bayern, 349-371, hier 352.

[1788] Hannelore Putz nennt in ihrer Untersuchung die Berufsgruppe „Verwaltung" ohne genauer anzugeben, welche Berufe sie darunter zählt; vgl. PUTZ, Domus Gregoriana, 85.

[1789] Bis zum Schuljahr 1772/1773 befanden sich lediglich zwölf adelige Gregorianer im Seminar, was einen Anteil von 0,8 % ergibt; vgl. PUTZ, Domus Gregoriana, 318, 320. – In der Regel wurden hohe Militärangehörige persönlich geadelt. Zählt man die fünf Söhne dieser Personengruppe zu den Seminaristen seit 1773/1774 hinzu, die ohne Adelsprädikat genannt werden, nämlich Karl Doppel, Johann Baptist Luckner, Leonhard Piringer, Josef Friedrich Plathiel und Josef Schedl, würde der prozentuale Anteil von Söhnen mit adeliger Herkunft 3,6 % betragen.

Pigenot, von Prielmair, von Soyer und von Stubenrauch. Dies könnte ein Hinweis auf die größere Wertschätzung der Leitung des Hauses durch die Prälatenorden seit dem Schuljahr 1781/1782 sein. Der Anteil des Adels am Münchener Jesuitengymnasium betrug von 1601 bis 1776 etwa 4,9 %.[1790] Für die Zeit von 1777 bis 1803 erhöhte sich der Anteil des Adels bei den Absolventen des Kurfürstlichen Gymnasiums um fast das Doppelte auf etwa 8 %.[1791] Betrachtet man die Eintrittszeit näher, so zeigt sich, dass ein adeliger Seminarist in der Person des Hauptmannsohns Josef Anton von Eisenrith vor der Aufhebung der Gesellschaft Jesu 1771 eintrat und 1774 das Gymnasium als Seminarist absolvierte.[1792] Drei adelige Söhne traten in das Kurfürstliche Seminar unter Leitung der Exjesuiten ein.[1793] Einen sprunghaften Anstieg von Seminaristen mit adeliger Herkunft erlebte die Domus Gregoriana unter dem Inspektorat des Augustiner-Chorherrn Frigdian Greinwald von 1781 bis 1792 mit immerhin 12 Eintritten.[1794] Unter seinem Nachfolger Anton Acher (1792-1794) trat ein adeliger Zögling ein, so dass unter der Leitung der Augustiner-Chorherren insgesamt 13 Adelspersonen das Leben im Seminar begannen (1,1 %).[1795] Unter benediktinischer Führung von 1794 bis 1802 kamen 10 adelige Seminaristen ins Haus, was 0,9 % ausmacht.[1796] In der kurzen Zeitspanne von 1802 bis 1805, in der das Kurfürstliche Seminar unter Leitung des Weltpriesters Anton Zistelsberger stand,

---

[1790] Andreas Kraus differenziert zwischen dem Anteil des Hochadels mit 2,09 % und dem Anteil des Niederadels mit 2,88 %; vgl. KRAUS, Gymnasium der Jesuiten, 18.

[1791] Vgl. KRAUS, Schule im Umbruch, in: ACKERMANN, SCHMID (Hg.), Staat und Verwaltung in Bayern, 349-371, hier 352.

[1792] Da Hannelore Putz sich auf die Absolventen der Domus Gregoriana beschränkte, wurde Josef Anton von Eisenrith von ihr nicht berücksichtigt.

[1793] Es waren dies die Seminaristen Bernhard von Heiß (1779-1782), Max von Krempon (1779-1782) und Blasius von Ruf (1775-1776).

[1794] Folgende Zöglinge sind zu nennen: Karl von Fischheim (1788-1792), Philipp Josef Freiherr von Haeffelin (1787-1788), Klemens von Haslböck (1782-1785), Nikolaus von Hellersberg (1788-1791), Anton Janson de la Stock (1782-1787), Kajetan Freiherr von Magerl (1784-1787), Nikolaus von Maillot de la Treille (1783-1784), Georg Daniel von Mehlem (1783-1786), Johann Baptist von Pirchinger (1782-1784), Johann Kantius von Schmid (1784-1787), Karl von Soyer (1781-1784) und Josef von Wager (1781-1782).

[1795] Unter Inspektor D. Anton Acher trat Johann Nepomuk von Leutner (1792-1793) in die Domus Gregoriana ein.

[1796] Folgende Namen können angegeben werden: Hieronymus von Eckher (1795-1796), Adam von Kern (1794-1797), Peter Freiherr von Kistler (1800-1805), Felix Pius von Kropf (1795-1796), Josef von Leuthner (1796-1798), Maximilian Freiherr von Magerl (1795-1796), Wolfgang von Pigenot (1796-1798), Ignaz von Predl (1800-1802), Franz Emanuel de Ris (1798-1799) und Anton von Stamm (1795).

traten noch einmal 10 adelige Söhne ein (0,9 %).[1797] Damit deutete sich ein Trend an, der im 19. Jahrhundert vor allem unter Direktor Benedikt von Holland (Direktor 1810-1824) aufgegriffen und ausgebaut wurde. In der kurzen Zeit von 1806 bis 1809 traten 24 Seminaristen adeliger Herkunft ein. Während des Direktorats Benedikts von Holland traten dann 176 adelige Söhne ein. Im Königlichen Erziehungsinstitut für Studierende besuchten von 1806 bis 1918 insgesamt 595 adelige Zöglinge das Internat, was bei 3381 Seminaristen einen relativ hohen Anteil von 17,6 % ausmacht.[1798]

Als Ergebnis kann festgehalten werden, dass sich die strengen Zulassungsbeschränkungen des absolutistischen Staates zur höheren Schulbildung nicht durchhalten ließen, wenn z. B. immer noch 30 % der Seminaristen aus Handwerkerfamilien und 10,7 % aus landwirtschaftlichen Verhältnissen stammten.[1799] Dagegen entdeckte der Adel als durch den Staat bevorzugte soziale Schicht für die höheren Studien die Domus Gregoriana im letzten Drittel des 18. Jahrhunderts als Erziehungsstätte – eine Entwicklung, die vor allem unter Benedikt von Holland gefördert wurde.

[1797] Unter Inspektor Anton Zistelsberger traten folgende adelige Söhne ein: Max von Berville (1805-1808), Karl August von Dumas (1805-1808), Josef von Hammel (1803-1808), Martin von König (1805-1808), Johann Freiherr von Prielmair (1805-1806), Franz Xaver von Schelf (1805-1811), Franz Xaver von Schlierf (1802-1805), Franz Xaver von Schultes (1803-1805), Franz von Stichaner (1803-1805) und Zacharias von Stubenrauch (1802-1805).

[1798] Von 1824 bis 1849 traten 221 adelige Zöglinge in das Münchener Erziehungsinstitut ein, womit ein Höhepunkt erreicht war. Bereits von 1850 bis 1874 nahm die Zahl deutlich um über die Hälfte ab, da nur noch 109 Seminaristen adeliger Herkunft ins Haus kamen. Von 1875 bis 1899 gab es nur noch 44 adelige Eintritte, um in der Zeit von 1900 bis 1918 schließlich auf 23 adelige Zöglinge zu sinken.

[1799] Andreas Kraus spricht in diesem Zusammenhang sogar von einem Scheitern der beiden Rektoren Anton von Bucher (1773-1777) und Josef Melchior Danzer (1777-1781); vgl. KRAUS, Schule im Umbruch, in: ACKERMANN, SCHMID (Hg.), Staat und Verwaltung in Bayern, 349-371, hier 352.

2. Der Einzugsbereich des Kurfürstlichen Seminars

Der Fundationsbrief von 1654 legte fest, dass in erster Linie Söhne armer Münchener Bürger und sodann Knaben aus dem Herzogtum Bayern in die Domus Gregoriana aufgenommen werden sollten. Ausnahmen für ausländische Kandidaten, wobei mit Ausland alle Länder außerhalb des Kurfürstentums Bayern gemeint waren, wurden gemacht, wenn sie sich durch besondere musikalische Begabung auszeichneten und sich von ihnen gute Leistungen im Gymnasium erwarten ließen.[1800]

Von 1062 Seminaristen und damit von etwa 90,5 % ist die Herkunft aus insgesamt 438 Orten bekannt. Die Verteilung der Seminaristen nach einzelnen Ortschaften ergibt folgendes Schaubild:

Ort und Anzahl der Seminaristen	Anzahl	Personenzahl	Anteil in Prozent
Ort mit 1 Seminaristen	276	276	26 %
Ort mit 2 Seminaristen	74	148	14 %
Ort mit 3 Seminaristen	31	93	8,8 %
Ort mit 4 Seminaristen	17	68	6,4 %
Ort mit 5 Seminaristen	11	55	5,2 %
Ort mit 6 Seminaristen	8	48	4,5 %
Ort mit 7 Seminaristen	3	21	2 %
Ort mit 8 Seminaristen	4	32	3 %
Ort mit 9 Seminaristen	3	27	2,5 %
Ort mit 10 und mehr Seminaristen	11	294	27,7 %

276 Seminaristen stammten aus einem Ort, der nur einmal genannt wird (26 %). Im Untersuchungszeitraum bis 1773 stammten 317 Absolventen bzw. 21 % als einzige aus einem Ort.[1801] Im Unterschied dazu kamen 492 Seminaristen oder 46,4 % aus Ortschaften, die zwei bis neun Seminaristen stellten. Dieser Anteil ist am deutlichsten gestiegen, denn in der Zeit bis 1773 betrug er lediglich

---

[1800] Vgl. PUTZ, Domus Gregoriana, 333; vgl. auch STUBENVOLL, Geschichte des Königl. Erziehungs-Institutes, 27f.
[1801] Vgl. PUTZ, Domus Gregoriana, 77.

35 %.[1802] Schließlich stellten Ortschaften mit zehn oder mehr Seminaristen über ein Viertel der Seminaristen, nämlich 27,7 %.

Die Orte, in denen mindestens zehn Seminaristen aufgewachsen sind, waren:

Ort	Personenzahl	Anteil in Prozent
München	146	13,7 %
Landsberg	29	2,7 %
Wasserburg	20	1,9 %
Murnau	15	1,4 %
Rötz	15	1,4 %
Pfaffenhofen	13	1,2 %
Tölz	13	1,2 %
Landau	11	1 %
Schongau	11	1 %
Straubing	11	1 %
Dießen	10	0,9 %

So nimmt die Haupt- und Residenzstadt München mit ca. 13,7 % die Spitzenposition ein. Dies entspricht in etwa dem Ergebnis von Hannelore Putz für die Zeit bis 1773, in der 189 Absolventen aus München kamen, was einen Anteil von 12,5 % ergibt.[1803] Demnach erfüllte das Kurfürstliche Seminar im letzten Drittel des 18. Jahrhunderts noch immer die Forderung der Statuten, dass zuallererst Münchener Bürgersöhne aufgenommen werden sollten.

Mit großem Abstand folgt an zweiter Stelle die Stadt Landsberg mit 29 Seminaristen (2,7 %). Diese relativ hohe Zahl lässt sich aus dem von Dr. Matthäus Marquard (1616-1675) im Jahre 1677 gestifteten Stipendium erklären, das zunächst drei Landsberger Bürgersöhnen den freien Unterhalt im Münchener Seminar ermöglichte. Bis 1773 stammten 20 Absolventen und damit 1,3 % aus Landsberg am Lech.[1804]

[1802] Vgl. PUTZ, Domus Gregoriana, 77.
[1803] Vgl. PUTZ, Domus Gregoriana, 76.
[1804] Vgl. PUTZ, Domus Gregoriana, 76. – Bei Hannelore Putz fehlt der Hinweis auf das Marquardische Stipendium; vgl. ebda., 81.

Die Stiftung eines Stipendiums war auch die Ursache für zwei weitere Städte, aus denen Seminaristen stammten: Aufgrund des 1755 gestifteten Gebrathischen Stipendiums, das an einen Schongauer Bürgersohn verliehen wurde, kamen immerhin 11 Seminaristen aus der bayerischen Stadt (1 %). Seit 1787 gab es noch das so genannte Mindelheimer Stipendium, wofür zwei Seminaristen in Frage kamen.[1805] Insgesamt waren ein Drittel der Seminaristen Stadtkinder (33,1 %).

Was nun den Einzugsbereich des Münchener Kurfürstlichen Seminars betrifft, so wurde das Einordnungsschema der heute bestehenden Diözesen Augsburg, Eichstätt, München und Freising, Passau und Regensburg gewählt, da sich die Diözesangrenzen, abgesehen von Passau, nicht gravierend verändert haben.[1806] So ergibt sich folgende Aufteilung:

Diözese/Erzdiözese	Personenzahl	Anteil in Prozent
Augsburg	205	17,5 %
Eichstätt	10	0,9 %
München und Freising	444	37,8 %
Passau	69	5,9 %
Regensburg	200	17 %
Sonstige Diözesen oder nicht feststellbar	246	21 %

Das Ergebnis zeigt, dass eine überwiegende Mehrheit von über einem Drittel aus der Erzdiözese München und Freising stammte, deren Grenzen nahezu identisch mit dem Regierungsbezirk Oberbayern sind. Einen fast gleich großen Anteil stellten die Diözesen Augsburg und Regensburg mit 17,5 % bzw. 17 %. Aus der Diözese Passau kamen 69 Seminaristen oder 5,9 %. Auffallend gering ist die

---

[1805] Insgesamt stammten sechs Seminaristen aus der Stadt Mindelheim, die unter bayerischer Herrschaft lag.
[1806] Auf das Einordnungsraster nach den heutigen Landkreisen, wie es Hannelore Putz vorgenommen hat, wurde verzichtet. Sie selbst spricht hier von einem „anachronistischen Hilfsmittel"; vgl. PUTZ, Domus Gregoriana, 81f. – Bei der Zuordnung nach Diözesen ergab sich das Problem, dass nicht alle Orte exakt zu identifizieren sind. Ein Beispiel ist die Angabe des Herkunftsortes „Brunn". Nach dem Handbuch der bayerischen Ämter, Gemeinden und Gerichte von Wilhelm Volkert gibt es einen Ort namens Brunn bei Ansbach, Ebermannstadt, Neumarkt in der Oberpfalz, Neustadt an der Aisch, Nürnberg oder bei Parsberg. Ähnlich verhält es sich bei der Ortsangabe „Winden". So gibt es ein Winden am Aign, Winden bei Scheyern, Germersheim, Ingolstadt oder Riedenburg. Ein weiteres Problem ergab sich für die Bestimmung der Orte, die ehemals im Erzbistum Salzburg lagen. Es wurden daher die heutigen Diözesangrenzen als Maßstab benutzt.

Zahl von zehn Seminaristen aus der Diözese Eichstätt mit 0,9 %, wobei allein vier Zöglinge aus der Universitätsstadt Ingolstadt stammten.
Etwa ein Fünftel der Seminaristen (ca. 21 %) konnte nicht eindeutig einer Diözese zugeordnet werden oder kam von weiter her. Aus diesem fünften Teil ist auf die Gruppe der Tiroler und Österreicher hinzuweisen: 26 Seminaristen und damit 2,4 % gaben einen Ort in Tirol bzw. Südtirol oder in Österreich als ihre Heimat an.[1807]
Außerdem ist auf eine neue Gruppe von Seminaristen aufmerksam zu machen, nämlich auf die Pfälzer. Mit dem Regierungsantritt Karl Theodors 1777 hielten zahlreiche Pfälzer Einzug in die bayerische Haupt- und Residenzstadt München, was sich auch in neun Seminaristen aus der Pfalz niederschlug (0,9 %). Allein fünf Mannheimer Bürgersöhne lebten in der Domus Gregoriana.
Die entferntesten Herkunftsorte waren Bayreuth in Franken, Meersburg und Rastatt in Baden, Frankfurt am Main in Hessen, Dresden in Sachsen, Nancy in Frankreich, Straßburg im Elsaß und Reichstadt in Böhmen, aus denen je ein Seminarist kam. Aus Sigmaringen in Württemberg stammten zudem noch zwei Seminaristen. Auffällig hebt sich der Ort Wiesensteig in Württemberg mit neun Seminaristen ab (0,8 %). Dies lässt sich dadurch erklären, dass Wiesensteig seit 1752 zu Kurbayern gehörte.[1808]
Eindeutig lassen sich zudem die bayerischen Klosterortschaften als Einzugsgebiet des Münchener Seminars ausmachen. In der Regel unterhielten vor allem die Prälatenorden eine Lateinschule an ihren Klöstern und boten somit Knaben aus der Umgebung eine Grundvoraussetzung zum Übertritt an ein Gymnasium und damit auch zum Eintritt in das Kurfürstliche Seminar in München. 80 Seminaristen gaben ein Dorf, in dem ein Kloster eines der vier Prälatenorden stand, als Heimat an (7,5 %).[1809]

[1807] Zu den Beziehungen zwischen Bayern und Tirol vgl. FORCHER, Bayern – Tirol. Die Geschichte einer freud-leidvollen Nachbarschaft. – Zu den Beziehungen zwischen Schwaben und Tirol vgl. BAER, FRIED (Hg.), Schwaben – Tirol. Historische Beziehungen zwischen Schwaben und Tirol von der Römerzeit bis zur Gegenwart, 2 Bde., Rosenheim 1989.
[1808] In diesem Ort gab es zudem ein Chorherrenstift von Säkularklerikern, das eine Schule unterhielt. 1806 wurde Wiesensteig dem Königreich Württemberg zugesprochen; vgl. GRUBE, *Sämtliches ist sofort an das Münzamt nach München gesandt worden* ... Die Aufhebung des Chorherrenstiftes St. Cyriacus in Wiesenteig, in: HIMMELEIN, RUDOLF (Hg.), Alte Klöster. Neue Herren. Die Säkularisation im deutschen Südwesten 1803, Bd. 2/1, 631-642; GRUBER, Art. Wiesensteig, in: ZIMMERMANN, PRIESCHING (Hg.), Württembergisches Klosterbuch, 512-514; LANG, Art. Wiesensteig, in: LThK^3, Bd. 10, 1163.
[1809] Eine Untersuchung des Einzugsgebietes einzelner Prälatenklöster konnte aus Zeitgründen nicht vorgenommen werden.

An Klosterdörfern, aus denen mindestens drei Seminaristen stammten, können angegeben werden:

Klosterortschaft (Orden)	Anzahl der Seminaristen
Dießen (Augustiner-Chorherren)	11
Benediktbeuern (Benediktiner)	7
Beuerberg (Augustiner-Chorherren)	5
Osterhofen[1810] (Prämonstratenser-Chorherren)	5
Polling (Augustiner-Chorherren)	5
Rohr (Augustiner-Chorherren)	5
Niederaltaich (Benediktiner)	4
Thierhaupten (Benediktiner)	4
Fürstenfeld (Zisterzienser)	3
Gars (Augustiner-Chorherren)	3
Mallersdorf (Benediktiner)	3
Rottenbuch (Augustiner-Chorherren)	3
Steingaden (Prämonstratenser-Chorherren)	3
Wessobrunn (Benediktiner)	3

An erster Stelle steht der Ort Dießen mit dem dortigen Augustiner-Chorherrenstift, das eine Lateinschule unterhielt. Elf Seminaristen gaben Dießen als Heimat an. Vor 1773 nahm Polling eine Führungsrolle ein.[1811] Der zweite Rang mit sieben Seminaristen belegte Benediktbeuern, aus dessen Kloster der Inspektor P. Bonifaz Koller (Inspektor von 1798 bis 1799) kam. Im mittleren Feld liegen die Orte Beuerberg, Osterhofen, Polling und Rohr mit je fünf Seminaristen. Aus Niederaltaich und Thierhaupten stammten jeweils vier Zöglinge und je drei Seminaristen kamen aus Fürstenfeld, Gars, Mallersdorf, Rottenbuch, Steingaden und Wessobrunn. Dass kein Seminarist aus Weyarn stammte, könnte darin begründet liegen, dass die Augustiner-Chorherren selbst ein angesehenes Gym-

---

[1810] Es ist allerdings fraglich, ob in jedem Fall der Klosterort Osterhofen in der Diözese Passau gemeint war, oder ob es sich um das Dorf Osterhofen bei Bayrischzell in Oberbayern handelte. Das Prämonstratenser-Chorherrenstift Osterhofen wurde bereits 1783 aufgehoben; vgl. BACKMUND, Monasticon Praemonstratense, Bd. 1, 13-17.
[1811] Vgl. PUTZ, Domus Gregoriana, 82.

nasium und Lyzeum unterhielten.[1812] Eine weitere Ursache könnte in der Gegnerschaft des Weyarner Propstes Rupert Sigl zu Polling bestehen, der wohl kaum unter dem Inspektorat des Pollinger Augustiner-Chorherrn D. Frigdian Greinwald (1781-1792) eine Empfehlung an Weyarner Kinder ausgesprochen haben dürfte, ins Seminar nach München zu gehen.[1813]

Nach Orden verteilt kamen insgesamt 40 Zöglinge und damit exakt die Hälfte aus einem Ort, in dem ein Kloster der Augustiner-Chorherren stand.[1814] Vielleicht mag hier die Leitung des Kurfürstlichen Seminars durch diesen Orden von 1781 bis 1794 ausschlaggebend gewesen sein, bevorzugt Knaben aus Schulen der Augustiner-Chorherren aufzunehmen. 25 Gregorianer stammten aus einem Dorf mit einem Benediktinerkloster, was 31,25 % entspricht.[1815] Aus einer Ortschaft, in denen die Prämonstratenser-Chorherren ein Stift besaßen, kamen 10 Seminaristen (12,5 %).[1816] Schließlich gaben 5 Zöglinge ein Dorf mit einem Stift der Zisterzienser als Heimat an (6,25 %).[1817]

Ergänzend seien schließlich noch die Orte Habach und Altötting genannt, in denen sich jeweils ein Kollegiatstift befand. So kamen aus Habach 6 Seminaristen und aus Altötting 7 Zöglinge.

Was die Vorbildung der Schüler betrifft, die bereits Lateinkenntnisse mitzubringen hatten, so können von 87 Seminaristen die vorliegenden Bewerbungszeugnisse von Kloster-, Markt- und Stadtschulen ausgewertet werden, die ein Beispiel der bayerischen Bildungslandschaft am Vorabend der Säkularisation von 1802/1803 geben.[1818] Sie stammen überwiegend aus der Zeit des Inspektors D. Frigdian Greinwald (1781-1792). Zumeist unterhielten die Klöster der Prälatenorden eine so genannte Lateinschule, an die meist ein kleines Seminar angeschlossen war. Die Knaben lernten Lesen und Schreiben und erhielten den ersten

---

[1812] Zu den Weyarner Bildungsstätten vgl. SEPP, Weyarn, 305-324.

[1813] D. Rupert Sigl, der seit 1765 als Propst die Geschicke des Stiftes Weyarn leitete, war übrigens Gregorianer und hatte 1743 das Gymnasium absolviert; vgl. PUTZ, Domus Gregoriana, 312.

[1814] Zu den bereits aufgeführten 32 Seminaristen aus einem Klosterort der Augustiner-Chorherren mit 3 oder mehr Seminaristen sind noch acht hinzu zu zählen, die aus folgenden Stiftsdörfern kamen: Au am Inn (1 Seminarist), Beyharting (1), Baumburg (1), Dietramszell (2), St. Nikola bei Passau (2) und Schlehdorf (1).

[1815] Zu den 21 genannten Zöglingen aus Dörfern mit einem Benediktinerstift sind 4 Seminaristen zu ergänzen, die aus Rott am Inn (1 Seminarist), Seeon (1) und Tegernsee (2) kamen.

[1816] Neben den aufgeführten 8 Seminaristen sind 2 Zöglinge aus dem Dorf, in dem sich das Prämonstratenser-Chorherrenstift St. Salvator befand, hinzuzuzählen.

[1817] Aus dem Reichsstift Kaisheim und dem Stift Raitenhaslach stammte jeweils ein Seminarist, sodass insgesamt 5 Gregorianer aus einer Ortschaft mit einem Zisterzienserkloster kamen.

[1818] Die Zeugnisse befinden sich in: StAM, Albertinum A 30.

Lateinunterricht. In der Regel hatten die Klosterseminaristen die Musik in der Stiftskirche zu besorgen, weswegen das Erlernen eines Musikinstrumentes verpflichtend war. Dafür war der Besuch von Schule und Seminar in der Regel kostenfrei.

Aus folgenden Klosterschulen liegen Zeugnisse von Schülern vor, die Aufnahme ins Münchener Kurfürstliche Seminar gefunden haben: erstens Schulen der Augustiner-Chorherren: Bernried (Anzahl der Zeugnisse: 6), Polling (5), Rohr (5), Weyarn (4), Dietramszell (2), Indersdorf bis 1783 (2), Rottenbuch (2) und Beuerberg (1); zweitens Schulen der Benediktiner: Benediktbeuern (6), Andechs (5), Tegernsee (4), Mallersdorf (2), St. Emmeram in Regensburg (2), Ettal (1), Michaelbeuern (1), Niederaltaich (1), Oberaltaich (1), Ottobeuren (1), Prüfening (1) und Scheyern (1); drittens Schulen der Zisterzienser: Fürstenfeld (4) und Aldersbach (2) und viertens eine Schule der Prämonstratenser-Chorherren: Steingaden (4).

An Markt- und Stadtschulen können aufgezählt werden: Amberg (1), Augsburg (2), Burghausen (1), Ebersberg (1), Freising (4), Ingolstadt (1), Landsberg (4), Landshut (1), Memmingen (1), Neuburg a. d. Donau (1), Oettingen (1), Regensburg (3), Salzburg (1), Schongau (1) und Straubing (1). Demnach kamen 27 Seminaristen aus Schulen der Augustiner-Chorherren, 26 aus Benediktinerschulen, 6 aus zwei Zisterzienserschulen und 4 aus einer Schule der Prämonstratenser-Chorherren.

Die Prälatenorden stellten demnach mit insgesamt 63 Schülern einen Anteil von 72,4 % gegenüber den 24 Schülern oder 27,6 % aus Markt- und Stadtschulen. Dieses Beispiel zeigt, welche wichtige Rolle die Prälatenklöster für die bayerische Bildungslandschaft darstellten. Einen herben Schlag erlitten die Schulen der Prälatenorden durch die Bestimmung der Schulordnung von 1799, „daß von nun an alle in den verschiedenen in Unseren Landen befindlichen Prälatenklöstern bisher bestandenen Studenten-, Seminarien- und lateinischen Schulen geschlossen, und in Realschulen verwandelt werden sollen, in welchen blos jene Elementar-Kenntnisse gelehrt werden mögen, die für alle Stände gleich nöhig und brauchbar sind"[1819]. Mit der Säkularisation von 1802/1803 brachen schließlich die Klosterschulen endgültig weg, und es dauerte bis weit ins 19. Jahrhun-

---

[1819] LURZ, Mittelschulgeschichtliche Dokumente Altbayerns, Bd. 2, 286.

dert und sogar darüber hinaus, bis der Staat eine flächendeckende Schulversorgung auf dem Land wieder aufbauen konnte.[1820]

Die Säkularisation „ist auch erste Ursache für das später so genannte »katholische Bildungsdefizit«. Dies kam durch die Zerstörung der katholischen Bildungseinrichtungen und vor allem der Klöster, auf denen vor allem in Bayern in ländlichen Gegenden die katholische Kultur des Barockzeitalters beruht hatte. Durch den Ausfall dieser jahrhundertealten »Begabtenförderung« wurde das katholische Land vielfach bildungsmäßig zum Vakuum."[1821]

[1820] Der Kirchenhistoriker Klaus Schatz fasst zusammen: „Auf dem Bildungssektor wurden im »stiftischen« Deutschland am Ende des 18. Jahrhunderts erhebliche Anstrengungen gemacht, den zunächst bestehenden Rückstand aufzuholen. Hier waren es gerade die Klöster, die seit Jahrhunderten auf dem Lande ein Auge auf begabtere Kinder warfen, ihnen Lateinunterricht und Stipendien gaben. Dies Bemühen war natürlich nicht immer ganz altruistisch, sondern auch vom Interesse am eigenen Nachwuchs bestimmt. Aber es war immerhin für ein Jahrtausend die soziale Leiter und die Form der »Begabtenförderung« auf dem Lande. Man hat darauf hingewiesen, daß z. B. in Bayern erst in den letzten Jahrzehnten die Bildungschancen auf dem Lande wieder den Grad erreicht haben, den sie durch die Klöster vor der Säkularisation hatten"; SCHATZ, Zwischen Säkularisation und Zweitem Vatikanum, 19; vgl. auch SEPP, Die Gestaltung der pfarrlichen und schulischen Verhältnisse in Bayern nach 1803, dargestellt am Beispiel der Augustiner-Chorherrenstifte der Diözese Freising, in: MÜLLER (Hg.), Reform – Sequestration – Säkularisation, 221-264.

[1821] SCHATZ, Zwischen Säkularisation und Zweitem Vatikanum, 33.

3. Die Aufenthaltsdauer der Seminaristen in der Domus Gregoriana

In dieser Untersuchung wurde versucht, die Ein- und Austrittszeit der Seminaristen zu ermitteln, wonach ihre Aufenthaltszeit in Jahren angegeben werden kann.[1822] Die Aufteilung ergab folgendes Schema:

Aufenthaltsjahre	Personenzahl	Anteil in Prozent
1 Jahr	386	32,9 %
2 Jahre	183	15,6 %
3 Jahre	137	11,7 %
4 Jahre	132	11,2 %
5 Jahre	179	15,2 %
6 Jahre	96	8,2 %
7 Jahre	38	3,2 %
8 Jahre	14	1,2 %
9 Jahre	5	0,4 %
10 Jahre	3	0,3 %
11 Jahre	0	0 %
12 Jahre	1	0,1 %

Erstaunlich hoch ist der Anteil derjenigen, die bereits nach einem Jahr die Domus Gregoriana verließen, nämlich 386 Knaben und damit fast ein Drittel aller Seminaristen (32,9 %).[1823] Gründe hierfür können sein, dass sie den schulischen Anforderungen des Gymnasiums nicht gerecht wurden, was vermutlich für die

---

[1822] In der Liste der Seminaristen von 1773/1774 bis 1805/1806 ist daher im Unterschied zu Hannelore Putz, die sich auf das Abschlussjahr der Absolventen beschränkte, die Aufenthaltszeit in der Spalte „Zöglingsjahre" angegeben worden.

[1823] Bei der Bewertung der Aufenthaltszeit ergab sich von vornherein das Problem, dass natürlich nicht alle Seminaristen mit der ersten Gymnasialklasse begannen, sondern zum Teil in unterschiedliche Klassen ins Gymnasium eintraten. Ein Schulwechsel konnte zum Beispiel eine Ursache sein, oder ein Schüler besuchte bereits das Münchener Gymnasium und trat erst später ins Seminar ein. Für die überwiegende Zahl der Seminaristen kann wohl angenommen werden, dass mit dem Eintritt in die Domus Gregoriana der Besuch der ersten Gymnasialklasse übereinstimmt.

meisten Schüler zutreffen dürfte.[1824] Manchem Zögling mag das strenge Leben im Kurfürstlichen Seminar zu schwer gewesen sein. So berichtete Ludwig Aurbacher in seinen Jugenderinnerungen, dass er selbst als Zögling aus der Domus Gregoriana nach Hause geflohen sei.[1825] Sebastian Dillinger bat im Schuljahr 1777/1778 um Entlassung aus dem Seminar mit der Begründung, er „wäre nicht vergnüget"[1826]. Über Georg Hermann, der im Schuljahr 1776/1777 Seminarist war, heißt es: „Ist aus Furcht verdienter Strafe nach Hause gegangen und nicht wieder gekommen."[1827]

Bei Konviktoren könnte die Finanzierung eine Ursache zum Austritt gewesen sein, wofür Aurbacher ebenfalls ein Beispiel gibt.[1828] Auch der Ausschluss aufgrund grober disziplinarischer Vergehen ist belegt. Der Seminarist Alois Lindmair wurde beispielsweise im Schuljahr 1799/1800 nach einem Diebstahl entlassen.[1829] Nach nur zwei Jahren traten 183 Seminaristen bzw. 15,6 % aus. Der Anteil an Seminaristen, die nach drei bzw. vier Jahren das Haus verließen, liegt fast gleich hoch mit 11,7 % bzw. 11,2 %. Nach der regulären Schulzeit von fünf bzw. vier Jahren und dem Erwerb des gymnasialen Abschlusses endete in der Regel für die meisten Zöglinge die Seminaristenzeit. So gingen 179 Zöglinge oder 15,2 % nach einem fünfjährigen Aufenthalt aus dem Haus. Es verwundert daher nicht, dass der Anteil der Seminaristen, die länger als fünf Jahre im Internat lebten, deutlich abbricht. Auf sechs Zöglingsjahre kommen noch 96 Seminaristen oder 8,2 % und sieben Jahre verbrachten 38 Zöglinge im Haus (3,2 %). Zahlreiche Seminaristen, die das Gymnasium beendet hatten, begannen am Münchener Kurfürstlichen Lyzeum das zweijährige Philosophie- und anschließend das Theologiestudium. Da besondere Hausämter wie das Vizepräfekt- oder das Monitorenamt an ältere Studenten vergeben wurden, durften einige Lyzeumsstudenten ihre Seminarzeit verlängern und weiter in der Domus Gregoriana woh-

---

[1824] Bereits die Schulordnung von 1774 hatte jährlich zwei Ausmusterungen für unfähige Schüler angeordnet. Die Schulordnung von 1777 bekräftigte die Entlassung äußerst schwacher Gymnasiasten noch einmal; vgl. LURZ, Mittelschulgeschichtliche Dokumente Altbayerns, 221, 242.
[1825] Vgl. KOSCH, Ludwig Aurbacher, 52.
[1826] BayHStA, GL Fasz. 2697/477.
[1827] StAM, Albertinum B 26.
[1828] Bei der Aufnahme Ludwig Aurbachers wurde dem Vater versichert, dass das Kostgeld bei guter Führung nach einem Jahr entfallen sollte. Obwohl Aurbacher Fortschritte vorweisen konnte, wurde der zugesagte Erlass nicht gewährt, woraufhin der Knabe aus dem Münchener Seminar genommen wurde und nach Ottobeuren kam; vgl. KOSCH, Ludwig Aurbacher, 55.
[1829] Vgl. BayHStA, GL Fasz. 2697/477; 2700/494; 2832/1451. – Insgesamt sind zehn Entlassungen von Seminaristen belegt.

nen. 14 Seminaristen brachten es sogar auf acht Jahre (1,2 %) und 5 auf neun Jahre (0,4 %). Schließlich wohnten noch drei Seminaristen zehn volle Jahre im Haus, nämlich Josef Fidelis Endorfer (1768-1778), Johann Baptist Haubl (1797-1807) und Alois Heigel (1707-1807). Spitzenreiter ist Franz Jakob Endorfer, der von 1770-1782 Seminarist war und damit zwölf Jahre seines Lebens in der Domus Gregoriana verbrachte.

Insgesamt betrug für 1017 Zöglinge die Seminarzeit ein bis fünf Jahre, somit für eine absolute Mehrheit von 86,6 %. Sechs und mehr Jahre verbrachten 157 Seminaristen im Kurfürstlichen Seminar, was 13,4 % entspricht.

4. Die Lebenswege der Seminaristen – die Domus Gregoriana als „Noviziat der Stände der Geistlichen"?

Die Beauftragung der Hausleitung durch die Gesellschaft Jesu und das damit verbundene Bildungsziel der Domus Gregoriana wurde prägnant im Fundationsbrief von 1654 in Erinnerung an die Absicht der Zustiftung Herzogs Wilhelm V. formuliert: „Iam tum, et ab usque primo initio serenissimus Guilielmus V. plenissimam gubernationem reliquit societati, et eius superioribus, ut ad maiorem Dei gloriam, ecclesiae et patriae utilitatem, quemadmodum in domino videbitur, iuxta societatis institutum alumnos regant, admittant, patremfamilias, praefectum, et alios officiales constituant, reditus administrent, leges condant, obligationes imponant, et ea demum omnia faciant, quae ad tam salutaris instituti conservationem et propagationem opportuna videntur."[1830] Im Abschnitt über die Geschichte der Stiftung heißt es, Herzog Wilhelm V. hätte sich zum Ausbau der Stiftung entschieden, um durch das Internat eine gewisse Anzahl gebildeter Priester und Laien zu gewinnen. Bereits 1654 wurde über die eingeschlagenen Berufswege der Seminaristen formuliert: „Quemadmodum etiam ex eo liquet, quod ex domo ist prodierint viri plurimi pietate et doctrina insignes, sanctissimae theologiae legumque doctores, licentiati, baccalaurei, magistri artium, religiosi et sacertotes maximo numero, et inter hos etiam monasteriorum abbates, professores theologiae concionatores, et cetera."[1831]

Von Anfang an stand demnach den Seminaristen die Wahl des geistlichen oder weltlichen Berufsweges offen. Dennoch war die Tagesordnung eng an das Leben in einem Kloster angelehnt. So verwundert das Ergebnis von Hannelore Putz nicht, wenn von den Absolventen der Domus Gregoriana bis zum Schuljahr 1772/1773 knapp 61,6 % den geistlichen Weg einschlugen.[1832] Die Aussage Anton von Buchers, dass „die Sodalitäten [...] in der Folge Noviziate für die

---

[1830] Zitat nach PUTZ, Domus Gregoriana, 332; vgl. auch STUBENVOLL, Geschichte des Königl. Erziehungs-Institutes, 23.
[1831] Zitat nach PUTZ, Domus Gregoriana, 332; vgl. auch STUBENVOLL, Geschichte des Königl. Erziehungs-Institutes, 24f.
[1832] „Für den geistlichen Stand entschieden sich 953 Gregorianer und damit knapp 61,6 % der Absolventen des Münchner Jesuiteninternates. 258 von ihnen wurden Weltgeistliche, 239 traten den Augustiner-Chorherren [25,1 %], 170 den Benediktinern [17,8 %], 89 den Jesuiten, 42 den Zisterziensern [4,4 %], 33 den Prämonstratensern [3,5 %], sieben den Birgittinern und 115 den Bettelorden bei. Die Hälfte aller Gregorianer, die sich für den geistlichen Stand entschieden, wählte den Weg in die Prälatenorden [50,8 %], 27,1 % wurden Weltgeistliche. Nur 9,3 % traten in den Jesuitenorden und 12,8 % in die Bettelorden ein"; PUTZ, Domus Gregoriana, 199.

Stände der Geistlichen wurden"[1833], trifft ebenso voll und ganz auf das Münchener Jesuiteninternat zu.[1834] Ob diese Feststellung auch noch für das letzte Drittel des 18. Jahrhunderts nach Aufhebung der Gesellschaft Jesu gültig ist, soll durch diese Untersuchung im Folgenden dargestellt werden.

Von den 1174 Gregorianern, die sich in der Zeit von 1773 bis zum Schuljahr 1805/1806 im Kurfürstlichen Seminar befanden, erreichten 485 Seminaristen und damit 41,3 % den gymnasialen Abschluss. Zudem absolvierten 138 ehemalige Zöglinge nach ihrem Austritt aus der Domus Gregoriana das Gymnasium (11,8 %).[1835] Zusammen genommen beendeten mehr als die Hälfte, nämlich 623 Schüler oder 53 %, erfolgreich den Besuch des Gymnasiums. Hierbei fanden sich lediglich vier Repetenten.[1836] Nicht alle konnten das Gymnasium in der Abschlussklasse beenden. Neben mangelnder Fähigkeit oder aus finanziellen Gründen war es der vorzeitige Tod, der manchen Seminaristen traf. So ist von sechs Zöglingen bekannt, dass sie während ihrer Internatszeit verstarben.[1837]

Nach dem Erwerb des Absolutoriums am Münchener Gymnasium stellte sich für die Seminaristen die Frage nach einem Hochschulstudium, dem Eintritt in ein Kloster oder dem direkten Einstieg ins Berufsleben.[1838] Wie bereits Putz und Kraus gezeigt haben, die sich in ihren Untersuchungen auf die Matrikel von

---

[1833] KLESSING, Anton von Bucher's sämmtliche Werke, Bd. 1, 64.

[1834] Ebenso lautet das Ergebnis von Putz: „Die Domus Gregoriana kann zu Recht als eine Vorbereitungsschule für diese Klöster gelten [...]. Die Aussage Ignaz Agricolas, daß die Domus Gregoriana ein „vestibulum" der Klöster sei, trifft damit in vollem Umfang zu"; PUTZ, Domus Gregoriana, 203f.

[1835] Ob einige ehemalige Seminaristen an einem anderen Gymnasium ihren Abschluss erworben haben, konnte nicht überprüft werden.

[1836] Diese Zahl ist relativ klein. Maximilian Leitschuh bemerkt in der von ihm veröffentlichten Matrikel des Wilhelmsgymnasiums, „dass gar nicht wenige Schüler die Oberklasse wiederholten" und erklärt dies im Fall künftiger Ordensleute damit, dass „die betreffenden Oberklässer zunächst noch zu jung waren, um in einem Kloster Aufnahme zu finden, besonders wenn sich gleichzeitig mehrere im gleichen Kloster anmeldeten"; LEITSCHUH, Matrikeln I, XIV.

[1837] Es waren dies die Seminaristen: Jakob Hiebler († 1774), Ignaz Neumayr († 1802), Ignaz Raffler († 1793), Johann Nepomuk Streicher († 1800), Thomas Ziegler († 1776) und Michael Zinth († 1811). Georg Walleshauser (Vallesi) starb fünf Tage nach seinem unerlaubten Austritt aus dem Kurfürstlichen Seminar im Jahre 1793.

[1838] Auf die Frage nach der Wahl der Studienorte wurde sich auf folgende Lyzeen bzw. Universitäten beschränkt: Lyzeum München, Universität Ingolstadt (bis 1800), Universität Landshut (seit 1800), Universität Salzburg, Universität und Lyzeum Innsbruck soweit gedruckte Immatrikulationsbücher vorlagen (die Universität Innsbruck wurde von 1782-1792 zum Lyzeum degradiert) und die Universität Würzburg. In den Universitäten Heidelberg und Erlangen konnte kein Student ausfindig gemacht werden. Ein Seminarist nahm das Theologiestudium in Rom auf. Nicht feststellbar war die Zahl derjenigen, welche an den vielen Hausstudien der Klöster Philosophie und Theologie studierten. Ebenso konnte für die Universität Dillingen keine Aussage getroffen werden, da für den Untersuchungszeitraum eine gedruckte Matrikel fehlt.

Leitschuh beziehen, sind die Entscheidungen der Absolventen für einen bürgerlichen Beruf am schlechtesten belegt. Putz konnte lediglich für 34 Absolventen der Domus Gregoriana bis 1773 und damit für 2,2 % einen weltlichen Beruf dokumentieren und stellt die folgende These auf: „Es muß jedoch davon ausgegangen werden, daß die meisten der 559 Absolventen [36,2 %], deren Berufswahl nicht ermittelt werden konnte, ihren Lebensunterhalt in verschiedensten weltlichen Professionen verdienten."[1839] Insgesamt konnte Putz von 987 Absolventen oder 63,8 % den Lebensweg nachzeichnen. Nach Kraus sind von 1601 bis 1700 lediglich von 48,4 % der Absolventen des Jesuitengymnasiums die Berufsangaben überliefert und von 1701 bis 1776 ebenfalls von 48,6 %.[1840] Für die Zeit von 1777 bis 1803 konnten nur noch von 630 Absolventen des Kurfürstlichen Gymnasiums oder 43 % der zukünftige Beruf dokumentiert werden. „Das bedeutet natürlich, daß sich eine befriedigende statistische Aussage nicht machen läßt, bestenfalls kann man von den ermittelten Zahlen grobe Entwicklungstendenzen ablesen."[1841]

Diese Sachlage trifft auch für die Seminaristen der Domus Gregoriana von 1773 bis 1805 zu, allerdings sind die Zahlen etwas günstiger. Von 688 Seminaristen und damit von 58,6 % wissen wir, welchen Weg sie im Studium und Beruf nach ihrem vorzeitigen Austritt oder nach dem Erwerb des Absolutoriums angetreten haben. Von 486 Seminaristen oder 41,4 % konnte demnach der weitere Lebensweg nicht dokumentiert werden.

Wurde ein Seminarist aus dem Kurfürstlichen Seminar ausgeschlossen, so durfte er nach kurfürstlichem Erlass in der Regel das Gymnasium nicht mehr besuchen, womit die berufliche Laufbahn erheblich eingeschränkt wurde.[1842] Einzige Ausnahme war Stefan Schauer (1778-1782), der nach seiner Entlassung das Münchener Gymnasium 1784 beendete und sogar Augustiner-Chorherr in Polling wurde.[1843]

[1839] PUTZ, Domus Gregoriana, 160.
[1840] Vgl. KRAUS, Gymnasium der Jesuiten, 20.
[1841] KRAUS, Schule im Umbruch, in: ACKERMANN, SCHMID (Hg.), Staat und Verwaltung in Bayern, 349-371, hier 356.
[1842] Von folgenden Seminaristen ist ein Ausschluss aus der Domus Gregoriana nach 1773 belegt: Josef Bärtl (1781-1782), Joachim Gräzl (1779-1780), Klemens Holzbogen (1776), Alois Lindmair (1797-1800), Konrad Mayer (1803-1808), Bonifaz Merz (1777-1782), Franz Xaver Pernreiter (1801-1807), Josef Schweigl (1779-1782) und Bartholomäus Spagl (1805-1808).
[1843] Stefan Schauer wurde aus unbekannten Gründen am 6. Juli 1782 aus der Domus Gregoriana entlassen.

4.1. Das Studium an Lyzeen und Universitäten

Nach dem erfolgreichen Abschluss des Gymnasiums stand den Seminaristen die Möglichkeit einer akademischen Laufbahn und damit eines sozialen Aufstiegs offen.[1844] Obwohl die Aufklärung einen Bildungsoptimismus vertrat und sich für eine Chancengleichheit einsetzte, versuchte der absolutistische Staat, die Zahl von Akademikern durch rigide Studienbeschränkungen zu reduzieren, da dem produktiven Nährstand zu viele Hände entzogen würden.[1845] Nach der Schulordnung von 1774 wurde – wie bereits vermerkt – bestimmt, „daß keiner mehr zum Studieren gelaßen werden solle, der nicht entweder von distinquirten Ältern, oder großen Vermögen ist, oder in Ermangelung dessen ausnehmende Talente spüren läßt"[1846].

Insgesamt konnte die sehr hohe Zahl von 730 Immatrikulationen ermittelt werden, die sich auf 557 Personen verteilten. Demnach wechselten zahlreiche Seminaristen im Lauf des Studiums offensichtlich den Hochschulort.

Damit nahmen 47,4 % aller Seminaristen des Untersuchungszeitraums und so fast die Hälfte ein Hochschulstudium auf. Die Verteilung der Seminaristen an ausgewählten Studienorten ergab folgendes Bild[1847]:

Studienort	Personenzahl	Anteil in Prozent (bezogen auf 730 nachweisbare Immatrikulationen)
Lyzeum München[1848]	470	64,4 %
Universität Ingolstadt[1849]	131	17,9 %
Universität Landshut[1850]	85	11,6 %

[1844] Zum Universitätsstudium der Absolventen des Jesuitengymnasiums vgl. KRAUS, Gymnasium der Jesuiten, 21-24; vgl. auch MÜLLER, Sozialstatus und Studienchance in Bayern, in: HJb 95 (1975), 120-141.
[1845] MÜLLER, Sozialstatus und Studienchance in Bayern, in: HJb 95 (1975), 120-141, hier 132f.
[1846] LURZ, Mittelschulgeschichtliche Dokumente Altbayerns, Bd. 2, 221.
[1847] Die Universität Dillingen, die bis 1804 bestand, konnte nicht berücksichtigt werden, da die Matrikel lediglich bis zum Jahre 1695 ediert wurde; vgl. SPECHT, Geschichte der ehemaligen Universität Dillingen (1549 bis 1804) und der mit ihr verbundenen Lehr- und Erziehungsanstalten; SPECHT (Bearb.), Die Matrikel der Universität Dillingen (1551-1695), 2 Bde.
[1848] Als Quelle dienten die im Bayerischen Staatsarchiv München vorliegenden Notenbücher des Wilhelmsgymnasiums, die auch die Klassen des Lyzeums umfassen, sowie die gedruckten Kataloge der Schüler und Studenten des Münchener Gymnasiums und Lyzeums; vgl. StAM, WG 100-157.
[1849] Vgl. PÖLNITZ (Hg.), Die Matrikel der Ludwig-Maximilians-Universität Ingolstadt-Landshut-München, Teil 1. Ingolstadt, Bd. 3. 1700-1800, Halbbd. 2. 1750-1800.

Universität Salzburg[1851]	31	4,2 %
Universität Innsbruck[1852]	6	0,8 %
Lyzeum Innsbruck[1853]	2	0,3 %
Universität Würzburg[1854]	4	0,5 %
Universität Rom[1855]	1	0,1 %

Die meisten Seminaristen, nämlich 470 Personen, blieben in München und begannen am Kurfürstlichen Lyzeum, das eng mit dem Gymnasium verbunden war, das Studium der Philosophie, was einem Anteil von 64,4 % aller nachweisbaren Immatrikulationen entspricht.[1856] Von diesen Studenten studierten 123 ehemalige Seminaristen auch Theologie am Münchener Lyzeum. 162 Studenten wechselten später auf eine andere Hochschule. Für zahlreiche Seminaristen der Domus Gregoriana, die einem Orden beitreten wollten, dürfte die Aufnahme des Studiums am Lyzeum in München darin begründet liegen, dass nach einer landesherrlichen Verordnung vom 2. November 1769 die Ablegung der Ordensgelübde, die in der Regel nach dem ersten Noviziatsjahr geschah, vor dem vollendeten 21. Lebensjahr untersagt war.[1857]

An zweiter Stelle steht die bayerische Landesuniversität Ingolstadt mit 131 Studenten, die im Jahre 1800 nach Landshut verlegt wurde. In Landshut immatrikulierten sich noch 85 Seminaristen. Beide Zahlen zusammen genommen ergeben 216 Studenten oder 29,6 %. An der Benediktineruniversität Salzburg nahmen immerhin 31 Seminaristen ein Studium auf (4,2 %). Für die Universität Innsbruck konnten 6 ehemalige Seminaristen ermittelt werden. Von 1782 bis 1792

[1850] Vgl. PÖLNITZ (Hg.), Die Matrikel der Ludwig-Maximilians-Universität Ingolstadt-Landshut-München, Teil 2. Landshut.
[1851] Vgl. REDLICH (Hg.), Die Matrikel der Universität Salzburg 1639-1810.
[1852] Die Universität Innsbruck bestand bis zum Studienjahr 1781/1782; vgl. OBERKOFLER (Bearb.), Matricula universitatis, Bd. 3. 1773/74-1781/82.
[1853] Von 1782 bis 1792 gab es in Innsbruck lediglich ein Lyzeum; vgl. OBERKOFLER (Bearb.), Matricula universitatis, Bd. 4. 1782/83-1791/92.
[1854] Vgl. MERKLE (Hg.), Die Matrikel der Universität Würzburg; WENDEHORST, Die Matrikel der Universität Würzburg, Teil 2. Personen- und Ortsregister 1582-1830.
[1855] Der Seminarist Anton Wishofer studierte 1774 im Collegium Germanicum; vgl. KEFES, Beruf oder Studium? Aspekte der Studienentscheidung der Absolventen des Jesuitengymnasiums München 1600-1776, in: Jahresbericht Wilhelmsgymnasium München (2002/2003), 149-177.
[1856] Nach der jesuitischen Studienordnung „Ratio studiorum" war das Lyzeum als „Oberbau des Gymnasiums" anzusehen; vgl. DUHR, Die Studienordnung der Gesellschaft Jesu, 153-173. – Zum bayerischen Lyzealwesen nach 1773 vgl. MÜLLER, Akademische Ausbildung zwischen Staat und Kirche, 2 Teile.
[1857] Vgl. BAUERREIß, Kirchengeschichte Bayerns, Bd. 7, 408.

wurde die Universität Innsbruck zum Lyzeum zurückgestuft, an dem sich 2 Seminaristen immatrikulierten, was insgesamt 8 Studenten oder den geringen Anteil von 1,1 % ausmacht.[1858] An der fränkischen Universität Würzburg studierten lediglich 4 Seminaristen (0,5 %).

Betrachtet man die Wahl der Studienfächer, die für die Berufswahl entscheidend war, so zeigt sich folgendes Bild:

Studienfach	Lyz. München	Univ. Ingolstadt	Univ. Landshut	Lyz./ Univ. Innsbruck	Univ. Würzburg	Univ. Salzburg	Univ. Rom	Summe
Philosophie[1859]	463	61	26	7	0	16	0	573[1860]
Theologie	123	33	22	0	2	9	1	190
Jurisprudenz	0	64	30	0	0	7	0	101
Medizin	0	14	2	1	2	0	0	19
Kirchenrecht	10	0	0	0	0	0	0	10
Pharmazie	0	0	2	0	0	0	0	2
Philologie	0	0	1	0	0	0	0	1
Kameralistik	0	0	2	0	0	0	0	2

Der hohe Anteil von 573 Immatrikulationen in Philosophie und damit von 78,5 % aller Immatrikulationen erklärt sich daraus, dass das zweijährige Studium der Philosophie bis zur Universitätsreform des 19. Jahrhunderts Voraussetzung für

---

[1858] Für die Zeit nach 1792 liegt noch keine gedruckte Matrikel vor.
[1859] Zur Philosophie wurden auch die Fächer Logik und Physik hinzugezählt.
[1860] Es ist zu beachten, dass die Zahl um einiges höher gewesen sein dürfte, da nicht nachgewiesen werden konnte, wer am Hausstudium eines Klosters studierte. Dies gilt ebenso für die Anzahl der Theologiestudenten.

alle anderen Studiengänge war.[1861] An zweiter Stelle steht die Theologie mit 190 Studenten oder 26 %. Tatsächlich dürfte die Zahl der Philosophie- und Theologiestudenten aber um einiges höher sein, da die Religiosen, die größtenteils am Hausstudium ihres Klosters studierten, fehlen. Einen relativ hohen Anteil machen die Juristen aus. Immerhin entschieden sich 101 Seminaristen für dieses Studienfach, was einem Prozentsatz von 13,8 % entspricht. Hinzu kommen noch zehn Seminaristen, die sich in dem Fach Kanonisches Recht spezialisierten (1,4 %). Gering erscheint die Zahl der Medizinstudenten mit lediglich 19 Studenten oder 2,6 % aller Immatrikulationen. Neuere Studienfächer wie Pharmazie (2 Immatrikulationen), Philologie (1 Immatrikulation) und Kameralistik (2 Immatrikulationen) wurden erst nach 1800 eingeführt und fallen kaum ins Gewicht.

Von den 557 Hochschulstudenten erwarben 35 ehemalige Seminaristen den Doktorgrad (6,3 %), die sich auf folgende Fächer verteilten: 17 Personen wurden zum Dr. phil., 13 zum Dr. med., 3 zum Dr. jur. und 2 zum Dr. theol. promoviert.[1862]

Die Zahlen belegen, dass der Besuch der Domus Gregoriana zahlreichen Seminaristen die Chance eines sozialen Aufstiegs gab.

4.2. Der geistliche Stand

Die relativ hohe Zahl der Theologiestudenten ist ein Indiz für die Annahme, dass sich ein sehr großer Teil der Seminaristen der Domus Gregoriana für den geistlichen Weg entschied. Insgesamt waren es 325 Seminaristen, die einen geistlichen Beruf wählten.[1863] Dies entspricht einem Anteil von 27,7 % aller Seminaristen. Dabei fällt gravierend der Rückgang an geistlichen Berufen auf: Gegenüber den Zahlen der Absolventen der Domus Gregoriana bis 1773, die den geistlichen Stand ergriffen, nämlich 953 Personen oder 61,6 %, zeigt sich, dass die Zahl der Geistlichen um über die Hälfte zurückging.[1864] Zu einem ähnlichen Ergebnis kommt Kraus bei den Absolventen des Gymnasiums für die Zeit nach

---

[1861] Lediglich dem Adel war das zweijährige Philosophiestudium erlassen; vgl. MÜLLER, Sozialstatus und Studienchance in Bayern, in: HJb 95 (1975), 120-141, hier 126, Anm. 20.
[1862] Als Quelle diente vor allem die Veröffentlichung von RESCH, BUZAS, Verzeichnis der Doktoren und Dissertationen der Universität Ingolstadt-Landshut-München 1472-1970, 9 Bde.
[1863] Die Religiosen der Orden studierten in der Regel am Hausstudium ihres Klosters und tauchen daher in keiner Universitätsmatrikel auf.
[1864] Vgl. PUTZ, Domus Gregoriana, 199.

1773: „Ganz entschieden abgefallen gegenüber der Zeit unter den Jesuiten ist die Anzahl der künftigen Kleriker unter den Abiturienten zwischen der Aufhebung des Jesuitenordens und der Säkularisation."[1865] Betrug der Anteil der künftigen Priester aller Absolventen des Jesuitengymnasiums 42,8 %, so sank er nach 1773 auf 28,6 %, „nämlich bei den Weltgeistlichen von 17,7 % auf 14,6 %, bei den Mönchen von 24,8 % auf 13,9 %, nämlich von 12 % bei den Prälatenorden auf 10,1 %, bei den übrigen Orden, mit Schwergewicht auf den Bettelorden, von 12,7 % auf 3,8 %"[1866]. Damit sank die relative Zahl der Priester bei den Mendikantenorden am deutlichsten, während sie bei den Prälatenorden in etwa gleich blieb. Die Hauptursache dürfte in der generellen Ablehnung der Orden bei radikalen Aufklärern begründet liegen, die nach der Aufhebung der Gesellschaft Jesu 1773 vor allem die Bettelorden als „unnütz" und „schädlich" ansahen.[1867]

Die Priester lassen sich folgendermaßen einteilen:

Orden bzw. Weltpriester	Anzahl der Personen	Anteil in Prozent
Prälatenorden[1868]	176	54,2 %
Weltpriester	122	37,5 %
Mendikantenorden[1869]	23	7,1 %
Sonstige Orden[1870]	4	1,2 %

Etwas mehr als die Hälfte trat von 1774 bis zur Säkularisation von 1802/1803 in einen der vier Prälatenorden ein, nämlich 176 Personen oder 54,2 %. Damit ent-

---

[1865] KRAUS, Schule im Umbruch, in: ACKERMANN, SCHMID (Hg.), Staat und Verwaltung in Bayern, 349-371, hier 357. – Zu den Zahlen der Kleriker des Jesuitengymnasiums vgl. KRAUS, Gymnasium der Jesuiten, 351-362.
[1866] KRAUS, Schule im Umbruch, in: ACKERMANN, SCHMID (Hg.), Staat und Verwaltung in Bayern, 349-371, hier 357.
[1867] Vgl. SCHWAIGER, München – eine geistliche Stadt, in: DERS. (Hg.), Monachium sacrum, Bd. 1, 1-289, hier 193-199.
[1868] Zu den Prälatenorden zählen die Augustiner-Chorherren, die Prämonstratenser-Chorherren, die Benediktiner und die Zisterzienser; vgl. FAUST, Prälatenorden, in: HBKG, Bd. 2, 641-705; HEIM, Art. Prälatenorden, in: DERS., Kleines Lexikon der Kirchengeschichte, 356; SCHWAIGER, Art. Prälatenorden, in: DERS. (Hg.), Mönchtum, Orden, Klöster, 355.
[1869] Folgende Bettel- oder Mendikantenorden wurden von den Seminaristen gewählt: Augustiner-Eremiten, Augustiner-Barfüßer, Franziskaner, Kapuziner, Karmeliten, Barmherzige Brüder und Paulaner. Die Birgittiner wurden der Einfachheit halber zu den Bettelorden gezählt.
[1870] Zwei Seminaristen traten den Chorherren vom Hl. Geist in Memmingen bei und jeweils ein Seminarist wurde Theatiner bzw. Kanoniker bei St. Johannes in Regensburg.

spricht das Ergebnis in etwa den Zahlen, die Putz angibt: 484 Absolventen der Domus Gregoriana oder 50,8 % traten bis 1773 den Prälatenorden bei.[1871] Mit 37,5 % wurden über ein Drittel – 122 Seminaristen – Weltpriester. Zuvor waren es bei den Absolventen des Seminars bis 1773 258 Personen oder 27,1 %.[1872] Die relativ hohe Zunahme an Weltpriestern könnte darin liegen, dass zum einen seit 1773 der Jesuitenorden wegfiel, die bei den Absolventen der Domus Gregoriana immerhin einen Anteil von 9,3 % (89 Personen) ausgemacht hatte, und zum anderen die Bettelorden im Geist der Zeit wenig Ansehen genossen. Es verwundert daher nicht, dass sich nur wenige Seminaristen für einen Eintritt in einen Mendikantenorden entschieden. Lediglich 23 Personen oder 7,1 % konnten einem Bettelorden zugeordnet werden. Von den Absolventen bis 1773 waren es noch 122 Seminaristen oder 12,8 %, die in die Bettelorden eintraten.[1873] Schließlich traten noch zwei Seminaristen den Chorherren vom Hl. Geist in Memmingen und einer den Theatinern in München bei, ein Seminarist wurde Kanoniker bei St. Johannes in Regensburg – zusammen ein Anteil von 1,2 %.[1874] Die Verhältnismäßigkeit der Weltpriester und Ordensleute zur jeweiligen Gesamtzahl der Priester vor und nach 1773 ergibt folgende Übersicht:

Weltpriester/Orden	Absolventen der Domus Gregoriana bis 1773	Anteil in Prozent (von 953 Priestern)	Seminaristen der Domus Gregoriana nach 1773	Anteil in Prozent (von 325 Priestern)
Weltpriester	258	27,1 %	122	37,5 %
Augustiner-Chorherren	239	25,1 %	79	24,3 %
Benediktiner	170	17,8 %	60	18,5 %
Zisterzienser	42	4,4 %	26	8 %
Prämonstratenser-Chorherren	33	3,5 %	11	3,4 %
Bettelorden	122	12,8 %	23	7,1 %

[1871] Vgl. PUTZ, Domus Gregoriana, 199.
[1872] Vgl. PUTZ, Domus Gregoriana, 199.
[1873] Zu den 115 Gregorianer-Absolventen bis 1773, die einem Mendikantenorden beitraten, wurden die 7 Birgittiner dazugezählt; vgl. PUTZ, Domus Gregoriana, 195f., 199.
[1874] Dass nur ein Seminarist den Theatinern beitrat, könnte in der „sozialen Exklusivität der Münchner Theatiner" begründet liegen; PUTZ, Domus Gregoriana, 201; vgl. auch KRAUS, Gymnasium der Jesuiten, 360f.

| Jesuiten | 89 | 9,3 % | 0 | 0 % |
| Sonstige Orden[1875] | 0 | 0 % | 4 | 1,2 % |

Von 11 Seminaristen ist bekannt, dass sie zunächst in einen Orden eintraten, diesen aber nach kurzer Zeit wieder verließen. So ging zum Beispiel Korbinian Badhauser (Seminarist 1773-1779) als Kandidat zu den Benediktinern in Rott am Inn, floh aber vor der Einkleidung aus dem Kloster und wurde später Professor an der Militärakademie in München.[1876] Der spätere Chordirektor in St. Michael Johann Baptist Schmid (Seminarist 1787-1793) trat 1793 in Tegernsee ein und verließ das Kloster wieder nach einem Jahr. Er studierte anschließend von 1794 bis 1797 Philosophie und Theologie am Kurfürstlichen Lyzeum in München, wobei er das Amt des Präfekten in der Domus Gregoriana versah, und wurde Weltpriester.[1877] Ebenso ging Johann Baptist Franz Streidl (Seminarist 1772-1774) 1776 zu den Augustiner-Chorherren nach Weyarn, verließ das Stift nach einem Jahr wieder und wurde Apotheker und Chirurg.[1878]
Schließlich durchkreuzte die große Säkularisation von 1802/1803 den Lebensweg mancher Seminaristen bei ihrer Berufsentscheidung. So traf es unter anderem Ludwig Aurbacher (Seminarist 1796-1797), der 1801 in das Reichsstift Ottobeuren eintrat und durch die Aufhebung des Klosters 1802 keine Profess mehr ablegen konnte. Aurbacher wurde später Professor am Kadettenkorps in München.[1879] Johann Nepomuk Buchner (1792-1797) traf die Säkularisation

---

[1875] Hierunter fallen die Chorherren vom Hl. Geist in Memmingen, die Theatiner in München und die Kanoniker von St. Johannes in Regensburg. Chorherren im Spitalstift zum Hl. Geist in Memmingen wurden die zwei Seminaristen Franz Anton Schlichtinger (1782-1785) und Felix Spagl (1770-1775). Theatiner in München wurde Maximilian Neusinger (1787-1790). Der Zögling Martin Drexler (1780-1784) wurde Kanoniker bei St. Johannes in Regensburg.
[1876] Vgl. RUF, Rott am Inn, 343f.
[1877] Vgl. StAM, WG 122-127, 129-131.
[1878] Vgl. SEPP, Weyarn, 466, 566. – An weiteren Seminaristen, von denen bekannt ist, dass sie zunächst in einen Orden eintraten und diesen wieder verließen, können genannt werden: Johann Nepomuk Baer (Seminarist 1786-1792): Eintritt in ein unbekanntes Kloster, Johann Baptist Dausch (1772-1778): Eintritt in Rott am Inn – wurde vermutlich Schullehrer, Friedrich Ebole (1769-1774): Eintritt bei den Augustiner-Eremiten – wurde Weltpriester, Franz Jakob Endorfer (1770-1782): Eintritt in ein nicht genanntes Kloster – weiterer Weg unbekannt, Matthias Enzensperger (1782-1787): Eintritt in Beyharting – wurde Weltpriester, Andreas Nikolaus Ott (1773-1777 und 1778-1779): Eintritt bei den Franziskanern – wurde nach seinem Austritt wieder als Seminarist in der Domus Gregoriana aufgenommen und studierte am Lyzeum Theologie, Georg Schlosser (1777-1781): Eintritt bei den Franziskanern – studierte nach dem Austritt am Münchener Lyzeum Philosophie und Franz Josef Schmid (1793-1797): Eintritt in Herrenchiemsee – nach seinem Austritt Studium der Philosophie am Lyzeum in München.
[1879] Vgl. KOSCH, Ludwig Aurbacher.

1803 als Novize in Wessobrunn. Er widmete sich danach einem weltlichen Beruf und erlangte den Titel eines Schuldentilgungsrates.[1880] Der später als Komponist berühmt gewordene Anton Dia-belli, der von 1797 bis 1798 im Münchener Seminar lebte, verließ in den Wirren der Säkularisation das Zisterzienserstift Raitenhaslach und gab den Gedanken an den Priesterberuf auf.[1881] Einzig Franz Xaver Heigl (1796-1801), der durch die Aufhebung von Niederaltaich keine Profess mehr ablegen konnte, begann 1803 an der Universität Landshut das Philosophie- und Theologiestudium und empfing 1807 die Priesterweihe.[1882]
Noch vor der großen Säkularisation von 1803 waren bereits 1783 acht Seminaristen von der Aufhebung des Augustiner-Chorherrenstiftes Indersdorf betroffen, wobei sechs von ihnen mit Namen Ignaz Gerbl (1774-1777), Josef Kiening (1777-1780), Michael Vitus Müller (1773-1778), Josef Obermayr (1775-1780), Johann Nepomuk Josef Seel (1772-1777) und Johann Baptist Widmann (1773-1774) als Weltpriester ihren Dienst taten, während Franz Georg Mauser (1774-1778) die Situation nutzte, um Arzt zu werden.[1883] Aus Anlass der Aufhebung erschien 1784 anonym die Schrift „Urkunden über die Klosteraufhebung zu Intersdorf in Bayern, veranlaßt vom Frauenstifte in München. Andern zum Exempel" eines radikalen Aufklärers mit dem markanten Schlusswort, das bereits 20 Jahre vorwegnahm, was in den Jahren 1802/1803 Wirklichkeit werden sollte: „Uebrigens betrachtet der Leser die Möglichkeit der Dinge, so wird er nimmer wundern. Mit Indersdorf geschahs, mit Fürstenfeldbruck, mit Kaisersheim, mit Tegernsee, und mit 20. 30. 40. anderen Klöstern ists möglich; und wenn sie nicht anfangen mittels besserer Schul-, Erziehung- und Armenanstalten dem Staate gemeinnützlicher zu werden, so stehe ich dafür Bürge, es müsse bald wirklich so, so werden. Ich kenne Leute, die ihre Mayereyen, ihre Lusthöfe, ihre Gärten, Groten, Springbrunnen, Treibhäuser, und Orangerien, ihre Bildergallerien, Kutschen, Schwimmer, und Pferde, alle Tafeln ihrer Fenster gezehlt haben, und sprechen: was gehört Mönchen der Pump, Pamp, Pomp? ... wer hätte es geglaubt ihr Priester, Gesalbte, Unverschuldete müßt Indersdorf räumen. Räumen sagt die Urkunde; ohne weitere Rückfrage in Zeit 14. Tagen die Klostergebäude

---

[1880] Vgl. ANDRIAN-WERBURG, Wessobrunn, 534; LINDNER, Wessobrunn, 62; SCHEGLMANN, Säkularisation III/1, 929.
[1881] Vgl. KRAUSEN, Raitenhaslach, 433.
[1882] Vgl. KRICK, Klöster, 172; PÖLNITZ, Matrikel Landshut, 57.
[1883] Korbinian Lettner (1775-1780) starb bereits am 12. Januar 1784. Die Quellenangaben zu den einzelnen Personen siehe im Anhang in der Liste der Seminaristen.

räumen. Waret ihr dann Unrath im Hause, das sich Gott verlobet hatte? [...] Nun so ziehet dann hin, und räumet, saget es aber euern übrigen Ordens- und anderen Klosterbrüdern in Bayern. Wir leben die Zeiten aller Möglichkeiten. Und nichts ist unveränderlich, als die Unveränderliche; und ich erinnere euch nochmal: denn ihr habt Ursache zu Altenöting ans alte Priesterhaus hinzuschreiben: Eitel, Eitelkeit, und alles war Eitelkeit! [...] Erst 5. Jahre ist es als ihr eine Bierschenke aufrichten wolltet, und zu dem Ende ein Bräuhaus um 15.000. fl. aufbauet. Freylich kam auch auf diese Art euer Geld unter die Leute, aber nicht unentgeltlich als Allmosen unter die Armen. Nicht Eitelkeit würde es seyn, wenn ihr mit Tausenden der schmachtenden Landesarmut beygesteuert hättet. Allein es ist nun also. Eitelkeit wars. Hart muß es euch aber fallen, daß man euch auf die beurkundete Weise schnell zu armen Meßpriestern macht, Buchdruckersgesellen nach euerm wochentlichen Gehalte gleich [...] Weinet, weinet den Gnadenaltar mit Thränengüssen an; aber bittet zugleich für alle reiche Prälaturen, daß Gott ihren Prälaten durch euern Fall die Augen eröffne, daß sie aufhören vor der Welt groß zu thun, große Herren zu spendieren, kostbare Gebäude aufzuführen, Lustorte zu besuchen, der Armuth die Hand zu verschließen, da sie anfangen, den Geist der alten H. Mönche auf die Herzen ihrer Söhne zurückzuführen [...]."[1884]

4.2.1. Die Prälatenorden

4.2.1.1. Die Augustiner-Chorherren

Eindeutig überwiegt die Entscheidung von 79 Seminaristen, den Augustiner-Chorherren in 17 Klöstern beizutreten.[1885] Dies macht einen Anteil von fast

---

[1884] Zitat nach: Das Augustinerchorherrenstift Indersdorf, 90.
[1885] Innerhalb des Kurfürstentums Bayern lagen 17 Augustiner-Chorherrenstifte, nämlich: Au am Inn, Baumburg, Bernried, Beuerberg, Beyharting, Dießen, Dietramszell, Gars am Inn, Herrenchiemsee, Indersdorf (bis 1783), Polling, Rohr, Rottenbuch, St. Nikola bei Passau, St. Zeno bei Reichenhall, Schlehdorf und Weyarn. – Zu den Augustiner-Chorherren vgl. BACKMUND, Chorherrenorden, 29-46; DENZLER, ANDRESEN, Art. Augustiner-Chorherren, in: DIES., dtv-Wörterbuch der Kirchengeschichte, 98f.; FAUST, Prälatenorden, in: HBKG, Bd. 2, 641-705, hier 676-688; HEIM, Art. Augustiner-Chorherren, in: DERS., Kleines Lexikon der Kirchengeschichte, 44; HEIM, Art. Augustiner-Chorherren, in: SCHWAIGER (Hg.), Mönchtum, Orden, Klöster, 59-66; KOBERGER (Hg.), Kurzgefaßte Geschichte der Augustiner-Chorherren, 5 Hefte; MAI (Hg.), Die Augustinerchorherren in Bayern; MOIS, Die Augustiner-Chorherren in Bayern, in: Bayerische Frömmigkeit. 1400 Jahre christliches Bayern, 92f.; MÜLLER (Hg.), Kloster und Bibliothek. Zur Geschichte des Bibliothekswesens der Augustiner-Chorherren in der Frühen Neuzeit; MÜLLER (Hg.), Reform – Sequestration – Säkularisation. Die Niederlassungen der Augustiner-Chorherren im Zeitalter der Reformation und am Ende des Alten Reiches; MÜNSTER, Die Musikpflege in den Bayerischen Augustiner-Chorherrenstiften zur Barockzeit; PRASSL, Art. Au-

genau einem Viertel aller Geistlichen aus (24,3 %), was dem Ergebnis von Putz für die Absolventen der Domus Gregoriana bis 1773 mit 25,1 % in etwa gleichkommt.[1886]

Bevorzugte Klöster waren Polling, Rottenbuch, Beyharting, Herrenchiemsee, Indersdorf und Schlehdorf mit mehr als fünf Seminaristen. Dabei ist zu beachten, dass die Konventgrößen recht unterschiedlich sein konnten.[1887]

Gegenüber den Eintrittszahlen für die Absolventen der Domus Gregoriana bis 1773 zeigen sich einige Veränderungen, was die Präferenz einzelner Stifte betrifft.[1888] Stand das Kloster Weyarn mit 33 Absolventen oder 13,8 % aller Augustiner-Chorherren aus dem Jesuitenseminar bis zur Aufhebung der Gesellschaft Jesu an der Spitze, so fiel das Verhältnis nach 1773 über die Hälfte auf 5,1 % zurück. Wie schon weiter oben erwähnt, dürfte die Konkurrenzhaltung Weyarns zu Polling, das mit D. Frigdian Greinwald von 1781 bis 1792 das Inspektorat besetzte, eine Ursache für den auffälligen Rückgang an Aufnahmen ins Noviziat aus dem Münchener Seminar sein. Dagegen zeigt sich für die Eintrittszahlen in Polling das umgekehrte Bild: bis 1773 traten 17 Absolventen der Domus Gregoriana oder 7,1 % in Polling ein. Nach 1773 wurden 11 Seminaristen und damit 13,9 % aller Augustiner-Chorherren des Münchener Seminars aufgenommen.

Das Stift Rottenbuch wurde die ganze Zeit hindurch bei den Seminaristen bevorzugt gewählt. Von den Absolventen bis 1773 traten 28 Gregorianer oder 11,7 % in Rottenbuch ein, nach 1773 waren es 11 Seminaristen oder 13,9 %. Ähnliches gilt für Beyharting: Aus der Domus Gregoriana wurden bis 1773 23 Absolventen oder 9,6 % in Beyharting aufgenommen, nach 1773 waren es 9 Seminaristen oder 11,4 %. In etwa gleich blieben auch die verhältnismäßigen Eintrittswerte

---

gustiner-Chorherren, in: MGG², Bd. 1, 1027-1033; PUTZ, Domus Gregoriana, 164-175; PUTZ, Die Säkularisation als Einschnitt. Zur Gruppenbiographie bayerischer Augustiner-Chorherrenkonvente, in: MÜLLER (Hg.), Reform – Sequestration – Säkularisation, 207-220; REHBERGER, FRANK, Art. Augustiner-Chorherren, in: LThK³, Bd. 1, 1232f.; SCHEGLMANN, Säkularisation III/2, 454-715; SCHMID, Art. Augustiner-Chorherren, in: TRE, Bd. 4, 723-728.

[1886] Vgl. PUTZ, Domus Gregoriana, 199.
[1887] Hannelore Putz hat die bayerischen Augustiner-Chorherrenstifte in drei Kategorien eingeteilt. Zu den großen Klöstern mit über 30 Chorherren gehörten: Herrenchiemsee, Polling, Rottenbuch, St. Nikola, St. Zeno und Weyarn. Zu den mittleren Klöstern mit über 15 Konventualen zählten: Au am Inn, Baumburg, Beyharting, Dießen, Gars am Inn und Rohr. Zur Gruppe der kleinen Klöstern gehörten: Bernried, Beuerberg, Dietramszell und Schlehdorf; vgl. PUTZ, Die Säkularisation als Einschnitt. Zur Gruppenbiographie bayerischer Augustiner-Chorherrenkonvente, in: MÜLLER (Hg.), Reform – Sequestration – Säkularisation, 207-220, hier 212f.
[1888] Zum Folgenden vgl. PUTZ, Domus Gregoriana, 164-175.

für Au am Inn (bis 1773: 4,6 %, nach 1773: 5,1 %) und für Herrenchiemsee (bis 1773: 6,3 %, nach 1773: 7,6 %). Deutlich gestiegen sind die relativen Eintrittszahlen in Dietramszell von 3,8 % auf 6,3 %, in Indersdorf, das allerdings nur bis zum Jahre 1783 bestand, von 3,8 % auf 10,1 %, in Rohr von 1,7 % auf 3,8 % und in Schlehdorf sogar von 2,9 % auf 8,9 %. Dagegen sanken sie deutlich in Bernried von 3,3 % auf 1,3 %, in Beuerberg von 7,1 % auf 2,5 %, in Dießen von 6,3 % auf 3,8 % und in Gars am Inn von 7,9 % auf 2,5 %. Zum Vergleich folgt eine Übersicht der verhältnismäßigen Eintrittszahlen in die Klöster der Augustiner-Chorherren vor und nach 1773:

Kloster (Diözese/Erzdiözese)	Absolventen der Domus Gregoriana bis 1773	Anteil in Prozent (von 239)	Seminaristen der Domus Gregoriana nach 1773	Anteil in Prozent (von 79)
Au am Inn (Salzburg)[1889]	11	4,6 %	4	5,1 %
Bernried (Augsburg)[1890]	8	3,3 %	1	1,3 %
Beuerberg (Freising)[1891]	17	7,1 %	2	2,5 %
Beyharting (Salzburg)[1892]	23	9,6 %	9	11,4 %

[1889] In das Stift Au am Inn traten nach 1773 ein: Stefan Groeber (Seminarist 1781-1782), Franz Xaver Kürzinger (1776-1780), Peter Mayr (1774-1780) und Josef Sanctjohanser (1781-1785). – Zu Au am Inn vgl. BACKMUND, Chorherrenorden, 46-48; BRUGGER, GIGL, EISENBERGER, Kloster Au am Inn; HARTIG, Die oberbayerischen Stifte, Bd. 1, 165-171; KRAUS, Gymnasium der Jesuiten, 399; LINDNER, Monasticon Metropolis Salzburgensis antiquae, 14-16; MAI (Hg.), Die Augustinerchorherren in Bayern, 108; SCHEGLMANN, Säkularisation III/2, 454-470; SCHMALZL, Au am Inn; STÖRMER, Art. Au a. Inn, in: LThK³, Bd. 1, 1170f.; ZIMMERMANN, Bayerische Kloster-Heraldik, 38, 40f.
[1890] In Bernried trat Johann Baptist Mussack (1781-1784) ein. – Zu Bernried vgl. BACKMUND, Chorherrenorden, 62-64; HARTIG, Die oberbayerischen Stifte, Bd. 1, 183-188; KRAUS, Gymnasium der Jesuiten, 402; LINDNER, Monasticon Episcopatus Augustani antiqui, 9-11; MAI (Hg.), Die Augustinerchorherren in Bayern, 113; 402; SCHEGLMANN, Säkularisation III/2, 490-495; SCHERBAUM, Das Augustinerchorherrenstift Bernried; SCHERBAUM, Studien zur Bibliotheksgeschichte des Augustiner-Chorherrenstifts Bernried, in: MÜLLER (Hg.), Kloster und Bibliothek, 139-148; ZIMMERMANN, Bayerische Kloster-Heraldik, 54f., 57.
[1891] Ins Kloster Beuerberg traten Anton Sterzer (1774-1777) und Kaspar Urban (1784-1790) ein. – Zu Beuerberg vgl. BACKMUND, Chorherrenorden, 64-66; HARTIG, Die oberbayerischen Stifte, Bd. 1, 171-177; KRAUS, Gymnasium der Jesuiten, 403; LINDNER, Monasticon Metropolis Salzburgensis antiquae, 143-146; MAI (Hg.), Die Augustinerchorherren in Bayern, 114; MÜNSTER, Die Musik im Augustinerchorherrenstift Beuerberg von 1768 bis 1803 und der thematische Katalog des Chorherrn Alipius Seitz, in: Kirchenmusikalisches Jahrbuch 1970, 47-76; PFATRISCH, Geschichte des regulirten Augustiner-Chorherrn-Stiftes Beuerberg; SANDBERGER, Das Chorherrenstift Beuerberg als Typus eines „Sekundärklosters", in: ZBLG 63/2 (2000), 444-490; SCHEGLMANN, Säkularisation III/2, 496-516; ZIMMERMANN, Bayerische Kloster-Heraldik, 56f., 59.

Dießen (Augsburg)[1893]	15	6,3 %	3	3,8 %
Dietramszell (Freising)[1894]	9	3,8 %	5	6,3 %
Gars am Inn (Salzburg)[1895]	19	7,9 %	2	2,5 %
Herrenchiemsee (Salzburg)[1896]	15	6,3 %	6	7,6 %

[1892] Nach Beyharting gingen folgende neun Zöglinge: Josef Heißer (1779-1787), Martin Hörmann (1787-1792), Urban Hörmann (1769-1776), Klemens Lipp (1786-1793), Johann Nepomuk Neumayr (1772-1774), Franz Xaver Rech (1775-1784), Franz Xaver Reinweller (1779-1785), Sebastian Schleich (1781-1784) und Dominik Schmid (1773-1774). – Zu Beyharting vgl. BACKMUND, Chorherrenorden, 67-69; HARTIG, Die oberbayerischen Stifte, Bd. 1, 214-218; KRAUS, Gymnasium der Jesuiten, 404; LINDNER, Monasticon Metropolis Salzburgensis antiquae, 146-149; MAI (Hg.), Die Augustinerchorherren in Bayern, 115; SCHEGLMANN, Säkularisation III/2, 477-490; WEPPELMANN, Beyharting im Landkreis Rosenheim. Beiträge zur Geschichte des ehemaligen Augustiner-Chorherren-Stiftes und seiner Kirche; WIEDEMANN, Geschichte des Klosters Beyharting. Aus Urkunden bearbeitet, in: Beyträge zur Geschichte, Topographie und Statistik des Erzbisthums München und Freysing 4 (1852), 1-314, 577-591; ZIMMERMANN, Bayerische Kloster-Heraldik, 58-60.

[1893] Folgende Seminaristen traten in Dießen ein: Georg Eibl (1771-1774), Josef Gräßl (1772-1774) und Emmeram Raisberger (1781-1782). – Zu Dießen vgl. AUER, Geschichte der Augustiner-Pröpste in Dießen; BACKMUND, Chorherrenorden, 71-75; DORNER, Die Diessener Chronik des P. Joseph dall' Abaco. Eine Quelle zur Kulturgeschichte des Augustinerchorherrenstiftes im Barock; HARTIG, Die oberbayerischen Stifte, Bd. 1, 188-196; HELL, Art. Dießen, in: LThK³, Bd. 3, 220; HUGO, GABELSBERGER, Chronik des Marktes und der Pfarrei Dießen. Nebst: Kurzgefaßter Geschichte des ehemaligen regulierten Chorherrenstiftes Dießen; KRAUS, Gymnasium der Jesuiten, 405; LINDNER, Monasticon Episcopatus Augustani antiqui, 12-15; MAI (Hg.), Die Augustinerchorherren in Bayern, 117; SCHEGLMANN, Säkularisation III/2, 516-532; ZIMMERMANN, Bayerische Kloster-Heraldik, 62f.

[1894] Nach Dietramszell gingen: Johann Paul Hipper (1783-1787), Alois Kirchmayr (1773-1778), Franz Xaver Krall (1779-1787), Maximilian Josef Loi (1775-1781) und Franz Xaver Rudolff (1789-1794). – Zu Dietramszell vgl. BACKMUND, Chorherrenorden, 75-77; FUGGER, Kloster Dietramszell; HARTIG, Die oberbayerischen Stifte, Bd. 1, 143-148; HEHBERGER, Kloster Dietramszell; HELL, Art. Dietramszell, in: LThK³, Bd. 3, 222; KRAUSEN, Das Augustinerchorherrenstift Dietramszell; KRAUS, Gymnasium der Jesuiten, 406; LINDNER, Monasticon Metropolis Salzburgensis antiquae, 150-153; MAI (Hg.), Die Augustinerchorherren in Bayern, 118; PUTZ, Die Säkularisation als Einschnitt. Zur Gruppenbiographie bayerischer Augustiner-Chorherrenkonvente, in: MÜLLER (Hg.), Reform – Sequestration – Säkularisation, 207-220; SCHEGLMANN, Säkularisation III/2, 532-555; ZIMMERMANN, Bayerische Kloster-Heraldik, 62, 64f.

[1895] Balthasar Hacklinger (1772-1774) und Anton Steiner (1782-1788) traten in Gars am Inn ein. – Zu Gars am Inn vgl. BACKMUND, Chorherrenorden, 82-84; HAERING, Art. Gars, in: LThK³, Bd. 4, 296; HARTIG, Die oberbayerischen Stifte, Bd. 1, 177-182; KRAUS, Gymnasium der Jesuiten, 411; LINDNER, Monasticon Metropolis Salzburgensis antiquae, 24-26; MAI (Hg.), Die Augustinerchorherren in Bayern, 119; MÜNSTER, Aus dem Musikleben des Augustiner-Chorherrenstifts Gars im letzten Vierteljahrhundert vor der Säkularisation, in: Beiträge zur Geschichte des Bistums Regensburg 39 (2005), 613-623; SCHEGLMANN, Säkularisation III/2, 555-564; SCHMALZL, Gars; SIRCH, Kloster Gars; WENHARDT, MAYR (Hg.), Franz Dionys Reithofer. Geschichte des regulierten Chorherrn-Stifts und Klosters Gars; ZIMMERMANN, Bayerische Kloster-Heraldik, 84f.

[1896] Sechs Zöglinge des Kurfürstlichen Seminars traten in Herrenchiemsee ein: Viktor Gartmayr (1773-1777), Franz Xaver Hengler (1788-1794), Ägidius Reisinger (1791-1796), Sebastian Reithner (1785-1791), Johann Michael Wankmiller (1792-1797) und Jakob Wundsamer (1791-1793). – Zu Herrenchiemsee vgl. BACKMUND, Chorherrenorden, 87-90; BOMHARD, Kloster Herrenchiemsee: Beiträge zur altbayerischen Kirchengeschichte 24/3 (1966), 11-28; HARTIG, Die oberbayerischen Stifte, Bd. 1, 208-214; KRAUS, Gymnasium der Jesuiten, 412; LINDNER, Monasticon Metropolis Salzbur-

Indersdorf (Freising)[1897]	9	3,8 %	8	10,1 %
Polling (Augsburg)[1898]	17	7,1 %	11	13,9 %
Rebdorf (Eichstätt)[1899]	0	0 %	1	1,3 %
Rohr (Regensburg)[1900]	4	1,7 %	3	3,8 %

gensis antiquae, 103-107; MAI (Hg.), Die Augustinerchorherren in Bayern, 121; SCHEGLMANN, Säkularisation III/2, 564-581; ZIMMERMANN, Bayerische Kloster-Heraldik, 88f.

[1897] Ins Stift Indersdorf, das bereits 1783 aufgehoben wurde, traten folgende Gregorianer ein: Ignaz Gerbl (1774-1777), Josef Kiening (1777-1780), Korbinian Lettner (1775-1780), Franz Georg Mauser (1774-1778), Michael Vitus Müller (1773-1778), Josef Obermayr (1775-1780), Johann Nepomuk Josef Seel (1772-1777) und Johann Baptist Widmann (1773-1774). – Zu Indersdorf vgl. Das Augustinerchorherrenstift Indersdorf; BACKMUND, Chorherrenorden, 93-97; DORNER, Indersdorfer Chronik; FUGGER, Geschichte des Klosters Indersdorf von seiner Gründung bis auf unsere Zeit; HARTIG, Die oberbayerischen Stifte, Bd. 1, 200-208; KRAUS, Gymnasium der Jesuiten, 413; LINDNER, Monasticon Metropolis Salzburgensis antiquae, 153-156; MAI (Hg.), Die Augustinerchorherren in Bayern, 123; MITTELSTRAß, Augustinerchorherren als Pfarrvikare in Indersdorf vom spären 14. Jahrhundert bis 1806, in: Beiträge zur altbayerischen Kirchengeschichte 49 (2006), 9-65; RÖHRIG, Art. Indersdorf, in: LThK[3], Bd. 5, 444; SCHEGLMANN, Säkularisation I, 65-70; ZIMMERMANN, Bayerische Kloster-Heraldik, 92f.

[1898] In das Stift Polling traten elf Seminaristen ein: die Brüder Bartholomäus Bartl (1785-1789) und Benedikt Bartl (1777-1782), Sebastian Ehrenhofer (1797-1798), Maximilian Frank (1791-1793), Johann Nepomuk Gaill (1768-1774), Ignaz Franz Lohr (1778-1785), Jakob Obermiller (1769-1774), Philipp Ostermann (1781-1785), Johann Ignaz Riegg (1782-1785), Stefan Schauer (1778-1782) und Benedikt Socher (1782-1787). – Zu Polling vgl. ANGELOSANTI, Klosterland – Bauernland. 200 Jahre Säkularisation des Augustinerchorherren-Stifts Polling 1803-2003; BACKMUND, Chorherrenorden, 114-118; Catalogus Pollingae; DÜNNINGER, MÜNSTER, Liberalitas Bavarica – Das Kloster Polling und sein Schicksal, in: Josef und Eberhard DÜNNINGER, Erlebtes Bayern. Landschaften und Begegnungen, 82-99; HAMMERMAYER, Das Augustiner-Chorherrenstift Polling und sein Anteil an Entstehung und Entfaltung von Aufklärung und Akademie- und Sozietätsbewegung im süddeutsch-katholischen Raum (ca. 1717-1787); HARTIG, Die oberbayerischen Stifte, Bd. 1, 124135; HELL, Art. Polling, in: LThK[3], Bd. 8, 396f.; KRAUS, Gymnasium der Jesuiten, 421; LINDNER, Monasticon Episcopatus Augustani antiqui, 17-22; MAI (Hg.), Die Augustinerchorherren in Bayern, 127; SCHEGLMANN, Säkularisation III/2, 600-616; SCHMID, Die Bibliothek des bayerischen Augustiner-Chorherrenstifts Polling. Bestände – Aufhebung – Erbe, in: MÜLLER (Hg.), Reform – Sequestration – Säkularisation, 165-190; SCHMID, Klosterhumanismus im Augustiner-Chorherrenstift Polling, in: MÜLLER (Hg.), Kloster und Bibliothek, 79-107; ZIMMERMANN, Bayerische Kloster-Heraldik, 120-122.

[1899] Nach Rebdorf ging wahrscheinlich Franz Josef Weinzierl (1789-1794). – Zu Rebdorf vgl. BACKMUND, Chorherrenorden, 119-123; GAMS, RIEDER, Mönche, 128f.; HÖCHERL, Kloster Rebdorf. Von der Gründung bis zur Gegenwart; LITTGER, Die Bibliothek des Augustiner-Chorherrenstifts Rebdorf, in: MÜLLER (Hg.), Kloster und Bibliothek, 109-138; MAI, Die Augustinerchorherren in Bayern, 128; MAIER, Art. Rebdorf, in: LThK[3], Bd. 8, 868f.

[1900] Das Kloster Rohr wurde von folgenden Seminaristen gewählt: Ignaz Herzinger (1790-1792), Franz Xaver Huber (1786-1792) und Anton Weigl (1786-1793). – Zu Rohr vgl. BACKMUND, Chorherrenorden, 125-127; GAMBS, Personalstand, 177; HARTIG, Die niederbayerischen Stifte, 210-222; KRAUS, Gymnasium der Jesuiten, 425; LINDNER, Monasticon Metropolis Salzburgensis antiquae, 387-391; MAI (Hg.), Die Augustinerchorherren in Bayern, 130; PUTZ, Die Säkularisation als Einschnitt. Zur Gruppenbiographie bayerischer Augustiner-Chorherrenkonvente, in: MÜLLER (Hg.), Reform – Sequestration – Säkularisation, 207-220; SCHEGLMANN, Säkularisation III/2, 641-661; ZESCHICK, Das Augustinerchorherrenstift Rohr, in: SCHWAIGER, MAI (Hg.), Klöster und Orden im Bistum Regensburg, 113-132; ZESCHICK (Hg.), Kloster in Rohr; ZESCHICK, Art. Rohr in Niederbayern, in: LThK[3], Bd. 8, 1239; ZIMMERMANN, Bayerische Kloster-Heraldik, 136f.

Rottenbuch (Freising)[1901]	28	11,7 %	11	13,9 %
St. Mang in Stadtamhof (Regensburg)[1902]	0	0 %	1	1,3 %
St. Zeno bei Reichenhall (Salzburg)[1903]	1	0,4 %	1	1,3 %
Schlehdorf (Freising)[1904]	7	2,9 %	7	8,9 %

[1901] Nach Rottenbuch gingen die elf Zöglinge: Anton Alois Bock (1782-1784), Franz Seraf Gugler (1791-1796), Franz von Sales Hois (1782-1784), Alois Karner (1775-1781), Kaspar Kloo (1779-1784), Josef Anton Pertl (1773-1778), Leonhard Piringer (1768-1775), Anton Reicheneder (1791-1796), Johann Paul Schwaiger (1773-1774), Josef Schwaiger (1772-1776) und Anton Steinberger (1784-1788). – Zu Rottenbuch vgl. BACKMUND, Chorherrenorden, 127-132; Catalogus Rothenbuch; HARTIG, Die oberbayerischen Stifte, Bd. 1, 135-143; KRAUS, Gymnasium der Jesuiten, 427; LINDNER, Monasticon Metropolis Salzburgensis antiquae, 156-159; MAI (Hg.), Die Augustinerchorherren in Bayern, 131; PÖRNBACHER, Die Bibliothek des Augustiner-Chorherrenstifts Rottenbuch am Vorabend der Säkularisation, in: MÜLLER (Hg.), Kloster und Bibliothek, 171-192; PÖRNBACHER, Das Kloster Rottenbuch zwischen Barock und Aufklärung; PÖRNBACHER, Rottenbuch; PÖRNBACHER, Die Säkularisation der bayerischen Augustiner-Chorherrenstifte Rottenbuch und Steingaden [richtig: Prämonstratenserstift] in Schlaglichtern, in: MÜLLER (Hg.), Reform – Sequestration – Säkularisation, 191-206; RÖHRIG, Art. Rottenbuch, in: LThK³, Bd. 8, 1325f.; SCHEGLMANN, Säkularisation III/2, 616-641; WIETLISBACH, Album Rottenbuchense. Verzeichnis aller Pröpste und Religiosen des Regular-Augustinerstifts Rottenbuch, welche seit Beginn der Stiftung bis nach der Aufhebung verstorben sind; ZIMMERMANN, Bayerische Kloster-Heraldik, 140f.

[1902] Georg Albert Wenig (1786-1792) trat in St. Mang ein. – Zu St. Mang in Stadtamhof vgl. BACKMUND, Chorherrenorden, 141-143; LINDNER, Monasticon Metropolis Salzburgensis antiquae, 384-387; MAI (Hg.), Die Augustinerchorherren in Bayern, 135; SCHEGLMANN, Säkularisation III/2, 667-681; ZIMMERMANN, Bayerische Kloster-Heraldik, 130-132.

[1903] Der Gregorianer Josef Rinößl (1772-1777) ging wohl nach St. Zeno. – Zu St. Zeno bei Reichenhall vgl. BACKMUND, Chorherrenorden, 134-136; HARTIG, Die oberbayerischen Stifte, Bd. 1, 222-230; LECHNER, Art. Sankt Zeno, in: LThK³, Bd. 9, 57f.; LINDNER, Monasticon Metropolis Salzburgensis antiquae, 36-39; MAI (Hg.), Die Augustinerchorherren in Bayern, 129; KRAUS, Gymnasium der Jesuiten, 424; SCHEGLMANN, Säkularisation III/2, 705-715; ZIMMERMANN, Bayerische Kloster-Heraldik, 182f.

[1904] In Schlehdorf traten ein: Josef Gigl (1774-1780), Franz Alois Haltenberger (1776-1780), Franz Xaver Leutner (1776-1782), Johann Baptist Mauser (1789-1792), Michael Wilhelm Schöffmann (1780-1784), Michael Schwab (1782-1787) und Georg Wörner (1775-1782). – Zu Schlehdorf vgl. BACKMUND, Chorherrenorden, 137-139; FRANK, Art. Schlehdorf, in: LThK³, Bd. 9, 156; HARTIG, Die oberbayerischen Stifte, Bd. 1, 230-237; HEIGEL, Schlehdorf. Chronik eines Klosterdorfes; KRAUS, Gymnasium der Jesuiten, 431; LINDNER, Monasticon Metropolis Salzburgensis antiquae, 160-163; MAI (Hg.), Die Augustinerchorherren in Bayern, 134; SCHEGLMANN, Säkularisation III/2, 661-667; ZIMMERMANN, Bayerische Kloster-Heraldik, 148f.

Weyarn (Freising)[1905]	33	13,8 %	4	5,1 %
Sonstige Klöster[1906]	23	9,6 %	0	0 %

4.2.1.2. Die Benediktiner

Die 60 Seminaristen, die Benediktiner wurden, ergeben einen Anteil von 18,5 % aller Priester oder 5,1 % aller Seminaristen.[1907] Zum Vergleich traten 170 Absolventen der Domus Gregoriana bis 1773 den Benediktinern bei, was einem vergleichbaren Anteil von 17,8 % aller Geistlichen, jedoch 11 % der Gesamtzahl der Absolventen entspricht.[1908]
Bei den Benediktinerklöstern ragen auffällig Tegernsee mit 13 Seminaristen und Wessobrunn mit 9 Seminaristen hervor. Beliebte Klöster waren zudem Andechs, Asbach und Mallersdorf mit jeweils fünf Seminaristen. Folgende Tabelle zeigt die Eintrittszahlen in ihrer Verhältnismäßigkeit:

[1905] Das Kloster Weyarn wurde von vier Seminaristen ausgesucht: Josef Doesch (1773-1774), Simon Mayr (1779-1786), Johann Franz Pritzl (1772-1775) und vermutlich von Sebastian Staudinger (1786-1787). – Zu Weyarn vgl. BACKMUND, Chorherrenorden, 153-156; HARTIG, Die oberbayerischen Stifte, Bd. 1, 218-222; KRAUS, Gymnasium der Jesuiten, 439; LINDNER, Monasticon Metropolis Salzburgensis antiquae, 163-165; MAI (Hg.), Die Augustinerchorherren in Bayern, 138; MARBACH, Die Augustiner-Chorherren an der Mangfall; RÖHRIG, Art. Weyarn, in: LThK³, Bd. 10, 1130f.; MAYER, Die letzten sieben drangvollen Jahre des Augustinerchorherrenstifts Weyarn (17.1.1798–28.1.1805). Ein Augenzeugenbericht nach den Tagebüchern des Chorherrn Laurentius Justianus Ott, in: OA 101 (1976), 68-117; MAYER, Die Seelsorge der Weyarner Chorherrn im ausgehenden 18. Jahrhundert nach den Tagebüchern des Chorherrn L. J. Ott, in: Beiträge zur altbayerischen Kirchengeschichte 30 (1976), 115-212; MÜNSTER, Art. Weyarn, in: MGG², Bd. 9, 2001-2003; MÜNSTER, MACHOLD (Bearb.), Thematischer Katalog der Musikhandschriften in ehemaligen Klosterkirchen Weyarn, Tegernsee und Benediktbeuern; PUTZ, Die Säkularisation als Einschnitt. Zur Gruppenbiographie bayerischer Augustiner-Chorherrenkonvente, in: MÜLLER (Hg.), Reform – Sequestration – Säkularisation, 207-220; SCHEGLMANN, Säkularisation III/2, 694-705; SEPP, Weyarn; ZIMMERMANN, Bayerische Kloster-Heraldik, 178-180.
[1906] Baumburg (13 Absolventen der Domus Gregoriana bis 1773), Suben (4), Reichersberg (4), Ranshofen (1) und St. Nikola (1); vgl. PUTZ, Domus Gregoriana, 166.
[1907] Zu den Benediktinern vgl. ANGERER, Art. Benediktiner, in: MGG², Bd. 1, 1379-1390; BAUERREIß, Die Benediktiner in Bayern, in: Bayerische Frömmigkeit, 87-91; BAUERREIß, Kirchengeschichte Bayerns, Bd. 7, 56-62; DENZLER, ANDRESEN, Art. Benediktiner, in: DIES., dtv-Wörterbuch der Kirchengeschichte, 119-121; ENGELBERT, Art. Benediktiner, in: LThK³, Bd. 2, 211-218; FAUST, Art. Benediktiner, Benediktinerinnen, in: SCHWAIGER (Hg.), Mönchtum, Orden, Klöster, 84-111; FAUST, Prälatenorden, in: HBKG, Bd. 2, 641-705, hier 646-676; FRANK, Art. Benediktiner, in: TRE, Bd. 5, 549-560; HEIM, Art. Benediktiner, in: DERS., Kleines Lexikon der Kirchengeschichte, 53f.; HILPISCH, Geschichte des benediktinischen Mönchtums; SCHEGLMANN, Säkularisation III/1, 182-929.
[1908] Vgl. zum Folgenden PUTZ, Domus Gregoriana, 176-184.

Kloster (Diözese/Erzdiözese)	Absolventen der Domus Gregoriana bis 1773	Anteil in Prozent (von 170)	Seminaristen der Domus Gregoriana nach 1773	Anteil in Prozent (von 60)
Andechs (Augsburg)[1909]	7	4,1 %	5	8,3 %
Asbach (Salzburg)[1910]	3	1,8 %	5	8,3 %
Benediktbeuern (Augsburg)[1911]	16	9,4 %	3	5 %
Ettal (Freising)[1912]	13	7,6 %	3	5 %

[1909] Nach Andechs gingen die Zöglinge: Maximilian Enzensperger (1782-1788), Ferdinand Greill (1773-1774), August Gresböck (1786-1788), Peter Randl (1781-1789) und Georg Schöffmann (1787-1791). – Zu Andechs vgl. BOSL, LECHNER, SCHÜLE, ZÖLLER (Hg.), Andechs. Der Heilige Berg. Von der Frühzeit bis zur Gegenwart; Catalogus Religiosorum; FOX, Das Benediktinerkloster Andechs zwischen Säkularisation und Wiederbegründung, in: ZBLG 56/2 (1993), 341-458; HAERING, Art. Andechs, in: LThK³, Bd. 1, 617f.; HARTIG, Die oberbayerischen Stifte, Bd. 1, 78-83; HEINDL, Der heilige Berg Andechs in seiner Geschichte, seinen Merkwürdigkeiten und Heilligthümern; HEMMERLE, Die Benediktinerklöster in Bayern, 32-36; KLEMENZ (Hg.), Kloster Andechs; KRAUS, Gymnasium der Jesuiten, 397; LINDNER, Monasticon Episcopatus Augustani antiqui, 29-33; MATHÄSER, Andechser Chronik. Die Geschichte des Heiligen Berges nach alten Dokumenten und aus neueren Quellen; SATTLER, Chronik von Andechs; SCHEGLMANN, Säkularisation III/1, 182-215; ZIMMERMANN, Bayerische Kloster-Heraldik, 32, 34f.

[1910] In das Benediktinerstift traten ein: Bernhard Hoy (1777-1778), Michael Koch (1780-1786), Markus Senft (1791-1792), Thomas Treer (1782-1786) und Matthias Wastian (1783-1787). – Zu Asbach vgl. HAERING, Art. Asbach, in: LThK³, Bd. 1, 1055f.; HARTIG, Die niederbayerischen Stifte, 103-113; HEMMERLE, Die Benediktinerklöster in Bayern, 38-41; KRAUS, Gymnasium der Jesuiten, 398; LINDNER, Monasticon Metropolis Salzburgensis antiquae, 269-272; SCHEGLMANN, Säkularisation III/1, 215-224; ZIMMERMANN, Bayerische Kloster-Heraldik, 34, 36f.

[1911] Das Kloster wurde von folgenden drei Seminaristen gewählt: Josef Riedhofer (1789-1790), Franz von Paula Wagner (1784-1788) und Michael Wagner (1782-1787). – Zu Benediktbeuern vgl. Catalogus Religiosorum; DAFFNER, Geschichte des Klosters Benediktbeuern; HARTIG, Die oberbayerischen Stifte, Bd. 1, 12-18; HEMMERLE, Benediktinerabtei Benediktbeuern; HEMMERLE, Die Benediktinerklöster in Bayern, 61-67; KRAUS, Gymnasium der Jesuiten, 401; LINDNER, Monasticon Episcopatus Augustani antiqui, 45-51; LINDNER, Profeßbuch der Benediktiner-Abtei Benediktbeuern; MÜNSTER, MACHOLD (Bearb.), Thematischer Katalog der Musikhandschriften der ehemaligen Klosterkirchen Weyarn, Tegernsee und Beneditbeuern; SCHEGLMANN, Säkularisation III/1, 297-328; WEBER, Art. Benediktbeuern, in: LThK³, Bd. 2, 211; WEBER, Kloster Benediktbeuern; WEBER, Das 1250-jährige Jubiläum des Klosters Benediktbeuern; WEBER, Zur Geschichte des Klosters Benediktbeuern, in: KIRMEIER, TREML (Hg.), Glanz und Ende der alten Klöster. Säkularisation im bayerischen Oberland 1803, 51-61; ZIMMERMANN, Bayerische Kloster-Heraldik, 50f., 53.

[1912] Aufnahme in Ettal fanden die drei Gregorianer: Josef Kressierer (1768-1774), Martin Mayr (1774-1778) und Johann Georg Weiß (1783-1788). – Zu Ettal vgl. HARTIG, Die oberbayerischen Stifte, Bd. 1, 70-78; HEMMERLE, Die Benediktinerklöster in Bayern, 94-100; KALFF, KOCH (Hg.), Festschrift zum Ettaler Doppeljubiläum 1980; KOCH, Art. Ettal, in: LThK³, Bd. 3, 942f.; KRAUS, Gymnasium der Jesuiten, 407; LINDNER, Album Ettalense. Verzeichniß aller Aebte und Religiosen des Benediktinerstiftes Ettal, welche seit der Stiftung bis nach der Aufhebung verstorben sind, in: OA 44 (1887), 247-285; LINDNER, Monasticon Metropolis Salzburgensis antiquae, 180-184; SCHEGLMANN, Säkularisation III/1, 380-404; ZIMMERMANN, Bayerische Kloster-Heraldik, 72-74.

Hl. Kreuz in Donauwörth (Augsburg)[1913]	0	0 %	1	1,7 %
Mallersdorf (Regensburg)[1914]	0	0 %	5	8,3 %
Metten (Regensburg)[1915]	2	1,2 %	1	1,7 %
Niederaltaich (Passau)[1916]	11	6,5 %	4	6,7 %
Oberaltaich (Regensburg)[1917]	6	3,5 %	1	1,7 %

[1913] In das Benediktinerkloster Heilig Kreuz in Donauwörth wurde Franz von Paula Wenninger (1769-1774) aufgenommen. – Zu Hl. Kreuz in Donauwörth vgl. DEIBLER, Das Kloster Heilig Kreuz in Donauwörth von der Gegenreformation bis zur Säkularisation; GAMS, RIEDER, Mönche, 110-112; HEMMERLE, Die Benediktinerklöster in Bayern, 75-78; KRAUS, Gymnasium der Jesuiten, 406; LINDNER, Monasticon Episcopatus Augustani antiqui, 55-58; LINDNER, Verzeichnis der Aebte und Mönche des ehemaligen Benediktiner-Stiftes Heilig-Kreuz in Donauwörth, in: Mitteilungen des Historischen Vereins für Donauwörth und Umgebung 2 (1905), 1-44; RUF, Art. Donauwörth, in: LThK³, Bd. 3, 334f.; SCHIEDERMAIR, Das Kloster Heilig Kreuz in Donauwörth, in: DERS. (Hg.), Klosterland Bayerisch Schwaben, 212-215; SCHROMM, Wissenschaft und Aufklärung im Benediktinerstift Heilig-Kreuz Donauwörth, in: ZBLG 54/1 (1991), 287-298; ZIMMERMANN, Bayerische Kloster-Heraldik, 64, 66f.

[1914] Benediktiner in Mallersdorf wurden die fünf Seminaristen: Johann Baptist Daibl (1770-1776), Adam Schluderer (1794-1795), Nikolaus Josef Schneider (1772-1777), Josef Stielner (1772-1774) und Michael Vitzdum (1769-1775). – Zu Mallersdorf vgl. BAUER, Die Aufhebung der Benediktinerabtei Mallersdorf 1803; Catalogus Religiosorum; FRANK, Art. Mallersdorf, in: LThK³, Bd. 6, 1249f.; GAMBS, Personalstand, 185-187; HARTIG, Die niederbayerischen Stifte, 87-102; HEMMERLE, Die Benediktinerklöster in Bayern, 137-141; KRAUS, Gymnasium der Jesuiten, 414; LINDNER, Monasticon Metropolis Salzburgensis antiquae, 422-426; SCHEGLMANN, Säkularisation III/1, 449-473; ZIMMERMANN, Bayerische Kloster-Heraldik, 100f., 103.

[1915] In das Benediktinerstift Metten wurde Matthäus Pröbstl (1770-1776) aufgenommen. – Zu Metten vgl. FINK, Entwicklungsgeschichte der Benediktinerabtei Metten; GAMBS, Personalstand, 187-189; HAERING, Art. Metten, in: LThK³, Bd. 7, 207; HARTIG, Die niederbayerischen Stifte, 45-57; HEMMERLE, Die Benediktinerklöster in Bayern, 143-145; KRAUS, Gymnasium der Jesuiten, 415; LINDNER, Monasticon Metropolis Salzburgensis antiquae, 426-431; MITTERMÜLLER, Das Kloster Metten und seine Aebte. Ein Ueberblick über die Geschichte dieses alten Benedictinerstiftes; SCHEGLMANN, Säkularisation III/1, 473-512; ZIMMERMANN, Bayerische Kloster-Heraldik, 102-104.

[1916] In Niederaltaich traten ein: Georg Änderl (1784-1790), Kajetan Beer (1792-1797), Franz Xaver Heigl (1796-1801) und Benedikt Loibl (1792-1797). – Zu Niederaltaich vgl. HAERING, Art. Niederaltaich, in: LThK³, Bd. 7, 818; HARTIG, Die niederbayerischen Stifte, 11-26; HEIM, Eine Kulturreise zu drei niederbayerischen Klöstern: Windberg, Oberaltaich, Niederaltaich, in: Deggendorfer Geschichtsblätter 22 (2001), 79-106, hier 96-105; HEMMERLE, Die Benediktinerklöster in Bayern, 188-197; KRAUS, Gymnasium der Jesuiten, 418; LINDNER, Monasticon Metropolis Salzburgensis antiquae, 318-325; LINDNER, Die vom Jahre 1778 bis 1803 exclusive verstorbenen Conventualen des ehemal. Benediktiner-Stiftes Niederaltaich mit kurzen biographischen Notizen, in: Verhandlungen des Historischen Vereins für Niederbayern 39 (1903), 199-209; MOLITOR, Die soziale und geographische Herkunft der Konventualen des Klosters Niederaltaich von 1651-1972, in: ZBLG 36/1 (1973), 317-332; SCHEGLMANN, Säkularisation III/1, 533-561; STADLBAUER, Die letzten Aebte des Klosters Niederaltaich, in: Verhandlungen des Historischen Vereines für Niederbayern 23 (1884), 41-136; STADTMÜLLER, PFISTER, Geschichte der Abtei Niederaltaich 731-1986; ZIMMERMANN, Bayerische Kloster-Heraldik, 108f.

[1917] Franz Seraf Schwaiger (1781-1784) fand in Oberaltaich Aufnahme. – Zu Oberaltaich vgl. Catalogus Religiosorum; GAMBS, Personalstand, 191-195; HARTIG, Die niederbayerischen Stifte, 69-82; HEIM, Eine Kulturreise zu drei niederbayerischen Klöstern: Windberg, Oberaltaich, Niederaltaich, in: Deggendorfer Geschichtsblätter 22 (2001), 79-106, hier 87-96; HEMMERLE, Die Benediktinerklöster in Bayern, 201-206; KRAUS, Gymnasium der Jesuiten, 419; LINDNER, Monasticon Metropolis Salzburgensis antiquae, 432-437; RUF, Art. Oberaltaich, in: LThK³, Bd. 7, 957; SCHEGLMANN, Säkularisa-

Ottobeuren (Augsburg)[1918]	1	0,6 %	1	1,7 %
Rott am Inn (Salzburg)[1919]	20	11,8 %	2	3,3 %
St. Veit bei Neumarkt (Salzburg)[1920]	7	4,1 %	1	1,7 %
Scheyern (Freising)[1921]	3	1,8 %	1	1,7 %
Seeon (Salzburg)[1922]	10	5,9 %	1	1,7 %
Tegernsee (Freising)[1923]	21	12,4 %	13	21,7 %

tion III/1, 561-611; STADLBAUER, Die letzten Aebte des Klosters Oberaltaich, in: Verhandlungen des Historischen Vereines für Niederbayern 22 (1882), 3-83; ZIMMERMANN, Bayerische Kloster-Heraldik, 110f.

[1918] In das schwäbische Reichsstift trat Ludwig Aurbacher (1796-1797) ein. – Zu Ottobeuren vgl. FAUST, Das Kloster Ottobeuren, in: SCHIEDERMAIR (Hg.), Klosterland Bayerisch Schwaben, 246-248; FAUST, Art. Ottobeuren, in: LThK³, Bd. 7, 1226; GAMS, RIEDER, Mönche, 116-120; HEMMERLE, Die Benediktinerklöster in Bayern, 209-220; KOLB, Ottobeuren. Schicksal einer schwäbischen Reichsabtei; LINDNER, Album Ottoburanum. Die Aebte und Mönche des ehem. Freien Reichs-Stiftes Ottobeuren, Benediktiner-Ordens, in Schwaben und deren literarischer Nachlaß vom Jahr 764 bis zu ihrem Aussterben (1858), in: Zeitschrift des historischen Vereins von Schwaben und Neuburg 30 (1904), 77-142 u. 31 (1905), 1-90; LINDNER, Monasticon Episcopatus Augustani antiqui, 87-92; SCHEGLMANN, Säkularisation III/1, 611-654; ZIMMERMANN, Bayerische Kloster-Heraldik, 114f., 117.

[1919] Nach Rott am Inn gingen die zwei Seminaristen Josef Roth (1774-1780) und Franz Xaver Zinsmeister (1787-1788). – Zu Rott am Inn vgl. BIRKMAIER, Rott am Inn, 2 Bde.; Catalogus Religiosorum; HARTIG, Die oberbayerischen Stifte, Bd. 1, 57-62; HEMMERLE, Die Benediktinerklöster in Bayern, 266-270; KRAUS, Gymnasium der Jesuiten, 426; LINDNER, Monasticon Metropolis Salzburgensis antiquae, 184-187; MITTERWIESER, Geschichte der Benediktinerabteien Rott und Attel am Inn; RUF, Art. Rott, in: LThK³, Bd. 8, 1324f.; SCHEGLMANN, Säkularisation III/1, 729-740; ZIMMERMANN, Bayerische Kloster-Heraldik, 138f.

[1920] Anton Peithauser (1786-1790) wurde in Sankt Veit aufgenommen. – Zu St. Veit bei Neumarkt vgl. HARTIG, Die oberbayerischen Stifte, Bd. 1, 64-68; HEMMERLE, Die Benediktinerklöster in Bayern, 313-318; KISSLINGER, Geschichte des Benediktiner-Klosters St. Veit bei Neumarkt, in: Beiträge zur Geschichte, Topographie und Statistik des Erzbistums München und Freising 12 (1915), 103-394; LECHNER, Art. Sankt Veit, in: LThK³, Bd. 9, 54; LINDNER, Monasticon Metropolis Salzburgensis antiquae, 80-84; ZIMMERMANN, Bayerische Kloster-Heraldik, 162f.

[1921] Scheyern nahm Franz Regis Knogler (1771-1776) auf. – Zu Scheyern vgl. Catalogus Religiosorum; HAERING, Art. Scheyern, in: LThK³, Bd. 9, 133; HARTIG, Die oberbayerischen Stifte, Bd. 1, 51-57; HEMMERLE, Die Benediktinerklöster in Bayern, 273-281; KRAUS, Gymnasium der Jesuiten, 430; LINDNER, Monasticon Metropolis Salzburgensis antiquae, 188-192; QUOIKA, Musik und Musikpflege in der Benediktinerabtei Scheyern; REICHOLD, Benediktinerabtei Scheyern 1077-1988; REICHOLD, Chronik von Scheyern. Von den ersten Anfängen bis zur Gegenwart; SCHEGLMANN, Säkularisation III/1, 740-764; ZIMMERMANN, Bayerische Kloster-Heraldik, 146f.

[1922] Das Kloster Seeon wählte Johann Michael Ruille (1782-1787) aus. – Zu Seeon vgl. DÜNNINGER, MÜNSTER, Konzert in Seeon – Ein Chiemgaukloster und seine musikalische Tradition, in: Josef und Eberhard DÜNNINGER, Erlebtes Bayern. Landschaften und Begegnungen, 62-81; HADERSTORFER, Die Säkularisation der oberbayerischen Klöster Baumburg und Seeon. Die wirtschaftlichen und sozialen Wandlungen; HAERING, Art. Seeon, in: LThK³, Bd. 9, 392; HARTIG, Die oberbayerischen Stifte, Bd. 1, 32-37; HEMMERLE, Die Benediktinerklöster in Bayern, 286-291; KRAUS, Gymnasium der Jesuiten, 432; LINDNER, Monasticon Metropolis Salzburgensis antiquae, 76-80; MALOTTKI, Kloster Seeon. Beiträge zu Geschichte, Kunst und Kultur der ehemaligen Benediktinerabtei; SCHEGLMANN, Säkularisation III/1, 764-774; Sewa – Seeon. 994-1994. 1000 Jahre Seeon. Ein Heimatbuch. Beiträge zur Kloster-, Pfarr- und Ortsgeschichte; ZIMMERMANN, Bayerische Kloster-Heraldik, 150f.

Vornbach (Passau)¹⁹²⁴	2	1,2 %	1	1,7 %
Weihenstephan (Freising)¹⁹²⁵	11	6,5 %	2	3,3 %
Weltenburg (Regensburg)¹⁹²⁶	0	0 %	1	1,7 %

[1923] In das Stift Tegernsee traten folgende Seminaristen ein: Johann Nepomuk Buchner (1782-1785), August Enzensperger (1772-1780), Ignaz Hönig (1788-1793), Johann Baptist Höß (1790-1795), Andreas Kistler (1777-1782), Franz Xaver Klinger (1776-1783), Josef Lechner (1781-1783), Georg Räschmayr (1777-1784), Nikolaus Schmid (1772-1776), Johann Nepomuk Schneider (1778-1784), Leonhard Stadler (1782-1784), Leopold Untertrifaller (1770-1774) und Johann Georg Ziegler (1774-1780). – Zu Tegernsee vgl. BAUERREIß, Zum 1200jährigen Jubiläum Tegernsees; BIRNBACHER, Art. Tegernsee, in: LThK³, Bd. 9, 1311f.; Catalogus Religiosorum; GEIGER, Kloster Tegernsee; GÖTZ, Warngau und das Kloster Tegernsee, in: Beiträge zur altbayerischen Kirchengeschichte 50 (2007), 11-35; HARTIG, Die Benediktinerabtei Tegernsee 746-1803; HARTIG, Die oberbayerischen Stifte, Bd. 1, 18-25; HEMMERLE, Die Benediktinerklöster in Bayern, 297-304; KRAUS, Gymnasium der Jesuiten, 434; LAMPL (Hg.), Musik und Orgelwerke des Klosters Tegernsee; LINDNER, Familia S. Quirini in Tegernsee. Die Äbte und Mönche der Benediktiner-Abtei Tegernsee von den ältesten Zeiten bis zu ihrem Aussterben (1861) und ihr literarischer Nachlaß, in: OA 50 (1897), 18-130 u. OA 50 (Ergänzungsheft, 1898), 1-318; LINDNER (Bearb.), Historia monasterii Tegernseensis, in: Beyträge zur Geschichte, Topographie und Statistik des Erzbistums München und Freising 7 (1901), 179-258 u. 8 (1903), 78-286; LINDNER, Monasticon Metropolis Salzburgensis antiquae, 193-200; MATHÄSER, Chronik von Tegernsee. Nach alten Dokumenten, aus neueren Quellen, mit persönlichen Bemerkungen zu Vergangenem und über Gegenwärtiges; MÜNSTER, Aus dem Kulturleben im alten Kloster Tegernsee; MÜNSTER, Fragmente zu einer Musikgeschichte der Benediktinerabtei Tegernsee, in: StMBO 79 (1968), 66-91; MÜNSTER, MACHOLD (Bearb.), Thematischer Katalog der Musikhandschriften der ehemaligen Klosterkirchen Weyarn, Tegernsee und Benediktbeuern; SCHEGLMANN, Säkularisation III/1, 774-821; ZIMMERMANN, Bayerische Kloster-Heraldik, 156f.

[1924] Der Zögling Peter Geiger (1785-1791) ging nach Vornbach. – Zu Vornbach, das ehemals Formbach genannt wurde, vgl. ECKL, DUSCHL (Hg.), Das Kloster Vornbach; HAERING, Art. Vornbach, in: LThK³, Bd. 10, 892f.; HARTIG, Die niederbayerischen Stifte, 57-69; HEMMERLE, Die Benediktinerklöster in Bayern, 318-322; LINDNER, Monasticon Metropolis Salzburgensis antiquae, 273-276; SCHEGLMANN, Säkularisation III/1, 837-843; ZIMMERMANN, Bayerische Kloster-Heraldik, 164f.

[1925] Zwei Gregorianer fanden Aufnahme im Kloster Weihenstephan: Johann Evangelist Babenstuber (1782-1785) und Martin Jaud (1783-1789). – Zu Weihenstephan vgl. Catalogus Religiosorum; DIENER, Zur Geschichte von Weihenstephan, in: ZBLG 1/3 (1928), 453-476; GENTNER, Geschichte des Benedictinerklosters Weihenstephan bey Freysing, in: Beyträge zur Geschichte, Topographie und Statistik des Erzbisthums München und Freysing 6 (1854), 1-350; HAERING, Art. Weihenstephan, in: LThK³, Bd. 10, 1005f.; HARTIG, Die oberbayerischen Stifte, Bd. 1, 41-46; HEMMERLE, Die Benediktinerklöster in Bayern, 322-326; KRAUS, Gymnasium der Jesuiten, 436; LINDNER, Monasticon Metropolis Salzburgensis antiquae, 201-206; SCHEGLMANN, Säkularisation III/1, 843-871; UHL, Das Benediktinerkloster Weihenstephan in Freising, in: Diözesanmuseum Freising (Hg.), 1250 Jahre geistliche Stadt, 145-151; ZIMMERMANN, Bayerische Kloster-Heraldik, 170f., 173.

[1926] Michael Grueber (1771-1777) trat zunächst in das Augustiner-Chorherrenstift Weyarn ein, das er nach einem Jahr wieder verließ, um in Weltenburg Benediktiner zu werden. – Zum Kloster Weltenburg vgl. Catalogus Religiosorum; GAMBS, Personalstand, 203-205; HAERING, Art. Weltenburg, in: LThK³, Bd. 10, 1073f.; HARTIG, Die niederbayerischen Stifte, 32-45; HEMMERLE, Die Benediktinerklöster in Bayern, 330-335; KRAUS, Gymnasium der Jesuiten, 437; LINDNER, Monasticon Metropolis Salzburgensis antiquae, 447-451; MÜNSTER, P. Benno Grueber (1759-1796) und die Musik im Kloster Weltenburg in den letzten Jahrzehnten des 18. Jahrhunderts; RIESS, Die Abtei Weltenburg zwischen Dreißigjährigem Krieg und Säkularisation (1626-1803); SCHEGLMANN, Säkularisation III/1, 893-917; SCHWAIGER, Das Kloster Weltenburg in der Geschichte, in: Beiträge zur Geschichte des Bistums Regensburg 11 (1977), 51-59; ZIMMERMANN, Bayerische Kloster-Heraldik, 172f., 175.

Wessobrunn (Augsburg)[1927]	16	9,4 %	9	15 %
Sonstige Klöster[1928]	21	12,4 %	0	0 %

Ein Vergleich der Zahlen zeigt einige Veränderungen bei der bevorzugten Wahl eines Benediktinerklosters. Am deutlichsten gestiegen ist nach 1773 der Anteil der Seminaristen, die in Asbach eintraten: von 1,8 % auf 8,3 %. Wurden von den Absolventen des Jesuitenseminars bis 1773 in das Kloster Tegernsee immerhin 12,4 % aufgenommen, so waren es nach der Aufhebung des Jesuitenordens 21,7 %, womit Tegernsee eine absolute Spitzenposition einnahm. Weiter stiegen die verhältnismäßigen Eintrittszahlen in Andechs um das Doppelte (bis 1773: 4,1 %, nach 1773: 8,3 %), in Ottobeuren von 0,6 % auf 1,7 % und in Wessobrunn von 9,4 % auf 15 %.

Im Unterschied dazu sanken die Eintrittswerte am auffälligsten in Rott am Inn: Traten von den Absolventen der Domus Gregoriana bis 1773, die Benediktiner wurden, noch 11,8 % ein, so waren es nach 1773 nur noch 3,3 %. Ebenso sanken die Werte in Benediktbeuern von 9,4 % auf 5 %, in Ettal von 7,6 % auf 5 %, in Oberaltaich von 3,5 % auf 1,7 %, in St. Veit von 4,1 % auf 1,7 %, in Seeon um mehr als das Dreifache von 5,9 % auf 1,7 % und in Weihenstephan um etwa die Hälfte von 6,5 % auf 3,3 %.

Die Waage hielten sich ungefähr die Klöster Metten (vor 1773: 1,2 %, nach 1773: 1,7 %), Niederaltaich (vor 1773: 6,5 %, nach 1773: 6,7 %), Scheyern (vor 1773: 1,8 %, nach 1773: 1,7 %) und Vornbach (vor 1773: 1,2 %, nach 1773: 1,7 %).

Die Seminaristen des Kurfürstlichen Seminars in München entdeckten im letzten Drittel des 18. Jahrhunderts auch neue Benediktinerklöster, die bislang von Absolventen der Domus Gregoriana nicht besucht wurden. Am auffälligsten tritt

---

[1927] Neun Zöglinge fanden Aufnahme in Wessobrunn: Johann Josef Buchner (1792-1797), August Eberle (1779-1786), Franz von Paula Kraus (1771-1776), Josef Lipp (1785-1787), Thomas Neuner (1774-1778), Franz Xaver Pfadischer (1786-1788), Michael Promberger (1772-1778), Johann Evangelist Rauch (1787-1790) und Georg Wagner (1771-1776). – Zu Wessobrunn vgl. ANDRIAN-WERBURG, Die Benediktinerabtei Wessobrunn; Catalogus Religiosorum; FUGGER, Kloster Wessobrunn; HARTIG, Die oberbayerischen Stifte, Bd. 1, 25-32; HEMMERLE, Die Benediktinerklöster in Bayern, 336-342; KRAUS, Gymnasium der Jesuiten, 438; LINDNER, Monasticon Episcopatus Augustani antiqui, 96-100; LINDNER, Profeßbuch der Benediktiner-Abtei Wessobrunn; SCHEGLMANN, Säkularisation III/1, 917-929; SCHNELL, Die Bedeutung von Wessobrunn, in: ZBLG 35/1 (1972), 186-201; WINHARD, Die Benediktinerabtei Wessobrunn im 18. Jahrhundert; WINHARD, Art. Wessobrunn, in: LThK³, Bd. 10, 1117f.; ZIMMERMANN, Bayerische Kloster-Heraldik, 174f.

[1928] Thierhaupten (6 Absolventen der Domus Gregoriana bis 1773), Attel (6), St. Mang in Füssen (3), Michaelbeuren (2), St. Emmeram (1), Prüfening (1), Fultenbach (1) und Frauenzell (1); vgl. PUTZ, Domus Gregoriana, 177.

das Kloster Mallersdorf in Vorschein. Trat von den Absolventen bis 1773 niemand in dieses Kloster ein, so wurden nun 5 Seminaristen und damit 8,3 % derjenigen, die Benediktiner wurden, in Mallersdorf aufgenommen. Erstmals traten auch Seminaristen der Domus Gregoriana in Hl. Kreuz in Donauwörth und in Weltenburg ein.

Exakt 70 % oder 42 Seminaristen entschieden sich, in ein Kloster zu gehen, das der Bayerischen Benediktiner-Kongregation angehörte.[1929]

4.2.1.3. Die Zisterzienser

Des Weiteren traten 26 ehemalige Zöglinge der Domus Gregoriana und somit 8 % aller späteren Geistlichen den Zisterziensern bei, die in Altbayern nicht so stark vertreten waren wie die Augustiner-Chorherren und die Benediktiner, die vor allem die bayerische Klosterlandschaft prägten.[1930] Der Anteil der Seminaristen, die in ein Zisterzienserkloster eintraten, stieg damit nach 1773 auffällig von 4,4 % um fast das Doppelte auf 8 %, während die verhältnismäßigen Zahlen bei den drei anderen Prälatenorden sich in etwa die Waage hielten.[1931]

[1929] Zur Bayerischen Benediktiner-Kongregation zählten von den hier aufgeführten Klöstern: Andechs, Benediktbeuern, Mallersdorf, Oberaltaich, Rott am Inn, Scheyern, Tegernsee, Weihenstephan, Weltenburg und Wessobrunn; vgl. Catalogus Religiosorum.

[1930] Zu den Zisterziensern vgl. ALTERMATT, Art. Zisterzienser, in: LThK³, Bd. 10, 1466-1470; ALTERMATT, Art. Zisterzienser, Zisterzienserinnen, in: TRE, Bd. 36, 704-715; BAUERREIß, Kirchengeschichte Bayerns, Bd. 7, 62f.; DENZLER, ANDRESEN, Art. Zisterzienser, in: DIES., dtv-Wörterbuch der Kirchengeschichte, 637f.; FAUST, Prälatenorden, in: HBKG, Bd. 2, 641-705, hier 689-698; HEIM, Art. Zisterzienser, in: DERS., Kleines Lexikon der Kirchengeschichte, 462; MITTERSCHIFFTHALER, Art. Zisterzienser, in: MGG², Bd. 9, 2390-2401; SCHEGLMANN, Säkularisation III/2, 1-302; WEITLAUFF, Art. Zisterzienser, in: SCHWAIGER (Hg.), Mönchtum, Orden, Klöster, 451-470.

[1931] Bezogen auf die Gesamtzahl der Absolventen bis 1773 beträgt der Anteil der Zisterzienser 2,7 %; vgl. PUTZ, Domus Gregoriana, 189-192, hier 189.

Kloster (Diözese/Erzdiözese)	Absolventen der Domus Gregoriana bis 1773	Anteil in Prozent (von 42)	Seminaristen der Domus Gregoriana nach 1773	Anteil in Prozent (von 26)
Aldersbach (Passau)[1932]	2	4,8 %	2	7,7 %
Fürstenfeld (Freising)[1933]	27	64,3 %	8	30,8 %
Fürstenzell (Passau)[1934]	2	4,8 %	2	7,7 %
Gotteszell (Passau)[1935]	2	4,8 %	0	0 %
Raitenhaslach (Salzburg)[1936]	9	21,4 %	13	50 %
Walderbach (Regensburg)[1937]	0	0 %	1	3,8 %

[1932] In das Kloster wurden die zwei Seminaristen Franz Borgias Daxberger (1775-1781) und Johann Nepomuk Pettinger (1776-1781) aufgenommen. – Zu Aldersbach vgl. HARTIG, Die niederbayerischen Stifte, 146-160; KANNACHER, Aldersbach. Kloster, Kirche und Brauerei; KRAUS, Gymnasium der Jesuiten, 397; LINDNER, Monasticon Metropolis Salzburgensis antiquae, 330-334; SCHEGLMANN, Säkularisation III/2, 1-30; WINKLER, Art. Aldersbach, in: LThK³, Bd. 1, 352; ZIMMERMANN, Bayerische Kloster-Heraldik, 32f.

[1933] Das Stift Fürstenfeld wurde von acht Gregorianern gewählt: Franz Faltengeyer (1774-1778), Michael Gebhard (1786-1793), Ulrich Godeschalk (1788-1792), Matthias Kinshofer (1771-1777), Simon Mentner (1793-1797), Franz Xaver Riedhofer (1789-1794), Korbinian Strasser (1792-1794) und Michael Widemann (1773-1774). – Zu Fürstenfeld vgl. EHRMANN, PFISTER, WOLLENBERG (Hg.), In Tal und Einsamkeit. 725 Jahre Kloster Fürstenfeld. Die Zisterzienser im alten Bayern, 3 Bde.; HARTIG, Die oberbayerischen Stifte, Bd. 1, 113-120; KRAUS, Gymnasium der Jesuiten, 409; LINDNER, Beiträge zur Geschichte der Abtei Fürstenfeld, in: Cistercienser-Chronik 17 (1905), 193-207, 225-243, 257-274; LINDNER, Monasticon Metropolis Salzburgensis antiquae, 206-210; MOHR, Die Musikgeschichte des Klosters Fürstenfeld; RÖCKL, Beschreibung von Fürstenfeld; SCHEGLMANN, Säkularisation III/2, 57-86; SCHIEDERMAIR (Hg.), Kloster Fürstenfeld; WINKLER, Art. Fürstenfeld, in: LThK³, Bd. 4, 249; ZIMMERMANN, Bayerische Kloster-Heraldik, 78-80.

[1934] Aufnahme in Fürstenzell fanden wahrscheinlich Anton Eder (1778-1785) und sicher Josef Türk (1785-1790). – Zu Fürstenzell vgl. HARTIG, Die niederbayerischen Stifte, 160-168; KRAUS, Gymnasium der Jesuiten, 410; LINDNER, Monasticon Metropolis Salzburgensis antiquae, 341-345; SCHEGLMANN, Säkularisation III/2, 86-96; STAMM, Art. Fürstenzell, in: LThK³, Bd. 4, 251; ZIMMERMANN, Bayerische Kloster-Heraldik, 80-82.

[1935] Zu Gotteszell vgl. GAMBS, Personalstand, 206f.; HARTIG, Die niederbayerischen Stifte, 168-176; KRAUS, Gymnasium der Jesuiten, 411; LINDNER, Monasticon Metropolis Salzburgensis antiquae, 452-454; SCHEGLMANN, Säkularisation III/2, 96-114; WINKLER, Art. Gotteszell, in: LThK³, Bd. 4, 945f.; ZIMMERMANN, Bayerische Kloster-Heraldik, 86f.

[1936] In das Stift wurden dreizehn Seminaristen aufgenommen: Michael Ascher (1790-1797), Franz von Paula Bergkammer (1790-1792), Johann Nepomuk Buchner (1772-1774), Anton Diabelli (1797-1798), Franz Xaver Hafner (1784-1790), Josef Hageneder (1780-1785), Bartholomäus Huber (1791-1797), Michael Ostermayr (1792-1797), Georg Pichlmayr (1790-1794), Georg Plutz (1783-1789), Johann Baptist Josef Räschmayr (1783-1790), Jakob Schallmayr (1783-1784) und Anton Schwab (1780-1785). – Zu Raitenhaslach vgl. HARTIG, Die oberbayerischen Stifte, Bd. 1, 104-113; HOPFGARTNER, 1200 Jahre Raitenhaslach; KRAUS, Gymnasium der Jesuiten, 422; KRAUSEN, Die Zisterzienserabtei Raitenhaslach; LINDNER, Monasticon Metropolis Salzburgensis antiquae, 88-92; SCHEGLMANN, Säkularisation III/2, 195-219; WINKLER, Art. Raitenhaslach, in: LThK³, Bd. 8, 818f.; ZIMMERMANN, Bayerische Kloster-Heraldik, 124f.

Bevorzugtes Kloster der Seminaristen, die den Zisterziensern beitraten, war nach 1773 eindeutig Raitenhaslach, in das exakt die Hälfte aller künftigen Zisterzienser eintrat, während der Anteil bei den Absolventen davor bei 21,4 % lag. Für die Zeit vor 1773 sieht das Bild anders aus: weit mehr als die Hälfte der Absolventen der Domus Gregoriana, die Zisterzienser wurden, ging in das Kloster Fürstenfeld. Der Anteil von 64,3 % sank in der Zeit nach 1773 um über die Hälfte auf 30,8 %. Dennoch blieb Fürstenfeld mit 8 Seminaristen an zweiter Stelle. Gestiegen ist nach 1773 das Eintrittsverhältnis für das Stift Fürstenzell von 4,8 % auf 7,7 %. Zum ersten Mal trat ein Seminarist nach 1773 in das Kloster Walderbach ein, während niemand nach Gotteszell ging, wo zuvor noch 4,8 % der Absolventen bis 1773, die Zisterzienser wurden, eintraten.

4.2.1.4. Die Prämonstratenser-Chorherren

Zahlenmäßig der kleinste der vier Prälatenorden im Kurfürstentum Bayern waren die Prämonstratenser-Chorherren mit den sieben Klöstern Neustift bei Freising, Osterhofen, St. Salvator bei Ortenburg, Schäftlarn, Speinshart, Steingaden und Windberg.[1938] Von den 325 Seminaristen, die später Priester wurden, traten lediglich 11 Seminaristen oder 3,4 % den Prämonstratenser-Chorherren bei. Dies entspricht in etwa der verhältnismäßigen Zahl von 33 Absolventen der Do-

---

[1937] Nach Walderbach ging Josef Arbeiter (1790-1794). – Zu Walderbach vgl. ALTERMATT, Art. Walderbach, in: LThK³, Bd. 10, 955; LINDNER, Monasticon Metropolis Salzburgensis antiquae, 454-456; SCHEGLMANN, Säkularisation III/2, 219-231; ZIMMERMANN, Bayerische Kloster-Heraldik, 166f., 169.
[1938] Das Stift Osterhofen in Niederbayern wurde bereits 1783 aufgehoben. Zur Bayerischen Zirkarie der Prämonstratenser-Chorherren zählten noch Stift Griffen in Kärnten, das 1786 aufgehoben wurde, und Stift Wilten bei Innsbruck; vgl. BACKMUND, Chorherrenorden, 177-180; BACKMUND, Monasticon Praemonstratense, Bd. 1, 6-41; LINDNER, Monasticon Metropolis Salzburgensis antiquae, 98-101, 366-370. – Zu dem Chorherrenorden allgemein vgl. BACKMUND, Chorherrenorden, 159-168; BACKMUND, Geschichte des Prämonstratenserordens; BACKMUND, Monasticon Praemonstratense, 3 Bde.; BACKMUND, Der Prämonstratenserorden in Bayern, in: Bayerische Frömmigkeit. 1400 Jahre christliches Bayern, 95f.; BAUERREIß, Kirchengeschichte Bayerns, Bd. 7, 79f.; DENZLER, ANDRESEN, Art. Prämonstratenser, in: DIES., dtv-Wörterbuch der Kirchengeschichte, 475f.; FAUST, Prälatenorden, in: HBKG, Bd. 2, 641-705, hier 698-705; HEIM, Art. Prämonstratenser, in: DERS., Kleines Lexikon der Kirchengeschichte, 356-358; HEIM, Art. Prämonstratenser, in: SCHWAIGER (Hg.), Mönchtum, Orden, Klöster, 355-366; HORSTKÖTTER, Art. Prämonstratenser, in: TRE, Bd. 27, 167-171; HORSTKÖTTER, Art. Prämonstratenser, Prämonstratenserinnen, in: LThK³, Bd. 8, 505-510; HÜSCHEN, Art. Prämonstratenser, in: MGG², Bd. 7, 1804-1808; SCHEGLMANN, Säkularisation III/2, 303-453.

mus Gregoriana bis 1773, die ebenfalls in dem Chorherrenorden aufgenommen wurden, nämlich 3,5 % von 953 Priestern.[1939]

Kloster (Diözese/Erzdiözese)	Absolventen der Domus Gregoriana bis 1773	Anteil in Prozent (von 33)	Seminaristen der Domus Gregoriana nach 1773	Anteil in Prozent (von 11)
Neustift (Freising)[1940]	2	6,1 %	2	18,2 %
Schäftlarn (Freising)[1941]	17	51,5 %	3	27,3 %
Steingaden (Augsburg)[1942]	11	33,3 %	4	36,4 %

[1939] Bezogen auf die Gesamtzahl aller Absolventen der Domus Gregoriana bis 1773 beträgt der Anteil der 33 Prämonstratenser-Chorherren 2,2 %; vgl. PUTZ, Domus Gregoriana, 192-195, hier 193.

[1940] In Neustift fanden die beiden Seminaristen Dominikus Eisenschmid (1787-1790) und Franz von Paula Schlatterer (1787-1790) Aufnahme. – Zu Neustift bei Freising vgl. BACKMUND, Chorherrenorden, 172-174; BACKMUND, Monasticon Praemonstratense, Bd. 1, 9-13; BACKMUND, Profeßbücher oberbayerischer Prämonstratenserklöster, Teil 1. Neustift, in: Beiträge zur altbayerischen Kirchengeschichte 33 (1981), 41-90; KRAUS, Gymnasium der Jesuiten, 417; LEHRMANN, „Das ist eine prächtige Kaserne!" Die letzten Jahre der Prämonstratenserabtei Neustift bei Freising und ihre Aufhebung 1803, in: Sammelblatt des Historischen Vereins Freising 38 (2004), 77-133; LINDNER, Monasticon Metropolis Salzburgensis antiquae, 210-214; RUF, Art. Neustift b. Freising, in: LThK³, Bd. 7, 787; SCHEGLMANN, Säkularisation III/2, 303-311; ZIMMERMANN, Bayerische Kloster-Heraldik, 106f.

[1941] Prämonstratenser-Chorherren wurden: Franz Xaver Kieninger (1779-1785), Benedikt Kruis (1787-1789) und Johann Evangelist Zerhoch (1792-1796). – Zu Schäftlarn vgl. BACKMUND, Chorherrenorden, 187-190; BACKMUND, Monasticon Praemonstratense, Bd. 1, 20-23; BACKMUND, Profeßbücher oberbayerischer Prämonstratenserklöster, Teil 3. Schäftlarn, in: Beiträge zur altbayerischen Kirchengeschichte 37 (1988), 43-95; EDER, Die Säkularisation des Prämonstratenserklosters Schäftlarn, in: OA 119 (1995), 147-215; KRAUS, Gymnasium der Jesuiten, 429; LINDNER, Monasticon Metropolis Salzburgensis antiquae, 214-217; MITTERER (Hg.), 1200 Jahre Kloster Schäftlarn 762-1962; RUF, Art. Schäftlarn, in: LThK³, Bd. 9, 103f.; SCHEGLMANN, Säkularisation III/2, 341-350; WINHARD, Kloster Schäftlarn. Geschichte und Kunst; ZIMMERMANN, Bayerische Kloster-Heraldik, 144f.

[1942] Das Stift Steingaden nahm vier Zöglinge auf: Michael Hibler (1780-1787), Georg Luidl (1784-1787), Johann Martin Niggl (1775-1779) und Stefan Schwarz (1790-1794). – Zum Kloster Steingaden vgl. Das ehemalige Prämonstratenserstift Steingaden; BACKMUND, Chorherrenorden, 194-198; BACKMUND, Monasticon Praemonstratense, Bd. 1, 28-33; Das ehemalige Prämonstratenserstift Steingaden; BACKMUND, Profeßbücher oberbayerischer Prämonstratenserklöster, Teil 2. Steingaden, in: Beiträge zur altbayerischen Kirchengeschichte 35 (1984), 135-190; HOFMANN, Stift Steingaden; KRAUS, Gymnasium der Jesuiten, 433; LINDNER, Monasticon Episcopatus Augustani antiqui, 111-114; PÖRNBACHER, Die Säkularisation der bayerischen Augustiner-Chorherrenstifte Rottenbuch und Steingaden [richtig: Prämonstratenserstift] in Schlaglichtern, in: MÜLLER (Hg.), Reform – Sequestration – Säkularisation, 191-206; RUMMEL, Art. Steingaden, in: LThK³, Bd. 9, 950; SCHEGLMANN, Säkularisation III/2, 376-396; ZIMMERMANN, Bayerische Kloster-Heraldik, 154f., 157.

Ursberg (Augsburg)[1943]	0	0 %	1	9,1 %
Windberg (Regensburg)[1944]	3	9,1 %	1	9,1 %

Die meisten Seminaristen, die nach 1773 Prämonstratenser-Chorherren wurden, gingen nach Steingaden, nämlich vier an der Zahl. Das Verhältnis der Eintrittszahlen blieb hier in etwa gleich hoch: waren es vor 1773 33,3 %, so sind es für die Zeit nach 1773 36,4 %. Exakt gleich hoch blieb das Eintrittsverhältnis in Windberg mit 9,1 %. Deutlich gesunken ist die Zahl derer, die in Schäftlarn eintraten: das Verhältnis sank von 51,5 % um fast die Hälfte auf 27,3 %. Dafür stieg der Anteil in Neustift von 6,1 % um das Dreifache auf 18,2 %.

4.2.1.5. Der Weg in die Klöster der Prälatenorden

Da die meisten Seminaristen in einem Stift der vier Prälatenorden Aufnahme fanden, stellt sich die Frage, welche Kriterien bei der Wahl eines Klosters ausschlaggebend gewesen sein könnte.

Natürlich war für die Aufnahme in ein Stift auch von Bedeutung, welche Größe ein Konvent besaß, die im 18. Jahrhundert relativ konstant gehalten wurde. In der Regel nahmen die Klöster erst dann Novizen auf, wenn durch Todesfälle oder Austritte Plätze frei wurden.[1945]

[1943] Matthias Honakam (1785-1787) ging in das schwäbische Reichsstift Ursberg. – Zum Reichsstift Ursberg vgl. BACKMUND, Chorherrenorden, 203-208; BACKMUND, Monasticon Praemonstratense, Bd. 1, 79-84; GAMS, RIEDER, Mönche, 99-101; KRAUS, Gymnasium der Jesuiten, 435; KREUZER, Das ehemalige Reichsstift Ursberg, in: SCHIEDERMAIR (Hg.), Klosterland Bayerisch Schwaben, 320-323; LINDNER, Monasticon Episcopatus Augustani antiqui, 115-118; LOHMÜLLER, Das Reichsstift Ursberg; RUMMEL, Art. Ursberg, in: LThK³, Bd. 10, 482; SCHEGLMANN, Säkularisation III/2, 397-429; ZIMMERMANN, Bayerische Kloster-Heraldik, 160f.

[1944] In der niederbayerischen Abtei Windberg fand Andreas Auer (1770-1775) Aufnahme. – Zu Windberg vgl. BACKMUND, Chorherrenorden, 209-214; BACKMUND, Kloster Windberg. Studien zu seiner Geschichte; BACKMUND, Monasticon Praemonstratense, Bd. 1, 36-41; GAMBS, Personalstand, 212-214; HARTIG, Die niederbayerischen Stifte, 253-264; HEIM, Eine Kulturreise zu drei niederbayerischen Klöstern: Windberg, Oberaltaich, Niederaltaich, in: Deggendorfer Geschichtsblätter 22 (2001), 79-106, hier 79-87; HORSTKÖTTER, Art. Windberg, in: LThK³, Bd. 10, 1223; KRAUS, Gymnasium der Jesuiten, 440; LINDNER, Monasticon Metropolis Salzburgensis antiquae, 464-467; MÜLLER, Studien zur Geschichte der Prämonstratenserabtei Windberg; SCHEGLMANN, Säkularisation III/2, 429-453; ZIMMERMANN, Bayerische Kloster-Heraldik, 180f.

[1945] Zum Beispiel besaßen die 19 Klöster der Bayerischen Benediktiner-Kongregation im Jahre 1802 gedruckten Katalog der Religiosen folgende Konventsgrößen: Andechs: 30 Religiosen (24 Priester, 4 Kleriker, 2 Konversen), Attel: 19 Religiosen (17 Priester, 1 Kleriker, 1 Konverse), Benediktbeuern: 36 Religiosen (29 Priester, 6 Kleriker, 1 Konverse), St. Emmeram in Regensburg: 31 Religiosen (26 Priester, 4 Kleriker, 1 Konverse), Ensdorf: 20 Religiosen (18 Priester, 1 Kleriker, 1 Konverse), Frauenzell: 14 Religiosen (10 Priester, 3 Novizen, 1 Konverse), Mallersdorf: 17 Religiosen (alle

Eine mögliche Antwort eines Auswahlkriteriums gibt Josef von Hazzi in seinen Jugenderinnerungen: „Man erzählte das ganze Jahr durch, wie es in diesem oder jenem Kloster zugehe, wo man besser esse, trinke, auch Wein bekomme, wo man auf mehr Ausgänge oder Pfarreien Rechnung machen könne. Früher Hineingetretene schrieben an ihre Bekannten zurück ins Seminar, machten also Mut, ihnen zu folgen."[1946] Wenn auch der ehemalige Seminarist Josef von Hazzi die Dinge mit der Brille eines radikalen Aufklärers und Klosterkritikers betrachtete und eher Äußerlichkeiten des Klosterlebens in den Vordergrund hob, könnte Wahrheit aber darin liegen, dass für die Bewerbung in eines der vielen Prälatenklöster die Meinung bei den Seminaristen im Haus über einzelne Stifte maßgeblich gewesen sein dürfte.

Auf der anderen Seite steht wohl das Urteil über das Ausbildungsniveau der Domus Gregoriana in den Stiften selbst, das über eine Aufnahme entscheiden konnte. So stand zum Beispiel das Kurfürstliche Seminar zu München im Augustiner-Chorherrenstift Rohr um 1780 in gutem Ruf, da Josef von Hazzi der Besuch desselben 1779 vom Chorregenten D. Andreas Auracher, der 1754 selbst Absolvent der Domus Gregoriana gewesen war und dem Kloster von 1787 bis 1792 als Propst vorstand, empfohlen wurde, denn seiner Meinung nach „taugen die Studien anderswo nicht viel, am wenigsten in Regensburg, wo man höchstens etwas Latein lerne, um einen dummen Mönch oder groben Pfarrer abgeben zu können"[1947]. Im Kloster Rohr wurden von den Absolventen des Münchener In-

---

Priester), Michaelfeld: 18 Religiosen (15 Priester, 3 Kleriker), Oberaltaich: 47 Religiosen (44 Priester, 2 Kleriker, 1 Konverse), Prüfling: 37 Religiosen (36 Priester, 1 Kleriker), Reichenbach: 18 Religiosen (15 Priester, 2 Kleriker, 1 Novize), Rott am Inn: 34 Religiosen (28 Priester, 5 Kleriker, 1 Konverse), Scheyern: 26 Religiosen (alle Priester), Tegernsee: 43 Religiosen (39 Priester, 2 Kleriker, 2 Konversen), Thierhaupten: 14 Religiosen (13 Priester, 1 Kleriker), Weihenstephan: 25 Religiosen (22 Priester, 3 Kleriker), Weißenohe: 16 Religiosen (14 Priester, 2 Novizen), Weltenburg: 15 Religiosen (13 Priester, 1 Kleriker, 1 Konverse), Wessobrunn: 29 Religiosen (25 Priester, 2 Kleriker, 2 Konversen); vgl. Catalogus Religiosorum. – Das Augustiner-Chorherrenstift Polling hatte 1794 eine Stärke von 34 Mitgliedern, nämlich 33 Priester und einen Laienbruder; vgl. Catalogus Pollingae. – Im Stift Rottenbuch wohnten im Jahre 1798 insgesamt 43 Augustiner-Chorherren (38 Priester, 3 Kleriker, 2 Konversen); vgl. Catalogus Rothenbuch. – Vgl. auch den Aufsatz von Hannelore PUTZ, Die Säkularisation als Einschnitt. Zur Gruppenbiographie bayerischer Augustiner-Chorherrenkonvente, in: MÜLLER (Hg.), Reform – Sequestration – Säkularisation. Die Niederlassungen der Augustiner-Chorherren im Zeitalter der Reformation und am Ende des Alten Reiches (Publikationen der Akademie der Augustiner-Chorherren von Windesheim 6), 207-220.

[1946] GREIPL, HEYDENREUTER, Die Jugenderinnerung des Joseph von Hazzi, in: ACKERMANN, SCHMID, VOLKERT (Hg.), Bayern vom Stamm zum Staat, 143-203, hier 174.

[1947] GREIPL, HEYDENREUTER, Die Jugenderinnerung des Joseph von Hazzi, in: ACKERMANN, SCHMID, VOLKERT (Hg.), Bayern vom Stamm zum Staat, 143-203, hier 168. – Die Rohrer Augustiner-Chorherren hatten in der Regel die Schulen der Reichsstadt Regensburg besucht; vgl. PUTZ, Die Säkularisation

ternats bis 1773 vier ins Noviziat aufgenommen.[1948] Wenn auch während der Zeit des Propstes Andreas Auracher kein Seminarist nach Rohr kam, so wurden doch unter seinem Nachfolger die Münchener Internatszöglinge Ignaz Herzinger (Seminarist 1790-1792), Franz Xaver Huber (1786-1792) und Anton Weigl (1786-1793) als künftige Konventualen angenommen.

Aber es gab auch gegenteilige Meinungen über die Domus Gregoriana in bayerischen Klöstern. Ein Beispiel ist das Benediktinerstift Attel. Bei der Suche nach einem geeigneten Nachfolger für Inspektor P. Stefan Widmann (Inspektor 1795-1798) schrieb P. Ildephons Kiermair im Sommer 1798 an Abt Karl Klocker, dass das Münchener Seminar in keinem guten Ruf stehen würde, „und ist selbst Kloster Attel ganz schüchtern in aufnahm derlei Kandidaten, die ehemal dort Zöglinge waren"[1949]. So verwundert es nicht, dass kein einziger Seminarist nach 1773 Aufnahme in Attel fand.[1950]

Neben den vorherrschenden Urteilen über das Internat dürfte schließlich der Weg über Empfehlungen von Kandidaten von Bedeutung gewesen sein. Im Archiv des Studienseminars Albertinum ließ sich hierfür ein sprechendes Beispiel finden. Am 12. April des Jahres 1787 schrieb Inspektor Frigdian Greinwald einen Brief an den Prälaten des Prämonstratenser-Chorherrenstiftes Steingaden, Gilbert Michl, in dem er sechs Seminaristen zur Aufnahme empfahl. Darin heißt es: „Es geht hier die Sage, Euer Hochwürden und Gnaden gedachten einige tauglichen Subjekte dieses Jahr noch hochgnädig aufzunehmen. Zweifle ganz nicht, der heilige Geist habe die Herzen dieser 6 rechtschaffenen Kandidaten gerührt, welche die Gnade haben, sich Euer Hochwürden und Gnaden demüthig zu Füssen zu legen, und vor einem ganzen Hochwürdigen Kapitel um die Gnädige Aufnahm zu bitten."[1951] Greinwald führte aus, dass er alle vorgeschlagenen Seminaristen über mehrere Jahre kennen gelernt hätte und dass das Haus in seinem Inspektorat „besonders den Geistlichen Stande Leuthe erzog, die durchgängig Beyfall finden". Der Inspektor fügte noch an: „Zu dem ist hier der heurig

---

als Einschnitt. Zur Gruppenbiographie bayerischer Augustiner-Chorherrenkonvente, in: MÜLLER (Hg.), Reform – Sequestration – Säkularisation, 207-220, hier 217.

[1948] Insgesamt traten 8 Absolventen des Jesuitengymnasiums im Augustiner-Chorherrenstift Rohr ein; vgl. KRAUS, Gymnasium der Jesuiten, 425; PUTZ, Domus Gregoriana, 166.

[1949] BayHStA, GL Fasz. 2699/489.

[1950] Von den Absolventen bis 1773 wurden immerhin noch 6 Zöglinge des Münchener Seminars in Attel aufgenommen. Insgesamt fanden 44 Schüler des Münchener Jesuitengymnasiums Aufnahme in Attel; vgl. KRAUS, Gymnasium der Jesuiten, 398; PUTZ, Domus Gregoriana, 177.

[1951] StAM, Albertinum A 30.

Rhetorische Kurs besonders gut."[1952] Beigefügt wurden die Zeugnisse der sechs Kandidaten, nämlich Michael Hibler (Seminarist 1780-1786), Thomas Herbster (1780-1787), Johann Paul Hipper (1783-1787), Aloys Echtler (1782-1787), Georg Luidl (1784-1787) und Michael Schwab (1782-1787).[1953] Der Erfolg dieses Empfehlungsschreibens lässt sich daran ermessen, dass immerhin zwei Zöglinge – Hibler und Luidl – in Steingaden aufgenommen wurden.[1954]

4.2.2. Die Mendikantenorden

Relativ wenige Seminaristen – insgesamt lediglich 23 – traten einem Bettelorden bei.[1955] Ein Hauptgrund dürfte die breite Ablehnung der Mendikantenorden im letzten Drittel des 18. Jahrhunderts sein, die vor allem durch radikale Aufklärer gefördert wurde. So ließ sich selbst Kurfürst Maximilian IV. Joseph auf eine Eingabe des Stiftspfarrers Zu Unserer Lieben Frau Joseph Darchinger vom 24. Januar 1802, der auf das Beicht- und Predigtverbot der Franziskaner und Kapuziner einen Seelsorgemangel befürchtete, zu der Aussage verleiten: „Dies Letzte [der Priestermangel] beredet mich niemand. Die Au ist mit 3 arbeitenden, nota bene arbeitenden Paulanern bestens versehen: jeder Mann ist zufrieden, daß die Sauf- und Raufmetten des Klosters aufgehört hat. Am Lechl sind der Hieronymitaner noch genug; Theatiner und Karmeliten haben bekanntlich in der Seelsorg nichts getan. Die einzigen Franziskaner, die schlau genug sind, sich überall einzuschleichen, Freunde zu werben, in der Stille mönchische Grundsätze zu verbreiten, stinken in der Stadt die Kranken an und impestieren denselben noch die wenige Luft mit ihrem Schweißgestanke. – Ich bin nur für den [Welt-] Klerus. Dieser muß noch hoch emporkommen. Der Bischof wird aus der Menge der Benefiziaten, die hier sind, doch etliche paar Religiosen ersetzen können!

[1952] StAM, Albertinum A 30.
[1953] Die Zeugnisse geben Auskunft über Geburtsort, Stand der Eltern, Klasse, Musikkenntnisse, Alter und Sitten; vgl. StAM, Albertinum A 30.
[1954] Von den übrigen vier Bewerbern wurde Thomas Herbster Weltgeistlicher, Johann Paul Hipper fand Aufnahme in Dietramszell und Michael Schwab in Schlehdorf. Einzig von Aloys Echtler ist nur noch bekannt, dass er 1787 am Münchener Lyzeum das Philosophiestudium begann.
[1955] Zu den Mendikantenorden wurden der Einfachheit halber auch die Birgittiner und der Hospitalorden der Barmherzigen Brüder gezählt, in denen nach 1773 jeweils ein Seminarist eintrat; vgl. DENZLER, ANDRESEN, Art. Bettelorden, in: DIES.; dtv-Wörterbuch der Kirchengeschichte, 126; FRANK, Art. Bettelorden, in: LThK³, Bd. 2, 341f.; HEIM, Art. Bettelorden, in: DERS., Kleines Lexikon der Kirchengeschichte, 56; SCHWAIGER, Art. Bettelorden (Mendikanten), in: DERS. (Hg.), Mönchtum, Orden, Klöster, 111-113.

Die Seelsorg den meists dummen und aberglaubischen Religiosen überlassen, ist sehr gefährlich. – Daß ich diejenigen, die unter selben nicht mehr leben wollen oder können, hinauslasse ist natürlich. Ich bin der wahre Hausherr in ihren Häusern. Ich gebe die Erlaubnis, sie hineinzunehmen; ich werde sie wohl auch zum Hinausgehn geben können. – Ihrer geistlichen Verbindlichkeiten halber mögen sie sich an ihre geistlichen Stellen wenden. Der Karmeliten bekömmt jeder 250 fl Pension; damit können sie in andere Klöster ihres Ordens, die ich nicht aufgehoben habe, gehn oder mit machen, was sie wollen. Die Theatiner hat man nicht schnell genug auseinanderlassen können, so haben sie selbst angetrieben. Der Klostergeist ist gottlob ausgeflogen. Nun wird man für die wahren Priester, für den Klerus, was tun können. Bald müssen wir geistliche Erziehungs-, Korrektions- und Ruhehäuser haben; der Klerus muß gewiß recht venerable werden. – Schreiben Sie dies alles dem Fürstbischofen; er wird mit mir groß zufrieden sein."[1956]

Aber auch zahlreichen gelehrten Mitgliedern der Prälatenorden gaben die Bettelorden Anlass zur Kritik. Bemühten sie sich um Förderung der theologischen Wissenschaften und um eine vernunftgemäße Begründung der Religion, „hielten die Mendikanten an volkstümlichen, frommen Traditionen fest, veranstalteten Wallfahrten und Prozessionen, spendeten Segnungen und sprachen Exorzismen über Mensch und Vieh, wobei sich manch abergläubisches Brauchtum eingemischt haben mag; denn das Ausgeliefertsein an Krankheit und sonstige Heimsuchungen ließ Menschen zu allen Zeiten nicht nur zum Gebet, sondern auch zu magischen Praktiken ihre Zuflucht nehmen. Die Bettelmönche galten darum den Aufklärern als diejenigen, die solchem Tun Vorschub leisteten und das Volk bewusst in seinen dumpfen Vorstellungen beließen."[1957]

Zum anderen schränkten staatskirchliche Eingriffe besonders das Leben der Bettelorden seit den 1760er Jahren stark ein. Zum Beispiel wurden die Franziskaner in Bayern auf 400 Mitglieder begrenzt und das Betteln untersagt.[1958] Es verwundert daher nicht, dass in der Haupt- und Residenzstadt München in den Jahren 1799 bis 1802 zuerst die Klöster der Mendikanten aufgehoben wurden.[1959]

[1956] Zitat nach SCHWAIGER, München – eine geistliche Stadt, in: DERS. (Hg.), Monachium sacrum, Bd. 1, 1-289, hier 196.
[1957] HAUKE, Die Bedeutung der Säkularisation für die bayerischen Bibliotheken, in: KIRMEIER, TREML (Hg.), Glanz und Ende der alten Klöster, 87-97, hier 90.
[1958] Vgl. BAUERREIß, Kirchengeschichte Bayerns, Bd. 7, 407.
[1959] So wurde als erstes Kloster 1799 das Paulanerkloster in der Au aufgehoben, gefolgt von den Theatinern im Oktober 1801. Die Aufhebung des Karmelitenklosters, das bereits am 17. Dezember 1801

Insgesamt traten nach 1773 nur 23 Seminaristen einem Bettelorden bei, was 7,1 % aller Geistlichen entspricht. Ein deutlicher Rückgang ist zu beobachten, da es zuvor noch 122 Gregorianer oder 12,8 % waren, die Aufnahme in einem der Mendikantenorden fanden.[1960]
Betrachtet man die verhältnismäßigen Eintrittszahlen, so ergeben sich einige Veränderungen, wie die folgende Übersicht zeigt:

Orden	Absolventen der Domus Gregoriana bis 1773	Anteil in Prozent (von 122 Absolventen)	Seminaristen der Domus Gregoriana nach 1773	Anteil in Prozent (von 23 Seminaristen)
Augustiner-Eremiten[1961]	18	14,8 %	11	47,8 %
Augustiner-Barfüßer[1962]	3	2,5 %	1	4,3 %
Barmherzige Brüder[1963]	0	0 %	1	4,3 %

---

den Aufhebungsbefehl erhalten hatte, erfolgte im Sommer 1802. Das gleiche Schicksal traf 1802 auch die Franziskaner und Kapuziner. Noch im Jahre 1802 wurde mit dem Abriss der Franziskanerkirche begonnen. – Zur Säkularisation in München vgl. ARNDT-BAEREND, Die Klostersäkularisation in München; SCHWAIGER, München – eine geistliche Stadt, in: DERS. (Hg.), Monachium sacrum, Bd. 1, 1-289, hier 200-220. – Zu den 1802 eingerichteten Zentralklöstern der Mendikantenorden vgl. EDER, Klosterleben trotz Säkularisation. Die Zentralklöster der Bettelorden in Altbayern 1802-1817.

[1960] Zu den 115 Absolventen der Domus Gregoriana bis 1773, die in einem Mendikantenorden Aufnahme fanden, wurden die 7 Absolventen hinzugezählt, die den Birgittinern beitraten; vgl. PUTZ, Domus Gregoriana, 195-199.

[1961] Folgende Gregorianer wurden Augustiner-Eremiten: Felix Karl Dietl (1780-1781), Matthias Groschopf (1773-1774), Andreas Hofmann (1779-1782), Maximilian Josef Klinger (1776-1784), Adam Wolfgang Leuthner (1780-1783), Georg Leuthner (1777-1779), Georg Miller (1773-1774), Franz Xaver Niggl (1776-1783), Johann Ponkratz (1782-1783), Georg Scheck (1779-1783) und Nikolaus Sturm (1775-1776). – Zu den Augustiner-Eremiten vgl. BAUERREIß, Kirchengeschichte Bayerns, Bd. 7, 71-73; DENZLER, ANDRESEN, Art. Augustiner-Eremiten, in: DIES., dtv-Wörterbuch der Kirchengeschichte, 99f.; DREHER, Die Augustiner-Eremiten in München im Zeitalter der Reformation und des Barock; ECKERMANN, Art. Augustiner-Eremiten, in: LThK³, Bd. 1, 1233-1237; HEIM, Art. Augustiner-Eremiten, in: DERS., Kleines Lexikon der Kirchengeschichte, 44; HEIM, Art. Augustiner-Eremiten, in: SCHWAIGER (Hg.), Mönchtum, Orden, Klöster, 66-72; KRAUS, Gymnasium der Jesuiten, 359f.; KUNZELMANN, Geschichte der deutschen Augustiner-Eremiten, 7 Bde.; SCHEGLMANN, Säkularisation I/2, 287-331; SCHWAIGER, München – eine geistliche Stadt, in: DERS. (Hg.), Monachium sacrum, Bd. 1, 1-289, hier 50-52, 84f., 103f., 165f., 210-121; ZUMKELLER, Augustiner, in: HBKG, Bd. 2, 825-840; ZUMKELLER, Art. Augustiner-Eremiten, in: TRE, Bd. 4, 728-739; ZUMKELLER, HÜSCHEN, Art. Augustiner-Eremiten, in: MGG², Bd. 1, 1033-1039.

[1962] Nikolaus Seiz (1792-1797) trat den Augustiner-Barfüßern in Taxa bei. – Zu diesem Orden vgl. BACKMUND, Die kleineren Orden in Bayern, 23f.; HEIM, Art. Augustiner-Barfüßer, in: DERS., Kleines Lexikon der Kirchengeschichte, 43; HEIM, Art. Augustiner-Barfüßer, in: SCHWAIGER (Hg.), Mönchtum, Orden, Klöster, 55-57; SCHEGLMANN, Säkularisation I/2, 344-361.

Birgittiner[1964]	7	5,7 %	1	4,3 %
Franziskaner[1965]	43	35,2 %	3	13 %
Kapuziner[1966]	38	31,1 %	2	8,7 %
Karmeliter[1967]	2	1,6 %	3	13 %

[1963] Der Seminarist Philipp Seeholzer (1777-1783) wurde vermutlich in den Orden der Barmherzigen Brüder aufgenommen. – Zu dem Hospitalorden vgl. BACKMUND, Die kleineren Orden in Bayern, 25-28; BAUERREIß, Kirchengeschichte Bayerns, Bd. 7, 33f.; DENZLER, ANDRESEN, Art. Barmherzige Brüder, in: DIES., dtv-Wörterbuch der Kirchengeschichte, 110f.; FRANK, Art. Barmherzige Brüder, in: LThK³, Bd. 2, 11f.; HEIM, Art. Barmherzige Brüder und Schwestern, in: DERS., Kleines Lexikon der Kirchengeschichte, 48; SCHWAIGER, Art. Barmherzige Brüder, in: DERS. (Hg.), Mönchtum, Orden, Klöster, 77f.; SCHWAIGER, München – eine geistliche Stadt, in: DERS. (Hg.), Monachium sacrum, Bd. 1, 1-289, hier 162.

[1964] Birgittiner in Altomünster wurde der Zögling Ignaz Gräßl (1774-1776). – Putz listet die Birgittiner eigens auf; vgl. PUTZ, Domus Gregoriana, 195f.; – zu diesem Orden vgl. BACKMUND, Die kleineren Orden in Bayern, 30-38; DENZLER, ANDRESEN, Art. Birgitten, in: DIES., dtv-Wörterbuch der Kirchengeschichte, 131; HEIM, Art. Birgitten, in: DERS., Kleines Lexikon der Kirchengeschichte, 58f.; KRAUS, Gymnasium der Jesuiten, 361f.; NYBERG, Art. Birgittenorden, in: LThK³, Bd. 2, 479f.; WEITLAUFF, Art. Birgittenorden, in: SCHWAIGER (Hg.), Mönchtum, Orden, Klöster, 115-121. – Zum Kloster Altomünster vgl. LIEBHART, Altbayerisches Klosterleben. Das Birgittkloster Altomünster 1496-1841; LIEBHART, 500 Jahre Birgittinnenkloster Altomünster 1497-1997; LIEBHART, Das Birgittenkloster Altomünster im Zeitalter des Barock, in: ZBLG 48/2 (1985), 369-391.

[1965] Drei Gregorianer traten bei den Franziskanern bei: Franz Anton Gabler (1773-1774), Benedikt Hieber (1775-1778) und Johann Baptist Mayr (1782-1783). – Zu den Franziskanern vgl. BAUERREIß, Kirchengeschichte Bayerns, Bd. 7, 64-69; BÖRNER, Franziskaner, in: HBKG, Bd. 2, 745-772; DENZLER, ANDRESEN, Art. Franziskaner, in: DIES., dtv-Wörterbuch der Kirchengeschichte, 221-223; FORSTER, Die Franziskaner in Bayern, in: Bayerische Frömmigkeit, 96-100; FRANK, Art. Franziskaner, in: LThK³, Bd. 4, 30-36; FRANK, Art. Franziskaner, Minoriten, Kapuziner, Klarissen, in: SCHWAIGER (Hg.), Mönchtum, Orden, Klöster, 188-218; HEIM, Art. Franziskaner, in: DERS., Kleines Lexikon der Kirchengeschichte, 152; KRAUS, Gymnasium der Jesuiten, 358f.; LINS, Geschichte der bayerischen Franziskanerprovinz zum hl. Antonius von Padua von ihrer Gründung bis zur Säkularisation (1620-1802); MINGES, Geschichte der Franziskaner in Bayern; SCHWAIGER, München – eine geistliche Stadt, in: DERS. (Hg.), Monachium sacrum, Bd. 1, 1-289, hier 43-46, 86, 107f., 204-207; SCHEGLMANN, Säkularisation I/2, 18-89.

[1966] Kapuziner wurden vermutlich Andreas Heilmayr (1775-1780) und Josef Heitmair (1778-1779). – Zu den Kapuzinern vgl. BAUERREIß, Kirchengeschichte Bayerns, Bd. 7, 4-11; DENZLER, ANDRESEN, Art. Kapuziner, in: DIES., dtv-Wörterbuch der Kirchengeschichte, 299f.; EBERL, Geschichte der Bayerischen Kapuziner-Ordensprovinz (1593-1902); FRANK, Art. Kapuziner, in: LThK³, Bd. 5, 1220-1226; FRANK, Art. Franziskaner, Minoriten, Kapuziner, Klarissen, in: SCHWAIGER (Hg.), Mönchtum, Orden, Klöster, 188-218; HEIM, Art. Kapuziner, in: DERS., Kleines Lexikon der Kirchengeschichte, 233; KRAUS, Gymnasium der Jesuiten, 356-358; SCHEGLMANN, Säkularisation I/2, 131-200; SCHWAIGER, München – eine geistliche Stadt, in: DERS. (Hg.), Monachium sacrum, Bd. 1, 1-289, hier 104-107, 207-210; SPRINKART, Kapuziner, in: HBKG, Bd. 2, 795-823.

[1967] Aufnahme bei den Karmeliten fanden drei Zöglinge: Nikolaus Prandl (1769-1774), Josef Saller (1782-1784) und Philipp Weinhard (1773-1774). – Zu den Karmeliten vgl. BAUERREIß, Kirchengeschichte Bayerns, Bd. 7, 69-71; BENKER, PANZER, DOBHAN, SCHMITT, DECKERT, MADEY, Art. Karmeliten, Karmelitinnen, in: LThK³, Bd. 5, 1252-1258; DECKERT, Karmeliten, in: HBKG, Bd. 2, 773-793; DECKERT, Die Karmelitenklöster in Bayern zwischen Reformation und Säkularisation, in: ZBLG 53/1 (1990), 3-49; DENZLER, ANDRESEN, Art. Karmeliten, in: DIES., dtv-Wörterbuch der Kirchengeschichte, 301-303; HEIM, Art. Karmeliten, in: DERS., Kleines Lexikon der Kirchengeschichte, 236; SCHEGLMANN, Säkularisation I/2, 246-270; SCHWAIGER, Art. Karmeliten, Karmelitinnen, in: DERS.

| Paulaner[1968] | 7 | 5,7 % | 1 | 4,3 % |
| Sonstige Bettelorden[1969] | 4 | 3,3 % | 0 | 0 % |

Demnach stieg die Attraktivität der Augustiner-Eremiten von einem Anteil von 14,8 % vor 1773 nach dieser Zeit um mehr als das Dreifache auf 47,8 %. Überaus deutlich nahm auch der Anteil der Karmeliter von 1,6 % auf 13 % und damit um mehr als das Achtfache zu. Dagegen sanken auffallend hoch die prozentualen Eintrittswerte bei den Franziskanern (von 35,2 % auf 13 %) und bei den Kapuzinern (von 31,1 % auf 8,7 %). Gestiegen ist ebenso der Anteil bei den Augustiner-Barfüßern von 2,5 % auf 4,3 %. In etwa gleich stark blieben die Zahlen bei den Birgittinern (bis 1773: 5,7 %, nach 1773: 4,3 %) und den Paulanern (bis 1773: 5,7 %, nach 1773: 4,3 %).

4.2.3. Die Säkularisation und die Folgen für die Wahl des Berufsweges der Seminaristen

Zur Säkularisation von 1802/1803 schrieb P. Roman Zirngiebl (1740-1816)[1970], Benediktiner von St. Emmeram in Regensburg, „daß künftig den Söhnen gemeiner Ältern nur die Aussicht zum Soldatenstand bleibe. Die gründliche Literatur wird sich nach und nach verlieren, die nach den evangelischen Grundsätzen aufgeklärten Priester und mit denselben die positive Religion wird abnehmen, und am Ende wird aus unserm Vaterlande ein militärischer Staat nach dem Modell der altpreußischen und hessischen Staaten werden."[1971] Von den 1546 Absolventen der Domus Gregoriana bis 1773 traten 953 oder 61,6 % die geistliche Laufbahn an und von den 1174 Seminaristen der Zeit von 1773-1805 wählten immer-

---

(Hg.), Mönchtum, Orden, Klöster, 273-277; SCHWAIGER, München – eine geistliche Stadt, in: DERS. (Hg.), Monachium sacrum, Bd. 1, 1-289, hier 109-112, 166f., 203f.

[1968] Georg Prantl (1772-1774) ging zu den Paulanern in der Au bei München. – Zu den Paulanern bzw. Minimen vgl. BACKMUND, Die kleineren Orden in Bayern, 54-56; BAUERREIß, Kirchengeschichte Bayerns, Bd. 7, 18-20; FRANK, Art. Minimen, in: LThK³, Bd. 7, 270f.; HEIM, Art. Paulaner, in: DERS., Kleines Lexikon der Kirchengeschichte, 344; KRAUS, Gymnasium der Jesuiten, 360; SCHWAIGER, München – eine geistliche Stadt, in: DERS. (Hg.), Monachium sacrum, Bd. 1, 1-289, hier 108f., 200f.; SCHWAIGER, Art. Paulaner (Minimen), in: DERS. (Hg.), Mönchtum, Orden, Klöster, 351.

[1969] Hieronymitaner (2 Absolventen der Domus Gregoriana bis 1773) und Dominikaner (2); vgl. PUTZ, Domus Gregoriana, 197.

[1970] Zu seiner Person vgl. ADB, Bd. 45, 361; BAADER, Lexikon verstorbener Baierischer Schriftsteller, Bd. 1, Teil 2, 369-374; BOSL, Bayerische Biographie, 879; Catalogus Religiosorum.

[1971] KRAUS, Die Briefe Roman Zirngiebls von St. Emmeram in Regensburg, 104.

hin noch 325 oder 27,7 % den geistlichen Stand. Der Anteil der Ordensleute betrug hierbei bei den Absolventen bis 1773 mit 72,9 % über zwei Drittel (695 Ordenspriester), und bei den Seminaristen nach 1773 betrug der Anteil der 203 Ordenspriester noch immer mit 62,5 % nahezu zwei Drittel. Mit der Aufhebung der Klöster fiel somit ein bedeutender Berufsweg für die Gregorianer weg. Wer Priester werden wollte, dem stand nach der Säkularisation lediglich die Möglichkeit offen, Weltpriester zu werden.

Die Annahme, dass auch von den nach 1806 eingetretenen Zöglingen des Königlichen Erziehungsinstitutes für Studierende in München mehr Weltpriester wurden, trifft aber nicht zu. Selbst mit der Wiedererrichtung einiger Orden in Bayern im Verlauf des 19. Jahrhunderts wurden nie mehr die vorherigen Zahlen erreicht. Von den ab 1806 bis 1917 eingetretenen Zöglingen gingen insgesamt nur noch 75 Priester hervor, nämlich 66 Weltpriester, 3 Benediktiner, 2 Kapuziner, 2 Jesuiten, 1 Redemptorist und 1 Dominikaner.

Bedeutendster Priester dieses Zeitraums war der spätere Kardinal Karl August Graf von Reisach, der von 1811 bis 1816 Zögling des Königlichen Erziehungsinstituts war.[1972] Von 3381 Zöglingen, die insgesamt in diesem Zeitraum eingetreten waren, betrug der Anteil der Priester gerade einmal 2,2 %. Somit stand der Stiftungszweck der Domus Gregoriana, „eine Anzahl tüchtiger und gebildeter Priester und Laien zu gewinnen"[1973], auf dem Prüfstand.

Anfang des 19. Jahrhunderts bestand für das Münchener Seminar sogar die Gefahr der Auflösung. „Die Klöster waren bereits aufgehoben; die Seminarien betrachtete man ohnedieß als bloße Pflanzstätten des Klosterlebens; also waren auch sie überflüssig. Sie alle sammt und sonders aufheben und ihre Fonds zur Unterstützung der studirenden Jugend überhaupt zu verwenden, das war die Parole, die sich immer lauter und hörbarer vernehmen ließ."[1974]

Mit der Entscheidung des Kurfürsten Maximilian IV. Joseph zum Neubau des Internatsgebäudes 1805 am ehemaligen Karmelitenkloster konnte das Schicksal

---

[1972] Zu Karl August Graf von Reisach (1800-1869) vgl. StAM, WG 152, 154, 156; BOSL, Bayerische Biographie, 624; GARHAMMER, Karl August Graf von Reisach, Erzbischof von München und Freising (1846-1856), Kardinal, in: SCHWAIGER (Hg.), Christenleben im Wandel der Zeit, Bd. 2, 127-137; GARHAMMER, Art. Reisach, Karl August Graf v., in: LThK³, Bd. 8, 1022f.; GrBBE, Bd. 3, 1587; GUGGENBERGER, Nekrologium, 123; LEITSCHUH, Matrikeln III, 243; PÖLNITZ, Matrikel Landshut, 104; RIEDER, Kardinal Graf Reisach, hauptsächlich sein Erziehungs- und Bildungsgang, in: Neuburger Kollektaneen-Blatt 74 (1910), 1-35; SCHÄRL, Beamtenschaft, 289f.; STUBENVOLL Geschichte des Königl. Erziehungs-Institutes, 421.
[1973] STUBENVOLL, Geschichte des Königl. Erziehungs-Institutes, 21.
[1974] STUBENVOLL, Geschichte des Königl. Erziehungs-Institutes, 303.

der Aufhebung überwunden werden. Allerdings erhielt das Königliche Erziehungsinstitut für Studierende durch allerhöchste Verfügung vom 25. Juni 1806 eine neue Bestimmung, wonach künftig die Studentenseminare „ihrem ursprünglichen Hauptzwecke gemäß als Erziehungshäuser dürftiger Candidaten des gelehrten Standes"[1975] eingerichtet werden sollten. Am 21. Oktober 1808 wurde das Erziehungsziel noch einmal durch ein Ministerialedikt konkretisiert: „Seine Königl. Majestät haben beschlossen, daß den bisherigen im Königreiche bestandenen sogenannten Singknaben- oder Studentenseminarien und Alumneen in Zukunft unter der Benennung „Erziehungs- und Bildungsinstitute für studirende Jünglinge aus allen Ständen" eine veredelte, dem Zeitbedürfnisse sowohl als den höhern Forderungen der Staatszwecke mehr entsprechende Einrichtung gegeben [...] werden solle."[1976] Mit dieser Bestimmung stand die Ausbildung des Priesternachwuchses nicht mehr im Fokus, die noch bei der Gründung der Domus Gregoriana eine wesentliche Rolle gespielt hatte.

4.2.4. Kirchliche Karrieren

Von den 325 Seminaristen des Münchener Kurfürstlichen Seminars, die nach 1773 Priester wurden, erlangten einige hohe kirchliche Ämter. Genannt werden können: zwei Bischöfe, vier Domkapitulare, ein Benediktinerabt und vier Pröpste der Augustiner-Chorherren.

4.2.4.1. Die Bischöfe

Durch die Säkularisation von 1803 fiel mit der alten kirchlichen Verfassung zugleich das Adelsprivileg der Reichskirche für die höchsten Führungsämter.[1977] Gingen von den Schülern des Jesuitengymnasiums in über 200 Jahren insgesamt zehn Bischöfe hervor, von denen Johann Michael Sailer 1770 einziger Absolvent der Domus Gregoriana war, der 1829 Bischof von Regensburg wurde, so waren es in der kurzen Zeitspanne von 1773 bis 1805 gleich zwei Seminaristen, die nach dem Bayerischen Konkordat von 1817/1821 zu Bischöfen ernannt

---

[1975] STUBENVOLL, Geschichte des Königl. Erziehungs-Institutes, 317.
[1976] Zitat nach STUBENVOLL, Geschichte des Königl. Erziehungs-Institutes, 319.
[1977] Vgl. BURKARD, Kirchliche Eliten und die Säkularisation. Zu den Auswirkungen eines Systembruchs, in: DECOT (Hg.), Kontinuität und Innovation um 1803, 135-170; WOLF, „... ein Rohrstengel statt des Szepters verlorener Landesherrlichkeit ..." Die Entstehung eines neuen Rom- bzw. Papstorientierten Bischofstyps, in: DECOT (Hg.), Kontinuität und Innovation um 1803, 109-134.

wurden: der Landsberger Bürgersohn Johann Ignaz Riegg und der Sohn eines Bauern von Beuerberg Kaspar Urban.

Johann Ignaz Riegg war Sohn eines Weißgerbers aus Landsberg und wurde am 6. Juli 1767 geboren. Von 1782 bis 1785 war er Seminarist der Domus Gregoriana und genoss als Landsberger Bürgersohn das Marquardische Stipendium. Nach dem Absolutorium trat Riegg in das Augustiner-Chorherrenstift Polling ein und erhielt den Ordensnamen Albert. Im Jahre 1788 legte er die Profess ab und wurde 1790 zum Priester geweiht. Seine theologischen Studien absolvierte D. Albert vermutlich am Hausstudium seines Klosters. Seit 1791 war er als Gymnasialprofessor in München und seit 1794 in Neuburg a. d. Donau tätig, wo er 1799 das Amt des Direktors ausübte. Nach der Säkularisation des Stifts Polling 1803 übte Riegg den Dienst eines Weltpriesters aus. Mit der Errichtung des Erzbistums München und Freising 1821 wurde Johann Ignaz Riegg zum Dompfarrer und Domkapitular ernannt. Schließlich erfolgte 1824 die Ernennung als Bischof von Augsburg. Am 15. August 1836 verstarb Bischof Johann Ignaz Albert von Riegg.[1978]

Der Bauernsohn Kaspar Urban wurde am 6. Januar 1773 in Beuerberg geboren und besuchte von 1784 bis 1790 das Kurfürstliche Seminar in München. Anschließend studierte Urban bis 1792 Philosophie am Münchener Lyzeum und trat in das Augustiner-Chorherrenstift in seinem Geburtsort Beuerberg ein, wo er den Ordensnamen Bonifaz erhielt. Nachdem er 1794 die Profess abgelegt hatte, empfing D. Bonifaz 1796 die Priesterweihe. Nach der Aufhebung des Klosters Beuerberg 1803 wirkte Urban als Gymnasialprofessor in München und als Seminarinspektor in Landshut. Ebenso wie Riegg wurde er 1821 als Domkapitular der Erzdiözese München und Freising eingesetzt. Von 1833 bis 1842 leitete Urban als Generalvikar in Regensburg die Geschicke der Diözese. Bereits 1835 wur-

---

[1978] Vgl. BayHStA, GL Fasz. 2697/477; StAM, WG 117-119; Albertinum A 28; ADB, Bd. 28, 548f.; BLEISTEINER, Kirchliche Heraldik in Bayern, 60f.; BOSL, Bayerische Biographie, 633; DÜLMEN, Töpsl, 90; GrBBE, Bd. 3, 1609; GUGGENBERGER, Nekrologium, 81; KRAUS, Schule im Umbruch, in: ACKERMANN, SCHMID (Hg.), Staat und Verwaltung in Bayern, 349-371, hier 358, Anm. 27, 370; LEITSCHUH, Matrikeln III, 177; NESNER, Metropolitankapitel zu München, in: SCHWAIGER (Hg.), Monachium sacrum, Bd. 1, 475-613, hier 520f.; ROLLE, Ignaz Albert (von) Riegg; RUMMEL, Art. Riegg, Ignaz Albert von, in: GATZ (Hg.), Die Bischöfe der deutschsprachigen Länder 1785/1803 bis 1945, 620f.; SCHÄRL, Beamtenschaft, 292; SCHEGLMANN, Säkularisation III/2, 608-610; WITETSCHEK, Studien zur kirchlichen Erneuerung im Bistum Augsburg, 14-18. – Siehe auch die Abbildung Nr. 21.

de Bonifaz Urban zum Weihbischof in Regensburg ernannt und endlich im Jahre 1842 als Erzbischof nach Bamberg berufen, wo Urban am 9. Januar 1858 starb.[1979]

4.2.4.2. Die Domkapitulare

Mit der Säkularisation von 1803 fiel zugleich das verbreitete Adelsprivileg der Domkapitel, so dass vier ehemalige Seminaristen der Domus Gregoriana zu Domkapitularen ernannt werden konnten, wovon Johann Ignaz Riegg und Kaspar Urban später Bischöfe wurden:

1) Balthasar Hacklinger (Seminarist von 1772 bis 1774): 1821 Domkapitular und Generalvikar in München und Freising[1980]
2) Martin Heufelder (Seminarist von 1799 bis 1802): Domkapitular und Dompropst in Passau[1981]
3) Johann Ignaz Riegg (Seminarist von 1782 bis 1785): 1821 Domkapitular in München und Freising[1982]
4) Kaspar Urban (Seminarist von 1784 bis 1790): 1821 Domkapitular in München und Freising[1983]

4.2.4.3. Äbte und Pröpste

In der relativ kurzen Zeitspanne seit 1773 bis zur Säkularisation konnten noch fünf Seminaristen die Würde eines Prälaten erlangen. Vier Pröpste der Augustiner-Chorherren und ein Benediktinerabt lassen sich aufzählen:

[1979] Vgl. BayHStA, GL Fasz. 2697/477; StAM, WG 119-126; BLEISTEINER, Kirchliche Heraldik in Bayern, 124f.; KLEINER, Bonifaz Kaspar von Urban (1773-1858), in: URBAN (Hg.), Die Bamberger Erzbischöfe, 107-144; KOTSCHENREUTHER, Erinnerungen; KRAUS, Schule im Umbruch, in: ACKERMANN, SCHMID (Hg.), Staat und Verwaltung in Bayern, 349-371, hier 357f., 371; LEITSCHUH, Matrikeln III, 190f.; NEUNDORFER, Art. Urban, Bonifaz Kaspar von, in: GATZ (Hg.), Die Bischöfe der deutschsprachigen Länder von 1785/1803 bis 1945, 768f.; GrBBE, Bd. 3, 1993; GUGGENBERGER, Nekrologium, 4; SCHÄRL, Beamtenschaft, 296; NESNER, Metropolitankapitel zu München, in: SCHWAIGER (Hg.), Monachium sacrum, Bd. 1, 475-613, hier 522f.; SCHEGLMANN, Säkularisation III/2, 507-511. – Siehe auch die Abbildung Nr. 24.
[1980] Vgl. NESNER, Metropolitankapitel zu München, in: SCHWAIGER (Hg.), Monachium sacrum, Bd. 1, 475-613, hier 517f.
[1981] Vgl. GUGGENBERGER, Nekrologium, 13.
[1982] Vgl. NESNER, Metropolitankapitel zu München, in: SCHWAIGER (Hg.), Monachium sacrum, Bd. 1, 475-613, hier 520f.
[1983] Vgl. NESNER, Metropolitankapitel zu München, in: SCHWAIGER (Hg.), Monachium sacrum, Bd. 1, 475-613, hier 522f.

1) Josef Gräßl (Seminarist von 1772 bis 1774): 1797-1803 letzter Propst von Dießen (D. Ferdinand)[1984]
2) Balthasar Hacklinger (Seminarist von 1772 bis 1774): 1794-1803 letzter Propst von Gars am Inn (D. Augustinus)[1985]
3) Johann Nepomuk Neumayr (Seminarist von 1772 bis 1774): 1794-1803 letzter Propst von Beyharting (D. Josef)[1986]
4) Johann Paul Schwaiger (Seminarist von 1773 bis 1774): 1798-1803 letzter Propst von Rottenbuch (D. Herkulan)[1987]
5) Josef Stielner (Seminarist von 1772 bis 1774): 1795-1801 Abt von Mallersdorf (P. Augustin)[1988]

Die Kirche bot den Seminaristen immer noch die Möglichkeit eines sozialen Aufstiegs. Vor allem die Prälatenorden wurden von Gregorianern gerne gewählt. Mit der Säkularisation fiel zwar für lange Zeit die Chance weg, in einem bayerischen Stift Abt oder Propst zu werden, dafür aber konnten durch den Wegfall des Adelsprivilegs vier Seminaristen Aufnahme in ein Domkapitel finden und sogar zwei von ihnen zu Bischöfen ernannt werden.

4.2.5. Die soziale Herkunft des geistlichen Standes

4.2.5.1. Die soziale Schichtung der Weltpriester

Nahezu von allen 325 Seminaristen, die Priester wurden, ist der Beruf des Vaters belegt. Insgesamt fehlt lediglich von drei Vätern eine Berufsangabe. So können Aussagen zum Sozialprofil des geistlichen Standes gegeben werden. 122 Seminaristen der Domus Gregoriana wurden Weltpriester. Der Beruf des Vaters

---

[1984] Propst Ferdinand Gräßl (Abschlussjahrgang 1772/1773) wurde bereits von Hannelore Putz unter den Pröpsten der Absolventen bis 1773 aufgeführt. Da er aber als Lyzeumsstudent bis 1774 Seminarist blieb, wurde er noch einmal genannt; vgl. KRAUS, Gymnasium der Jesuiten, 449; LINDNER, Monasticon Episcopatus Augustani antiqui, 15; PUTZ, Domus Gregoriana, 173.
[1985] Vgl. KRAUS, Gymnasium der Jesuiten, 450; LINDNER, Monasticon Metropolis Salzburgensis antiquae, 26. – Siehe auch die Abbildung Nr. 18.
[1986] Da Johann Nepomuk Neumayr nach dem Abschluss seiner gymnasialen Studien 1773 noch bis 1774 Seminarist des Kurfürstlichen Seminars war, wurde Propst Josef hier – obwohl schon von Hannelore Putz aufgezählt – wiederholt aufgelistet; vgl. KRAUS, Gymnasium der Jesuiten, 460; LINDNER, Monasticon Metropolis Salzburgensis antiquae, 149; PUTZ, Domus Gregoriana, 173.
[1987] Vgl. KRAUS, Gymnasium der Jesuiten, 469; LINDNER, Monasticon Metropolis Salzburgensis antiquae, 159.
[1988] Vgl. KRAUS, Gymnasium der Jesuiten, 472; LINDNER, Monasticon Metropolis Salzburgensis antiquae, 425.

konnte nur von zwei Säkularklerikern nicht ermittelt werden.[1989] Die Berufe der Väter der 120 Weltgeistlichen lassen sich folgendermaßen einteilen:

Berufsgruppe	Personenzahl	Anteil in Prozent
Handwerksberufe	45	37,5 %
Landwirtschaftlicher Bereich	22	18,3 %
Gastwirte, Branntweiner und Brauer	13	10,8 %
Verwaltungsbeamte	4	3,3 %
Untere Berufsschichten	8	6,7 %
Schullehrer	5	4,2 %
Kaufmännischer Bereich	6	5 %
Justizbeamte	1	0,8 %
Gesundheitswesen	1	0,8 %
Militärwesen	2	1,7 %
Musikalischer Bereich	4	3,3 %
Forst- und Jagdwesen	3	2,5 %
Mesner	2	1,7 %
Zollwesen	1	0,8 %
Künstler	2	1,7 %
Postwesen	1	0,8 %

Die Mehrheit der Weltpriester rekrutierte sich mit 37,5 % aus Handwerkerfamilien. Im Vergleich zu den Zahlen für die Absolventen der Domus Gregoriana bis 1773 stieg der Anteil der Handwerkersöhne deutlich um über 10 %.[1990] An zweiter Stelle stehen mit 18,3 % die Weltpriester, die aus dem landwirtschaftlichen Bereich stammten. Ihr Anteil sank bei den Absolventen bis zum Schuljahr 1772/1773 um knapp 10 %.[1991] Leicht gestiegen ist die Zahl der Söhne von Gast-

---

[1989] Hannelore Putz konnte für die Zeit bis 1773 von 225 der 258 Seminaristen, die Weltpriester wurden, den Beruf des Vaters ermitteln; vgl. PUTZ, Domus Gregoriana, 163. – Zum Vergleich mit den Ergebnissen der Sozialanalyse von Hannelore Putz sei noch einmal angemerkt, dass Putz sich auf die Absolventen bis zum Schuljahr 1772/1773 beschränkt hat, während die hier vorliegende Untersuchung alle Seminaristen berücksichtigt, die im Zeitraum der Schuljahre von 1773/1774 bis 1805/1806 in der Domus Gregoriana gelebt haben, und ermittelt werden konnten.
[1990] Nach Putz kamen 61 Absolventen oder 27,1 %, die Weltpriester wurden, aus Handwerkerfamilien; vgl. PUTZ, Domus Gregoriana, 162f.
[1991] Für die Zeit bis 1773 konnte Putz bei den Säkularklerikern den Anteil der Gregorianer aus der Landwirtschaft mit 28 % ermitteln; vgl. PUTZ, Domus Gregoriana, 163.

wirten, Branntweinern und Brauern, nämlich von 8,9 % auf 10,8 %. Einen relativ hohen Anteil mit 6,7 % machen die Weltpriester aus, die aus unteren Sozialschichten kamen. Sechs Seminaristen oder 5 % waren Kaufmanns- und fünf Seminaristen oder 4,2 % waren Lehrersöhne.[1992] Andere Berufsgruppen sind kaum repräsentiert.

4.2.5.2. Die soziale Zusammensetzung der Augustiner-Chorherren

Von den 176 Seminaristen, die in einen der vier Prälatenorden eintraten, gehörten 79 den Augustiner-Chorherren an, deren soziale Herkunft belegt ist.[1993] So ergibt sich für die Regularkanoniker folgendes Schaubild:

Berufsgruppe	Personenzahl	Anteil in Prozent
Handwerksberufe[1994]	30	38 %
Landwirtschaftlicher Bereich	17	21,5 %
Gastwirte, Branntweiner und Brauer[1995]	7	8,9 %
Untere Berufsschichten[1996]	3	3,8 %
Schullehrer	6	7,6 %
Kaufmännischer Bereich[1997]	4	5,1 %
Gesundheitswesen[1998]	1	1,3 %
Militärwesen[1999]	1	1,3 %

[1992] Lehrer- und Mesnersöhne zusammengenommen, machen einen Anteil von 5,9 % aus.
[1993] Von den 239 Absolventen der Domus Gregoriana bis 1773 konnte Hannelore Putz die Berufe von 226 Vätern ermitteln; vgl. PUTZ, Domus Gregoriana, 171. – Zur sozialen Zusammensetzung eines Augustiner-Chorherrenstiftes vgl. das Beispiel Reichersberg in: KRAUSEN, Beiträge zur sozialen Schichtung der altbayerischen Prälatenklöster des 17. und 18. Jahrhunderts. Die Zusammensetzung der Konvente von Metten, Raitenhaslach, Reichersberg und Windberg, in: ZBLG 30 (1967), 355-374, hier 366-371. – Zur sozialen und geographischen Struktur eines Augustiner-Chorherrenklosters vgl. das Beispiel Rohr in: ZESCHICK, Woher die Rohrer Chorherren kamen. Ein Beitrag zur sozialen und geographischen Herkunft der Konventualen bairischer Prälatenklöster im 18. Jahrhundert, in: DERS. (Hg.), Kloster in Rohr. Geschichte und Gegenwart, 124-134; vgl. auch PUTZ, Die Säkularisation als Einschnitt. Zur Gruppenbiographie bayerischer Augustiner-Chorherrenkonvente, in: MÜLLER (Hg.), Reform – Sequestration – Säkularisation, 207-220.
[1994] Folgende Handwerksberufe werden genannt: Bäcker, Buchbinder, Drechsler, Kistler, Kürschner, Maurermeister, Metzger, Ölschläger, Schäffler, Schlosser, Schmied, Schneider, Schreiner, Seifensieder, Seiler, Tischler, Tuchmacher, Webermeister, Weißgerber und Zimmermann.
[1995] Vier Bierbrauer und drei Gastwirte finden sich bei den Vätern.
[1996] Zu den unteren Berufsschichten wurden ein Bote, ein Bedienter und ein Holzarbeiter gezählt.
[1997] Drei Krämer und ein Obsthändler lassen sich nennen.
[1998] Ein Vater eines Zöglings ging dem Beruf des Baders nach.

Musikalischer Bereich[2000]	4	5,1 %
Forst- und Jagdwesen	4	5,1 %
Mesner	1	1,3 %
Künstler[2001]	1	1,3 %

Nahezu gleich mit den Weltgeistlichen (37,5 %) ist bei den Augustiner-Chorherren der Anteil der Söhne von Handwerkern mit 38 %. Zu den Vergleichszahlen der Absolventen bis 1773 bei Putz stieg dieser Anteil um 11 %.[2002] Der landwirtschaftliche Bereich macht 21,5 % aus und steht damit leicht höher als der Anteil bei den Weltpriestern mit 18,3 %. Zuvor stammten 12,4 % der Gregorianer-Absolventen des Jesuiteninternats aus dem landwirtschaftlichen Bereich.[2003] An dritter Stelle stehen die Söhne von Gastwirten, Branntweinern oder Bierbrauern mit 8,9 %. Da der Anteil zuvor bei den Absolventen noch 15,9 % betrug, sank er fast um die Hälfte. Sechs Lehrersöhne oder 7,6 % traten bei den Augustiner-Chorherren ein. Wird der eine Mesnersohn hinzugerechnet, beträgt der Anteil 8,9 % und ist somit in etwa mit dem Ergebnis von Putz zu vergleichen, die einen Anteil von 8 % ermittelt hat. Gleich stark sind die Anteile von Kaufmanns-, Musiker-, Förster- bzw. Jägersöhne mit jeweils 5,1 %.[2004] Der Anteil der Väter aus dem kaufmännischen Bereich beträgt bei den Absolventen bis zum Schuljahr 1772/1773 7,1 %. Dagegen sind Väter mit einem Beruf aus dem Gesundheits- oder Militärwesen nur schwach mit jeweils 1,3 % vertreten. Nach Putz gehörten bei den Absolventen bis 1773 2,2 % der Väter dem Gesundheits- und 1,3 % dem Militärbereich an. Ebenso niedrig ist der Anteil der Berufsgruppe der Künstler (1,3 %), der vorher noch 9,3 % ausmachte. Söhne aus unteren Sozialschichten waren mit 3,8 % eher gering vertreten.[2005]

[1999] Der Vater von Leonhard Piringer war Hauptmann.
[2000] Zwei Chorregenten, ein Musiker und sogar ein Hofmusiker werden aufgeführt.
[2001] Der Vater von Johann Nepomuk Gaill war der Freskomaler Johann Georg Gaill in Aibling; vgl. THIEME-BECKER, Bd. 13, 75.
[2002] Bei den Gregorianern, die das Jesuiteninternat bis 1773 absolviert hatten, kamen 61 Zöglinge oder 27 % aus einer Handwerkerfamilie; vgl. PUTZ, Domus Gregoriana, 171.
[2003] Die Vergleichszahlen in: PUTZ, Domus Gregoriana, 171.
[2004] Die beiden Berufsgruppen der Musiker und der Förster und Jäger sind bei Putz nicht eigens aufgeführt.
[2005] Dies trifft, wie sich noch zeigen wird, für die Zisterzienser ebenfalls zu, bei denen der Anteil der Väter aus unteren Berufsschichten auch 3,8 % beträgt.

4.2.5.3. Die soziale Herkunft der Benediktiner

Von den 60 Gregorianern, die Benediktiner wurden, sind von 59 Seminaristen die Berufe der Väter belegt.[2006]

Berufsgruppe	Personenzahl	Anteil in Prozent
Handwerksberufe[2007]	23	39 %
Landwirtschaftlicher Bereich	7	11,9 %
Gastwirte, Branntweiner und Brauer[2008]	5	8,5 %
Verwaltungsbeamte[2009]	3	5,1 %
Untere Berufsschichten[2010]	6	10,2 %
Schullehrer	5	8,5 %
Kaufmännischer Bereich[2011]	4	6,8 %
Justizbeamte[2012]	1	1,7 %
Gesundheitswesen[2013]	1	1,7 %
Mesner	2	3,4 %
Zollwesen[2014]	2	3,4 %

Einen fast gleich hohen Anteil an Handwerkersöhnen wie bei den Augustiner-Chorherren (38 %) haben die Benediktiner mit 39 %. Bei den Absolventen der

---

[2006] Von den 170 Absolventen des Münchener Seminars bis 1773, die Benediktiner wurden, sind für 150 Gregorianer die Berufe der Väter belegt; vgl. PUTZ, Domus Gregoriana, 182. – Zum Vergleich der sozialen Zusammensetzung zweier bayerischer Benediktinerklöster vgl. das Beispiel Metten in: KRAUSEN, Beiträge zur sozialen Schichtung der altbayerischen Prälatenklöster des 17. und 18. Jahrhunderts. Die Zusammensetzung der Konvente von Metten, Raitenhaslach, Reichersberg und Windberg, in: ZBLG 30 (1967), 355-374, hier 356-361, und das Beispiel Niederaltaich in: MOLITOR, Die soziale und geographische Herkunft der Konventualen des Klosters Niederaltaich von 1651-1972, in: ZBLG 36 (1973), 317-332. – Zur sozialen Schichtung eines schwäbischen Klosters vgl. THIELE, Die soziale Struktur des Neresheimer Konventes im 18. Jahrhundert, in: TÜCHLE, WEIßENBERGER (Hg.), Die Abteikirche Neresheim als Ausdruck benediktinischer Geistigkeit, 157-189.
[2007] Bei den Vätern finden an Handwerksberufen Aufzählung: Bäcker, Färber, Fischer, Fleischer, Glaser, Kistler, Koch, Lederer, Löffelmacher, Maurermeister, Metzger, Müller, Nagelschmied, Papiermacher, Schäffler, Schlosser, Schuhmacher, Seilermeister, Stöckelschneider und Weber.
[2008] Drei Gastwirte, ein Bierbrauer und ein Branntweiner lassen sich nennen.
[2009] Ein Stadtschreiber, ein Marktschreiber und ein Hofratskanzlist werden aufgeführt.
[2010] Den unteren Berufsschichten lassen sich die Berufe zuordnen: Bote, Handlanger, Holzarbeiter, Klosterknecht und Taglöhner.
[2011] Zu den kaufmännischen Berufen wurden drei Krämer und ein Lederhändler gezählt.
[2012] Der Vater von Josef Riedhofer übte den Beruf eines Klosterrichters aus.
[2013] Johann Josef Buchners Vater war Arzt.
[2014] Ein Mautner und ein Warenbeschauer werden genannt.

Domus Gregoriana bis 1773 war ihr Anteil mit 34,7 % etwas geringer.[2015] Dagegen traten nur 7 Seminaristen oder 11,9 %, die aus dem landwirtschaftlichen Bereich stammten, den Benediktinern bei. Ähnlich wählten nur 10,7 % der Absolventen bis 1773 den Benediktinerorden, deren Väter in der Landwirtschaft tätig waren. Die Söhne von Wirten, Branntweinern und Brauern machen 8,5 % aus. Ihr Anteil sank gegenüber den Absolventen bis 1773 um fast die Hälfte.[2016] Auffällig hoch ist der Anteil aus unteren Sozialschichten mit 10,2 %. Auch die Lehrersöhne sind mit 8,5 % relativ stark vertreten. Werden Lehrer- und Mesnersöhne zusammengenommen, ergibt sich ein Anteil von 11,9 %, was dem Ergebnis von Putz mit 12,7 % nahe kommt. Vier Kaufmannssöhne oder 6,8 % wurden Benediktiner. Ihr Anteil stieg gegenüber den Absolventen des Jesuiteninternats bis 1773, die aus Kaufmannsfamilien kamen, um mehr als das Doppelte, da lediglich 2,7 % in ein Benediktinerstift eintraten. Gering ist der Anteil von Vätern aus dem Justiz- oder Gesundheitswesen, nämlich jeweils nur 1,7 %.[2017]

4.2.5.4. Die soziale Schichtung der Zisterzienser

Von allen 26 Zisterziensern konnte der Beruf des Vaters dokumentiert werden.[2018] Die Auswertung ergibt folgendes Bild:

Berufsgruppe	Personenzahl	Anteil in Prozent
Handwerksberufe[2019]	9	34,6 %
Landwirtschaftlicher Bereich	7	26,9 %
Gastwirte, Branntweiner und Brauer[2020]	2	7,7 %
Untere Berufsschichten[2021]	1	3,8 %

[2015] Vgl. zum Folgenden PUTZ, Domus Gregoriana, 182.
[2016] Von den Absolventen des Jesuiteninternats, die in den Orden der Benediktiner eintraten, stammten 16,7 % aus einer Wirts- oder Brauerfamilie; vgl. PUTZ, Domus Gregoriana, 182.
[2017] Diese Berufsgruppen sind bei Hannelore Putz nicht eigens aufgeführt.
[2018] Zur sozialen Herkunft eines Zisterzienserstiftes vgl. das Beispiel Raitenhaslach in: KRAUSEN, Beiträge zur sozialen Schichtung der altbayerischen Prälatenklöster des 17. und 18. Jahrhunderts. Die Zusammensetzung der Konvente von Metten, Raitenhaslach, Reichersberg und Windberg, in: ZBLG 30 (1967), 355-374, hier 361-366; vgl. auch KRAUSEN, Der Adel in den bayerischen Zisterzienserkonventen des 17. und 18. Jahrhunderts, in: Analecta Sacri Ordinis Cisterciensis 20 (1964), 76-84.
[2019] Folgende Berufe aus dem Handwerk lassen sich bei den Vätern finden: Bäcker, Floßmeister, Knopfmacher, Metzger, Pflasterer, Schäffler, Uhrmacher und Weber.
[2020] Ein Gastwirt und ein Bierbrauer mit einer Gaststube werden genannt.
[2021] Der Vater von Simon Mentner war Tagwerker.

Schullehrer	1	3,8 %
Kaufmännischer Bereich	1	3,8 %
Gesundheitswesen[2022]	2	7,7 %
Mesner	1	3,8 %
Musikalischer Bereich[2023]	2	7,7 %

Auch bei den Zisterziensern stellen die Handwerkersöhne mit 34,6 % den größten Anteil, gefolgt von den Söhnen aus der Landwirtschaft mit 26,9 %. Zuvor waren es bei den Absolventen bis zum Schuljahr 1772/1773 28,6 % bei den Handwerkern oder 19 % im landwirtschaftlichen Bereich.[2024] Stammten bis 1773 4,8 % der Gregorianer aus einer Wirts- oder Brauerfamilie, so traten nach 1773 zwei Seminaristen, die einen Wirt oder Brauer zum Vater hatten, oder 7,7 % in den Orden der Zisterzienser ein. Der Anteil aus unteren Berufsschichten ist relativ gering mit 3,8 % vertreten. Lediglich ein Lehrer- und ein Mesnersohn wurden Zisterzienser, was jeweils 3,8 %, oder zusammen genommen 7,7 % entspricht. Bei den Absolventen der Jesuitenzeit gingen 9,5 %, deren Väter Lehrer oder Mesner waren, in ein Zisterzienserstift. Ein Kaufmannssohn wurde Zisterzienser (3,8 %). Bei den Absolventen bis 1773 betrug dieser Anteil noch 9,5 %. Zwei Zisterzienser kamen aus einer Familie, deren Vater einem Beruf aus dem Gesundheitswesen nachging, und zwei weitere hatten einen Musiker zum Vater.[2025] Nicht vertreten ist bei den Vätern der Seminaristen der künstlerische Bereich, der vorher 9,5 % ausmachte.

4.2.5.5. Die soziale Zusammensetzung der Prämonstratenser-Chorherren

Von den 11 Seminaristen, die Prämonstratenser-Chorherren wurden, liegt von allen Vätern eine Berufsangabe vor.[2026] Folgende Tabelle zeigt die Aufteilung der Berufsgruppen und ihren prozentualen Anteil:

[2022] Bei den Vätern werden zwei Bader aufgeführt.
[2023] Es lassen sich nennen: Ein Musiker und ein Stiftsmusiker, nämlich der Vater von Franz Xaver Diabelli.
[2024] Die Vergleichszahlen, die Hannelore Putz ermittelt hat, siehe in: PUTZ, Domus Gregoriana, 192.
[2025] Diese Berufsgruppen sind von Hannelore Putz nicht ausgewertet worden.
[2026] Zur sozialen Herkunft der Prämonstratenser-Chorherren vgl. KRAUSEN, Die Zusammensetzung der bayerischen Prämonstratenserkonvente 1690-1803, in: HJb 80 (1966), 157-166. – Zur sozialen Schichtung des Prämonstratenser-Chorherrenstiftes Windberg vgl. auch: KRAUSEN, Beiträge zur sozialen Schichtung der altbayerischen Prälatenklöster des 17. und 18. Jahrhunderts. Die Zusammensetzung der

Berufsgruppe	Personenzahl	Anteil in Prozent
Handwerksberufe[2027]	3	27,3 %
Landwirtschaftlicher Bereich	2	18,2 %
Untere Berufsschichten[2028]	1	9,1 %
Schullehrer	2	18,2 %
Gesundheitswesen[2029]	1	9,1 %
Militärwesen[2030]	1	9,1 %
Mesner	1	9,1 %

Die größte Gruppe bilden die Söhne von Handwerkern mit 27,3 %. Der Vergleich mit den Absolventen bis 1773 zeigt, dass der Anteil leicht gesunken ist, da 33,3 % der Väter einen Handwerksberuf ausübten.[2031] Exakt gleich ist der Anteil der Söhne mit 18,2 % aus dem landwirtschaftlichen Bereich. Überdurchschnittlich hoch ist die Zahl der Lehrersöhne mit 2 Seminaristen oder 18,2 %. Die zwei Lehrersöhne und der eine Mesnersohn zusammen gerechnet, ergibt einen verhältnismäßig hohen Anteil von 27,3 %. Er ist damit dreimal so hoch als bei den Absolventen bis 1773, wo der Anteil der Lehrer- und Mesnersöhne 9 % betrug. Dagegen sind keine Söhne von Gastwirten oder Brauern vertreten, die bei den Gregorianern, die bis 1773 das Gymnasium absolvierten, einen Anteil von 12,1 % ausmachen.

4.2.5.6. Die soziale Struktur der Mitglieder der Prälatenorden insgesamt

176 Seminaristen traten einem der vier Prälatenorden bei. Lediglich von einem Benediktiner konnte der Beruf des Vaters nicht ermittelt werden.[2032] Alle Prälatenorden zusammen genommen ergibt folgende Tabelle:

Konvente von Metten, Raitenhaslach, Reichersberg und Windberg, in: ZBLG 30 (1967), 355-374, hier 371-374.
[2027] An Handwerksberufen können genannt werden: Färber, Fischer und Papierer.
[2028] Zu den unteren Berufsschichten wurde ein Forstarbeiter gezählt.
[2029] Der Vater von Dominik Eisenschmid war Bader.
[2030] Franz von Paula Schlatterers Vater war militärischer Reiter.
[2031] Zum Folgenden vgl. PUTZ, Domus Gregoriana, 195.
[2032] Zur sozialen Herkunft in den Konventen der Prälatenorden vgl. HOLZFURTNER, Kirche als sozialer und wirtschaftlicher Faktor, in: HBKG, Bd. 2, 457-470, hier 465f.; KRAUSEN, Beiträge zur sozialen

Berufsgruppe	CRSA (79)	OSB (59)	OCist (26)	OPraem (11)	Summe (175)	Anteil in %
Handwerksberufe	30	23	9	3	65	37,1 %
Landwirtschaftlicher Bereich	17	7	7	2	33	18,9 %
Gastwirte, Branntweiner und Brauer	7	5	2	0	14	8 %
Verwaltungsbeamte	0	3	0	0	3	1,7 %
Untere Berufsschichten	3	6	1	1	11	6,3 %
Schullehrer	6	5	1	2	14	8 %
Kaufmännischer Bereich	4	4	1	0	9	5,1 %
Justizbeamte	0	1	0	0	1	0,6 %
Gesundheitswesen	1	1	2	1	5	2,9 %
Militärwesen	1	0	0	1	2	1,1 %
Musikalischer Bereich	4	0	2	0	6	3,4 %
Forts- und Jagdwesen	4	0	0	0	4	2,3 %
Mesner	1	2	1	1	5	2,9 %
Zollwesen	0	2	0	0	2	1,1 %
Künstler	1	0	0	0	1	0,6 %

Es wird insgesamt deutlich, dass die meisten Seminaristen, die in einen Prälatenorden eintraten, einen Handwerker zum Vater hatten, nämlich 37,1 %. An zweiter Position stehen die Söhne aus dem landwirtschaftlichen Bereich mit 18,9 %. Gleich stark sind die Söhne von Wirten, Branntweinern oder Brauern und von Schullehrern mit 8 % vertreten. Relativ hoch ist der Anteil aus unteren Sozialschichten mit 6,3 %. Beamtensöhne und Söhne aus dem Militärwesen sind dagegen kaum vertreten. Jeweils nur ein Gregorianer hatte einen Justizbeamten oder Künstler als Vater. Schwach vertreten sind bei den Vätern auch die Berufe aus dem Gesundheits-, Militär-, Forst- und Jagd- oder Zollwesen. Der Adel fehlt sogar völlig.

Schichtung der altbayerischen Prälatenklöster des 17. und 18. Jahrhunderts. Die Zusammensetzung der Konvente von Metten, Raitenhaslach, Reichersberg und Windberg, in: ZBLG 30 (1967), 355-374.

Die These von Georg Schreiber in einem Aufsatz aus dem Jahre 1937[2033], dass es sich bei den bayerischen Klöstern bloß um „Bauernkonvente" gehandelt habe, lässt sich, wie schon Edgar Krausen 1967 festgestellt hat, nicht halten.[2034] Die Prälatenklöster standen allen Bevölkerungsschichten offen und ermöglichten einen sozialen Aufstieg bis zu höchsten Ämtern. Der Seminarist Josef Gräßl (Seminarist 1772-1774) war Sohn eines Jägers und wurde 1797 letzter Propst von Dießen. Der Bauernsohn Bernhard Hacklinger, der von 1772 bis 1774 im Kurfürstlichen Seminar lebte, wurde 1794 zum letzten Propst von Gars gewählt. Der Sohn eines Chorregenten, nämlich Johann Nepomuk Neumayr (1772-1774), erlangte 1794 die Würde eines Propstes. Johann Paul Schwaiger, der von einem Bauernhof abstammte und im Schuljahr 1773/1774 in der Domus Gregoriana erzogen wurde, wählte man 1798 zum Propst von Rottenbuch. Schließlich ist noch der Sohn eines Bauern, Josef Stielner (1772-1774), zu nennen, der von 1795 bis 1801 vorletzter Abt von Mallersdorf war.

4.2.5.7. Die soziale Schichtung der Bettelorden

Bei den 23 Seminaristen, die in einen Bettelorden eintraten, lagen von allen Vätern die Berufe vor.[2035]

Berufsgruppe	Personenzahl	Anteil in Prozent
Handwerksberufe[2036]	9	39,1 %
Landwirtschaftlicher Bereich	3	13 %
Gastwirte, Branntweiner und Brauer[2037]	3	13 %
Verwaltungsbeamte[2038]	3	13 %

[2033] Vgl. SCHREIBER, Deutsche Bauernfrömmigkeit in volkskundlicher Sicht, 51, 54.
[2034] Vgl. KRAUSEN, Beiträge zur sozialen Schichtung der altbayerischen Prälatenklöster des 17. und 18. Jahrhunderts. Die Zusammensetzung der Konvente von Metten, Raitenhaslach, Reichersberg und Windberg, in: ZBLG 30 (1967), 355-374.
[2035] Bereits Hannelore Putz hat aufgrund der geringen Eintrittszahlen in einzelne Orden der Mendikanten eine zusammenfassende Wertung vorgenommen; vgl. PUTZ, Domus Gregoriana, 199. – Bislang fehlen weitestgehend Untersuchungen zur sozialen Herkunft der Mendikantenorden; vgl. HOLZFURTNER, Kirche als sozialer und wirtschaftlicher Faktor, in: HBKG, Bd. 2, 457-470, hier 466.
[2036] Berufe aus dem Handwerk sind: Färber, Feilenhauer, Schmied, Schneider, Schuster, Wagner und Weber.
[2037] Zwei Gastwirte und ein Braumeister sind vertreten.
[2038] Ein Münzverwalter, ein Hofratskanzlist und ein Salzbeamter werden aufgeführt.

Untere Berufsschichten[2039]	4	17,4 %
Forst- und Jagdwesen[2040]	1	4,3 %

Die stärkste Berufsgruppe bilden die Söhne von Handwerkern mit 39,1 %. Einen fast gleich hohen Anteil erreichen nur die Benediktiner (39 %). Bei den Gregoriana-Absolventen bis 1773 ergab sich ein wesentlich geringerer Anteil von 27 %.[2041] Überdurchschnittlich hoch ist der Anteil aus unteren Sozialschichten mit 17,4 %.[2042] Drei Söhne oder 13 % stammten von Vätern, die einem Beruf aus dem landwirtschaftlichen Bereich nachgingen. Zuvor traten von den Absolventen der Jesuitenzeit 17,5 %, die aus der Landwirtschaft kamen, in einen Bettelorden ein. Relativ stark vertreten sind auch die Söhne von Verwaltungsbeamten und Wirten, bzw. Branntweinern oder Brauern mit jeweils 13 %. Für die Gruppe der Verwaltungsberufe gibt Putz für die Absolventen bis 1773 einen vergleichbaren Anteil von 12 % an.[2043] Lediglich ein Vater ging einem Beruf aus dem Forst- und Jagdwesen nach.

4.2.5.8. Die soziale Struktur des geistlichen Standes insgesamt

Zu den bisher aufgeführten 120 Berufe der Väter von Weltpriestern, 175 Broterwerbe der Väter von Mitgliedern der Prälatenorden und 23 Berufe der Väter von Mitgliedern der Mendikantenorden sind noch die Tätigkeiten von Vätern, deren Söhne anderen Ordensgemeinschaften angehörten, zu nennen: Die Väter von zwei Chorherren vom Hl. Geist in Memmingen waren von Beruf Bauer und Schullehrer. Der Sohn eines Sekretärs wurde Theatiner in München, und der Sohn eines Bierbrauers trat den Kanonikern bei St. Johannes in Regensburg bei. Von 322 der 325 Geistlichen konnte also die soziale Herkunft ermittelt werden.[2044]

[2039] Zu den Berufen aus unteren Schichten wurden gezählt: Diener, Hirte und Sänftenträger.
[2040] Der Vater von Ignaz Gräßl war Jäger.
[2041] Die Auswertung der Berufe der Väter von Absolventen des Jesuiteninternats bis zum Schuljahr 1772/1773, die in einen Bettelorden eintraten, vgl. in: PUTZ, Domus Gregoriana, 199.
[2042] Diese Sozialschicht wurde von Hannelore Putz nicht berücksichtigt.
[2043] Was den Anteil der Söhne von Gastwirten oder Bierbrauern, Kaufmännern oder von Vätern aus dem Gesundheitswesen betrifft, fehlen bei Putz vergleichbare Zahlenwerte; vgl. PUTZ, Domus Gregoriana, 199.
[2044] Zur sozialen Herkunft des geistlichen Standes vgl. HOLZFURTNER, Kirche als sozialer und wirtschaftlicher Faktor, in: HBKG, Bd. 2, 457-470, hier 465f.

Berufsgruppe	Weltpriester (120)	Prälatenorden (175)	Bettelorden (23)	Sonstige Orden (4) [2045]	Summe	Anteil in Prozent
Handwerksberufe	45	65	9	0	119	37 %
Landwirtschaftlicher Bereich	22	33	3	1	59	18,3 %
Gastwirte, Branntweiner u. Brauer	13	14	3	1	31	9,6 %
Verwaltungsbeamte	4	3	3	1	11	3,4 %
Untere Berufsschichten	8	11	4	0	23	7,1 %
Schullehrer	5	14	0	1	20	6,2 %
Kaufmännischer Bereich	6	9	0	0	15	4,7 %
Justizbeamte	1	1	0	0	2	0,6 %
Gesundheitswesen	1	5	0	0	6	1,9 %
Militärwesen	2	2	0	0	4	1,2 %
Musikalischer Bereich	4	6	0	0	10	3,1 %
Forst- und Jagdwesen	3	4	1	0	8	2,5 %
Mesner	2	5	0	0	7	2,2 %
Zollwesen	1	2	0	0	3	0,9 %
Künstler	2	1	0	0	3	0,9 %
Postwesen	1	0	0	0	1	0,3 %

Das Ergebnis zeigt, dass insgesamt weit über ein Drittel der Väter der Geistlichen einen Handwerksberuf ausübten, nämlich 37 %. An zweiter Stelle stehen die Söhne aus dem landwirtschaftlichen Bereich mit 18,3 %. Die dritte Position nehmen die Wirts-, Branntweiner- und Brauersöhne mit 9,6 % ein.[2046] Einen relativ hohen Anteil haben die Söhne von Vätern aus unteren Sozialschichten mit immerhin 7,1 %. So wird deutlich, dass die Kirche zahlreichen ärmeren

---

[2045] Zwei Chorherren vom Hl. Geist in Memmingen, ein Theatiner in München und ein Kanoniker bei St. Johannes in Regensburg.
[2046] Vgl. KRAUSEN, Zur gesellschaftlichen Bedeutung des Brauerstandes. Brauersöhne als Äbte und Pröpste bayerischer Klöster und Stifte, in: Jahrbuch der Gesellschaft für die Geschichte und Bibliographie des Brauwesens 1965, 160-168.

Seminaristen einen sozialen Aufstieg ermöglichte.[2047] Die Lehrersöhne ergeben einen Anteil von 6,2 %. Kaum eine Rolle spielen die Väter aus dem Beamten-, dem Gesundheits- und dem Militärwesen. Ebenso kommen Väter, die sich ihr Brot als Künstler verdienten, nur wenig vor. Etwas höher sind noch die beiden Anteile der Geistlichen, die einen Kaufmann oder Musiker als Vater hatten, mit 4,7 % bzw. 3,1 %.

4.3. Die weltliche Laufbahn

Die weltlichen Berufe der Seminaristen des Kurfürstlichen Seminars seit 1773 lassen sich gegenüber der geistlichen Laufbahn, wie schon oben erwähnt, nur schwer nachvollziehen. Für die Zeit vor 1773 konnte Hannelore Putz lediglich 34 weltliche Erwerbe von Absolventen der Domus Gregoriana dokumentieren, was 2,2 % aller Absolventen entspricht.[2048] Für das Jesuitengymnasium insgesamt konnte Andreas Kraus bei den weltlichen Berufen der Absolventen bis 1776 eine Dichte von 5,5 % ermitteln.[2049] Die Ursache hierfür benennt Putz damit, dass „die für die Absolventen der Domus Gregoriana ungünstigen Zahlen für die weltliche Laufbahn in der schlechten Dokumentation für die von ihnen erreichten weltlichen Berufe begründet sind"[2050].

Für die Zeit nach Aufhebung der Gesellschaft Jesu ist die Sachlage der mangelhaften Dokumentation nicht viel besser, doch lassen sich einige Tendenzen ablesen. Kraus konnte bei den Absolventen von 1777 bis 1806 immerhin 93 Berufsangaben und damit 6,4 % auswerten.[2051]

Es trifft wohl für die meisten der 486 Seminaristen, über deren Lebensweg nach dem Ausscheiden aus der Domus Gregoriana nichts bekannt ist, das zu, was Hannelore Putz für die Absolventen des Jesuitenseminars mit unbekanntem Berufsweg festhält: „Es ist anzunehmen, dass sie entweder in die Fußstapfen der Eltern traten oder als mittlere Bedienstete in der Verwaltung des Landes tätig

---

[2047] Zu diesem Thema vgl. KRAUSEN, Aufstiegsmöglichkeiten für soziale Unterschichten. Beispiele aus katholischen Prälatenklöstern, in: MASCHKE, SYDOW (Hg.), Gesellschaftliche Unterschichten in den südwestdeutschen Städten, 161-166.
[2048] Vgl. PUTZ, Domus Gregoriana, 204.
[2049] Vgl. KRAUS, Gymnasium der Jesuiten, 20f.
[2050] PUTZ, Domus Gregoriana, 204.
[2051] Vgl. KRAUS, Schule im Umbruch, in: ACKERMANN, SCHMID (Hg.), Staat und Verwaltung in Bayern, 349-371, hier 357.

waren."[2052] Überhaupt versuchten die Schulreformer der Aufklärung in Kurbayern den Zugang zur höheren Bildung einzuschränken, im Unterschied zur jesuitischen Bildungspolitik, die möglichst vielen Knaben den Besuch des Gymnasiums ermöglichen wollte, ohne Rücksicht auf die soziale Herkunft zu nehmen. Die Schulordnung von 1777 formulierte prägnant: „Da man aus der Erfahrung weis, daß Leute, die etliche Jahre die Gymnasien durchgelaufen, nicht gerne mehr in den gemeinen Bürgerstand zurück tretten, um sich durch Handarbeit darinn zu nähren, folglich insgemein träge und unnütze Staatsglieder zu werden pflegen, so soll ohne besondere Ursache kein Schüler mehr ins Gymnasium gelassen werden, der im gemeinen Bürgerstande bleiben, und sich durch Handarbeit darinn nähren muß und wird."[2053] Daher sollten Schüler, die dem gymnasialen Stoff nicht folgen konnten, „frühezeitig von den Gymnasien ab- und entweder zu einer bürgerlichen Hauptschule, oder zu einem Handwerke angewiesen werden"[2054]. Hier sollen zumindest einige Richtungen der Berufsentscheidungen angegeben werden. Am schlechtesten sind Handwerksberufe auszumachen, die von ehemaligen Seminaristen ergriffen wurden. So wurde ein Seminarist Instrumentenbauer[2055], einer Kistler[2056] und zwei erlernten das Handwerk des Bierbrauers[2057]. Einige Seminaristen schafften den Sprung in höhere staatliche Positionen. Seit 1799 war vorgeschrieben, dass „künftig kein Kandidat irgend eines Standes zu Unsern Staatsdiensten angenommen werden soll, wenn er nicht beweisen kann, daß er nach dem bestehenden Studienplane auf einem Unserer Schulhäuser den vollständigen Unterricht genommen, oder wenigst sogleich nach der Eröffnung dieses Unsers gnädigsten Willens seine Studien daselbst fortgesetzet und vollendet habe"[2058]. Der erfolgreiche Abschluss eines der wenigen Kurfürstlichen Gymnasien war demnach Voraussetzung für den Beamten- und Staatsdienst, der durch die Reformen des „Architekten des modernen bayerischen Staates", Maxi-

---

[2052] PUTZ, Domus Gregoriana, 204.
[2053] LURZ, Mittelschulgeschichtliche Dokumente Altbayerns, Bd. 2, 249.
[2054] LURZ, Mittelschulgeschichtliche Dokumente Altbayerns, Bd. 2, 242.
[2055] Alois Josef Ernst Gabelsberger (Seminarist von 1775 bis 1776), der Vater des später berühmt gewordenen Seminaristen Franz Xaver Gabelsberger, übte in München den Beruf des Instrumentenbauers aus.
[2056] Josef Reichelmair, der von 1801 bis 1803 Zögling des Kurfürstlichen Seminars war, bat als Kistlergeselle um Nachlass seines Kostgeldausstandes; vgl. BayHStA, GL Fasz. 2697/477.
[2057] Benno Wild (Seminarist von 1772 bis 1778) übernahm die Brauerei seines Vaters, ebenso wohl Franz Xaver Kratzer (1799-1800); vgl. SEDLMAYR, GROHSMANN, Die prewen Münchens, 44f., 228.
[2058] LURZ, Mittelschulgeschichtliche Dokumente Altbayerns, Bd. 2, 287.

milian Joseph Graf von Montgelas, seit 1799 systematisch ausgebaut wurde.[2059] Die steilste weltliche Karriere legte Nikolaus von Maillot de la Treille (1774-1834) hin, der im Schuljahr 1783/1784 Seminarist der Domus Gregoriana war und von 1822 bis 1829 bayerischer Staatsminister der Armee war.[2060] Als weitere herausragende Personen, die im Staatsdienst tätig waren, seien in alphabetischer Reihenfolge genannt:

1) Dr. Benedikt Bartl (Seminarist 1777-1782): Hofbibliothekar[2061]
2) Josef Beuhl (1804-1805): Administrationsrat[2062]
3) Kaspar Brunner (1784-1790): Oberbuchhalter und Rat[2063]
4) Johann Josef Buchner (1792-1797): Schuldentilgungsrat[2064]
5) Dr. Josef Maria Eberl (1780-1781): Kreisschulrat[2065]
6) Johann Georg Ertl (1784-1790): Administrationsrat[2066]
7) Josef Fink (1785-1787): Ministerialrat[2067]
8) Karl von Fischheim (1788-1792): Hofrat[2068]
9) Franz Xaver Gabelsberger (1803-1807): Ministerialsekretär[2069]
10) Matthias Gaill (1783-1785): Geheimer Registrator und Rat[2070]
11) Johann Nepomuk Gindhard (1787-1793): Regierungsrat[2071]
12) Josef Hazzi (1779-1786): Staatsrat[2072]

[2059] Vgl. WEIS, Montgelas, Bd. 2, 507-519.
[2060] Vgl. GRUNER, Die bayerischen Kriegsminister 1805-1885, in: ZBLG 34/1 (1971), 238-315, hier 255-258.
[2061] Benedikt Bartl (D. Gerald) befand sich nach der Säkularisation des Augustiner-Chorherrenstiftes Polling als Weltpriester im Staatsdienst; vgl. BOSL, Bayerische Biographie, 43.
[2062] Vgl. LEITSCHUH, Matrikeln III, 228.
[2063] Vgl. LEITSCHUH, Matrikeln III, 189.
[2064] Johann Josef Buchner (1782-1841) trat zunächst in das Benediktinerkloster Wessobrunn ein und hatte bei der Säkularisation 1803 noch keine Profess abgelegt; vgl. ANDRIAN-WERBURG, Wessobrunn, 534.
[2065] Dr. Josef Maria Eberl (1769-1846) war Weltpriester; vgl. GUGGENBERGER, Nekrologium, 87.
[2066] Vgl. LEITSCHUH, Matrikeln III, 189.
[2067] Da Josef Fink (1770-1843) kein Absolvent des Münchener Gymnasiums war, fehlt er in der Liste der Standeserhöhungen von Andreas Kraus; vgl. KRAUS, Schule im Umbruch, in: ACKERMANN, SCHMID (Hg.), Staat und Verwaltung in Bayern, 349-371, hier 370; SCHÄRL, Beamtenschaft, 315.
[2068] Vgl. LEITSCHUH, Matrikeln III, 194.
[2069] Franz Xaver Gabelsberger (1789-1849) wurde als Erfinder der Stenographie berühmt; vgl. BOSL, Bayerische Biographie, 236; GrBBE, Bd. 1, 603; STEINER, Festschrift Franz Xaver Gabelsberger. – Siehe auch die Abbildungen Nr. 16 und Nr. 17.
[2070] Vgl. LEITSCHUH, Matrikeln III, 176.
[2071] Vgl. KRAUS, Schule im Umbruch, in: ACKERMANN, SCHMID (Hg.), Staat und Verwaltung in Bayern, 349-371, hier 369; LEITSCHUH, Matrikeln III, 196.
[2072] Vgl. BOSL, Bayerische Biographie, 314; GrBBE, Bd. 2, 781; HAUSHOFER, Art. Hazzi, Joseph Ritter v., in: NDB, Bd. 8, 158f. – Siehe auch die Abbildung Nr. 19.

13) Michael Höggenstaller (1786-1790): Oberzollbeamter[2073]
14) Jakob Joachim Konrad (1790-1792): Geheimer Ministerialsekretär und Rat[2074]
15) Johann Georg Josef Krabinger (1799-1804): Staatsbibliothekar[2075]
16) Johann Nikolaus Lottner (1805-1807): Regierungsdirektor[2076]
17) Josef Mühlbauer (1795-1800): Ministerialrat[2077]
18) Maximilian Schönleutner (1789-1795): Regierungsrat[2078]
19) Franz Josef Alois Streber (1778-1779): Hofrat[2079]
20) Franz Jeremias Utz (1778-1783): Administrationsrat[2080]
21) Philipp Jakob Wolf (1774-1780): Hofrat[2081]
22) Josef Würthmann (1791-1792): Regierungsrat[2082]

Ein Indiz für den künftigen Lebensweg der Seminaristen könnte besonders das Wahlverhalten des Studienganges an ausgewählten Universitäten sein, wenngleich dies nicht automatisch als Beweis für den zukünftigen Beruf anzusehen ist. So sind unter den Seminaristen 101 Jurastudenten belegt, welche die größte Gruppe bei den weltlichen Studiengängen mit 13,8 % von 730 Immatrikulationen bilden. Dagegen sind lediglich 18 Seminaristen als Richter oder Advokaten nachweisbar, darunter der Gerichtspräsident Johann Baptist Schieber (Seminarist 1777-1782), der Gerichtsrat Jakob Harlander (1801-1806) und die Gerichtsdirektoren Max Gaßner (1803-1805), Franz Xaver Hörl (1789-1795), Matthias Obermiller (1803-1808) und Josef Wolfanger (1784-1789). Die ehemaligen Gregorianer Georg Auer (1789-1793), Rupert Gattinger (1800-1801) und Anton Kienast (1803-1811) promovierten in Jurisprudenz.[2083]

Für das Medizinstudium sind 19 Immatrikulationen bekannt, was einem Anteil von 2,6 % entspricht, wobei immerhin 13 ehemalige Seminaristen den Doktor-

---

[2073] Vgl. LEITSCHUH, Matrikeln III, 194.
[2074] Vgl. LEITSCHUH, Matrikeln III, 195.
[2075] Vgl. STOERMER, Verzeichnis der Mitglieder, 87.
[2076] Vgl. LEITSCHUH, Matrikeln III, 232.
[2077] Vgl. SCHÄRL, Beamtenschaft, 134.
[2078] Vgl. BOSL, Bayerische Biographie, 695; GrBBE, Bd. 3, 1769; SEIDL, Max Schönleutner. – Siehe auch die Abbildung Nr. 23.
[2079] Vgl. LEITSCHUH, Matrikeln III, 162.
[2080] Vgl. BAUER, Der kurfürstliche geistliche Rat, 287, Anm. 44; LEITSCHUH, Matrikeln III, 171.
[2081] Vgl. BOSL, Bayerische Biographie, 859; LEITSCHUH, Matrikeln III, 163.
[2082] Vgl. LEITSCHUH, Matrikeln III, 205.
[2083] Vgl. LEITSCHUH, Matrikeln III, 227, 242; RESCH, BUZAS, Verzeichnis der Doktoren, Bd. 1, 111.

grad erwarben.[2084] Berühmtester Mediziner ist Dr. Franz Xaver Häberl (Seminarist von 1775 bis 1778), der sich für die Errichtung des allgemeinen Krankenhauses vor dem Sendlinger Tor einsetzte und dessen erster Direktor wurde.[2085] Genannt sei ferner der Obermedizinalrat Dr. Georg Oeggl (1771-1776).[2086] Im Gesundheitswesen lassen sich noch zwei Pharmaziestudenten aufzählen und sechs Seminaristen nennen, die später den Beruf des Apothekers ausübten.[2087] Der Bildungssektor, der im Zuge der Aufklärung besonders auf dem Land ausgebaut wurde, bot eine weitere Einkommensmöglichkeit, wobei Ordensleute bis zur Säkularisation nicht ausschließlich in diesem Bereich tätig waren. Von elf Seminaristen ist dokumentiert, dass sie zum deutschen Schulwesen übertraten oder Schullehrer wurden.[2088] Besonders auffällig ist der Zulauf von sieben Seminaristen in diesen Beruf kurz nach 1800, was in der Säkularisation von 1802/1803 begründet liegen kann. Als bedeutendster Schullehrer ist vor allem an Rochus Dedler (Seminarist 1792-1798) zu erinnern, der Lehrer und Chorregent in Oberammergau wurde und sich einen Namen als Schöpfer der Musik zum Passionsspiel machte.[2089]

Im höheren Schulwesen finden sich vier Universitätsprofessoren, drei Lyzeumsprofessoren, zehn Gymnasialprofessoren und zwei Professoren, die an der Mili-

---

[2084] Es waren dies die ehemaligen Zöglinge der Domus Gregoriana: Matthias Bruckmiller (Seminarist 1797-1802), Franz Xaver Häberl (1775-1778), Judas Thaddäus Hörmannseder (1779-1782), Franz Xaver Hudler (1803-1808), Franz Jakob Kriechbaumer (1771-1774), Franz Georg Mauser (1774-1778), Alois Neebauer (1795-1797), Georg Oeggl (1771-1776), Johann Nepomuk Pessenbacher (1775-1781), Franz Xaver Raab (1801-1807), Josef Saal (1773-1777), Josef Nikolaus Seitz (1787-1788) und Paul Wankerl (1778-1783); vgl. RESCH, BUZAS, Verzeichnis der Doktoren, Bd. 2, 46, 48, 49, 50, 52, 56, 57, 60.
[2085] Bereits im Jahre 1799 veröffentlichte Dr. Franz Xaver Häberl (1759-1846) die Schrift „Wünsche und Vorschläge zur Errichtung eines allgemeinen Krankenhauses in München nach den Grundsätzen des neuen Hospitals zum heil. Maximilian bei den barmherzigen Brüdern alldort". – Zu seiner Person vgl. BOSL, Bayerische Biographie, 291; GrBBE, Bd. 2, 732.
[2086] Zu Dr. Georg Oeggl (1756-1824) vgl. KRAUS, Gymnasium der Jesuiten, 586.
[2087] Als Pharmaziestudenten sind belegt: Martin Grasmann (Seminarist 1801-1803) und Johann Baptist Maximilian Petueli (1796-1800); vgl. PÖLNITZ, Matrikel Landshut, 50, 97. – Folgende Seminaristen konnten als Apotheker ermittelt werden: Sebastian Beer (1803-1805), Maximilian Bichler (1785-1786), Alois Hofmann (1781-1783), Kajetan Kobres (1798-1799), Jakob Ostermair (1790-1793) und Johann Baptist Franz Streidl (1772-1774), der zugleich Chirurg war.
[2088] Genannt werden können die Gregorianer: Peter Beck (Seminarist 1795-1800), Johann Baptist Dausch (1772-1778), Rochus Dedler (1792-1798), Ignaz Ertl (1797-1802), Josef Harpeintner (1788-1794), Anton Heilingbrunner (1795-1800), Michael Linsmair (1799-1804), Johann Josef Pracht (1776-1781), Johann Baptist Schwaiger (1798-1803), Josef Sutor (1799-1800) und Johann Baptist Weinberger (1797-1802).
[2089] Auf die Bedeutung von Rochus Dedler im musikalischen Bereich wird weiter unten noch eingegangen werden. – Zu Rochus Dedler (1779-1822) vgl. HAERTLE-DEDLER, Rochus Dedler der Komponist der Passionsmusik zu Oberammergau; REICHERZER, Der Komponist Rochus Dedler.

tärakademie in München lehrten. Eine Professur an der Universität Ingolstadt erlangten der Augustiner-Chorherr D. Gerald Bartl (Seminarist 1777-1782)[2090], der Benediktiner P. Gabriel Knogler (1771-1776)[2091] und der Weltpriester Josef Anton Socher (1772-1774)[2092]. Der Benediktiner P. Josef Maria Wagner (1782-1787) wurde nach der Säkularisation 1803 Professor an der Universität Salzburg.[2093] Die drei Professoren an Lyzeen waren: der Benediktiner und spätere Inspektor der Domus Gregoriana P. Virgil Neuner (Seminarist 1774-1778) am Lyzeum in Freising[2094], der Weltpriester Josef Pezzl (1780-1781) am Lyzeum in München[2095] und der Benediktiner P. Korbinian Ziegler (1774-1780) am Lyzeum in Freising[2096].

Als Gymnasialprofessoren lassen sich aufzählen: Franz Xaver Eisenhofer (Seminarist 1800-1802) in Würzburg, D. Gelasius Gaill (1768-1774) in München, D. Gilbert Kirchmayr (1773-1778) in München, D. Theotonius Kloo (1779-1784) in München und Neuburg a. d. Donau, D. Eusebius Obermiller (1769-1774), Rektor in München, P. Benno Räschmayr (1783-1790) in Landshut, D. Albert Riegg (1782-1785) in München und Neuburg a. d. Donau, Franz Seraf Seelmayr (1798-1799) in Landshut, Neuburg a. d. Donau und Dillingen, D. Bonifaz Urban (1784-1790) in München und Markus Wankerl (1774-1779) in München. Ludwig Aurbacher (1796-1797) und Korbinian Badhauser (1773-1779) lehrten schließlich als Professoren an der Militärakademie in München.[2097]

Von einigen ehemaligen Seminaristen ist bekannt, dass sie eine Professur am Hausstudium ihres Ordens übernahmen: P. Michael Hibler (Seminarist 1780-1787) in Steingaden, D. Gelasius Karner (1775-1781) in Rottenbuch, P. Raimund Kressierer (1768-1774) in Ettal, P. Bernhard Pfadischer (1786-1788) in

---

[2090] Vgl. BUXBAUM, Art. Bartl, Gerald, in: Biographisches Lexikon der Ludwig-Maximilians-Universität München, Teil 1, 32.
[2091] Vgl. HAMMERMAYER, Art. Knogler, Gabriel, in: Biographisches Lexikon der Ludwig-Maximilians-Universität München, Teil 1, 221f.
[2092] Vgl. SEGL, Art. Socher, Joseph Lorenz Erdmann Gebhart, in: Biographisches Lexikon der Ludwig-Maximilians-Universität München, Teil 1, 401f.
[2093] Vgl. KRAUS, Schule im Umbruch, in: ACKERMANN, SCHMID (Hg.), Staat und Verwaltung in Bayern, 349-371, hier 367.
[2094] Vgl. DEUTINGER, Zur Geschichte des Schulwesens in der Stadt Freysing, in: Beyträge zur Geschichte, Topographie und Statistik des Erzbisthums München und Freysing 5 (1854), 209-568, hier 469.
[2095] Vgl. KRAUS, Schule im Umbruch, in: ACKERMANN, SCHMID (Hg.), Staat und Verwaltung in Bayern, 349-371, hier 363f. – Siehe auch die Abbildung Nr. 20.
[2096] Vgl. DEUTINGER, Zur Geschichte des Schulwesens in der Stadt Freysing, in: Beyträge zur Geschichte, Topographie und Statistik des Erzbisthums München und Freysing 5 (1854), 209-568, hier 471.
[2097] Die Quellennachweise für die genannten Personen siehe im Verzeichnis der Seminaristen.

Wessobrunn, P. Alois Plutz (1783-1789) in Raitenhaslach, P. Placidus Rauch (1787-1790) in Wessobrunn, P. Josef Maria Riedhofer (1789-1794) in Fürstenfeld, P. Maurus Schöffmann (1787-1791) in Andechs und P. Ottmar Weiß (1783-1788) in Ettal.[2098]
In mittleren und unteren Verwaltungsberufen dürfte wohl eine gewisse Anzahl von Seminaristen ihren Lebensunterhalt gefunden haben, auch wenn lediglich von 13 Seminaristen bekannt ist, dass sie als Rentbeamte, Sekretäre, Revisoren, Kassierer und allgemein als Stadt- bzw. Marktschreiber Dienst taten.[2099]
Von 15 Seminaristen, die vorzeitig das Gymnasium abbrachen, ist bekannt, dass sie sich dem kaufmännischen Bereich widmen wollten, was 2,2 % ausmacht. Diese Berufssparte dürfte sicher für weitere Seminaristen in Frage gekommen sein.
Ein weiterer Sektor ist das Militär. Neun Seminaristen und damit 1,3 % wechselten während ihrer Schulzeit zum Militär.[2100] Eine glänzende Karriere legte, wie bereits erwähnt, Nikolaus von Maillot de la Treille hin, der von 1783 bis 1784 Seminarist in der Domus Gregoriana war. Im Jahre 1813 zum Generalmajor erhoben, wurde er 1822 bayerischer Staatsminister der Armee.[2101]
Was den künstlerischen Bereich betrifft, so lässt sich als hervorragendes und einziges Beispiel der Seminarist Maximilian Josef Wagenbauer nennen, der von 1789 bis 1790 im Kurfürstlichen Seminar seine Erziehung genoss. Dieser wurde Landschaftsmaler und schließlich Inspektor der Gemäldesammlung.[2102]
Als Dichter und Schriftsteller erwarben sich sieben ehemalige Seminaristen einen Namen. Bekanntester Volksschriftsteller ist wohl Ludwig Aurbacher (Seminarist 1796-1797), der mit seinen Veröffentlichungen wie z. B. dem „Volksbüchlein" und „Die Abenteuer der sieben Schwaben" weit über die Grenzen

---

[2098] Da dieser Bereich schlecht dokumentiert ist, dürften die Zahlen höher liegen.
[2099] In alphabetischer Reihenfolge waren es die Seminaristen: Georg Auer (1789-1793), Rentbeamter, Sebastian Bauer (1776-1780), Lotto-Kollekteur, Josef Brandmair (1804-1807), Postsekretär, Johann Nepomuk Buchner (1804-1810), Kassierer, Johann Georg Ertl (1784-1790), Rentbeamter, Georg Grasmayr (1782-1783), Gerichtsexpeditor, Johann Georg Humel (1787-1791), Landgerichtsaktuar, Franz Xaver Januel (1796-1801), Schreiber, Josef Promberger (1805-1811), Stadtschreiber, Franz Pius Riedhofer (1796-1801), Privatsekretär, Jakob Schallmayr (1783-1784), Amanuensis und Josef Schießl (1798-1807), Rechnungsrevisor.
[2100] Ein direkter Übertritt zum Militär ist belegt von: Johann Nepomuk Alberti (1804-1805), Matthias Baumgartner (1790-1793), Max von Berville (1805-1808), Karl August von Dumas (1805-1808), Wilhelm Hoheneicher (1805-1807), Nikolaus von Maillot de la Treille (1783-1784), Johann Paul Oberndorfer (1782-1784), Josef Friedrich Plathiel (1794-1799) und Johann Freiherr von Prielmair (1805-1806).
[2101] Vgl. GRUNER, Die bayerischen Kriegsminister 1805-1885, in: ZBLG 34/1 (1971), 238-315, hier 255-258.
[2102] Vgl. HÖHN, Münchner Landschaftsmalerei, 142-213; THIEME-BECKER, Bd. 35, 22f.

Bayerns bekannt wurde.[2103] Zu nennen sind ferner der Theaterdichter Sebastian Mayr (Seminarist von 1786-1790)[2104], der Schriftsteller Johann Josef Pracht (1776-1781)[2105], der Volksschriftsteller Josef Riedhofer (1789-1790)[2106], der Mundartdichter Nikolaus Sturm (1775-1776)[2107], der Dichter Franz von Paula Wenninger (1769-1774)[2108] und der Schriftsteller Philipp Jakob Wolf (1774-1780)[2109]. Eine weitere berühmte Persönlichkeit aus den Reihen der Gregorianer ist Franz Xaver Gabelsberger (Seminarist 1803-1807), der als Erfinder der Stenographie in die Geschichte einging. Um ihm ein Andenken zu setzen, wurde im Jahre 1890 ein Denkmal in München errichtet.[2110] Prinzregent Luitpold von Bayern genehmigte 1899 die Aufstellung einer Büste Gabelsbergers in der Ruhmeshalle auf der Theresienhöhe in München, die im Jahre 1904 erfolgte.[2111]

4.4. Hervorragende Musiker

Aus der Domus Gregoriana gingen zahlreiche Musiker hervor, die zum Teil als Sänger und Komponisten über die engere Heimat hinaus bekannt wurden. Für die meisten Seminaristen diente allerdings die Tätigkeit im musikalischen Bereich nicht als eigentlicher Beruf oder als Haupterwerb, wenn sie zum Beispiel als Ordensleute oder Schullehrer das Amt des Chorregenten übernahmen.[2112]

[2103] Vgl. AURBACHER, Ein Volksbüchlein, München 1827; DERS., Die Abenteuer der sieben Schwaben.
[2104] Sebastian Mayr war zugleich Sänger und Schauspieler; vgl. Großes Sängerlexikon, Bd. 3, 2282.
[2105] Vgl. BAADER, Lexikon, Bd. 1, Teil 2, 149-152.
[2106] Vgl. LINDNER, Schriftsteller, Bd. 1, 152-155 u. Nachträge, 12.
[2107] Vgl. Bayerische Bibliothek, Bd. 3, 1261.
[2108] Vgl. LINDNER, Schriftsteller, Bd. 2, 143.
[2109] Vgl. Bayerische Bibliothek, Bd. 3, 1273.
[2110] Das Gabelsberger-Denkmal befindet sich an der Kreuzung Otto- und Barerstraße; vgl. ALCKENS, München in Erz und Stein, 44. – Siehe auch die Abbildung Nr. 17.
[2111] Zu Franz Xaver Gabelsberger (1789-1849) vgl. BayHStA, GL Fasz. 2697/477; 2700/494; StAM, WG 138-141; ADB, Bd. 8, 291-293; BOSL, Bayerische Biographie, 236; DOLLINGER, Münchner Straßennamen, 91; EMMERIG, Franz Xaver Gabelsberger; GrBBE, Bd. 1, 603; HUFNAGEL, Berühmte Tote, 118; LEITSCHUH, Matrikeln III, 228; STEINER, Festschrift Franz Xaver Gabelsberger; WEINMEISTER, Art. Gabelsberger, Franz Xaver, in: NDB, Bd. 6, 4f.; WIENINGER, Bayerische Gestalten, 223-226; WINTERSTEIN, Erfinder in München, 35-40. – Siehe auch die Abbildung Nr. 16.
[2112] So war zum Beispiel D. Korbinian Krall (Seminarist 1779-1787) Musikinstruktor im Seminar des Klosters Dietramszell. Der Weltpriester Josef Reil (1805-1812) war zeitweise Chorregent in Wasserburg. Als Chorregenten finden zudem Erwähnung: P. Michael Hibler (1780-1787), D. Martin Simon Hörmann (1787-1792), D. Karl Huber (1786-1791), D. Klemens Thaddäus Lipp (1786-1793), D. Johann Benno Mussack (1781-1784), D. Franz Xaver Philipp Reinweller (1779-1785), P. Josef Maria Riedhofer (1789-1794), P. Johann Baptist Roth (1774-1780), P. Augustin Schlatterer (1787-1790) und P. Josef Türk (1785-1790).

Größere Bedeutung in der deutschen Musikgeschichte hat Kaspar Ett erlangt, der von 1799 bis 1807 Seminarist der Domus Gregoriana war, die seit dem 1. Januar 1806 als „Königliches Erziehungsinstitut für Studierende" bezeichnet wurde. Der Sohn eines Schäfflers wurde am 5. Januar 1788 in Eresing geboren und erhielt seine erste musikalische Ausbildung von 1797 bis 1799 als Chorknabe im Benediktinerstift Andechs. Besondere Förderung erfuhr Ett im Kurfürstlichen Seminar durch den Präfekten Johann Baptist Schmid, der dieses Amt von 1797 bis 1804 versah und zugleich Chordirektor der Michaelskirche war. Im Jahre 1816 wurde dem hoch begabten Kaspar Ett die Stelle des Hoforganisten von St. Michael verliehen, die er bis zu seinem Tod am 16. Mai 1847 behielt. Mit der Aufführung des neunstimmigen „Miserere" von Gregorio Allegri (1582-1652)[2113] am Karfreitag des Jahres 1816 im A-cappella-Stil, das von Charles Burney 1771 erstmals veröffentlicht wurde, begründete Kaspar Ett in Zusammenarbeit mit Johann Baptist Schmid den Cäcilianismus in Deutschland.[2114]
Weit über die Grenzen seiner Heimat hinaus wurde der bereits erwähnte Schullehrer und Chorregent Rochus Dedler bekannt. Der am 15. Januar 1779 in Oberammergau geborene Sohn eines Metzgers und Gastwirts besuchte von 1792 bis 1798 das Münchener Seminar, wo er eine gründliche musikalische Ausbildung erfuhr. Im Jahre 1802 wurde er Lehrer in seiner Heimatgemeinde Oberammergau, wobei er zugleich den Dienst eines Organisten und Chorregenten zu versehen hatte. Als solcher komponierte er für das 1811 aufgeführte Passionsspiel erstmals die Musik.[2115] Nachdem der ehemalige Gregorianer und Benediktiner von Ettal Ottmar Weiß (1769-1843) für die Aufführung des Jahres 1815 einen verbesserten Text verfasst hatte, komponierte Rochus Dedler die Oberammergauer Passionsmusik neu. Am 15. Oktober 1822 starb Dedler in Oberföhring.[2116]

[2113] Zu Gregorio Allegri vgl. FELLERER, Art. Allegri, Gregorio, in: MGG² P, Bd. 1, 499-501; HEYINK, Art. Allegri, Gregorio, in: LThK³, Bd. 1, 403.
[2114] Vgl. BIERLING, Caspar Ett; HAUK, Art. Ett, Caspar, in: MGG² P, Bd. 6, 549-551; SCHULZ, Die St. Michaels-Hofkirche, 70-80; URSPRUNG, Münchens musikalische Vergangenheit, 240-254. – Siehe auch die Abbildung Nr. 15. – Zum Cäcilianismus vgl. HEIM, Art. Cäcilianismus, in: DERS., Kleines Lexikon der Kirchengeschichte, 72; MASSENKEIL, Art. Cäcilianismus, in: LThK³, Bd. 2, 870f.; SCHWERMER, Der Cäcilianismus, in: Geschichte der katholischen Kirchenmusik, Bd. 2, 226-236.
[2115] Zum Oberammergauer Passionsspiel, das aufgrund eines Gelübdes 1634 erstmals aufgeführt wurde, vgl. PRECHTL, Das Passionsspiel zu Oberammergau; SCHALLER, Das Passionsspiel von Oberammergau 1634 bis 1950; SCHROEDER, Oberammergau und sein Passionsspiel; ZIEGLER, Das Oberammergauer Passionsspiel. Erbe und Auftrag.
[2116] Die Gemeinde Oberammergau hat ihrem großen Sohn Rochus Dedler auf dem Friedhof ein Denkmal errichtet. – Zu Rochus Dedler vgl. HAERTLE-DEDLER, Rochus Dedler der Komponist der Pas-

Die endgültige Textfassung legte dann für das Passionsspiel 1860 der Oberammergauer Pfarrer Josef Alois Daisenberger (1799-1883) vor, der von 1812 bis 1816 Zögling des Königlichen Erziehungsinstitutes für Studierende in München war, wobei die Kompositionen Dedlers beibehalten wurden.[2117]
In alphabetischer Reihenfolge können folgende hervorragende Komponisten, Musiker und Sänger genannt werden, die im Kurfürstlichen Seminar zu München ausgebildet wurden:

1) Johann Kaspar Aiblinger (Seminarist 1794-1798): Hofkapellmeister in München[2118]
2) Balthasar Buchwieser (1778-1782): Kapellmeister in Wien[2119]
3) Matthias Buchwieser (1786-1791): Hoforganist in München[2120]
4) Anton Diabelli (1797-1798): Komponist[2121]
5) Franz Gleißner (1779-1782): Hofmusiker und Komponist[2122]
6) P. Benno Grueber (1771-1777): Musikdirektor und Komponist[2123]
7) Josef Anton Hammiller (1791-1793): Hofmusiker[2124]
8) Ignaz Anton Ladurner (1784-1785): Organist und Professor[2125]
9) Franz Xaver Lettner (1771-1777): Komponist[2126]
10) Nikolaus Franz Xaver Löhle (1804-1807): Sänger und Vorstand der Zentralgesangschule in München[2127]
11) P. Anselm Loibl (1792-1797): Komponist[2128]
12) Sebastian Mayr (1786-1790): Sänger[2129]
13) D. Josef Neumayr (1772-1774): Komponist[2130]

---

sionsmusik zu Oberammergau; MÜNSTER, Art. Dedler, Rochus, in: MGG² P, Bd. 5, 660f.; REICHERZER, Der Komponist Rochus Dedler (1779-1822). Sein Leben und Wirken. – Siehe auch die Abbildung Nr. 13.
[2117] Zu Daisenberger, der von 1845-1883 Pfarrer in Oberammergau war, vgl. StAM, WG 152, 154, 156; BOSL, Bayerische Biographie, 126; GUGGENBERGER, Nekrologium, 42; LEITSCHUH, Matrikeln III, 242.
[2118] Vgl. HAUK, Art. Aiblinger, Johann Caspar, in: MGG² P, Bd. 1, 261-264.
[2119] Vgl. LIPOWSKY, Baierisches Musik-Lexikon, 406.
[2120] Vgl. LIPOWSKY, Baierisches Musik-Lexikon, 406.
[2121] Vgl. SCHNELL, Art. Diabelli, Anton, in: MGG² P, Bd. 5, 963-966. – Siehe auch die Abbildung Nr. 14.
[2122] Vgl. BEER, Art. Gleissner, Franz, in: MGG² P, Bd. 7, 1068-1070.
[2123] Vgl. MÜNSTER, Art. Grueber, Benno, in: MGG² P, Bd. 8, 115f.
[2124] Vgl. LIPOWSKY, Baierisches Musik-Lexikon, 109-111.
[2125] Vgl. AUDÉON, Art. Ladurner, Ignaz Anton (Franz Joseph), in: MGG² P, Bd. 10, 1002-1004.
[2126] Vgl. LIPOWSKY, Baierisches Musik-Lexikon, 182f.
[2127] Vgl. Großes Sängerlexikon, Bd. 3, 2105.
[2128] Vgl. MÜNSTER, Bestände, 189.
[2129] Vgl. Großes Sängerlexikon, Bd. 3, 2282.

14) Johann Nepomuk Peierl (1773-1779): Sänger[2131]
15) P. Johann Baptist Randl (1781-1789): Komponist[2132]
16) Josef Röckl (1795-1800): Sänger und Intendant[2133]
17) Ignaz Saal (1773-1777): Sänger[2134]
18) Johann Baptist Schmid (1787-1793): Präfekt der Domus Gregoriana und Chordirektor in St. Michael[2135]
19) Johann Nepomuk Schneider (1778-1784): Komponist[2136]
20) P. Bernhard Senft (1791-1792): Komponist[2137]
21) P. Marzelinus Sturm (1775-1776): Komponist[2138]
22) P. Bernhard Vitzdum (1769-1775): Komponist[2139]

4.5. Die Mitglieder der Bayerischen Akademie der Wissenschaften

Einen besonderen Hinweis für die Bedeutung der Ausbildung am Kurfürstlichen Gymnasium und der Förderung durch die Domus Gregoriana geben die Mitglieder der „Churbayerischen Akademie der Wissenschaften", die 1759 in der Haupt- und Residenzstadt München errichtet worden war.[2140] Konnte Hannelore Putz bereits 14 ehemalige Gregorianer-Absolventen unter jesuitischer Leitung bis 1773 als Mitglieder der Akademie zuordnen[2141], so fanden von den Seminaristen nach Aufhebung der Gesellschaft Jesu bis zum Schuljahr 1805/1806 zehn

---

[2130] Vgl. MÜNSTER, Bestände, 183.
[2131] Vgl. Großes Sängerlexikon, Bd. 4, 2691.
[2132] Vgl. MÜNSTER, Bestände, 181; KORNMÜLLER, Pflege der Musik, 214.
[2133] Vgl. SCOBEL, Art. Röckel, Joseph (August), in: MGG² P, Bd. 14, 238f.; Großes Sängerlexikon, Bd. 4, 2944.
[2134] Vgl. Großes Sängerlexikon, Bd. 4, 3017f.
[2135] Vgl. SCHULZ, Die St. Michaels-Hofkirche, 73-75. – Siehe auch die Abbildung Nr. 22.
[2136] Vgl. MÜNSTER, Bestände, 193.
[2137] Vgl. RUHLAND, Musikgeschichte „grenzenlos", in: BOSHOF, BRUNNER, VAVRA (Hg.), Grenzenlos. Geschichte der Menschen am Inn, 195-201, hier 200f.
[2138] Vgl. BOSL, Bayerische Biographie (Ergänzungsband), 160; GrBBE, Bd. 3, 1929.
[2139] Vgl. KORNMÜLLER, Pflege der Musik, 442; MÜNSTER, Bestände, 187.
[2140] Zur Geschichte der Bayerischen Akademie der Wissenschaften, zu deren Gründungsmitgliedern unter anderen der Gregorianer D. Eusebius Amorth (Abschlussjahrgang 1707/1798) gehörte, vgl. HAMMERMAYER, Geschichte der Bayerischen Akademie der Wissenschaften 1759-1807, 2 Bde. – Zur Verbindung des Münchener Jesuitengymnasiums und der Akademie vgl. KRAUS, Das Gymnasium der Jesuiten zu München und die Bayerische Akademie der Wissenschaften, in: GRUNER, VÖLKEL (Hg.), Region, Territorium, Nationalstaat, Europa. Beiträge zu einer europäischen Geschichtslandschaft, 176-198.
[2141] Vgl. PUTZ, Domus Gregoriana, 206-210.

ehemalige Zöglinge Aufnahme in die renommierte Gesellschaft von Wissenschaftlern.
Es waren dies in alphabetischer Reihenfolge:

1) Josef von Fink (Seminarist 1785-1787)[2142]
2) Dr. Franz Xaver von Häberl (1775-1778)[2143]
3) Dr. Franz Regis Knogler, P. Gabriel (1771-1776)[2144]
4) Johann Georg Josef Krabinger (1799-1804)[2145]
5) Dr. Georg Oeggl (1771-1776)[2146]
6) Dr. Josef von Pezzl (1780-1781)[2147]
7) Johann Paul Schwaiger, D. Herkulan (1773-1774)[2148]
8) Josef Anton Socher (1772-1774)[2149]
9) Franz Josef Alois von Streber (1778-1779)[2150]
10) Philipp Jakob Wolf (1774-1780)[2151]

Außerdem fanden noch P. Johann Baptist Josef Roth (1774-1780)[2152] in der Regensburger Ökonomischen Gesellschaft und der Weltpriester Markus Wankerl (1774-1779)[2153] in der Erlanger Ökonomischen Gesellschaft Aufnahme.

4.6. Die Mitglieder des Illuminatenordens

Der im Jahre 1776 von Johann Adam Weishaupt gegründete Geheimbund der Illuminaten war ein Kreis von radikalen Aufklärern.[2154] „Dieser, nach dem Muster

---

[2142] Vgl. STOERMER (Bearb.), Gesamtverzeichnis der Mitglieder der Bayerischen Akademie der Wissenschaften 1759-1984, 55.
[2143] Vgl. ebda., 66f.
[2144] Vgl. ebda., 85.
[2145] Vgl. ebda., 87.
[2146] Vgl. ebda., 110.
[2147] Vgl. ebda., 114.
[2148] Stoermer gibt den falschen Taufnamen Albin an; vgl. ebda., 133.
[2149] Josef Anton Socher, der 1773 das Gymnasium beendet hatte, blieb als Student des Lyzeums bis 1774 weiter Seminarist und wurde daher noch einmal aufgeführt; vgl. ebda., 137.
[2150] Auch Ströber genannt; vgl. ebda., 142.
[2151] Auch Peter Philipp Wolf genannt; vgl. ebda., 157.
[2152] Vgl. RUF, Rott am Inn, 344f.; LINDNER, Schriftsteller, Bd. 1, 219.
[2153] Vgl. ZELLER, GIERL, Licht- und Lebensbilder des Clerus, 5f.
[2154] Der Geheimbund wurde zunächst „Orden der Perfectibilisten", später dann „Orden der Illuminaten" genannt. – Zu Johann Adam Josef Weishaupt (1748-1830) vgl. BOSL, Bayerische Biographie, 830; GrBBE, Bd. 3, 2074; HAMMERMAYER, Art. Weishaupt, Johann Adam Joseph, in: Biographisches

des hierarchisch aufgebauten Jesuitenordens organisierte, antichristliche und antijesuitische Bund lehnte das monarchische System ab und strebte unter Veränderung der Sozialstruktur die Herrschaft der Vernunft und ein aufgeklärtes Weltbürgertum an."[2155] Da es den Illuminaten gelang, wichtige Stellen des Staates in Verwaltung, Armee, Wissenschaft und sogar in der Kirche zu besetzen, wurde der Geheimbund für den bayerischen Kurfürsten gefährlich. Kurfürst Karl Theodor verbot daher 1784 und 1785 den Illuminatenorden, was eine Welle der Verfolgung auslöste.[2156]

In der kurzen Zeit des Bestehens der Illuminaten gehörten folgende Seminaristen der Domus Gregoriana an:

1) Alois Ignaz Bayrhammer (Seminarist 1772-1774)[2157]
2) Franz Alois Duschl (1774-1775)[2158]
3) Josef Anton Socher (1772-1774)[2159]
4) Philipp Jakob Wolf (1774-1780)[2160]

4.7. Standeserhöhungen von Seminaristen

Einige Seminaristen des Kurfürstlichen Seminars stiegen in höhere und höchste staatliche oder kirchliche Positionen auf und erhielten den persönlichen Adels-

---

Lexikon der Ludwig-Maximilians-Universität München, Teil 1, 469f.; STUMPF, Denkwürdige Bayern, 285-287.
[2155] HARTMANN, Bayerns Weg in die Gegenwart, 272.
[2156] Zur Geschichte des Illuminatenordens vgl. DENZLER, ANDRESEN, Art. Illuminaten, in: DIES., dtv-Wörterbuch der Kirchengeschichte, 273; DÜLMEN, Der Geheimbund der Illuminaten. Darstellung, Analyse, Dokumentation; DÜLMEN, Der Geheimbund der Illuminaten, in: ZBLG 36/3 (1973), 793-833; FÜSSEL, Societas Jesu und Illuminatenorden. Strukturelle Homologien und historische Aneignungen, in: Zeitschrift für internationale Freimaurer-Forschung 5 (2003), 11ff.; GRAßL, Freimaurer, Rosenkreuzer und Illuminaten, in: SCHINDLER (Hg.), Bayern für Liebhaber. Barock und Aufklärung, 196-214; HAMMERMAYER, Illuminaten in Bayern. Zu Geschichte, Fortwirkung und Legende des Geheimbundes, in: GLASER (Hg.), Wittelsbach und Bayern III/1, 146-173; HAMMERMAYER, Höhepunkt und Wandel: Die Illuminaten, in: HBG, Bd. 2, 1188-1197; HEIM, Art. Illuminaten, in: DERS., Kleines Lexikon der Kirchengeschichte, 206; KRAUS, Gymnasium der Jesuiten, 635-644; RACHOLD (Hg.), Die Illuminaten. Quellen und Texte zur Aufklärungsideologie des Illuminatenordens (1776-1785); REIN-ALTER (Hg.), Der Illuminatenorden (1776-1785/87). Ein politischer Geheimbund der Aufklärungszeit; SCHÜTTLER, Die Mitglieder des Illuminatenordens 1776-1787/93.
[2157] Vgl. KRAUS, Gymnasium der Jesuiten, 635; SCHÜTTLER, Mitglieder des Illuminatenordens, 20.
[2158] Vgl. KRAUS, Gymnasium der Jesuiten, 636; SCHÜTTLER, Mitglieder des Illuminatenordens, 44.
[2159] Vgl. KRAUS, Gymnasium der Jesuiten, 642; SCHÜTTLER, Mitglieder des Illuminatenordens, 145.
[2160] Die Mitgliedschaft Wolfs zu den Illuminaten ist nicht sicher belegt. Graßl zählt ihn dazu; vgl. GRAßL, Peter Philipp Wolf. Ein bayerischer Revolutionär, in: SCHINDLER (Hg.), Bayern für Liebhaber. Barock und Aufklärung, 184-195.

titel.²¹⁶¹ Insgesamt wurden zwölf ehemalige Zöglinge persönlich geadelt und bei Nikolaus von Maillot de la Treille eine Rangerhöhung in den Freiherrenstand vorgenommen. Diese Beispiele dokumentieren die Möglichkeit eines sozialen Aufstiegs, den der Besuch der Domus Gregoriana und der gymnasiale Abschluss bieten konnte. „Nach wie vor also stellte der Besuch des Gymnasiums eine außerordentlich wichtige Hilfe für sozialen Aufstieg dar."²¹⁶²
An folgende ehemalige Zöglinge des Kurfürstlichen Seminars wurde der persönliche Adel verliehen bzw. eine Standeserhöhung vorgenommen:

1) Josef Fink (Seminarist 1785-1787)²¹⁶³
2) Johann Nepomuk Gindhard (1787-1793)²¹⁶⁴
3) Franz Xaver Häberl (1775-1778)²¹⁶⁵
4) Johann Paul Hammerl (1794-1797)²¹⁶⁶
5) Josef Hazzi (1779-1786)²¹⁶⁷
6) Johann Nikolaus Lottner (1805-1807)²¹⁶⁸
7) Nikolaus von Maillot de la Treille (1783-1784): Erhebung in den Freiherrenstand²¹⁶⁹
8) Hubert Mayr (1775-1778)²¹⁷⁰
9) Josef Pezzl (1780-1781)²¹⁷¹
10) Johann Ignaz Riegg, D. Albert (1782-1785)²¹⁷²

[2161] Zu den Standeserhöhungen bei Adeligen und Beamten des Jesuitengymnasiums vgl. KRAUS, Gymnasium der Jesuiten, 25f.
[2162] KRAUS, Schule im Umbruch, in: ACKERMANN, SCHMID (Hg.), Staat und Verwaltung in Bayern, 349-371, hier 358f.
[2163] Josef Fink fehlt in der Liste der Standeserhöhungen von Andreas Kraus, da er seinen gymnasialen Abschluss nicht in München erwarb; vgl. KRAUS, Schule im Umbruch, in: ACKERMANN, SCHMID (Hg.), Staat und Verwaltung in Bayern, 349-371, hier 369-371.
[2164] Vgl. ebda., 369.
[2165] Vgl. ebda., 369.
[2166] Johann Paul Hammerl, der 1798 Absolvent des Kurfürstlichen Gymnasiums in München war, fehlt in der Liste der Standeserhöhungen von Kraus; vgl. LEITSCHUH, Matrikeln III, 209.
[2167] Vgl. KRAUS, Schule im Umbruch, in: ACKERMANN, SCHMID (Hg.), Staat und Verwaltung in Bayern, 349-371, hier 369.
[2168] Johann Nikolaus Lottner fehlt bei Kraus, da er außerhalb seines Untersuchungszeitraumes fällt; Lottner war von 1805 bis 1807 Seminarist und erwarb 1809 das Absolutorium; vgl. LEITSCHUH, Matrikeln III, 232.
[2169] Nikolaus von Maillot de la Treille brach vorzeitig den Gymnasialbesuch ab und begann eine militärische Laufbahn; er kommt daher bei Kraus nicht vor.
[2170] Hubert Mayr, der 1777 das Gymnasium beendete, fehlt bei Kraus; vgl. LEITSCHUH, Matrikeln III, 156.
[2171] Kraus erwähnt Josef Pezzl (Absolvent 1781) nicht in seiner Liste der Standeserhöhungen; vgl. LEITSCHUH, Matrikeln III, 165.

11) Franz Josef Alois Streber (1778-1779)[2173]
12) Kaspar Urban, D. Bonifaz (1784-1790)[2174]
13) Josef Wolfanger (1784-1789)[2175]

4.8. Straßenbenennungen im Münchener Stadtgebiet nach Seminaristen

Die gesellschaftliche Bedeutung, die einige Seminaristen der Domus Gregoriana erlangt haben, spiegelt sich in zehn Straßenbenennungen im Münchener Stadtgebiet wider. Sie sollen hier genannt werden:

1) Johann Kaspar Aiblinger (Seminarist 1794-1798): „Aiblingerstraße" in Neuhausen[2176]
2) Ludwig Aurbacher (1796-1797): „Aurbacherstraße" in der Au[2177]
3) Rochus Dedler (1792-1798): „Rochus-Dedler-Weg" in Oberföhring[2178]
4) Kaspar Ett (1799-1807): „Ettstraße" in der Altstadt[2179]
5) Franz Xaver Gabelsberger (1803-1807): „Gabelsbergerstraße" in der Maxvorstadt[2180]
6) Franz Gleißner (1779-1782): „Gleißnerstraße" in Ramersdorf[2181]
7) Franz Xaver Häberl (1775-1778): „Häberlstraße" in der Isarvorstadt[2182]
8) Josef Lentner (1773-1776): „Lentnerweg" in Englschalking[2183]
9) Maximilian Schönleutner (1789-1795): „Schönleutnerstraße" in Untermenzing[2184]
10) Maximilian Josef Wagenbauer (1789-1790): „Wagenbauerstraße" in Steinhausen[2185]

[2172] Vgl. KRAUS, Schule im Umbruch, in: ACKERMANN, SCHMID (Hg.), Staat und Verwaltung in Bayern, 349-371, hier 370.
[2173] Vgl. ebda., 370.
[2174] Vgl. ebda., 371.
[2175] Vgl. ebda., 371.
[2176] Vgl. DOLLINGER, Die Münchner Straßennamen, 16.
[2177] Vgl. ebda., 32.
[2178] Vgl. ebda., 247. – Siehe auch die Abbildung Nr. 13 im Anhang.
[2179] Vgl. ebda. 75. – Siehe auch die Abbildung Nr. 15 im Anhang.
[2180] Vgl. ebda., 91. – Siehe auch die Abbildungen Nr. 16 und Nr. 17 im Anhang.
[2181] Vgl. ebda., 99.
[2182] Vgl. ebda., 109.
[2183] Vgl. ebda., 174.
[2184] Vgl. ebda., 267. – Siehe auch die Abbildung Nr. 23 im Anhang.

5. Ergebnisse

Mit der Aufhebung der Gesellschaft Jesu 1773 brach für die im letzten Drittel des 16. Jahrhunderts errichtete Wittelsbacher Stiftung „Domus Gregoriana" in München eine neue, wechselvolle Zeit an. In der Übergangszeit bis zur Übernahme des bayerischen Bildungswesens durch die Prälatenorden 1781 standen zwei Exjesuiten im Inspektorat, Johann Evangelist Hueber (1767-1777) und Michael Holzinger (1778-1781), für Kontinuität im Leben des Kurfürstlichen Seminars.

Das letzte Drittel des 18. Jahrhunderts wurde im Bildungsbereich durch Gedanken einer neuen aufgeklärten Pädagogik – dem Philanthropismus – geprägt, die sich im Kurfürstentum Bayern in mehreren Schulordnungen von 1774 bis 1799 niederschlugen. So hat Ulrich Herrmann das 18. Jahrhundert zu Recht als „pädagogisches Jahrhundert" bezeichnet.[2186]

Durch die Errichtung des Malteserordens Bayerischer Zunge 1781 wurde das Vermögen der Jesuiten, das auf 7,4 Millionen Gulden geschätzt wurde und ursprünglich zur Versorgung der Exjesuiten wie auch des Schulwesens dienen sollte, durch die Zuführung an den neuen und im Grunde überflüssigen Orden zweckentfremdet, da er unter anderem zur Versorgung illegitimer Söhne des Kurfürsten Karl Theodor bestimmt war. Kurfürst Karl Theodor bürdete kurzerhand die Finanzierung des Bildungswesens und die Bestellung des Lehrpersonals den bayerischen Prälaten auf. Gleichzeitig gewährte er dadurch den Prälatenorden einen, wenn auch staatlich kontrollierten, Einfluss im öffentlichen Bildungssektor. Die Prälaten, allen voran Propst Franz Töpsl von Polling (1711-1796), sahen hierin eine Chance, das Überleben der Klöster, denen längst ein starker Wind durch die immer lauter zu hörende Forderung radikaler Aufklärer nach ihrer Aufhebung entgegenblies, zu sichern, indem sie durch eine im Geist einer moderaten Katholischen Aufklärung geprägte, fortschrittliche Bildungsarbeit ihre Nützlichkeit für Staat und Gesellschaft beweisen konnten. Papst Pius VI. bestätigte bei seinem Besuch in München vom 26. April bis 2. Mai 1782 gegenüber den Vertretern der bayerischen Prälaten: „Ihr habt gut daran getan,

---
[2185] Vgl. ebda., 311.
[2186] Vgl. HERRMANN (Hg.), „Das pädagogische Jahrhundert". Volksaufklärung und Erziehung zur Armut im 18. Jahrhundert in Deutschland.

daß ihr die Schulen übernommen habt, so habt ihr wenigstens noch auf einige Zeit euren Fortstand gesichert."[2187]

Das bedeutende Münchener Gymnasium und Seminar kam 1781 in die Hände der Augustiner-Chorherren. Unter D. Frigdian Greinwald (Inspektor 1781-1792) aus Polling, der mit elf Jahren die längste Dienstzeit im Untersuchungszeitraum aufbrachte und bedeutendster Inspektor war, wurden neue Dienstanweisungen für Ämter, die mit Seminaristen besetzt wurden, und das Hauspersonal erstellt. Zudem stellte er die kirchenmusikalischen Verpflichtungen durch neue Verträge auf eine sichere Basis. Schließlich erhöhte Inspektor Greinwald durch Erweiterung der Ökonomie die Einnahmen der Wittelsbacher Stiftung. In seine Zeit fällt auch die Einführung des deutschen Kirchenliedes, zu dessen Verbreitung die Seminaristen in der Haupt- und Residenzstadt beitrugen.

Durch die Veränderungen des Schulwesens 1794, die in der Folge einer illuminaten- und revolutionsfürchtigen Politik der 1790er Jahre standen, wurde das Münchener Internat den Augustiner-Chorherren entzogen und den Benediktinern übertragen, die in den Augen der staatlichen Schulbehörden als konservativer beurteilt wurden.

Mit dem Einzug des Kurfürsten Maximilian IV. Joseph 1799 in München kamen Kräfte zum Zug, die das Ende der bayerischen Klosterlandschaft herbeiführen sollten. Zugleich wurde Bayern durch die Reformen Maximilian Josephs Graf von Montgelas zu einem modernen Verfassungsstaat umstrukturiert.

Die Säkularisation der Jahre 1802/1803, die besonders im katholischen Bayern schonungslos von Seiten des Staates durchgeführt wurde, stellte eine harte Zäsur dar. Der zumeist ersatzlose Wegfall zahlreicher Klosterschulen und Seminaren auf dem ländlichen Bereich führte zu einem hohen Bildungsdefizit unter der katholischen Bevölkerung in Deutschland, dessen Auswirkungen sich bis ins 20. Jahrhundert verfolgen lassen. Eine Zeit lang drohte dem Münchener Seminar sogar die Gefahr der Auflösung.

Die Domus Gregoriana war von den Wittelsbachern in erster Linie gestiftet und die Leitung den Jesuiten übertragen worden, um begabten Söhnen aus sozial schwachen Familien die höhere Schulbildung zu ermöglichen, damit der Kirche und dem Staat hervorragend ausgebildete Männer als Priester und Beamte zur Verfügung standen. Zugleich sollte durch die musikalische Erziehung die Kirchenmusik in St. Michael auf einem hohen Niveau gewährleistet werden. Diesen

---

[2187] Zitat nach MÜLLER, Akademische Ausbildung zwischen Staat und Kirche, Teil 1, 73.

Stiftungszweck erfüllte das Kurfürstliche Seminar auch nach Aufhebung der Gesellschaft Jesu, die in ihrer Bildungstätigkeit vor allem den Schwerpunkt auf eine schichtenneutrale Elitenbildung gelegt hatten. Aber auch die Prälatenorden boten in ihren Lateinschulen, Gymnasien und Seminaren durch ein großzügiges Stipendienwesen ärmeren Knaben die Chance, an der höheren Bildung Teil zu haben. So verwundert es nicht, dass im Münchener Internat vom Schuljahr 1773/1774 bis zum Schuljahr 1805/1806 der Anteil aus unteren Sozialschichten immer noch einen Anteil von 7,7 % ausmachte. Auffällig trat allerdings eine neue soziale Schicht seit 1771 in Erscheinung: Der bayerische Adel entdeckte die Domus Gregoriana als Erziehungsstätte für seine Söhne und erreichte im Zeitraum von 1773 bis 1805 einen Anteil von 3,2 %. Damit deutete sich eine Entwicklung an, die zu Beginn des 19. Jahrhunderts unter dem bedeutenden Direktor Benedikt von Holland (Direktor 1810-1824) für das seit 1806 bestehende „Königliche Erziehungsinstitut für Studierende" prägend werden sollte.

Das dreifache Bildungsziel, nämlich die religiöse Formung, die schulische Förderung und die musikalische Ausbildung der Seminaristen, qualifizierte eine große Zahl von Knaben für ihr späteres Berufsleben. Durch den quasiklösterlichen Tagesablauf im Internat wurden die Zöglinge schon früh an ein späteres Leben in einem bayerischen Stift gewöhnt. Die Studienförderung nach dem Unterricht am Kurfürstlichen Gymnasium ließ die Seminaristen auch im letzten Drittel des 18. Jahrhunderts oft die besten Plätze bei den jährlichen Leistungsmessungen am Schuljahresende erreichen. Die intensive Förderung musikalischer Talente gab den Gregorianern eine zusätzliche Berufsmöglichkeit oder bot ihnen eine höhere Chance, in einem bayerischen Stift aufgenommen zu werden. Einige Seminaristen erlangten einen Namen als Sänger, Musiker und Komponist wie zum Beispiel der Münchener Hofkapellmeister Johann Kaspar Aiblinger (1779-1867), der Komponist der Oberammergauer Passionsmusik Rochus Dedler (1779-1822), die Komponisten Anton Diabelli (1781-1858), Franz Gleißner (1760-1818), P. Benno Grueber (1759-1796) oder der Begründer des Cäcilianismus in Deutschland Kaspar Ett (1788-1847). Größere Bekanntheit erreichten auch die Sänger Johann Nepomuk Peierl (1761-1800), Josef Röckl (1783-1870) und Ignaz Saal (1761-1836).

Von den 325 Seminaristen (27,7 %), die sich für den geistlichen Stand entschieden, wählte über die Hälfte ein Kloster der Prälatenorden (54,2 %). Damit wird das Ergebnis von Hannelore Putz für die Zeit vor 1773 bestätigt, wo 50,8 % der

Absolventen der Domus Gregoriana, die Priester wurden, einem der vier Prälatenorden beitraten. Vor allem die Augustiner-Chorherren und die Benediktiner, die im Kurfürstentum Bayern die meisten Stifte besaßen, rekrutierten ihren Nachwuchs aus dem Münchener Seminar, nämlich erstere mit 79 Gregorianern oder 24,3 % und letztere mit 60 Seminaristen oder 18,5 % aller Geistlichen. Deutlich zurück gingen die Eintrittszahlen bei den Mendikantenorden. Waren von den Absolventen bis 1773 immerhin noch 12,8 % einem Bettelorden beigetreten, so ließen sich für die Zeit danach lediglich 7,1 % der Seminaristen ermitteln. Die Ursache liegt wohl darin, dass die Orden der Mendikanten von radikalen Aufklärern am heftigsten kritisiert wurden und man ihnen unterstellte, dass sie den Aberglauben unter der Bevölkerung fördern würden. In dieses Horn bliesen nicht nur radikale Aufklärer, sondern auch Mitglieder der Prälatenorden und sogar der Kurfürst selbst. Dagegen nahm der Anteil der Weltpriester von 27,1 % der Absolventen bis 1773 auf 37,5 % bei den Seminaristen nach 1773 um über 10 % zu.

Als ein Ergebnis ist aber festzuhalten, dass die Zahl der geistlichen Berufe im letzten Drittel des 18. Jahrhunderts stark zurückging. Waren es unter jesuitischer Leitung 61,6 % aller Absolventen, die Geistliche wurden, wählten nach 1773 nur noch 27,7 % aller Seminaristen den geistlichen Stand. Nicht nur die Klöster der Bettelorden galten den Aufklärern als unzeitgemäß, sondern das Ordenswesen insgesamt wurde bekämpft und die Auflösung aller „unnützen" Klöster gefordert.

In der relativ kurzen Zeitspanne von etwa 30 Jahren gingen aus der Schar der Seminaristen vier Pröpste der Augustiner-Chorherren und ein Benediktinerabt hervor. Die Domus Gregoriana bot daher immer noch die Möglichkeit eines enormen sozialen Aufstiegs.

Mit der Säkularisation der Jahre 1802/1803 brach schließlich für zahlreiche Seminaristen eine mögliche Berufsperspektive als Ordenspriester weg. Gleichzeitig wurde mit ihr aber die soziale Barriere der Reichskirche für höchste Ämter in der Kirche beseitigt. So war es möglich, dass vier Seminaristen zu Domkapitularen ernannt werden und zwei von ihnen sogar die Bischofswürde erlangen konnten, nämlich Johann Ignaz Riegg (1767-1836), der von 1824 bis 1836 Bischof von Augsburg war, und Kaspar Urban (1773-1858), der von 1842 bis 1858 die Erzdiözese Bamberg leitete.

Die Ausbildung und Erziehung im Kurfürstlichen Seminar befähigte die Knaben nicht nur in der Kirche, sondern auch im Staat, einen Beruf zu finden. Wenn dieser Bereich auch am schlechtesten zu belegen ist, so ließen sich doch einige hohe staatliche Positionen ausmachen, die von Seminaristen der Domus Gregoriana erreicht wurden. Das höchste Amt erreichte Nikolaus von Maillot de la Treille (1774-1834), der im Jahre 1822 als bayerischer Staatsminister der Armee ernannt wurde. Daneben lassen sich ein Staatsrat, drei Hofräte, ein Regierungsdirektor, drei Regierungsräte, zwei Ministerialräte, zwei Ministerialsekretäre und drei Administrationsräte nennen. Unter diesen ist der Ministerialsekretär Franz Xaver Gabelsberger (1789-1849) hervorzuheben, der vor allem als Erfinder der Stenographie berühmt wurde.

Für die wissenschaftliche Förderung im Münchener Internat spricht auch die Tatsache, dass zehn ehemalige Gregorianer als Mitglieder der Bayerischen Akademie der Wissenschaften aufgenommen wurden.

Von Johann Heinrich Pestalozzi (1746-1827) stammt der Satz: „Das Schicksal der Nation entscheidet sich in der Schulstube."[2188] Diese Erkenntnis trifft nicht nur für die Schule zu, sondern lässt sich mit Recht auch auf den Besuch des Münchener Internats übertragen.

[2188] Zitat nach LEHNING, Bayerns Weg in die Bildungsgesellschaft, IV.

Aus unserem Verlagsprogramm:

Gisela Kaben
Die kirchliche Lage in der Diözese Leitmeritz zwischen 1916 und 1931
*Konkurrenzen, säkulare Tendenzen und nationale Dissoziation
in der nordböhmischen Diözese*
Hamburg 2009 / 496 Seiten / ISBN 978-3-8300-4111-5

Erwin Rauscher / Hans-Ferdinand Angel / Michael Langer (Hrsg.)
**Edgar Josef Korherr –
Studien zur religiösen Erziehung und Bildung**
Streiflichter aus der religionspädagogischen Zeitgeschichte
Hamburg 2008 / 416 Seiten / ISBN 978-3-8300-3792-7

Quaerite faciem eius semper
*Studien zu den geistesgeschichtlichen Beziehungen zwischen
Antike und Christentum. Dankesgabe für Albrecht Dihle
aus dem Heidelberger „Kirchenväterkolloquium"*
Herausgegeben von Andrea Jördens, Hans Armin Gärtner,
Herwig Görgemanns und Adolf Martin Ritter
Hamburg 2008 / 444 Seiten / ISBN 978-3-8300-2749-2

Otto J. Bertele
**Sola Gratia – Überlegungen zu einer religionspädagogisch
verantwortbaren Gnadentheologie**
Hamburg 2007 / 388 Seiten / ISBN 978-3-8300-3298-4

Oe-Sun Cho
Kirche und Recht in Korea
*Entstehung, Organisation und Rechtsgrundlagen
der katholischen Mission in Korea*
Hamburg 2003 / 332 Seiten / ISBN 978-3-8300-0897-2

Dominik Blaß
Von der französischen Revolution zum Sozialkatholizismus um 1900
*Eine Existenzfrage für die katholische Kirche in Deutschland
und Frankreich?*
Hamburg 2003 / 164 Seiten / ISBN 978-3-8300-0887-3

Max Dreher
Die Augustiner-Eremiten in München
*im Zeitalter der Reformation und des Barock
(16. bis Mitte des 18. Jahrhunderts)*
Hamburg 2003 / 522 Seiten / ISBN 978-3-8300-0847-7

Einfach Wohlfahrtsmarken helfen!